WILEY

中央国债登记结算有限责任公司
CHINA CENTRAL DEPOSITORY & CLEARING CO., LTD.

U0674974

中 债 金 融 译 丛

COLLATERAL MANAGEMENT
A GUIDE TO
MITIGATING COUNTERPARTY RISK

金融担保品
实务操作手册

迈克尔·西蒙斯（Michael Simmons）◎ 著

中央国债登记结算有限责任公司 ◎ 译

中国金融出版社

责任编辑：王　君
责任校对：孙　蕊
责任印制：张也男

图书在版编目（CIP）数据

金融担保品实务操作手册/（英）迈克尔·西蒙斯（Michael Simmons）著；中央国债登记结算有限责任公司译 . —北京：中国金融出版社，2021.5
　（中债金融译丛）
　ISBN 978 - 7 - 5220 - 1097 - 7

　Ⅰ. ①金…　Ⅱ. ①迈…②中…　Ⅲ. ①金融产品—担保—手册
Ⅳ. ①D913. 2 - 62

中国版本图书馆 CIP 数据核字（2021）第 095801 号

金融担保品实务操作手册
JINRONG DANBAOPIN SHIWU CAOZUO SHOUCE

出版
发行　　中国金融出版社

社址　　北京市丰台区益泽路 2 号
市场开发部　（010）66024766，63805472，63439533（传真）
网上书店　www.cfph.cn
　　　　　（010）66024766，63372837（传真）
读者服务部　（010）66070833，62568380
邮编　100071
经销　新华书店
印刷　保利达印务有限公司
尺寸　185 毫米 × 260 毫米
印张　37.5
字数　816 千
版次　2021 年 9 月第 1 版
印次　2021 年 9 月第 1 次印刷
定价　150.00 元
ISBN 978 - 7 - 5220 - 1097 - 7
如出现印装错误本社负责调换　联系电话（010）63263947

《金融担保品实务操作手册》
翻译委员会

　　防范化解金融风险特别是防止发生系统性金融风险，是金融市场的永恒主题。过去几十年来，国际市场发生过多次金融危机，造成了经济的巨大震荡和损失，也迫使全球金融体系不断修正与完善。历次金融危机的经验教训表明，要建立稳健的宏观经济调控框架，加强宏观审慎管理和建立应对系统性金融风险的预警和处置机制。国际监管对 2008 年全球金融危机的反思和总结之一就是要重视与加强担保品管理，强化担保品业务在保障金融市场安全、稳健、高效运行方面的基础性作用。

　　在危机管理的大背景下，监管方与市场参与方的现实需求促推担保品服务走上金融市场的中心舞台。2008 年全球金融危机充分暴露了流动性不足以及高杠杆率对金融市场稳定性造成的极大影响，促使各国监管层深刻认识到强化担保品管理的必要性和紧迫性。作为应对措施，一系列新的监管制度在危机后出台实施，从全球性的《巴塞尔协议Ⅲ》到美国的《多德—弗兰克法案》，再到《欧洲市场基础设施监管规则》（EMIR）和《欧洲金融工具市场指令Ⅱ》（MiFID Ⅱ），均通过提升对担保品要求以降低信用风险，大大加速了担保品机制的建设进程。

　　与此同时，金融危机也引起了市场机构的反思。市场机构意识到要强化自身的流动性和风险管理，逐步以有担保的履约交易替代传统的信用交易，寻求效率和安全的平衡。担保品的重要性进一步被提升到了战略新高度，无论是从微观主体需求，还是从宏观政策考量，方兴未艾的担保品管理行业都迎来了革命性变化。

　　十多年过去了，全球金融监管改革仍在持续发酵，也将担保品资源的结构性矛盾推上了风口浪尖，这对各类主体的担保品管理提出了挑战。在监管改革和市场力量的双重驱动下，市场参与者对可作为合格担保品的高质量流动性资产（HQLA）的需求越来越高，其"副作用"之一就是高质量流动资产供需不平衡的局面持续加剧，担保品应用成本问题开始凸显。这种供需失衡的现象在 2020 年新冠肺炎疫情期间尤为明显，各国央行为应对危机采用的非常规货币政策，短期内加剧了国际市场 HQLA 供需不平衡的矛盾，在一定程度上限制了金融机构抗衡金融风险的能力。

在此背景下，专业的第三方担保品管理服务在全球快速发展。面对 HQLA 的短缺，强化担保品管理工具应用，提高担保品使用效率成为维护金融市场稳定的重要因素。因此，为降低成本、提高效率，越来越多的市场参与者开始将担保品业务外包给更具专业优势的第三方服务商。在此过程中，由中央证券托管机构提供集中化、专业化、智能化的担保品管理需求应运而生并迅速增长。以明讯、欧清为代表的国际托管机构纷纷巩固强化担保品系统建设，把担保品管理服务作为创新亮点和战略支撑点。

依托专业化和规模化的优势，担保品管理机构能够提供包括估值、自动选取、逐日盯市、自动调整等一系列复杂性和精细性都较高的管理服务，帮助机构在合适的时间、合适的场景使用合适的担保品，极大地提高了担保品应用的安全性和使用效率。另外，得益于全流程的服务支持，机构也纷纷将担保品管理从运营支持的后台环节转向前台，从传统被动的、单纯的风险缓释行为转变为主动的、系统的价值发现过程，使担保品管理成为交易的"润滑剂"和"催化剂"。正如支付与市场基础设施委员会的报告所言，"担保品管理服务将达到一个令其具有系统重要性地位的关键高度。"

国内第三方担保品管理服务也在厚积薄发，并更多地体现了中央托管机构的深度参与和支持。与国际市场类似，国内的相关业务规则也逐渐将担保品管理提升到较为重要的地位。《商业银行资本管理办法》提出"商业银行应建立相应的抵质押品管理体系"；《中国银行间市场债券回购交易主协议文本》在"质押式回购特别条款"和"买断式回购特别条款"中也对担保品进行了规定，从完善风险管控的角度对担保品及其管理作出明确要求。在监管规则的引导下，市场各方对于担保品精细化管理的要求不断提升，建设一个与市场发展程度相匹配、与风险管理需求相适应的担保品管理体系迫在眉睫。

作为中国重要的金融基础设施，中央国债登记结算有限责任公司（以下简称中央结算公司）敏锐把握机遇，依托中央债券托管机构的职责与专业优势，几经探索，从 2011 年起正式开展担保品管理服务，自主研发、精心打造出一套核心技术自主掌控、关键功能集约统筹的债券担保品管理系统，重塑了债券质押的逻辑架构和业务链，形成了担保品管理全景图，实现业务规则更明确、风控机制更便捷，管理效率大幅提升。

十载倏忽间，中央结算公司开辟出一条高起点、高速度、高质量的中国担保品管理之路，已经跃居全球最大的金融担保品管理平台之一，在支持金融市场深化改革、创新发展、扩大开放等领域都发挥着日益重要的作用：为国家宏观调控提供担保品管理服务，成为支持政策传导的利器与抓手；与期货市场、贵金属市场等多个金融子市场联通合作，深化市场互联枢纽作用；丰富保险资金协议存款、银行同业授信等业态结构，为金融机构提供有效的流动性管理工具；建立健全担保品管理机制和违约处置机制，完善金融市场风险管控体系；积极推动人民币债券跨境应用，深度服务于金融开放和人民币国际化。截至 2020 年末，中债担保品管理业务体量逾 15 万亿元，服务客户近万家，形成了全方位、多层次、多领域的服务格局，助推市场在更高层次实现安全和效率的平衡。

担保品管理在国内外都是一个不断创新、高速发展的领域，正在重新勾勒现代金融交易的风险轮廓，深刻改变金融市场运行基础。也正是因为担保品业务新颖、变革迅速、专业性强，部分市场参与者对此并不熟悉。我们希望从实务和理论层面进一步强化对担保品管理体系的理解，为金融市场的创新发展提供知识支持。

基于上述原由，我们翻译了迈克尔·西蒙斯的《金融担保品实务操作手册》一书。本书重点介绍了三个主要市场——证券回购市场、证券借贷市场和场外衍生品市场的金融担保品管理实务操作，详述担保品管理的完整生命周期及具体环节。全书以操作流程为"纲"，串联起包括买方、卖方、金融市场基础设施、法律机构、咨询公司、软件服务商等各个"点"，并辅以案例分析、法规解读和监管政策梳理，旨在为读者呈现更为丰富的担保品实务的"面"，提供从入门到精通的经验指南。我们希望本书中文版能够给关注国内担保品管理领域发展的政策制定者、实际从业者、学者和其他相关方提供有益的参考和启发。

水治东

2021 年 8 月

在过去的十年里，担保品管理业务飞速发展。尤其是在 2008 年金融危机后，对以更有效的方式降低对手方信用风险的需求日益迫切。这种需求不仅来自市场参与者，监管方也有强烈的意愿。2009 年，在匹兹堡举办了聚焦金融市场和世界经济的 G20 峰会，随后一系列重要新规陆续起草发布。这些新规分几个阶段实施，其中最广为人知的是《多德—弗兰克法案》和《欧洲市场基础设施监管规则》（EMIR）。

对于一家公司而言，实施担保品管理的主要动机是通过交换担保品以降低对手方信用风险。担保品一般是现金或者证券。金融危机后，担保品在本质上没有改变，但担保品管理的频率、过程和相应资产发生了变化。新规定对担保品的实际应用和流程产生了巨大影响，包括额外的交易报告、交易对账、每日保证金管理、调低最低转让金额、同口结算和通过中央对手方交换初始保证金等诸多方面。

作为一名行业专家，我亲历了这些巨变。十年前，市场参与者会以每周到每月的频率使用 Excel 和 Access 进行担保品处理。金融危机无疑是变革的催化剂。此后，软件供应商开始开发能汇总和存储最关键信息的系统，并进一步发展为具有高直通式处理效率的工作流系统，且实现与交易系统的连通。这些系统通过 API、SWIFT 或 SFTP 将内部系统、银行、托管人以及其他服务软件提供商连接起来。伴随着这些发展，辅助工作流的新系统也成为担保品管理行业的新地标，其中被广泛使用的系统有 triResolve 资产组合对账系统和 MarginSphere（如果这些应用软件被多数市场参与者使用，将为全球担保品管理市场带来极大便利）。

几年前，担保品管理主要集中在双边场外衍生品交易和一些回购交易。现在，我们发现许多金融产品都开始使用担保品安排，且都有相应的法律文件支持。在传统的担保品领域外，目前担保品应用最频繁的是集中清算衍生品、住房抵押贷款证券和证券借贷业务。另外，由于现在监管愈发严格，担保品业务参与方也在急剧增加。

本书的作者迈克尔·西蒙斯将其行业知识、培训经历、工作经验和对担保品管理的热忱都凝结在书中。这本书对于担保品管理工作的从业者（无论是专注于回购、证券借贷或衍生品业务，还是开展多种业务）都是案边必备。因为如果想要对担保品相关产品、担保品管理流程获得基础的认知，本书已达到了必要的详细程度。

Guido Verkoeijen

现金及担保品管理团队经理

APG 资产管理公司，荷兰

Ackowledgements
致　谢 ▶

　　当我发现在 2008 年金融危机后担保品管理的地位和重要性日益提高时，我意识到，金融服务行业的运营（或其他）人员越来越需要对担保品管理有更进一步的了解。

　　为了更好地撰写本书涉及的内容，我请教了对这些话题有深刻见解的专家。

　　在此，特别感谢 Guido Verkoeijen 对概念和细节进行了详细解释，同时认真耐心地对本书的重要部分进行审稿。同时，我也想感谢 Hasse R. Brandt 对一些话题提供了专业见解，并审阅了我的初稿。我还想感谢其他对本书有重要贡献的人，他们是：

- Arthur Thelen
- Neil Schofield
- Quentin Gabriel
- Simon Lee

迈克尔·西蒙斯

迈克尔·西蒙斯是一位运营专家，他的整个职业生涯都投入了与交易后执行流程有关的实践工作、管理和培训事业中。迈克尔在一家优质投行华宝证券（S. G. Warburg and Warburg Securities）工作超过20年并担任固定收益（债券）运营部门负责人。此后，迈克尔开始代表国际资本市场协会（IC-MA）等机构编写和讲授有关课程。他是Wiley出版的《证券操作》和《公司行为》两本书的作者。

迈克尔对担保品管理的兴趣源于2008年全球金融危机，彼时对这个话题的研究较危机前明显增多。除了回购和证券借贷这类以前就用到担保品的交易，全球各地均要求场外衍生品强制性使用中央清算，这意味着全世界对担保品产生了前所未有的关注。这将同时影响到买方公司和卖方公司，还会影响到一些其他组织，比如中央证券托管机构、托管人、管理顾问和软件提供商。在这种情况下，迈克尔意识到企业运营部门以及其他部门的人员需要担保品管理方面的知识。

现在，作为一名英国自由培训师和顾问，迈克尔在英国和海外讲授有关运营的各类课程。这些课程的内容包括担保品管理、证券（股票和债券）交易全生命周期、公司行为、回购、证券借贷和中央清算或非中央清算的场外衍生品交易。同时，他也为国际资本市场协会的管理人培训项目（ICMA Ex-ecutive Education）编写和讲授运营证书项目课程。

关于本书内容和风格的意见可以通过电子邮件 info@ mike－simmons. com 告知作者。

在金融服务行业中，现金和证券会按天临时借出。为了减轻由于借入方无法偿还借入的现金和证券而给出借方带来的风险，借入方会向出借方提供一定价值的资产。这些资产通常被称为"担保品"。

此外，担保品在减少场外衍生品交易（比如利率掉期和信用违约互换）产生的对手方风险时具有重要作用。

包括现金借贷、证券借贷和场外衍生品在内的交易均是由买方公司（包括养老金基金、保险公司、资产管理公司和其他公司实体）和卖方公司（包括投资银行和经纪商）两方共同执行的。因此，担保品与业务的买卖双方均有关联。

在 2008 年秋天之前的若干年里，担保品已被用于衍生品交易，担保品每周、每两周或每月在交易者之间转移。在那个时候，通常只有大型金融服务机构持续识别确认风险敞口，并以每天的频率发出或收到担保品。

之后爆发了全球金融危机，2008 年 10—11 月出现了金融行业的大紊乱。在雷曼兄弟公司破产期间及之后，对担保品管理的使用急剧增多，公司不论大小都开始积极地使用担保品并按日跟踪，以减轻风险敞口，并将其作为首要的对手方风险消除手段。

运营部门的工作复杂度也随之成倍上升。在一家机构中，成功的担保品管理流程需要有经验的员工。他们必须理解一个安全可靠的处理流程需要哪些组成要件，同时也需要警惕那些可能导致巨大风险敞口的问题。在一个金融服务机构中，高效成功的担保品管理部门需要知识的高度融合，以及对大量互相关联的金融服务运营规程的理解。

担保品市场新成员的加入以及担保品管理在全球的高频使用，意味着这一学科的基础知识正处于供不应求的状态。金融服务机构正在大量招聘担保品管理岗位人员。风险管理专家需要对这个领域有充分的理解，才能评断对手方风险的减轻程度。在商议交易前的法律文书时，律师应对担保品管理的全流程烂熟于心。那些在中央证券托管机构和托管人工作的员工，如果他们需要理解和执行他们的客户发出的证券和资金流动指令，也应深入理解这一领域。咨询公司如果想为金融服务企业提供专业服务，也需要了解这一领域。软件公司如果想要提供担保品管理系统以实现他们客户的担保品管理目标，也需要关注这一领域。

担保品管理的专业知识对全类别金融机构均适用。

目标受众

本书主要面向希望从运营（操作）角度获得关于担保品管理全方位认知的读者。因此，本书将对以下读者有价值：

■ 完全不懂担保品管理行业的人

■ 目前正在担保品管理部门工作，并且想对担保品管理流程进行全方位了解的人

■ 希望全面拓宽知识的在岗担保品管理运营人员

■ 发出现金和证券担保品流动指令的人员

■ 现金和证券资产流动的指令接收方

■ 交易确认专员

■ 静态数据分析员

■ 公司行为专员

■ 对账分析员

■ 风险管理经理

■ 信用控制专员

■ 法律文书谈判人员

■ 管理咨询顾问

■ 商业分析师

■ 软件工程师

本书描述了关键的担保品日常管理实践的详细过程，这些管理实践是：（1）担保品管理专业人员必须做的工作；（2）一家公司在安全的且不产生额外风险的前提下，消除对手方风险必须做的工作。

此外，本书也能帮助读者在对手方风险的概念认知和消除对手方风险实操之间建立起有益的理论联系。

本书的目标和结构

本书将担保品管理的主题分解为几个逻辑组成部分，并阐释每一部分有关内容，逐步累积知识，以最终清晰勾描担保品管理的整体图景。

为了帮助读者理解，本书使用了约150幅图表，并包含了案例计算。

本书末尾还附有一个术语表，包含了与金融担保品管理主题有关的600余个词汇和短语。

本书应按章顺序阅读，但是，考虑到一些读者希望直接阅读本书的某个部分，所以将每个部分也写成了一个独立的专题。

本书分为四部分。第1部分从一些基础但重要的概念展开，首先解释了基本的担保品原则，接着描述了不同类型担保品的性质。

随后，描述了三种必须使用担保品的主要金融交易类型，它们是：

■ 第2部分：回购交易与担保品
■ 第3部分：证券借贷与担保品
■ 第4部分：场外衍生品交易与担保品

第4部分内容明显比第2、第3部分多，包含三个小节：

■ 4a 小节介绍了衍生品、场外衍生品、场外衍生品的交易类型以及场外衍生品相关担保品的重要特征

■ 4b 小节涉及有关场外衍生品的法律文件

■ 4c 小节解释了在2008年全球金融危机后有关场外衍生品的制度要求，尤其是这些制度对担保品管理的影响

笔者独立完成了本书的写作，本书观点仅为个人观点，与我担任教职、顾问或员工的任何组织无关。

虽然我尽全力修改了本书的文字，但书中难免存在错误。如果读者对本书的内容或形式有任何问题，请发送邮件至 info@ mike-simmons.com，本人诚挚感谢您的批评和建议。

迈克尔·西蒙斯

Contents

目　录 ▶

第4a部分　场外衍生品交易与担保品

Part 1 | 第 1 部分

担保品入门

本章介绍担保品和担保品管理的重要概念。本章涉及的各个话题在之后的相应章节中均会展开讨论。

什么是担保品？担保品是一家实体或公司（A公司）提供给另一家实体或公司（B公司）的有价证券，作为前者对后者偿还义务的一种保证。

提供担保品的目的是，在A公司无法履行某交易的法律义务和合同义务时，为B公司提供保障，使B公司得以依法卖出担保品来回收A公司的全额欠款。

我们通常称交易双方为担保品提供方或转让方（A公司）、担保品接受方或受让方（B公司）。

为使担保品接受方获得足够保护，作为担保品的资产必须符合以下特点：一是在市场上有明确的价值，二是具有较高的流动性。这样，在需要的时候，担保品接受方可以简单、快速地卖出担保品变现。

现在，需要转让和受让担保品的交易品种越来越多，日常应用越来越广泛，比如房屋抵押贷款中，出借实体（比如银行）向房屋购买人借出资金，如果房屋购买人不能遵守抵押贷款合同条款并支付必要的还款，则出借实体在法律上拥有房屋所有权。在这种情况下，房屋本身就是担保品。出借实体可以在需要的时候卖出房屋，以偿还原本借出的资金及房屋购买人拖欠的利息。

在金融服务业，需要转让和受让担保品的交易类型可分为以下两大类（所列交易类型在后续章节中将详细介绍）：

1. 包含资产借贷行为的交易类型

这一类交易的共同特征是：资产由一方出借给了他的对手方，并且借出方面临资产不被返还的直接风险。为了减轻借出方的风险，资产借入方会提供担保品。这类交易包括：

■ 售后回购（简称"回购"）交易

■ 证券借贷交易

2. 价值随时间累积的交易类型

这一类交易的共同特征是：双方进行了衍生品交易，且该交易周期很长（最长可能达到 50 年）。这意味着，在整个交易周期中，交易的任一方相对于其对手方都有持续的风险敞口。因此，为了彻底理解相关的风险及担保品扮演的角色，了解每种交易的特性就变得十分重要。这类交易开始时，交易双方均无盈亏，但随着时间流逝，其中一方将在该笔交易中获益，另一方则在交易中受损。在整个事件进程中，该合约的价值也将剧烈波动，可能某一天 A 公司获益，另一天 B 公司就获益了。对于这类交易，受损（无风险敞口）的一方需要给获益（有风险敞口）的一方提供担保品。因为万一无风险敞口的一方在交易存续期内破产，有风险敞口的一方需要以"当前"市场价格替换原始合约，从而产生比原先交易更大的成本。这类交易类型一般称为场外衍生品，包括：

■ 利率衍生品交易（如利率掉期）

■ 信用衍生品交易（如信用违约互换）

■ 外汇交易（如外汇掉期和交叉货币互换）

场外衍生品交易通常是在两个交易主体之间进行，也被称作双边交易。这种交易是私下协商达成的，而不是通过衍生品交易所达成（交易所交易衍生品通过交易所达成交易）。

上述所有交易类型的共同点是均发生担保品的提供或收取。一般而言，交易双方会在法律文件中商定可以提供或接受的担保品种类，并在交易开始前签署合同。作为担保品的资产通常是现金或债券，因为这类资产的价值要么是零波动（现金），要么波动很小（高评级债券）。股票一般很少用作担保品，因为它的波动性太高，且有时无法预测价值。

在正利率环境下，提供现金担保品的一方通常会从担保品接受者那里获得约定的现金利息。

债券和股票被划归为证券。当将证券作为担保品时，其价值一般会有抵押折扣率，即由担保品的当前市场价值扣减抵押折扣，以反映出证券的担保品价值。相反，如果是以主要国家货币作为担保品，一般就不会有抵押折扣，而是按其市场价值进行担保。

公司会依据需要定期检查担保品的价值，以确定当下是否存在风险敞口。比如，某个作为担保品的债券，其昨天的价值能覆盖资产借出者的风险，但今天其价值就可能低于借出资产的价值，导致资产借出者存在风险敞口。要减轻资产借出者的风险敞口，就需要资产借入方提供更多的担保品（这个过程被称为保证金追缴）。相反地，如果担保品价值比资产价值高，则资产借入方有风险敞口（即提供了过多的担保品），此时资产借入方将要求借出方返还超额担保品。

由担保品接受方持有的证券担保品可能会被担保品提供方卖出。担保品提供方要求接受方返还原始担保品，以便在到期日（结算日）清算并完成出售交易。在这种情况下，担保品提供方通常有权用现金或证券（取决于是何种交易类型）等一种或多种担保品置换原有担保品。担保品接受方在归还原有担保品的同时，应确保同时接受替换的担保品，避免出现风险敞口。这一过程被称为担保品置换。

证券担保品在证券接受方持有过程中可能会有收入。对于债券，这被称为息票支付（利息支付），对于股票，这被称为股息支付。交易的法律文书里会明确，当担保品发生了上述收入支付后，担保品接受方必须在获得收入时，给担保品提供方支付等额价款。

由于交易到期时，风险敞口不复存在，因此必须将所有担保品余额归还担保品提供方。交易期限由于交易类型的不同会有显著不同。详见本章前面的描述。例如：

1. 包含资产借贷行为的交易类型——回购交易和证券借贷交易通常期限较短，一般只有几天或者几周。

2. 价值随时间累积的交易类型——场外衍生品交易通常期限较长，某些交易存续期有几年至几十年。

为了保护自己，参与此类交易的公司必须在担保品管理过程中，能够按一定的频率识别并减轻风险敞口。

各类担保品的性质与特征 | 第 2 章

> 本章适合那些对金融服务业如何处理现金和债券资产不了解或了解有限的读者。本章概述了两种主要的担保品类型，即现金和债券。我们必须首先了解债券的性质，才能理解其在作为担保品时的行为模式。此外，我们还要充分了解现金的支付和接收方式以及债券的交付和接收方式，从而理解公司对风险敞口的管理。

金融服务中最常用的两种担保品是现金和债券。

2.1 现金担保品：概览

2.1.1 引言

最常被用作担保品的货币为美元（USD）、欧元（EUR）和英镑（GBP）。

如果一家公司具有美元风险敞口，且从交易对手方处收取了美元现金担保品，就不存在外汇风险，因为无须在货币之间进行转换。但如果该公司有与上述相同的美元风险敞口，但收到了另一种货币（如欧元）作为担保品，则该公司此后将承受外汇汇率变动风险，这可能导致担保品的价值低于该公司的风险敞口。如果产生此类风险敞口，则风险敞口方公司需要向其交易对手方追缴保证金，以弥补差额并减轻其风险敞口。

需澄清的是，不论是初始的担保品提供方还是担保品接受方都可能由于汇率变动而具有风险敞口。

2.1.2 合格担保品

交易双方签署的法律文件（最好是在双方执行第一笔交易之前签署）应指明交易各方可接受的担保品币种。通常，可接受的担保品称为合格担保品。

如果应提供担保品的公司希望提供法律文件所规定的合格货币以外的货币，则接收方公司没有义务接受该货币，并且有权拒绝接受。

2.1.3 抵押折扣率

如果提供或接受的现金采用了合格货币，则无须适用抵押折扣率。例如，如果乙方的风险敞口为 5 000 000.00 美元，则甲方应支付 5 000 000.00 美元的现金担保品，即风险敞口金额的 100%，且应支付金额不超过该金额（因为此时适用零抵押折扣率）。

因此，假设风险敞口和担保品为同种主要货币，则该主要货币现金金额的市场价值等于其担保品价值。[①]

2.1.4 结算

通常，为进行现金支付，公司需首先为一种特定货币指定一家资金代理行（cash correspondent，也称 nostro），然后向该资金代理行发出关于现金支付的结算指令。

资金代理行采用与付款到期日（或结算日）相关的时点作为其接收结算指令的最后期限。为按时完成付款，公司必须确保其遵守该最后期限要求。如果错过了最后期限，则交易对手方（收款人）将无法按时收到款项；对于现金担保品而言，付款延迟意味着：（1）风险敞口方的风险未能得到减轻，以及（2）违反法律协议。

为便于向交易对手方支付现金，惯行做法是将常设结算指令（Standing Settlement Instructions，SSI）存储在公司的静态数据库（static data repository）中。常设结算指令是银行账户详细信息的通用名称，实际上是每个对手方为便利现金支付所提供的标准指令；其使得付款方公司避免了每次支付时均需与对手方联系的麻烦。当需要进行支付时，付款方公司只需指示其资金代理行根据付款方公司静态数据中保存的常设结算指令信息，向对方的资金代理行进行支付即可。

结算指令的发出是结算过程中的一个高风险环节；如果指令不是通过安全的机制发出的，则存在第三方以欺诈方式从公司的银行账户支付款项的风险。发送安全结算指令的全球标准是环球银行金融电信协会（SWIFT）系统，它为会员公司提供高级别的消息加密，确保结算指令仅由发送者和接收者使用，其秘密编码不被第三方破解。

请注意，要避免混淆常设结算指令的目的和用法与结算指令的目的和用法：

■ 常设结算指令是包含了银行账户详细信息的一段信息，存储于公司的静态数据库中。公司需要为特定币种存储自身的银行账户详细信息（称为"己方 SSI"），以及为特定币种存储各对手方的银行账户详细信息（称为"对方 SSI"）。此类常设结算指令（SSI）信息用于以高效的（通常是）电子化形式生成逐笔结算指令

■ 结算指令会发至付款方公司的资金代理行，用于特定金额的现金支付，其包含的信息除了"己方 SSI"和"对方 SSI"（二者均从付款方的静态数据库中摘取）外，还需要包含币种、金额和结算日

---

① 其他货币也可被规定为合格担保品，但相关各方可能会商定某个抵押折扣率。

应注意，在实际进行支付之前，现金的支付和收取不需要在付款方和收款方之间预先匹配结算指令。因此存在这样的风险：如果付款方在创建结算指令时犯了一个错误（例如，现金金额录入为 10 000 000.00 欧元而非正确的金额 1 000 000.00 欧元），且假定付款方在资金代理行的账户中持有足够余额，则该支付将以错误的金额进行。公司应该建立内部程序，从源头上在将结算指令发送给资金代理行之前识别此类错误，并应进行付款后对账，以便对应支付的现金金额和资金代理行的实际支付金额加以复核。不建议公司依靠其对手方来告知其发生了此类错误。

当公司应从对手方处收取款项时，其资金代理行可能会要求该公司发出资金预开通知书，以告知资金代理行在具体结算日收取特定现金金额。如果对手方向公司发起一笔付款，而公司未能（在其资金代理行需要此类通知书的情况下）向其资金代理行发出资金预开通知书，则尽管该资金代理行将代表该公司在结算日收取资金，但该资金代理行不太可能在结算日入账该笔资金，而是会采用"次日"价值。这意味着接收方公司将：（1）不能及时减轻其风险敞口，以及（2）至少损失 1 晚这些资金的利息；如果付款结算日是星期五，则将损失至少 3 晚的利息。在这种情况下，付款对手方未违反法律文件，因其在结算日进行了支付。同样应注意，那些要求收取资金预开通知书的资金代理行通常还对收取资金预开通知书的最后期限进行了规定。

2.2 债券担保品：概览

2.2.1 引言

本小节介绍了在接收和交付债券担保品时必须考虑的许多重要因素。

债券（与股票一起）被归类为证券，并具有以下特征：

■ 债券可为发行人（发行实体）筹集临时资金
■ 发行实体包括：
　■ 政府（如美国财政部、德国政府、英国政府）
　■ 政府机构（如房利美公司）
　■ 超国家组织（如世界银行、欧洲复兴开发银行、亚洲开发银行）；以及
　■ 公司（如西门子股份公司、IBM 公司、澳洲航空公司）
■ 发行人从投资者（债券持有人）处借款
■ 发行人通常以固定利率向债券持有人支付利息，作为借入资金的成本
■ 债券的到期日（maturity date）通常不超过 30 年
■ 投资者通常包括：
　■ 个人
　■ 机构投资者（如共同基金、养老基金）
　■ 公司；以及
　■ 投资银行

■ 单只债券的发行：

　　■ 由特定发行人发行

　　■ 用于筹集特定的现金金额（如 1 000 000 000.00 美元）

　　■ 具有固定①年息票率(如 4.75%)

　　■ 息票应在每年的指定日期（如 10 月 1 日）或每半年的指定日期（如 10 月 1 日和 4 月 1 日）支付②

　　■ 在指定的期限内（如 20 年）债券到期，发行人将本金偿还给债券持有人

　　■ 发行价格为（或接近）100%

　　■ 偿还本金为（或接近）发行人借入的原始资本的 100%

2.2.2　债券类型

第 2.2.1 节中提到的债券类型通常称为固定利率债券。此类债券的特征可以概括为：

■ 固定利率债券

　　■ 以确定（固定）的息票率发行的债券

　　■ 债券的价格会根据供求规律波动：请参阅本章第 2.2.5 节"债券的市场价值"

　　■ 固定利率债券为投资者提供了整个债券生命周期内已知且不变的息票率，如图 2.1 所示

　　■ 发行人决定固定利率息票支付频率，通常是每一年或半年一次

　　■ 第一个息票支付日通常是在债券发行的一年后（对于年度付息债券）或在债券发行的六个月后（对于半年度付息债券）

其他可用作担保品的债券类型有：

■ 浮动利率债券/票据（Floating Rate Notes，FRN）

　　■ 是基于一个确定的浮动基准利率(如 Libor) 来确定息票率的债券

　　■ 浮动利率债券为投资者提供了固定利率债券外的另一选择，因为浮动利率债券在某些情况下反映了当前的利率，而在另一些情况下则反映了通货膨胀率

　　■ 基准利率会不断变化，因此浮动利率债券的息票率也会相应变化，如图 2.2 所示：例如，伦敦银行同业拆借利率（Libor）基准利率反映了一系列总部设于英国的银行所提供的平均借款利率

　　■ 发行人决定浮动利率债券息票支付频率，如每月、每季度、每半年

　　■ 常见做法是，每当息票率发生变化（重新确定）时进行息票支付，但也并非总是如此（如季度付息，但利率重新确定周期为月）

　　■ 具体浮动利率债券的发行条款里可能会规定在基准利率之上附加固定的利差，以确定实际息票率：例如，某个时期公布的基准利率为 2.62%，但必须在该利率基础

---

① 存在例外——见下文。

② 存在例外——见下文。

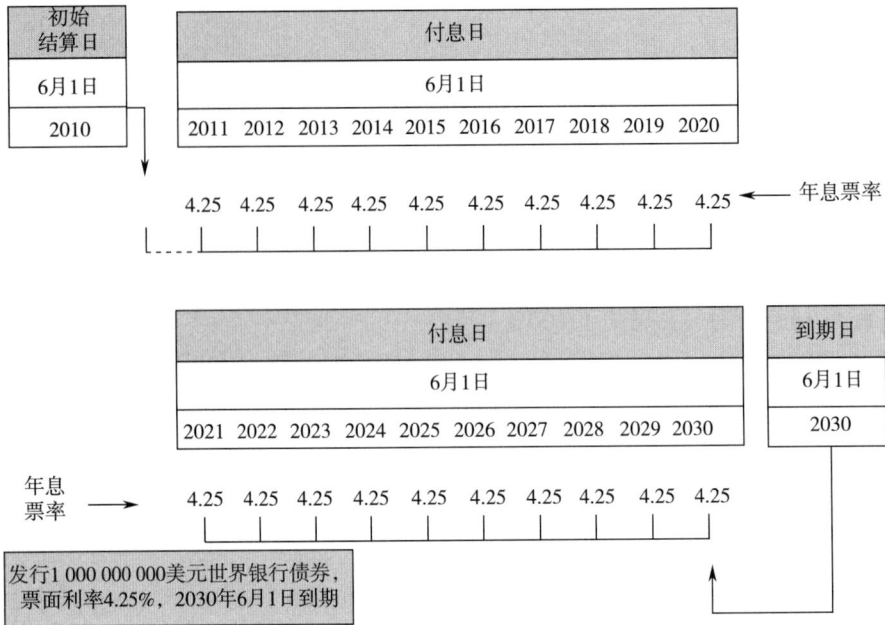

图 2.1　固定利率债券示例（含息票支付日和息票率情况）

上添加 0.50% 的固定利差来确定息票率，故总计为 3.12%

    ■ 发行人（或其代理人）在浮动利率债券的存续期内以适当的频率确定并宣布发行人的实际应付息票率。由于基准利率有波动性，在浮动利率债券的整个存续期内，各特定时期的息票率极有可能是彼此不同的

图 2.2　浮动利率债券的息票支付日和变动利率示例

    ■ 零息债券（zero coupon bonds）

        ■ 以票面价值等值偿还本金（100%）且不支付利息的债券

        ■ 与大多数其他债券类型不同，这是一种不附息的债券

        ■ 此类债券由于不支付利息，所以发行价格要比票面价值低很多；见图 2.3

        ■ 发行后，随着时间流逝，债券的市场价格逐渐增长，趋近于债券到期日以面值兑付的价格

    ■ 可转换债券（convertible bonds）

        ■ 支付固定利率但具有附加特征的债券：债券持有人拥有在指定的转换条件下

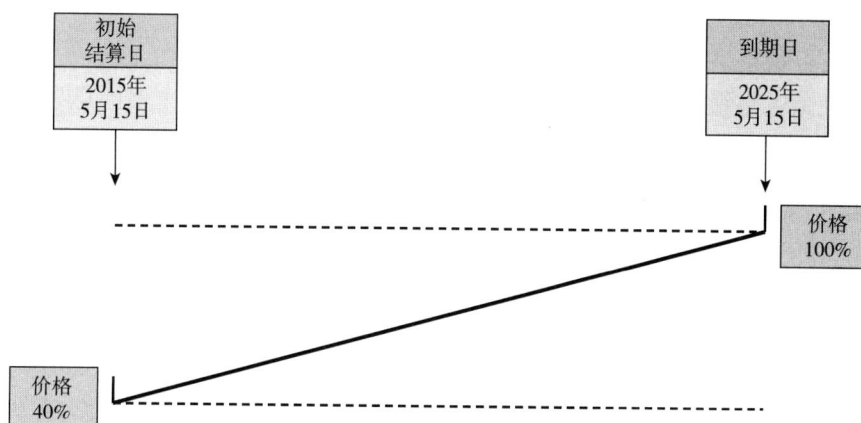

图 2.3 零息债券从发行日至到期日的价格情况示例

可将债券转换为（通常是）发行人标的股票的选择权（如每 20 000.00 美元的债券可转换为 694 股）

■ 此类债券通常被视为混合证券，由于其具有债券的特征，但其市场价值受标的股票价格的影响

■ 可交换债券（exchangeable bonds）

■ 该债券的基本结构与可转换债券非常相似，但在决定转换/交换后，债券持有人将获得与债券发行人相关联的实体的股票（有别于可转换债券在转换时获得的是发行人本身的股票）

■ 住房抵押贷款证券（Mortgage-Backed Securities，MBS）

■ 由现金借出方向投资者发行的证券（分类上未必属于真正的债券）

■ 某实体将现金借给购房者（如用作住房抵押贷款），购房者承诺按计划定期（通常每月）支付一笔固定现金量（包含本金和利息）的方式来偿还该现金借款

■ 现金借出方实体发行一只证券，该证券的现金结构与将从抵押贷款人处按预定的利息和本金收回的现金流量完全一致；其投资者将获得与从抵押贷款人处收到的现金收入相同的现金流量

■ 此类 MBS 对应的术语是转手证券（pass through securities）。此类证券一个极为重要的方面是提前还款（prepayment）：抵押贷款人通常可以在任何时候不定期地偿还本金，这会影响该证券的未偿还本金额，并用一个称为"池因子"（pool factor，资产池现有抵押贷款本金余额与初始抵押贷款本金余额的比率）的调整数来表示

债券的其他特征包括：

■ 含看涨期权的债券

■ 发行人在债券到期日之前赎回债券的权利，也被称为可赎回债券（callable bonds）。在某些情况下，会对期权设置时间限制，从而无法在指定日期之前赎回债券

■ 含看跌期权的债券

■ 债券持有人在债券到期日之前强制发行人赎回债券的权利，也被称为可卖回

11

债券(puttable bonds)

■附有分级息票率的债券

■在债券存续期的两个或两个以上指定时间段内各采用一个不同息票率的固定利率债券。也称为递增利率债券(step up bond)

2.2.3　债券识别码

全球存在数以百万计的证券（债券和股票），哪些债券已经交易了并需要交割，这往往令人困惑。

特别是对债券（而非股票）而言，一些发行人同时发行大量细节非常相似的债券。例如，世界银行［正式名称：国际复兴开发银行（IBRD）］可能会同时发行两只具有相同票面利率和到期日的债券；但是，这两只债券的发行货币不同，例如，一只以美元发行，另一只以英镑发行。因此，交易双方之间可能混淆这两只债券中的哪一只已经交易并需要交割。

为了避免这种潜在的混淆，采取的方法是向现有的每只证券发放唯一的代码编号，这已成为全球公认的标准。该代码称为国际证券识别编码(ISIN)。例如，债券"国际复兴开发银行票据，利率1.375%，2021年9月20日到期"被分配的ISIN码为"US459058FP39"。

除了用于特定证券的ISIN码外，还有国家编码。例如，对于前文提到的世界银行债券，已向其分配了美国统一证券标识委员会（CUSIP）编码(在美国和加拿大使用)"459058FP3"。注意：可以看出，国家编码是ISIN代码的组成部分。

其他国家编码有：

■德国：Wkn（Wertpapierkennnummer）

■瑞士：Valor

■英国：Sedol

负责分配ISIN码的是该国的国家编号局（NNA）。

为使公司以最有效的方式管理所有证券相关交易（包括担保品相关交易）的处理，需要为每个单只证券设置证券静态数据，其中就包括ISIN码和国家编码。

2.2.4　债券名义价值

货币纸币（也称钞票）以多种面额发行。例如：

■美元纸币常以1美元、2美元、5美元、10美元、20美元、50美元和100美元的面额计价

■欧元纸币常以5欧元、10欧元、20欧元、50欧元、100欧元、200欧元和500欧元的面额计价

■英镑纸币常以1英镑、5英镑、10英镑、20英镑、50英镑和100英镑的面额计价

与此类似，债券发行时也以特定面额计价，称为名义价值(denomination values)。

对于每只发行的债券，发行人需决定面额的数量和大小。例如，一只特定债券采用了单一面额 10 000 美元发行，而另一只债券既可以单一面额发行，也可以 2 个面额（如 20 000 欧元和 50 000 欧元）或 3 个面额（如 5 000 英镑，50 000 英镑和 100 000 英镑）发行。

从担保品管理的角度来看，债券名义价值的重要性在于，（由担保品提供方向担保品接受方）交付的有效债券数量必须为最小面额的数值及其倍数。例如，如果债券的最小面额为 20 000 欧元，则不可能交付小于该面额的数量的债券（如 8 500 欧元）。

接收者（无论接收方是中央证券托管机构还是托管人）将拒绝接受包含无效债券名义价值的结算指令。拒绝的原因：债券数量无法交付。

为了防止发出这种无效的结算指令，公司应采取如下的基本内部控制机制。最初在公司的静态数据库中设置债券数据时，必须确定并设置该只债券的名义价值。债券名义价值在该债券的募集说明书（prospectus）中有规定。按要求在公司的账簿和财务记录中记录担保品变动时，应利用公司静态数据库中保存的债券名义价值信息；相应地，该控制机制能够判别输入的担保品交付量的适当性，并做出接受或拒绝的处理。

注：债券名义价值适用于（当前）以全球票据（global note）形式发行的债券，也适用于以（历史上）以无记名（bearer）形式发行的债券。

2.2.5 债券的市场价值

如前所述，附息债券通常以 100% 的价格发行，其本金通常在债券到期日以 100% 的价格偿还。从发行到偿还本金的期间内，债券价值将根据市场供求关系而波动。

如果现金投资者可以在货币市场中赚取（例如）4% 的收益，但是可以通过投资特定债券来赚取 4.75%，则该债券的需求将更大，其价格可能会上涨超过面值的 100%〔称该债券以高于面值（面值 = 100%）的价格溢价交易〕。如果货币市场利率高于 4.75%，则可能出现相反的情况，债券的价格可能会跌至面值的 100% 以下（称该债券以低于面值的价格折价交易）。

不过，债券发行人的实际或预期的信誉（creditworthiness）也可能影响债券价格。

如果投资者在债券刚发行时买入该债券，则称其在一级市场（primary market）进行了交易。当债券已发行后，市场参与者可在二级市场（secondary market）上进行买卖交易。二级市场上执行的附息债券交易会产生应计利息（accrued interest），通过这种市场机制，卖方可获得自上一次债券付息日（coupon payment date）至本次交易结算日（value date）之间所产生利息的补偿。

从担保品管理的角度来看，重要的是应注意当附息债券（interest bearing bonds）作为担保品被提供或接受时，该债券的当前市场价值（current market value）是包含应计利息的当前价值。因此，担保品提供方如果未能考虑附息债券的应计利息，就会在不知情的情况下低估担保品价值，从而产生超额担保的风险；也就是说，所提供债券的市场价值和担保品价值超出减轻对手方风险的实际需要。

同样应注意，与特定债券数量相关的应计利息可能价值不菲。例如，一笔债券的金额为 100 000 000.00 欧元,每年以 5% 的息票率支付息票,该笔债券截至计息年度末的应计利息价值接近 5 000 000.00 欧元。

2.2.6　债券持有地点

历史上,大多数证券(债券和股票)都以凭证(certificated)形式存放于投资银行和机构投资者的办公地点,如图 2.4 所示。在这种情况下,公司之间的证券流动是通过在这些公司的办公地点之间进行纸质化证书的物理交付来实现的。

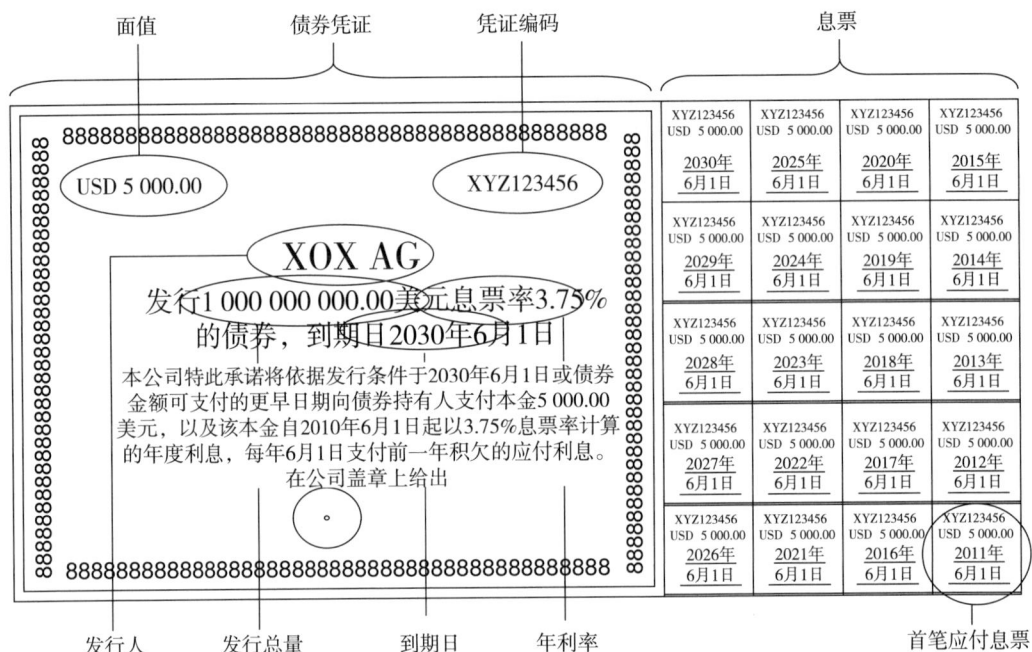

图 2.4　附息债券凭证示例

相比之下,今天的证券通常以电子化方式记录并保存在证券"仓库"中,这些仓库被称为中央证券托管机构(CSD)。一些公司可以选择成为一个或多个 CSD 的直接成员。当一家成员公司要求在一家 CSD 收取或交付证券时,该公司必须向该 CSD 发出一个结算指令。在结算发生前,惯常做法是将成员公司的结算指令与对手方的结算指令进行匹配。如果指令匹配成功,并到了结算日,而且交付方有足量的证券可用于交付,则该 CSD 将通过一种称为电子簿记(electronic book entry)的机制实现结算,这将引起交付方的证券余额减少一定数量的证券,而接收方的证券余额增加相同数量。每当交易日结束时,CSD 都会为每个成员公司生成证券持有量报表,以便于成员公司与其内部的账簿和财务记录(books & records)开展对账(reconciliation)。

因此,以投资者名义持有债券的主要地点是 CSD。债券持有人,例如投资银行,通常直接在 CSD 开立账户,并在此类账户内持有其债券。

存在两种类型的 CSD:

■ 国内 CSD(National CSD,NCSD)通常提供与本国发行人所发行的证券相关的服务；通常一个国家只有一个 CSD。大多数国内 CSD 最初是为国家证券交易所进行交易后持有股权资产而设立的，但是在许多情况下，NCSD 扩大了其证券产品的范围从而包含了债券

■ 国际 CSD（International CSD）通常为欧洲债券和其他类型的国际证券提供相关服务。在某些情况下，还可以通过与一些国内 CSD 的电子互联为国内证券提供服务

CSD 往往位于全球各主要金融中心。表 2.1 列示了位于各个金融中心的国内 CSD，表 2.2 列示了两个国际 CSD。

表 2.1　　　　　　　　　　　国内中央证券托管机构示例

国内 CSD 示例	
国家（地区）	CSD 名称
阿布扎比	阿布扎比证券交易所
阿根廷	Caja de Valores
澳大利亚	CHESS（结算所电子附属登记系统）
巴西	CBLC（巴西清算和存托公司）
迪拜	迪拜金融市场
法国	欧清法国
德国	明讯银行法兰克福
中国香港	CCASS（中央结算及交收系统）
意大利	Monte Titoli
日本	JASDEC（日本证券保管公司）
韩国	KSD（韩国证券托管公司）
科威特	KCC（科威特清算公司）
墨西哥	Indeval
荷兰	欧清荷兰
新西兰	NZCSD
俄罗斯	国家结算存管处
沙特阿拉伯	证券存管中心
新加坡	CDP（中央存管私人有限公司）
瑞士	SIX 集团（SIX）
英国 & 爱尔兰	欧清英国 & 爱尔兰
美国	美国存管信托公司（DTC）

表 2.2　　　　　　　　两家国际中央证券托管机构的名称和地址

国际中央证券存管机构	
地址	CSD 名称
布鲁塞尔	欧洲清算银行
卢森堡	明讯国际

各中央证券托管机构向其账户持有人提供的典型服务范围包括：

■ 证券保管
■ 收到有效结算指令后接收或交付证券
■ 支付/收到现金后接收或交付证券
■ 零现金情况下接收或交付证券（适用于追缴保证金）
■ 交付引起的证券和现金账户余额更新
■ 收入的收取和公司行为（corporate action）事件的处理

有一个与现金相关的事项须特别注意，尽管买卖结算意味着现金余额将在日间产生，但某些国内 CSD 不允许存在隔夜现金余额，必须在此类国内 CSD 每天日终之前将现金余额清零。相反，两个国际 CSD 均对超过 50 种货币允许留存隔夜现金余额。

此外，两个国际 CSD 均提供自动证券借贷服务。

并非所有证券投资者都会直接在 CSD 持有账户。一些债券持有人，例如机构投资者，经常在托管人处开立账户，而后者则在 CSD 拥有账户。在这类情况下，为了实现（1）证券交易的结算和（2）使用证券担保品对保证金追缴进行结算，此类投资者必须向其托管人发出结算指令。随后，托管人将通过其在 CSD 处的相应账户发出自己的结算指令；需注意，托管人可能会在每个 CSD 开设一系列账户，通常是出于预扣税（withholding tax）目的（由于托管人客户的处所地点各异）。图 2.5 描述了在某 CSD 处持有一只特定证券的多个参与者。

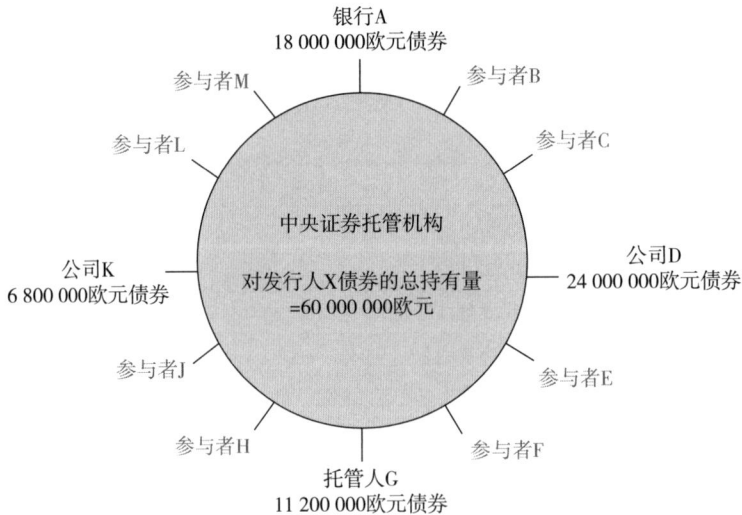

注：标灰色的参与者对发行人 X 债券的持有量为零。

图 2.5　参与者在 CSD 处的持有量，含托管人的持有量

从担保品管理的角度，公司在哪里持有其证券会直接影响其发出结算指令的时间节点。各 CSD 会公布从其账户持有者处接收到结算指令的截止时点。如果公司使用托管人（而非 CSD），则该托管人公布的截止时点将一定程度上早于相关 CSD 的截止时点。担保品管理部门必须时刻掌握此类截止时点，以免发生差错；如未能如期交付担保品将意味着该公司违反了其与对手方之间的合同约定。

2.2.7 可接受的债券担保品

在担保品管理领域，通常可被接受作为担保品的资产类型（包括债券）一般称为合格担保品。

从风险敞口方的角度，无论担保品的性质如何，重要的是接收到的担保品质量合格且数量充足，从而确保在对手方发生合同义务违约而需对该笔担保品进行资产变现（liquidated）时，自身风险敞口已被充分覆盖。

因此，债券担保品的某些特征会影响到其质量，这些特征与债券发行人遵守条款的可能性有关，特别是到期时偿还本金（capital repayment）和支付息票/利息（coupons）的可能性。这些特征包括：

- 发行人类型：如政府、政府机构、超国家组织、公司
- 发行人评级：如发行人评级为 AAA、A 或 BBB（请参见表 2.4）
- 资产类型：如固定利率债券、浮动利率债券、零息债券
- 剩余期限（residual maturity）：从"今天"起至债券到期日之间的时间长度（剩余期限越长，预期风险越大）

在使用现金担保品的同时，交易双方之间签署的法律文件将规定有资格作为合格担保品的债券类型。例如：

- 最高质量的债券担保品可以定义为以下债券：
  - 加拿大、法国、德国、荷兰、英国和美国的政府和中央银行以英镑、欧元、美元和加元发行的债券
- 次高质量的债券担保品可以定义为以下债券：
  - 澳大利亚、奥地利、比利时、丹麦、芬兰、爱尔兰、意大利、日本、卢森堡、新西兰、挪威、葡萄牙、斯洛文尼亚、西班牙、瑞典、瑞士的政府和中央银行以本国货币或英镑、欧元、美元发行的债券
  - 主要国际机构以英镑、欧元、美元、加元发行的债券，包括：
    - 非洲开发银行
    - 亚洲开发银行
    - 欧洲委员会开发银行
    - 欧洲复兴开发银行
    - 欧洲金融稳定基金
    - 欧洲投资银行
    - 欧洲稳定机制
    - 欧洲联盟
    - 美洲开发银行
    - 国际复兴开发银行

■ 国际金融公司

■ 伊斯兰开发银行

■ 北欧投资银行

注：以上列表在本文撰写时被视为合格债券担保品的示例，但可能会发生变化。

如果应提供担保品的公司试图交付法律文件规定的合格债券类型以外的债券，则接收方公司有拒绝接受的合法权利。

2.2.8　抵押折扣率和债券担保品价值

术语"抵押折扣率"（haircut）是指为计算一项资产的担保品价值而对其市场价值进行扣减的百分比。如果资产的担保品价值不低于风险敞口金额，则该公司的风险敞口已得到充分担保。

抵押折扣率的目的是为风险敞口方提供货币价值的缓冲，以防担保品（1）价值下降；或（2）必须被出售以弥补风险敞口方的损失。

设想公司 A 已向公司 B 借出现金 10 000 000.00 美元，为期一周；公司 B 按要求需提供债券担保品，以减轻公司 A 在当公司 B 无法偿还该笔现金时的风险敞口。公司 B 选择向公司 A 交付总计 11 000 000.00 美元的世界银行债券作为担保品。公司 B 需要确保该债券的担保品价值覆盖公司 A 的风险敞口，为此 B 公司采取下列步骤（请结合表2.3 阅读以下内容）：

■ 确定债券的当前市场价格（98.76%）

■ 确定当前的应计利息天数（282），从中得出应计利息的当前价值

■ 两项加总，得出市场价值总额

■ 确定适用的抵押折扣率百分比（10%）

■ 从市场价值总额里减去抵押折扣的部分，得出该债券的担保品价值总额

表 2.3　　　　　　　　担保品价值计算中抵押折扣率对市场价值的影响

计算债券担保品价值		
世界银行发行的 11 000 000 美元债券，票面利率 4.15%，2025 年 4 月 15 日到期		
要素	示例	计算示例
当前市场价格	98.76%	10 863 600.00 美元
加　应计利息	282 天	＋ 357 591.67 美元
总市场价值		11 221 191.67 美元
减　抵押折扣率	10%	－ 1 122 119.17 美元
总担保品价值		10 099 072.50 美元

从上面的示例可以看出，公司 B（担保品提供方）需按照抵押折扣率对公司 A（担保品接受方）的风险敞口进行超额担保(over – collateralise)。使用正确的抵押折扣率是一种合理的超额担保。

（对于不同的交易类型，除"抵押折扣率"外，也会使用"保证金"或"初始保

证金"等术语,所有此类术语均指上述差额;此类术语将在后续章节的相关语境中突出强调。)

计算从证券市场价值中扣减的抵押折扣率时,会涉及多种因素,同样,其包括:

■ 发行人类型:如政府、政府机构、超国家组织、公司

■ 发行人评级:如发行人评级为 AAA、A 或 BBB(请参阅下文)

■ 资产类型:如固定利率债券、浮动利率债券、零息债券

■ 剩余期限(residual maturity):从"今天"起至债券到期日之间的时间长度(剩余期限越长,预期风险越大)

一般而言,稳定政府发行的到期日短的债券担保品被认为具有低风险;预期风险越低,抵押折扣率也就越低。

惠誉、标普和穆迪投资者服务等评级机构(rating agencies)会给出关于发行人履行各单只债券合同义务能力的评判。计算特定债券的适用抵押折扣率时,标准之一便是当前信用评级;应注意评级下调(rating downgrades)和评级上调(rating upgrades)的情况会发生,因此所有公司都需要确保能够获得当前评级信息。评级示例及其含义如表2.4 所示。

表 2.4 典型的公开评级种类

穆迪	标普	描述
Aaa	AAA	最优质债券:兑付能力极强
Aa	AA	高质量债券:兑付能力较强
A	A	中高等级债券:兑付能力强
Baa	BBB	中等级债券:兑付能力充足
Ba, B	BB, B	中低等级债券:兑付能力不确定
Caa/Ca/C	CCC/CC/C	低等级债券:可能出现不兑付的情况

如果对某笔债券担保品的抵押折扣率计算结果有误,那么担保品提供者就有可能面临着所交付担保品的计算值低于其实际担保品价值的风险。这一计算失误将导致超额交付大量债券用以覆盖对手方的风险敞口;从而使担保品提供方存在无效超额担保的风险。

2.2.9 结算

债券买卖结算要求以证券交换现金,并以下述两种方式之一进行结算:

■ 券款对付(Delivery versus Payment,DvP)

■ 纯券过户(Free of Payment,FoP)

迄今为止,最受青睐的证券交易(买卖)结算方式是 DvP,因为该方式下买卖双方之间同时进行资产交换,过程中保护各方资产免遭损失:

■ 从卖方的角度看,在买方有可支付的现金之前,他们在 CSD 或托管人账户中的证券不会被扣减

■ 从买方的角度看，在卖方有可交付的证券之前，他们在 CSD 或托管人账户中的现金不会被扣减

DvP 要求在结算发生前，先对买方和卖方发出的结算指令进行匹配。该类指令无法匹配的常见原因是由于一个（或多个）交易要素存在差异，如债券数量、现金净值和结算日。

FoP 作为结算方式较少受到青睐，因为买卖双方之间的结算不是同时进行的，通常要求一方先采取行动，即卖方在收到销售收入前先交付其证券，或买方在收到债券之前先汇出购买款项，从而承担风险。

从担保品管理的角度来看，交易的性质通常决定了是使用 DvP 还是 FoP 的结算方式。例如：

■ 售后回购交易(sale & repurchase trades)，即通常说的回购交易（详细说明请参阅第 2 部分）：

　　■ 回购中首期交易（opening leg）的结算通常采用 DvP 结算方式，因为资金融出方和资金融入方都面临风险，DvP 方式下的同时资产交换减轻了双方的风险

　　■ 证券借贷交易(securities lending & borrowing trades)　（详细说明请参阅第 3 部分）：

　　■ 证券借贷交易中首期交易的结算方式很大程度上取决于证券融入方提供的是现金担保品还是证券担保品

　　■ 如果提供的是现金担保品，通常采用 DvP 结算方式

　　■ 如果提供的是证券担保品，则 FoP 是常规结算方法

在担保品相关交易的整个生命周期中，两个参与方中的任何一方都可能暴露在风险之下，这要求风险敞口方(exposed party) 向对手方发出追缴保证金的通知。假设无风险敞口方(non - exposed party) 同意该追缴保证金的要求，他们将决定是以现金还是证券对追加的保证金进行结算（取决于法律文件中对合格担保品的规定）。重要的是，应认识到保证金追缴的结算是定向的（从无风险敞口方到风险敞口方），因此：

　　■ 以现金结算的保证金追缴：
　　　　■ 要求无风险敞口方向其资金代理行发出现金结算指令
　　　　■ 此方式下无须在结算前匹配指令
　　■ 以证券结算的保证金追缴：
　　　　■ 要求无风险敞口方向其 CSD 或托管人发出 FoP 证券结算指令
　　　　■ 此方式下风险敞口方需发出等同的结算指令，以便在结算之前匹配指令
以这种方式进行保证金追缴结算适用于以下交易类型：

■ 场外衍生品交易

■ 售出回购（回购）

■ 证券借贷

在担保品提供方和接收方的证券结算指令匹配的情况下，如果任何一方取消其指

令，则保留的指令将恢复为"不匹配"状态。假设指令保持匹配状态，则将于结算日（value date）当天在 CSD 完成结算，不可以提前结算。

为了完成结算，（1）必须匹配指令，（2）必须已到结算日，（3）卖方必须有可供交付的债券。如果步骤 1 和 2 均已满足，但步骤 3 未满足，则结算将"失败"。结算失败（settlement failure）意味着结算延迟，而非取消。如果发生结算失败，在该类情况下，担保品提供方的指令和接受方的指令都将显示为"交付方券不足"的状态；指令状态将保持不变，直到担保品提供方在 CSD 的账户收到可供交付给担保品接受方的足量债券为止。

一旦结算发生，CSD 或托管人将对担保品提供方和担保品接受方的指令都标示为"已结算"。这意味着特定数量的指定债券已在指定的实际结算日（settlement date）从一个账户（担保品提供方账户）转移到另一账户（担保品接受方账户）。

至此，担保品提供方已经履行了保证金追缴结算及将担保品交付给担保品接受方的义务。

2.2.10 债券付息

债券支付利息的日期通常称为债券付息日，一般来说债券首次在市场上发行时便已确定了债券全生命周期中的利率［包括固定利率债券（fixed rate bonds）和可转换债券（convertible bonds）］和债券付息日。

债券持有人（如投资银行或机构投资者）购买债券后，通常由一家 CSD 或托管人对其债券进行保管。在 CSD 或托管人与其客户之间签署的服务层面协议（Service Level Agreement，SLA）中，CSD 或托管人的惯行做法是向客户提供所有收入的收取服务［即债券息票（coupon）、股票股利（dividends）］，并且保护客户在其他公司行为事件中的利益，包括：

■ 债券方面：债券交换要约（bond exchange offers）、债券回购要约（bond repurchase offers）

■ 股票方面：送红股（bonus issues）、股票分割（stock splits）、配售新股（rights issues）

因此，对一只每年 8 月 1 日付息、年息票率 4.5%、2030 年到期的世界银行特定债券持有量为 5 000 000.00 美元的所有人（如养老基金），预计每年 8 月 1 日（或稍后不久）将收到 225 000.00 美元的息票付款。养老基金的托管人将代表该养老基金持有这些债券，并应确保从相关的 CSD（托管人在该 CSD 拥有账户）获得付款，然后该托管人应将该款项贷记入养老基金的账户。

从更细化的层面看，CSD 通常会运用登记日（record date）系统来决定需对哪个账户持有人贷记息票收益；由于证券交付有时距息票支付日较近，这一确定 CSD 将向哪个账户持有人支付的系统就很有必要。设想在 CSD 托管的前述世界银行债券的总额为 106 000 000.00 美元，且在登记日终，该债券在该 CSD 处有六个持有人，如表 2.5 所示。

表 2. 5   CSD 的债券持有示例

持有人	持有量
A	5 000 000.00 美元
B	15 000 000.00 美元
C	8 000 000.00 美元
D	35 000 000.00 美元
E	25 000 000.00 美元
F	18 000 000.00 美元
总计	106 000 000.00 美元

假设该养老基金的托管人为持有人 A。该 5 000 000.00 美元的债券持有量及后续的息票支付可能产生两种情况：

■ 场景 1：

■ 如果债券仍保留在托管人的账户中，并且在登记日结束前未从账户中转出，CSD 将在息票支付日（或之后）将 225 000.00 美元贷记入托管人的账户。托管人将相应金额贷记入其客户（养老基金）的账户

■ 场景 2：

■ 该养老基金执行卖出回购（回购）交易，从公司 E 融入一定量的现金，并按要求向该对手方交付债券担保品以减轻资金融出方的风险。养老基金和公司 E 都同意，可以一笔价值 2 000 000.00 美元的世界银行债券来覆盖公司 E 的风险敞口，于是养老基金向其托管人发出一个结算指令。结果如下：在该回购交易首期结算日（opening value date）（假设日期与登记日相同），该笔 2 000 000.00 美元的债券将从托管人的账户（持有人 A）转入公司 E 的账户。登记日终，在该 CSD 处的头寸将如表 2.6 所示

表 2. 6   担保品交付后在中央证券托管机构的债券持有量

持有人	持有量
A	3 000 000.00 美元
B	15 000 000.00 美元
C	8 000 000.00 美元
D	35 000 000.00 美元
E	27 000 000.00 美元
F	18 000 000.00 美元
总计	106 000 000.00 美元

因此，CSD 将根据该（场景 2）登记日终头寸贷记息票支付金额，这意味着托管人（代表养老基金）将被贷记 3 000 000.00 美元债券对应产生的息票，而公司 E 将被贷记 27 000 000.00 美元债券对应产生的息票。

场景 2 阐明了当债券担保品的交付发生在登记日结束之前时，CSD 将向谁支付息票。但是，这种情况提出了以下重要问题：哪一方有权获得养老基金作为担保品提供

给 E 公司的总计 2 000 000.00 美元的债券对应的息票付款？这个问题的答案与双方在交易执行（trade execution）之前签署的法律文件的内容直接相关，并将在相关章节中加以说明。

注：（1）向担保品对手方索取息票付款，（2）支付息票，以及（3）处理诸如此类息票支付的预扣税差额等事项——一些公司认为这些工作会增加麻烦且最好可以避免。因此，两家公司可能会尽量同意在登记日前执行担保品置换。

对于欧洲债券（eurobonds）而言，其通常存管于两家国际中央证券托管机构［即位于布鲁塞尔的欧洲清算银行（Euroclear Bank）和位于卢森堡的明讯国际（Clearstream International）］，登记日通常（但并非总是）是在息票支付日之前的营业日终。

Part 2 | 第 2 部分
回购交易与担保品

第 3 章

回购交易与担保品
一回购概述

本章主要面向对回购的相关概念了解较少的读者。

回购是一种非常流行并且很灵活的交易机制。在回购交易中,资金融入方可以通过抵押证券给资金融出方来进行融资。

与债券借贷一样,回购通常也被归为证券融资这个大类。

本章概述了回购交易双方进行交易的原因、借贷双方的益处、执行回购交易的各种方式以及担保品在交易中发挥的作用等内容。

3.1 回购简介

回购的定义:资金融入方将担保品暂时转至资金融出方以获得融资(或其他资产),并约定在未来某一时间归还。

回购是指资金融出方以约定的利率向资金融入方借出现金,同时资金融入方向资金融出方提供担保品以降低融出方风险的交易机制。回购交易结束时,资产的流动方向与开始时相反,即资金融入方向融出方支付之前借款的本金及利息(假设是正利率环境),同时资金融出方归还担保品。

若以证券担保品为视角,回购交易也可以描述为:资金融入方向资金融出方卖出证券并即刻以现金结算,同时双方达成协议,在未来某一结算日,资金融入方从资金融出方手中重新买回相同的证券并支付同等现金加上事先约定的利息。

交易到期时,如果资金融入方(担保品提供方)无法归还借入的现金,资金融出方(担保品接收方)可以通过售卖担保品来收回借出的资金。

投资银行倾向于购买和持有金融资产(特别是股票和债券),但它们一般不会长期持有大量现金。为了满足购买金融资产的现金需求,它们需要尽可能便宜地借入现金,因此投资银行在回购交易中通常是资金融入方。

现金充裕的机构会选择以有担保的方式借出资金,这些机构是回购交易的资金融出方。

回购交易中最常用的证券类型是优质债券，有时也会使用股票作为担保品。

如果资产融出方无法收回其融出资产的风险得到充分减轻，那么融入方借入该资产的成本也会相应降低。如果资产融入方向融出方提供充足的优质担保品，那么融出方的风险也会降低。一般来说，这样的交易被称作"担保借款"。在全球回购主协议（GMRA）框架下进行的现金借入交易被称作"回购交易"。

由于回购交易是有担保的现金借贷并且期限较短，它通常被归类为货币市场交易。资金融出方会将回购交易视为现金借贷，其风险因为收到担保品有所降低，利息收益也得到相应保证（假设是正利率环境）。

资金融出方收取的利率称为回购利率（repo rate），以年化收益率表示，计息天数以借款的实际天数计算。债券发行人的信用等级是影响回购交易利率的一个因素。在回购交易中，担保品的存在降低了资金融出方的风险，所以资金融入方的成本一般低于无担保借款（unsecured borrowing）。

资金融入方向资金融出方提供的担保品通常为政府债券。在回购交易双方签订的法律文件中定义了合格担保品的范围，常见的有固定利率债券、浮动利率债券/票据和零息债券。

进行回购交易有两种不同的原因，一种以融入现金为目的（cash-based repo），另一种以融入证券为目的（stock-based repo）。

值得注意的是，关于回购的实质存在不同观点：有人认为回购是有担保的现金借贷，其他人则将回购视为证券交易。

3.2 回购市场的参与者

回购交易的参与者类型广泛，包括投资银行、经纪商、机构投资者、超国家机构和中央银行等。通过电子交易平台进行回购交易也逐渐开始流行。

3.2.1 机构投资者

机构投资者是进行股票、债券、外汇和衍生品等金融工具投资，但自身处于金融市场之外，需要在交易时与金融市场内的机构进行连通的一类机构的统称。这些机构被视为金融产品的"终端用户"，也被统称为"买方"。

这类投资者包括共同基金、对冲基金、养老基金、保险公司和区域性银行等金融机构。此外，一些纺织、石油等行业内的大型机构，虽然是非金融机构，但由于它们往往主动管理其金融资源，因此也属于机构投资者。

当机构投资者需要借入现金时，回购市场会灵活地根据其需求量身定制各种条款供选择。在回购市场中，机构投资者可以自由借入不同币种的现金，融资规模可小可大（金额上亿，以美元、欧元和英镑计），其借款利率低于无担保借款利率，借款期限可以从隔夜到几个月不等。机构可以利用自己持有的优质的、高流动性的债券进行回购，在降低资金融出方风险的同时，也将融入资金成本保持在具有竞争力的水平上。

作为资金融出方的机构投资者则通过担保借款的方式，借出符合自身情况的现金量，并相应得到证券作为担保品，这些担保品的当前市场价值最高可等于借出资金的105%。

机构投资者一般会通过投资银行或经纪商达成回购交易。

3.2.2　超国家机构

回购交易中另一类典型的买方是超国家机构(supranational organisations)。这些机构通常有充足的现金，因此在回购交易中成为资金融出方（担保品接收方）。

3.2.3　中央银行

中央银行的主要目标是控制通货膨胀和促进经济增长。为了实现其政策目标，中央银行通常通过公开市场操作(open market operations)进行回购，从而控制短期利率。

回购通常被视为一种高度灵活且信用风险很小的交易机制。因此，回购市场成为很多中央银行实施其货币政策的主要场所。

3.2.4　投资银行

投资银行被称为"市场专业人士"。在撰写本书时，这类机构的典型代表包括摩根士丹利、瑞信银行、摩根大通、野村证券、德意志银行、高盛、巴克莱、瑞银和美林证券的投资银行部门（排名不分先后）。投资银行与他们的客户（机构投资者）或者其他投资银行进行回购交易，被视为向买方机构提供服务的"卖方"。

投资银行通过自营方式（proprietary）进行回购交易，即他们使用回购获得的现金来为自己的证券（股票和债券）头寸进行融资。由于投资银行进行证券交易所需的现金远高于自身资本，为了最大化交易利润并最小化融资成本，它们需要以极具竞争力的利率融入资金。有时候，他们也会通过回购来融出多余的现金。此外，投资银行还可以通过回购融入特定的证券，从而满足某笔交易的结算需求。

很多投资银行都在维护回购的"匹配账本"，它们先利用回购从一个交易对手处融入现金，再通过回购以略高的利率融出给另一交易对手，并从中赚取利差。

3.2.5　经纪商

经纪商是指从交易的一方收到买卖指令后，寻找有意愿匹配该指令的另一方，促使交易执行的中介机构。

在金融服务业中，经纪商在撮合满足指定要求的各方进行交易方面发挥着至关重要的作用。

经纪商是商品或服务的需求方与提供方之间必不可少的纽带。

经纪商一贯的商业模式是避免持有特定资产的净头寸，既不做资产的多头，也不做空头。以证券为例，持有证券的多头头寸意味着需要相应的资金，而这些资金对持有者来说是有成本的。另外，证券价格的波动也使得持有证券头寸需要承担市场风险。

为了避免承担市场风险，经纪商通常仅作为中介机构，撮合买卖双方达成交易，并向交易提出方收取佣金（commission）。具体到回购业务，经纪商一般通过电子交易平台进行交易撮合。有意向达成回购交易的机构在电子交易平台输入交易要素，包括币种、金额、回购利率、交易期限和所需担保品等，进而达成交易。许多大型经纪商都提供这样的电子交易平台，以供买卖双方对比价格并执行交易。

3.2.6 电子交易平台

不同于电话等传统的回购交易方式，提供自动服务的电子回购交易平台包括：

■ GC Pooling

■ MTS Repo

■ Brokertec

本书将在第 2 部分第 7 章"回购交易与担保品——其他回购交易类型"中对上述交易平台之一的 GC Pooling 的运营模式进行探讨。

第4章

回购交易与担保品
—经典回购交易

> 经典回购的定义：在收到担保品后，将一项资产临时出借给资产融入方，以换取现金利息收益。资产融入方将在日后归还上述资产。

经典回购（classic repo）是指交易一方直接与另一方进行的一种双边（bilateral）回购交易。除经典回购外，回购还有以下形式。

- 购回/售回（buy/sell – backs）
- 三方回购（tri – party repo）
- 按价值交付（delivery by value）
- 一般担保品池（GC pooling）
- 伦敦清算所的 RepoClear 服务。

4.1 经典融资回购交易

> 经典融资回购的定义：在收到债券担保品后，向资金融入方提供特定金额的临时贷款，以换取现金利息收益。资金融入方将在日后归还上述贷款。

本节将重点介绍交易一方融入资金（而不是证券）的需求；即所谓的融资回购（cash – based repo）。

所有的回购都包含两笔交易。就融资回购而言，首期交易中资金融出方向资金融入方支付现金，与之相反，债券担保品从资金融入方转移至资金融出方。在到期交易中，资金融入方向资金融出方返还现金，返还金额等于原借入金额加上现金利息［假设是正利率（positive interest rate）环境］，同时资金融出方将债券担保品返还至资金融入方，如图 4.1 所示。

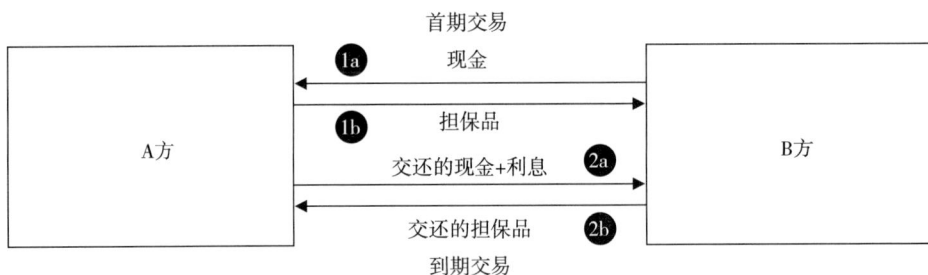

图 4.1 回购首期交易与到期交易中的资产流向

- 回购首期交易：
  - 步骤 1a：资金融出方向资金融入方支付现金，与此同时
  - 步骤 1b：资金融入方向资金融出方交付债券（作为担保品）
- 回购到期交易：
  - 步骤 2a：资金融入方向资金融出方偿还借入的现金并支付利息，与此同时
  - 步骤 2b：资金融出方向资金融入方返还债券担保品

注意：以下不同术语均可用于描述回购中的两笔交易（参见表 4.1）。

表 4.1　　　　　　　　　描述回购交易中各期交易的术语

回购各期交易（leg）术语	
首期交易（opening leg）也被称为：	到期交易（closing leg）也被称为：
1st Leg	2nd Leg
Onside Leg	Offside Leg
Start Leg	End Leg
Near Leg	Far Leg
Purchase Leg	Repurchase Leg

注意：也有人会从证券角度对此类回购交易进行描述。例如，在首期交易中卖出债券并收到现金，在到期交易中回购债券并返还所借入的现金本息。笔者的观点是，将现金视为主要资产（以及执行交易的主要动机）更为直观，即资金融出方收到担保品（债券）以减轻其面临的风险。

通常会使用特定术语来描述回购交易中各方扮演的角色。资金融入方，即担保品提供方执行的是"回购"交易，而资金融出方，即担保品接收方执行的是"逆回购"（reverse repo）。换言之，在回购交易中一方执行的是回购，而其对手方执行的是逆回购。

4.1.1　经典回购交易的期限（duration）

回购交易的期限分为两类：

- 期限固定的回购，双方已在交易日约定到期结算日（closing value date），这类回购被称为"定期"回购（term repo）

■ 双方（尚）未约定到期结算日的回购，这类回购被称为"活期"（on demand）回购（也通常被称作"开放式"回购）

（从资金融入方角度来看）定期回购通常具有以下基本要素，如表4.2所示。

表 4.2 定期回购基本要素

定期回购	
交易要素	交易详情
交易类型	融资回购
交易对手方	对手方 G
货币金额	50 000 000.00 美元
回购利率	3.15%
交易日期	3 月 16 日
首期结算日	3 月 17 日
到期结算日	3 月 24 日

需要注意的是：

■ 首期交易结算日（opening value date）也被称作购买日（purchase date）
■ 到期交易结算日（closing value date）也被称作回购日（repurchase date）

在执行交易时，资金借贷双方商定具体到期结算日；这使其具备了定期回购的性质。在首期与到期结算日，现金（和担保品）将在交易双方之间转移。在本交易示例中，现金将在 3 月 17 日由资金融出方支付给资金融入方，并在 7 天后的 3 月 24 日由资金融入方返还。[①]

相反，（从资金融入方角度来看）开放式回购则通常具备以下基本要素，如表4.3所示。

表 4.3 开放式回购基本要素

开放式回购	
交易要素	交易详情
交易类型	融资回购
交易对手方	对手方 G
货币金额	50 000 000.00 美元
回购利率	3.15%
交易日期	3 月 16 日
首期结算日	3 月 17 日
到期结算日	待定

与定期回购不同，在执行开放式回购交易时，资金借贷双方（尚）未约定具体到

---

① 自 2014 年 10 月起，欧洲回购交易的普通结算周期（settlement cycle）为 T＋1；然而上述规定可能不适用于所有公司，因此交易双方也可商定 T＋2 或 T＋3 的结算周期。

期结算日期。双方每日约定将回购交易继续展期延续一天，直至其中一方需要结束交易，此时其交易对手方必须同意特定的到期结算日；上述回购因此被称作"按需终止"（terminable on demand）。希望终止开放式回购交易的一方需在每日约定的截止时点（如欧洲中部时间 13：00）之前与另一方沟通其终止意愿。在这种情况下，到期结算日与沟通日期相关，交付则通常在同一日（T＋0）或下一日（T＋1）进行，视担保品相关市场情况而定。开放式回购可按其价值全额进行结算，或仅结算部分价值。

融资回购期限可以是隔夜（1 天），也可以是双方约定的其他期限。例如，3 个月期限的融资回购较为常见，也可以约定半年或 1 年期限。

4.1.2 经典回购法律协议

与其他类型担保交易（如证券借贷交易、场外衍生品交易）相同，在执行回购交易之前，出于对公司自身（及其交易对手方）的保护，交易双方必须签署适当的法律协议。法律协议一旦签署，双方即可在法律协议的保护下开展每一笔回购交易。

多年来，随着回购交易团体内部的交易风格和内容逐渐成形，逐渐发展出一套规范回购交易法律协议内容的通用标准。

如今，国际上对回购交易的标准法律协议是"全球回购主协议"，通常被称为 GMRA。多年以来，已有多个版本的 GMRA，（截至本文撰写之时的）最新版是 2011 年的版本。

从本质上说，GMRA 这类法律协议的目的是明确规定双方合同义务与责任。GMRA 的一个非常重要的特征是明确界定了违约事件（event of default）；如果一家公司的对手方违约（或资不抵债），按照协议，则该协议项下所有未平仓交易相关的债务立即终止，并相互抵销（set off），以实现净额结算。〔抵销权对于一家公司而言意义重大，如果没有这种权利，那么（1）公司可能需要履行其所有支付义务，同时却无法（2）要求其他公司对该公司履行应尽的偿还义务。在资不抵债的情形下，上述第二项可能需要相当长的时间，有时可能长达数月甚至数年。〕

除此之外，GMRA 还包括：

■ 术语与短语定义，如应交付证券、证券等同品（equivalent securities）

■ 交易确认书（trade confirmations）内容

■ 首期与到期交易结算方式

■ 保证金追缴条件

■ 担保品置换条件

■ 收入支付的处理（如息票和股息）

有意向进行回购交易的双方在拟定法律文件时，GMRA 的文本通常不会改变。双方之间的所有特殊安排都记录在 GMRA 附件 1"补充条款和条件"中，例如：

■ 合格担保品，是仅包含现金担保品、仅包含证券担保品或两者兼有

■ 对债券担保品（bond collateral）而言，适用怎样的发行人评级和抵押折扣率

■ 风险敞口方追加保证金的截止时点

■ 是否允许进行担保品置换

在回购交易期间，债券的法定所有权（legal ownership）从担保品提供方转移至担保品接收方。然而从操作层面来看，担保品的提供方并未出售担保品，因此仍保有担保品的全部受益权。担保品接收方是法定所有人，但担保品提供方仍是受益所有人（beneficial owner）。法定所有权发生转移是因为根据 GMRA 规定，担保品转移的法律基础是所有权转移（title transfer）。证券买卖的转让方式也是所有权转移，因此回购交易中的担保品接收方对担保品也拥有相同（无限制的）权利，并视同为其已直接购买了上述证券。担保品接收方可自由处置担保品，包括：

■ 将担保品安全地保管在担保品接收方在其托管人处开立的账户中，或者

■ 使用下列一种（或多种）方式对担保品进行再使用：

　■ 对担保品进行出售、回购、出借或交付，以满足（例如）场外衍生品交易中的保证金要求

需要注意的是，由于所有权转移，担保品提供方没有法定权利阻止担保品接收方再使用担保品。然而，担保品接收方有义务在回购交易结束时向担保品提供方返还担保品等同品。担保品接收方必须对此保持清醒的认识，尤其是当其选择对担保品进行再使用时。

公司与每家回购交易对手方之间的每套法律文件（即 GMRA 与附件 1）可能包含不同的条款，因此回购操作人员必须根据相应法律文件中与每个交易对手约定的法律条款履行其日常职责。如果未能做到这一点，公司可能会面临风险，例如公司与交易对手方的风险敞口可能没有被完全减轻，以及/或交易对手方的风险敞口可能存在超额抵押的情况。

2011 年版 GMRA 内容详见第 8 章"回购交易与担保品—全球通用回购主协议"。

4.1.3 经典回购交易中的担保品

在经典回购交易中，债券担保品的目的是减轻资金融出方的风险，即资金融入方无法偿还其所借入资金的风险。

从资金融出方角度来看，在回购交易存续期内，债券的担保品价值（collateral value）不得低于所借出现金的价值。如果在交易存续期内，债券担保品价值低于借出现金的价值，资金融出方存在风险敞口，此时资金融出方应就该敞口金额要求资金融入方追加保证金。

同样的，从资金融入方角度来看，在回购交易存续期内，如果债券的担保品价值超出所借入现金的价值，资金融入方存在风险敞口，资金融入方可要求资金融出方追加保证金以覆盖该敞口。

因此，对资金借贷双方而言，担保品的质量都是回购交易的重要组成部分。描述可接受担保品的常用术语是"合格担保品"。

合格担保品 通常被视作合格担保品的金融工具包括：

■ 信誉良好机构（如政府、政府机构、超国家组织和公司）发行的债券，包括：

■ 固定利率债券
■ 浮动利率债券 (floating rate notes，FRN)
■ 零息债券
■ 股票，指市场主要指数的成分股，如英国富时 100 指数

从资金融出方角度来看，（合格担保品的）两个最有吸引力的属性在于：（1）由于发行人（issuer）的持续良好信誉，担保品能较好地保值；以及（2）由于担保品具有高度流动性，资金融入方违约(default，不还款）的情况下，担保品能实现快速变现。

就经典回购交易中的合格担保品而言，交易双方根据特定债券的发行人资信和流动性水平来具体商定单笔回购交易的条款，而不是使用预先定义的合格担保品类型清单。合格担保品范围详见 GMRA 附件 1（补充条款和条件），其中列明了合格债券的种类，包括美国国债、英国国债［也称金边债券（gilts）］，以及超国家组织(如世界银行、欧洲复兴开发银行）发行的债券。附件 1 中也列出了非合格债券，如意大利国债，由于意大利国债息票支付需要交纳预扣税，这使得将其作为担保品使用较为困难。此外，附件 1 还列出了债券发行人信用评级的最低要求，以及保证金（或抵押折扣率）水平。这个话题在本章第 4.1.5 节"超额抵押"中有进一步的讨论。

附件 1 还规定了非风险敞口方收到保证金追缴通知的截止时间，在截止时间之后，担保品提供方将向风险敞口方提供担保品（如特定数量的特定债券）。这些担保品可能被接受或被拒绝，因为有些协议规定担保品必须是"双方约定的"。附件 1 合格担保品范围内的债券被拒绝的原因可能是，其发行规模相对较小，因此流动性较弱。

在经典回购交易中，为覆盖资金融出方的风险敞口，可使用单一类型或多种类型的债券作为担保品，只要上述债券满足法律文件中规定的最低担保品要求即可。

集中度上限（concentration limits） 如果一家公司同时执行多笔回购交易，且这家公司是资金融出方，那么这家公司有可能面临收到单个债券发行人发行的债券占比过大的风险。一旦该发行人违约无法履行其财务承诺，资金融出方将面临巨大风险。因此有必要对收到的担保品进行监控，防止过度集中于单一发行人。

公司应考虑建立内部基本规则，对特定发行人进行上限控制。公司对特定发行人的实际风险敞口可能还包括那些为减轻非回购交易（包括证券借贷和场外衍生品）的风险敞口而收取的担保品。

一般来说，公司应对其从交易对手处获得的、由该交易对手自身发行的担保品保持警惕。

盯市 所有非现金担保品（non-cash collateral）都必须经常进行重估。债券担保品的价格（以及价值）每日上下波动。这意味着：

■ 当债券担保品价值下跌时，资金融出方面临风险，因为借出的现金价值不能被担保品价值完全覆盖
■ 当债券担保品价值上涨时，资金融入方面临风险，因为担保品价值超出了借入的现金价值

因此，为了保护资金融入方与融出方利益，双方均应按照约定频率（最好是每日）

对债券担保品进行盯市（mark-to-market）。需要注意的是，在市场波动较大时，盯市可能会在日间（intraday）进行。

在盯市过程中，公司必须从中立、独立的来源获取债券价格，否则可能影响风险敞口的计算准确性，最终导致在需要通过保证金追缴减轻风险敞口时与交易对手方发生纠纷。

一般合格担保品与特殊担保品 在大多数回购交易中，融资回购（cash-based repo）交易中的债券被称作一般合格担保品（General Collateral，GC）。这意味着资金融出方不要求资金融入方提供任何特定的债券，但对债券仍有最低质量要求，否则资金融出方可能会面临风险。对双方而言这点都十分重要，因为作为一般合格担保品，债券在此处的唯一作用是向资金融出方提供担保。

相反地，如果资金融出方指定资金融入方交付特定债券，交易的动机不再仅仅是资金融入方需要借入资金，而是资金融出方同时也有借入特定债券（或股票）的需求；这被称作融券回购（stock-based repo）。如果资金融入方能够交付资金融出方指定的特定债券，这意味着资金融入方有能力进一步协商交易条款（至少能够要求降低回购利率）。当市场上对借入特定证券的需求较为强烈时，该证券被称作特殊担保品（special collateral）。

因此，对一般合格担保品而言，回购利率是根据某个范围内的不同担保品质量而商定的，例如剩余期限（residual maturity）不超过5年的美国政府发行的债券。一般担保品回购执行后，资金融出方其实一开始无从得知会从资金融入方处收到何种特定债券；资金融入方只需确认其能够实际交付符合一般合格担保品要求的债券。

特殊担保品回购的回购利率通常较一般合格担保品更低，原因是对特定债券或股票的需求更大；特殊回购的利率视具体情况而定。从资金融入方角度来看，与其他债券担保品相比，提供需求更大的债券担保品理应获得更低的融资（回购）利率。从资金融出方角度来看，特殊担保品除用作资金借贷的担保品外还具备其他用途，因此资金融出方愿意接受较低的出借资金回报率。举例来说，资金融出方可能卖空（short sold）了特定债券，如果其未能将售出的债券交付给买方，那么也意味着卖方（即资金融出方）不能尽早收到销售收益，从而导致现金利息损失。如果资金融出方能够（暂时）获取足够数量的同只债券，那么［参见前文提到的所有权转让（title transfer）和法定所有权（legal ownership）变动］资金融出方可使用这些债券履行其向对手方的交付义务，同时获取销售收益。毫无疑问，在回购到期交易时，资金融出方必须向资金融入方返还担保品等同品。上述一系列事件如图4.2所示。

步骤1 B方与一家买入对手方执行特定债券的（卖空）交易

步骤2a B方与A方进行融券回购交易，B方向A方借出特定金额的资金，同时

步骤2b A方向B方交付特定债券作为现金借贷担保品

步骤3a B方从A方处收到债券担保品后，将债券交付给买入对手方，同时

步骤3b B方从买入对手方处收到销售收益

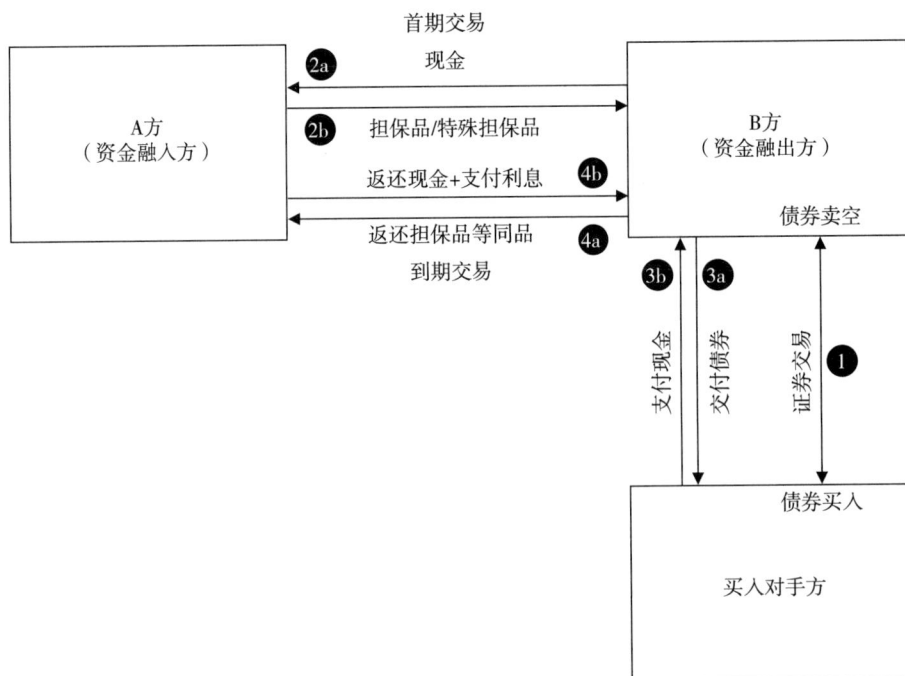

图 4.2　融券回购交易与特殊担保品示例

步骤 4a　在回购交易到期结算日，B 方必须向 A 方返还担保品等同品，同时

步骤 4b　A 方必须偿还借入金额，并同时根据约定回购利率支付利息

上述融券回购交易与特殊担保品的运用只是一个例子；另一个例子是资金融出方要求交付债券以结算期货（futures）合约。

债券担保品的返还　在回购交易的到期结算日，资金融出方必须返还与其首期结算日所收到的相同的债券；如果相关证券仍存在，则明确必须返还相同 ISIN 码的证券。反之，如果首期结算日交付的证券已不存在［例如，由于强制交换等公司行为（corporate action）］，那么必须交付替代后的、不同 ISIN 码的证券。考虑到这种证券 ISIN 码发生改变的可能性，GMRA 将到期结算日返还的证券描述为证券等同品。

简单地说，假设资金融入方在回购交易前的时间节点购买并持有该证券头寸。在回购交易中，资金融入方暂时失去债券所有权，但其并未丧失受益所有权（beneficial ownership）。因此，必须向资金融入方返还相同 ISIN 码的证券（或等同品）。

4.1.4　回购利率的格式与计算方法

回购利率以年化百分比（如 3.15%）表示，这意味着对于借贷期限 12 个月的 1 000 000.00 欧元贷款，借款方除了需要偿还借入的 1 000 000.00 欧元本金外，还需在借款到期时支付 31 500.00 欧元（1 000 000.00 欧元 × 3.15%）的回购利息（repo interest）。

如果回购期限少于 12 个月，借入金额的利息必须根据实际借贷天数除以相关除数

（divisor）来计算。

回购利息的计算遵循了计算银行利息（bank interest）时使用的货币市场（money market）惯例。无论使用何种货币，贷款期限均按照实际（自然）天数计算，包括周末和公共假日在内。除数与使用的币种有关（通常为 360 或 365）；因此，在相同天数内以相同回购利率借入的金额对于某些币种将会产生相同的货币利息，而对于其他币种，则可能产生不同的货币利息。例如：

■ 借入 1 000 000.00 欧元，回购利率 3.15%，期限 10 天，除数 360，回购利息为 875.00 欧元

■ 借入 1 000 000.00 美元，回购利率 3.15%，期限 10 天，除数 360，回购利息为 875.00 美元

■ 借入 1 000 000.00 英镑，回购利率 3.15%，期限 10 天，除数 365，回购利息为 863.01 英镑

■ 借入 1 000 000.00 澳大利亚元，回购利率 3.15%，期限 10 天，除数 365，回购利息为 863.01 澳大利亚元

总而言之，回购利息的计息天数是实际天数，而除数则是货币市场惯用的计日方法；除数是 360 还是 365，仅取决于使用的币种。注：用于计算银行利息（包括回购利息）的计息天数惯例（day count convention）与日息确定惯例（divisor conventions）不应与债券应计利息（accrued interest）相混淆。回购交易中往往要同时使用银行利息与债券应计利息的计算方法：

■ 银行利息计算方法用于确定借出或借入金额产生的应收或应付现金利息

■ 应计利息计算方法［与债券除息价格（clean price）一起］用于确定债券的当前市场价值，在减去相关抵押折扣后得到债券的当前担保品价值

因此，回购利率的计算公式为：

■（借贷金额 × 回购利率/除数）× 天数

天数的计算应包括"起始"日但不包括"到期"日。这是由于资金融出方自"起始"日起借出资金（资金融入方必须自该日起开始支付利息，含该日），在"到期"日重新收回借出的资金（资金融入方将在该日停止支付利息，付息截至该日前一天）。以表 4.4 的计算为例。

表 4.4   回购利率的计算

金额	回购利率	借贷期限	借贷天数	日息确定惯例（除数）	回购利息
5 000 000.00 美元	2.75%	3 月 1 日—3 月 2 日	1	360	381.94 美元
15 000 000.00 欧元	3.07%	3 月 1 日—4 月 2 日	32	360	40 933.33 欧元
27 500 000.00 英镑	2.45%	3 月 1 日—5 月 10 日	70	365	129 212.33 英镑

4.1.5 超额抵押

回购交易中，通常债券担保品的市值会超过现金价值，即资金融入方通常需要提

供市场价值高于借入金额的债券担保品。换言之，资金融入方需要进行超额抵押。

注：超额抵押在所有涉及证券担保品的相关交易中都十分常见，因此除回购交易外，证券借贷交易和场外衍生品交易也是如此。

超额抵押的程度取决于资金融出方面临的风险大小，尤其是要考虑到资金融入方违约后的担保品价值的可能变化。又如，资金融出方可能会担心担保品价值在同意追缴保证金之后、追缴结算完成之前这段期间的波动性。此外，超额抵押程度受到许多因素的影响，这些影响与债券担保品本身以及债券发行人有关，例如：

■ 债券发行人类型：如政府发行人或公司发行人
■ 信用评级：对债券发行人履行其偿债能力的评价
■ 剩余期限：从"现在"的时点至债券到期日的时间
■ 债券发行类型：如固定利率、浮动利率、零息债券等

超额抵押的表述方式有两种，即抵押折扣率（haircut）或初始保证金（initial margin）。

尽管上述两种方式的计算过程有所区别，两者的计算结果非常相似（但不完全相同）。

抵押折扣　抵押折扣表现为一个较低数值的百分比，如2.5%。为确定适用抵押折扣时可借入的现金金额，计算公式如下：

债券市值 × （100% – 抵押折扣率） = 可借入现金金额

例如，当债券市值为30 000 000.00 欧元，抵押折扣率为2.5%时，可借入现金金额为：

30 000 000.00 欧元 × （100% – 2.5%） = 29 250 000.00 欧元

使用不同抵押折扣率计算的可借入现金金额详见表4.5。

表4.5　　　　　　　　　　　　　　　抵押折扣计算

抵押折扣率	债券市值	可借入现金金额
2.5%		29 250 000.00 欧元
6%	30 000 000.00 欧元	28 200 000.00 欧元
15%		25 500 000.00 欧元

初始保证金　初始保证金是一个较高数值的百分比，如102.5%。为确定适用初始保证金时可借入的现金金额，计算公式如下：

债券市值 / （初始保证金/100） = 可借入现金金额

例如，当债券市值为30 000 000.00 欧元，初始保证金为102.5%时，可借入现金金额为：

30 000 000.00 欧元 / （102.5/100） = 29 268 292.68 欧元

使用不同初始保证金计算的可借入现金金额详见表4.6。

表 4.6 初始保证金计算

初始保证金	债券市值	可借入现金金额
102.5%		29 268 292.68 欧元
106%	30 000 000.00 欧元	28 301 886.79 欧元
115%		26 086 956.52 欧元

需要注意的是，尽管上述可借入金额大体相当，但不难看出，2.5% 的抵押折扣与 102.5% 的初始保证金不会产生完全相同的结果。

抵押折扣与初始保证金可在交易前商定，并记录在双方签订的法律协议（即 GMRA附件 1）中，或可在交易执行时临时商定并记录在交易确认书（trade confirmation）中。一旦双方就某一特定交易达成一致，在该交易的整个存续期内，抵押折扣或初始保证金都应固定不变。

从上面的例子可以看出，抵押折扣和初始保证金通常对资金融出方有利，而资金融入方往往需要超额抵押。然而在某些情况下，当公司对交易对手方的信用状况尤为担忧时，适用原先的抵押折扣或初始保证金会导致抵押额不足，即借入金额高于债券担保品的市值。

抵押折扣与初始保证金的影响 抵押折扣与初始保证金对回购交易的影响在于，资金融入方获得的现金低于用作担保品的债券的市值。这可能导致以下两种情况：（1）若以借入的资金金额为目标，则需提供更多数量的债券担保品，这样，从债券市值中扣除抵押折扣或初始保证金后仍能满足融资担保需要；或（2）若以债券担保品的市值为目标，则借入的现金在扣除抵押折扣或初始保证金后会有所减少。对借贷金额与债券数量的初始保证金或抵押折扣处理如图 4.3 所示。

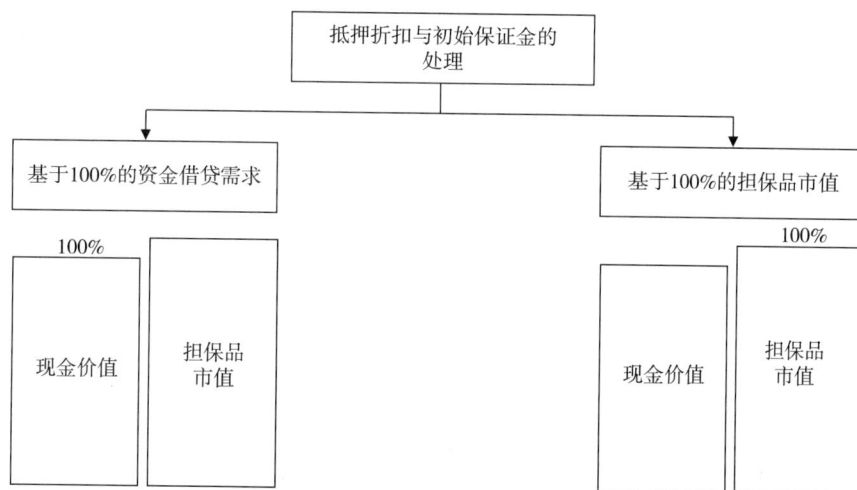

图 4.3 对借贷金额与债券数量的初始保证金或抵押折扣处理

交易双方可自行约定在后续回购交易中是否适用抵押折扣或初始保证金，这种约定可体现在交易执行前签订的回购法律协议（附件 1）中，也可在特定交易执行前确定。交易双方是否适用抵押折扣或初始保证金的决定体现了（1）参与交易的双方，以及（2）债券发行人的相对信誉的好坏。如果交易对手方的信用评级非常好，那么可能不会适用抵押折扣或初始保证金。在一家公司与其交易对手方之间，也有可能对某些交易适用抵押折扣，对其他交易则适用初始保证金。

若在回购交易中适用抵押折扣或初始保证金，那么必须在（1）首期交易结算日，以及（2）回购整个存续期内适用。

确定抵押折扣率的方法示例　为了进一步对抵押折扣率进行详细说明，下文提供了欧洲央行（ECB）的例子。欧央行自 2011 年 1 月 1 日起开始适用抵押折扣制度。[1]确定证券担保品的抵押折扣率时需要考虑多种因素。

首先，债券发行人分为五类，如表 4.7 所示。

表 4.7　　　　　　　　　　　　　有价资产的流动性类别

Ⅰ类	Ⅱ类	Ⅲ类	Ⅳ类	Ⅴ类
中央政府债务工具	地方和区域政府债务工具	传统担保银行债券	信贷机构债务工具（无担保）	资产支持证券
中央银行发行的债务工具	超大额担保银行债券	结构化担保银行债券		
	政府（支持）机构债务工具	西班牙多发行人担保债券		
	超国家债务工具	公司及其他发行人发行的债务工具		

注：此处信息仅为摘要，详情参见欧洲央行资料。

各类别说明如下：
- Ⅰ类
  - 中央政府债务工具（central government debt instruments）
    - 国家政府发行的债务
  - 中央银行发行的债务工具（debt instruments issued by central banks）
    - 中央银行（可能是在没有政府债券发行的情况下）为实施货币政策和/或发展金融市场的目的而发行的债务
- Ⅱ类
  - 地方和区域政府债务工具（local & regional government debt instrument）
    - 自治市、市、县或州政府为当地或区域基础设施建设融资而发行的债务
  - 超大额担保银行债券（jumbo covered bank bonds）
    - 银行以抵押贷款形式发行的债务，融资额在 10 亿欧元以上
  - 政府（支持）机构债务工具（agency debt instruments）

---

[1]　更新的信息详见 www.ecb.europa.eu/paym/coll/html/index.en.html。

■ 国家政府机构发行的债务，例如由国家政府担保的（美国）政府国民抵押贷款协会（GNMA）

■（美国）政府赞助的实体发行的债务，如联邦国民抵押贷款协会（FNMA），不过该实体并未受到美国政府的公开担保

■ 超国家债务工具（supranational debt instrument）

■ 代表多个国家的组织发行的债务，如国际复兴开发银行与非洲开发银行

■ Ⅲ类

■ 传统担保银行债券（traditional covered bank bonds）

■ 银行基于资产池发行的债务，在发行人破产时保证其履行承诺，并具有特殊法律依据

■ 结构化担保银行债券（structured covered bank bonds）

■ 在传统担保银行债券的基础上，同时有合同法依据的债券

■ 西班牙多发行人担保债券（Multi-Cedulas）

■ 西班牙地区银行基于共同抵押贷款资产池发行的债务

■ 公司及其他发行人发行的债务工具（debt instruments issued by corporate and other issuers）

■ 公司为扩张业务而发行的债务

■ Ⅳ类

■ 信贷机构债务工具（无担保）（credit institution debt instruments）

■ 银行和储蓄银行发行的无底层资产池担保的债务

■ Ⅴ类

■ 资产支持证券（asset backed securities）

■ 基于特定底层资产（通常不能单独出售）池发行的金融工具，在证券化（securitised）后出售给投资者

为得出适当的抵押折扣率，表4.7必须与表4.8"适用于合格有价资产的抵押折扣率水平"结合起来一并分析。

表 4.8　　　　　　　　　　适用于合格有价资产的抵押折扣率水平

适用于合格有价资产的抵押折扣率水平（%）									
项目		流动性类别							
		Ⅰ类		Ⅱ类		Ⅲ类		Ⅳ类		Ⅴ类
信用质量	剩余期限（年）	固定利率	零息	固定利率	零息	固定利率	零息	固定利率	零息	全部
AAA 至 A- （高评级类别）	0~1	0.5	0.5	1.0	1.0	1.5	1.5	6.5	6.5	16
	1~3	1.5	1.5	2.5	2.5	3.0	3.0	8.5	9.0	
	3~5	2.5	3.0	3.5	4.0	5.0	5.5	11.0	11.5	
	5~7	3.0	3.5	4.5	5.0	6.5	7.5	12.5	13.5	
	7~10	4.0	4.5	5.5	6.5	8.5	9.5	14.0	15.5	
	>10	5.5	8.5	7.5	12.0	11.0	16.5	17.0	22.5	

续表

适用于合格有价资产的抵押折扣率水平（%）										
项目		流动性类别								
		Ⅰ类		Ⅱ类		Ⅲ类		Ⅳ类		Ⅴ类
信用质量	剩余期限（年）	固定利率	零息	固定利率	零息	固定利率	零息	固定利率	零息	全部
BBB＋至BBB－ （低评级类别）	0～1	5.5	5.5	6.0	6.0	8.0	8.0	15.0	15.0	不合格
	1～3	6.5	6.5	10.5	11.5	18.0	19.5	27.5	29.5	
	3～5	7.5	8.0	15.5	17.0	25.5	28.0	36.5	39.5	
	5～7	8.0	8.5	18.0	20.5	28.0	31.5	38.5	43.0	
	7～10	9.0	9.5	19.5	22.5	29.0	33.5	39.0	44.5	
	＞10	10.5	13.5	20.0	29.0	29.5	38.0	39.5	46.0	

资料来源：欧央行（注：以上清单并未囊括欧央行引用的所有估值要素）。

欧洲央行对合格有价资产的风险控制框架包括以下主要内容：

■ 从标的资产市值中扣减一定比例，即抵押折扣率。适用于Ⅰ类至Ⅳ类债务工具的抵押折扣率因合格债务工具的剩余期限和息票结构（固定利率或零息）的不同而有所不同

■ 流动性类别在Ⅰ类至Ⅳ类的、息票率可变的有价债务工具（反向浮动利率债券除外）的抵押折扣率，与同样流动性类别和信用评级的剩余期限为0～1年的固定利率债务工具适用的抵押折扣率相同

■ 资产需要每日估值。每日，国家中央银行根据未偿付信贷金额变动和规定的估值抵押折扣率，计算需要提供的基础资产的价值

■ 欧洲央行可随时决定将单个债务工具从已公布的合格有价资产列表中移除。

■ 自2011年1月1日起，在欧元区发行的以欧元之外的货币（即美元、英镑、日元）计价的有价债务工具将不再被视作合格担保品

为确定特定证券担保品的担保品价值，必须先确定其所属类别。例如，假设一家公司希望提供国际复兴开发银行（也称为世界银行）于1993年发行的10 000 000欧元面值的债券作为担保品，该债券固定息票为4.75%，到期日为2023年8月1日。同时，假设今日为2017年5月8日，该债券的当前除息价格为99.1875%。由于世界银行属于超国家机构，该发行人属于Ⅱ类。

在此之后，利用表4.8（适用于合格有价资产的抵押折扣率水平）的相关数据，可采取以下步骤确定抵押折扣率（从而确定担保品价值）。

1. 信用评级越高，抵押折扣率越低：使用发行人当前的"信用质量"一栏可确定相关信用评级。如果发行人的信用评级为A－或者更高，则适用高评级类别；如果信用评级在BBB＋和BBB－之间，则适用低评级类别。

由于世界银行信用评级为AAA，因此此处适用高评级类别。

2. 剩余期限越短，抵押折扣率越低：从"今日"到债券到期日之间的年数为剩余期限，对应"剩余期限"一栏的年数，可确认相关子类别。

由于该债券剩余期限刚超过 6 年（2017 年 5 月至 2023 年 8 月），因此适用剩余期限 5~7 年的子类别。

3. 在发行人、信用评级和剩余期限相同的情况下，与零息债券（zero coupon bonds）相比，固定利率债券（fixed coupon bonds）与浮动利率债券（floating rate notes）的抵押折扣率往往更低。

由于该债券为固定利率债券，而世界银行属于 II 类，因此适用的抵押折扣率为 4.5%。

现在在表 4.9 中使用 4.5% 的抵押折扣率计算担保品价值。

表 4.9 抵押折扣计算示例

		得出的现金价值
债券数量 10 000 000.00 欧元	当前市场价格 99.1875%	9 918 750.00 欧元
应计利息天数→	+279	
应计利息→（按 30/360 计算）	368 125.00 欧元	+368 125.00 欧元
当前市场价值		10 286 875.00 欧元
减去抵押折扣	4.5%	（462 909.38 欧元）
当前担保品价值		9 823 965.62 欧元

注：如果附息债务工具的价值未被低估，其当前市场价值应包括应计利息的当前价值。如果其价格不包含应计利息，则该价格为除息价格（clean price），如果含应计利息，则称为含息价格（dirty price）。

为了验证读者对上述概念的理解，请计算下列三种情况的当前担保品价值：

场景 1：2016 年 3 月 19 日，一国央行与交易对手方 V 进行回购交易，央行购买了 3 500 万欧元的政府机构发行的 AA 级债券，息票率 4.25%，2024 年 4 月 30 日到期。该债券当前的市场含息价格为 97.81%。

问题 1：该资产的担保品价值是多少？

答：II 类，高评级类别，7~10 年剩余期限子类别，固定利率，因此抵押折扣率为 5.5%。35 000 000.00 欧元 ×97.81% = 34 233 500.00 欧元，减去抵押折扣 5.5% = 1 882 842.50欧元，得到担保品价值为 32 350 657.50 欧元。

场景 2：2018 年 7 月 6 日，一国央行与交易对手方 G 进行回购交易，央行购买了 7 500 万欧元 A 级欧洲公司发行的零息债券，2020 年 2 月 15 日到期。该债券当前的市场含息价格为 82.75%。

问题 2：该资产的担保品价值是多少？

答：III 类，高评级类别，剩余期限 1~3 年子类别，零息债券，因此抵押折扣率为 3.0%。75 000 000.00 欧元 ×82.75% = 62 062 500.00 欧元，减去抵押折扣 3.0% = 1 861 875.00欧元，得到担保品价值为 60 200 625.00 欧元。

场景 3：2017 年 10 月 25 日，一国央行与交易对手方 M 进行回购交易，央行购买了 5 500 万欧元 BBB 级信贷机构发行的无担保债券，息票率 4.95%，2023 年 12 月 1 日到期。该债券当前的市场含息价格为 103.064%。

问题 3：该资产的担保品价值是多少？

答：Ⅳ类，低评级类别，剩余期限 5~7 年子类别，固定利率债券，因此抵押折扣率为 38.5%。55 000 000.00 欧元 × 103.064% = 56 685 200.00 欧元，减去抵押折扣 38.5% = 21 823 802.00 欧元，得到担保品价值为 34 861 398.00 欧元。

如果通过交付债券来减轻资金融出方的风险，在确定交付给对手方的债券数量时需要考虑债券名义价值（bond denominational value）。同纸币一样（美元纸币面值为 $ 1、$ 5、$ 10、$ 20、$ 40 以及 $ 100；欧元纸币面值为 € 5、€ 10、€ 20、€ 50、€ 100、€ 200 以及 € 500），债券历来都是以特定面值发行的，例如在某一特定发行中，以单一面值 10 000.00 美元发行债券，在另一笔发行中，以不同面值（50 000.00 美元和 100 000.00 美元）发行债券。债券只能以其面值金额的倍数为单位进行交付；试图（通过发出结算指令）交付低于其最低面值的金额，或交付金额不是最低面值的倍数，将导致公司的结算指令被其 CSD 或托管人拒绝。

在使用债券担保品覆盖风险敞口时，下列示例场景提供了一种计算债券数量的方法；债券数量必须能使担保品价值不低于风险敞口金额（考虑当前市场价格和抵押折扣率）。

示例场景： 交易对手方 B 于 2018 年 1 月 6 日从一国央行借入 8 500 万欧元现金，同时还持有 A 级浮动利率中央政府债券，该债券含息价为 98.15%，2027 年 2 月 15 日到期。

问题： 为覆盖借款的风险敞口，最少须交付的债券数量（取整至最近的 100 000.00 欧元）是多少？

推荐的计算方法如表 4.10 所示。

表 4.10 应交付债券数量的计算

步骤		现金价值	债券数量
1	计算 € 100 000.00 债券的担保品价值		
	€ 100 000.00 债券 × 当前市场价格（€ 100 000.00 × 98.15%）	€ 98 150.00	
	减去抵押折扣*（0.5%）	（€ 490.75）	
	€ 100 000.00 债券担保品价值	€ 97 659.25	
2	计算取整前的债券数量		
	风险敞口金额除以 € 100 000.00 的债券担保品价值（€ 85 000 000/ 0.9765925）		€ 87 037 326.21
	取整前的债券数量		€ 87 037 326.21
3	计算应交付债券数量		
	将上述债券数量取整（将 € 87 037 326.21 向上取整至最近的 € 100 000.00 的倍数）		€ 87 100 000.00
	应交付债券数量		€ 87 100 000.00

注：* 抵押折扣率计算：Ⅰ类，高评级类别，7~10 年剩余期限子类别，浮动利率债券，抵押折扣率为 0.5%。

上述计算表明，需要交付 87 100 000.00 欧元的债券来覆盖 85 000 000.00 欧元的风险敞口。为了证明这一数量是足够的，可按照表 4.11 进行计算。

表 4.11 抵押折扣计算示例

		得出的现金价值
债券数量 87 100 000.00 欧元	当前市场价格 98.15%	85 488 650.00 欧元
应计利息天数→	（价格中已包含）	
应计利息→（按 30/360 计算）	（价格中已包含）	
当前市场价值		85 488 650.00 欧元
减去抵押折扣	0.5%	（427 443.25 欧元）
当前担保品价值		85 061 206.75 欧元

上述计算表明，应交付债券的正确数量为 87 100 000.00 欧元，87 000 000.00 欧元或更低的债券担保品价值不足以覆盖 85 000 000.00 欧元的风险敞口。

以下 3 个场景需要计算覆盖一定风险敞口所需交付的债券数量。

场景 4：2018 年 5 月 15 日，交易对手方 L 从一国央行借入 4 500 万欧元的现金，并持有一家信贷机构发行的息票率为 5.35% 的 BBB + 级债务工具，2019 年 9 月 1 日到期。该证券的市场含息价格为 102.73%。

问题 4：为覆盖借款的风险敞口，最少须交付的债券数量（取整至最近的 100 000.00 欧元）是多少？

答：100 000 欧元债券的担保品价值 = 100 000.00 欧元 × 102.73% = 102 730.00 欧元，减去 27.5% 的抵押折扣（Ⅳ类，低评级类别，1～3 年剩余期限子类别，固定利率）28 250.75 欧元 = 74 479.25 欧元。将 45 000 000 欧元除以 0.7447925，得出取整前的债券数量 60 419 512.85 欧元，取整至最近的 100 000 欧元得到债券数量为 60 500 000.00 欧元。

验证上述计算结果：债券数量 60 500 000.00 欧元 × 102.73% = 62 151 650.00 欧元，减去 27.5% 抵押折扣（17 091 703.75 欧元）= 担保品价值 45 059 946.25 欧元。

场景 5：2017 年 8 月 17 日，交易对手方 N 从一国央行借入 7 000 万欧元的现金，并持有市政府发行的 AA 级零息债券，2029 年 1 月 15 日到期。该证券市场价格为 67.92%。

问题 5：为覆盖借款的风险敞口，最少须交付的债券数量（取整至最近的 100 000.00欧元）是多少？

答：100 000 欧元债券的担保品价值 = 100 000.00 欧元 × 67.92% = 67 920.00 欧元，减去 12.0% 的抵押折扣（Ⅱ类，高评级类别，10 年以上剩余期限子类别，零息债券）8 150.40 欧元 = 59 769.60 欧元。将 70 000 000 欧元除以 0.5976960，得出取整前的债券数量 117 116 393.62 欧元，取整至最近的 100 000 欧元得到债券数量为 117 200 000.00欧元。

验证上述计算结果：债券数量 117 200 000.00 欧元 × 67.92% = 79 602 240.00 欧元，减去 12.0% 抵押折扣（9 552 268.80 欧元）= 担保品价值 70 049 971.20 欧元。

场景 6：2018 年 9 月 26 日，交易对手方 P 从一国央行借入 1.1 亿欧元的现金，并持有欧洲复兴开发银行发行的息票率为4.85%的AA+级债券,2025年6月15日到期。该证券的市场含息价格为100.07%。

问题6:为覆盖借款的风险敞口,最少须交付的债券数量(取整至最近的100 000.00欧元)是多少?

答:100 000欧元债券的担保品价值 = 100 000.00欧元 × 100.07% = 100 070.00欧元,减去4.5%的抵押折扣(Ⅱ类,高评级类别,5~7年剩余期限子类别,固定利率)4503.15欧元 = 95 566.85欧元。将110 000 000欧元除以0.9556685,得出取整前的债券数量115 102 674.20欧元,取整至最近的100 000欧元得到债券数量为115 200 000.00欧元。

验证上述计算结果:债券数量115 200 000.00欧元 × 100.07% = 115 280 640.00欧元,减去4.5%抵押折扣(5 187 628.80欧元) = 担保品价值110 093 011.20欧元。

在交易开始后首次提供债券担保品时,以及在此后存在风险敞口的每一天,都必须适用抵押折扣。

4.1.6 回购交易结算周期

在2014年10月之前,欧洲回购交易的交易日和首期结算日之间的标准(或默认)天数(结算周期)是2天,通常写作T+2。在此之前,证券"现券"市场(债券和股票直接进行买卖的市场)的结算周期通常是T+3。因此,一家公司可以在周一买入有价证券,周四为结算日,然后在周二进行一笔回购,借入资金以供周四支付使用。

2014年10月6日,根据欧盟委员会统一欧洲结算周期的目标要求,欧洲绝大多数市场在2015年引入泛欧结算平台Target2-Securities(T2S)之前将"现券"交易结算周期缩短至T+2。将T+2结算周期引入欧洲"现券"市场使得回购交易的结算周期被压缩至T+1。

2014年10月之前,回购交易的T+2结算周期意味着,公司在交易日与结算日之间有一整个工作日来解决交易确认过程中发现的与交易对手之间的任何差异问题。结算周期缩短至T+1意味着以下行为的可用时间急剧减少:(1)识别差异,(2)调查原因,并且(3)进行修正;上述情况表明,如果回购交易要在(首期)结算日正常进行,对交易细节的检查必须在交易日当日展开。

4.1.7 回购交易确认(confirmation)与认定(affirmation)

当交易是直接在场外(over-the-counter,OTC)进行而不是通过电子交易所进行时,存在交易其中一方(或双方都)无法准确记录交易要素的风险。这种风险涉及进行场外交易的多种金融产品,包括外汇、场外衍生品、债券以及回购市场。

如果无法确定公司的单笔交易记录是否与其对手方的记录相匹配,该公司就会存在日后发现差异的风险。发现差异的时间点不同,可能导致的经济损失和名誉损失的程度也会不同。

公司在意识到上述风险的存在后,需在执行交易后积极采取措施,尽快确认其交易详情与对手方记录详情有无不匹配之处。考虑到当前回购交易 T+1 的结算周期，这一点尤为重要。

比对交易详情的过程称为达成交易（trade agreement）。比对交易细节的方式通常被称作交易确认（trade confirmation），与机构投资者进行交易的交易商通常需要在交易执行后的特定时间段内就交易细节与客户进行交流，这个过程被视作客户服务的一部分。当交易商之间相互进行交易时，交易确认也同样重要。

例如，投资银行必须积极主动地向买方客户传达交易细节，这也是其向机构投资者提供服务的一部分。与之相反的是，买方公司在这方面通常较为被动，等待从与其交易的对手方投资银行处收到交易确认书。当然，在收到交易确认书后，买方公司应尽快进行确认。由于其较为被动的特点，这一过程有时被称作交易认定（trade affirmation），指对发送给自己的细节表示"同意"。

表 4.12 是一笔回购交易确认书内容的示例，A 公司向其对手方 G 发出交易确认书：

表 4.12 回购交易确认书#1

回购交易确认书	
发出方	A 公司，伦敦
接收方	G 方，纽约

作为交易参与方，我方特此确认以下交易事项：

交易要素	交易详情
我方交易编号	R0059397
交易类型	**经典回购**
法律协议类型	GMRA
定期/开放式	定期
资金融入方/债券卖方	A 公司，伦敦
资金融出方/债券买方	G 方，纽约
交易日期	2017 年 6 月 7 日
首期交易结算日（购买日）	2017 年 6 月 8 日
到期交易结算日（回购日）	2017 年 6 月 15 日
回购利率（定价比率）	2.42%
回购利息支付方	A 公司，伦敦
抵押折扣率	2.50%
抵押折扣支付方	A 公司，伦敦
首期交易结算日（购买日）	
证券描述	发行人 ABC，2030 年 8 月 1 日到期，息票率 4.35%
证券识别码	ISIN：XX1234567891
数量	30 000 000.00 美元
价格	99.95%
总价	29 985 000.00 美元

续表

应计利息天数	加应计利息	307	1 112 875.00 美元
市场价值		31 097 875.00 美元	
抵押折扣率	减抵押折扣价值	2.5%	(777 446.88 美元)
应收/应付现金金额（购买价格）		30 320 428.12 美元	
到期交易结算日（回购日）			
（首期交易结算日）现金余额	30 320 428.12 美元		
回购计息天数	7		
回购利息金额	14 267.45 美元		
应收/应付现金金额	30 334 695.57 美元		
结算详情			
我方	CSD T，账号 66627		
你方	CSD T，账号 99034		
结算方式	券款对付		

然而不幸的是，任何交易要素都有可能与交易对手方所掌握的有所出入，包括对手方名称错误、对手方名称正确但办公地点错误（如对手方是伦敦办事处而不是纽约办事处）、资金融入方被记反、回购利率错误等。

在收到公司的交易确认书并与己方记录进行比对后，如果对手方发现了差异，必须立刻通知该公司并进行调查和更正。比对的信息包括与交易方相关的要素，如交易对手、首期与到期交易结算日、回购利率等；交易方必须核实其自身的详细信息准确无误。与交易无关的部分主要是结算详情（在交易确认书的最后），例如未能详细说明交易对手的托管账户信息；这类要素的差异通常由运营部门（operations department）[在部分公司可能由中台部门（Middle Office 负责）] 负责调查和解决。

交易确认在交易双方之间直接传输的媒介包括环球银行金融电信协会（SWIFT），它要求接收双方均加入 SWIFT 网络。

许多公司会使用回购交易匹配服务。在交易执行后，交易详情将被发送至一个中央平台，该平台会自动逐笔比对交易双方提交的交易详情。在比对完成后，每笔交易会显示一种状态，如"已匹配"（matched）或"不匹配"（unmatched）；相关交易方可查看上述状态，未匹配的交易将被立即调查原因并及时解决。任何未能及时消除的差异都极有可能导致回购首期结算的延迟；这意味着现金融入方将不会在约定日收到现金，现金融出方也不会在约定日收到担保品。Omgeo's CTM（中央交易管理平台）即是提供上述交易匹配服务的平台。

一旦一家公司确信其交易详情与对手方完成匹配，即可安全地开展回购首期交易的结算。

4.1.8 回购交易结算

交易双方之间进行回购交易通常采取的结算方式取决于回购交易所处的阶段，即取决于交易处于：

- 回购首期结算日，或
- 回购交易存续期内；或
- 回购到期结算日

注意：交易各方需注意（适用于结算指令的）证券数量上限；这个上限由负责进行结算的 CSD 设置。例如，在（美国）联邦资金转账系统（Fedwire）结算指令的最大有效证券数量为 50 000 000.00 美元。这意味着对于一笔 150 000 000.00 美元的交易，需要下达三个 50 000 000.00 美元的结算指令。当地托管人或全球托管人会代表客户生成适当的结算指令。

首期结算日 回购交易开始，在以现金交换债券的同时不将各自资产置于风险之中的做法是符合交易双方利益的。

从资金融出方角度来看，他们面临支付现金时不确定是否能在同时收到债券担保品的风险。反之从资金融入方角度来看，他们面临在交出债券担保品时不确定是否能同时收到借入资金的风险。

券款对付（Delivery versus Payment，DvP） 克服了交易双方均不愿"首先履行义务"的困境，由结算场所（即将进行资产交换的中央证券托管机构）进行真正意义上的现金与证券的同时交换。

公司为能够在结算回购交易时安全地释放其资产，必须发送一条包含交易详细信息的证券结算指令（Settlement Instruction），包括待结算证券、现金金额以及表示"DvP"的相关字段等。为进一步说明，双方发出的 DvP 结算指令必须包含：

- 首期结算日应收或应付的现金全额
  - 在上述示例中（见表 4.12），该金额为 30 320 428.12 美元；以及
- 首期结算日待交付或待接收债券的全部数量
  - 在上述示例中（见表 4.12），该数量为 30 000 000.00 美元

CSD 或托管人在收到上述指令后，"DvP"这一直接指令意味着在没有 100% 确定交易对手方的资产将同时进入公司账户的情况下，不得从公司账户中释放资产。CSD 或托管人必须遵守其从公司处收到的指令，否则公司的资产将面临风险。

一旦 CSD 或托管人收到结算指令，必须采取以下措施以进行结算：

1. 公司与其交易对手方的指令必须匹配
2. 必须已至首期结算日
3. 资金融入方的账户中必须有适当数量的债券
4. 资金融出方必须有支付手段，可以是（a）信用账户；或者（b）有足额担保品支持、有一定信贷额度（credit line）的账户

如果上述条件均符合，证券和现金的交换应在结算日进行。在这种情况下，结算

将在到期日（即首期交易结算日）进行。

或者，当结算指令匹配且结算日期已至，但如果（例如）资金融入方账户中可用的债券数量不足，此时 CSD 或托管人无法交付债券，导致资金融出方账户无法进行现金支付，这也意味着资金融入方无法在到期日收到借入的现金。但由于双方的结算指令仍是匹配的，因此只要资金融入方能够在首期结算日当天晚些时候或第二天获得（如通过购买或借入）缺口数量的证券，即可进行结算。

在这种情形下，资金融入方将因未能按时收到资金而遭受损失；然而由于其造成了结算的延迟，因此也无法有效地向资金融出方提出利息索赔（interest claim）。

注意：通常 DvP 的替代方式是纯券过户（FoP）。在 FoP 模式下，（1）仅有资金交付，或者（2）仅有证券交付。这对于提供资产一方的公司而言风险较高，因为在将资产交付给交易对手的过程中，不存在类似 DvP 的担保。

回购交易存续期内 假设回购交易的期限为一周，那么在首期结算完成之后，必须将债券的当前价值与借入资金的当前价值进行比较，以确定是否存在风险敞口。为保护自身利益，交易各方均应自行进行比对。由于债券市场价格存在波动，可能导致交易一方面临风险敞口，并因此向其交易对手方发起保证金追缴。

当一家公司向其交易对手方追缴保证金（并假设对手方对保证金的计算和缴纳方向无异议时），交易对手方可选择以现金或债券进行追缴保证金的结算，具体方式取决于双方此前签订的法律协议。

由于保证金追缴代表交易一方（而非双方）面临风险敞口，因此与首期交易结算双向资产交换不同，在保证金追缴的结算中资产的移动是单向的，即从无风险敞口方（non-exposed party）移动到风险敞口方（exposed party）。

如果交易对手方选择提供现金担保品，结算要求对手方指示其资金代理行在到期日当天，向风险敞口方的往账账户（nostro account）支付所需的币种和金额。现金支付是"单边"进行的，与证券结算指令不同，无须在付款前对纯现金结算指令进行匹配。〔但是，资金收款方可能需要向其 CSD 或托管人发出资金预开通知书（funds pread-vice），以获得资金的"可用资金价值"（good value）。若收款方未能及时开出该通知，可能导致资金直到下一个工作日才被计入收款方账户，造成利息损失。〕

如果交易对手方选择使用债券担保品缴纳保证金，结算要求交易各方向各自的 CSD 或托管人发送 FoP 证券结算指令；作为保障措施，指令必须在结算前进行匹配，否则"单边"指令可能导致证券被错误地交付给第三方账户（且风险敞口方的风险未被减轻）。为进行结算，必须采取以下操作：

1. 公司与其交易对手方的指令必须匹配
2. 必须已至交付结算日
3. 债券交付方的账户中必须有适当数量的债券

到期结算日 在到期结算日当天，交易双方：

■ 原借入金额以及回购利息必须汇至资金融出方，同时
■ 证券等同品必须返还给资金融入方

■ 在 GMRA 中使用的是"等同品"（equivalent）这一术语，因为资金融出方最初收到的债券在回购到期结算日可能仍存在，也可能已不存在。如果相关证券仍存在，则必须向担保品提供方返还（与最初收到的）ISIN 码相同的证券。如果届时相关证券已不存在[由于公司行为（corporate action）导致原有债券已被置换]，那么必须向担保品提供方交付替代资产

为了实现上述目的，交易双方需发送包含以下内容的 DvP 结算指令：

■ 原借入金额以及应收或应付的回购利息

　　■ 在上述示例中（见表 4.12），该金额为 30 334 695.57 美元；以及

■ 待交付或待接收债券的全部数量

　　■ 在上述示例中（见表 4.12），该数量为 30 000 000.00 美元

注意："定期"回购交易的到期结算指令可在交易执行后任何时候发出；发出的时间越早越好，因为这样可以使结算指令不匹配的情况在到期结算日之前得到解决。

另外（假设到期结算在到期日进行），由于不再存在风险敞口，在回购交易存续期内任何因保证金追缴而提供或收取的资产（包括现金和证券担保品）都必须返还至原所有人。

4.1.9 资产组合对账（portfolio reconciliation）

当公司确定其存在风险敞口，并向其交易对手方发出保证金追缴通知时，不能保证交易对手方一定会认可（1）风险敞口金额，或（2）风险敞口方向（公司还是其对手方为风险敞口方）。

公司与其交易对手在上述两个方面的分歧可能是交易数量的差异造成的；例如，一家公司正确地将一笔到期结算日为"昨天"的回购交易从其交易清单中剔除，但其交易对手方错误地将该交易继续保留在"今日"交易清单中。

如果能在发出保证金追缴通知之前对交易各方之间的信息进行比对，就可以最大限度地减少上述差异。第三方投资组合对账服务可将公司文件与其对手方的对应文件自动进行比对。triReslove 便是这样一种资产组合对账系统。

4.1.10 盯市（marking-to-market）

在可能进行保证金追缴之日的前一个工作日日终，回购交易中的担保品通常依据可靠的外部价格来源进行盯市(重估)。在某些情况下，约定的价格来源可能会记录在 GMRA 附件 1 中，以避免估值争议。通常会使用中间价（mid-price）（而不是买入价或卖出价）来对担保品进行估值。

与其他担保品相关交易（包括证券借贷和场外衍生品交易）一样，在波动的市场条件下，回购交易的各方可能同意进行日间盯市（intraday marking-to-market），这可能导致日间保证金追缴。

4.1.11 风险敞口的计算

公司为了确定其与交易对手方在回购交易存续期内是否存在风险敞口，需要计算：

■ 借出或借入金额的当前价值，以及

■ 债券担保品的当前价值

同时也要考虑到先前追缴保证金所获得的既有担保品的当前价值。

下面通过回购交易举例说明计算过程。假设执行了以下交易（见表4.13）。

表 4.13 回购交易确认书#2

回购交易确认书	
发出方	A 公司，伦敦
接收方	G 方，纽约

作为交易参与方，我方特此确认以下交易事项：

交易要素	交易详情
我方交易编号	R0059397
交易类型	经典回购
法律协议类型	GMRA
定期/开放式	定期
资金融入方/债券卖方	A 公司，伦敦
资金融出方/债券买方	G 方，纽约
交易日期	2017 年 6 月 7 日
首期交易结算日（购买日）	2017 年 6 月 8 日
到期交易结算日（回购日）	2017 年 6 月 15 日
回购利率（定价比率）	2.42%
回购利息支付方	A 公司，伦敦
抵押折扣率	2.50%
抵押折扣支付方	A 公司，伦敦

首期交易结算日（购买日）			
证券描述	发行人 ABC，2030 年 8 月 1 日到期，息票率 4.35%		
证券识别码	ISIN：XX1234567891		
数量	30 000 000.00 美元		
价格	99.95%		
总价	29 985 000.00 美元		
应计利息天数	加应计利息	307	1 112 875.00 美元
市场价值	31 097 875.00 美元		
抵押折扣率	减抵押折扣价值	2.5%	（777 446.88 美元）
应收/应付现金额（购买价格）	30 320 428.12 美元		

到期交易结算日（回购日）	
（首期交易结算日）现金余额	30 320 428.12 美元
回购计息天数	7
回购利息金额	14 267.45 美元
应收/应付现金金额	30 334 695.57 美元

结算详情	
我方	CSD T，账号 66627
你方	CSD T，账号 99034
结算方式	券款对付

资金的当前价值 为了确定借出或借入现金的当前价值，需要将（1）原借出或借入的现金金额，与（2）截至目前的回购利息相加。

在示例交易中，假设今天是 2017 年 6 月 9 日，且首期交易在结算日 6 月 8 日完成结算。因此在 6 月 8 日，G 方支付了 30 320 428.12 美元的现金金额，同时 A 公司在同一天收到了该现金金额；A 公司今天（6 月 9 日）持有现金 1 天（注：银行利息按隔夜计算）。如本章前文所述（4.1.4 小节"回购利率的格式与计算方法"中），回购利息的计算如下：

■（借贷金额×回购利率/除数）×天数

因此在该交易中，每日的回购利息计算如下：

■（30 320 428.12 美元×2.42%/360）×1 天 = 2 038.21 美元

6 月 9 日，资金的当前价值如表 4.14 所示。

表 4.14 资金的当前价值#1

2017 年 6 月 9 日星期五 资金的当前价值	
借出/借入的金额	30 320 428.12 美元
截至当前的回购利息（1 天）	2 038.21 美元
资金的当前价值	30 322 466.33 美元

在回购交易存续期内的每一天，上述概念都会被重复应用，如表 4.15 所示。

表 4.15 资金的当前价值#2

2017 年 6 月 12 日至 15 日 资金的当前价值			
日期	回购计息天数	利息金额	资金的当前价值
6 月 12 日 星期一	4	8 152.83 美元	30 328 580.95 美元
6 月 13 日 星期二	5	10 191.03 美元	30 330 619.15 美元
6 月 14 日 星期三	6	12 229.24 美元	30 332 657.36 美元
6 月 15 日 星期四	7	14 267.45 美元	30 334 695.57 美元

可以看出，表 4.15 中 6 月 15 日的资金当前价值与回购交易确认书中到期交易结算日应收/应付现金金额相同。

债券担保品的当前价值 为了确定债券担保品的当前价值，需要将（1）对应债券数量的当前市场价值，加上（2）应计利息（如果是除息价格）的当前价值，并（3）适用抵押折扣或初始保证金。

在示例交易中，假设今天是 2017 年 6 月 9 日。截至昨日工作日（6 月 8 日）日终，债券的当前（除息）市场价格为99.32%，该价格来自独立可信的来源。因此截至6月9日，债券担保品的当前价值如表4.16所示。

表4.16　　　　　　　　　　　　　债券的当前价值

2017年6月9日星期五 债券担保品的当前价值			
要素		详情	
证券描述		发行人ABC，2030年8月1日到期，利率4.35%	
证券识别码		ISIN：XX1234567891	
数量		30 000 000.00 美元	
价格		99.32%	
总价		29 796 000.00 美元	
应计利息天数	加应计利息	308	1 116 500.00 美元
当前市场价值		30 912 500.00 美元	
抵押折扣率	减抵押折扣价值	2.5%	（772 812.50 美元）
担保品当前价值		30 139 687.50 美元	

总风险敞口　　（1）资金的当前价值，与（2）债券担保品的当前价值两者之间的差额即为总风险敞口。对于两者之间的差额：

■ 如果资金的当前价值高于担保品的当前价值，那么资金融出方面临风险敞口

■ 如果资金的当前价值低于担保品的当前价值，那么资金融入方面临风险敞口

表4.17反映了资金与债券担保品的当前价值。

表4.17　　　　　　　　　　　　　总风险敞口

2017年6月9日星期五 总风险敞口	
资金的当前价值	30 322 466.33 美元
债券担保品的当前价值	30 139 687.50 美元
总风险敞口金额	182 778.83 美元

上述计算表明，资金的当前价值高于债券担保品的当前价值，即资金融出方（G方）面临风险敞口。

注：净风险敞口（net exposure）金额与（1）此前追缴的现有担保品，（2）起点金额（threshold amount）和/或（3）最低转让金额（minimum transfer amount）有关；后两者的介绍参见下一小节。如果在考虑上述三个因素后存在净风险敞口，风险敞口方应向其交易对手方发出保证金追缴通知。

4.1.12　起点金额与最低转让金额

起点金额是一方（或双方）同意其交易对手方免于提供担保的风险敞口金额。

如果设定了1 000 000.00美元的固定起点金额，那么，风险敞口方对于900 000.00美元的风险敞口不会追缴保证金，而对1 100 000.00美元的风险敞口则会进行保证金追缴。当交易双方适用起点金额时，必须确定是对全额（在前述示例中，全额为

1 100 000.00美元）或是仅对超出起点金额的部分（在上述示例中，超出部分为100 000.00美元）追缴保证金。

类似地，交易双方可适用最低转让金额（MTA），以避免对较小金额风险敞口进行管理的负担。

根据具体情况，起点金额和最低转让金额可在 GMRA 附件中正式记录，也可不记录；但在不进行书面记录时，交易双方还是可以非正式地约定两者的金额。

4.1.13　发出与接收保证金追缴通知

在计算风险敞口后（每日计算一次为佳），风险敞口方必须发出保证金追缴通知。该通知通常以电子邮件形式发出，且必须在双方法律文件规定的截止时点（通常为欧洲中部时间 CET 14：00）之前送达交易对手方。

如果无风险敞口方在截止时点以后才收到保证金追缴通知，那么其没有义务在当天采取行动。然而许多交易对手方并不会严格执行截止时点规定，而是将其视作在截止时点之前收到的追缴通知，尽力履行保证金义务。尽管如此，风险敞口方应该认识到担保品追缴通知的延迟对其自身构成一定风险，不能保证对手方会履行通知要求的义务。因此，该公司面临的风险敞口可能不会在正常时间段内得到完全消除。

假设无风险敞口方在截止时点前收到保证金追缴通知，则需要对追缴金额是否有效进行验证。双方计算出的风险敞口金额不可能完全一致，因此应适用某种形式的容差（tolerance）。

假设双方就追缴金额达成了一致，无风险敞口方现在必须选择是交付现金担保品还是债券担保品（假设法律文件允许其自行选择）。无风险敞口方必须将其计划交付的意向担保品告知风险敞口方，通常是通过电子邮件。而风险敞口方则必须对无风险敞口方计划提供的担保品进行验证；特别是当选择证券担保品时，风险敞口方对证券（识别码）合格性的检查相当重要。如果风险敞口方不承认证券担保品的合格性，必须尽快告知其对手方。

不难看出，出于自身利益考虑，风险敞口方必须确保其在约定的合理期限内采取行动，这样才能够尽快地、最大限度地减轻其风险敞口。

4.1.14　保证金追缴的结算

一旦风险敞口方认可其对手方计划提供的担保品，无风险敞口方必须向风险敞口方转移资产。

就保证金追缴的结算日而言：

■ 如果使用现金担保品，通常的市场惯例是在当日（T + 0）进行支付
■ 如果使用债券担保品，通常的市场惯例是在 T + 1 日或 T + 2 日进行交付

现金担保品的结算流程　从无风险敞口方角度来看，为支付风险敞口金额，必须向其资金代理行（cash correspondent，即 nostro）发出结算指令，内容包括：

■ 借记的特定账号

■ 币种及现金金额

■ 结算日，以及

■ 接收方资金代理行名称及账号

为了及时进行支付，无风险敞口方的资金代理行必须在其规定的相关截止时点前收到结算指令。如果在截止时点，无风险敞口方账户的现金余额或信贷额度充足，那么应按照结算指令要求及时完成支付。

从风险敞口方角度来看，他们可能无须采取行动就能在到期日收到现金担保品。不过，部分资金代理行要求其账户持有人发送接收现金的指令，即资金预开通知书。这类通知的目的是提前告知资金代理行会收到一笔进账（即币种、金额、结算日），以便让资金代理行将收到的此类资金纳入其在结算日的整体持有头寸。如果资金代理行要求开具资金预开通知书，由风险敞口方出具的通知书可确保以"可用资金价值"（good value）接收资金，即这笔资金将在结算日记入风险敞口方在资金代理行的账户。相反，未能开具通知书可能导致该账户收款的延迟；这事实上意味着风险敞口方的风险未能尽早得到减轻。

债券担保品的结算流程 使用债券担保品对保证金追缴进行结算的通常做法是双方向各自的 CSD 或托管人发出纯券过户（FoP）指令。

无风险敞口方需发出交付约定数量特定证券的指令，风险敞口方则须发出接收上述证券的指令；通常的市场惯例是，在结算发生之前，双方的指令必须达到"已匹配"状态。指令的匹配被视作一种安全措施，以确保证券被交付至风险敞口方正确的 CSD 或托管人账户中；尽管纯券过户也可以在指令不匹配的情况下进行（取决于特定 CSD 的流程），但对于交易双方而言，存在的风险是接收方的账号出现错误，导致债券被交付到风险敞口方以外的其他人的账户中。

如果两个指令的细节因任何原因而有所不同，则指令是"不匹配"的。如果这种状态持续至结算日，保证金追缴的结算将会被延迟。双方必须监控其指令的当前状态，并在指令"不匹配"的情况下，立即调查差异原因并进行纠正。

无论保证金追缴的结算是通过现金担保品还是债券担保品进行，风险敞口方都必须监控其资金账户或托管人账户（视情况而定），以确保实际收到现金或债券。根据 GMRA，未能及时收到保证金追缴的结算可被视作违约事件（event of default）；风险敞口方实际采取的行动可由其自行决定。

4.1.15 持有收到的担保品

正如前文 4.1.2 "经典回购法律协议"中所述，在 GMRA 框架下，回购交易担保品从资金融入方转移到资金融出方的法律依据是所有权转移（title transfer）。

所有权转移授予了担保品接收方与进行直接购买相同的法律权利。因此从法律上讲，担保品接收方可自行处置收到的担保品，包括：

■ 在其开立在 CSD 或托管人处的账户中安全可靠地持有担保品，或

■ 以下列方式对担保品进行再使用：

■ 出售

■ 回购

■ 出借（如通过证券借贷），或

■ 作为担保品交付以满足保证金要求（如在场外衍生品交易中）

通过与对手方签订 GMRA，担保品提供方（回购协议中的资金融入方）已通过合同约定担保品接收方成为债券的法定所有人（legal owner）；因此担保品接收方可自由进行与担保品再使用（或其他方面）相关的行动。然而，担保品提供方仍是债券的受益所有人（beneficial owner），这意味着债券产生的任何权利［如息票支付（coupon payment）］都属于担保品提供方。

如果担保品接收方选择不对债券进行再使用，而是将担保品存入在 CSD 或托管人处的账户中持有，为了避免意外再使用这些债券，可将其存入一个隔离账户（而不是存入担保品接收方保管其自有证券的主账户）。

反之，如果担保品接收方选择再使用债券，则必须按照合同要求在回购到期交易结算日将证券等同品返还至担保品提供方。

4.1.16 账簿和财务记录的更新

对参与回购的任何一家公司而言，一个关键行为是确保其账簿和财务记录（books & records）充分反映其资产的所有权及现状。

从法律角度来说，对于在 GMRA 下用作担保品的债券，其所有权（通过所有权转移）被转移至资金融出方，但资金融入方仍是债券的受益所有人，并有权获得回购交易存续期内到期的任何收益。

然而，从操作角度来说，债券的所有权并未转移，因为（担保品提供方）没有直接出售债券，而是在回购到期交易完成之前暂时失去所有权。在回购执行前，债券（通常）由公司的托管人持有，但在回购交易执行后，首期交易的结算导致债券被转移至交易对手方的托管人处。

对许多公司而言，账簿和财务记录的更新至关重要，原因有很多，其中之一是收入事件（如债券息票支付）及其他形式的公司行为（如债券交换要约 bond exchange offer）。如果公司的账簿和财务记录不能自始至终保持准确，公司就有可能无法确认其需支付的息票金额，也有可能无法把握好（公司行为过程中产生的）投资机会。

下文描述了资金借贷双方在回购（首期交易）前后的账簿和财务记录的情况。注意：在公司账簿和财务记录中使用复式记账法（double entry bookkeeping）至关重要，因为这一原则有助于公司保持对其资产的适当控制，并有效进行对账（reconciliation）。

资金融入方视角 假设在回购交易执行前，A 公司（通过此前的购买）拥有 20 000 000 美元发行人 DEF 发行的息票率为 3.95% 的债券，到期日为 2031 年 2 月 15 日；在 A 公司内部，该债券存放于某一特定交易账户（trading book）。再假设全部上述债券由该公司托管人持有，该公司与其对手方之间不存在未完成的交易，如表 4.18 所示。

表 4.18   账簿和财务记录#1

A 公司账簿和财务记录			
发行人 DEF 发行的息票率为 3.95% 的债券，到期日为 2031 年 2 月 15 日			
所有人		持有人	
交易账户 K	+ 20 000 000	− 20 000 000	托管人 T
	+ 20 000 000	− 20 000 000	

A 公司决定通过回购借入资金，并向资金融出方（对手方 L）提供 15 000 000 美元由 DEF 发行的息票率为 3.95% 的债券，作为借入资金的担保品。在回购首期交易结算完成后，公司必须将账簿和财务记录进行更新以反映这种变化，如表 4.19 所示。

表 4.19   账簿和财务记录#2

A 公司账簿和财务记录			
发行人 DEF 发行的息票率为 3.95% 的债券，到期日为 2031 年 2 月 15 日			
所有人		持有人	
交易账户 K	+ 20 000 000	− 5 000 000	托管人 T
		− 15 000 000	（回购交易）对手方 L
	+ 20 000 000	− 20 000 000	

根据 A 公司当前的账簿和财务记录，公司依然拥有 20 000 000 美元的债券，但公司的托管人仅持有 5 000 000 美元的债券，而剩余的 15 000 000 美元债券由公司的回购交易对手持有。公司账簿和财务记录的准确性必须通过对账得以体现，对账每日进行一次为佳。

［注：公司的账簿和财务记录必须如实反映情况，不得存在任何形式的误导。如果 A 公司将回购所用的证券（15 000 000 美元 DEF 发行的息票率为 3.95% 债券）在其账簿和财务记录中直接体现为持有头寸降至 5 000 000 美元，这样做可能产生的风险在于，如果在对手方 L 持有债券期间发生息票收入，那么 A 公司会认为它们仅有权获得 5 000 000 美元债券的息票收入（基于其账簿和财务记录），而不是 A 公司实际所有的 20 000 000 美元债券的息票收入。］

除债券担保品的变动外，公司的账簿和财务记录还必须反映借入现金与回购利息之和。

无论保证金追缴时提供了何种担保品，这种变动必须反映在公司的账簿和财务记录中，到期结算日担保品的返还也同样如此。

资金融出方视角　对于资金融出方而言，同一笔回购交易资金融出方同样需要保持账簿和财务记录的准确性。

假设在执行一笔特定回购交易之前，A 公司的交易对手方（交易对手方 L）不拥有 DEF 发行的任何息票率为 3.95%、到期日为 2031 年 2 月 15 日的债券，如表 4.20 所示。

表 4. 20   账簿和财务记录#3

对手方 L 账簿和财务记录		
发行人 DEF 发行的息票率为 3.95% 的债券，到期日为 2031 年 2 月 15 日		
所有人	持有人	
0	0	
0	0	

作为向 A 公司提供借款的担保品，对手方 L 在收到 15 000 000 美元由 DEF 发行的息票率为 3.95%、2031 年 2 月 15 日到期的债券后，对账簿和财务记录的更新如表 4.21 所示。

表 4. 21   账簿和财务记录#4

对手方 L 账簿和财务记录		
发行人 DEF 发行的息票率为 3.95% 的债券，到期日为 2031 年 2 月 15 日		
所有人	持有人	
0	− 15 000 000	托管人 G
	+ 15 000 000	（回购交易）A 公司
0	0	

根据对手方 L 当前的账簿和财务记录，L 不是该特定债券的所有人（因为 L 没有直接买入该债券），尽管其从 A 公司处收到了 15 000 000 美元的债券，并将在回购结束后将这些债券返还至 A 公司。同样，L 公司账簿和财务记录的准确性必须通过对账得以体现，对账每日进行一次为佳。

［注：公司的账簿和财务记录必须如实反映情况，不得存在任何形式的误导。如果对手方 L 将因回购收到的证券（15 000 000 美元 DEF 发行的息票率为 3.95% 的债券）在其账簿和财务记录中直接体现为由其所有的债券头寸增加至 15 000 000 美元，这样做可能产生的风险在于，如果在对手方 L 持有债券期间发生息票收入，那么交易对手 L 会认为他们有权获得 15 000 000 美元债券的息票收入（基于其账簿和财务记录），而事实上交易对手 L 无权获取息票收入。当发生息票支付时，托管人 G 将贷记对手方 L 的账户，L 必须将息票的等值金额转账至作为受益所有人的 A 公司。］

4.1.17 担保品置换

对于 GC（一般合格担保品）回购而言，资金融入方可能希望在回购期间使用其他担保品置换原债券担保品。（需要注意的是，这种置换不适用于融券回购，因为资金融出方进行融券回购交易的主要目的可能正是获得原担保品。）

回购交易开始时，将从资金融入方所有的证券中选择特定种类的合格担保品，作为借入现金的担保品交付给资金融出方。资金融入方将根据内部需要，选择当前无意出售或用于任何其他交易的债券作为特定担保品，该债券将在回购交易中作为担保品被交付。随后，资金融入方交易员决定出售目前由资金融出方持有的债券。此时资金融入方需要资金融出方返还债券（以完成结算并在结算日收到出售收入），资金融入方必须向资金融出方提供替代担保品（replacement collateral）。

为达成上述目的，在执行回购交易时，资金融入方必须向资金融出方申请置换权（Right of Substitution，RoS）。如果在交易执行时约定了置换权，那么资金融入方有权要求资金融出方返还担保品等同品，以交换替代担保品；该权利在首期交易结算日至到期交易结算日之间的任何时间均有效。这类置换权通常要求资金融入方支付更高的回购利率，这一利率可能会进一步提高，具体取决于资金融入方所需的置换权数量。为避免交易双方之间产生疑义，交易执行时达成的任何置换权均应在交易确认书（trade confirmation）中记录，内容包括允许的最大置换数量，以及在回购交易存续期内交易双方（尚未使用的）可用置换数量。

担保品置换的潜在原因有多种。资金融入方可能需要在另笔交易中使用债券，如出售、出借，以及被用作担保品等；资金融出方角度则可能由于债券发行人信用评级下调，而需要从资金融入方处寻求替代担保品。此外，双方通常还希望避免由（部分债券种类需要支付的）息票相关的预扣税所带来的麻烦。

替代担保品可以是一种债券（即单一 ISIN 码），也可以是多种债券（即多个 ISIN 码）。如果在首期交易结算日适用了抵押折扣或初始保证金，那么替代担保品同样需要适用。

置换的结算　由于资金融出方持续对资金融入方存在风险敞口（敞口金额为借出资金的价值），资金融出方应确保在担保品置换期间，该风险敞口均有担保。如果资金融出方在从资金融入方处收到替代担保品之前将原担保品返还给资金融入方，那么其会面临风险。为避免产生此类风险，资金融入方有可能需要在收到返还的原担保品之前交付替代担保品。

从历史上看，两只证券交付的实现是通过交易双方各自发出 2 个纯券过户结算指令，并在进行结算前完成指令匹配。历史上，在 CSD 中没有将两套结算指令联系起来的方式，原担保品和替代担保品的交付是相互独立进行的，因此有可能出现以下情形：

1. 两笔交付都在结算日进行结算
2. 只有一笔交付在结算日进行，另一笔交付结算失败；或者
3. 两笔交付都没能在结算日完成结算

上述第 2 种情形的直接结果是，交易一方将面临重大风险敞口，因为其既未持有原担保品，也未持有替代担保品。

典型的置换流程如图 4.4 所示。

图 4.4　担保品置换

当资金融入方发起担保品置换流程时，事件发生的顺序如下：

■ 资金融入方检查并确认回购交易条款是否允许置换担保品，如果条款允许：

■ 资金融入方（通常通过电子邮件）联系资金融出方，表明其需要进行担保品置换，并说明回购交易细节、原担保品以及建议的替代担保品

■ 资金融出方检查并确认回购交易条款是否允许使用上述担保品进行置换，如果条款允许：

■ 资金融出方对替代担保品的合格性进行验证

■ 如果验证通过，对于替代担保品，双方均需发出纯券过户结算指令，该指令必须在资金融入方向资金融出方的交付生效前，在约定的结算日成功匹配

■ 对于原担保品，在（与替代担保品）相同的时间和结算日，双方均需发出纯券过户结算指令，该指令必须在资金融出方向资金融入方的交付生效前，在约定的结算日成功匹配

需要注意的是，纯券过户结算指令的匹配是必要的预防措施，以保证债券被交付至正确的账户。

为了避免公司在结算担保品置换时产生风险敞口［即在结算日只有一种（而非两种）证券成功交付］，进行担保品置换的一种理想机制是券券对付（DvD），即一种证券（原担保品）与另一种证券（替代担保品）的同时交换，而不涉及现金。许多 CSD 在历史上并未使用 DvD，但（在 2016 年）这项服务可通过 T2S 结算服务提供。在该服务中，两组匹配的纯券过户结算指令可由发出指令的任何一方链接到一起，一笔交割的结算将触发另一笔交割在同时进行结算（反之，如果一个方向的交割出现缺券，那么该证券另一个方向的交割也无法完成）。这种 T2S 服务被形容为有效券券对付（effective DvD），因为在理想的情形下，交易各方能在发出的单条指令中包含原担保品和替代担保品的详细信息（以及指定的交付方向）。[①]

担保品置换相关交付的结算日通常基于双方之间的约定，可以是达成置换意向的同一天，第二天或者第二天 + 1 天。

4.1.18 收入事件

如前所述，当债券的息票支付日临近时，执行回购交易的公司通常会试图避免将该债券用作担保品。如果某一特定债券在回购交易中作为担保品被交付，并且该债券很快就要支付息票，那么双方通常会约定将其置换为其他债券。

典型的附息（interest bearing）债券类型包括固定利率债券（fixed rate bond）、浮动利率债券和可转换债券；零息债券不支付息票。附息债券的息票支付是提前安排好的事件；债券的募集说明书明确规定了债券整个存续期内的息票支付日期。对于浮动利率债券，息票支付频率有明确规定（作为计算特定息票期间利率的依据）。对于公司参与交易的债券，公司会在其静态数据（也称为"参考数据"）库（static data reposito-

---

① （有效的）DvD 除了对担保品置换有益之外，也适用于证券借贷。

ry）中存储单个债券发行的详细信息，包括息票支付日和息票支付频率。这意味着可将静态数据作为备忘，提示下一次息票支付日期，从而在必要时触发担保品置换的需求。然而，一家公司以前可能从未开展过某个债券的交易，而现在从回购交易中收到了该种债券担保品，因此需要在其静态数据库中识别并新建债券相关信息（如息票支付日期）。如果公司无法获取募集说明书（债券发行的原始凭据），可向 CSD 、托管人或信息供应商（data vendor）询问此类信息。

回购交易相关的担保品息票支付的首要原则是，资金融入方获得的价值应与发行人支付的息票价值相等，如同担保品是由资金融入方的托管人持有（且未被用作担保品）一样。

如果资金融出方（法定所有人）的托管人持有的回购交易债券担保品到期支付息票，资金融出方在其托管人处的账户将在息票支付日（或稍晚时间）获得息票收益。具体而言，无论是 CSD 的哪一个账户持有人在登记日（record date）持有债券，这些持有人均可获得息票收益。资金融出方的公司行为（corporate action）部门应对这类情况进行监控，并且（在资金融出方的账簿和财务记录已全部更新并完成对账的情况下）确认债券受益所有人（beneficial owner）是资金融入方而不是资金融出方，因此必须根据 GMRA 以相同币种向资金融入方支付息票价值。表 4. 22 是资金融出方在登记日关于息票支付的账簿和财务记录示例，示例显示资金融出方无所有权，以及其托管人在登记日具有欠 A 公司（资金融入方）的头寸。

表 4. 22   账簿和财务记录#5

资金融出方账簿和财务记录			
发行人 DEF 发行的息票率为 3. 95% 的债券，到期日为 2031 年 2 月 15 日			
所有人		持有人	
0	0	– 15 000 000	托管人 G
		+ 15 000 000	A 公司（回购）
	0	0	

资金融入方的公司行为部门将在账簿和财务记录中确认其为债券所有人，但在登记日并不持有其拥有的头寸；因此资金融出方必须根据 GMRA 规定汇出息票收益。表 4. 23 是资金融入方在登记日关于息票支付的账簿和财务记录示例，示例显示其持有 20 000 000 美元债券正头寸，其中，25% 由其托管人持有，剩余 75% 由资金融出方（对手方 L）持有。

表 4. 23   账簿和财务记录#6

资金融入方账簿和财务记录			
发行人 DEF 发行的息票率为 3. 95% 的债券，到期日为 2031 年 2 月 15 日			
所有人		持有人	
交易账户 K	+ 20 000 000	– 5 000 000	托管人 T
		– 15 000 000	（回购交易）对手方 L
	+ 20 000 000	– 20 000 000	

资金融入方必须确保收到其全部所有债券的息票。对于其托管人持有的部分，资金融入方将在息票支付日收到贷记到其托管账户的息票收益。对于资金融出方作为债券担保品持有部分的息票收益，资金融出方有义务将息票等值金额汇款至资金融入方指定的账户中。

上述情形如图 4.5 所示，其中资金融出方在息票支付登记日持有债券担保品。

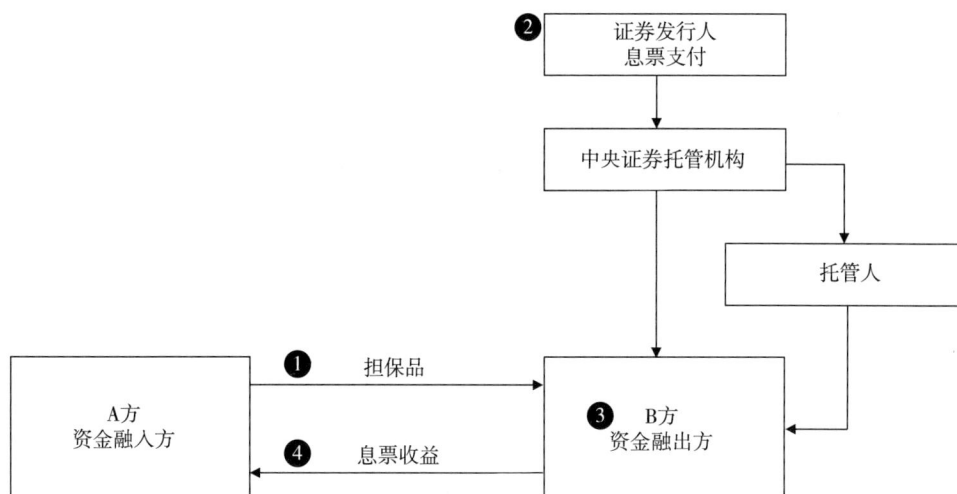

图 4.5 息票支付流程；资金融出方未再使用担保品

对图中流程的解释如下：

第 1 步：资金融入方向资金融出方提供债券担保品，资金融出方将其存放在 CSD 或托管人账户中

第 2 步：在息票支付日，债券发行人向 CSD 支付息票收益，CSD 贷记托管人账户，或直接支付至资金融出方账户

第 3 步：CSD 或托管人将收到的息票收益贷记至资金融出方账户

第 4 步：资金融出方将同等价值的息票收益金额汇至资金融入方

综上所述，如果资金融出方在其 CSD 或托管人账户中持有债券担保品（且没有对上述担保品进行再使用），那么：

■ 资金融入方应（从资金融出方处）获得与息票支付等额的付款，并不应遭受任何财务损失

■ 对资金融入方（A 方）的整体净影响 = 贷记收益（如同未进行回购交易时一样）

■ 资金融出方（B 方）的财务状况不受影响，因为其将从托管人处收到息票付款，并将同等金额汇给资金融入方（A 方）

■ 对资金融出方（B 方）的整体净影响 = 0

相反，如果资金融出方再使用了债券，资金融出方仍需向资金融入方提供息票收益，如图 4.6 所示。

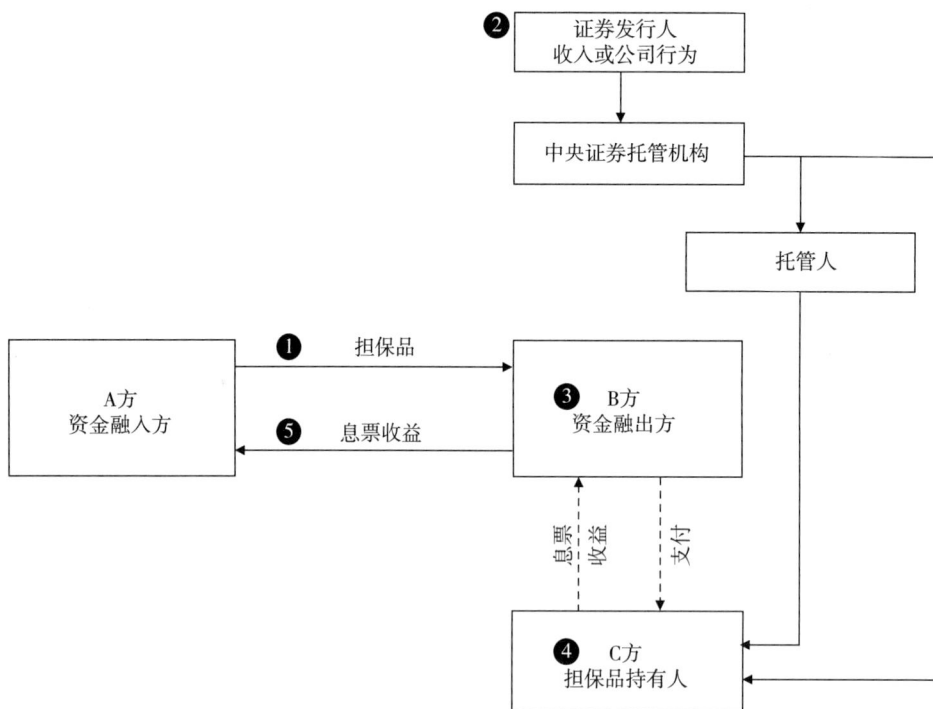

图 4.6 息票支付流程；资金融出方再使用担保品

对图中流程的解释如下：

第 1 步：资金融入方向资金融出方提供债券担保品，资金融出方将债券用于另一笔交易，如另一笔回购交易

第 2 步：在息票支付日，债券发行人向 CSD 支付息票收益，CSD 直接贷记担保品持有人账户，或通过托管人贷记担保品持有人账户。需要注意的是，担保品持有人不一定有义务将息票收益转至资金融出方，具体取决于 B 方和 C 方之间的交易类型；如果 B 方在与 C 方进行买卖交易结算时将债券担保品交付给 C 方，那么 C 方有权获得息票收益（也因此不会将该收益转交给资金融出方）。如果债券被用作担保交易（如债券借贷或回购交易）的担保品，那么 C 方有义务将息票收益转汇给 B 方

第 3 步：如果 B 方使用债券与 C 方进行买卖交易的结算，那么不应由 C 方支付息票收益。但在债券被用作担保品的情况下，B 方将从 C 方获得息票收益等额现金

第 4 步：C 方将息票支付等额现金汇款至 B 方

第 5 步：B 方将息票支付等额现金汇款至 A 方

换言之，无论 B 方与 C 方之间执行何种性质的交易，B 方都需要向 A 方支付息票收益。因此，在 B 方使用债券与 C 方结算买卖交易时，资金融出方将需要使用其自有资金向资金融入方支付息票收益［自筹性息票（manufactured coupon）］。但如果 B 方与 C 方进行的是担保交易，资金融出方（B 方）从 C 方收到的息票收益将用于支付 B 方欠 A 方的息票收益；此时资金融出方将不受息票收益的影响。

综上，当资金融出方（B 方）在与 C 方的买卖交易中再使用了债券时：

■ 资金融入方（A 方）应（从资金融出方 B 方处）获得与息票支付等额的付款，并不应遭受任何财务损失

　　■ 对资金融入方（A 方）的整体净影响 = 贷记收益（如同未进行回购交易时一样）

　　■ 资金融出方（B 方）将在财务上处于不利地位，因为其无法从 C 方获得息票支付，但仍需向资金融入方（A 方）支付息票

　　■ 对资金融出方（B 方）的整体净影响 = 借记损失（因为其无法从 C 方获得息票支付，但必须向 A 方支付息票）。注：B 方将从 C 方获得应计利息作为出售债券收入的一部分，这部分收入将部分抵消 B 方的损失

　　■ 买方（C 方）将获得财务收益，因为其有权获得全额息票支付，虽然其在买卖交易结算时需向 B 方支付一定金额的应计利息

　　■ 对买方（C 方）的整体净影响 = 贷记收益

综上所述，如果资金融出方（B 方）在与 C 方进行的担保交易中再使用了债券时：

■ 资金融入方（A 方）应（从资金融出方 B 方处）获得与息票支付等额的付款，并不应遭受任何财务损失

　　■ 对资金融入方（A 方）的整体净影响 = 贷记收益（如同未进行回购交易时一样）

　　■ 资金融出方（B 方）的财务状况不受影响，因为其将从 C 方处收到息票付款，并将同等金额汇给资金融入方（A 方）

　　■ 对资金融出方（B 方）的整体净影响 = 0

■ 假设 C 方在其托管人处持有担保品，其财务状况不受影响，因为其将从托管人处收到息票支付，并将相同金额汇款至 B 方

　　■ 对 C 方的整体净影响 = 0

4.1.19　其他回购相关事宜

除本章介绍的经典双边回购的各个方面之外，还应注意以下环节：

单笔回购交易与回购交易投资组合的处理　在本章中，回购交易的示例通常是与特定交易对手的单笔交易。如果一家公司与一个特定交易对手同时进行多笔回购交易，实际操作中需要每天计算所有这类交易的风险敞口并进行与总风险敞口相关的保证金追缴。

单笔回购交易：结算失败后现金配对结清（pair-off）　一笔回购交易按照以下条款进行：

■ A 公司与 B 公司进行逆回购（reverse repo）交易：

　　■ 首期交易：A 公司应以券款对付形式从 B 公司处收到债券担保品，并向 B 公司支付现金

　　■ 到期交易：A 公司应以券款对付形式向 B 公司返还债券担保品，并从 B 公司

处收到现金

■ 然而，B 公司在首期交易结算日出现债券短缺，无法完成交付。如果上述情形在整个回购交易存续期内仍未得到改善，A 公司就无法获得债券担保品（因此也无法向 B 公司返还债券担保品）

■ 在这种情形下，A 公司可与 B 公司约定进行配对结清，即双方分别取消其发出的（首期交易与到期交易）结算指令。此外，现金金额也将被结清，净现金差额（等于整笔交易的回购利息）通过纯现金支付完成结算；在该示例中，B 公司应向 A 公司支付差额

两笔（或多笔）回购交易：到期交易与首期交易现金配对结清 当相同交易双方之间进行两笔（或多笔）"背对背"回购交易时，可能会出现现金配对结清；在这种情况下，第一笔回购交易将"滚续"至第二笔回购交易。当第一笔回购到期交易与第二笔回购首期交易为同一天时，就会出现这种配对结清的情况。例如：

一笔回购交易按照以下条款进行：

■ S 公司与 T 公司进行回购交易（交易#1）：

■ 首期交易结算日（3 月 1 日）：首期回购交易在这一天进行结算，S 公司应收到现金，T 公司应收到债券担保品，结算形式为券款对付

■ 到期交易结算日（3 月 8 日）：S 公司应交还现金（加上或减去回购利息），T 公司应返还债券担保品，结算形式为券款对付

假设今天是 3 月 7 日；还未到达到期交易结算日。在 3 月 7 日，相同的交易双方进行了第二笔回购交易，并使用相同的债券担保品：

■ S 公司与 T 公司进行回购交易（交易#2）：

■ 首期交易结算日（3 月 8 日）：首期回购交易在这一天进行结算，S 公司应收到现金，T 公司应收到债券担保品，结算形式为券款对付

■ 到期交易结算日（3 月 15 日）：S 公司应交还现金（加上或减去回购利息），T 公司应返还债券担保品，结算形式为券款对付

S 公司应于 3 月 8 日（交易#1 的到期交易结算日）从 T 公司处收到债券担保品，也应于 3 月 8 日（交易#2 的首期交易结算日）将相同的债券担保品重新交付给 T 公司。

在这种情况下，S 公司可与 T 公司约定进行"配对结清"并支付现金差额，而不是使用通常的方式（DvP）结算两笔交易。

交易#2 的到期交易需要以通常的方式（DvP）结算，除非两家公司进行了另一笔回购交易，从而提供了再一次"配对结清"机会。

换言之，配对结清只能在以下情况下进行：（1）相同的交易双方之间；（2）使用相同债券担保品的交易之间；以及（3）绝大多数情况下，结算日相同的交易之间。双方也可能因为交易失败而约定进行结清。

回购利率为负时未能结算回购交易 在本书回购交易的示例中，回购利率通常为正利率，即资金融入方（担保品提供方）在交易结束时向资金融出方（担保品接收方）支付回购利息。然而，回购交易也可以在负利率下进行，此时资金融出方向资金

融入方支付回购利息。当回购利率为负时，如果资金融入方（担保品提供方）在首期交易结算日或之后未能交付债券担保品，国际资本市场协会（ICMA）对此的建议是，资金融入方未能交付债券担保品的每一天，回购利率应设置为零。

采用 ICMA 的建议将对现金配对结清金额产生影响，需要对其进行适当调整；具体请参考前文有关现金结清的章节。

交付失败的赔偿　当回购交易使用美国国债作为担保品进行时［用于联邦资金转账系统（Fedwire 系统）内部的结算］，如果资金融入方（担保品提供方）未能在首期结算日交付证券担保品，资金融出方（担保品接收方）有权向其对手方索赔利息。这种利息索赔机制由美国财政部市场操作集团创设，旨在鼓励及时结算；这一程序被称为"TMPG 索赔"。

可索赔金额基于交易的现金价值；最低索赔额为 500.00 美元。例如，一笔金额为 100 000 000.00 美元的回购首期交易未能在 3 天内完成结算，可能导致责任方需支付 41 666.67美元（100 000 000.00 美元×5%/360×3 天）的利息赔偿额。

Chapter Five

第5章

回购交易与担保品
—回购交易生命周期

本章阐述了回购交易生命周期中的连续日常步骤，其中每个步骤都与本书第二部分中描述的概念相关。本章以经典融资回购交易（cash-based classic repo trade）为例进行说明。

引言

回购交易生命周期是一系列有机连续的步骤。公司应依次实施这些步骤，从而安全可靠地处理回购交易。

下列线路图展示了（1）每个特定环节在整个交易生命周期中所处的位置，以及（2）后续的几个步骤。

回购交易生命周期
❶ 交易前
❷ 交易执行
❸ 结算前
❹ 首期交易的结算
❺ 交易期间
❻ 到期交易的结算

下文对回购交易生命周期（其中 A 公司是现金融入方和担保品提供方）进行了描述，包括现金价值和债券数量的计算，以及及时进行结算和风险缓释的必要行动。

5.1　交易前

在回购交易执行（trade execution）前，理想情况下应具备以下条件（A 公司视角）：

法律文件

■ GMRA 及适用的附件，由 A 公司及其交易对手G 方签署

常设结算指令（Standing Settlement Instructions，SSI）

■ A 公司与 G 方交换的常设结算指令（SSI）

静态数据

■ A 公司静态数据库中的信息
　■ 作为交易对手的 G 方
　■ 影响担保品管理的法律文件的特殊属性，包括：
　　■ 合格担保品
　　■ 风险敞口计算频率
　　■ 证券担保品定价的来源
　　■ 最低转让金额（minimum transfer amount）
　　■ 收到保证金追缴通知的截止日期
　■ G 方的回购 SSI 详细信息

5.2　交易执行

以下三个步骤通常在回购交易执行前立即进行（A 公司视角）：

确定现金借款需求

■ 为了给其存量债券提供资金，A 公司在特定时期有一笔特定金额的借款需求，即：

```
                    ┌──────────────────────────┐
                    │      回购交易生命周期       │
                    └──────────────────────────┘
                ┌──────────────────────────────────┐
                │ ❶          交易前                  │
                ├──────────────────────────────────┤
                │ ❷          交易执行                │
                ├──────────────────────────────────┤
                │ ❸          结算前                  │
                ├──────────────────────────────────┤
                │ ❹       首期交易的结算             │
                ├──────────────────────────────────┤
                │ ❺          交易期间                │
                ├──────────────────────────────────┤
                │ ❻       到期交易的结算             │
                └──────────────────────────────────┘
```

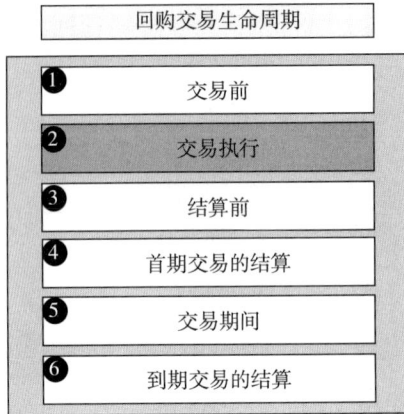

■ 金额 6 000 万美元，为期一周

确认债券担保品

■ 为了给现金融出方提供风险担保，A 公司从其托管人持有资产清单中选择债券，即：

　■ 发行人 ABC 发行的债券，年利率 4.35%，在 2030 年 8 月 1 日到期

执行前

■ A 公司选择通过回购交易方式借入现金，并与 G 方联系

交易执行

■ A 公司与 G 方开展经典回购交易，并：

　■ 卖出……
　■ 在特定交易日期
　■ 在特定结算日（首期结算日，purchase date）进行首期回购交易结算
　■ 在特定结算日（到期结算日，repurchase date）进行到期回购交易结算
　■ 特定数量的
　■ 特定种类的债券
　■ 向特定交易对手方
　■ 以特定市场价格
　■ 以特定回购利率
　■ 以约定抵押折扣率（haircut）或初始保证金（initial margin）

5.3　结算前

回购交易执行后，会立即进入以下步骤；也就是说，在交易日（A 公司视角，除非另有说明）：

交易信息记录（trade capture）

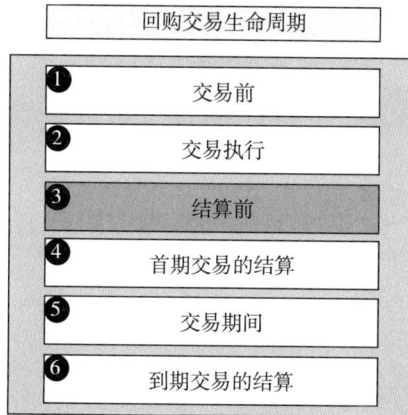

- 交易详情由 A 公司的回购交易员在公司内部记录（参见表 5.1）
- A 公司的账簿记录随之更新

表 5.1 回购交易信息记录

交易要素			交易详情		
交易类型			定期经典融资回购交易		
交易编号			R0059397		
对手方			G 方，纽约		
证券		ISIN 代码	发行人 ABC 的债券，4.35%，于 2030 年 8 月 1 日到期		XX1234567891
数量			30 000 000.00 美元		
价格（除息价）			99.95%		
回购利率		付款方	2.42%		我方
交易日期			2017 年 6 月 7 日		
首期结算日			2017 年 6 月 8 日		
到期结算日			2017 年 6 月 15 日		
抵押折扣率/初始保证金	比率	付款方	抵押折扣率	2.50%	我方

交易完善（trade enrichment）

- 使用 A 公司静态数据计算应计利息天数和应计利息：
    - 发行人 ABC 发行的债券，年利率 4.35%，在 2030 年 8 月 1 日到期
- 使用 A 公司静态数据的 SSI 信息完善交易详情：
    - A 公司希望在相关 CSD 结算，其账户号码为 66627
    - G 方希望在相关 CSD 结算，其账户号码为 99034

交易确认

- A 公司向 G 方发出交易确认（参见表格 5.2），包括：
    - 原交易信息
    - 结算方式（DvP）

■ 双方 CSD 账户详情

表 5.2 回购交易确认

发起方	A 公司，伦敦
接收方	G 方，纽约

作为委托人，我方特此确认以下交易：

交易要素	交易详情
我方交易编号	R0059397
交易类型	经典回购
法律协议类型	GMRA
定期/活期	定期
现金融入方/债券卖方	A 公司，伦敦
现金融出方/债券买方	G 方，纽约
交易日期	2017 年 6 月 7 日
首期交易结算日	2017 年 6 月 8 日
到期交易结算日	2017 年 6 月 15 日
回购利率	2.42%
回购利息支付方	A 公司，伦敦
抵押折扣率	2.50%
抵押折扣率付款方	A 公司，伦敦

首期交易结算日			
证券描述	发行人 ABC 的债券，利率 4.35%，2030 年 8 月 1 日到期		
证券编号	ISIN：XX1234567891		
数量	30 000 000.00 美元		
价格	99.95%		
总价	29 985 000.00 美元		
应计利息天数	加应计利息	307	1 112 875.00 美元
市场价值	31 097 875.00 美元		
抵押折扣率	减去折扣价值	2.5%	（777 446.88 美元）
应收/应付现金额（购买价格）	30 320 428.12 美元		

到期交易结算日	
（首期交易结算日）现金余额	30 320 428.12 美元
回购利率天数	7
回购利率	14 267.45 美元
应收/应付现金额	30 334 695.57 美元

结算详情	
我方	CSD T，账号 66627
你方	CSD T，账号 99034
结算方式	券款对付

■ G 方将 A 公司的交易确认与其自身会计账簿与记录进行比对，确认交易细节匹配。

首期交易结算指令

■ 在首期回购交易结算日，A 公司向 CSD 发出 DvP 结算指令（参见表 5.3）

表 5.3 首期交易结算指令

结算指令	
要素	详情
发起方	A 公司，伦敦
接收方	CSD T
日期	2017 年 6 月 7 日
项目	结算指令
我方编号	R0059397
我方账户	66627
接收/交付	交付
数量	30 000 000.00 美元
ISIN 代码	XX1234567891
现金对应价值	30 320 428.12 美元
结算日	2017 年 6 月 8 日
结算方式	券款对付
对手方账户	99034

注：证券结算指令的方向（此处为交付）通常指证券交付方向，而不是现金。

■ A 公司指令与 G 方指令相互进行匹配。

5.4 首期交易的结算

```
              回购交易生命周期

          ❶  交易前

          ❷  交易执行

          ❸  结算前

          ❹  首期交易的结算

          ❺  交易期间

          ❻  到期交易的结算
```

以下两步均在 CSD 进行，随后是内部操作。所有上述步骤都应发生在首期回购交易的结算日（A 公司视角，除非另有说明）：

结算

- 为及时在 CSD 完成结算，需要满足：

  - 匹配结算指令

  - 达到结算日

  - 卖方账户中的证券为可交付状态

  - 买方账户中的资金（信用额度）为可用状态

- 首期回购交易在到期日（首期结算日）进行结算

结算通知书（advice of settlement）

- CSD 向 A 公司传送结算通知书（参见表 5.4）

  - 通知 A 公司已成功在首期交易结算日交付债券并收到现金

表 5.4　　　　　　　　　　　　　首期交易结算通知书

结算通知书	
要素	详情
发起方	CSD T
接收方	A 公司，伦敦
日期	2017 年 6 月 8 日
项目	结算通知
你方编号	R0059397
你方账户	66627
接收/交付	交付
数量	30 000 000.00 美元
ISIN 代码	XX1234567891
现金对应价值	30 320 428.12 美元
结算日	2017 年 6 月 8 日
结算方式	券款对付
对手方账号	99034

注：CSD 使用"实际结算日"（settlement date）一词表示结算已发生。

收到结算通知书后，A 公司启动内部流程：

更新会计账簿与记录

- A 公司更新内部相关交易记录，以显示：

  - 已在首期交易结算日交付证券并收到现金，如表 5.5 所示。

表 5.5　　　　　　　　　　　　　当前现金与担保品余额

日期	当前现金与担保品余额（A 公司视角）					
	现金			债券担保品（数量）		
	收到	付出	余额	收到	付出	余额
6 月 8 日	+30 320 428.12 美元	0	+30 320 428.12 美元	0	30 000 000 美元	30 000 000 美元

对账（reconciliation）

A 公司进行了以下两类对账：

■ 托管对账（depot reconciliation）：（将账簿记录与 CSD 出具的证券托管明细表相比对，）表明债券已经从 A 公司开立在 CSD 的证券账户中划走

■ 往账对账（nostro reconciliation）：（将账簿记录与 CSD 出具的现金余额表相比对，）表明资金已经抵达 A 公司开立在 CSD 的现金账户

5.5 交易期间（存续期）

在首期交易结算后将开展一系列日常风险缓释活动。A 公司视角的活动如下所示（除非另有说明）。

2017 年 6 月 8 日晚，星期四

逐日盯市

■ 确认债券担保品在营业日日终时的当前市场价值（参见表 5.6）

表 5.6 逐日盯市

债券担保品	盯市日期（营业日日终）	当前市场价值（除息价）
发行人 ABC 的债券，利率 4.35%，于 2030 年 8 月 1 日到期	2017 年 6 月 8 日	99.32%

资产组合对账（portfolio reconciliation）

■ 确认交易双方的交易信息一致：

■ A 公司将其与 G 方的现有回购交易细节传输至 triResolve 资产组合对账系统

■ G 方将其回购交易清单传输至 triResolve

■ triResolve 告知 A 公司与 G 方，双方清单相互匹配

2017 年 6 月 9 日晨

计算风险敞口

■ 确认债券担保品的当前价值（参见表 5.7）

　　■ 当前逐日盯市价格（除息价格或含息价格），加上

　　■（如为除息价格）应计利息的当前价值

　　■ 减去抵押折扣或初始保证金

表 5.7　　　　　　　　　　　　　　风险敞口的计算#1

计算风险敞口 #1：债券担保品			
要素		详情	
证券描述		发行人 ABC 的债券，利率 4.35%，在 2030 年 8 月 1 日到期	
证券识别号		ISIN：XX1234567891	
数量		30 000 000.00 美元	
当前市值（除息价格）		99.32%	
总价值		29 796 000.00 美元	
应计利息天数	加应计利息	308	1 116 500.00 美元
当前市值		30 912 500.00 美元	
抵押折扣	减抵押折扣金额	2.5%	（772 812.50 美元）
当前担保品价值		30 139 687.50 美元	

■ 确认借款金额的当前价值（参见表 5.8）

　　■ 原借入金额，加上

　　■ 截至目前的回购利息

表 5.8　　　　　　　　　　　　　　风险敞口的计算#2

计算风险敞口 #2：借出或借入的资金	
要素	详情
回购利率	2.42%
截至目前的回购计息天数	1
回购利息支付方	A 公司，伦敦
借入金额	30 320 428.12 美元
截至目前的回购利息	2 038.21 美元
借入金额的当前价值	30 322 466.33 美元

■ 总风险敞口（gross exposure）等于（1）债券担保品的当前价值，与（2）借入金额当前价值二者之差（参见表 5.9）

■ 如果 A 公司与 G 方就任何起点金额（threshold）或最低转让金额（Minimum Transfer Amount，MTA）达成一致，那么当任何一方发起保证金追缴时，总风险敞口必须高于上述金额

表 5.9 总风险敞口与净风险敞口

确定总风险敞口与净风险敞口以及保证金追缴方向			
要素		详情	
借入金额的当前价值		30 322 466.33 美元	
减去担保品当前价值		30 139 687.50 美元	
风险敞口方	总风险敞口	G 方，纽约	182 778.83 美元
最低转让金额		（150 000.00 美元）	无影响
风险敞口方	净风险敞口	Party G，New York	182 778.83 美元

■ 由于担保品当前价值低于借入金额当前价值，G 方是风险敞口方（exposed party）。

发出/接收担保品追缴
■ G 方与 A 公司商讨保证金追缴事宜
　■ 上述交流需在事先约定的截止日期之前进行
■ A 公司检查担保品追缴通知的准确性，并同意缴纳

提议保证金追缴的结算方式
■ A 公司决定使用现金缴纳追加保证金
■ A 公司告知 G 方其有意以现金进行保证金追缴
■ G 方在参考法律文件后确认可接受现金

发起保证金追缴结算指令
■ A 公司向其美元资金代理行（cash correspondent）发出**现金结算指令**
　■ 需在资金代理行日终结束营业时间之前（无须与对手方匹配）。

结算
■ 在保证金追缴结算日当天：
■ 若 A 公司有足够现金（通过现金余额或抵押透支服务）向其资金代理行进行支付，结算将正常进行
　■ A 公司的美元资金代理行根据 A 公司的指令进行支付
　■ 支付完成后，A 公司的资金代理行对 A 公司的账户进行更新

结算通知书
■ A 公司资金代理行向 A 公司出具银行结单，或 A 公司自行获取电子版银行结单
■ A 公司核实资金代理行已按其指令进行支付

更新账簿记录
■ A 公司更新其账簿记录，反映已与 G 方进行保证金追加结算并向其支付资金
■ A 公司在该回购交易结束后的余额见表 5.10

表 5. 10 当前资金及担保品余额

日期	资金			债券担保品（数量）		
	借记	贷记	余额	借记	贷记	余额
6 月 8 日	+30 320 428. 12 美元	0	+30 320 428. 12 美元		30 000 000 美元	30 000 000 美元
6 月 9 日	0	182 778. 83 美元	+30 137 649. 29 美元			30 000 000 美元

对账

■ A 公司将其账簿记录与资金代理行银行结单进行比对，从而完成往账对账。

截至该时点，风险敞口方的净风险敞口已被处理。

上述活动以法律文件中规定的频率进行。

2017 年 6 月 9 日晚，星期五

逐日盯市

■ 确认债券担保品在营业日日终的当前市场价格（参见表 5. 11）

表 5. 11 逐日盯市

债券担保品	盯市日期（营业日日终）	当前市场价（除息价格）
发行人 ABC 的债券，利率 4. 35%，于 2030 年 8 月 1 日到期	2017 年 6 月 9 日	99. 71%

资产组合对账（portfolio reconciliation）

■ 确认交易双方的交易品种一致：

　■ A 公司将其与 G 方的现有回购交易细节传输至 triResolve 资产组合**对账系统**

　■ G 方将其回购交易清单传输至 triResolve

■ triResolve 告知 A 公司与 G 方，双方清单相互匹配

2017 年 6 月 12 日晨，星期一

计算风险敞口

■ 确认债券担保品的当前价值（参见表 5. 12）

　■ 当前逐日盯市价格（除息价格或含息价格），加上

　■（如为除息价格）应计利息的当前价值

　■ 减去抵押折扣或初始保证金

表 5. 12 风险敞口的计算#1

计算风险敞口 #1：债券担保品	
要素	详情
证券描述	发行人 ABC 的债券，利率 4. 35%，在 2030 年 8 月 1 日到期

续表

要素		详情	
证券识别号		ISIN：XX1234567891	
数量		30 000 000.00 美元	
当前市值（除息价格）		99.71%	
总价值		29 913 000.00 美元	
应计利息天数	加应计利息	311	1 127 375.00 美元
当前市值		31 040 375.00 美元	
抵押折扣	减抵押折扣金额	2.5%	(776 009.38 美元)
当前担保品价值		30 264 365.62 美元	

■ 确认借款金额的当前价值（参见表 5.13）

　　■ 原借入金额，加上

　　■ 截至目前的回购利息

表 5.13　　　　　　　　　　　　　　风险敞口的计算#2

计算风险敞口 #2：借出或借入的资金（包括被用作缴纳追加保证金的资金）	
要素	详情
回购利率	2.42%
截至目前的回购计息天数	4
回购利息支付方	A 公司，伦敦
借入金额	30 320 428.12 美元
加上：截至目前的回购利息	8 152.83 美元
减去：截至目前已缴纳的追加保证金	(182 778.83 美元)
借入金额的当前价值	30 322 466.33 美元

　　■ 总风险敞口（gross exposure）等于（1）债券担保品的当前价值，与（2）借入金额当前价值二者之差（参见表 5.14）

　　■ 如果 A 公司与 G 方就任何起点金额（threshold）或最低转让金额（Minimum Transfer Amount，MTA）达成一致，那么当任何一方发起保证金追缴时，总风险敞口必须高于上述最低阈值

表 5.14　　　　　　　　　　　　总风险敞口与净风险敞口

确定总风险敞口与净风险敞口以及保证金追缴方向			
要素		详情	
借入金额的当前价值		30 145 802.12 美元	
减去担保品当前价值		30 264 365.62 美元	
风险敞口方	总风险敞口	A 公司，伦敦	118 563.50 美元
最低转让金额		(150 000.00 美元)	有影响
风险敞口方	净风险敞口	A 公司，伦敦	无须追缴

■ 虽然 A 公司在该日有 118 563.50 美元的风险敞口，但由于上述风险敞口金额低于最低转让金额，因此 A 公司通知 G 方，确认无须进行保证金追缴。

更新账簿记录

■ 由于该日无保证金追缴，A 公司账簿的"资产转让"一栏余额变动为零，如表 5.15 所示

表 5.15 当前资金及担保品余额

	当前资金与担保品余额（A 公司视角）						
日期	资金			债券担保品（数量）			
	借记	贷记	余额	借记	贷记	余额	
6 月 8 日	+30 320 428.12 美元	0	+30 320 428.12 美元	0	30 000 000 美元	30 000 000 美元	
6 月 9 日	0	182 778.83 美元	+30 137 649.29 美元	0	0	30 000 000 美元	
6 月 12 日	0	0	+30 137 649.29 美元	0	0	30 000 000 美元	

截至该时点，由于最低转让金额的存在，风险敞口方的净风险敞口未被有效减轻。上述活动以法律文件中规定的频率进行。

2017 年 6 月 12 日晚，星期一

逐日盯市

■ 确认债券担保品在营业日日终的当前市场价格（参见表 5.16）

表 5.16 逐日盯市

债券担保品	盯市日期（营业日日终）	当前市场价（除息价格）
发行人 ABC 的债券，利率 4.35%，于 2030 年 8 月 1 日到期	2017 年 6 月 12 日	100.09%

资产组合对账（portfolio reconciliation）

■ 确认交易双方的交易品种一致：

　■ A 公司将其与 G 方的现有回购交易细节传输至 triResolve 资产组合对账系统

　■ G 方将其回购交易清单传输至 triResolve

■ triResolve 告知 A 公司与 G 方，双方清单相互匹配

2017 年 6 月 13 日晨，星期二

计算风险敞口

■ 确认债券担保品的当前价值（参见表 5.17）

　■ 当前逐日盯市价格（除息价格或含息价格），加上

　■（如为除息价格）应计利息的当前价值

　■ 减去抵押折扣或初始保证金

表 5.17 风险敞口的计算#1

计算风险敞口 #1：债券担保品			
要素		详情	
证券描述		发行人 ABC 的债券，利率 4.35%，在 2030 年 8 月 1 日到期	
证券识别号		ISIN：XX1234567891	
数量		30 000 000.00 美元	
当前市值（除息价格）		100.09%	
总价值		30 027 000.00 美元	
应计利息天数	加应计利息	312	1 131 000.00 美元
当前市值		31 158 000.00 美元	
抵押折扣	减抵押折扣金额	2.5%	（778 950.00 美元）
当前担保品价值		30 379 050.00 美元	

■ 确认借款金额的当前价值（参见表 5.18）

■ 原借入金额，加上

■ 截至目前的回购利息

表 5.18 风险敞口的计算#2

计算风险敞口 #2：借出或借入的资金（包括被用作缴纳追加保证金的资金）	
要素	详情
回购利率	2.42%
截至目前的回购计息天数	5
回购利息支付方	A 公司，伦敦
借入金额	30 320 428.12 美元
加上：截至目前的回购利息	10 191.03 美元
减去：截至目前已缴纳的追加保证金	（182 778.83 美元）
借入金额的当前价值	30 147 840.32 美元

■ 总风险敞口等于（1）债券担保品的当前价值，与（2）借入金额当前价值二者之差（参见表 5.19）

■ 如果 A 公司与 G 方就任何起点金额或最低转让金额达成一致，那么当任何一方发起保证金追缴时，总风险敞口必须高于上述金额

表 5.19 总风险敞口与净风险敞口

确定总风险敞口与净风险敞口以及保证金追缴方向			
要素		详情	
借入金额的当前价值		30 147 840.32 美元	
减去担保品当前价值		30 379 050.00 美元	
风险敞口方	总风险敞口	A 公司，伦敦	231 209.68 美元
最低转让金额		（150 000.00 美元）	无影响
风险敞口方	净风险敞口	A 公司，伦敦	231 209.68 美元

■ 由于担保品当前价值超过了借入金额的当前价值，A 公司为风险敞口方

发出/接收担保品追缴

■ A 公司与 G 方商讨保证金追缴事宜

　　■ 上述交流需在事先约定的截止日期之前进行

■ G 方检查担保品追缴通知的准确性，并同意缴纳

提议保证金追缴的结算方式

■ G 方决定使用现金缴纳追加保证金

■ G 方告知 A 公司其有意以现金进行保证金追缴

■ A 公司在参考法律文件后确认可接受现金

发起保证金追缴结算指令

■ G 方向其美元资金代理行（cash correspondent）发出现金结算指令

　　■ 需在资金代理行日终结束营业时间之前（无须与对手方匹配）

　　■ A 公司向其美元资金代理行开具资金预开通知书（funds preadvice），确保其能正常收到足额的转来资金

结算

■ 在保证金追缴结算日当天：

　　■ 若 G 方有足够现金（通过现金余额或抵押透支服务）向其资金代理行进行支付，结算将正常进行

　　■ G 方的美元资金代理行根据 G 方的指令进行支付

　　■ 支付完成后，G 方的资金代理行对 G 方账户进行更新

　　■ A 公司美元资金代理行收到 G 方的支付款项，并记入公司 A 账户

结算通知书

■ A 公司资金代理行向 A 公司出具银行结单，或 A 公司自行获取电子版银行结单

■ A 公司核实资金代理行已收到对方转来款项

更新账簿记录

■ A 公司更新其账簿记录，以反映已与 G 方进行保证金追加结算并收到对方支付的资金

■ A 公司在该回购交易结束后的余额见表 5.20

表 5.20　　　　　　　　　　　　　　　**当前资金及担保品余额**

	当前资金与担保品余额（A 公司视角）					
日期	资金			债券担保品（数量）		
	借记	贷记	余额	借记	贷记	余额
6 月 8 日	+30 320 428.12 美元	0	+30 320 428.12 美元	0	30 000 000 美元	30 000 000 美元
6 月 9 日	0	182 778.83 美元	+30 137 649.29 美元	0	0	30 000 000 美元
6 月 12 日	0	0	+30 137 649.29 美元	0	0	30 000 000 美元
6 月 13 日	+231 209.68 美元	0	+30 368 858.97 美元	0	0	30 000 000 美元

对账

■ A 公司将其账簿记录与资金代理行银行结单进行比对，从而完成往账对账

截至该时点，风险敞口方的净风险敞口已被处理。

上述活动一直持续至到期结算日的前一个营业日。

关于回购交易生命周期中的保证金追缴，应注意以下事项：

■ 净风险敞口的保证金追缴通常不必使用精确金额（如本章案例那样），更为常见的做法是将净风险敞口的保证金追缴金额取整（向上或向下取整，到一个较为整齐的数额，如 50 000.00 美元）

■ 由于特定保证金追缴要求使用现金结算，A 公司与 G 方通常会就返利利率（rebate rate）进行协商，这其中的逻辑是：

　■ 现金保证金接收方将使用现金进行再投资，目的是赚取当前货币市场利率

　■ 现金支付方将从交易对手处获得一定返利

■ 若保证金追缴的收款人选择通过交付债券（而不是现金）进行结算，并假设法律文件允许进行上述操作，那么：

　■ 考虑到适当债券可交付数量，需要确定相关债券的数量

　■ 债券作为担保品当前价值评估的一部分，需要进行逐日盯市

5.6 到期交易的结算

为便利回购到期交易结算的及时进行，应在到期结算日之前采取以下行动（A 公司视角，除非另有说明）：

到期结算指令

■ A 公司在不迟于在到期结算日前两日，就回购到期交易结算向 CSD 发送 DvP 结算指令，包含以下内容：

　■ 借入金额、回购利率以及原有债券数量

■ 如需确认到期结算指令内容，请参考回购交易生命周期"交易前"部分有关交

易确认的内容

表 5.21 到期交易结算指令

结算指令	
要素	详情
发起方	A 公司，伦敦
接收方	CSD T
日期	2017 年 6 月 12 日
项目	结算指令
我方编号	R0059397
我方账户	66627
接收/交付	接收
数量	30 000 000.00 美元
ISIN 代码	XX1234567891
现金对应价值	30 334 695.57 美元
结算日	2017 年 6 月 15 日
结算方式	券款对付
对手方账户	99034

■ A 公司指令与 G 方指令相互进行匹配

注：在回购交易生命周期内，因保证金追缴而向原所有方交还收到的现金或债券的行为将单独处理。

以下两个步骤在 CSD 进行，随后是内部流程。所有上述步骤均应在到期交易结算日当天进行（A 公司视角，除非另有规定）。

结算

■ 为及时在 CSD 完成结算，需要做到：

　　■ 匹配结算指令

　　■ 到达结算日

　　■ 卖方账户中的证券为可交付状态

　　■ 买方账户中的资金（信用额度）为可用状态

■ 到期回购交易在到期日（到期结算日）进行结算

结算通知书

■ CSD 向 A 公司传送结算通知书（参见表 5.22）

　　■ 通知 A 公司已成功在到期交易结算日接收债券并支付现金

表 5.22   到期交易结算通知书

结算通知书	
要素	详情
发起方	CSD T
接收方	A 公司，伦敦
日期	2017 年 6 月 15 日
项目	结算通知
你方编号	R0059397
你方账户	66627
接收/交付	接收
数量	30 000 000.00 美元
ISIN 代码	XX1234567891
现金对应价值	30 334 695.57 美元
结算日	2017 年 6 月 15 日
结算方式	券款对付
对手方账号	99034

注：CSD 使用"实际结算日"（settlement date）一词表示结算已发生。

收到结算通知书后，A 公司启动内部流程：

更新会计账簿与记录

■ A 公司更新内部相关交易记录，以显示：

    ■ 已在到期交易结算日接收证券并支付现金

对账

A 公司进行了以下两类对账：

■ 托管对账：（将账簿记录与 CSD 出具的证券托管明细表相比对，）表明债券已交还至 A 公司开立在 CSD 的证券账户

■ 往账对账：（将账簿记录与 CSD 出具的现金余额表相比对，）表明资金已从 A 公司开立在 CSD 的现金账户转出完成支付

当因保证金追缴而收到的任何现金或证券被交还至原所有人，回购交易即告完全结算，对手方风险敞口为零。

> 经典融券回购交易定义：（证券融出方）在收到现金后，临时出借给证券融入方一定数量的特定证券，证券融入方将在日后归还上述证券。

本节重点介绍一方借入证券（而不是现金）的需求，这类交易被称为融券回购（stock – based repo）。

这种交易类型仍被视作经典回购交易的一种，但执行交易的动机在于一方（证券融入方，securities borrower）临时借入特定数量的特定证券；这种交易的动机与证券借贷交易相同，唯一的不同在于其主法律文件是一份回购法律协议（全球回购主协议，GMRA），而不是一份证券借贷协议（全球证券借贷主协议，GMSLA）。

对于希望借入证券的公司而言，通常情况下其潜在动机是该公司需要履行现有的交割承诺。例如，一家公司可能已出售了某种证券，但无法（或目前尚无法）完成结算，这会带来一些潜在不利后果：（1）该公司将不得不延迟获得证券销售收入，和/或（2）买方是公司的客户，要求及时结算其购买的证券，和/或（3）该买方可能会采取交付失败相关的极端措施，即触发"补偿买进"（buy – in）。

证券借入的执行通常采取证券借贷的交易形式，但若两家公司已签订回购法律文件，那么双方可协商以融券回购的形式进行证券借入操作。

绝大多数回购交易的执行动机在于一方需要借入资金，而其对手方现金充裕，并希望通过担保贷款赚取回购利息。因此，融资回购交易是在 GMRA（对双方的）保护下进行的。同样，GMRA 也可用于融券回购交易，因为涉及的资产与融资回购相同，即证券和现金。

融资回购交易通常使用一般合格担保品（general collateral），现金融出方接受任何合格担保品（eligible collateral），只要该担保品满足事先书面约定的质量标准。换言之，现金融出方不指定特定 ISIN 或特定数量的特定 ISIN。相较而言，融券回购的证券融入方需要借入特定数量的特定 ISIN，因为这类证券是其履行其交割承诺所必需的。

对于融资回购交易而言，回购利率反映了一般合格担保品的性质。相比之下，对于融券回购交易而言，回购利率明显低于一般合格担保品的回购利率，这反映出现金融出方必须为融入证券的特权付费，因此现金融入方对收到的现金支付的回购利率较低。

融券回购交易的当事方包括：

- 证券融出方/卖方/现金融入方
  - 出借证券的交付人
  - 现金接收方
- 证券融入方/买方/现金融出方
  - 借入证券的接收方
  - 现金支付方

如果（潜在证券融入方）对某一特定证券的需求较大但供应不足，回购利率将反映需求水平，并将远低于一般合格担保品的回购利率，此即所谓的特殊回购（special repo）。如果需求异常旺盛，证券融入方将接受越来越低的回购利率，此时回购利率有可能变为负值。

为了进一步阐述证券借贷的原因及该主题的其他特征，请参阅第3部分"证券借贷与担保品"。

Chapter Seven

回购交易与担保品
—其他回购交易类型

除双边经典回购交易外，关于（1）如何执行回购交易，和/或（2）交易执行后管理回购交易操作层面事宜的方式，还存在多种不同选择。本章将介绍以下选项：

- 购/售回
- 三方回购
- 按价值交付
- 回购集中清算
- 一般担保品池
- 伦敦清算所的 RepoClear 服务

7.1　购/售回（概述）

回购（除经典回购外）的另一种形式是购/售回（Buy/Sell – Back，BSB），这类回购可能有书面凭证（根据经典回购）或无书面凭证。本章将对无书面凭证的 BSB 进行介绍。经典回购与无书面凭证的 BSB 之间的根本区别在于：

- 经典回购：
  - 执行受到 GMRA 保护
  - 首期交易（opening leg）与到期交易（closing leg）被视作同一笔交易的两个部分
  - 在交易全生命周期中，首期交易与到期交易之间存在相互关联，因此逐日盯市会产生风险敞口并造成相应的保证金追缴。
- 购/售回：
  - 由首期交易和到期交易两笔法律上独立的交易构成，两笔交易同时进行，在操作层面从一开始也被视作两笔独立交易
  - 首期交易与到期交易之间没有关联，因此逐日盯市和保证金追缴的情形不适用

进行 BSB 交易的动机通常与经典回购相同。就现金计算而言，BSB 与经典回购相似，但不完全相同（参见第 7.1.1 小节"交易货币计算"）。

就交易方向而言，可使用下列术语：

■ 购/售回：交易方向是从现金融出方视角出发，首期交易买入债券，并在到期交易售回

■ 售/购回：交易方向是从现金融入方视角出发，首期交易卖出债券，并在到期交易购回

本书使用的是前一种术语（购/售回）。

7.1.1 交易货币计算

在 BSB 中，首期交易的计算方式与经典回购相同。在某个经典回购交易中，假设债券的首期交易价值（含应付利息，且无保证金/抵押折扣的情形）为 30 071 791.67 美元，计算结果如表 7.1 所示。

表 7.1 　　　　　　　　　　　　　回购交易信息记录

交易要素	交易详情
交易类型	经典证券回购售出
对手方	M 方
交易日期	6 月 10 日
首期结算日	6 月 11 日
到期结算日	6 月 18 日
回购利率	3.42%
担保品	
发行	发行人 ABC 于 2030 年 8 月 1 日发行的 4.35% 债券
金额	29 000 000.00 美元
价格	99.95%
总价	28 985 500.00 美元
应计利息天数	310
加上应计利息	1 086 291.67 美元
净价	30 071 791.67 美元

上述经典回购到期交易中，现金融出方将收到一笔 30 091 789.41 美元的付款，具体包括：

■ 原借入金额：　　　　　　　30 071 791.67 美元
■ 加回购利息：　　　　　　　19 997.74 美元
■ 总计：　　　　　　　　　　30 091 789.41 美元

假设进行同样一笔交易，但将其视作 BSB：

■ 首期交易现金价值：
　■ 原借入金额：　　　　　　30 071 791.67 美元
■ 到期交易现金价值：
　■ 债券价格：99.934374%　　28 980 968.58 美元

- 应计利息天数： 317 天
- 应计利息： 1 110 820.83 美元
- 总计： 30 091 789.41 美元

将回购利息（19 997.74 美元）与原借入金额（30 071 791.67 美元）相加，可得到到期交易现金价值，最终结算金额为 30 091 789.41 美元。然后在此基础上减去截至到期结算日的应计利息（1 110 820.83 美元），得到 8 980 968.58 美元。用该数值除以债券金额（29 000 000），可得出到期交易净价（99.934374%）。

综上，尽管 BSB 到期交易现金结算金额与经典回购相同，但二者表现形式不同：其表现为一个百分比（净价）加上应计利息。此外，回购利息并未作为单独要素呈现，而是被计入到期交易净价中，债券应计利息的计算截至到期结算日当天。

7.1.2 购/售回的其他特征

除上述方面外，与经典回购相比，BSB 还具备以下特征：

- 仅适用于"定期"交易（"活期"BSB 交易无法实现），因为到期交易是以特定结算日的特定价格进行结算
- 由于 BSB 是两笔独立的交易，首期交易与到期交易之间不存在联系，因此也无须要求逐日盯市、发起保证金追缴、提供或接收担保品
- 由于首期和到期交易间不存在联系，担保品置换不适用。然而，交易双方可同意关闭现有交易，并在基本条款（回购利率和到期结算日）不变的前提下，使用新的交易代替原有交易
- 如果在 BSB 交易期间，债券进行了息票支付，那么到期结算金额将根据息票支付的价值相应进行调整。（此时息票支付的金额不会如经典回购中一样在付息日当天支付给现金融入方）
- 相较经典回购，BSB 交易可能已包含保证金/抵押折扣

从法律文本的角度来看，GMRA 附件 1（2001 年版）并未排除 BSB 的适用。总而言之，部分公司执行 BSB 的原因在于其在操作上较经典回购交易更为简单，因为首期和到期交易被视作独立的买入和卖出交易，并且不考虑未平仓交易、逐日盯市、保证金追缴以及担保品变动的情形。

7.2 三方回购（概述）

经典回购涉及两个交易方；这类回购可被称作"双边"或"双方的"回购。经典回购交易的一个特殊类型则包含了第三方代理，第三方作为交易方之一参与三方回购。

三方回购指的是，在一个经典回购中，交易两方使用第三方提供的服务，第三方的作用是在回购交易生命周期内管理回购操作方面的事宜。

在双边回购交易中，两个交易方直接履行一系列操作职责，包括：

- 借出现金的支付

- 证券担保品的交付
- 逐日盯市（marking – to – market）
- 计算应计利息（accrued interest）的当前价值
- 计算保证金的抵押折扣率（haircut）或初始担保品（initial margin）
- 确定风险敞口（exposures）
- 发起或收到保证金追缴（margin calls）
- 完成保证金追缴
- 担保品替换（collateral substitution）
- 支付或收到息票（coupon）

在三方回购中，上述操作任务成为第三方代理的责任。

对于部分希望执行回购交易的公司而言，管理多个同时进行的回购交易需要进行大量运营工作，带来高昂成本。这些公司可能需要大量有经验的回购部门员工来完成如此繁重的工作，并需要使用专门系统。

希望执行回购交易的双方可选择在双边或三方基础上管理其交易。在三方交易的情况下，必须在（执行交易前在）两个交易方和第三方代理之间签订三方合同；该合同是一份服务层面协议（Service Level Agreement，SLA），定义了代理人将向交易双方提供的服务。代理人始终保持完全中立。

7.2.1 三方交易流程

三方回购交易流程如图 7.1 所示。

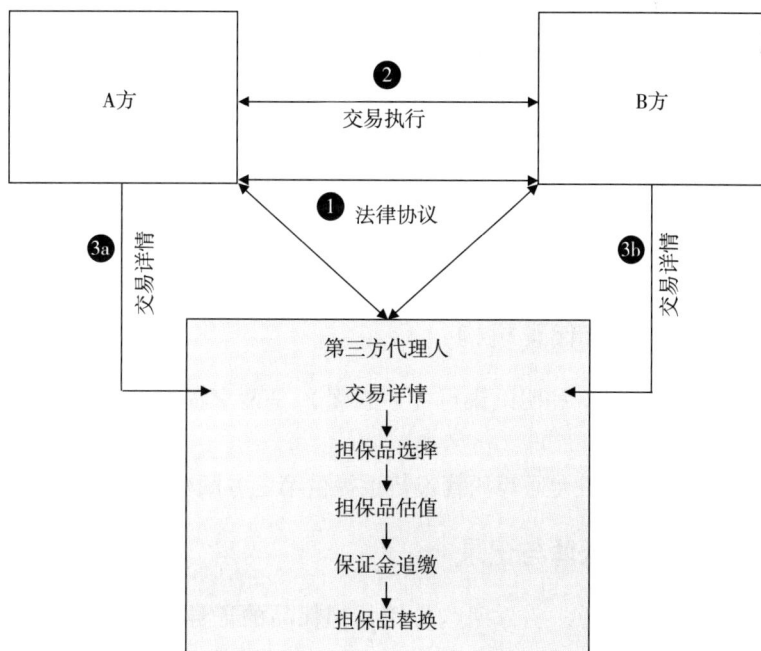

图 7.1 三方回购交易流程

第 1 步：两方交易当事人与第三方代理人签订法律协议

第 2 步：交易双方直接执行回购交易，并同意将该交易作为三方回购进行管理

第 3 步：交易双方各自向第三方代理人提交交易信息，并确保：

■ 代理人必须确保双方提交的交易详细信息完全匹配

■ 代理人对交易详情进行内部记录

■ 代理人确保资金融出方有充足的现金向现金融入方汇款

■ 代理人确保现金融入方有足够数量的合格担保品

■ 代理人在首期交易结算日当天进行现金与债券的转移，通常以券款对付形式

■ 在回购交易期间，代理人：

■ （通过逐日盯市）以特定约定频率对担保品进行重估，并确定任何一方是否存在风险敞口

■ （通过增加或减少担保品）自动处理保证金追缴，使担保品价值与借入现金的价值相等

■ 通常来说，根据收到的现金融入方结算指令，识别出现金融入方在不同交易中是否需要使用目前正在作为担保品的债券。代理人可据此确定何时需要进行担保品替换，并实现自动置换

需要注意的是，现金融出方通常能够定义哪一些担保品被视作合格担保品，其通常被称作担保品篮子。例如，可定义债券发行人的最低信用评级（如不低于 AA 级），以及保证金或抵押折扣水平

7.2.2　三方回购的优势

除降低管理成本外，三方回购（较双边回购）还具备其他优势，包括：

■ 存量证券的使用最优化；在某些情况下，第三方代理可从现金融入方的存量债券中自动选择担保品（自动选择），或者可由现金融入方自行选择担保品

■ 降低对手方风险，因为担保品由中立代理人持有而非交易对手方持有

■ 风险控制外包，因为逐日盯市、风险管理以及保证金追缴结算的责任已转移至第三方代理

7.2.3　一些第三方代理机构

欧清银行（布鲁塞尔）和明讯银行（卢森堡）是两家提供三方回购服务的国际中央证券托管机构（ICSD）。

此外，纽约梅隆、摩根大通等托管银行也提供第三方服务。

7.2.4　更新会计账簿与记录

从现金融入方角度来看，三方回购中用作担保品的证券实际上已从现金融入方账户核销。

因此（在双边回购的现金和担保品转移的同时），建议将现金融入方的会计账簿与

记录更新如下：

- 在首期结算日当天：记录现金收入和担保品划出
- 在回购交易期间：任何现金担保品或证券担保品的借记或贷记
- 在到期结算日当天：在收到第三方代理人账户变动通知后，立即记录交还的担保品和支付的现金

7.3 按价值交付（概述）

DBV 是一种特殊的回购交易类型，含义是"按价值交付"（delivery by value），表示证券交割将根据特定的现金价值进行，并以该价值进行交换。

DBV 是 CREST 系统所特有的，该系统由欧清英国和爱尔兰负责运营，后者是英国、爱尔兰、泽西岛、根西岛和马恩岛的中央证券托管机构。

7.3.1 DBV 交易执行

在 CREST 完成日常交易处理后，一家公司在 CREST 开立的账户可能会出现现金赤字。同时，其他公司可能存在现金盈余。DBV 是公司在短期内以抵押方式获取现金的一种机制。[①]

交易条款包括：

- 货币和现金金额
- 交易日期
- 首期交易结算日
- 到期交易结算日（可能是隔夜或定期）
- 回购利率
- 保证金（如适用）
- 担保品合格标准

7.3.2 交易执行后流程

在交易执行后，交易各方分别向 CREST 录入特定的 DBV 结算指令（DvP 或 FoP），指令包含借入或借出的特定金额，以及交易执行时双方约定的担保品类型。担保品类型被称为 DVB 篮子，例如可以包括所有股票，或仅含富时 100 指数成分股，或包括所有国债等。CREST 将比对双方录入的指令以确保其相互匹配。

在适当的时刻，CREST 根据选定的 DBV 篮子，从现金融入方的证券账户中自动选择相关担保品，如图 7.2 所示。由于 DBV 的操作时间在正常结算流程结束之后，因此现金融入方 CREST 账户中的证券在当天不会被用作其他目的，将其用作 DBV 担保品十分安全。

---

① CREST 开有欧元、美元和英镑现金账户。

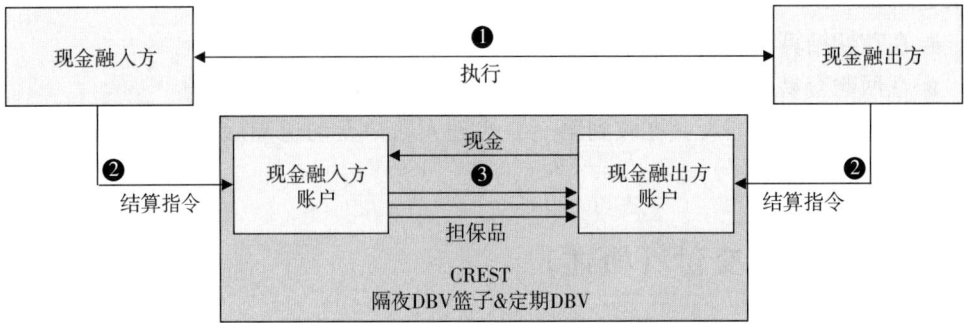

图 7.2　隔夜 DBV 与定期 DBV

现金与担保品的转移是自动进行的，在隔夜 DBV 中，DBV 会在下一个工作日自动关闭，此时现金和证券资产会返还至其原所有方。

7.3.3　定期 DBV（Term DBV）

在 2011 年 7 月之前，DBV 仅有隔夜 DBV 这一种形式。然而自此之后，CREST 引入了一种新型 DBV，即定期 DBV。这种类型的 DBV 可以指定未来两年内的任意到期结算日（隔夜除外）。此时担保品在整个 DBV 期限内均由现金融出方持有（除非必须进行担保品替换）。定期 DBV 的引入消除了隔夜 DBV 必须每日进行更新的例常做法。

如果两家公司同意签订为期一个月的定期借款，双方可选择使用隔夜 DBV 或定期 DBV。尽管定期 DBV 更经常被用作管理定期担保贷款，部分公司可能更倾向于使用隔夜 DBV。由于隔夜 DBV 每天会自动关闭，担保品每天都需要被"刷新"，这意味着 CREST 每天都必须重新选择担保品，对于某些公司来说，这种做法也许更为合意。

在定期 DBV 中，每当 CREST 收到从其客户账户中交付证券的指令（如在出售证券后）时，CREST 会检查待交付证券是否被用作定期 DBV 的担保品。如果已被用作担保品，CREST 将自动进行担保品置换。

7.3.4　现金或担保品的变化

如果定期 DBV 参与方希望在 DBV 有效期内变更现金金额或担保品，CREST 可通过输入一种特殊指令来满足这一变更需求，即定期 DBV 调整（Term DBV Adjustment）。

7.4　回购交易集中清算（概述）

场外（OTC）产品会导致公司直接与市场参与者的交易对手产生双边未平仓交易，此时公司同时与多个交易对手方存在对手方风险（counterparty risk），如图 7.3 所示。

这类对手方信用风险需要进行积极监控。部分交易种类（如回购、证券借贷、场外衍生品）会提供或获取担保品以降低对手方信用风险。在这种情况下，公司每天都需要做大量工作，以将风险保持在最低水平，并对公司资产和风险敞口保持适

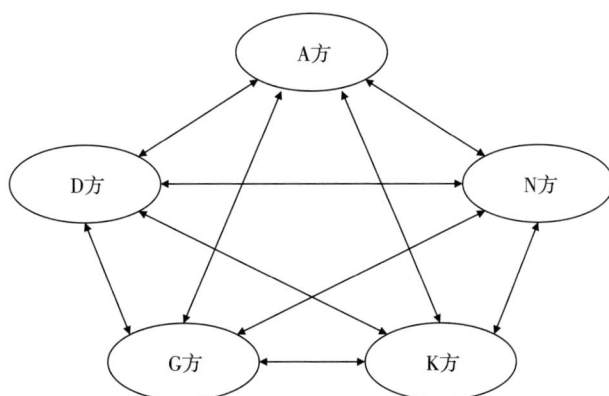

图 7.3　双边交易与持续对手方信用风险

当的控制。上述市场的这种情况可使用中央对手方（CCP）集中清算来解决，如图7.4 所示。

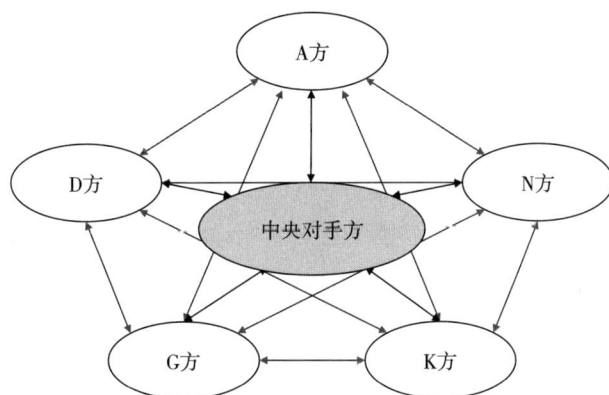

图 7.4　中央对手方

CCP 成为每个买方的卖方，以及每个卖方的买方。CCP 寻求化解的主要风险是对手方风险。因此，CCP 处于两个市场参与者之间，其中一方已卖出，另一方已买入。公司的真正对手方是 CCP，无论其是否知晓原市场参与者的身份，CCP 都将成为其在整个交易过程中的对手方。CCP 处于 A 公司与 B 公司之间、重新对双边交易的执行进行安排的法律程序被称为合同更新（novation）。

CCP 必须始终保持市场风险中性（market risk neutral），这意味着它们必须保持现金和证券的零头寸。因此 CCP 位于交易双方之间。

如果 CCP 的一家成员通过 CCP 合同更新进行了多笔交易，CCP 将试图通过轧差减少原交易头寸（交易全额），从而履行净结算义务（Net Settlement Obligation，NSO）。因此，单笔 NSO 代表所有总风险敞口；一旦净结算义务完成，实际上意味着已对所有与其相关的交易全额进行了结算。

举个例子，假设 A 公司已经：

■ 与多家双边交易对手方进行了 5 笔债券 X 的回购交易，总共需要卖出 50 000 000 美元的债券，并收到 60 000 000.00 美元现金

■ 与多家双边交易对手方进行了 4 笔相同债券的逆回购，使用 51 000 000.00 美元现金买回 40 000 000 美元债券。

A 公司执行的 9 笔交易如表 7.2 前 5 列所示。

表 7.2   中央对手方多边清算示例

交易编号	公司名称	对手方	应收债券（百万美元）	应付债券（百万美元）	新对手方	净额（百万美元）
1a	A	B		10	中央对手方	−10
2a		C		10		
3a		E		10		
4a		B		10		
5a		E		10		
6a		D	10			
7a		C	10			
8a		E	10			
9a		D	10			
1b	B	A	10			+20
4b		A	10			
2b	C	A	10			0
7b		A		10		
6b	D	A		10		−20
9b		A		10		
3b	E	A	10			+10
5b		A	10			
8b		A		10		
中央对手方轧差金额						0

注：表 7.2 仅反映了每笔回购交易的债券数量；但在实际情况中，每笔回购交易的现金金额同样也会被纳入轧差范围。

如果上述交易未被更新至 CCP，9 笔交易都将在 A 公司和各交易对手双边之间进行清算；在这种情况下，存在双边轧差（bilateral netting）的可能性（即仅在 A 公司与每个交易对手双方之间进行轧差）。

在不进行双边轧差的情况下，有必要对全部 9 笔交易进行风险管理，在每笔回购交易的结算日之前，有可能向每个交易对手发出保证金追缴通知并进行结算。

然而，如果全部 9 笔交易都被更新至 CCP（如第 6 列和第 7 列所示），CCP 多边轧差将会尽可能将全额轧差为净额，如第 7 列所示。对 A 公司而言，多边轧差将把 9 笔回购交易全额轧差为净结算义务，即向外交付 10 000 000 美元的债券，并收到

9 000 000.00美元的现金。

集中清算已在部分国家和部分金融产品中应用多年。例如，在许多电子证券交易所，交易所成员执行的股票交易自动由 CCP（有时称作清算所）担任交易对手。集中清算一直以来也是交易所交易衍生品（如期货和期权）交易的标准特征。由传统双边交易模式向集中清算模式转变的趋势仍在继续。例如，由于 2008 年全球金融危机，标准化场外衍生品交易必须实行集中清算；详情参见 4C 部分"场外衍生品交易与担保品：监管变革及担保品的未来"。

集中清算模式的主要益处在于：
■ 降低交易对手风险
■ 相较于传统双边对手方面临的对手方风险，公司的交易对手是（或通过合同更新变为）CCP，而对 CCP 的运营监管更为严格
■ 多边轧差
■ 单纯从结算角度看，多笔交易全额的轧差一直被视作一种优势（更便宜有效），因为在单笔结算中，证券和现金的最终净额结算较原交易（全额）结算更为有效
■ 从风险管理的角度看，一旦发生轧差，将能够对单一净头寸而不是对原始交易（全额）进行风险管理
■ 虽然公司与其双边对手方之间的双边轧差较全额结算更有优势，但双边轧差的范围不及多边轧差（后者涉及两方或多方）

在欧洲，（截至起草本文时）现有的回购 CCP 包括：
■ 为西班牙国债回购交易提供清算的西班牙清算所 BME Clearing（前身为 MEFF）
■ 为意大利国债回购交易提供清算的意大利清算所 CC&G
■ 为多种欧洲政府债和公司债回购交易提供清算的欧洲期货交易所清算公司 Eurex Clearing
■ 为法国、意大利、西班牙国债回购交易提供清算的伦敦清算所 LCH SA Repo-Clear
■ 为一系列欧洲政府债回购交易提供清算的 RepoClear Ltd

综上所述：
■ 在没有集中清算的情况下，每一笔回购交易分别对特定的市场交易对手存在风险敞口，并且每个交易对手的对手方风险必须通过每天提供或接受担保品来减轻，直至到期交易结算完成
■ 在集中清算的情况下，不存在双边对手方风险，交易各方根据其净风险敞口向 CCP 提供（或从 CCP 处收到）担保品

7.5 一般担保品池（概述）

一般担保品池（GC Pooling）是欧洲期货交易所回购交易平台 Eurex Repo、欧洲期货交易所清算公司 Eurex Clearing 以及明讯银行提供的一种特殊的回购和担保品管理

服务。

一般担保品池服务涵盖了以欧元、美元、英镑和瑞士法郎交易的债券和股票标准化担保品篮子的现金一般担保品（GC）的交易、清算和结算。在撰写本文之时，已有100 家银行和其他机构成为一般担保品池的成员。

在 Eurex Clearing 进行清算的公司需符合以下条件之一：

■ 是一般担保品池的（直接）成员，或

■（间接）使用直接成员提供的服务

一般担保品池交易、清算与结算流程

该服务提供通过 CCP 进行的匿名回购交易与清算服务，以及通过 CSD 的结算服务。交易到结算的流程如图 7.5 所示。

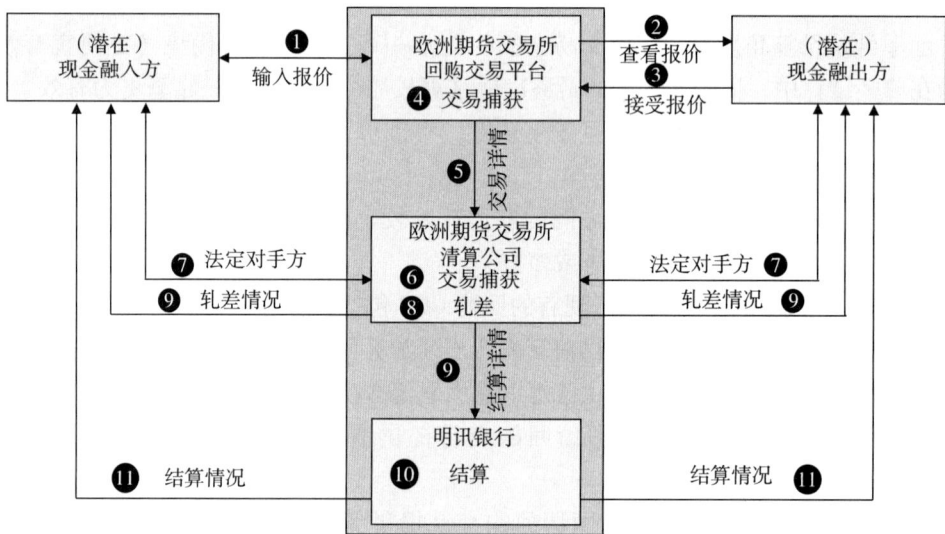

图 7.5　一般担保品池交易、清算与结算流程

第 1 步：通过回购融入或融出资金的一方在 Eurex Repo 交易平台上录入其要求，说明：

■ 其融入（或融入）需求

■ 币种及数量

■ 条款，例如：

　■ 隔夜（首期结算日为当日，到期结算日为下一日）

　■ "Tom Next"（首期结算日为下一日，到期结算日为下一日 +1）

　■ "Spot Next"（首期结算日为下一日 +1，到期结算日为下一日 +2）

■ 要求的回购利率

■ 要求的担保品篮子

第 2 步：Eurex Repo 允许其成员匿名查看资金融入/融出需求

第 3 步：某一家成员机构接受现金融入方条款，成为现金融出方

第 4 步：Eurex Repo 内部记录两笔交易详情（现金融入方与 Eurex Clearing 之间的交易，以及现金融出方与 Eurex Clearing 之间的交易）

第 5 步：Eurex Repo 将交易详情给发送至 Eurex Clearing

第 6 步：Eurex Clearing 记录两笔交易的详情

第 7 步：Eurex Clearing 成为现金借贷双方的中央对手方（CCP）

第 8 步：Eurex Clearing 为双方进行轧差，并分别得到双方的净结算义务

第 9 步：Eurex Clearing 将净结算义务详情发送至明讯银行

第 10 步：明讯银行对净结算义务进行 DvP 结算

第 11 步：明讯银行将结算情况报告至现金融入融出双方

注：关于中央对手方的角色、清算与轧差详见 7.4 节 "回购交易集中清算（概述）"。

Eurex Clearing 作为中央对手方，使用一般担保品池与公司进行交易。Eurex Clearing 是直接交易对手方，因为其是交易的原始参与方；因此不存在从原对手方到 Eurex Clearing 的合同更新流程，交易的另一边也不存在一个 "真正的" 对手方。可用于一般担保品池回购交易的担保品包括由明讯银行卢森堡和明讯银行法兰克福的一般担保品池成员持有的资产。具体来说，标准化固定收益证券和股票篮子可用来进行担保现金借款。在回购交易期间，保证金追缴和担保品置换都需经由一般担保品池。

此外，在双边交易（而不是此前描述的）情况下，成员可在合同更新后通过 Eurex Clearing 进行集中清算。

7.6 伦敦清算所的 RepoClear 服务（概述）

RepoClear 属于伦敦清算所集团，负责为回购交易提供集中清算服务。［参见本章 7.4 "回购交易集中清算（概述）" 部分］

回购交易在交易双方之间通过电话或交易界面直接进行。以上两种执行方式 RepoClear 均可接受。

回购交易的集中清算并非强制，因此需要注意的是，双方可自由选择是否进行集中清算。公司希望进行集中清算的理由可能是对交易对手的信誉有所担心。反之，不选择集中清算的公司可能很少或根本不关心合作方的信用状况，并希望避免产生集中清算费用。从公司内部运营角度来看，回购参与方必须明确交易是否进行集中清算。

（需要进行集中清算的）回购交易被 RepoClear 接收的一个途径如下：双边执行的交易详情被提交至 ETCMS 系统，一旦 ETCMS 成功匹配了交易详情，上述信息将被自动转发至 RepoClear。在通过 RepoClear 验证后，该交易将被更新，伦敦清算所分别成为原交易双方的中央对手方。

（需要进行集中清算的）回购交易被 RepoClear 接收的另一个途径是在自动交易系统（如 Brokertec）内部发起交易，并自动发送至 RepoClear。需要注意的是，通过自动

交易系统执行的交易是匿名进行的，因此在这类交易中，CCP 作为原始交易方参与交易，而不是通过合同更新成为对手方。

RepoClear 作为中央对手方提供结算轧差，将一家公司币种与到期结算日相同的多笔（全额）回购交易进行轧差，从而得到净结算义务。上述轧差将产生现金/债券的对应交付义务，或者单纯地一方向另一方支付（或从另一方处收到）一笔现金的支付义务。

交易全流程见图 7.6。

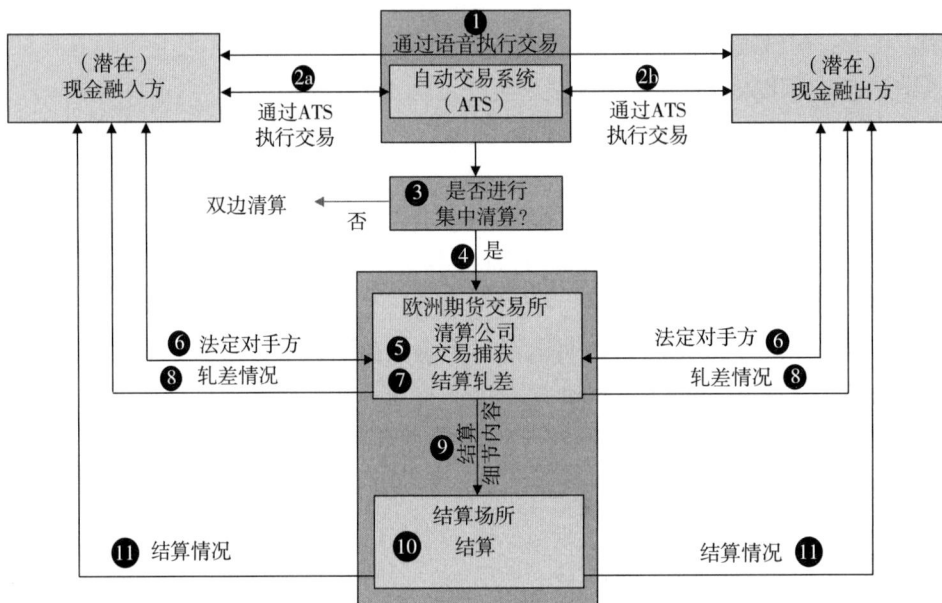

图 7.6 RepoClear 交易流程

第 1 步：现金融入融出双方直接执行（双边）回购交易

第 2 步：或者，回购交易通过自动交易系统（ATS）匿名进行

第 3 步：交易方评估进行双边清算还是集中清算

第 4 步：如果交易将进行集中清算，交易详情将被发送至 RepoClear（如通过 ETC-MS）

第 5 步：RepoClear 记录交易条款

第 6 步：伦敦清算所成为交易双方的对手方

第 7 步：RepoClear 对币种相同且到期结算日相同的多笔交易进行轧差结算

第 8 步：RepoClear 将轧差情况告知交易双方

第 9 步：RepoClear 将净结算义务详情发送至相应结算场所

第 10 步：结算场所对净结算义务进行结算

第 11 步：净结算义务结算完成后，将结算情况通知至交易双方

回购交易与担保品
—全球通用回购主协议

Chapter Eight

第 8 章

为使读者更好地理解第 3 章"回购交易与担保品—回购概述"至第 7 章"回购交易与担保品—其他回购交易类型"的内容，本章收录了《全球通用回购主协议（2011年版）》（*Global Master Repurchase Agreement*，*GMRA*）的完整内容。

本书收录的《全球通用回购主协议》经国际资本市场协会（ICMA）与证券行业和金融市场协会（SIFMA）于 2017 年明示同意。

sifma

证券行业和金融市场协会
纽约·华盛顿
www. sifma. org

ICMA
International Capital Market Association

国际资本市场协会
瑞士苏黎世
www. icmagroup. org

全球通用回购主协议
2011 年版

日期：＿＿＿＿＿＿＿＿＿

协议当事人

甲方：＿＿＿＿＿＿＿＿＿

乙方：＿＿＿＿＿＿＿＿＿

1. 适用范围

（a）本合同交易双方可随时订立回购交易协议，交易时，当事人一方（"卖方"）通过指定办事机构同意向另一方（"买方"）通过指定办事机构出售证券或者其他金融工具（"证券"）[根据本条（c）款规定，股票及净支付证券除外]，买方则需要向卖方支付价款，同时，买方同意于某个特定的日期或按照要求向卖方出售等同于该标的证券价值的证券，而卖方应同时向买方支付回购价款。

（b）除非交易双方另有书面约定，每一项上述类型的交易（可能是回购交易，即"回购交易"或购/售回交易，即"购/售回交易"）在本主协议中均被称为一笔"交易"，并受到本主协议（包含附件 I 中的补充条款或补充条件及附件 I 中明确的任何附件在内）约束。

（c）若本主协议应用于：

（i）购/售回交易，应在本主协议附件 I 中予以明确规定，且购/售回附件条款应当适用于该购/售回交易。

（ii）净支付证券，应在本主协议附件 I 中予以明确规定，且附件 I 第 1 条（b）款适用于含净支付证券的相关交易。

2. 定义

（a）"资不抵债行为"（act of insolvency）是指对本主协议中任何一方当事人而言：

（i）其作为债务人，为维护债权人利益所做出的全面转让行为，或与债权人就其债务所达成的重组、安排或和解；或者

（ii）担保权人对其全部或实质上全部资产进行接管或采取其他强制措施，且该程序在 15 日内未被驳回、撤销、终止或禁止；或者

（iii）其作为债务人资不抵债、无力偿还到期债务或书面承认其无力偿还到期债务；或者

（iv）为其自身或其财产的任何重大部分寻求、同意或默许委任任意受托人、管理人、接管人、清算人或类似人员；或者

（v）依据任何现行或未来的成文法、法律或法规，相关当事人向任何法院或任何机构提出申请（本主协议下另一方当事人就对方应履行本主协议中的任何义务提出的申请除外），或任何主管当局启动任何法律程序，声称或要求其破产、清算或已资不抵债（或任何类似的法律程序），或者寻求关于债务的任何重组、安排、和解、重新调整、管理、清算、解散或类似救济方法，该申请在提交后的 15 日内没有被搁置或驳回（主管当局提出申请、清算或类似法律程序申请不适用该 15 日期限规定的除外）；或者

（vi）为该方当事人，或该方当事人全部财产或部分重大财产委任接管人、管理人、清算人、保护人、保管人、受托人或类似人员；或者

（vii）其债权人依据英国《1986 年破产法》第 3 条，以适用自愿偿债安排（或任何类似法律程序）为目的召开会议。

（b）"代理交易"（agency transaction）的含义参见由国际资本市场协会（ICMA）制定的本主协议代理人附件第 1 条的规定。

（c）"适用利率"（applicable rate），是指就任何货币的任何金额而言：

（i）为实现第 10 条的目的，由非违约方根据商业合理原则选择的利率；

（ii）为实现任何其他目的，由双方根据商业合理原则约定的利率。

（d）"合适市场"（appropriate market）的含义参见第 10 条规定。

（e）"基准货币"（base currency）是指附件 I 中所示明的货币。

（f）"营业日"（business day）是指：

（i）就通过结算系统进行本主协议下的交易结算或证券交付而言，为支付系统营业的日期；

（ii）就通过结算系统以外的方式进行本主协议下的交易结算或证券交付而言，为相关证券交付所在地银行正常营业的日期，若与此不同，则为款项支付所在地银行正常营业的日期；以及

（iii）就未包含在上述（i）和（ii）中的本主协议下任意金额的支付而言，为以该交易支付的计值货币为该国官方货币的国家的主要金融中心的银行除周六和周日外的营业日期。若与此不同，则为交易双方指定的账户进行支付和接收的日期（或者在欧元支付的交易中，是指泛欧实时全额自动清算系统 TARGET 2 营业的日期）。

（g）"现金等价物金额"（cash equivalent amount）的含义参见第 4 条（h）款规定。

（h）"现金保证金"（cash margin）是指依据第 4 条的相关要求付给或应付给买方或卖方的现金。

（i）"主管当局"（competent authority），是指在交易中某一方设立或组建所在地的司法管辖区或其总部所在司法管辖区内，对其拥有主要破产、重整或监管权的管理机关、监督机关或任何类似机关。

（j）"确认书"（confirmation）的含义参见第 3 条（b）款规定。

（k）"约定货币"（contractual currency）的含义参见第 7 条（a）款规定。

（l）"违约方"（defaulting party）的含义参见第 10 条规定。

（m）"违约市值"（default market malue）的含义参见第 10 条规定。

（n）"违约通知书"（default notice）是指依据第 10 条（b）款规定，由非违约方向违约方发出，指定某日为提前终止日的书面通知。

（o）"应交付证券"（deliverable securities）的含义参见第 10 条规定。

（p）"指定办事机构"（designated office）是指附件 I 中所指定的分支机构或办事处，或者由交易双方书面约定的其他分支机构或办事处。

（q）"分红"［distributions（s）］的含义参见本条（y）款规定。

（r）"提前终止日"（early termination date）是指违约通知书中指定或依据第 10 条（b）款规定另行确定的日期。

（s）"电子信息传输系统"（electronic messaging system）是指用于通信的、能够打印出通信记录的电子系统，包括电子邮件。

（t）"保证金证券等同品"（equivalent margin securities）是指与先前作为保证金转让的证券等同的证券。

（u）"证券等同品"（equivalent securities）是指一笔交易中与被购买的证券等同的证券。若被购买的证券已被兑付，则指的是与兑付数额（分红除外）相等的款项。

（v）证券"等同于"（equivalent to）其他证券，就本主协议而言是指：

（i）同个发行人；（ii）同为某次发行的一部分；（iii）类型、面值、类别和金额

（除另有说明）相同，但：

（A）若证券变更为以欧元定价或因此面值发生改变，证券仍等同于其他证券；以及

（B）若证券已被转换、分拆、合并，或变更为收购标的，或证券持有人被赋予了接收或获取其他证券或财产的资格，或该证券已成为除分红以外的任何类似事件的标的，"等同于"的表述则指的是证券等同于（本款但书前定义的）初始证券连同因该事件而应由初始证券持有人获得的任何款项、证券以及其他财产，或被因该事件而应由初始证券持有人获得的任何款项、证券以及其他财产所替代。

（w）"违约事件"（dvent of default）的含义参见第 10 条规定。

（x）"远期交易"（forward transaction）的含义参见附件 I 第 2 条（c）款（i）项规定。

（y）"收入"（income）是指就任何证券在任何时间而言，相关的全部利息、股息或其他分红，包括相关证券本金的支付或归还（"分红"）。

（z）"收入支付日"（income payment date）是指对于任何证券，对与之相关的收入进行支付的日期，或者对于记名证券而言，其特定记名持有人被认定为有权利获得支付或相关收入的日期。

（aa）"保证金比例"（margin percentage）是指就任何保证金证券或保证金证券等同品而言，双方根据商业合理原则约定的比例（若有）。

（bb）"保证金比率"（margin ratio）是指就一项交易而言，被购买证券在交易开始时的市场价值除以购买价格（因此，当与交易相关的证券属于不同类别、购买价格由双方在各类别的购买证券中进行分配时，各类别证券适用不同的保证金比例）或交易双方就该交易约定的其他类似比率。

（cc）"保证金证券"（margin securities）是指就保证金移交而言，提出移交保证金要求的一方可合理接受的特定类型和价值（若约定了保证金比例，则已适用该比例）的证券。

（dd）"保证金移交"（margin transfer）是指任何现金保证金的支付或归还、保证金证券或保证金证券等同品的转移，或任何前述事项的组合。

（ee）"市场价值"（market value）是指就任何日期、任何时点的任何证券而言，从交易双方约定的公认来源获取的该日期该时点该证券的价格（对于保证金证券，若约定了保证金比例，则适用该比例），或由交易双方约定（当不同交付日期对应不同价格时，为最早可得的交付日的价格）遵循市场惯例对相关类型证券进行估值，加上当日与该证券相关的已产生但尚未支付的、未计入前述估值价格的累计收入；就此而言，与该交易相关的任何以非约定货币计价的金额须按照结算时的普遍即期汇率换算为以约定货币计价的金额。

（ff）"净风险敞口"（net exposure）的含义参见第 4 条（c）款规定。

（gg）任何时间点，一方的"保证金净额"（net margin）（若有）是指在该时间点（i）超出（ii）的部分。其中，（i）是该方收到的现金保证金总额（包括该现金保证金产生的尚未向另一方支付的应计利息）与按照第 4 条（a）款规定收到的保证金证券的

市值之和（不包括已返还给另一方的现金保证金和与保证金证券相关的已交付另一方的证券等同品或已付给另一方的现金等价物金额）；（ii）是付给另一方的现金保证金（包括该现金保证金产生的尚未由另一方支付的应计利息）与按照第 4 条（a）款规定移交至另一方的保证金证券的市值之和（不包括已由另一方返还的现金保证金和与保证金证券相关的已由另一方交付的证券等同品或已由另一方支付的现金等价物金额）。就此而言，任何未以基准货币标价的金额须按照计算时的即期汇率换算为基准货币。

（hh）"净支付证券"（net paying securities）是指根据第 5 条规定作为交易标的、基于第 5 条规定进行支付，并根据支付情况，由买方进行税收或关税的扣缴或扣除，或由卖方负责税收或关税的支付（任何情形都不含对净利润征税）的证券。

（ii）"净值"（net value）的含义参见第 10 条规定。

（jj）"新交易证券"（new purchased securities）的含义参见第 8 条（a）款规定。

（kk）"价差"（price differential）是指对于任何日期的任何交易，就自首期结算日（含）始至计算日（不含）或更早的回购日止的时间段内实际天数而言，每日按照定价比率确定的金额的累计值与购买价格之间的差额（一年按照 360 天、365 天计息或遵循市场惯例的其他计息方式，交易双方另有约定的除外）。

（ll）"定价比率"（pricing rate）是指就任何交易而言，由买方和卖方就该交易约定的用于计算价差的年百分比率。

（mm）"首期结算日"（purchase date）是指就任何交易而言，与该交易相关的交易证券由卖方卖给买方的日期。

（nn）"购买价格"（purchase price）是指由卖方卖给买方或将被卖方卖给买方的交易证券在首期结算日的价格。

（oo）"交易证券"（purchased securities）是指就任何交易而言，在该交易中由卖方卖给买方或将被卖方卖给买方的证券，或按照第 8 条规定与该交易相关的任何由卖方移交至买方的新交易证券。

（pp）"应收证券"（receivable securities）的含义参见第 10 条规定。

（qq）"回购日"（repurchase date）是指就任何交易而言，与该交易相关的买方将证券等同品卖给卖方的日期。

（rr）"回购价格"（repurchase price）是指就任何交易的任何日期而言，购买价格与当日价差之和。

（ss）"即期汇率"（spot rate）是指任何日期将一种货币换算为第二种货币，除交易双方另有约定的：

（i）为达成第 10 条所列之目的，由非违约方规定的，于伦敦银行间市场，在由非违约方规定的日期和时间，为使用第一种货币购买第二种货币，通过参考定价来源或引用银行汇率获得的即期汇率；以及

（ii）为达成其他目的，由交易双方约定的（若协议中空缺相关内容，则由买方规定），于计算当日伦敦银行间市场，为使用第一种货币购买第二种货币，通过参考定价来源或引用银行汇率获得的最新可用的即期汇率。若计算当日并非位于伦敦的银行的

营业日，则为此前可获得即期汇率的最近日期结束营业时的即期汇率。

（tt）"TARGET 2"是指第二代泛欧实时全额自动清算系统及替代它的其他系统。

（uu）"期间"（term）是指就任何交易而言，自首期结算日起至回购日止的时间区间。

（vv）"终止"（termination）是指就任何交易而言，依据第3条（f）款规定，与该交易相关的，对于买方卖出证券等同品的同时卖方支付回购价格的要求；对于有"固定期间"或"依需要终止"规定的交易，则按规定执行。

（ww）"交易成本"（transaction costs）的含义参见第10条规定。

（xx）"交易风险敞口"（transaction exposure）是指就任何交易在从首期结算日至回购日期间的任何时间点〔或更晚的证券等同品移交至卖方或按照第10条（h）款或（i）款规定终止交易的日期〕而言，由附件 I 规定的（或由交易双方就特定交易约定的）根据下列（A）或（B）计算出的数值"E"：

（A）公式的结果E =（R × MR）– MV，其中：

R = 该时点的回购价格

MR = 适用的保证金比率

MV = 证券等同品在该时点的市场价值

当交易涉及的证券不止一种或这些证券对应的保证金比率不同时，对 E 的计算需要将每个类别对应的证券等同品回购价格乘以对应的保证金比率，再将得到的结果相加，该过程中回购总价在不同种类对应的证券等同品中的比例分布需要与购买总价在交易证券中的比例分布相同。

若 E 大于 0，买方具有等于 E 的交易风险敞口；若 E 小于 0，则卖方具有等于 E 的绝对值的交易风险敞口；给定在做出决定当日 E 不应超过回购总价。或者

（B）公式的结果E = R – V，其中：

R = 该时点的回购价格

V = 证券等同品在该时点的调整后价值，当交易涉及多种证券或适用不同的估值折扣时每类证券调整后价值的总和

任何证券的"调整后价值"是指该证券根据公式〔MV（1 – H）〕得到的价值，其中：

MV = 证券等同品在该时点的市场价值

H = 相关证券的"抵押折扣率"（haircut）是指由交易双方随时确定的对证券市场价值的折扣（如有）

若 E 大于 0，买方具有等于 E 的交易风险敞口；若 E 小于 0，则卖方具有等于 E 的绝对值的交易风险敞口。以及

（yy）除第14条（b）款（i）项和第18条规定外，本主协议中涉及"书面"沟通及以"书面形式"进行的沟通均包含经由双方当事人同意的通过电子信息传输系统进行的沟通。

3. 发起 确认 终止

（a）交易可以由买方或卖方中任意一方发起，以口头或书面方式达成。

（b）交易一经双方当事人同意达成，买方或卖方（或双方）须按照此前的约定，立即向另一方送达该交易的书面确认（即"确认书"）。

确认书须载明交易证券［包括 CUSIP、ISIN 或其他标识编码（若有）］、买方、卖方并标明以下信息：

（i）首期结算日；

（ii）购买价格；

（iii）回购日，但依需要终止的交易除外（在这种情况下，确认书应载明该交易是依需求终止的）；

（iv）交易使用的定价比率；

（v）与交易各方相关的银行账户信息，用于收取支付款并依本主协议记账；

（vi）适用购/售回附件时，该交易是回购交易还是购/售回交易；

（vii）适用代理附件时，该交易是否是代理交易，若是，则载明代理机构的身份信息和被代理人的名称、编码或标识；以及

（viii）该交易的其他条件和条款。

也可以以附件 II 或交易双方同意的其他形式记录。

交易相关的确认书与本主协议共同构成买方与卖方之间就该交易所达成条件的初步证据，在收到确认书后立即就其提出异议的除外。若发生确认书与协议条款相冲突的情况，就确认书中所载交易相关条款而言，以确认书为准。

（c）在交易的首期结算日，按照第 6 条（c）款规定，卖方须将交易证券移交至买方或其代理人，同时买方须支付购买价款。

（d）在依需求终止交易的情况下，交易终止于根据需求确定的终止日生效；在固定期间交易的情况下，交易终止于固定的终止日期生效。

（e）在依需求终止交易的情况下，终止需求可以由买方或卖方通过电话或其他方式提出，并须为终止预留不低于按照市场惯例进行资金结算或相应品种的证券等同品划转所需的时间。

（f）在交易的回购日，买方须向卖方或其代理人移交证券等同品，同时卖方须支付回购价款（按照第 5 条规定，减去应由买方向卖方支付却未支付的款项）。

4. 维持保证金

（a）当任意一方存在与另一方相关的净风险敞口时，该方可以通知另一方，要求其进行保证金移交，保证金的总额或总价值至少等于净风险敞口。

（b）上述（a）款规定的通知可以是口头或书面形式。

（c）就本主协议而言，一方存在与另一方相关的净风险敞口，是指该方交易风险敞口加上依据第 5 条规定应付予该方但尚未支付的金额减去向该方提供的保证金净额

之值，超过另一方的交易风险敞口加上依据第 5 条规定应付予另一方但尚未支付的金额减去向另一方提供的保证金净额之值；且净风险敞口等于超额部分。就此而言，任何未以基准货币标价的金额须按照相关时点的即期汇率换算为基准货币。

（d）要求保证金移交的一方曾支付现金保证金且并未得到返还，或交付了保证金证券且未得到保证金证券等同品的返还，或现金等价物金额尚未支付，该方有权要求保证金移交优先由这类现金保证金返还或保证金证券等同品交付进行，但受此约束，应移交保证金的具体内容应由进行保证金移交的一方决定。

（e）现金保证金应当以基准货币或双方当事人认可的类似其他货币进行交付。

（f）现金保证金的支付产生了收到保证金一方对支付保证金一方的债务。该债务应当以在附件Ⅰ中明确的特定利率在特定时间支付，以相关货币或双方当事人认可的方式，并根据本主协议的条款偿还。

（g）当买方或卖方根据上述（a）款规定具有进行保证金移交的义务时，其需要在附件Ⅰ规定的最短期限内移交现金保证金、保证金证券或保证金证券等同品，若没有明确规定时限，该最短期限应为按照市场惯例进行资金结算、相应品种的担保品证券或证券等同品划转所需的时间。

（h）当一方（"转让方"）具有移交保证金证券等同品的义务，并为之付出了所有必要努力，但因与证券或交付证券所通过的清算系统相关的原因无法交付保证金证券等同品时：

（i）转让方应立即向另一方支付至少等于相关保证金证券等同品市场价值的现金保证金〔除双方当事人达成一致外，该现金保证金不应按照第 4 条（f）款规定产生利息〕；以及

（ii）若交付失败超过两个营业日或更久，另一方可以通知转让方，要求转让方支付由另一方决定的与保证金证券等同品违约市值相等的金额（"现金等价物金额"），在非违约方关于另一方的规定和提前终止日规定中提及的本条款下通知生效的日期的基础上，适用第 10 条（f）款之规定。

（i）交易双方可以达成一致，就任意交易而言，上述（a）款至（h）款规定可以不适用，代之以在下述交易情况中单独支付保证金：

（i）计算某一方是否有净风险敞口时不计入的交易；

（ii）双方当事人同意以特定方式交付保证金的交易；以及

（iii）就上述（a）款至（h）款规定而言，保证金交付时不予考虑在内的交易。

（j）交易双方可以一致同意，可能出现的净风险敞口不通过本条内前述条款规定的保证金交付的方式予以消除，而是通过下述（k）款规定中交易重新定价、下述（l）款规定中交易调整或两者兼有的方式予以消除。

（k）当交易双方一致同意一笔交易按照本款规定进行重新定价时，该重新定价应按照以下方式实施：

（i）相关交易（"原交易"）的回购日应当被视为在重新定价生效的日期（"重定价日"）发生；

（ii）按照本款下述第（iii）至（vi）项规定，交易双方应被视为达成了一项新的交易（"重定价交易"）；

（iii）重定价交易中的交易证券应当是与原交易中的交易证券等同的证券；

（iv）重定价交易的首期结算日时应当是重定价日；

（v）重定价交易中购买价格应当是乘以原交易适用的保证金比率后等于重定价日该证券的市场价值的金额；

（vi）重定价交易的回购日、定价比率、保证金比率和上述内容中提及的其他要素应当与原交易相同；以及

（vii）重定价交易中交易双方与交易证券的交付及购买价款的支付相关的义务应当与原交易中证券等同品交付和回购价款的支付相关的义务相抵销，因而仅会有一笔净现金由一方付给另一方。该笔净现金应当在前述（g）款中阐明的最短期限内支付。

(1) 按照本款规定的单笔交易（"原交易"）调整于交易双方一致同意的进行调整的日期（"调整日"）生效，根据下列条款，原交易终止，交易双方达成一笔新的交易（"替代交易"）：

（i）根据双方当事人于调整日或之前达成一致的条款，原交易应当于调整日终止；

（ii）替代交易中的交易证券应当是双方当事人于调整日或之前达成一致的特定证券（该证券于调整日的市场价值总和应大致等于原交易于调整日的回购价格乘以原交易适用的保证金比率）；

（iii）替代交易的首期结算日时应当是调整日；

（iv）替代交易的其他要素应当由双方当事人于调整日或之前达成一致；

（v）替代交易和原交易中交易双方于调整日与证券的付款和交付相关的义务应当按照第 6 条规定在前述（g）款中阐明的最短期限内相互抵销。

5. 收入支付

除非另有约定，

（a）当：（i）某特定交易的期间包含任意与该交易相关的证券的收入支付日；或（ii）与这类证券相关的收入支付日在回购日之后但在证券等同品交付至卖方之前，或，若更早一点，提前支付日或依据第 10 条（i）款规定的交易终止日，买方应当于证券发行方支付这类收入的日期，将与发行方支付的同等金额（以相同币种）转入或记入卖方账户。

（b）当保证金证券从一方（"第一方"）转移至另一方（"第二方"），且与该证券相关的收入支付日发生于保证金证券等同品移交之前，或第二方向第一方支付现金等价物金额之前，第二方应当于证券发行方支付这类收入的日期，将与发行方支付的同等金额（以相同币种）转入或记入第一方账户。

为避免出现异议，本条中涉及任何证券发行方支付收入的内容应当是无预扣或扣除的金额，即使是考虑税收或关税要求收入支付发生在应当预扣或扣除的情况下。

6. 支付和转让

（a）除非另有约定，下文中所有的款项支付应当通过即时可得的自由可兑换资金以相关货币进行。下文中转让的所有证券（i）应当处于便于转让的形式且应当附有正式签署的转让文书或空白转让文书（如有需要）以及受让方可能合理要求的其他此类文件，或（ii）应当通过约定的簿记系统或其他证券清算系统进行转让，或（iii）应当以卖方和买方均能接受的其他方法转让。

（b）除非另有约定，与任何交易相关的一方当事人应向另一方当事人支付的所有款项应当不含预扣或扣除任何税收权力机关以任何性质课以、收取、收缴、扣缴或征收的任何税收、关税，除非预扣或扣除此类税收或关税是法定要求。在后一种情况下，除非另有约定，付款的一方应当支付该笔额外款项，使另一方收取的净金额（考虑此类预扣或扣除之后）等于无此类税收或关税预扣或扣除要求的情况下应当收到的金额。

（c）除非交易双方另有书面约定，每笔交易中卖方对交易证券的交付和买方就该交易证券支付购买价款应当同时进行，且买方交付证券等同品和卖方就该证券等同品支付回购价款应当同时进行。

（d）在不影响第6条（c）款规定的前提下，券款同时交付存在操作性困难，任一方当事人可以依据市场惯例随时放弃本主协议中与任何交易相关的本应当与证券交付和/或付款同时进行的收取转让证券和/或款项的权利，但交付和/或付款应在同一天做出，且一笔交易的此类弃权决定也不应当影响或约束另外任一笔交易。

（e）交易双方应当执行并交付所有必需的文件且履行所有必要步骤，使任何交易证券、证券等同品、保证金证券和保证金证券等同品的全部权利、所有权和权益在根据本主协议进行交付时转移至作为交付对象的一方，无任何留置权（证券转让所使用的清算系统运营者享有的留置权除外）、权利主张、抵押或权利负担。

（f）虽使用了"回购日"（Repurchase Date）、"回购价格"（Repurchase Price）、"保证金"（margin）、"保证金净额"（Net Margin）"保证金比率"（Margin Ratio）和"置换"（substitution）这些反映市场中与本主协议中此类交易相关的术语，本主协议下所交付证券和所支付款项包含或附加的全部权利、所有权和权益应当于交付或支付时转移至受让人，收到交易证券或保证金证券一方有义务交付证券等同品或保证金证券等同品。

（g）本主协议中，时间是必备要素。

（h）依据第10条规定，对于本主协议下同一日进行的任何交易，每一方当事人应向另一方当事人支付的同币种的所有金额应当合并为简单计算后的单笔净额，且支付该金额的义务应当是与这些款项相关的任一方当事人的唯一义务。

（i）依据第10条规定，对于同一日进行的任何交易，应由一方当事人向另一方当事人交付的所有发行方、面额、币种、系列相同的证券，应当合并为简单计算后的单笔净量，且交付该净量证券的义务应当是涉及证券交付和接收的任一方当事人的唯一义务。

（j）若交易双方在附件 I 中明确本第 6 条（j）款适用，一方当事人在本主协议中的每一项义务（依据第 10 条规定产生的义务除外）的先决条件是第 10 条（a）款规定的事件（违约事件）均未发生且持续于另一方当事人。

7. 约定货币

（a）与任意交易中购买价款或回购价款相关的款项支付应当以购买价款的货币（"约定货币"）进行，根据第 10 条（d）款（ii）项规定支付的款项除外。尽管有上述规定，任何款项的收款方可以选择接受以另一种货币付款的提议，但在适用法律许可之范围内，在收款方以正常银行程序，在相关货币即期交易的通常交付期限内以另一种货币（扣除汇兑损益）购买的约定货币金额范围内，付款人支付相应款项的义务视为已履行。

（b）如因任何原因，一方当事人收到约定货币金额，含收到的任何判决或裁定下非以约定货币计价的追偿转换后的金额，少于到期应付之约定货币金额，付款方须在适用法律许可之范围内，立即以约定货币支付该额外金额以补足缺额，此为其一项分别和独立之义务。

（c）如因任何原因，一方当事人收到约定货币金额超过到期应付之约定货币金额，收款方应立即将该超出金额退回。

8. 置换

（a）于首期结算日与回购日之间的任意时间，若卖方提出要求且经买方同意，交易可以变更为由买方向卖方转让与交易证券或约定的这类交易证券等同的证券，作为交换，由卖方向买方转让约定金额和类别的其他证券（"新交易证券"）（该证券在变更日的市场价值至少等于转让给卖方的证券等同品的市场价值）。

（b）上述第（a）款规定内的任何变更，依据第 6 条（d）款之规定，通过所涉及的证券等同品和新交易证券的同时转让实现。

（c）依据上述第（a）款变更的交易须于此后继续生效，视同该交易中的交易证券包括新交易证券或后者为其组成部分，以替代此前转移至卖方的证券等同品的对应证券。

（d）若交易中一方已将保证金证券移交至另一方，该方可以在保证金证券等同品交付至其前的任意时刻，依据第 4 条之规定，要求另一方向其转让保证金证券等同品，作为交换，向另一方转让新的保证金证券，新的保证金证券在双方交换时点的市场价值至少等于该保证金证券等同品。若另一方同意该请求，该交换依据第 6 条（d）款之规定通过所涉及的保证金证券等同品和新保证金证券的同时转让生效。若其中任一笔转让或两笔转让均通过结算系统进行，在根据结算系统的规则和流程发生其中一方的账户向另一方账户支付款项的情况下，交易双方须使该笔付款也在结算系统外进行，付款价值为同一天通过结算系统进行支付的对应价值，以确保本款规定下的保证金证券等同品和新保证金证券的交换不产生任何由其中一方向另一方的净现金的支付。

9. 声明

交易各方向另一方当事人声明并保证——

（a）本方已经正式授权签署并交付本主协议，达成本主协议下之交易，履行本主协议及相关协议中的义务，并已采取一切必要措施授权此签署、交付与履行。

（b）将以本人的身份参与本主协议及本主协议下之交易（代理交易除外）。

（c）代表其签署本主协议的人，或其他代表其进行交易的人将被充分授权。

（d）已获得与本主协议及本主协议下之交易有关的所需的任何管理或监管主体的充分授权，且该授权具备完全效力。

（e）本主协议的签署、交付和履行及本主协议下之交易不会违反其适用的任何法律、法令、章程、细则、规则和受其约束或其资产受其影响的任何协议。

（f）已满足并将持续满足本主协议下之交易相关的税收要求。

（g）就本主协议和每笔交易而言——

（i）除非有与另一方当事人的书面约定，本方不会采纳另一方当事人给出的任何建议（无论书面或口头），在本主协议中明确表明的除外；

（ii）本方已经并将基于自有判断和特定专业顾问的意见（如有必要咨询时），做出与达成交易相关的决定；

（iii）本方理解条款、条件和每笔交易的风险，愿意承担（财务和其他方面）这些风险。以及

（h）向另一方当事人转让任何证券时，本方将转让完全和无限制的权利，另一方当事人将于证券转让时获得证券包含或附加的全部权利、所有权和权益，并不含任何留置权（证券转让所使用的清算系统运营者享有留置权除外）、权利主张、抵押或权利负担。

依照本主协议达成任何交易的当日，和与任何交易相关的证券、证券等同品、保证金证券或保证金证券担保品的转让日，买方和卖方将被视同重复上述所有声明。为避免出现异议，不论卖方或买方可能与任何第三方做出的何种安排，各方当事人将以其自身名义承担其在本主协议下和每笔交易中的义务。

10. 违约事件

（a）不论是卖方或买方，若交易中任何一方当事人（"违约方"，另一方当事人为"非违约方"）发生以下任何事件（"违约事件"）：

（i）买方未能于首期结算日支付购买价款或卖方未能于回购日支付回购价款；或者

（ii）若交易双方在附件Ⅰ中明确本款适用，卖方未能于首期结算日相关证券交付的标准结算时间内交付交易证券，或买方未能于回购日相关证券交付的标准结算时间内交付证券等同品；或者

（iii）卖方或买方未能于到期时支付依据本条（h）款和（i）款规定产生的应付款

项；或者

（iv）卖方或买方未能：

（A）于依据第 4 条（g）款规定的最短期限内完成保证金移交，或在交付保证金证券等同品的情形中，依据第 4 条（h）款（i）项规定交付保证金证券等同品或支付现金保证金，或依据第 4 条（h）款（ii）项规定支付现金等价物金额；

（B）依据第 4 条（i）款的情形提供保证金；或者

（C）依据第 4 条（k）或（l）款规定支付任何款项或转让任何证券；或者

（v）卖方或买方未能遵从第 5 条之规定；或者

（vi）卖方或买方出现资不抵债行为；或者

（vii）卖方或买方在做出、复述或被视为做出或复述之时，做出的任何声明在重要层面不正确或不真实；或者

（viii）卖方或买方向另一方承认其不能或不打算履行其于本主协议下或与任何交易相关的义务；或者

（ix）卖方或买方，基于其未能达到与财务来源或信用评级相关的要求，被任何证券交易所宣告违约或被中止或开除会籍、暂停或取消参与资格，或被任何主管当局暂停或禁止交易证券；或者

（x）卖方或买方未能履行其他本主协议下之义务，且未能于非违约方发出要求其补正的通知后 30 天内补正，

则下述（b）至（g）款规定将适用。

（b）在违约事件发生且持续的任何时间内，非违约方可以在不超过 20 天内通知违约方，说明相关违约事件，指定不早于该通知生效日的一天为所有未完成交易的提前终止日。但若附件 I 中就违约方约定了"自动提前终止"，则当违约方出现以请求解散，或类似程序或任命违约方的清算人，或类似管理人为表现的破产清算行为时，所有未完成交易将立刻提前终止。

（c）提前终止日到来时，本主协议下每笔交易的回购日均视同在提前终止日实现，受下述条款影响，每笔交易应在提前终止日返还所有现金保证金（包括应计利息），交付所有保证金证券等同品并支付现金等价物金额〔因而当本款适用时，交易双方仅根据下述（d）款的规定，履行各自交付证券、支付证券等同品的回购价款、返还现金保证金和支付现金等价物金额的义务〕。

（d）（i）在提前终止日，就所有交易而言，各方当事人应当转让的证券等同品和任何保证金证券等同品的违约市值、应当返还的任何现金保证金（包括应计利息）、应当支付的回购价款和现金等价物金额应由非违约方确定；

（ii）在经确定的数额的基础上，须（在提前终止日）计算本主协议下各方当事人应付给另一方当事人的金额〔基于各方当事人在本主协议下主张另一方当事人应向其转让的证券等同品或保证金证券等同品等于相关违约市值，包含依据第 10 条（g）款和第 12 条之规定应支付的款项〕，一方当事人欠另一方当事人的款项应当与另一方当事人欠该方的款项相抵销，仅抵销后的净额才是应支付的金额（按照前述内容，该金

额由所主张的价值较低的一方当事人支付）。为便于计算，任何以非基准货币计价的金额须按照即期汇率换算为以基准货币计价的金额；以及

（iii）上述计算完成后，在合理可行的情况下，非违约方应尽快向违约方提供一份陈述，明示相关计算的合理细节，明确应由一方当事人向另一方当事人支付的净额，该金额应于该陈述后的第一个营业日支付，同时在所适用之法律允许范围内，该笔金额应当依据适用的市场惯例（或由交易双方另行约定）以全年计息天数 360 天、365 天或其他天数基准，对从提前终止日（含）至支付日（不含）的实际天数进行计息。

（e）就本主协议的目的而言，任何证券等同品或保证金证券等同品的"违约市值"应当由非违约方于提前终止日确定，或在提前终止日后合理可行的情况下尽早确定，依据下述第（f）款规定，为此——

（i）"合适市场"（Appropriate Market）是指就任何类型的证券而言，由非违约方确定的最适合该类型证券的市场；

（ii）"应交付证券"（Deliverable Securities）是指须由违约方移交的证券等同品或保证金证券等同品；

（iii）"净值"（Net Value）是指在任何时间点，就任何应交付证券或应收证券而言，非违约方合理认为反映其公平市场价值，考虑合适的定价来源（包括交易价格）和方法（可能包括但不限于与相关证券等同品或保证金证券等同品具有相似期限、约束条款和信用特征的证券可获得的价格），减去（应收证券情况下）或加上（应交付证券情况下）所有可能发生或可以合理预期到的与购买或卖出这些证券相关的交易成本；

（iv）"应收证券"（Receivable Securities）是指须交付给违约方的证券等同品或保证金证券等同品；以及

（v）"交易成本"（Transaction Costs）是指就本主协议第 10 条（e）或（f）款规定下任何交易而言，与应交付证券的购买或应收证券的卖出相关的，所产生的或可以合理预期到的合理的成本、佣金、费用、支出（包括担保交付的加价、减价或溢价），假设该数值是根据为完成交易预计支出的合理最小值计算得出。

（f）若——

（i）提前终止日当日或前后，非违约方卖出（应收证券情况下）或买入（应交付证券情况下）与证券等同品或保证金证券等同品同次发行且类型类别相同的证券（不论该卖出或购买是否已结算），非违约方可以选择将以下内容之一视为违约市值——

（A）在应收证券情况中，在扣除与之相关的所产生的合理成本、佣金、费用和支出之后的卖出证券的净收益［若卖出的证券与证券等同品或保证金证券等同品的金额不完全相同，非违约方可以善意地：（x）选择将卖出净收益除以卖出证券金额再乘以证券等同品或保证金证券等同品的金额得出的计算结果作为违约市值，或（y）选择将实际卖出证券等同品或保证金证券等同品的卖出净收益作为该部分证券等同品或保证金证券等同品的违约市值，在（y）的情况下，证券等同品或保证金证券等同品余额的违约市值应当依据本第 10 条（f）款规定分别确定］；或者

（B）在应交付证券情况中，相关购买交易的成本之和，包括与之相关的所产生的全部合理的成本、佣金、费用和支出［若购买的证券与证券等同品或保证金证券等同品的金额不完全相同，非违约方可以善意地：（x）选择将该成本之和除以买入的证券金额再乘以证券等同品或保证金证券等同品的金额得出的计算结果作为违约市值，或（y）选择将实际购买证券等同品或保证金证券等同品所产生的成本之和作为该部分证券等同品或保证金证券等同品的违约市值，在（y）的情况下，证券等同品或保证金证券等同品余额的违约市值应当依据本第 10 条（f）款规定分别确定］；

（ii）提前终止日当日或前后，非违约方收到来自合适市场中两家或更多做市商或普通交易商关于相关类型证券的出于商业考虑合理水平的卖价报价（应交付证券情况下）或买价报价（应收证券情况下），使用相关类型证券通常的定价方法（由非违约方确定），非违约方可以选择相关证券的以下内容作为违约市值——

（A）在应交付证券情况中，该证券的相关做市商或交易商卖出的报价（或当两家及以上数量的做市商报出价格，取其算术平均数），或在应收证券情况中，该证券的相关做市商或交易商购买的报价，该报价可以由非违约方以出于商业考虑合理的方式调整（x）以反映相关证券的报价中未包含的应计但未付票息，和（y）就受未偿还本金系数影响的证券而言，反映相关证券考虑未偿还本金系数影响后的可变现价值［此处"受未偿还本金系数影响的证券"（Pool Factor Affected Security）是指就除权益证券外的证券而言，未偿还本金除以初始本金余额之结果小于 1（这种情况被称为"受未偿还本金系数影响"）］；

（B）（在应收证券情况下）扣除，或（在应付证券情况中）加上与该交易相关可能产生或可以合理预期到的交易成本后的值。或者

（iii）若，非违约方以善意做出如下行为——

（A）经竭力尝试但无法卖出或购入依据上述第（i）项规定的证券，或无法依据上述第（ii）项规定获取报价（或两者皆有）。或者

（B）认为以报价卖出或购入证券或以此为依据获取价格出于商业考虑不合理，或使用依据上述第（ii）项规定获取的报价出于商业考虑不合理，非违约方可以决定相关证券等同品或保证金证券等同品（具体证券需要被明确）的净值，并以该净值作为相关证券等同品或保证金证券等同品的违约市值。

（g）违约方应承担非违约方发生的与违约事件相关的所有合理合法及其他的专业费用，和以适用利率计算的利息或，在费用是由某特定交易引起的情况下，若定价比率高于适用利率，则按相关交易的定价比率计算的利息。

（h）若卖方未能在适用的首期结算日向买方交付交易证券，买方可以——

（i）若其已向卖方支付购买价款，要求卖方立即返还此前支付的金额；

（ii）若买方就相关交易有对卖方的交易风险敞口，要求卖方随时支付至少与风险敞口相等的现金保证金；

（iii）若卖方一直无法交付交易证券，在任何时点通过向卖方递送书面通知终止交易。若终止交易，则买卖双方与交易证券和证券等同品交付相关的义务将终止，卖方

须于终止日向买方支付回购价款超出购买价款的金额。

（i）若买方未能在适用的回购日向卖方交付部分或全部证券等同品，卖方可以——

（i）若其已向买方支付回购价款，要求买方立即返还此前支付的金额；

（ii）若卖方就相关交易有对买方的交易风险敞口，要求买方随时支付至少与风险敞口相等的现金保证金；

（iii）若买方一直无法交付证券等同品，在任何时点以书面通知的方式向买方宣布该交易或与尚未交付的证券等同品对应的部分交易（但仅限于该交易或部分交易）依据上述（c）款规定立即终止（就该目的而言不考虑该款规定内现金保证金移交、保证金证券等同品交付和现金等价物金额支付的相关内容，且回购日视为本款规定下通知发出的日期）。

（j）本主协议的条款构成了就各方当事人与违约事件相关的补救措施的完整陈述。

（k）依据第10条（l）款规定，任何一方当事人均不得就另一方当事人未能履行本主协议下任何义务主张间接损失或损害赔偿。

（l）（i）依据下述第（ii）项规定，若在双方当事人约定的回购日前终止交易或远期交易在首期结算日前终止交易〔依据第10条（b）款、第10条（h）款（iii）项或第10条（i）款（iii）项规定〕导致非违约方〔依据第10条（b）款〕、买方〔依据第10条（h）款（iii）项〕或卖方〔依据第10条（i）款（iii）项〕（每种情况下均称"第一方"）为进行替代交易或对冲其与被终止交易相关的风险敞口产生了任何损失或费用支出，另一方应当向第一方支付一笔金额，该金额由第一方善意确定且不含重复计算，等于与相关替代交易或对冲操作所产生的损失或费用支出（包括所有费用、成本和其他支出）的金额减去该方与替代交易或对冲操作相关的任何利润或收益；若该计算结果为负值，则第一方须向另一方支付该金额。

（ii）若第一方合理决定，不进行替代交易，而是变更或解除任何第一方参与的与终止的交易相关的对冲交易，或进行任何替代对冲交易，另一方须支付给第一方由第一方善意确定的金额，该金额等于与进行相应变更或解除相关的损失或费用支出（包括所有费用、成本和其他支出）减去该方与相应变更或解除相关的任何利润或收益；若该计算结果为负值，则第一方须向另一方支付该金额。

（m）若违约事件发生，或在违约通知送达或期限届满（或两者皆有）时会成为违约事件的相关事件发生，各方当事人须就该事件立即通知另一方当事人。

（n）依据第10条（d）款规定，须由一方（付款方）支付给另一方（收款方）的任何款项（可以是在该时点或未来时点或偶然事件发生时），非违约方可做出选择，以收款方依据收款人和付款人的其他约定或由一方向另一方（或以另一方为受益人）做出或履行的文书或承诺而产生的，应付给付款方的应支付款项（无论币种、支付地点或登记办公室）进行抵销。若一项债务尚无法确定，非违约方可以善意估算该债务并以该估算数进行抵销，当债务确定时须对另一方进行说明。本条款内容不应被视为产生了任何费用或其他证券权益。本条款规定应当不影响另外的任何抵销权、账户合并、留置权或其他任何一方在任何时点（无论是根据法律、合同或其他）被赋予的权利。

11. 税务事件

（a）本条将适用于，若任一方当事人通知另一方当事人——

（i）税务机关采取行动或于具有合法管辖权之法庭提出任何诉讼（不论该诉讼是否与本主协议一方当事人有关）；或者

（ii）财政或监管制度发生变化（包括但不限于法律或法律解释的变化，但不含税率变化），

根据发出通知一方当事人的合理观点，对该方的交易产生重大负面影响。

（b）若另一方当事人提出相应要求，发出通知的一方当事人将向另一方当事人提供具有合格资质的顾问的意见，说明涉及本条（a）款（i）项或（ii）项的事件已发生且影响到了发出通知的一方当事人。

（c）本条适用时，根据本条（a）款发出通知的一方当事人可以依据下述（d）款规定，自通知中明示的日期起终止受影响的交易，并指定不早于（除非另一方当事人同意）发出通知后的 30 日的某一日期为回购日。

（d）本条（a）款规定中收到通知的一方当事人可以选择通过发出反驳通知以否决收到的通知。若反驳通知已发出，发出反驳通知的一方当事人将被视为同意就相关交易赔偿另一方当事人使其免受（a）款中提及的负面影响，原定回购日将继续适用。

（e）当一项交易按本条规定终止时，发出终止通知的一方当事人应当就另一方当事人因终止而产生的任何合理合法及其他专业费用进行赔偿，但另一方当事人不得就依据本条规定的终止主张任何间接损失或损害赔偿。

（f）本条不影响第 6 条（b）款的规定（若按要求进行预扣或扣缴，则须支付额外款项之义务），但支付这类额外款项的义务，在适当情况下，可能成为触发本条适用的条件。

12. 利息

在适用法律许可之范围内，若本主协议下或任何交易相关的应付金额未在到期时支付，该支付金额作为单独的债务将产生利息，以该金额相关交易的定价比率（该笔金额是由某笔交易引起的）与适用利率孰高者作为利率，依据所适用的市场惯例，以每年 360 天或 365 天为计息基础（或由双方当事人另行约定），对自该笔应付金额到期（含）始至最终支付日（不含）止的时间段内的实际天数计息。

13. 单一协议

本主协议的各方当事人确认，考虑到并依据以下事实，各方当事人签订了本主协议并将以此开展每笔交易：发生于当事人之间的所有交易共同构成了一项单一业务及合约关系，每笔交易均在考虑其他交易后做出。因此，各方当事人同意：（i）履行其与本主协议下每笔交易有关的所有义务，如果未能履行任何上述义务将构成对本主协

议下所有交易的违约行为；以及（ii）本主协议的任何一方当事人就任何交易做出的付款、交付或者其他转让行为，须被视为是在已考虑任何本主协议下其他交易的付款、交付或其他转让行为后做出的。

14. 通知与其他通信

（a）本主协议下任何通知或其他通信——

（i）应使用英语，且除本主协议中明确规定可使用其他方式外，应为书面形式；

（ii）可以以本条下述（b）款和（c）款中规定的方式发出；

（iii）应当被送达至应收方在附件 I 中载明的地址或号码或依据电子信息传输详情送达。

（b）依据下述（c）款规定，任何这类通知或其他通信应当生效于——

（i）若以书面的方式并通过专人或者快递交付，则于交付日；

（ii）若通过传真发送，则于接收人的相关负责人员以可以辨认的形式收到传输时（双方当事人同意，将由发送人负责证明传真已被收到，且发送人的传真生成的传输报告不构成收到的证据）；

（iii）若通过保证信件或挂号信件（如寄往海外，则为航空信件）或同等方式（须提供回执）发送，于交付信件或试图交付信件时；或者

（iv）若通过电子信息传输系统进行发送，则于收到该电子消息之时。

例外情况为，任何通知或通信若在当日结束营业后进行收取或试图交付，或于通知或其他通信送出当地的商业银行非营业日进行收取或试图交付，应当被视为在紧临该日的下一日开始营业时发出。

（c）如果——

（i）出现与任意一方当事人相关的违约事件；以及

（ii）非违约方已经付出一切可能的现实努力采取措施，包括尝试使用至少两种上述（b）款（ii）项、（iii）项或（iv）项中阐明的方法，无法通过上述条款中任何一种方法送达违约通知（或通过非违约方日常使用的与违约方沟通的这些方法），

非违约方可以签署书面通知（"特别违约通知"），该通知——

（A）阐明已发生的与违约方相关的第 10 条（a）款中提及的有关事件；

（B）阐明在违约通知中指定的提前终止日；

（C）陈述非违约方已经付出一切可能的现实努力采取措施，包括尝试使用至少两种上述（b）款（ii）项、（iii）项或（iv）项中阐明的方法，无法通过上述条款中任何一种方法送达违约通知（或通过非违约方日常使用的与违约方沟通的这些方法）；以及

（D）阐明特别违约通知由非违约方签署的日期及时间。

特别违约通知签署后，提前终止日应当按照违约通知中所指定日期进行。特别违约通知应当在签署后尽快以可行的方式送至违约方。

（d）任何一方当事人可以通知另一方当事人，修改向其发送通知或其他通信的地

址、传真号码或电子信息传输系统详情。

15. 整体协议；可分割性

本主协议应取代双方当事人之间的任何现有协议，包含为交易而设的一般性条款和条件。本主协议中的每一条款和协定均应被视为与本主协议中任何其他条款或协定相独立，且可以强制执行，即使在任何其他条款或协定不可强制执行的情况下。

16. 不可转让性；终止

（a）依据本条下述（b）款规定，在未获得另一方当事人事前书面同意的情况下，任何一方当事人均不得转让、抵押或以其他方式处理（包括但不限于对所含利息或利息产生的处理）其在本主协议下或任何交易下的权利或义务。依据前述规定，本主协议应基于协议各方当事人及其各自继承方、受让方的利益而订立，并对于上述各方产生约束效力。

（b）本条上述（a）款规定不得排除一方当事人根据本主协议第 10 条（c）款或（g）款规定所进行的任何转让、抵押或处理任何利息收入的权利。

（c）任何一方当事人可以通过向另一方当事人发出书面通知以终止本主协议，但即使发出该通知，本主协议仍应当适用于任何未完成交易的情况除外。

（d）本主协议项下的所有救济措施，就相关交易和本主协议终止而言，应当在终止后继续有效。

（e）欧盟任何新增成员于 1999 年 1 月 1 日后参与经济和货币联盟，将不具备更改本主协议或任何交易的任何条款的效力，也不能给予任何一方当事人单方面更改或终止本主协议或任何交易的权利。

17. 准据法

本主协议以及由本主协议所引发的所有非合同义务均应适用英国法并据此进行解释。

英国法院就因本主协议引起的或与本主协议相关的所有争议（包含抵销的诉讼请求和反诉请求）具有排他性司法管辖权，包括但不限于由下述引起或与之相关的争议：（ⅰ）本主协议的缔结、效力、影响、解释、履行或未履行，或依据本主协议建立的法律关系；以及（ⅱ）由本主协议引起或与本主协议相关的任何非合同义务。就此而言，本主协议的买方和卖方均不可撤销地服从英国法院的管辖，并放弃对该管辖权行使的任何异议。

本主协议的甲方指定附件 I 中指明的人士为代理人，代表其接收这些法院的诉讼文书。若上述代理人不再担任其代理人，甲方须立即委任其在英国的新代理人，并将新代理人的身份通知乙方。若甲方未能委任代理人，甲方同意乙方有权代表甲方委任一名代理人，费用由甲方承担。

本主协议的乙方指定附件 I 中指明的人士为代理人，代表其接收这些法院的诉讼文书。若上述代理人不再担任其代理人，乙方须立即委任其在英国的新代理人，并将新代理人的身份通知甲方。若乙方未能委任代理人，乙方同意甲方有权代表乙方委任一名代理人，费用由乙方承担。

各方当事人应当于本主协议签订（适用于委任附件 I 中指明的代理人的情况）或相关代理人委任（适用于其他情况）后的 30 日内向另一方当事人交付其依据本条规定委任的代理人同意接受委任的证明。

18. 非弃权，等

任何一方当事人明示或默示放弃对任何违约事件行使权利，不构成其放弃就其他违约事件行使权利，且任何一方当事人据此行使本主协议下的任何救济权利并不构成其放弃行使本主协议下其他救济权利。任何一方当事人对本主协议任何条款的修改或放弃以及任何一方当事人对背离本主协议的同意均无效，除非该修改、放弃或同意是书面的，并经本主协议双方当事人正式签署。不受任何上述内容限制，未能依据本主协议第 4 条（a）款规定送达通知不构成其在以后日期对此权利的弃权。

19. 豁免权放弃

各方当事人均可选择，在适用法律允许的最大范围内，放弃其所享有的任何豁免权（无论是根据主权还是其他基准依据），即在英国或任何其他国家或司法管辖区域的法院的任何诉讼或程序中享有的、以任何方式与本主协议或任何交易有关的一切司法、扣押（包括判决前后）及执行的豁免权，并同意其不会在任何此类诉讼或程序中提出、申诉、或申请任何此类豁免权。

20. 记录

双方当事人同意对双方之间的所有电话沟通进行电子记录。

21. 第三方权利

任何人无权依据《1999 年合同（第三方权利）法案》强制执行本主协议中的任何条款。

（甲方名称）　　　　　　　　　　　（乙方名称）

签名：＿＿＿＿＿＿＿　　　　　　　签名：＿＿＿＿＿＿＿

职位：＿＿＿＿＿＿＿　　　　　　　职位：＿＿＿＿＿＿＿

日期：＿＿＿＿＿＿＿　　　　　　　日期：＿＿＿＿＿＿＿

sifma.

ICMA
International Capital Market Association

附件 I

补充条款和条件

以下所称条款均指本主协议内条款。

1. 以下选择适用于——

【（a）第1条（c）款（i）项。购/售回交易在本主协议下（是/否）有效，相应地，购/售回附件（是/否）适用。】①

【（b）第1条（c）款（ii）项。净支付证券交易在本主协议下（是/否）有效，相应地，以下规定（是/否）适用。

（i）短语"股票和净支付证券除外"应被替换为"股票除外"。

（ii）在购/售回附件中，应在"IR"定义表述的结尾增加以下用词："为避免疑义，以此为目的，收入额应当是无预扣或扣减税收或关税的金额，即使是此类收入的支付发在应当预扣或扣减的情况下。"】①

【（c）代理交易在本主协议下（是/否）有效，相应地，代理人附件（是/否）适用。】①

【（d）以下附件适用于特定交易——

就＿＿＿＿＿＿＿＿＿＿交易，＿＿＿＿＿＿＿＿＿＿附件适用，

就＿＿＿＿＿＿＿＿＿＿交易，＿＿＿＿＿＿＿＿＿＿附件适用。】①

（e）第2条（e）款。基准货币为＿＿＿＿＿＿＿＿＿＿。

（f）第2条（p）款。【列出买方和卖方的指定办事机构】

＿＿＿＿＿＿＿＿＿＿＿＿＿＿＿＿＿＿＿＿＿＿＿＿＿＿＿＿

＿＿＿＿＿＿＿＿＿＿＿＿＿＿＿＿＿＿＿＿＿＿＿＿＿＿＿＿

（g）第2条（xx）款：交易风险敞口计算方法为【A】①【B】①

（h）第3条（b）款。【卖方/买方/买卖双方】①发送交易确认。

（i）第4条（f）款。现金保证金的利率为：对于货币＿＿＿＿＿为＿＿＿＿＿%。

对于货币＿＿＿＿＿为＿＿＿＿＿%。

利息支付以下述方式进行：【付息频率和日期】＿＿＿＿＿＿＿＿＿＿

（j）第4条（g）款。用于满足保证金要求的交付期限是：＿＿＿＿＿＿＿＿＿。

【（k）第6条（j）款。第6条（j）款应适用。】①

【（l）第10条（a）款（ii）项。第10条（a）款（ii）项应适用。】①

_____

① 依需要删除。

【（m）第 10 条（b）款。自动提前终止应适用于（甲方）（乙方）。】①

（n）第 14 条。就本主协议第 14 条规定而言——

（i）甲方通知和其他通信地址——

地址：＿＿＿＿＿＿＿＿＿＿＿＿＿＿＿＿＿＿＿

联系人：＿＿＿＿＿＿＿＿＿＿＿＿＿＿＿＿＿

电话：＿＿＿＿＿＿＿＿＿＿＿＿＿＿＿＿＿＿

传真：＿＿＿＿＿＿＿＿＿＿＿＿＿＿＿＿＿＿

电子信息传输系统：＿＿＿＿＿＿＿＿＿＿＿

应答码：＿＿＿＿＿＿＿＿＿＿＿＿＿＿＿＿＿

其他：

（ii）乙方通知和其他通信地址——

地址：＿＿＿＿＿＿＿＿＿＿＿＿＿＿＿＿＿＿＿

联系人：＿＿＿＿＿＿＿＿＿＿＿＿＿＿＿＿＿

电话：＿＿＿＿＿＿＿＿＿＿＿＿＿＿＿＿＿＿

传真：＿＿＿＿＿＿＿＿＿＿＿＿＿＿＿＿＿＿

电子信息传输系统：＿＿＿＿＿＿＿＿＿＿＿

应答码：＿＿＿＿＿＿＿＿＿＿＿＿＿＿＿＿＿

其他：

【（o）第 17 条。就本主协议第 17 条规定而言——

（i）甲方指定＿＿＿＿＿＿＿＿＿＿＿作为其接收诉讼文书的代理人；

（ii）乙方指定＿＿＿＿＿＿＿＿＿＿＿作为其接收诉讼文书的代理人。】①

2. 以下补充条款和条件适用于——

【现有交易

（a）双方当事人一致同意，本补充协议应适用于受双方当事人签署于（日期）＿＿＿＿＿＿＿＿的全球通用回购主协议约束、且于本主协议签订时仍未完成的所有交易，因而这些交易应当被视为在本附属协议下开展，这些交易的条款自本附属协议签署日起做出相应修订。】①

【负利率交易

（b）在定价比率为负数的交易中，双方当事人一致同意，若卖方未能于首期结算日交付交易证券，则——

（i）买方可以通知卖方终止交易（且可以在卖方无法交付交易证券的每日重复该操作）；以及

（ii）就卖方无法交付交易证券的每日而言，定价比率应当为零。】①

【远期交易

（c）双方当事人一致同意，远期交易［定义如下述（i）（A）项之规定］在本主

_____

① 依需要删除。

124

协议下有效，且相应地，下述（i）项至（iv）项规定应当适用。

（i）以下定义应当适用——

（A）"远期交易"（Forward Transaction）是指首期结算日在交易达成日的至少（3）个工作日后，且截至目前尚未发生；

（B）"远期重定价日"（Forward Repricing Date）是指就任何远期交易而言，首期结算日往前数特定数量工作日所对应的日期，特定工作日数量等于主协议第4条（g）款规定下的可接受保证金的交付的最短期限。

（ii）与任何远期交易相关的交易确认书可以对交易证券归属于哪种证券类型或等级进行描述，不限于通过发行人、发行人的等级、期限确定。若本条适用，双方当事人应当至少于首期结算日前两个工作日就实际交易证券达成一致，买方或卖方（或双方）应如此前达成一致的，立即将包含对相关交易证券描述的交易确认书交付至另一方。

（iii）就任何远期交易而言，远期重定价日与首期结算日之间的任何时点，双方当事人可以一致同意以下任一规定——

（A）调整该远期交易的购买价格；或者

（B）调整该远期交易中卖方向买方卖出的交易证券的数量。

（iv）依据上述本条第（iii）款规定，若双方当事人同意进行调整，买方或卖方（或双方），应如此前达成一致的，立即向另一方交付远期交易经按照上述第（iii）款调整后的交易确认书。

（d）若双方当事人一致认为本条应当适用，主协议中第2条和第4条须做如下修改。

（i）删除第2条（xx）款，以下述内容代替——

"（xx）'交易风险敞口'是指——

（i）就任何远期交易而言，远期重定价日与首期结算日之间的任何时点，（A）交易证券在相关时点的市场价值与（B）购买价格之间的差值；

（ii）就任何交易而言，首期结算日与交易证券交付至买方日期之间（若有）的任何时点，或，若交易依据第10条（h）款规定终止的日期更早，则为首期结算日与该终止日之间的任何时点，（A）相关时点交易证券的市场价值与（B）相关时点的回购价格之间的差值；

（iii）就任何交易而言，首期结算日［或更晚的，交易证券交付至买方或按照第10条（h）款规定终止交易的日期］至回购日［或更晚的，证券等同品交付至卖方或按照第10条（i）款规定终止交易的日期］之间的任何时点，（A）相关时点的回购价格乘以适用的保证金比率（或，若交易涉及不止一种类别的证券，这些证券适用不同的保证金比率，则须将每个类别对应的证券等同品回购价格乘以对应的保证金比率，再将得到的结果相加，该过程中回购总价在不同类别对应的证券等同品中的比例分布需要与购买总价在交易证券中的比例分布相同）与（B）相关时点证券等同品的市场价值之间的差值。

在上述各种情况中，若（A）大于（B），买方就该交易存在与差值相等的交易风险敞口，若（B）大于（A），则卖方对买方存在与差值相等的交易风险敞口。"

（ii）在第4条（c）款中——

（aa）删除"依据第5条规定应付予该方但尚未支付的金额"的表述，替换为"依据第5条规定，将在计算完成后、第4条（g）款规定的交付保证金最短期限内向该方支付的金额，或依据第5条规定应付予该方但尚未支付的金额"；以及

（bb）删除"依据第5条规定应付予另一方但尚未支付的金额"的表述，替换为"依据第5条规定，将在计算完成后、第4条（g）款规定的交付保证金最短期限内向另一方支付的金额，或依据第5条规定应付予另一方但尚未支付的金额"。】①

sifma

ICMA
International Capital Market Association

附件 II

交易确认书格式

收件人：＿＿＿＿＿＿＿＿＿＿

寄件人：＿＿＿＿＿＿＿＿＿＿

日　期：＿＿＿＿＿＿＿＿＿＿

事　项：【回购】【购/售回】①交易（交易编号：＿＿＿＿＿＿＿＿＿＿）

敬启者，

本【信件】【传真】作为协议中的"交易确认书"旨在确认我们双方于下述签约日期达成的上述回购交易的条款和条件。

本确认书是对我们双方于＿＿＿＿＿＿签订的、并可以随时予以修订的全球通用回购主协议（简称"协议"）的补充，作为其组成部分且受其约束。协议中的所有条款均对本确认书有约束效力，除以下明确修改内容外。在本主协议中有所定义的词汇和短语与本确认书中所使用的词汇和短语意思一致，均为协议中规定的意义。

1. 签约日期：＿＿＿＿＿＿＿＿＿＿

2. 交易证券【类型（type）和名义价值（nominal value）】：

＿＿＿＿＿＿＿＿＿＿＿＿＿＿＿＿＿＿＿＿＿＿＿＿＿＿＿＿＿

3. CUSIP、ISIN 或其他标识编码：＿＿＿＿＿＿＿＿＿＿＿＿＿

4. 买方：＿＿＿＿＿＿＿＿＿＿＿＿＿＿＿＿＿＿＿＿＿＿＿

5. 卖方：＿＿＿＿＿＿＿＿＿＿＿＿＿＿＿＿＿＿＿＿＿＿＿

－－－－－－－－－－－－－－－

① 依需要删除。

6. 首期结算日：_____

7. 购买价格：_____

8. 约定货币：_____

【9. 回购日】：① _____

【10. 依需要终止】：① _____

11. 定价比率：_____

【12. 返售价格】：① _____

13. 买方银行账户详情：

14. 卖方银行账户详情：

【15. 本交易为代理交易。【代理人名称】作为【委托人名称或标识】的代理人】：①

【16. 附加条款】：①

您忠实的，

×××

_____

① 依需要删除。

Part 3 | **第 3 部分**

证券借贷与担保品

证券借贷与担保品
—证券借贷概述

第9章

> 本章供证券借贷初学者使用。

证券借贷（Securities Lending & Borrowing）是一种非常灵活、也非常受欢迎的交易模式，证券借入方只需提供现金担保品或非现金担保品（证券），便可从证券贷出方获取所需证券。

同回购交易一样，证券借贷也是证券融资模式之一。

本书第三部分主要介绍开展证券借贷的原因，借贷双方的收益，证券借贷的不同实现方式，以及担保品在交易中的作用。

鉴于公司进行证券贷出和借入的动机不同，这里将分开介绍。

9.1 证券贷出介绍

> 证券贷出的定义：以获取担保品为保障，暂时向证券需求方贷出一定数量的特定股份或债券，并在指定日期收回。

股票和债券被机构购买后，将保留在其中央证券托管机构（CSD）或托管人的账户内，直到出售或用于其他交易；这类股票或债券被称为"已结算证券头寸"。下文中，机构在 CSD 或托管人开立的账户统称为托管账户（custodian account）。

公司可自主选择是否贷出证券：可以全部或部分贷出，也可以选择不贷出，对此并无强制性监管要求。

对于公司而言，进行证券贷出的首要原因是能够盘活存量证券，获取超出收入支付（股利或债券利息）的额外收益，以及证券价格上涨的资本利得。进行证券贷出的第二个原因在于：（1）将证券借入方抵押的现金担保品再投资，可获得额外收入；（2）如果证券被贷出，将从贷方托管账户转出，在此期间托管人免征安全保管费。

如果公司选择贷出证券（债券或股票），交易的基本结构如图9.1所示。

图 9.1 基本证券贷出交易结构

与此类交易相关的日期如下：

■ 交易日期
  ■ 交易执行日期
■ 首期结算日：
  ■ 贷出证券应交付给证券借入方的日期，以及
  ■ 证券贷出方应收到担保品的日期
■ 到期结算日：
  ■ 证券借入方应归还所借证券的日期，以及
  ■ 证券贷出方应返还担保品的日期

证券借贷的到期结算日可以事先约定，也可以事先不约定到期结算的具体日期。对于后者，在交易执行时，如果任何一方在该时间点未决定证券返还的日期，则将到期结算日记录为"开放期"（或"根据实际情况确定"）。这意味着交易可以继续进行，直到证券贷出方要求归还贷出证券，或证券借入方希望归还借入证券为止。在该日，希望结束交易的一方将与其交易对手联系，并商定实际到期结算日；因此，交易双方内部都需要修改交易细节，以反映"开放期"的实际到期结算日。

定期贷款形式虽然能为证券贷出方带来更为稳定的收益，但灵活度欠佳，通常无法在约定的到期结算日前召回（recall）。为此，现在大多数交易都采用开放式的到期结算日，证券贷出方有权在任何时间从证券借入方召回贷出证券，同样的，证券借入方有权在任何时间向证券贷出方提前返还（return）借入证券。

担保品可以为现金，也可以是证券（通常为高评级债券）；证券贷出方获得的担保品价值等于贷出证券的市场价值，加上经双方协商确定的一定比例的"保证金"（Margin）。（注意，在证券借贷中，"保证金"一词相当于回购中的折扣；这两个术语均指的是借入方的超额担保。）证券贷出方向证券借入方收取的借贷费用的具体形式，取决于担保品的性质。

■ 现金担保品
  ■ 证券贷出方将收到的现金担保品再投资，并承诺以一定利率（返利利率）返还证券借入方（假设利率环境为正）。因此，对于现金担保品，证券借贷费用是证券贷出方的现金再投资利率，减去证券贷出方向证券借入方支付的返利利率。

■ 证券担保品

■ 经双方商定，证券借入方根据借入证券市场价值的一定百分比支付现金费用。商定的百分比通常以年基点（bppa）表示

为了从法律角度保护其利益，证券贷出方通常会与其每一个借贷交易对手方签订标准的、全市场通用的法律协议；该协议是全球证券借贷主协议（GMSLA）。GMSLA 协议包含借贷双方在贷出证券和担保品方面的权利和义务，以及在任何一方违反其合同义务时，非违约方可启动的法律程序。

注：证券贷出方未必总是能够找到匹配借贷要求和借贷时长的合适证券借入方。

证券贷出方

每一个购买、持有和出售证券的公司可以选择不贷出、贷出部分或全部证券。
证券贷出方主要为机构投资者（买方公司），例如：

■ 养老基金
■ 共同基金
■ 保险公司
■ 国家投资机构

买方公司的共同点是，他们往往有渠道获得大量资金（例如，许多个人投资者会将部分现金投放到共同基金）。这些资金可用于购买股票和债券，以获得资本增长和/或定期收入，如股票股息和债券息票收入。鉴于买方公司通常购买长期证券并持有至到期，其证券组合决定了他们是天然的证券贷出方。然而，也有一些持有大量证券的买方公司不贷出他们的证券；具体视单个机构的意愿而定。为什么称这类公司为"买方"呢？因为此类公司通常购买并在较长的时间内持有证券，但这并不是说他们就不会出售证券。

一些卖方公司，包括开展自营业务并持有股票和债券头寸的投资银行，可能也会贷出证券。

证券贷出方通常被称为贷出证券的受益所有人，而证券借入方则成为了法定所有人。

9.2 证券借入介绍

> 证券借入的定义：以支付/交付担保品为保障，暂时向证券贷出方借入一定数量的特定股份或债券，并在指定日期交还。

贷出证券的原因可能相对简单，而借入证券的原因通常更为复杂。
不论销售任何商品，卖方自然希望尽早地获取收益；由于证券交易结算采用的是

券款对付(DVP)，卖方证券交付的任何延迟会导致销售收益获得的延迟，这对卖方银行账户的利息收入也会产生不利影响（假设利率环境为正）。

当出售证券（股票和债券）时，买卖双方会商定一个结算日，也称为合同结算日，其是销售的预期结算日期。在每个证券市场中，交易日和结算日之间存在一个标准天数，通常称为结算周期；在撰写本报告时，结算周期一般为：

■ 美国和英国政府债券为 T + 1 日

■ 欧洲股票、美国股票和欧洲债券为 T + 2 日

证券的买卖通常在结算日结算，即双方彼此进行券款的交付；然而，在一些证券市场，结算失败是每天都会发生的事情。结算失败意味着结算延迟，导致卖方不能尽早收到现金。结算失败的主要原因往往是卖方在其托管账户中没有可用于在结算日交付的证券；在少数情况下，结算失败是由于买方的托管账户中没有足够的现金。

如果一个公司选择出售证券，但其托管账户并没有待出售证券进行交付，这种情况下卖方有两个选择：

■ 不做任何事情，在这种情况下，卖方肯定不会尽早获得销售收益，还会产生利息损失，或

■ 借入证券，将该证券用于销售的结算，收到销售收益

卖方选择借入证券的另一个原因是为了防止出现买方强制结算的情况，这一过程被称为补偿买进(buy - in)。当买方迫切需要证券且卖方未能交付证券时，买方可以要求启动补偿买入程序。在大多数市场，买方都可以选择通过补偿买进机制迫使卖方交付证券。每个市场都规定了在结算日后多少天可以进行补偿买入操作；在某些市场，这个时间可能只有一天。

由于借入证券是有成本的，借入方必须确保这项行为的财务可行性；借入成本必须与卖出证券获得的收益相匹配。例如，如果借入成本是 1.1%，同时实现的销售收入相当于等量现金按 3% 利率计算的贷款收益，大多数公司会认为借入证券是有益的。

如果公司选择借入证券，交易的基本结构如图 9.2 所示。

图 9.2 基本证券借入交易结构

签署 GMSLA 协议对证券借入方和证券贷出方同等重要。证券借入方须提供担保品，以降低证券贷出方的风险；所提供担保品的价值（考虑到前文提到的保证金/抵押折扣）应能够超额覆盖借入证券的市值。[①]

证券借款人

通常选择借入股票和债券的机构是那些承诺交付证券但（目前）无法履行的公司。

这些公司通常是投资银行和对冲基金。如果证券的借入可以获利（即借入成本低于交付可获得的收益），且能够找到合适的贷出方，则这些公司通常会进行证券借贷交易。

---

① 借入证券的一方未必一定能够找到拥有合适数量证券、且能按照合适条件（如费用）进行借贷的证券贷出方。

证券借贷与担保品
—证券借贷原理

第 3 部分第 9 章内容已对（1）证券贷出，（2）证券借入，（3）市场参与者的基本概念进行了描述。本章将介绍证券借贷（SL&B）担保品相关的内容。①②

10.1 证券贷出原理

引起证券贷出的特定情况包括：

■ 增加投资回报

■ 减少证券持有成本，以及

■ 通过套利策略减少税收

重要的是，在证券借贷交易的整个期间，证券融出方都保留特定证券的投资（或经济）收益；因此，证券融出方仍面临证券价格和价值波动的风险（尽管事实上，证券不再由证券融出方持有）。

10.1.1 增加投资回报

买入股票（equity）或债券（bonds）后，持有人可以选择将这些证券交由中央证券托管机构（Central Securities Depository，CSD）或托管人（custodian）安全、可靠地保管。通过这样做，投资者可以从（1）价格上涨（资本增值），（2）证券收入（income）和（3）有利的公司行为（corporate action）中获益。

如果投资者准备贷出部分或全部证券，受益所有权（beneficial ownership）仍由证券融出方保留，也就是说融出方投资者也保留了资本增值、收入和公司行为的相关权利。

---

① 对于刚接触该主题的读者而言，强烈建议完成前一章（第 9 章证券借贷与担保品—证券借贷概述）的阅读。

② 证券借贷交易可通过多种方式进行。但是，为了便于读者了解交易的基本原理，本章将从普通（双边）交易的视角描述交易特征和市场惯例。第 12 章"证券借贷与担保品—证券借贷交易方式及担保品管理"将会进一步介绍证券借贷交易的多种执行方法。

但除此之外，证券融出方还通过贷出证券赚取费用。

证券贷出时，通常情况下证券将被交付给证券融入方，因而不再受原投资者的直接控制，但证券融出方仍保留了受益所有权。一些打算贷出其证券的投资者可能认为失去对其资产的直接控制风险太大；然而，潜在的证券融出方应当考虑到，由证券融入方提供担保品是一种惯例，担保品价值涵盖了借贷证券的市场价值，另加约定的保证金比例。此外，证券融出方和证券融入方通常会签署法律文件，以保护双方利益；一旦签署，证券借贷（SL&B）交易则受法律文件条款和条件的约束。

总之，某公司贷出证券的关键动机是增加现有资产的收益。

10.1.2 减少证券持有成本

购买的证券结算过户后，代表投资者持有证券的可能是（1）中央托管机构（CSD）或（2）托管人（custodian）。只要存在此类持有股票或持有债券的情况，中央托管机构或托管人将向投资者收取证券安全保管费（safekeeping fees）。

此类费用的数额可能会变得相当可观，且受一系列因素的影响，包括：

■ 资产类型：是股票还是债券，以及

■ 持仓平均值

由于证券贷出后通常被交付给证券融入方，保管费用相应减少，证券融出方也因此获益。

总之，尽管保管费用的减少可能不是投资者出借证券的关键因素，但投资者确实能通过减少保管成本而获益。

10.1.3 套利策略

一般来说，套利是指同时买入并卖出某项资产，以从不同市场的价差中获利。

套利策略的两个例子是：

■ 股息再投资计划套利，以及

■ 股息税套利①

股息再投资计划套利 股息再投资计划（Dividend Reinvestment Plan，DRiP）是一种由股票发行人以现金或有价证券形式向登记股东（registered shareholder）支付的股息。这也是一种可选公司行为（optional corporate action），股东可以选择接受现金或股票。通常情况下，除非股东选择股票，否则将默认股东选择现金。如果股东选择证券，则发行人将按照股息的现金价值（股票数量 × 每股股息率），以低于当前市场价格（current market price）的折扣向投资者提供所得股份。

某些类型的投资者可能会被要求接受现金形式的 DRiP，因为他们被禁止选择股票

---

① 免责声明：本节中描述的两种套利策略是为了举例说明除增加投资收入或减少持券成本以外的出借证券的理由。作者的目的是解释流程，而不对这类做法提出任何意见；请注意，这些行为在某些司法管辖区域内可能是非法的。

形式。例如，指数追踪基金（index tracking funds）不能偏离规定的证券权重，若选择股票形式的股息，则持有量将超出其投资准则允许的范围，因而只能获得现金股息；也就是说，指数追踪基金没有选择股票的机会。然而，此类基金有义务为其投资者带来最大的回报。

股息再投资计划套利中，受益所有人将证券借贷给能够接受 DRiP 相关证券的融入方。通过执行这种证券借贷，无论是证券融出方还是证券融入方，都能够从中获益。如果证券融入方在股权登记日（record date）之前获得所借证券的，证券融入方可以选择股票股息，然后将作为股息的股票在公开市场上出售。从整个交易中获得的收益是选择股票股息再出售的所得超出直接选择现金股息的部分；这些收益将在证券融出方和证券融入方之间共享。相关步骤如图 10.1 所示。

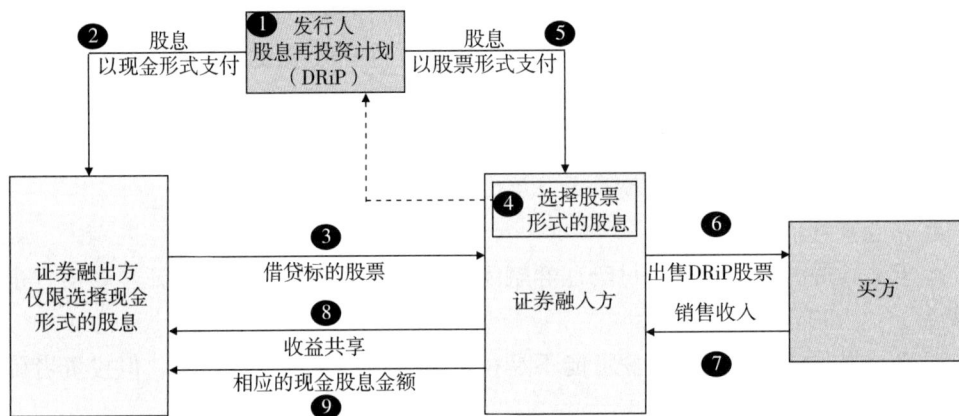

图 10.1 股息再投资计划套利

图中各步骤说明如下：

步骤 1：发行人以股息再投资计划（DRiP）的形式宣布股息

步骤 2：当前的证券持有人（证券融出方）仅能选择收取现金股息

步骤 3：当前的证券持有人将股票借给证券融入方——交割需要在股权登记日之前完成

步骤 4：证券融入方通知发行人其希望选择股票股息（而不是现金股息）

步骤 5：发行人向证券融入方提供股票

步骤 6：证券融入方出售 DRiP 产生的股票

步骤 7：证券融入方将 DRiP 股票交付给买方，并从买方处获得出售收益

步骤 8：整个交易的收益（DRiP 股票出售收益与 DRiP 现金价值的差额）在证券融出方和证券融入方之间共享

步骤 9：证券融入方将相应的现金股息金额支付给证券融出方——因而证券融出方收到的金额是原先预计的现金股息，加上共享的股票出售收益①

---

① 与借入证券的通常原因（履行交付承诺，收到借入证券即交付给他人）不同，该策略会使证券融入方持有借入的证券，虽然只是暂时的。

股息税套利　大多数股权的待支付收入（如股息）和某些债券的待支付收入（如票息）均需缴纳预扣税（Withholding Tax，WHT）。发行人所在国家/地区的税务机关要求发行人以适当的税率从支付给投资者的款项中扣除预扣税，可以选择以下几种：

■ 法定税率，例如 25%

　　■ 若不属于以下两个类别，可按照预扣税扣除的基本比率从支付给投资者的款项中计提

　　　　■ 也称为"非协定税率"

■ 协定税率，例如 15%：

　　■ 许多国家的政府与其他国家的政府签订了双重税收协定（double taxation agreements）（也称为"条约"）。当发行人将收益款项支付给缔约国家的居民时，适用的预扣税税率是"协定税率"，与"非协定税率"相比税率较低

■ 豁免税率，即 0：

　　■ 一些国家允许对所在地为其他国家的合格养老基金和慈善机构免征预扣税

请注意，在适用预扣税的情况下，将从发行人支付给投资者的收入中扣除（扣缴）预扣税；因此，投资者将收入的净额记入贷方。发行人必须将预扣税汇至其国家税务机关。

股息税套利是指当证券融入方和融出方的预扣税率不同时，为了双方都能获得经济利益，而在即将支付收入时进行的证券借贷。这是临时性利用发行人所在国和投资者所在国之间预扣税率差异的做法。

在股东或债券持有人的预扣税率是非协定税率（如 25%）的情况下，融入方所在国是预扣税率较低（如 15%）的缔约国，持有人可以选择将证券融出至融入方。证券借贷交易一旦完成，借贷标的证券的交割不能晚于收入支付的登记日（record date），以便于发行人从向证券融入方支付的款项中扣除较低税率的预扣税。税率差（在前述示例中为 10%）由证券融出方和证券融入方共享。图 10.2 描绘了交易流程。

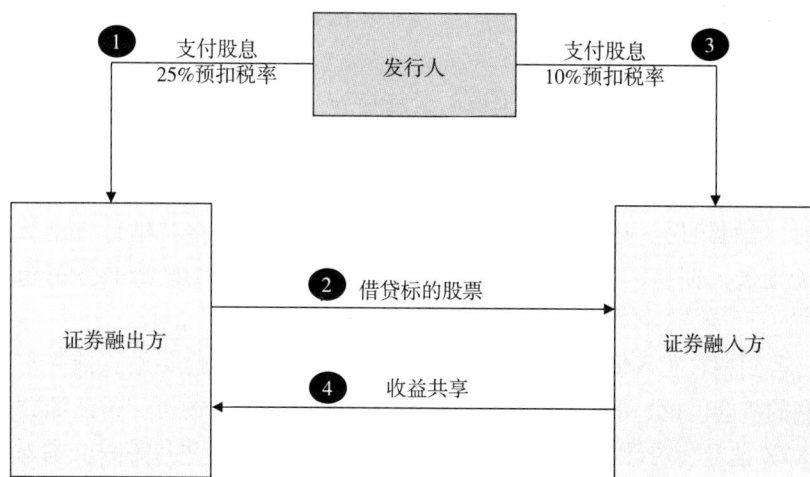

图 10.2　股息税套利

具体如下：

步骤1：当前的证券持有人（证券融出方）应按预计收入的25%缴纳预扣税

步骤2：证券融出方将证券出借给预扣税率较低（如15%）的证券融入方

步骤3：发行人在扣除较低税率的预扣税后向证券融入方支付收入

步骤4：证券融出方和证券融入方共享收益（本例中为10%）①

10.2 证券借入原理

引起证券借入的特定情况包括：
- 履行交付承诺
- 提供高质量的担保品

履行交付承诺

通常情况下，一些公司在有义务交付证券时借入证券的原因（1）技术性空头头寸，（2）卖空(short selling)。

当公司卖出证券时，通常起作用的驱动因素如下：
- 尽早收到出售收益：
  - 最早的时机是在卖出交易的结算日(value date)
  - 为了获得出售收益，卖方必须将证券交付给买方，假设结算方式是券款对付(Delivery versus Payment，DvP)
- 在结算日对客户的买入交易进行结算：
  - 如果投资银行已将证券出售给买方(buy-side)交易对手方，则买方希望证券在结算日交割
  - 从客户服务的角度来看，按时交付非常重要
- 避免买方强制结算：
  - 如果急需证券，买方可以采取的最终措施是通过引入市场补偿买进(buy-in)程序来强制结算

技术性空头 公司可以买入证券并立即将其卖出。如果公司的买入交易结算发生在到期日（结算日），则预计该公司的证券卖出交易也将在其结算日结算。在这种情况下，无须借入证券。这是因为公司买入交易的及时结算有助于公司卖出交易的结算。

但是，若到期日买入证券结算失败，则为公司提供了在购买结算前先行结算卖出交易并获利的机会。（公司买入交易结算失败通常是由于卖方的可交付证券数量不足。）

假设 XYZ 证券公司已与一个交易对手方达成买入交易，并与另一交易对手进行等

---

① 与借入证券的通常原因（履行交付承诺，收到借入证券即交付给他人）不同，该策略会使证券融入方持有借入的证券，虽然只是暂时的。

量的反向卖出交易；还假设两个交易的所有要素相同，如表 10.1 所示。

表 10.1 执行的交易

XYZ 证券公司的交易执行情况		
001	交易编号	002
D 对手方	交易对手方	K 对手方
买入*	操作方向	卖出*
6 月 5 日	交易日	6 月 5 日
6 月 7 日	结算日	6 月 7 日
100 万	数量	100 万
M&S 股票	证券	M&S 股票
3.26 英镑	价格	3.26 英镑
DvP	结算方式	DvP

注 *："买入"指 XYZ 证券公司从对手方买入证券，"卖出"指 XYZ 证券公司将证券出售给对手方。

XYZ 证券公司的买卖均应以券款对付（DvP）方式结算。

结算日时，D 对手方能够将证券交付给 XYZ 证券公司，XYZ 证券公司向 D 对手方付款，那么 XYZ 证券公司就可以再将证券交付给 K 对手方并获得出售收益。这意味着两个交易均成功在结算日结算。因此，XYZ 证券公司没有机会通过证券借贷获利。

相反，结算日时，如果 D 对手方未能交付证券，则这将使 XYZ 证券公司无法卖出证券并尽早收到其出售收益，如图 10.3 所示。

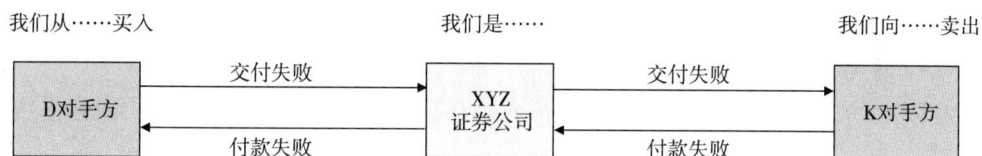

图 10.3 技术性空头情形，买入交易结算失败

但是，在 D 对手方无法于结算日将证券交付给 XYZ 证券公司的情况下，XYZ 证券公司可以选择借入证券以结清其卖出交易，从而收到其出售收益（在向 D 对手方支付之前），如图 10.4 所示。

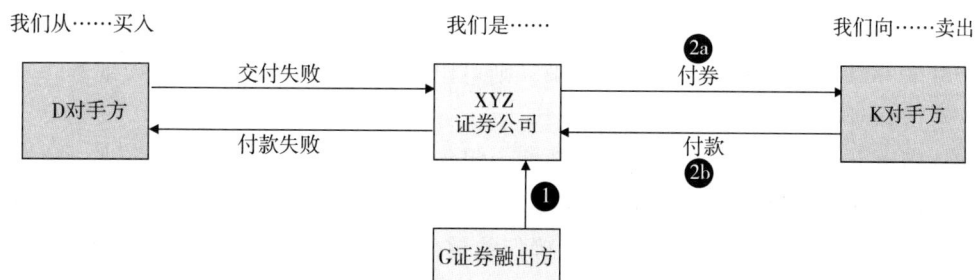

图 10.4 技术性空头情形，借入证券后

在结算日买入证券时，出现结算失败的情况：

步骤1：XYZ证券公司在到期结算日"待定"的前提下，与G证券融出方进行证券借贷交易，G证券融出方将证券交付给XYZ证券公司

步骤2a：XYZ证券公司以券款对付方式将借入的证券交付给K对手方

步骤2b：同时，XYZ证券公司从K对手方处收到出售收益

注意：XYZ证券公司从G融出方处借入证券是在到期结算日"待定"的前提下进行的，该合约允许XYZ证券公司与G融出方在任何时候进行到期结算以结束交易。

在之后的某个时间点（可能在几天或几周后），D对手方将其出售的证券交付给XYZ证券公司。XYZ证券公司应将收到的证券返还给G融出方，以结束证券借贷交易，如图10.5所示。

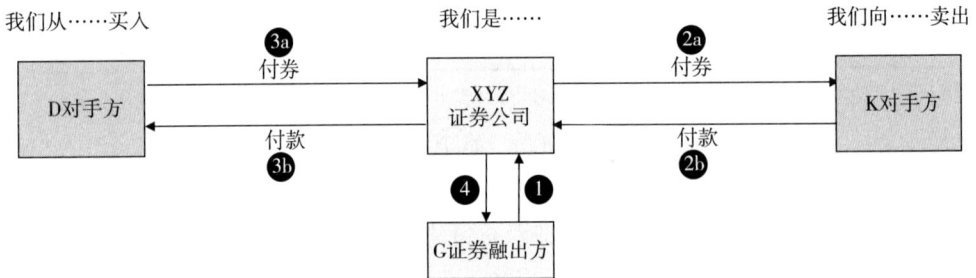

图10.5 技术性空头情形，买入交易结算后

步骤1、2a和2b如图10.4所示

步骤3a和3b：在之后的某个时间点，D对手方以券款对付方式将其出售的证券交付给XYZ证券公司

步骤4：XYZ证券公司用其买入的证券偿还证券融出方（G融出方），证券借贷交易结束

总之，在上述情况下，证券买入失败的买方可以选择借入证券以结清其卖出交易，从而（1）尽早收到出售收益，（2）使客户满意（若对手方是买方公司），以及（3）避免发生补偿买进。

卖空操作 卖方卖出其未拥有的证券称为卖空，意思是对于特定证券进行的第一笔交易是卖出（而非买入）；表示这种情况的另一种方式是卖方持有负交易头寸(negative trading position)。交易员执行此类交易是预期并希望证券价格在未来几天、几周或几个月内下降。如果交易员的预期正确，则可以在未来以较低的价格买入证券，从而为交易员和所在公司创造利润。

从历史上看，交易员进行卖空交易时，可能不会事先确定可以借入证券；这种情况一般称为裸露卖空(naked short)，并不是监管部门所允许的交易（至少在某些市场如此）。相反，如果卖空交易执行前可以确保能够借入该证券，则称为担保卖空(covered short)；在当前某些市场中，监管部门允许对股票、政府债进行这种卖空操作。

图10.6描述了证券公司在借入证券之前，执行卖空操作的流程。

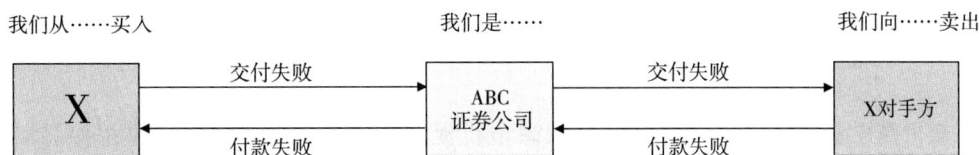

图 10.6 卖空情形，借入证券前

该图描述的是，ABC 证券公司未能在卖出证券时交付证券，因其并不拥有该证券，也没有（尚未）买入该证券；因此，ABC 证券公司如不采取其他措施，将延期获取出售收益。

现在，ABC 证券公司借入证券，以完成卖出结算；图 10.7 描述此流程：

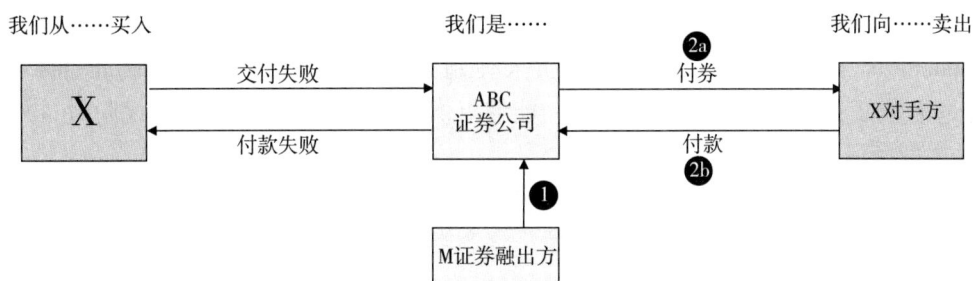

图 10.7 卖空情形，借入证券后

步骤 1：ABC 证券公司与 M 证券融出方执行证券借贷交易，相应地，M 融出方将证券交付给 ABC 证券公司

步骤 2a：ABC 证券公司以券款对付方式将借入的证券交付给 X 对手方

步骤 2b：同时，ABC 证券公司从 X 对手方处收到出售收益

在之后的某个时间点，ABC 证券公司在市场上买入证券，收到证券后返还 M 融出方以结束证券借贷交易，如图 10.8 所示。

步骤 1、2a 和 2b 如图 10.7 所示

步骤 3a 和 3b：日后，ABC 证券公司从 S 对手方买入证券，然后由 S 对手方以券款对付方式将证券交付给 ABC 证券公司

步骤 4：ABC 证券公司将买入证券用于偿还证券融出方（M 融出方），证券借贷交易结束

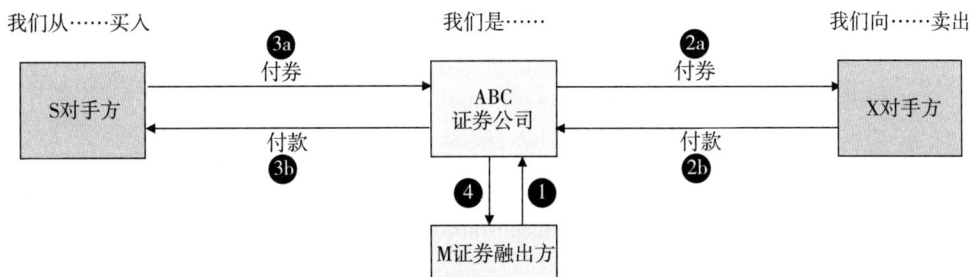

图 10.8 卖空情形，买入证券后

总之，执行卖空交易时，卖方通常有义务在执行卖空之前安排证券借贷操作，随后完成卖出结算，从而（1）尽早收到出售收益，（2）使客户满意（若对手方是买方公司），以及（3）避免发生补偿买进。

交付高质量担保品 2008年全球金融危机促使监管机构要求通过提供担保品以减轻公司在金融交易中的风险。此类监管要求在减少与场外衍生品（OTC derivatives）交易有关的风险敞口方面最为显著：欧洲的相关法规为《欧洲市场基础设施监管规则》（European Market Infrastructure Regulation，EMIR），美国的相关法规为《多德—弗兰克法案》（Dodd–Frank Act）。

减轻场外衍生品交易风险敞口的通常做法是提供现金担保品或高评级政府债券；后者被称为优质流动资产（High Quality Liquid Assets，HQLA）。然而，担保品提供方并不总是能够自由选择提供现金担保品或优质流动资产。这是因为标准化场外衍生品（standardized OTC derivative）交易已引入强制集中清算（mandatory central clearing）（通过中央对手方），并进行严格监管，能够提供给中央对手方用于减轻风险敞口的担保品类型受到严格限制。

对于某些参与场外衍生品交易的机构来说，其业务性质意味着他们不一定拥有符合中央对手方（CCP）要求的（担保品）资产类型。这种情况意味着这些机构需要借入优质流动资产（HQLA），以满足从CCP收到的追加保证金（margin call）要求。

后文4c部分"场外衍生品交易与担保品—监管变革及担保品的未来"，将会对相关话题做进一步讨论。

10.3 可借贷资产

证券融入方通常需要（因此可以由证券融出方贷出）的证券类型包括：
- 权益类：
  - 全球股票（global equity）
  - 美国存托凭证（American Depository Receipts，ADR）
  - 全球存托凭证（Global Depository Receipts，GDR）
  - 交易所交易基金（Exchange-Traded Funds，ETF）
- 由下列主体发行的债券：
  - 中央政府
  - 超国家机构（supranational entities）
  - 政府支持机构（agencies）
  - 公司
- 其他类型的证券：
  - 住房抵押贷款支持证券（mortgage-backed securities）

10.4 证券借贷的市场参与者：概述

与证券借贷有关的市场参与者主要有以下几种。

10.4.1 证券融出方

活跃于证券借贷的机构主要是机构投资者，其中许多机构拥有由其成员或投资者提供的大量资产。这类机构通常被称为"买方"（buy-side），因为他们通常是股票和债券的长期投资者。因此，他们非常适合通过贷出所拥有的证券来提高回报。

买方群体主要有以下类型的公司：

■ 养老基金

■ 共同基金

■ 投资基金

■ 交易所交易基金

■ 主权财富基金

■ 捐赠基金

■ 私人基金

■ 保险公司

某些类型的基金在竞争激烈的环境中运作，他们的投资业绩会被拿来与竞争对手进行比较；因此，拥有增加回报（通过证券借贷）的方法成为其维持业绩的重要组成部分。其他买方公司可能会将证券融出收益作为降低成本的手段，例如中央证券托管机构或托管人收取的证券保管费。

一些大型买方公司可能会选择自行管理他们的证券融出业务，证券借贷交易仅由证券融出方和证券融入方直接参与，不涉及中介机构。

相反，很多买方公司使用中介公司提供的证券融出服务，一些中介公司被称作贷出代理人（lending agents）；关于中介机构的其他内容，本章稍后讨论。

10.4.2 证券融入方

证券融入方一般包括以下机构：

交易经纪商

■ 做市商（market makers）是投资银行或交易经纪商（broker-dealers）证券交易部的组成部分，需要就他们选择做市的特定证券提供买卖交易报价；作为做市商，他们有义务以其报价执行此证券的买卖交易

　　■ 做市商卖出证券时，他们未必拥有所出售数量的证券。在做市商卖空（即持有负交易头寸）的情况下，为实现卖出交易的交付，其融入证券的能力对于履行做市商的角色至关重要

　　■ 交易经纪商的交易部门（包括做市业务）买卖股票和债券。在多数情况下，交

易经纪商在结算日完成交易结算的能力首先取决于他们的买入结算情况

■ 如果交易经纪商的买入结算延迟（即结算失败），为了其自身利益仍需要按时进行卖出结算；在此情况下，借入证券可使交易经纪商马上向买方交付证券，从而：

　　■ 尽早获得出售收益

　　■ 满足买方机构的买入交付需求，并且

　　■ 避免买方发起补偿买进（强制结算）

对冲基金

■ 在对冲基金（hedge funds）采用的各种交易策略中，这类公司会利用卖空策略；因此，为了完成卖空操作，需要融入证券。许多对冲基金利用主经纪商（prime brokers）提供的各种服务，包括为证券借贷提供便利，以完成对冲基金执行的卖空交易结算

总的来说，随着时间的推移，各种类型的公司越来越需要为其各种金融交易提供担保品。例如，一家公司：

■ 可能有借入的股票或债券，而证券融出方为此要求提供高质量的证券担保品

■ 可能执行了回购交易，公司希望借入现金，并且需要向现金融出方提供高质量的证券担保品

■ 可能执行了场外衍生品（OTC derivative）交易，中央对手方（根据 EMIR 或《多德—弗兰克法案》）要求该公司提供高质量的证券担保品

■ 上述三种情况下，如果公司不具有必要的证券担保品，则公司很可能会选择借入证券

10.4.3　中介机构

如前所述，一些较大的买方公司选择直接将其证券借给证券融入方，而其他买方公司则选择利用证券借贷中介机构提供的服务。

属于中介机构的公司类型包括：

■ 国际中央证券托管机构

■ 全球托管人/托管行

■ 交易平台和相关的中央对手方，以及

■ 非托管人性质的贷出代理人

中介机构扮演的角色如图 10.9 所示。

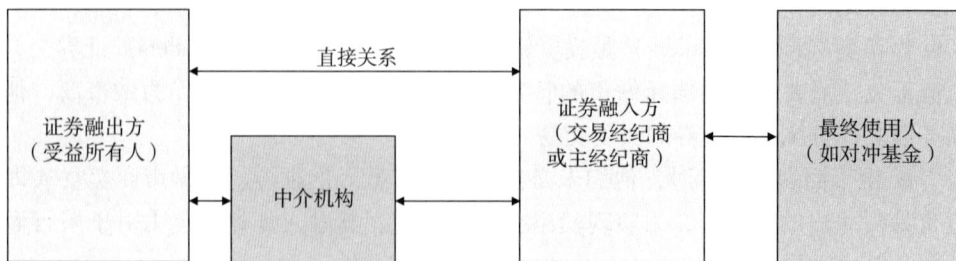

图 10.9　证券借贷中，中介机构的角色

国际中央证券托管机构　中央证券托管机构（Central Securities Depository，CSD）是金融中心证券的最终存放地，CSD 代表证券持有人在一个或多个证券账户内安全存管（safe custody）证券；同样的，资金账户也有存管。

所有权的记录形式通常为电子式，且交易结算通常是通过电子账簿（Electronic Book-entry）进行券款对付（Delivery versus Payment，DvP）或纯券过户（Free of Payment，FoP）结算。

如今，全球大多数（基本是全部）主要金融中心都有 CSD，通常是按国家/地区划分；这些被称为国内中央证券托管机构（National Central Securities Depositories，NCSD）。通常，一个国家只存在一家 NCSD 为国内股票和债券提供服务，尽管在某些情况下，存在各自独立的 NCSD 分别负责股票与政府债券的托管。

除了全球众多的 NCSD 之外，还有两个国际中央证券托管机构（International Central Securities Depositories，ICSD），即位于卢森堡的明讯国际（Clearstream International）和位于布鲁塞尔的欧洲清算银行（Euroclear Bank）。两家 ICSD 都管理（1）国际证券和（2）国内证券，后者通常通过与某些 NCSD 开通电子互联来实现。此外，两个 ICSD 都支持多币种环境，其中货币余额可以隔夜持有（而不是像某些 NCSD 那样每天清零）。

两家 ICSD 都为其成员提供了自动和匿名的证券借贷业务。有关 ICSD 在证券借贷中的作用的更多详细信息，请参阅第 12 章"证券借贷与担保品—证券借贷交易方式及担保品管理"。

注意：欧盟委员会泛欧结算平台（Target 2 Securities，简称 T2S）是一个泛欧洲项目。证券交易结算历史上一直在相关 NCSD 中执行，目前已经改为在 T2S 结算平台中以央行货币进行结算。

全球托管行　一般而言，托管行是向没有在 NCSD 或 ICSD 开立直接账户的证券持有人提供服务的组织。许多买方公司选择不成为 CSD 的直接成员，而是成为特定市场中的当地托管人（local custodian）的客户，或成为可以访问全球多个市场的全球托管人（global custodian）的客户。

托管人通常在相关的 CSD 开立一个或多个账户，在这些账户中持有不同客户的证券。请注意，此类托管人的客户与托管人之间有直接关系，与 CSD 则没有直接关系。

全球托管人（GC）通常会运营一个代表 GC 持有此类资产的次级托管人网络；GC 进而代表其客户持有证券。使用全球托管人所提供服务的好处是能够实现单点接入全球多个市场。

许多全球托管人为其成员提供证券借贷服务。

有关全球托管人提供证券借贷服务的更多详细信息，请参阅第 12 章"证券借贷与担保品—证券借贷交易方式及担保品管理"。

中央对手方　交易平台作为软件系统，可促成系统内两个成员之间的交易执行（trade execution）。

中央对手方（Central Counter Parties，CCP）是位于买卖双方之间的公司；CCP 是每个卖方的买方，也是每个买方的卖方。由于不适用双边交易对手模式，CCP 将交易对手风险降到最低。CCP 通过以下两种方式之一成为交易的一方：

■ 交易达成后立即成为交易方，其中交易是匿名的，并且最终买方和最终卖方的交易对手都是 CCP，或者

■ 交易直接在两个成员公司之间达成，随后通过合同更新流程（novation）使 CCP 介入

欧洲期货交易所（Eurex）是一家总部位于德国的机构，通过其清算所 Eurex Clearing 提供交易执行功能和 CCP 服务。在其提供的各种服务中，证券借贷交易是以双边方式执行的，然后以 Eurex Clearing 作为 CCP 进行合同更新。

有关 CCP 在证券借贷所起作用的更多详细信息，请参阅第 12 章 "证券借贷与担保品—证券借贷交易方式及担保品管理"。

非托管人性质的第三方贷出代理人 许多买方（buy-side）公司选择通过非托管人性质的贷出代理人进行证券借贷，受益所有人通过选择贷出代理人作为连接证券融入方的渠道。

第三方贷出代理人的主要作用是与融入方协商证券借贷条款，并代表证券受益所有人持续管理该业务。"非托管"是指这类贷出代理人并不直接拥有受益所有人的证券资产（与 CSD 或全球托管人不同）。

有关非托管的第三方贷出代理人所起作用的更多详细信息，请参阅第 12 章 "证券借贷与担保品—证券借贷交易方式及担保品管理"。

10.5　证券借贷：法律文件

由于证券借贷（SL&B）交易是在一段时间内执行的，因此融出方和融入方都会面临风险和风险敞口。

与其他类型的担保品交易（如回购和场外衍生品）相同，在公司执行证券借贷交易之前，为了保护自身（及其交易对手），必须在交易双方之间签署适当的法律协议。一旦签署法律协议，双方之间的每笔证券借贷交易都将依据法律协议开展，并受其保护。

10.5.1　背景

多年来，随着证券借贷交易群体之间交易形式和内容不断磨合，已形成一份证券借贷法律协议的通用制式文本。

目前，该制式法律文本被称为 "全球证券借贷主协议"，简称 GMSLA。近年来，GMSLA 已多次更新版本。最新版本（撰写本文时）是 2010 年版本。

10.5.2　GMSLA：概述

本质上，诸如 GMSLA 之类的协议文本，目的是明确双方的合同权利及其合同义务。

GMSLA 的一个非常重要的特征是明确界定了违约事件（events of default）；如果公司的交易对手方违约（或破产），则协议允许与该协议下的所有未平仓交易相关的义务立即终止且相互抵消（set off），并以净额结算。抵消权对公司来说极为重要，因为没有这种权利（1）可能需要承担所有付款义务，同时无法（2）收取对方应付款给公司的债务。在破产情况下，后者可能会花费很长的时间，在某些情况下可能是数月或数年。由于证券融入方提供的超额抵押（over-collateralisation）超过借贷标的证券的市值，通常会预期融出方持有足够的担保品，通过使用现金担保品或卖出持有的证券担保品，再从市场上买入借贷标的证券。

GMSLA 还涉及以下领域的条款和条件：

- 融出/融入证券的受益所有人（beneficial owner）和法定所有人（legal owner）
- 证券担保品的受益所有人和法定所有人
- 对应借贷标的证券的价值，须提供的担保品的价值
- 是否适用保证金
- 首期交易和到期交易的结算方式
- 到期结算日待定交易的结束程序
- 追缴保证金条件
- 担保品置换条件
- 收入支付款项（如票息和股息）的处理
- 交易结束时必须归还的证券

在打算进行证券借贷交易的双方之间，GMSLA 中的措辞通常不会改变。双方之间的任何具体安排都记录在 GMSLA 的附约中。

10.5.3 证券的所有权和再使用

具体而言，关于借贷标的证券和证券担保品的所有权：

- 借贷标的证券：

  - 在证券借贷交易期间，已融出证券的法定所有权从证券融出方转移到证券融入方。但是，从操作的角度来看，融出方并未出售贷出的证券，因此保留了受益权。证券融入方是法定所有人（legal owner），而证券融出方是受益所有人（beneficial owner）。法定所有权转移是因为根据 GMSLA，借贷标的证券的法律依据是所有权转移（title transfer）。

  - 证券担保品：

  - 同时，在证券借贷交易期间，证券担保品的法定所有权从证券融入方（担保品提供方）转移到证券融出方（担保品接受方）。但是，从操作的角度来看，证券融入方并未出售证券担保品，因此保留了受益权。证券融出方（担保品接受方）是证券担保品的法定所有人，而证券融入方（担保品提供方）是担保品的受益所有人。法定所有权转移是因为根据 GMSLA，所提供或接受的证券担保品的法律依据是所有权转移。

证券买卖的转让方式也是所有权转移，因此，证券借贷交易中的证券融入方和证券担保品接受方对证券具有相同的无限权利，就如同这些交易方购买了证券一样。因此，双方均可自由选择他们想对证券做的任何事情，包括：

- 对于证券融入方：
  - 为履行交付承诺而进行交付，或者
  - 将证券安全地保管在融入方的托管账户内（借入证券的目的不是用于交付）
- 对于证券融出方（担保品接受方）：
  - 将证券担保品安全地保管在融出方的托管账户内，或者
  - 通过以下一种（或多种）方式对证券担保品进行再使用：出售、回购、贷出，或交付以满足（例如）场外衍生品交易中保证金追缴要求。

请注意，由于所有权转移，证券融出方和证券融入方（担保提供方）均无合法权利阻止其交易对手再使用担保品。但是，在证券借贷交易结束时，各方均有义务向其交易对手方返还证券等同品（equivalent security）或担保品等同品（equivalent collateral）（视情况而定）。各方必须始终知晓这一情况，特别是：

- 证券融入方选择将借入的证券用于交付，或
- 证券融出方选择再使用证券担保品

10.5.4　法律文件的唯一性

具体而言，从担保品管理的角度看，需要注意的是，一家公司与其各证券借贷交易对手方之间的每一套法律文件（即 GMSLA 及附约）可能包含不同的条款和条件以及独有的特征。

因此，证券借贷操作人员必须根据相应的法律文件中规定的法律条款履行日常职责。如果不这样做，公司可能会面临风险，例如，交易双方的风险敞口可能无法得到充分减轻，和/或交易对手方的风险敞口可能被超额抵押。

若需查看 2010 年 GMSLA 完整版内容，请见第 13 章"证券借贷与担保品—全球证券借贷主协议"。

10.6　证券借贷和担保品

> 本节将介绍更多有关证券借贷的概念，包括现金担保品与证券担保品原理。

10.6.1　风险与风险缓释

在将融出证券交付给融入方后，融出方将承担明确的直接风险：融入方无法归还标的证券的风险。证券融出方通常采取以下减轻风险的措施：

■ 签署证券借贷法律协议（GMSLA）

■ 交易以到期日"待定"（而不是"定期"）的方式执行，从而使证券融出方可以在任何时间和很短的通知时间内召回（recall）借贷证券

■ 证券融入方必须向证券融出方提供担保品

■ 担保品必须具有足够的价值[1]，以便在证券融入方破产时覆盖购买借贷标的证券的成本

■ 明确证券融出方可接受的担保品，以确保只有流动证券（liquid securities）符合条件

■ 所需担保品的价值包括证券融入方提供的保证金［超额抵押（over-collateralisation）］

同样，融入方也面临证券融出方不返还其担保品的风险。GMSLA 旨在保护双方的利益。

10.6.2 担保品的目的和使用

在执行证券借贷交易后，融出方将把标的证券交付给融入方。证券融出方承担融入方无法返还融出方证券的风险。

为了减轻这种风险，融出方通常从融入方那里获得担保品。在执行证券借贷交易之前，双方应在法律协议中就融出方可接受的担保品形式达成一致。

如果融出方要避免承担风险和风险敞口，则在证券借贷的整个存续期间，证券融入方提供的担保品的价值必须不低于借贷标的证券的市场价值加上适用的保证金。由于借贷标的证券的价值会波动，因此证券融出方和融入方都必须按约定的频率（通常每天）重新计算借贷标的证券的价值。在证券借贷交易存续期内每日计算的基础上，这可能导致融入方需要提供更多的担保品，或者证券融出方需要返还一些现有的担保品；这类活动是由当前存在风险敞口（exposure）的一方进行保证金追缴（margin calls）的结果。

当融出方交付标的证券时，为了减轻融出方的风险（融入方可能不归还其资产），融入方必须同时提供担保品。同样，在交易结束时，当借贷标的证券返还给融出方时，担保品必须同时返还给融入方。如图 10.10 所示。

因为（在通常情况下）证券融入方是由于无法通过其他方式履行交付承诺而进行证券借贷交易，所以证券融入方将从融出方取得借贷标的证券，并立即将借贷标的证券转交给另一方。借贷标的证券的接收与再交付之间的任何延迟都可能导致证券融入方承担不必要的借贷成本。因此，这意味着（在正常情况下）融入方在借贷交易的整个存续期间并不一直拥有借贷标的证券，尽管其确实有义务向融出方返还证券等同品（equivalent securities）；"等同"一词表示在证券借贷交易的有效期内，最初的标的证券会被注销，并被新的 ISIN 码代替［这是公司行为（corporate action）事件的结果］。

---

[1] 在交易存续期间的某个特定时间点，证券融出方可能会认为在追缴保证金后拥有足够的担保品价值；但是，在该日期至担保品清算时点之间，证券价格变动可能会导致"当前"担保品价值不足。

图 10.10　证券借贷交易结构，含担保品

如果没有发生此类事件，则在证券借贷交易结束时，融入方必须将数量相同且 ISIN 码相同的证券返还给融出方。

10.6.3　合格担保品

融出方（可接受）的合格担保品形式必须记录在法律文件中。

通常，对于每笔交易，合格担保品将是现金（一种或多种指定货币）或证券。证券作为合格担保品时须加以说明，如股票是否合格。债券通常是可以接受的，但前提是债券是由高评级的政府、政府机构、超国家机构（supranational organisations）或公司发行的。

如本章前面所述（在第 10.2 节"证券借入原理"中），作为担保品的优质流动资产（HQLA）的需求很大，例如与场外衍生品（OTC derivative）风险敞口有关的担保品。因此，证券融入方会寻求在其证券借贷交易中尽可能利用其他担保品资产，从而将节约的优质流动资产用于交易对手方仅接受优质流动资产的场合。

不论是现金还是证券担保品，证券融出方都必须确定，如果证券融入方未能归还借贷标的证券，则可以通过清算所持有的担保品来收回其借贷标的证券的市场价值。这意味着（1）对于现金担保品，成为其持有现金的所有人，以及（2）对于证券担保品，出售证券并取得出售收益的所有权。

无论是现金还是证券担保品，通常的做法是在借贷标的证券的当前价值之上计算保证金；"保证金比例"是证券借贷中用于估值百分比的术语。需要说明的是，保证金具有增加借贷标的证券当前市场价值的作用，融入方必须提供必要的担保品以便减轻证券融出方风险；换句话说，要求融入方进行超额抵押（over-collateralise）。表 10.2 对此进行了描述。

表 10.2　　　　要求的担保品价值

交易编号	借贷标的证券现价	保证金	需要的担保品价值
1	2 000 万欧元	2%	2 040 万欧元
2	1 600 万美元	5%	1 680 万美元

10.6.4 超额抵押（保证金）

在证券借贷交易中，通常做法是在借贷标的证券的市价之上适用相应风险调整后的价值；该风险调整后的价值以百分比表示，被称为"保证金"［相当于回购（repo）交易中的"抵押折扣率"（haircut）］。

保证金为证券融出方提供了额外的价值缓冲，其目的是减轻担保品价值相对于借贷标的证券价值的不利变动风险。

证券融出方要求的担保品价值是（1）借贷标的证券的市场价值与（2）保证金比例对应价值的总和。因此，保证金表示证券融入方需要对借贷标的证券进行超额抵押的程度。如图 10.11 所示。

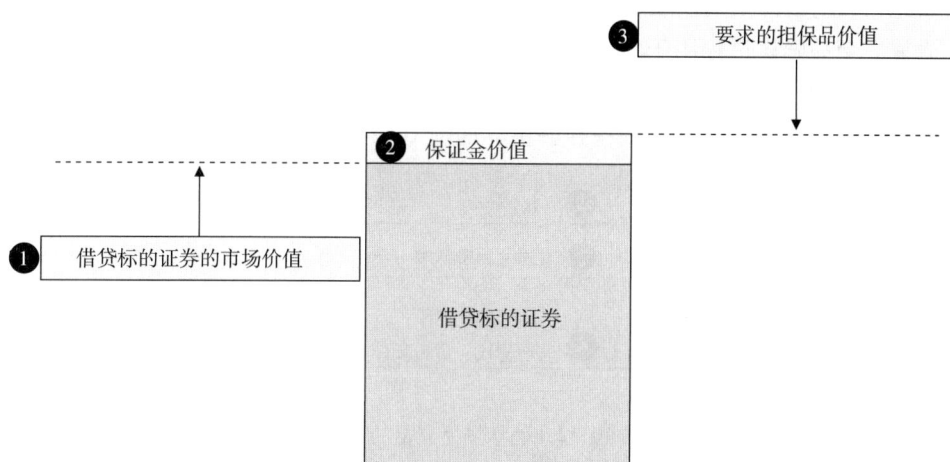

图 10.11 得出要求的担保品价值

表 10.3 提供了一个示例。

表 10.3 　　　　　　　　　　　　**计算要求的担保品价值**

	币种	现金价值
借贷标的证券的市价	欧元	750 万
保证金价值（2%）	欧元	15 万
要求的担保品价值（102%）	欧元	765 万

保证金对证券融出方产生积极影响，因为他们所获得的担保品价值高于借贷标的证券的市场价值。但是，出于相同的原因，证券融入方受到了负面影响。

要注意的是，保证金不仅适用于首期交易（opening leg）的结算，而且作为日常风险管理的一部分，必须在证券借贷交易的整个生命周期中维持。

出于标准化和便于自动化操作的原因，过去的市场惯例是采用以下标准保证金比例：

■ 102%，其中借贷标的证券和担保品使用相同的货币

■ 105%，其中借贷标的证券和担保品的货币不同，以及

■ 110%（使用股票作为担保品）

尽管今天仍然可以使用这种固定百分比，但是最近的趋势是公司根据特定参与方及所提供担保品的特定类型等因素，协商确定保证金比例。

无论两家公司商定的保证金比例是多少，它们都将被记录在 GMSLA 附约中。

10.6.5 交易确认

如果金融交易在场外（Over-The-Counter，OTC）且直接在双方之间进行，包括证券借贷交易在内，则存在双方之间发生误解和/或一方错误记录交易细节的风险。这种差异很可能导致结算失败或结算错误，从而可能给一方或双方造成经济损失。

因此，参与场外交易的所有各方，必须遵守程序来确定交易中的每个细节是否一致。通常，交易确认过程用于将一方获得的交易详细信息传达给交易对手方。收到交易确认书后，接收方必须将详细信息与自身记录中的交易信息进行比对。如果发现细节不同，则必须立即对此进行调查并解决，如图 10.12 所示。

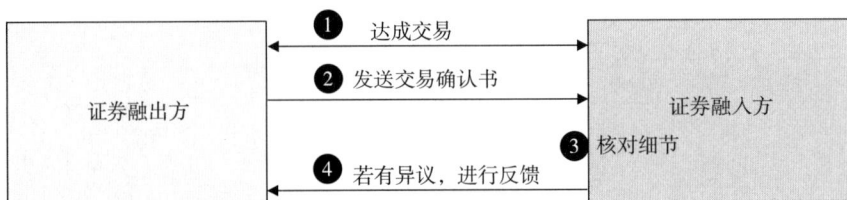

图 10.12 确认场外交易的步骤

步骤 1：证券借贷交易直接在证券融出方和融入方之间执行

步骤 2：一方（或双方）向交易对手发送交易条款

步骤 3：接收方应立即将交易确认书的详细信息与自身内部记录进行比较

步骤 4：如果有任何异议，接收方必须立即与交易对手方联系，以便马上开展调查和解决差异

交易确认书应至少包括所有基本交易细节。理想情况下，还应包括整笔交易的现金价值（包括将其按行进行分列），以及公司及其交易对手方的常设结算指令(SSI)。

10.6.6 提供与接受担保品

在可以选择合格担保品（eligible collateral）的情况下，证券融入方必须将其拟提供的担保品告知证券融出方，以确保能减轻融出方的风险敞口。担保品必须在双方协议的特定条款范围内，包括其是否符合条件及保证金的计算。因此，对于融出方和融入方而言，能够直接访问各自相关证券借贷协议数据库以获取与每个相关对手方的协议信息非常重要。

从证券融出方的角度看，如果将借贷标的证券交付给融入方的同时，没能（从融入方）收到至少等于担保品价值的资产，融出方将承担风险。同样，如果证券融入方

向融出方提供担保品的同时没能收到借贷标的证券，也会面临风险。

根据双方之间的协议，可以在收取现金或证券形式担保品的同时交付借贷标的证券。如图 10.13 所示。

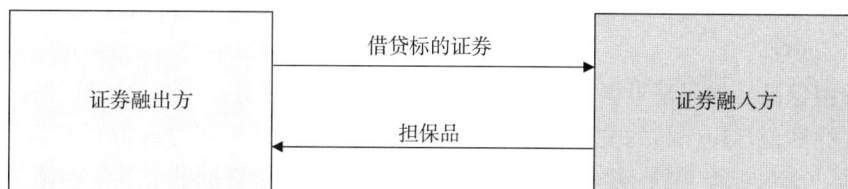

图 10.13 借贷标的证券和担保品的初始互换

不论证券融入方向证券融出方提供哪种形式的担保品，任何一方均不希望在未同时收到对方资产的情况下交付自身资产。但是能否同时进行交换取决于（1）CSD 提供有关资产同时交换的能力，以及（2）担保品的形式。

券款对付（Delivery versus Payment，DvP）是用于减轻证券买卖交易结算中证券交付风险（securities delivery risk）和现金支付风险（cash payment risk）的标准程序。DvP 的替代方案是纯券过户（Free of Payment，FoP）结算，这通常用于以纯券过户方式交付借贷标的证券和证券担保品，两笔交付完全独立。应注意的是，在纯券过户方式下，证券融出方和证券融入方均面临在未同时收到交易对手方资产的情况下交付自身证券的风险，除非有一方同意通过先交付资产或支付现金（分别称为预交付和预付款）而承担风险。

现金担保品 证券融入方选择以现金形式提供担保品时，通常以券款对付（DvP）形式，同时［在首期结算日（opening value date）］交换借贷标的证券和现金担保品。注意：只有当 CSD 实行真正的 DvP 结算时，才能实现真正的资产同步交换；也就是说，一项资产（即借贷标的证券）的变动与对方资产（即现金担保品）的变动之间没有任何延迟。

如果 DvP 结算不可用或不适用（无论出于何种原因），则证券融入方通常需要承担风险并在收到借贷标的证券之前支付现金（称为"预付款"）。

现金担保品示例（第 1 部分）

注意：本示例将在随后的内容中继续。

L 对手方按照约定的费用向 B 对手方出借 2 000 000 股 P 发行人的股票，未约定到期结算日。当日，该证券的市场价格为每股 15.37 欧元，总市值为 30 740 000.00 欧元。

为了保证 L 对手方的风险敞口得以减轻，B 融入方选择提供现金担保品。根据证券借贷协议的条款，现金担保品的最低价值必须为借贷标的证券市场价值的 102%，在本示例中为 31 354 800.00 欧元。

L 对手方查阅其证券借贷数据库，发现 B 对手方提出的现金担保品确实在协议约定的合格担保品范围内，并且考虑到保证金要求，认为该担保品的价值是可以接受的。

在首期结算日之前（最好是在交易日），双方均发出 DvP 结算指令，融出方要求在收到 31 354 800.00 欧元的同时交付 2 000 000 股 P 发行人的股票，结算日期为首期结算日，以 DvP 方式交付。融入方发出相同的接收指令。在结算发生之前，相关指令必须（在 CSD）匹配。

证券担保品 如果证券融入方选择以证券（通常是债券）形式提供担保品，则借贷标的证券和证券担保品的交换（在首期结算日）是通过非实时纯券过户（FoP）方式结算的。这意味着（1）融出方需要在首期结算日交付借贷标的证券，而不知道是否会同时收到担保品；同样，（2）融入方需要在首期结算日交付证券担保品，而不知道是否会同时收到借贷标的证券。从历史上看，CSD 通常无法同时进行证券交换［即券券对付（Delivery versus Delivery，DvD）］，因此有必要进行双向纯券过户（FoP）结算，尽管对双方都有风险。注意：欧盟委员会泛欧结算平台（Target 2 Securities）内可以进行有效券券对付（Effective DvD）结算。

在某些情况下，证券融入方可能被要求在首期结算日前一天提供证券担保品；如果担保品没有到位，融出方有时间取消借贷标的证券的交付以避免发生风险。这可能产生日间风险（daylight exposure），即借贷标的证券在一个时区（如欧洲）交付，担保品在另一个时区（如美国）交付。

为了有效交付借贷标的证券和担保品证券，每一方都必须向其各自的 CSD 或托管人发出结算指令（settlement instructions）。需要注意，所有 CSD 和托管人都公开了与结算日对应的指令接收截止时点。如果错过了截止时点，风险敞口就无法尽早得到减轻。

证券结算指令可以使用多种方法发出，由于 S. W. I. F. T. 具有内置的安全级别和结构化报文格式，因此最受欢迎。S. W. I. F. T. 要求报文的发送者和接收者都订购相关服务。如果要防止欺诈，对融出方和融入方而言，结算指令的安全性至关重要。其他发送结算指令的安全方法是利用 CSD 或托管人的专有系统。传真是一种替代方法，但不推荐使用，因为通常认为传真不够安全。图 10.14 表示一方（在此示例中为证券融入方）如何通过 S. W. I. F. T. 传达其结算指令。[①]

图 10.14 通过 S. W. I. F. T. 发送结算指令

证券担保品示例（第 1 部分）

注意：本示例将在随后的内容中继续。

---

① 注意：S. W. I. F. T. 为担保品交易设置了一组专门的报文格式。

> L2 对手方按照约定的费用向 B2 对手方出借 800 000 股 M 发行人的股票，未约定到期结算日。当日，该证券的市场价格为每股 21.25 美元，总市值为 17 000 000.00 美元。
>
> 为了保证 L2 对手方的风险敞口得以减轻，B2 融入方选择提供证券担保品。根据证券借贷协议的条款，证券担保品的最低价值必须为借贷标的证券市场价值的 105%，在本示例中为 17 850 000.00 美元。

B2 对手方与 L2 对手方沟通，希望提供数量为 18 000 000 美元的美国国债，票面利率为 4.5%，于 2030 年 8 月 15 日到期，当前价格为 97.55%。该债券的当前市场价格如表 10.4 所示。

表 10.4　　　　　　　　　　　担保品价值计算

示例证券（债券）担保品价值计算		
要素	计算	现金价值
本金	18 000 000 美元×97.55%	17 559 000.00 美元
应计利息	18 000 000 美元×4.5%/368×133 天	292 744.56 美元
	当前市场价值	17 851 744.56 美元

从表 10.4 中可以看出，该债券的当前市场价格高于借贷标的证券的市场价值加上保证金。

需要注意的是，对于附息债券，该债券的当前市场价值和当前担保品价值都应包括应计利息（accrued interest）的当前价值。如果不考虑应计利息，将意味着担保品提供方有低估担保品的风险，从而超额抵押（over-collateralising）且所交付担保品的真实价值大于担保品提供方计算的价值。债券价格可以通过两种方式报价，即：

- 除息价格（lean price）：
  - 该价格需另加应计利息的现值，以便得出债券的全部当前市场价值
  - 在上面的示例交易中，97.55% 的价格为除息价格
- 含息价格（dirty price）：
  - 此价格为全价（all-in price），其中已包含应计利息的当前价值
  - 在上述示例中，含息价格为 99.17635%（当前市场价值除以债券数量）

L2 对手方查阅其证券借贷数据库，发现 B2 对手方提出的担保品确实在协议约定的合格担保品范围内，并且考虑到保证金要求，认为该担保品的价值是可以接受的。

各方均需输入 2 条结算指令（1×交付，1×接收），以纯券过户（FoP）结算方式划转借贷标的证券和证券担保品；每条指令都需要在结算之前进行匹配（但两组指令之间没有依赖关系）。一旦（1）指令匹配，并且（2）到了首期结算日（opening value date），则借贷标的证券在 CSD 的两个参与方账户之间划转；同样，在同一日期，证券担保品将进行反向划转。L2 对手方从其托管人处收到结算通知，该通知表明借贷标的证券已交付且担保品已接收。同样，B2 对手方的托管人向 B2 发出结算通知，表明其

收到借贷标的证券并已转出担保品。此外，由此产生的证券余额变动将反映在两家公司的托管人发出的托管明细表（depot statements）中，从而便于两家公司进行托管对账（depot reconciliation）。

10.6.7 现金担保品的利息

以现金形式提供的担保品通常应由担保品接受方（collateral taker）（即证券融出方）付给证券融入方利息。利率是在交易执行（trade execution）时由证券融出方和融入方商定的；该利率通常称为返利利率（rebate rate）。

证券借贷的一个重要方面是，融出方将从收到的现金担保品中获利，因而担保品提供方可以从其提供的现金中获得回报。证券融出方通常会在交易期间将现金担保品再投资于货币市场（money market），以赚取比返利利率更高的利息；这个利率被称为再投资利率（reinvestment rate）。在将现金投入货币市场时，获取尽可能高的利率符合证券融出方的利益，因为必须从证券融出方赚取的再投资利率中扣除给予担保品提供方的返利利率。

证券借贷交易结束后，将商定的返利利率支付给证券融入方，其余部分由证券融出方保留，如图 10.15 所示：

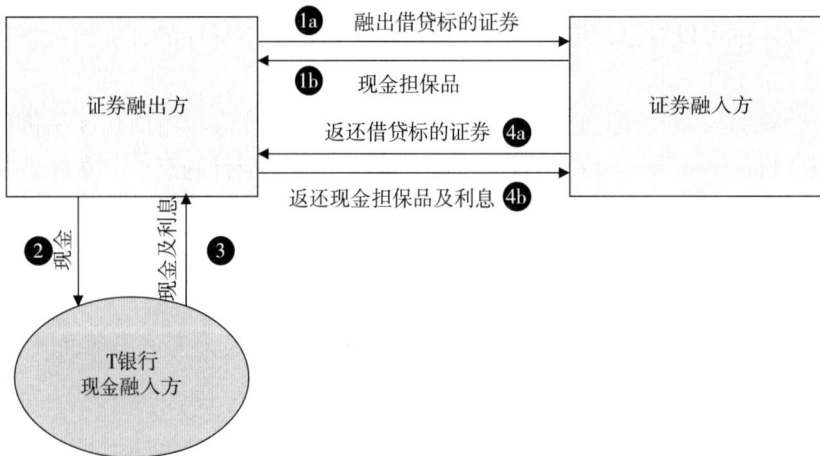

图 10.15 现金担保品和返利的处理

步骤 1a：在证券借贷交易的首期阶段，证券融出方将借贷标的证券交付给证券融入方

步骤 1b：证券融入方向证券融出方提供现金担保品

步骤 2：证券融出方以约定的利率将现金担保品交给银行 T

证券借贷交易到期时：

步骤 3：与 T 银行的现金借款交易终止；银行支付给证券融出方本金和应付利息

步骤 4a：借贷标的证券由证券融入方返还给证券融出方

步骤 4b：融出方将现金担保品的本金加返利利息汇给证券融入方

现金担保品的再投资对证券融出方而言是一种风险，因为他们已订立协议，不论证券融出方的再投资利率高低，都需要向证券融入方支付返利利率。如果货币市场利率低于返利利率，则证券融出方有遭受证券借贷交易损失的风险。同样，如果证券融出方不是将现金再投资到货币市场中，而是将现金担保品投资到价格波动较大的金融产品中［如住房贷款抵押证券（mortgage–backed securities）］，损失风险仍然存在。

现金担保品示例（第 2 部分）

（延续前述现金担保品示例）

交易执行中约定的返利利率为 0.85%；担保品提供方的现金利息为每天 740.32 欧元（计算：31 354 800.00 欧元 × 0.85% / 360 × 1 天）。担保品提供方在交易期间赚取的现金利息总额只有在证券借贷交易结束后才能知道。

证券担保品示例（第 2 部分）

（延续前述证券担保品示例）

由于融入方提供了证券担保品，因此现金担保品的利息不适用。

注意：如果借贷标的证券供不应求（这种情况有时被称为"特殊"），则双方协商的返利利率可能会变为负值，从而导致证券融入方（担保品提供方）支付返利给证券融出方。在这种情况下，证券融出方将获得返利收入以及再投资收入。

10.6.8　交易存续期内的风险敞口管理

在首期结算日初次交换借贷标的证券和担保品之后，交易双方仍然处于风险中。如果在交易存续期内，借贷标的证券的波动价值加上保证金：

- 大于当前担保品价值：
  - 证券融出方持有的担保品价值不足，存在风险
- 小于当前担保品价值：
  - 证券融入方提供了过多担保品，存在风险

通常，在证券借贷交易存续期的每一天，为了确定（1）是否存在风险敞口（exposure），（2）此类风险敞口的价值以及（3）哪一方（证券融出方或证券融入方）具有风险敞口，都需要通过盯市(mark-to-market) 流程重新估值。

盯市（MTM 或 M2M）是整个金融服务行业中用于描述各种重新估值的通用术语。盯市是从外部来源收集资产的当前市场价格（current market price），并将该价格应用于当前交易和头寸，包括借贷标的证券和证券担保品；为了防止估值错误，价格来源必须是真正独立的。

在任何情况下，借贷标的证券（无论是股票还是债券）的价值都极有可能波动，

因此必须进行盯市。担保品是否需要盯市取决于担保品性质：

- 如果是现金担保品：
    - 现金从第一天到第二天的价值保持在100%（除非发生贬值）
    - 由于现金价值不会波动，因此无须盯市
- 如果是证券担保品：
    - 与每只借贷标的证券对应，证券担保品的价值会发生波动，因此必须盯市

因此，可能出现以下情况。在使用现金担保品的情况下，相对于现金担保品的（静态）价值，借贷标的证券的当前市场价值可能上升、下降或保持不变。在适用证券担保品的情况下，担保品和借贷标的证券的当前市场价值有可能一起上升（但不可能上升相同的价值），或者一种资产的价值上升而另一种资产的价值下降，或两种资产的价值均下降（尽管不太可能下降相同的价值）。总而言之，证券借贷交易风险敞口的产生存在多种可能性。

在时间上看，盯市是在风险敞口计算日之前的工作日日终后进行的；换句话说，为了得到"今天"的估值，就要在"昨天"（前提是该日为工作日）日终进行盯市。

如今，大型的卖方（sell - side）和买方（buy - side）公司通常通过订购数据供应商（data vendors）的服务以电子方式从外部获取价格，这些价格通过电子方式更新各种内部系统（用于各种目的），包括担保品系统。数据供应商通常从各种来源收集价格。

盯市如图10.16所示，其中各方很可能会订购不同的数据供应商服务。

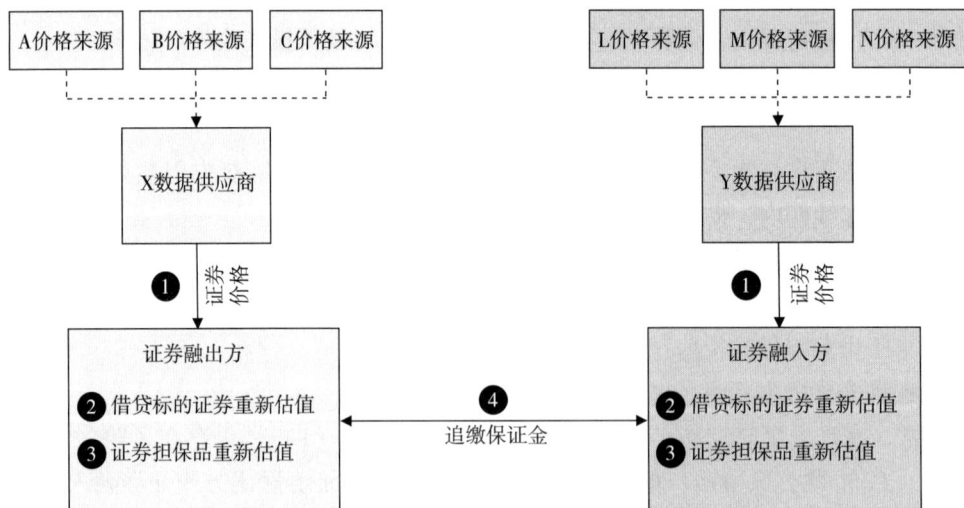

图10.16　盯市

步骤1：证券融出方和证券融入方从各自的数据供应商独立地收集价格

步骤2：双方对借贷标的证券进行重新估值

步骤3：双方对证券担保品进行重新估值（不适用于现金担保品）

步骤 4：承担风险的一方要追缴保证金①

如果当前担保品价值低于借贷标的证券的当前价值，则证券融出方将向证券融入方追缴保证金，要求追加额外担保品。相反，如果当前担保品价值超过借贷标的证券的当前市场价值，则证券融入方将向融出方追缴保证金并要求返还多余的担保品。

但是，针对不同类型的担保品，可能会有不同的处理方式。

现金担保品 假设已有一笔证券借贷，在交易开始时，借贷标的证券的当前市值为 25 000 000.00 美元。假设证券融出方获得了 25 500 000.00 美元的现金担保品，以覆盖融出方的风险敞口，包括 2% 的保证金。

股票和债券的性质意味着借贷标的证券的价值会波动；但是，现金担保品的价值保持不变，不会波动。因此，当提供或接受现金担保品时，只有借贷标的证券的市值增减时才会产生追缴保证金的需求。

现金担保品示例（第 3 部分）

（延续前述现金担保品示例）

在首期结算日的次日，作为借贷标的证券的 2 000 000 股 P 发行人股票盯市价格为 16.05 欧元，新的总市场价值为 32 100 000.00 欧元。2% 的保证金要求担保品价值达到 32 742 000.00 欧元。

现有担保品（现金 31 354 800.00 欧元）不足以覆盖融出方当前的风险敞口。证券融出方向证券融入方发出追缴保证金通知，融入方同意该追缴通知，并支付了 1 387 200.00 欧元以覆盖融出方的风险敞口差额。

证券担保品示例（第 3 部分）

（延续前述证券担保品示例）

在首期结算日的次日，借贷标的证券（800 000 股 M 发行人 M 股票）的盯市价格为 21.50 美元，新的总市场价值为 17 200 000.00 美元。5% 的保证金要求的担保品价值为 18 060 000.00 美元。

现有担保品（18 000 000 美元票面利率为 4.5% 的美国国债，于 2030 年 8 月 15 日到期）当日的定价为 97.45%；包括应计利息（134 天），根据以下计算，总市值为 17 835 945.65 美元：

示例证券（债券）担保品价值计算		
要素	计算	现金价值
本金	18 000 000 美元 ×97.45%	17 541 000.00 美元
应计利息	18 000 000 美元 ×4.5%/ 368 ×134 天	294 945.65 美元
	当前市场价值	17 835 945.65 美元

---

① 注意：证券融出方和证券融入方可能会同意从同一外部来源获取当前市场价格；这是为了确保将追缴保证金异议的可能性降到最低。

因此，L2（证券融出方）的风险敞口为 224 054.35 美元。L2 向证券融入方发出追缴保证金通知，后者交付额外的担保品（以现金或证券形式）以弥补风险敞口缺口。

在证券借贷交易存续期内，盯市流程应每天持续进行。

10.6.9　资产组合对账

当公司发现其存在风险敞口，然后向其交易对手发出追缴保证金通知时，并不能保证交易对手会同意（1）风险敞口的方向（无论该公司还是对手方存在风险敞口），或（2）风险敞口的大小。

某公司与其交易对手之间的这种分歧可能是由于交易数量差异引起的。例如，某公司已正确地将到期结算日为"昨天"的证券借贷交易从其交易列表中排除，而交易对手方则继续将该交易列为"今天"有效的交易。

如果在发出追缴保证金通知之前，对双方之间的交易进行主动比较，则这种差异出现的可能性将被降到最低。第三方资产组合对账（portfolio reconciliation）服务可以自动比较从公司收到的证券借贷交易文件与从其各个对手方收到的对应交易文件。如 triOptima 的 triResolve 系统。

10.6.10　证券担保品：持有和再使用

如本章前面所述（在第 10.5 节"证券借贷：法律文件"中），根据 GMSLA，提供/接受证券担保品的法律基础是所有权转移，这意味着证券融出方（担保品接受方）有权选择以任何方式处理证券担保品。

证券担保品接受方的选择有：

■ 将证券担保品安全地保存在其托管人处的账户内，或者

■ 通过以下一种（或多种）方式再使用证券担保品：出售、回购、贷出或交割以满足（例如）场外衍生品（OTC derivative）交易中的追缴保证金要求

持有证券担保品　如果证券融出方（担保品接受方）选择谨慎行事且不再使用证券担保品，则此类证券需要在相关 CSD 或其托管人的担保品接受方账户内持有。

但是，担保品接受方必须决定是（1）将证券担保品混合（commingle）在含自有证券的账户中，还是（2）将证券担保品保存在隔离且专用的"接收担保品"（或类似名称）账户中。

以混合方式持有证券担保品的风险在于，证券融出方为防止意外再使用此类证券担保品的内部控制措施可能不充分。相反，采用隔离账户法的担保品接受方的优势在于，当证券借贷交易结束，需要将证券担保品返还给证券融入方时，该证券肯定是可用的。

再使用证券担保品　如果担保品接受方选择再使用证券担保品，则担保品接受方是否能够在证券借贷交易的到期结算日将证券担保品返还给证券融入方，取决于证券

融出方所执行的（再使用）交易的性质：

■ 如果证券融出方已经出售了证券担保品，买方不会将证券返还（给证券融出方）

■ 这种情况将要求证券融出方从其他渠道获得证券，以便在证券借贷交易的到期结算日（closing value date）将证券担保品返还给证券融入方，以避免结算失败（settlement failure）

■ 相反，如果证券融出方已出借、回购或交付了证券担保品以履行另一项担保品交付义务，则交易对手方将返还证券

■ 这种情况将要求证券融出方确保此类交易到期结算日不晚于原始证券借贷交易的到期结算日，以避免结算失败

总之，在证券借贷交易结束时，证券融出方（担保品接受方）必须确保能够将证券担保品［在 GMSLA 中称为担保品等同品（equivalent collateral）］返还给证券融入方（担保品提供方）。

10.6.11 担保品置换

如果已提供证券担保品，证券融入方（担保品提供方）有下列情形之一的：

■ 出售证券融出方当前拥有的证券担保品，或

■ 需要在其他的交易［如回购（repo）］中交付证券担保品，或

■ 希望避免处理与证券担保品收入（income）事件或公司行为（corporate action）事件相关的烦琐事务

现有担保品应被置换为替代担保品（replacement collateral），如图 10.17 所示。

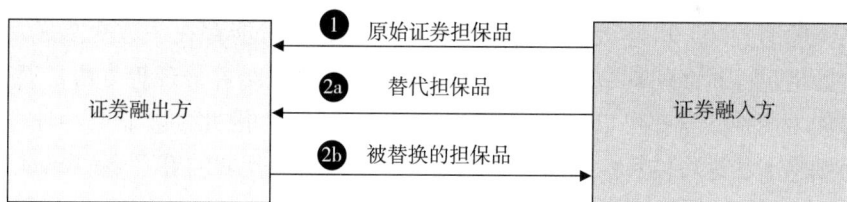

图 10.17 担保品置换

步骤 1：将原始证券担保品交付给证券融出方

步骤 2：将替代担保品提供给证券融出方

步骤 3：将被替换的担保品返还给证券融入方①

GMSLA 规定，只要替代担保品符合资格标准，就可以置换原有担保品。但是，在证券借贷交易存续期间，担保品置换的需求可能出现，也可能不会出现。

证券融出方必须确保其不会在担保品置换流程中出现风险敞口；如果在收到替代担保品之前将原始（现已被替换）担保品返还给了证券融入方，则会产生风险敞口。

---

① 担保品置换仅适用于以证券形式提供的担保品；不适用于借贷标的证券（因为若融出方要求替换借贷标的证券，将完全违背融入方借入特定 ISIN 码对应证券的目的）。

证券融入方有可能将一件证券担保品替换为两件或更多件，或以现金担保品进行替换。

现金担保品示例（第4部分）

（延续前述现金担保品示例）

由于融入方提供了现金担保品，因此不适用担保品置换。（但是，现金担保品可能会被替换为证券担保品。）

证券担保品示例（第4部分）

（延续前述证券担保品示例）

B2（证券融入方）现在已经出售了美国国债担保品，并且在刚进行证券借贷交易的一周内，联系L2对手方要求置换担保品，建议替换为英国政府发行的15 000 000.00英镑国债，票面利率4.1%，到期日为2028年2月15日。L2查阅其证券借贷数据库发现，B2提出的担保品确实在协议规定的合格担保品范围内，并且考虑到保证金要求，该担保品的当前市场价值是可以接受的。

由于CSD不支持券券对付（Delivery versus Delivery, DvD）功能，历来一般采用纯券过户（Free of Payment, FoP）来实现证券担保品置换。即：（1）证券融入方以FoP方式交付替代担保品，以及（2）证券融出方以FoP方式归还原始担保品。历史上，两次FoP结算没有关联，因此无法同时进行交换；因此，可能存在一方交割成功而对方交割失败的情况，从而使其中一方面临风险。担保品置换结算的理想方法是通过DvD，这意味着如果两种证券都可以交付，则将同时进行交换，因此，除非两种证券都可以交付，否则将无法进行结算。值得一提的是，欧盟委员会泛欧结算平台（Target 2 Securities）可以提供有效的DvD结算（Effective DvD）。

在将FoP结算指令传输给各自的托管人并匹配成功后，在约定日期，英国政府债券作为替代担保品将被交付至L2的托管人账户，原担保品美国国债将被返还至B2的托管人账户。在此情况下，需要使用当前的英镑/美元汇率来计算以美元为单位的担保品价值。

从这一时点开始直到交易结束，盯市流程将计算新担保品的价值，并将其与借贷标的证券的价值进行比较（除非发生进一步的担保品置换）。

10.6.12　收入的处理方式

股票的股息和债券的息票支付被视为证券收入。

一般来讲：

■ 股票的股息支付是无法提前预测的，一般在发行人的董事会做出决定后，由发

行人宣布

■ 债券的息票支付是可以预测的，因为在发行时就已知道其付息日期和金额［浮动利率债券（floating rate notes）除外］，可以在募集说明书（prospectus）中找到

证券借贷交易存续期内可能会，也可能不会发生收入支付。

借贷标的证券的收入 如果在证券借贷交易存续期内，借贷标的证券发生收入支付，则证券融入方必须向证券融出方支付同等金额的款项，这样证券融出方就不会遭受财务损失，就如同未曾融出证券一样获得收入。

在大多数（但不是全部）情况下，证券融入方会紧接着（向他人）交付融入的证券，以履行交付承诺；在这种情况下，由于在登记日（record date）融入方未在其托管人账户中持有该证券，因此融入方将无法从发行人处获得收入。但是，融入方随后必须从自有资金中向证券融出方支付与收入同等金额的款项；此类付款通常称为自筹性红利（manufactured dividend）或自筹性息票（manufactured coupon）。本规则的例外情况是，证券融入方能够有效地向其交付证券的交易对手方索取收入，但只有在证券融入方自己融出借贷标的证券或使用借贷标的证券作为担保品的情况下才能实现这一点。

相反，若证券融入方在其 CSD 或托管人的账户中持有借贷标的证券（套利情况下可能发生，如本章 10.1.3 小节"套利策略"所述），则融入方的 CSD 或托管人会将收入贷记入融出方。证券融入方随后需要向证券融出方支付等额款项。注意：这种情况不涉及自筹性红利或自筹性息票，因为证券融入方会收到付款，然后将等值的款项汇给证券融出方。换句话说，不需要进行自筹性支付。

证券担保品收入 在证券借贷交易的整个生命周期内，证券担保品可能会，也可能不会产生收入支付。

如果证券担保品在融出方持有时发生收入支付，融出方必须向证券融入方支付同等金额的款项。因此，证券融入方将如同持续持有证券担保品一样获得收入。这种情况如图 10.18 所示。

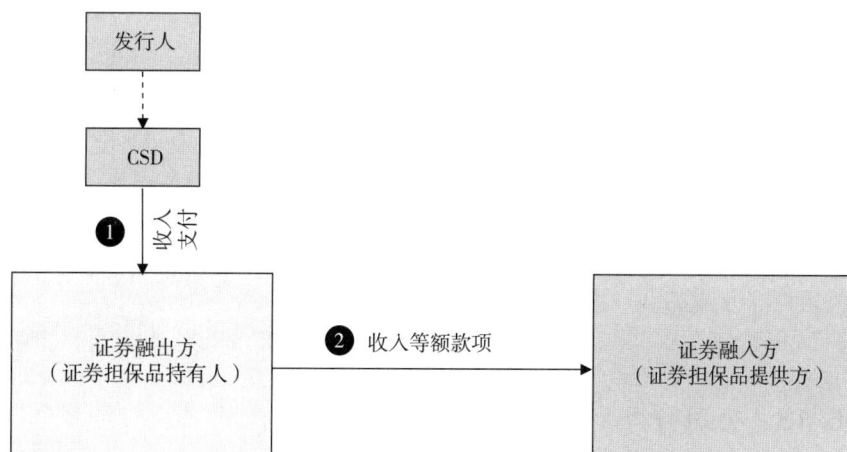

图 10.18 证券担保品收入的处理

需要注意的是，证券融出方有可能在另笔交易的结算中对收到的证券担保品进行再使用（reuse）；根据 GMSLA，由于证券担保品的转移方式是所有权转移（title transfer），因此证券融出方有权在其认为合适的情况下再使用证券担保品。但是，在任何情况下，证券借贷交易结束时，证券融出方必须返还与从证券融入方收到的 ISIN 码相同的证券，前提是该 ISIN 码仍然存在［即未由于公司行为（corporate action）被其他 ISIN 码代替］。如果证券融出方选择再使用担保品，并且该担保品在此期间发生收入支付，则证券融出方有义务将收入等额款项汇给证券融入方；证券融出方本身是否会从交易对手方处获得收入等额款项，取决于相关交易的性质。例如，如果证券融出方收到的证券担保品已在另笔交易［如回购交易（repo）］中重新用作担保品，则该证券融出方将合法地从回购交易对手方处获得收入，然后将现金价值汇给证券融入方。相反，如果证券融出方已经出售了从证券融入方收到的证券担保品，则证券融出方将无法向买方索取证券收入款项（因为买方将有权获得该收入）；在这种情况下，证券融出方需要用自有资金向证券融入方支付款项［称为自筹性支付（manufactured payment）］。

请注意，预扣税（withholding tax）通常从股息支付和某些票息支付中扣除，其税率由发行人的国家税务部门决定。预扣税是一个复杂的主题；更多详细信息请参见作者的《公司行为：证券事件管理指南》（ISBN 0470870664）一书。

许多融出方和融入方倾向于避免与证券担保品收入有关的行政工作和税收问题，因而选择在收入支付的登记日（record date）前进行担保品置换操作。

现金担保品示例（第 5 部分）

（延续前述现金担保品示例）
由于融入方提供了现金担保品，因此不适用证券收入支付相关处理。

证券担保品示例（第 5 部分）

（延续前述的证券担保品示例）
完成担保品置换三周后，融出方和融入方都会注意到：即将到来的息票支付（2028 年 2 月 15 日到期、票面利率 4.1% 的 15 000 000.00 英镑英国政府债券）计划在接下来的两周内进行。双方同意，在票息支付的登记日之前进行进一步的担保品置换。该置换使得证券融入方以 200 000 股发行人 X 面值 1.00 美元的普通股的形式提供股票担保品。

10.6.13　公司行为

公司行为（corporate actions）适用于借贷标的证券和证券担保品。公司行为通常是指由发行人（issuer）发布，会影响该证券持有的事件。

发行人可以决定发起特定类型的公司行为以实现特定目标；例如，股票分割（stock split）旨在降低市场价格，而配售新股（rights issue）旨在为发行人筹集更多资金。

事件可以分为强制性、可选性和自愿性，其中：

■ 对于强制事件，事件的条款适用于所有持有人，参与是强制性的，不能选择结果，因此不需要持有人做出决定

　　■ 如送红股（bonus issue）、股票分割（stock split）

■ 对于可选事件，事件的条款适用于所有持有人，参与是强制性的，但可以选择结果，这要求持有人在发行人提供的选项中做出选择，除非选择默认选项

　　■ 如含币种选择权的股息（currency option dividend）

■ 对于自愿事件，事件的条款适用于所有持有人，但参与不是强制性的，这需要持有人自己决定是否参加

　　■ 如股票回购（share buy-back），配售新股（rights issue）

对于要求股票或债券持有人做出投资决定的可选事件和自愿事件，需要特别注意，适用（由发行人规定的）截止日期。例如：

■ 对于含币种选择权的股息，除非股东在发行人规定的截止日期之前通知（发行人）所需要的他种货币，否则发行人将向股东支付默认货币

■ 对于配售新股，如果持有人选择认购增发的股票，则需要保证发行人在规定的最后期限之前收到付款

如果错过了这些最后期限，则受益所有人将承担其投资决定无效的风险。

重要提示：发行人的截止日期（如上所述）通过以下各个层级进行叠加：CSD 截止日期适用于其成员，通常比发行人的截止日期提前 1 或 2 天，托管人的截止日期适用于其客户，通常比 CSD 的截止日期提前 1 或 2 天。此外，买方（buy-side）或卖方（sell-side）公司的公司行为部门极有可能等待最终受益所有人的投资决定，为此必须规定一个最后期限，该期限要比托管人的期限提前 1 或 2 天。

借贷标的证券的公司行为　在证券借贷交易存续期内，有关借贷标的证券的公司行为可能会，也可能不会发生。

如果公告了可选的或自愿的公司行为事件，受益所有人（beneficial owner）（证券融出方）需要采取某些措施，则必须在最近的截止日期前的合理时间范围内书面通知对手方（证券融入方）。

如果证券融出方担心公司行为产生的结果，并且证券借贷交易是在到期结算日"待定"基础上执行的，则证券融出方可以决定执行召回（recall）并尽快终止交易。这将使受益所有人能够在其直接控制下处理公司行为事件。

证券担保品的公司行为　在证券借贷交易存续期内，证券担保品可能会，也可能不会发生公司行为。

在公告了可选或自愿事件的情况下，如果证券担保品的受益所有人（证券融入方）需要采取某些措施，则必须在最近的截止日期前的合理时间内，以书面形式告知交易

对手方。

与收入事件类似，许多融出方和融入方都希望避免处理证券担保品公司行为带来的行政负担，因而选择在公司行为的登记日之前进行担保品置换。

现金担保品示例（第6部分）

（延续前述的现金担保品示例）

由于融入方提供了现金担保品，因此公司行为不适用。

证券担保品示例（第6部分）

（延续前述的证券担保品示例）

L2 对手方接受 200 000 股发行人 X 面值为 1.00 美元的普通股的 18 天后，发行人宣布进行股票分割。从股票持有人的角度来看，股票分割导致同一发行人的新证券完全替换了原始证券，当前市场价格降低了，股票数量按比例增加，当前的市场价值不变；股票分割是强制性事件。

在股票分割生效之日，发行人 X 面值 1.00 美元的普通股的交易价格为每股140.00 美元。持有 200 000 股的股票（拆分前）的市值为 28 000 000.00 美元。发行人宣布以 2:1 的比例分拆股票，其中 200 000 股股票被注销，取而代之的是 400 000 股发行人 X 面值为 0.50 美元的普通股，市场价格为每股 70.00 美元。由于股票分割后的市场价值仍然为 28 000 000.00 美元，因此证券融出方或证券融入方均不会产生任何风险敞口。

10.6.14 投票权

投票权适用于借贷标的证券和证券担保品。

根据 GMSLA，在证券借贷交易存续期内，借贷标的证券的合法所有权从融出方转移到融入方；因此，受益所有人暂时失去投票权。[但是，在发生诸如股票股息（dividend）和债券息票支付（coupon payment）等事件时，融出方的所有权利均受到保护。]请注意，股票和债券都会出现投票机会。

有关借贷标的证券的投票机会，融入方没有义务按照受益所有人意愿投票。

由于投票权会转移，一些受益所有人会避免融出部分或其全部证券。但如果受益所有人愿意融出，GMSLA 提供了表决权丧失的一种解决方案，即若交易是在到期结算日"待定"的基础上进行时，融出方可以召回（recall）融出的证券，并终止证券借贷交易。

同样，在提供证券担保品的情况下，融入方的表决权也转移给证券融出方。对于希望投票的融入方，解决方案是在投票日期之前进行担保品置换（collateral substitution）。

10. 6. 15 召回和返还

证券借贷交易结束后，必须将担保品返还给担保品提供方。然而，该交易是否关闭将取决于交易是固定期限还是到期结算日"待定"。

固定期限证券借贷 证券借贷交易基于固定期限执行，借贷标的证券和担保品必须于到期结算日（closing value date）返还至初始所有人。

到期结算日"待定"的证券借贷 在到期结算日"待定"基础上进行证券借贷交易，证券融出方和证券融入方均具有终结该交易的合法权利（如 GMSLA 中所述）：在执行交易后，该交易每天滚动续做，直到证券融出方或证券融入方需要关闭交易为止。

从证券融出方的角度来看，关闭到期结算日"待定"的证券借贷交易被称为证券"召回"（recall）。召回的一般原因包括：

■ 履行交付承诺（如与卖出或回购交易相关）
■ 为进行投票，如在年度股东大会上投票
■ 便于直接处理复杂且有风险的事件，例如，自愿的公司行为事件

相比之下，从证券融入方的角度看，关闭到期结算日"待定"的证券借贷交易被称为融入证券"返还"（return）。返还的一般原因包括：

■ 之前结算失败的买入交易现已完成结算
■ 之前执行的卖空（short sale）操作已不再是卖空状态

在上述两个证券融入方示例中，买入交易中收到的证券现在都应当被用来偿还证券融出方。除非证券融入方主动寻找机会结束此类到期结算日"待定"的证券借贷交易，否则证券融入方将承担继续支付证券借贷费用的不必要的风险。

在某些市场中，借贷标的证券和担保品的返还必须同时进行。在其他市场中，为了减轻融出方的风险（以融入方承担风险为代价），在担保品返还给证券融入方之前，先将借贷标的证券返还给融出方，如图 10.19 所示。

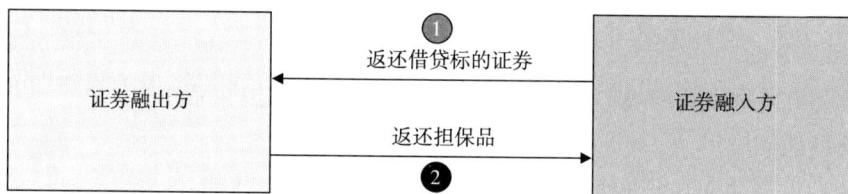

图 10.19 返还借贷标的证券后，返还担保品

为了保持内部控制，至关重要的是，在内部账簿和财务记录中，证券借贷交易从原来记录的到期结算日"待定"更新为商定的到期结算日（closing value date）。通过这样做，公司的账簿和财务记录（books & records）将反映与对方交易的真实情况和状态；一旦借贷标的证券和担保品的转移结算完成，就必须再次更新账簿和财务记录，从而表明与对手方的交易已经结束。

现金担保品示例（第7部分）

（延续前述的现金担保品示例）

交易执行三周后，L（证券融出方）出售了借贷标的证券。L 的账簿和财务记录显示，这些证券目前处于已出借状态。L 与 B（证券融入方）取得联系，提出关闭交易并召回借贷标的证券的要求；双方就到期结算日达成一致。L 向 B 发出确认函。双方将各自的交易记录从到期结算日"待定"更新为商定的到期结算日。

L 向其 CSD 或托管人发出 DvP 结算指令，通过支付现金担保品，以收回借贷标的证券；B 发布对等的结算指令。指令在到期结算日之前匹配。从 CSD 或托管人处收到结算通知后，双方更新各自账簿和财务记录以表明该交易现已完成结算。此外，现金返利金额应在次月 10 日之前支付。

证券担保品示例（第7部分）

（延续前述的证券担保品示例）

交易执行七周后，B2（证券融入方）收到了买入交易的对手方交付的证券。B2 的账簿和财务记录显示，目前从 L2 借入了同样的证券。B2 与 L2 联系，提出返还借贷标的证券等同品以结束证券借贷交易；双方就到期结算日达成一致。B2 向 L2 发出确认函。双方将各自的交易记录从到期结算日"待定"更新为商定的到期结算日。

L2：（1）向其 CSD 或托管人发出 FoP 结算指令以接收借贷标的证券，以及（2）发出关于交付证券担保品的 FoP 结算指令。B2 发出两个对等的结算指令。两组指令均在到期结算日之前匹配。从 CSD 或托管人处收到 2 笔结算通知后，双方更新各自账簿和财务记录以表明该交易现已完成结算。此外，证券借贷费用应在次月 10 日之前支付。

10.6.16 费用和返利

证券融出方收取费用的形式取决于证券融入方提供的担保品性质：

- 现金担保品：
  - 从证券融入方的角度：
    - 执行交易时，若融入方表示希望提供现金担保品，交易双方将协商确定一个［"返利"（rebate）］利率。返利利率由融出方支付给融入方［假设正利率（positive interest rate）环境］。融入方的成本是当前利率（假设借入现金适用的利率）与从证券融出方处获得的返利利率之间的差额
  - 从证券融出方的角度：
    - 融出方将［如在货币市场（money market）中］从证券融入方收到的现金担保品进行再投资，以期获得比应支付给证券融入方的返利利率更大的收益。因此，

融出方在证券借贷交易中赚取的费用是再投资收入与应支付的返利利率之间的差额

■ 证券借贷交易存续的自然月对应的返利金额应在次月的第 10 个工作日前（由证券融出方）支付

■ 注意：无须另外支付费用

■ 证券担保品：

■ 从证券融入方的角度：

■ 如果证券融入方提供证券担保品，则证券借贷成本是约定的借贷标的证券市场价值的一定百分比［以年基点（basis points per annum –bppa）表示］

■ 从证券融出方的角度：

■ 融出方赚取的费用是约定的借贷标的证券市场价值的一定百分比

■ 证券借贷交易存续的自然月对应的费用金额应在次月的第 10 个工作日前（由证券融入方）支付

计算现金担保品的返还金额，必须使用特定货币的标准货币市场除数惯例；USD 和 EUR = 360，GBP = 365。示例如下：

■ 如果已融出证券的价值（包括保证金）为 20 000 000.00 美元，返还利率为 0.35%，如果已融出证券 12 天，此计算公示为 20 000 000.00 美元 × 0.35% / 360 × 12 天 = 2 333.33 美元，应付给证券融入方，以及

■ 对于同一笔交易，如果再投资率为 0.68%，则证券融出方将获得 4 533.33 美元，从而获利 2 200.00 美元。

对于证券担保品，要计算手续费金额，相同的货币市场的日息确定惯例必须使用特定币种。表 10.5 给出了许多计算示例。

表 10.5 费用金额计算

证券担保品：费用金额计算			
借贷标的证券市场价值	费用百分比	证券借贷期限	费用金额
34 000 000.00 欧元	28bppa	3 天	793.33 欧元
14 100 000.00 英镑	24bppa	13 天	1 205.26 英镑
21 250 000.00 美元	32bppa	22 天	4 155.56 美元

请注意，以上示例可能意味着费用按借贷标的证券的初始市场价值支付；实际上，在整个证券借贷交易的存续期内，费用是基于借贷标的证券波动的市场价格而支付的。

费用/返利付款的处理　产生费用和返利付款的程序称为"开票"流程。根据特定月份的交易活动，常见的做法是：

■ 证券融出方确定应付给证券融入方的返利金额，以及

■ 证券融入方确定应付给证券融出方的费用金额

然后，收款方会开具发票，通常包括交易的明细信息，以使付款方能够在进行付款之前进行比较和核对。

一些公司使用软件系统执行对证券借贷费用和返利的对账，在该系统中，证券融

出方和证券融入方以电子方式提交计费周期对应的交易明细。然后，系统会自动比较交易明细，并利用设定的结算匹配允差来识别匹配或不匹配项目。

10.7 总结

如今，证券借贷已成为证券行业不可或缺的重要组成部分，就借贷标的证券的价值而言，全球证券借贷交易规模估计超过 2 万亿美元。

成熟证券市场的证券借贷交易有利于支持市场交易，同时提高了结算效率。

作为优化利用金融资产措施的一部分，许多公司可以通过融出投资组合中的股票和债券受益。此外，许多公司通过融入其他方的可融出证券以便于对出售交易进行按时结算。

同时，在法律协议的支持下，担保品在降低证券融出方的风险方面起着至关重要的作用。没有担保品，公司很有可能不愿意融出证券。

证券借贷与担保品
—证券借贷交易生命周期[①][②]

Chapter Eleven

第11章

本章介绍了使用现金担保品处理证券借贷交易所需的日常工作步骤，涵盖了交易执行前后的行为，包括保证金的应用、风险敞口计算、保证金追缴、追缴保证金的结算和现金返利的结算。

证券借贷交易生命周期

❶ 交易前

❷ 交易执行

❸ 结算前

❹ 首期交易结算

❺ 交易存续期间

❻ 召回/返还证券

❼ 到期交易结算

❽ 费用与返利结算

11.1 交易前

在交易执行（trade execution）前应采取的行动包括：
背景

■ C机构［一家买方（buy-side）公司］和K银行［一家卖方（sell-side）公司］

---

① 本章内容直接涉及前一章所述的概念，即第10章"证券借贷与担保品—证券借贷原理"；强烈建议读者首先熟悉前一章，以便能够顺利地遵循本章中的每个步骤。

② 证券借贷交易的执行方法多种多样。然而，为了使读者能够理解基本原则，本章有意从一般（双边）交易角度对交易特征和市场惯例进行描述。第12章"证券借贷与担保品—证券借贷交易方式及担保品管理"中描述了多种证券借贷交易的执行方法。

计划在不久的将来进行证券借贷（SL&B）交易

证券借贷交易生命周期
❶ 交易前
❷ 交易执行
❸ 结算前
❹ 首期交易结算
❺ 交易存续期间
❻ 召回/返还证券
❼ 到期交易结算
❽ 费用与返利结算

法律文件

■ 经过短暂的谈判，交易双方签署了以下法律文件：

　■ 全球证券借贷主协议（Global Master Securities Lending Agreement，GMSLA）

　■ 附约，包括表 11.1 中列出的规定：

表 11.1　　　　　　　　　　　　　附约中的规定

要素	达成一致的附约规定
基准货币	英镑
合格担保品（eligible collateral）	英镑、美元、欧元货币
风险敞口计算频率	每日
起点金额（threshold）	250 000.00 英镑（或等值货币），双边
最低转让金额（minimum transfer amount）	50 000.00 英镑，双边
保证金追缴（margin call）通知截止时点	英国时间 13:00

常设结算指令

■ 交易双方交换各自公司的常设结算指令（standing settlement instructions，SSIs）

静态数据

为了方便重复使用上述数据，并提高交易处理效率：

■ 在两家公司的证券借贷担保品管理系统中设置双方附约包含的详细信息

■ 在两家公司的静态数据库（static data repository）中设置每家公司自己的常设结算指令和交易对手方（counterparty）的常设结算指令

11.2　交易执行

在交易执行之前和期间应立即采取的行动包括：

```
┌────────────────────────────────┐
│       证券借贷交易生命周期       │
│  ┌──────────────────────────┐  │
│  │ ❶        交易前           │  │
│  ├──────────────────────────┤  │
│  │ ❷        交易执行         │  │
│  ├──────────────────────────┤  │
│  │ ❸        结算前           │  │
│  ├──────────────────────────┤  │
│  │ ❹      首期交易结算       │  │
│  ├──────────────────────────┤  │
│  │ ❺      交易存续期间       │  │
│  ├──────────────────────────┤  │
│  │ ❻      召回/返还证券      │  │
│  ├──────────────────────────┤  │
│  │ ❼      到期交易结算       │  │
│  ├──────────────────────────┤  │
│  │ ❽      费用与返利结算     │  │
│  └──────────────────────────┘  │
└────────────────────────────────┘
```

确定可供贷出的证券

■ 为了使收入最大化，C 机构确定了准备贷出的具体证券以及相关数量

就可贷出证券进行沟通

■ C 机构就其可贷出证券与特定的交易对手方进行沟通，包括 K 银行

确定证券借入需求

■ 为了对现有的交付承诺进行结算，K 银行确定了一定数量的特定证券的借入需求

交易执行前

■ K 银行发现其借入需求与 C 机构提供的可贷出证券清单相匹配，并联系了 C 机构

交易执行

■ 证券融出方和证券融入方以双边场外交易的方式进行交易

■ 交易执行详情如表 11.2 所示。

表 11.2　　　　　　　　　　　交易执行详情

交易要素	执行详情
证券融出方	C 机构
证券融入方	K 银行
标的证券	劳斯莱斯控股有限公司股票
借贷数量	2 950 000
市场价格	7.045 英镑
保证金比例	2%
担保品	英镑现金
返利利率	45 个年基点
交易日期	10 月 28 日
首期结算日	10 月 29 日
到期结算日	待定

11.3 结算前

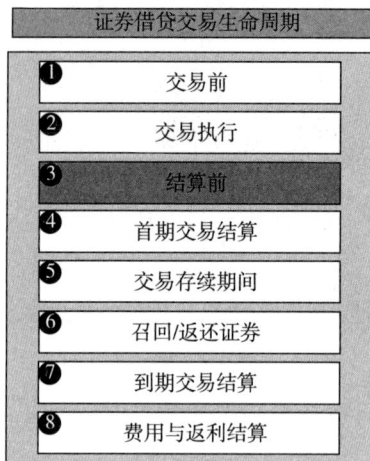

应在交易执行期间和之后采取的行动如下所述，并在表 11.3 至表 11.5 中予以说明：

交易日期：10 月 28 日

交易信息记录

■ 上述所有交易执行的详细信息均由交易双方进行内部信息记录

■ 此外，以下现金价值由交易双方计算和记录：

表 11.3   **交易信息记录**

要素	现金价值
10 月 28 日标的证券的市场价值	20 782 750.00 英镑
10 月 28 日标的证券保证金的价值	415 655.00 英镑
10 月 28 日要求的担保品价值	21 198 405.00 英镑

■ 此外，证券融出方与现金借款银行协商的再投资利率为 68 个年基点。

交易信息扩展

■ 交易双方必须确定并记录结算地点以及融出方和融入方的结算账号：

　　■ 结算地点取决于持有和交易标的证券的市场

　　■ 从静态数据中存储的常设结算指令中获取结算账号

　　　　■ C 机构希望通过其在中央证券托管机构 M 的 77098 账户结算

　　　　■ K 银行希望通过其在中央证券托管机构 M 的 54003 账户结算

交易确认

■ 融入方（K 银行）通过 S.W.I.F.T. MT516 报文（借贷确认书）向融出方（C

机构）签发交易确认书，如表 11.4 所示。

表 11.4 交易确认

证券借贷交易确认	
发出方	K 银行
接收方	C 机构

我方确认以下交易:

交易要素		交易详情	
我方交易参考编号		SLB0059397	
交易类型		证券借贷	
证券融出方		C 机构	
证券融入方		K 银行	
证券	ISIN	劳斯莱斯控股有限公司股票	GB00B63H8491
数量		2 950 000	
当前市场价格		7.045 英镑	
保证金比例		2.0%	
担保品类型		英镑现金	
返利利率		45 个年基点	
交易日期		10 月 28 日	
首期结算日		10 月 29 日	
到期结算日		待定	
首期结算日现金价值			
当前市场价值		20 782 750.00 英镑	
保证金价值		415 655.00 英镑	
要求的担保品价值		21 198 405.00 英镑	
结算详细信息			
我方托管人/资金代理行		中央证券托管机构 M，账号 54003	
你方托管人/资金代理行		中央证券托管机构 M，账号 77098	
结算方式		券款对付	

■ C 机构将交易确认书的详细信息与其内部记录进行比较以确定所有的详细信息是否匹配。如果不一样，证券融出方必须立即通知证券融入方，以便尽快开展调查并解决问题

首期交易结算指令

■ 交易双方直接向相关中央证券托管机构或其托管人发出结算指令

■ 结算指令传输方法由各公司自行选择，但通常为 S. W. I. F. T. 或通过中央证券托管机构或托管人的专有系统

■ 证券融出方首期交易结算指令的内容如表 11.5 所示:

表 11.5 结算指令：首期交易

结算指令	
要素	详情
发出方	C 机构
接收方	M 中央证券托管机构
日期	10 月 28 日
项目	结算指令
我方参考编号	SecL7079014
我方账号	77098
接收/交付	交付
数量	2 950 000
ISIN	GB00B63H8491
对应现金价值	21 198 405.00 英镑
结算日	10 月 29 日
结算方式	券款对付
对手方账号	54003

■ 注：在券款对付结算指令中，"接收/交付"方向始终与证券（而非现金）的变动方向一致

首期交易结算指令状态

■ 交易双方发出各自的结算指令后……

■■ 交易双方均收到通知，得知其指令与对方指令相匹配

11.4 首期交易结算

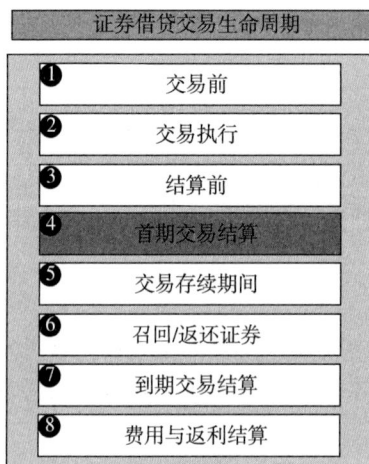

证券借贷交易生命周期
❶ 交易前
❷ 交易执行
❸ 结算前
❹ 首期交易结算
❺ 交易存续期间
❻ 召回/返还证券
❼ 到期交易结算
❽ 费用与返利结算

首期结算日：10 月 29 日

在 M 中央证券托管机构：

■ 证券融出方账户持有足够数量的相关证券，从而能够向证券融入方账户进行交付

　■ 当日［实际结算日（settlement date）］，对应数量的证券从证券融出方账户中移除并添加至证券融入方账户中

■ 证券融入方账户持有（1）充足的现金余额或（2）充足的信贷额度和担保品，从而能够向证券融出方账户支付款项

　■ 现金金额从证券融入方账户中移除，并于当日（结算日）添加至证券融出方账户中

■ 根据交易双方的指令，上述资产交换是同步（券款对付）进行的

首期交易结算通知

■ 交易双方均收到来自 M 中央证券托管机构的结算通知，以确认其各自的结算指令已在指定日期执行

更新账簿和财务记录

■ 交易双方更新各自内部账簿和财务记录（books & records），显示……

　■ 对于 C 机构：

　　■ 于 10 月 29 日交付 2 950 000 股劳斯莱斯股票

　　■ 于 10 月 29 日收到 21 198 405.00 英镑

　■ 对于 K 银行：

　　■ 于 10 月 29 日收到 2 950 000 股劳斯莱斯股票

　　■ 于 10 月 29 日支付 21 198 405.00 英镑

对账

■ 更新内部账簿和财务记录后，各方进行以下对账……

　■ 对于 C 机构：

　　■ 托管对账（depot reconciliation）证明内部账簿和财务记录正确反映已从 M 中央证券托管机构的证券账户中扣除 2 950 000 股股票，以及

　　■ 往账对账（nostro reconciliation）证明内部账簿和财务记录正确反映已在 M 中央证券托管机构账户中收到 21 198 405.00 英镑

　■ 对于 K 银行：

　　■ 托管对账证明内部账簿和财务记录正确显示已在 M 中央证券托管机构的证券账户中收到 2 950 000 股股票，以及

　　■ 往账对账证明内部账簿和财务记录正确显示已从 M 中央证券托管机构账户中支付 21 198 405.00 英镑

更新担保品记录

■ 首期交易结算后，交易双方更新其特定交易的担保品记录（见表 11.6 和表

11.7）。

表 11.6 担保品余额#1

当前担保品余额——C 机构视角			
日期	现金担保品		
	收到	支付	余额
10 月 29 日	21 198 405.00 英镑		+21 198 405.00 英镑

表 11.7 担保品余额#2

当前担保品余额——K 银行视角			
日期	现金担保品		
	收到	支付	余额
10 月 29 日		21 198 405.00 英镑	−21 198 405.00 英镑

证券融入方后续交付

■ K 银行收到借入的证券后，将于当日将证券交付给 K 银行的相关交易对手，从而履行其交付承诺，达成 K 银行进行证券借贷交易的目的

■ 请注意：有时借入证券的原因并非履行交付承诺；例如，也可能是为了进行套利操作。有关详情请参阅第 10 章"证券借贷与担保品—证券借贷原理"

证券融出方现金再投资

■ C 机构收到现金担保品后，将于当日向 S 银行支付等额现金，以便对前一日安排的现金借款进行首期结算；请参阅本章第 11.3 节"结算前"。从 C 机构的角度来看，这是现金担保品再投资（cash collateral reinvestment）

11.5 交易存续期间

证券借贷交易生命周期
❶ 交易前
❷ 交易执行
❸ 结算前
❹ 首期交易结算
❺ 交易存续期间
❻ 召回/返还证券
❼ 到期交易结算
❽ 费用与返利结算

首期结算日 +1 天：10 月 30 日

本日执行下列任务：

盯市

■ "昨日"（10 月 29 日）交易结束后，交易双方独立收集借贷标的证券的当前市场价格

　　■ 当前的市场中间价为 6.873 英镑

风险敞口计算

■ 盯市程序后，交易双方独立确定是否存在风险敞口（见表 11.8）：

表 11.8 风险敞口计算#1

要素	现金价值	
10 月 29 日日终标的证券的市场价值	20 275 350.00 英镑	
10 月 30 日标的证券保证金的价值	405 507.00 英镑	
10 月 30 日要求的担保品价值	20 680 857.00 英镑	
现有现金担保品	− 21 198 405.00 英镑	
风险敞口方：K 银行	风险敞口金额	517 548.00 英镑

■ 计算结果表明，证券融出方手中持有的证券融入方（K 银行）担保品过多。

发出保证金追缴通知

■ 计算风险敞口后，K 银行发出保证金追缴通知，无风险敞口方将在规定的截止时点前收到通知

追缴保证金的确认

■ 于截止时点前收到保证金追缴通知（margin call notification）后，C 机构（无风险敞口方）同意追缴保证金

追缴保证金的结算

■ 确认保证金追缴通知后，C 机构通过向其资金代理行（cash correspondent）发送仅现金（无须匹配）结算指令，将风险敞口金额（517 548.00 英镑）的付款汇至 K 银行的英镑资金代理行（从静态数据中获取存储的常设结算指令），结算日为"今日"

■ 注：尽管 C 机构选择以英镑支付保证金，但法律文件还允许以美元和欧元结算保证金

发出资金预开通知书

■ 为使 K 银行在收到资金时获得"可用资金价值"（good value），其资金代理行可以要求 K 银行向资金代理行发送资金预开通知书（funds preadvice）。如果资金代理行要求提供此类通知，则应说明接收通知的截止时点。如果需要资金预开通知书，但 K 银行未能按时发出通知，K 银行将承担资金贷记延迟的风险：在这种情况下，K 银行的风险将无法在最早时间点就得到减轻（mitigated）

结算通知书

■ 证券融出方和证券融入方现在均对各自资金代理行账户进行监控，以确保付款

（1）由无风险敞口方支付，且（2）由风险敞口方收到

更新账簿和财务记录

■ 交易双方现在更新各自的内部账簿和财务记录（books & records），以正式反映在实际结算日（settlement date）已支付或收到款项的事实

对账

■ 更新内部账簿和财务记录后，各方进行以下对账……

　　■ 对于 C 机构：

　　　　■ 往账对账证明内部账簿和财务记录正确显示已支付 517 548.00 英镑

　　■ 对于 K 银行：

　　　　■ 往账对账证明内部账簿和财务记录正确显示已收到 517 548.00 英镑

更新担保品记录

■ 追缴保证金结算后，交易双方更新其特定交易的担保品记录（见表 11.9 和表 11.10）：

表 11.9　　　　　　　　　　　　担保品余额#3

当前担保品余额——C 机构视角			
日期	现金担保品		
	收到	支付	余额
10 月 29 日	21 198 405.00 英镑		+ 21 198 405.00 英镑
10 月 30 日		517 548.00 英镑	+ 20 680 857.00 英镑

表 11.10　　　　　　　　　　　　担保品余额#4

当前担保品余额——K 银行视角			
日期	现金担保品		
	收到	支付	余额
10 月 29 日		21 198 405.00 英镑	− 21 198 405.00 英镑
10 月 30 日	517 548.00 英镑		− 20 680 857.00 英镑

首期结算日 +2 天：10 月 31 日

本日执行下列任务（见表 11.11 至表 11.13）：

盯市

■ "昨日"（10 月 30 日）交易结束后，交易双方独立收集借贷标的证券的当前市场价格

■ 当前的市场中间价为 6.762 英镑

风险敞口计算

■ 盯市程序后，交易双方独立确定是否存在风险敞口：

表 11.11 风险敞口计算#2

要素	现金价值
10 月 30 日日终标的证券的市场价值	19 947 900.00 英镑
10 月 31 日标的证券保证金的价值	398 958.00 英镑
10 月 31 日要求的担保品价值	20 346 858.00 英镑
现有现金担保品	−20 680 857.00 英镑

风险敞口方：K 银行	风险敞口金额	333 999.00 英镑

■ 计算结果表明，证券融出方手中持有的证券融入方（K 银行）担保品过多

发出保证金追缴通知

■ 计算风险敞口后，K 银行发出保证金追缴通知，因此无风险敞口方将在规定的截止时点前收到通知

与前一日类似，现在必须执行以下所有操作：

追缴保证金的确认

追缴保证金的结算

发出资金预开通知书

结算通知书

更新账簿和财务记录

对账

更新担保品记录

■ 追缴保证金结算后，交易各方更新其特定交易的担保品记录：

表 11.12 担保品余额#5

当前担保品余额——C 机构视角			
日期	现金担保品		
	收到	支付	余额
10 月 29 日	21 198 405.00 英镑		+21 198 405.00 英镑
10 月 30 日		517 548.00 英镑	+20 680 857.00 英镑
10 月 31 日		333 999.00 英镑	+20 346 858.00 英镑

表 11.13 担保品余额#6

当前担保品余额——K 银行视角			
日期	现金担保品		
	收到	支付	余额
10 月 29 日		21 198 405.00 英镑	−21 198 405.00 英镑
10 月 30 日	517 548.00 英镑		−20 680 857.00 英镑
10 月 31 日	333 999.00 英镑		−20 346 858.00 英镑

首期结算日 +3 天：11 月 1 日

本日执行下列任务（见表 11.14 至表 11.16）：

盯市

■ "昨日"（10 月 31 日）交易结束后，交易双方独立收集借贷标的证券的当前市场价格

■ 当前的市场中间价为 6.819 英镑

风险敞口计算

■ 盯市程序后，交易双方独立确定是否存在风险敞口：

表 11.14　　　　　　　　　　　　风险敞口计算#3

要素		现金价值
10 月 31 日终标的证券的市场价值		20 116 050.00 英镑
11 月 1 日标的证券保证金的价值		402 321.00 英镑
11 月 1 日要求的担保品价值		20 518 371.00 英镑
现有现金担保品		− 20 346 858.00 英镑
风险敞口方：C 机构	风险敞口金额	171 513.00 英镑

■ 计算结果表明，证券融出方（C 机构）持有的担保品不足以覆盖其风险敞口。

发出保证金追缴通知

■ 计算风险敞口后，C 机构发出保证金追缴通知，因此无风险敞口方将在规定的截止时点前收到通知

追缴保证金的确认

■ 于截止时点前收到保证金追缴通知后，无风险敞口方试图验证相关详情，然而，由于风险敞口金额在规定的 250 000.00 英镑起点金额以下，保证金追缴通知被拒绝

■ 本日不转让保证金

更新担保品记录

■ 由于本日没有追缴保证金，交易各方记录如下：

表 11.15　　　　　　　　　　　　担保品余额#7

日期	当前担保品余额——C 机构视角		
	现金担保品		
	收到	支付	余额
10 月 29 日	21 198 405.00 英镑		+ 21 198 405.00 英镑
10 月 30 日		517 548.00 英镑	+ 20 680 857.00 英镑
10 月 31 日		333 999.00 英镑	+ 20 346 858.00 英镑
11 月 1 日	无	无	+ 20 346 858.00 英镑

表 11. 16 担保品余额#8

当前担保品余额——K 银行视角			
日期	现金担保品		
	收到	支付	余额
10 月 29 日		21 198 405. 00 英镑	− 21 198 405. 00 英镑
10 月 30 日	517 548. 00 英镑		− 20 680 857. 00 英镑
10 月 31 日	333 999. 00 英镑		− 20 346 858. 00 英镑
11 月 1 日	无	无	− 20 346 858. 00 英镑

首期结算日 +4 天：11 月 2 日

本日执行下列任务（见表 11. 17 至表 11. 19）：

盯市

■ "昨日"（11 月 1 日）结束营业后，交易双方独立收集借贷标的证券的当前市场价格：

■ 当前的市场中间价为 6. 963 英镑

风险敞口计算

■ 盯市程序后，交易双方独立确定是否存在风险敞口：

表 11. 17 风险敞口计算#4

要素	现金价值
11 月 1 日日终标的证券的市场价值	20 540 850. 00 英镑
11 月 2 日标的证券保证金的价值	410 817. 00 英镑
11 月 2 日要求的担保品价值	20 951 667. 00 英镑
现有现金担保品	− 20 346 858. 00 英镑
风险敞口方：C 机构	风险敞口金额 604 809. 00 英镑

■ 计算结果表明，证券融出方（C 机构）持有的担保品不足以覆盖其风险敞口

发出保证金追缴通知

■ 计算风险敞口后，C 机构发出保证金追缴通知，因此无风险敞口方将在规定的截止时点前收到通知

与前几日类似，现在必须执行以下所有操作：

追缴保证金的确认

追缴保证金的结算

发出资金预开通知书

结算通知书

更新账簿和财务记录

对账

更新担保品记录

■ 追缴保证金结算后，交易各方更新其特定交易的担保品记录：

表 11.18 担保品余额#9

当前担保品余额——C 机构视角			
日期	现金担保品		
	收到	支付	余额
10 月 29 日	21 198 405.00 英镑		+ 21 198 405.00 英镑
10 月 30 日		517 548.00 英镑	+ 20 680 857.00 英镑
10 月 31 日		333 999.00 英镑	+ 20 346 858.00 英镑
11 月 1 日	无	无	+ 20 346 858.00 英镑
11 月 2 日	604 809.00 英镑		+ 20 951 667.00 英镑

表 11.19 担保品余额#10

当前担保品余额——K 银行视角			
日期	现金担保品		
	收到	支付	余额
10 月 29 日		21 198 405.00 英镑	− 21 198 405.00 英镑
10 月 30 日	517 548.00 英镑		− 20 680 857.00 英镑
10 月 31 日	333 999.00 英镑		− 20 346 858.00 英镑
11 月 1 日	无	无	− 20 346 858.00 英镑
11 月 2 日		604 809.00 英镑	− 20 951 667.00 英镑

11.6 召回与返还证券

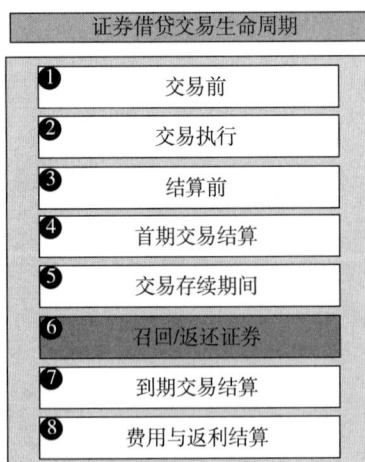

证券借贷交易生命周期
❶ 交易前
❷ 交易执行
❸ 结算前
❹ 首期交易结算
❺ 交易存续期间
❻ 召回/返还证券
❼ 到期交易结算
❽ 费用与返利结算

该项证券借贷交易的到期结算日"待定"(是在"按需"的基础上进行的)。证券融出方和证券融入方都有随时终止交易的合法权利;该合法权利在全球证券借贷主协议(GMSLA)中有所规定。

召回借贷标的证券

11 月 2 日,C 机构的交易员决定将全部 2 950 000 股劳斯莱斯股票出售给参与方 G,因此:

■ C 机构(从其经过对账的账簿和财务记录中)确认,除非从 K 银行召回所贷出证券,否则无法对该出售交易进行结算

■ C 机构与 K 银行联系,以启动对所贷出证券的召回操作

■ 交易双方同意 11 月 3 日为到期结算日

■ 交易双方将各自内部交易记录的到期结算日从"待定"更新为"11 月 3 日"

■ K 银行向 C 机构出具更新后的交易确认书

■ C 机构将收到的 K 银行的最新交易确认书与其账簿和财务记录进行对比,结果一致①

由于上述原因,本日执行下列任务(见表 11.20)。

到期交易结算指令

■ 交易各方独立负责向相关结算机构发出结算指令:

■ 融出方到期交易结算指令的内容如表 11.20 所示

表 11.20 结算指令:到期交易

结算指令	
要素	详情
发出方	C 机构
接收方	M 中央证券托管机构
日期	11 月 2 日
项目	结算指令
我方参考编号	SecL7079015
我方账号	77098
接收/交付	接收
数量	2 950 000
ISIN	GB00B63H8491
对应现金价值	20 951 667.00 英镑
结算日	11 月 3 日
结算方式	券款对付
对手方账号	54003

---

① K 银行仍有证券借贷需求,根据 C 机构的召回要求,K 银行安排了从另一个证券融出方处借入证券,从而完成 C 机构的证券召回结算。

到期交易结算指令状态

■ 交易各方发出各自的结算指令后⋯⋯

　　■ 交易双方均收到通知，得知其指令与对方指令相匹配

11.7　到期交易结算

```
        证券借贷交易生命周期
    ❶      交易前
    ❷      交易执行
    ❸      结算前
    ❹     首期交易结算
    ❺     交易存续期间
    ❻     召回/返还证券
    ❼     到期交易结算
    ❽    费用与返利结算
```

到期结算日：11 月 3 日

在 M 中央证券托管机构：

■ 证券融入方账户持有足够数量的相关证券，从而能够向证券融出方账户返还借贷标的证券

　　■ 当日［实际结算日（settlement date）］，对应数量的证券从证券融入方账户中移除并添加至证券融出方账户中

■ 证券融出方账户持有（1）充足的现金余额或（2）充足的信贷额度和担保品，从而能够向证券融入方账户返还当前现金担保品余额

　　■ 现金金额从证券融出方账户中移除，并于当日（结算日）添加至证券融入方账户中

■ 根据交易双方的指令，上述资产交换是同步（券款对付）进行的

到期交易结算通知

■ 交易双方均收到来自 M 中央证券托管机构的结算通知，以确认其各自的结算指令已在指定日期执行

更新账簿和财务记录

■ 交易双方更新各自内部账簿和财务记录，显示⋯⋯

　　■ 对于 C 机构：

　　　　■ 于 11 月 3 日收到 2 950 000 股劳斯莱斯股票

■ 于 11 月 3 日支付 20 951 667.00 英镑

■ 对于 K 银行：

■ 于 11 月 3 日交付 2 950 000 股劳斯莱斯股票

■ 于 11 月 3 日收到 20 951 667.00 英镑

对账

■ 更新内部账簿和财务记录后，各方进行以下对账……

■ 对于 C 机构：

■ 托管对账（depot reconciliation）证明内部账簿和财务记录正确显示已在 M 中央证券托管机构的证券账户中收到返还的 2 950 000 股股票，以及

■ 往账对账（nostro reconciliation）证明内部账簿和财务记录正确显示已从 M 中央证券托管机构账户中支付 20 951 667.00 英镑

■ 对于 K 银行：

■ 托管对账证明内部账簿和财务记录正确显示已从 M 中央证券托管机构的证券账户中扣除 2 950 000 股股票，以及

■ 往账对账证明内部账簿和财务记录正确显示已在 M 中央证券托管机构账户中收到 20 951 667.00 英镑

更新担保品记录

■ 到期交易结算后，交易各方更新其特定交易的担保品记录（见表 11.21 和表 11.22）

表 11.21 担保品余额#11

当前担保品余额——C 机构视角			
日期	现金担保品		
	收到	支付	余额
10 月 29 日	21 198 405.00 英镑		+ 21 198 405.00 英镑
10 月 30 日		517 548.00 英镑	+ 20 680 857.00 英镑
10 月 31 日		333 999.00 英镑	+ 20 346 858.00 英镑
11 月 1 日	无	无	+ 20 346 858.00 英镑
11 月 2 日	604 809.00 英镑		+ 20 951 667.00 英镑
11 月 3 日		20 951 667.00 英镑	无

表 11.22 担保品余额#12

当前担保品余额——K 银行视角			
日期	现金担保品		
	收到	支付	余额
10 月 29 日		21 198 405.00 英镑	− 21 198 405.00 英镑
10 月 30 日	517 548.00 英镑		− 20 680 857.00 英镑
10 月 31 日	333 999.00 英镑		− 20 346 858.00 英镑
11 月 1 日	无	无	− 20 346 858.00 英镑
11 月 2 日		604 809.00 英镑	− 20 951 667.00 英镑
11 月 3 日	20 951 667.00 英镑		无

此时，除返利金额的结算外，交易已全部结算；请参阅"11.8 费用与返利结算"。

11.8 费用与返利结算

```
┌─────────────────────────────┐
│      证券借贷交易生命周期       │
├─────────────────────────────┤
│ ❶        交易前              │
│ ❷        交易执行            │
│ ❸        结算前              │
│ ❹        首期交易结算         │
│ ❺        交易存续期间         │
│ ❻        召回/返还证券        │
│ ❼        到期交易结算         │
│ ❽        费用与返利结算       │
└─────────────────────────────┘
```

由于该项证券借贷交易以现金作担保，在交易执行（trade execution）时，双方商定了一个返利（rebate）利率，由担保品接受方（collateral taker）（即证券融出方）向担保品提供方（collateral giver）（即证券融入方）支付利息。

返利是担保品提供方所提供的现金担保品赚取的回报，而返利利率与再投资利率（reinvestment rate）之间的差额则相当于证券融出方所赚取的证券借贷费用。对于该项证券借贷交易而言，返利利率为45个年基点（bppa），再投资利率为68个年基点。

返利利息应在证券借贷交易生效且未结次月的10日前支付；该截止期限在全球证券借贷主协议（GMSLA）中有所规定。如果一笔证券借贷交易存续期大于或等于两个日历月，相关返利金额应按月支付给证券融入方。

注：如果证券借贷交易以证券作担保，那么同一截止期限也适用于证券融入方支付费用的情况。

返利金额计算

■ 未结证券借贷交易的每个日历月结束后，交易各方确定证券融出方应支付给证券融入方的返利金额

■ 适用返利利率的现金金额是借贷标的证券的波动市场价值，加上保证金（2%），如表11.23所示

表 11.23   返利金额计算

返利利率：45 个年基点				
日期	担保品价值	每日返利金额	月度返利金额（日历月）	
			月度应计	支付截止期限
10 月 29 日	21 198 405.00 英镑	261.35 英镑	10 月 767.17 英镑	11 月 10 日
10 月 30 日	20 680 857.00 英镑	254.97 英镑		
10 月 31 日	20 346 858.00 英镑	250.85 英镑		
11 月 1 日	20 346 858.00 英镑	250.85 英镑	11 月 509.16 英镑	12 月 10 日
11 月 2 日	20 951 667.00 英镑	258.31 英镑		
	返利金额总计	1 276.33 英镑		

与交易相关的每个日历月结束后，K 银行（证券融入方）向证券融出方开具形式发票，从而请求支付相关的返利金额。

收到此类形式发票后，C 机构将发票金额与其内部计算结果进行比较，发现两者一致；然后，C 机构将于应计返利金额次月 10 日前支付返利金额。

11.9 其他因素

证券融出方整体利润计算

对于证券融出方（C 机构），为了确定其在本次证券借贷交易中的利润，需要考虑以下因素：

■ 应收和免付项目：

■ 应收项：68 个年基点的再投资（reinvestment）收益

■ 免付项：免于支付中央证券托管机构或托管人收取的证券保管费（securities safekeeping fees）

■ 应付项目：

■ 45 个年基点的返利

证券融入方整体收益计算

如"11.2 交易执行"所述，K 银行选择借入证券以履行现有交付承诺。导致 K 银行借入证券的相关情形将影响其借入证券的收益；下面是两个例子。

例 1 – 技术性空头 假设，举例而言，K 银行从一个交易对手方处买入证券，并以相同的条款向另一交易对手方卖出相同数量的同只证券（请参见第 10 章"证券借贷与担保品—证券借贷原理"图 10.4"技术性空头情形，借入证券后"）。然后，在两笔交易的结算日，买入交易未能结算；如图 10.4 所示，K 银行可以选择借入证券以结算卖出交易。对 K 银行收益的计算将包括：

■ 首先，零交易损益

■ 买入和卖出的条款相同

■ 证券借贷费用

■ K 银行将从提供给 C 机构的现金担保品中获得 45 个年基点的返利利率

■ 提供现金担保品的成本

■ 例如，如果 K 银行需要（在货币市场）借入现金作为向 C 机构提供的担保品，则必须考虑该笔借款的利息成本

■ 如果 K 银行已经拥有现金担保品（即 K 银行不需要借入现金），则必须考虑该笔现金理论上可能获得的信用利息

■ 将出售收益在货币市场贷出所赚取的利息

■ 假设（在借入证券之后）卖出交易结算时，K 银行将卖出收益在货币市场贷出，并赚取现金利息［假设是正利率（positive interest rate）环境］

在这种情况下，假设 K 银行借入证券有货币收益，则 K 银行买入证券交易所需的结算时间越长，K 银行的货币收益就越多。

例 2 - 卖空 如果，举例而言，K 银行进行了卖空操作，则建议在考虑 K 银行执行的"一系列"交易总体情况时，关注借入证券的成本以及其他因素，包括：

■ 出售股票的价格

■ 即卖空

■ 证券借贷费用

■ K 银行将从提供给 C 机构的现金担保品中获得 45 个年基点的返利利率

■ 提供现金担保品的成本

■ 例如，如果 K 银行需要（在货币市场）借入现金作为向 C 机构提供的担保品，则必须考虑该笔借款的利息成本

■ 如果 K 银行已经拥有现金担保品（即 K 银行不需要借入现金），则必须考虑该笔现金理论上可能获得的信用利息

■ 将出售收益在货币市场贷出所赚取的利息

■ 假设（在借入证券之后）卖出交易结算时，K 银行将卖出收益在货币市场贷出，并赚取现金利息［假设是正利率（positive interest rate）环境］

■ 最终购买股票的价格

■ 以平仓 K 银行的空头头寸

与前面两个例子相关，若没有借入证券，应考虑的其他（可能无法量化）因素有：

■ 未能对卖出交易进行结算可能造成的声誉损失

■ 特别是当证券的买方是买方（buy-side）公司（K 银行的客户）时

■ 可能触发针对 K 银行的补偿买进（buy-in）程序

■ 尽管不能保证买方是否会提请执行此类程序

证券担保品

如读者所看到的，本章的证券借贷交易示例中使用的是现金担保品。

如果使用证券担保品，将有如下（与现金担保品相比）差异：

■ 通常对证券担保品要求更高的保证金比例

■ 证券融入方将在更大程度上超额担保（over-collateralising）

■ 更高的结算风险，因为在交易首期结算日（opening value date）和到期结算日（closing value date）的资产交换均不是同步进行的

■ 在这种情况下，正常是进行两次纯券过户（FoP）结算

■ 由于这两次交付没有联系，不可能进行同步交换

■ 券款对付（DvP）结算不适用

■ 因为不涉及现金

■ 券券对付（DvD）结算不可用

■ 有效券券对付（effectiveDvD）在欧盟委员会泛欧结算平台（T2S）内可用

■ 在整个交易过程中需要花费更多工作量，因为必须对证券担保品（与借贷标的证券一起）进行盯市

■ 包括应计利息（accrued interest）的计算［使用除息价格（clean price）时］

■ 可能存在担保品置换（collateral substitution）

■ 可能出现收入（income）事件和公司行为（corporate action）事件

此外，如果公司在其托管人处持有证券，因为证券融入方已经拥有这些证券，那么将这些证券用作担保品就没有进一步的成本；事实上，使用这些证券作为担保品将减少公司作为担保品提供方（collateral giver）的证券保管费（securities safekeeping fees）。相反，为了提供现金担保品，证券融入方可能需要在货币市场借入该笔现金，从而产生现金借款成本［在正利率（positive interest rate）环境下］。

证券借贷与担保品 | 第 12 章
—证券借贷交易方式及担保品管理

在本书的证券借贷部分中，本章之前的三章：
- 第 9 章"证券借贷与担保品—证券借贷概述"
- 第 10 章"证券借贷与担保品—证券借贷原理"
- 第 11 章"证券借贷与担保品—证券借贷交易生命周期"

都是以证券融入方直接从证券融出方借入证券的视角描述了证券借贷交易。除了这种"证券融出方与证券融入方直接交易"的方式外，还存在其他进行证券借贷的方式，相应的担保品也可以进行管理。本章对这些其他方式进行了概述。

如今，证券借贷交易的方式有多种，包括：
- 证券融出方与证券融入方直接交易
- 通过贷出代理人交易，以及
- 使用国际中央证券托管机构的失败交易管理服务

12.1 节"交易方式"介绍了上述每一种证券借贷的方式。

此外，12.2 节"担保品管理"介绍了上述交易方式下的担保品管理。

12.1 交易方式

12.1.1 证券融出方与证券融入方直接交易：概述

这种方法涉及证券融出方（securities lender）和证券融入方（securities borrower）之间的直接沟通，因此是一种双边（bilateral）的场外（OTC）交易。

从证券融出方的角度看 贷出证券的第一步是：
- 确保拟贷出的证券实际上由证券融出方的托管人（custodian）保管

　　■ 此处需特别关注证券融出方已买入证券但未结算（settled）的情况；通常，这可能是由于以下两个原因之一造成的：（1）尚未到该笔买入交易的结算日（value

date)，或（2）结算日已到，但证券卖出方无法交付证券

■ 确保拟贷出的证券未被出售或未被指定用于其他交易［如回购（repo），或场外衍生品（OTC derivative）交易中的担保品（collateral）交付］

■ 为了确定拟贷出的证券是否可供贷出，需要查阅公司记录交易信息的账簿和财务记录（books & records）

上述问题如图 12.1 所示。

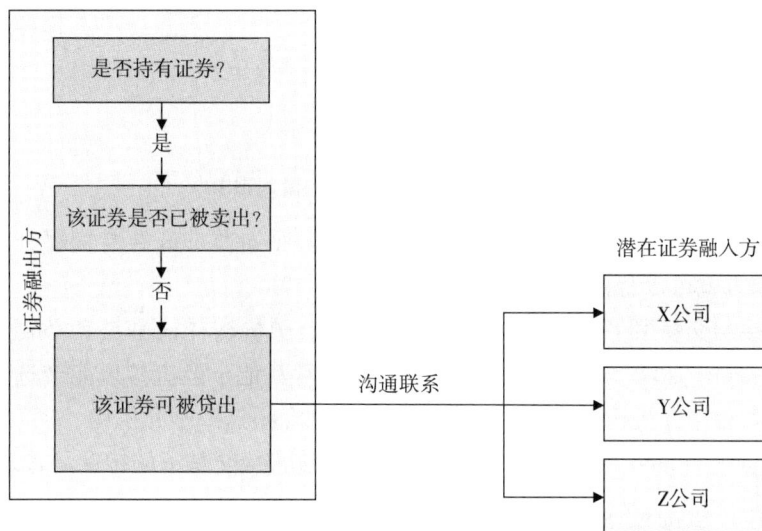

图 12.1 确保拟贷出证券可供贷出

一旦确定拟贷出的证券可供贷出后，证券融出方可与潜在证券融入方联系，以确定拟贷出的证券是否与潜在证券融入方的借入要求相匹配。双方可以通过电话、电子邮件或潜在证券融入方访问融出方的网站等方式进行联系。同样，证券融入方可以通过联系潜在证券融出方启动证券借贷的流程。

从证券融入方的角度看 借入证券的第一步是确保存在真实的证券借入需求，以避免产生不必要的借入成本，例如：

■ 避免过早采取行动；在同时买入和卖出证券，且有可能按期进行买入结算的情况下，假设无法按期进行买入结算，并根据该假设借入证券（以供卖出结算），从而产生不必要的证券借入风险。（如果证券按期进行买入结算，则可选在同一结算日进行卖出结算，从而避免证券借入成本）

■ 在其他地方持有证券；有些证券可以在两个（或更多的）金融中心进行交易和结算，而且有可能以前买入的证券在 X 地点的托管人处持有，而现在卖出的证券将在 Y 地点交付。在这种情况下，没有必要借入证券来完成交割，因为只需在 X 地点和 Y 地点之间采用纯券过户（Free of Payment，通常写作 FoP）的方式就可以实现交易结算

一旦确定存在真实的证券借入需求，证券融入方可与潜在证券融出方联系，以确定是否可以通过潜在证券融出方的可贷出证券满足自身的借入需求。证券融入方可以

通过电话、电子邮件或访问潜在证券融出方的网站进行联系。同样，证券融出方可以通过联系潜在证券融入方启动证券借贷的流程。上述情况如图 12.2 所示。

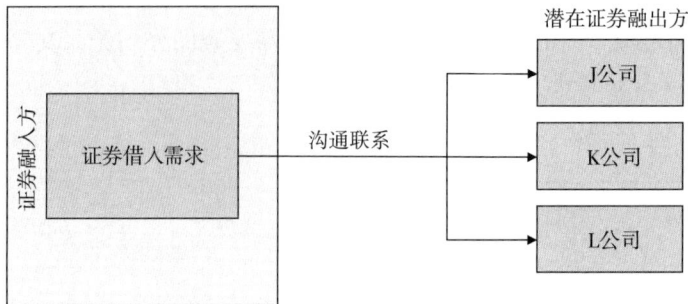

图 12.2　确保存在真实的借入需求

一旦证券融出方和证券融入方商定了交易条款（如本书证券借贷部分的前几章所述），交易双方就可以直接执行证券借贷交易了。

选择直接与交易对手方进行证券借贷交易的金融机构往往是具有必要资源的大型买方（buy‑side）和卖方（sell‑side）公司。大量其他金融机构可能会选择使用证券借贷市场中各种中介机构提供的服务；下文将详细介绍这些中介机构。

12.2 节"担保品管理"中介绍了双边证券借贷直接交易下的担保品管理。

12.1.2　代理证券借贷：概述

贷出代理人是一种专门为证券的受益所有人（beneficial owners）提供专业服务的中介机构，可根据客户的要求量身定制证券贷出方案。

如果公司自行管理证券借贷交易中的每一个环节，所涉及的工作量可能会非常大。因此，相较于直接将证券借给证券融入方（详见本书证券借贷部分的前几章），受益所有人可以选择将寻找证券融入方的工作外包给贷出代理人。贷出代理人通常与多个证券融入方建立了长期的业务关系。

在这种安排下，受益所有人能够决定：

- 准备将其证券借给哪些证券融入方
- 收取的证券借贷费用
- 可接受的合格担保品（eligible collateral）的性质
- 超额抵押（over‑collateralisation）水平（保证金水平）
- 风险敞口（exposure）计算频率［盯市（marking‑to‑market）频率］

因此，贷出代理人必须按照受益所有人与潜在证券融入方谈判时设定的交易参数进行操作。此外，贷出代理人向证券融入方收取证券借贷费用，并向受益所有人报告当前的证券贷出情况以及所赚取的证券借贷收益。

从证券融入方处赚取的证券借贷收益通常由贷出代理人和受益所有人按照事先约定的比例分成，受益所有人通常获得较大的份额。

代理贷出服务通常由中央证券托管机构（CSD）、托管（custodian）银行以及第三方专业机构提供，其中一些第三方专业机构以非托管的方式提供证券代理贷出服务，这意味着这些贷出代理人不负责持有证券融出方的可贷出证券组合。就从证券融入方处收取的担保品来说：

■ 现金担保品（cash collateral）可由受益所有人、贷出代理人或第三方现金管理人管理

■ 证券（securities）担保品将存入托管账户，一般是第三方代理人（tri-party agent）的托管账户

举例来说，eSecLending（www.eseclending.com）就是一个独立且提供定制证券贷出代理服务的贷出代理人。

一旦受益所有人决定使用贷出代理人提供的服务，通常有两种证券贷出方式，即：（1）指定证券贷出，以及（2）全权委托证券贷出。

通过贷出代理人进行指定证券贷出 指定证券贷出是指通过贷出代理人将受益所有人所拥有的一个整体资产组合（或子集）借给特定的证券融入方。指定证券贷出服务示例如图 12.3 所示。

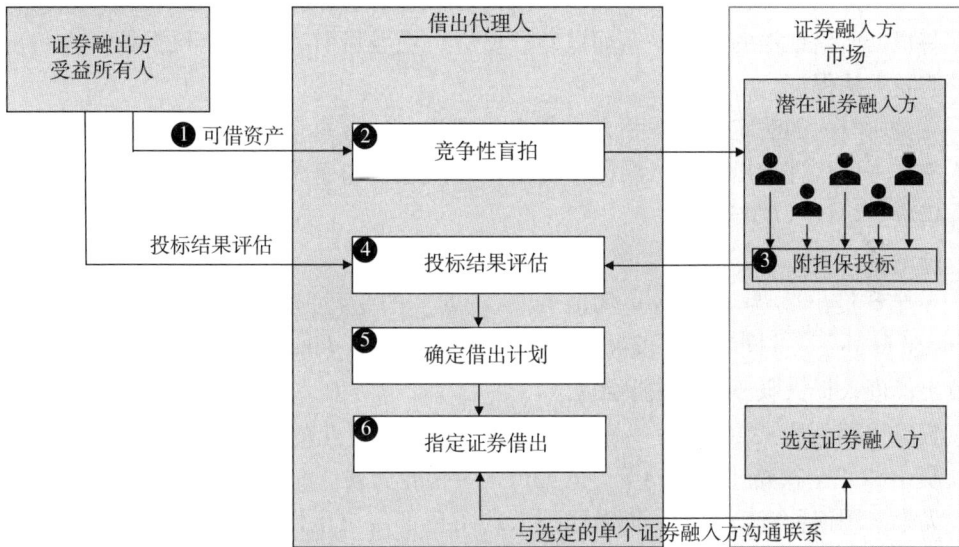

图 12.3 代理贷出下的指定证券贷出

图 12.3 的步骤解释如下：

步骤 1：流程初始，受益所有人向贷出代理人提供其可供贷出资产清单。该清单可以包括受益所有人的整个可供贷出资产组合，也可以仅包括部分可贷出资产

步骤 2：贷出代理人向预先批准的潜在证券融入方公布资产清单

步骤 3：潜在证券融入方同时出价投标，但并不知晓其他投标人的投标价［竞争性盲拍（competitive blind auction）］

步骤 4：受益所有人和贷出代理人评估收到的投标价

步骤5：决定与某个潜在证券融入方签订交易合同

步骤6：与选定的证券融入方签订固定期限的合同，如12个月；在合同期限内，仅该证券融入方可借入供出借资产组合

这种方法对受益所有人的好处是，其能保证他们在合同期限内赚取证券借贷收益。与此相反，证券融入方为整个可贷出资产组合的独家借入权支付对价，而无论其是否借入组合内的证券。

尽管根据这种指定贷出安排，受益所有人可以确保获得一定的证券借贷收益，但在合同期间，他们必须放弃任何获取更高收益的机会。

如果受益所有人选择提供其可贷出资产组合中的部分资产进行指定贷出安排，这可能会导致受益所有人与不同的证券融入方签订多个指定贷出合同。

贷出代理人通常会就证券融入方违约向受益所有人做出赔偿。如果发生这种违约事件，赔偿通常包括：（1）返还全部数量的贷出证券；或者（2）支付与贷出证券当前市场价值等值的现金。

通过贷出代理人进行全权委托证券贷出　全权委托证券贷出是指在当证券融入方需要借入某只证券时，由贷出代理人代表受益所有人贷出这只证券。

每笔证券借贷交易的细节由贷出代理人直接与证券融入方协商；因此，证券借贷费用将根据所借证券的供求关系而波动。所以，受益所有人进行全权委托证券贷出赚取的收益无法保证。

受益所有人的法定交易对手方是贷出代理人，通常每个受益所有人都会与贷出代理人签署一份代理贷出协议。同样，贷出代理人也会与每个证券融入方签署一份全球证券借贷主协议（GMSLA）。

结论

在准备贷出股票（equity）和债券（bonds）的受益所有人群体〔包括养老基金（pension funds）、共同基金（mutual funds）和保险公司（insurance companies）〕中，使用贷出代理人提供服务的做法很常见。

贷出代理人为买方（buy-side）受益所有人提供专业的证券贷出服务，通过"指定"贷出和"全权委托"贷出等方式完成证券借贷交易。

无论采用何种贷出方式，贷出代理人的角色都定位于保护受益所有人的利益，并在与各证券融入方的证券借贷交易中落实受益所有人的要求。

第12.2节"担保品管理"中介绍了通过贷出代理人执行证券借贷交易下的担保品管理。

12.1.3　国际中央证券托管机构的失败交易管理：概述

如今，存在两个国际中央证券托管机构（International Central Securities Depositories，ICSDs），即明讯国际（Clearstream International，位于卢森堡）和欧洲清算银行（Euroclear Bank，位于布鲁塞尔）。

请注意：第2章"各类担保品的性质与特征"中介绍了所有中央证券托管机构

（包括国内和国际中央证券托管机构）提供的基本服务。

两家中央证券托管机构代表其成员大量、集中地持有多种证券［特别是欧洲债券（Eurobonds）］；因此，两家中央证券托管机构都能向意图进行证券借贷交易的成员提供证券借贷服务。具体而言，这里提到的服务是指解决结算失败（settlement failure）问题。

来自各个国家的数千名国际中央证券托管机构成员，在机构中拥有一个或多个证券账户。成员首次开立账户时，国际中央证券托管机构将询问该成员是否愿意：

- 贷出名下证券，如果愿意，应明确此类贷出的相关参数，如：
  - 是否名下所有证券都可贷出，或
  - 是否特定类别的证券（如以英镑计价的欧洲债券）可贷出，或
  - 是否特定类别的证券（如以欧元计价的欧洲债券）不可贷出
- 借入证券，如果愿意，应明确相关参数（与上述参数一致）

希望通过国际中央证券托管机构贷出或借入证券（或两者兼而有之）的机构成员必须与国际中央证券托管机构签署法律协议。国际中央证券托管机构的角色是代表证券借贷交易的参与方，（在单个结算指令层面）完成证券借贷交易。此外，这类证券借贷交易是匿名的；证券融出方不会知道证券融入方的身份，反之亦然。从法律的角度来看，证券融出方事实上将证券借给了国际中央证券托管机构，并在借贷交易存续期内持有与该机构相关的风险敞口；同样，证券融入方事实上从国际中央证券托管机构处借入了证券。

请注意：证券借贷并不一定会发生。机构成员愿意贷出其证券，并不意味着"今日"就有证券融入方存在相应的证券借入需求。同样，存在证券借入需求的机构成员也许能够成功地借入证券，但也可能由于机构内没有相应证券的贷出供应而无法借入。

每个工作日，在国际中央证券托管机构成员中都存在证券借入和贷出的需求。国际中央证券托管机构通过匹配成员间的证券借贷需求，促成成员间的证券借贷交易。从单笔证券借贷的角度来看，交易的执行和处理方式如下：

- 假设国际中央证券托管机构的成员（M 公司）已经签署同意了证券贷出方案，且 M 公司已经（从 G 公司）买入并（向 P 公司）卖出了相同数量、相同结算日的同一证券

  - 根据 M 公司账户的券款对付（DvP）指令，在上述交易结算日，国际中央证券托管机构认定由于证券交付方（G 公司）的证券数量不足而导致（M 公司与 G 公司之间的）证券交付失败

  - 因此，国际中央证券托管机构也可以认定，除非借入证券，否则（M 公司）向 P 公司的证券交付也将失败，因此

  - 国际中央证券托管机构开始尝试确认一个（或多个）持有相应数量特定证券（即 M 公司将要交付的证券）的证券融出方是否可以融出证券……

  - 国际中央证券托管机构确认 L 公司持有可供贷出的特定证券，并成功地将该证券从 L 公司的账户中转出

　　■ 将特定证券从 L 公司的账户中转入国际中央证券托管机构，随之立即

　　■ 将特定证券从国际中央证券托管机构转入 M 公司的账户

　　■ 证券转入 M 公司的账户后，国际中央证券托管机构将该证券交付给 P 公司，M 公司随之收到卖出价款

上述交易的结果是：

　　■ 证券融出方现在开始从国际中央证券托管机构处赚取证券借贷收益［但并未丧失证券的受益所有权（beneficial ownership）］

　　■ 证券融入方现在开始被国际中央证券托管机构收取证券借贷费用

这种证券借贷形式通常被称为国际中央证券托管机构自动借贷（ICSD auto-lending/borrowing）。

召回（recall）贷出的证券　在上述证券借贷交易后，如果证券融出方卖出了贷出的证券（或为了其他目的要求交割该证券），国际中央证券托管机构在收到证券融出方的证券交付指令后，会自动向证券融入方发出证券召回通知。

返还（return）借入的证券　在上述证券借贷交易的例子中，假设 G 公司在交易结算日（value date）的 5 天后，向 M 公司交付了证券。在这种情况下，国际中央证券托管机构会确认 M 公司当前的证券借入情况，自动从 M 公司的账户中移出证券，并将其归还 L 公司（证券融出方）。

上述情况如图 12.4 所示。

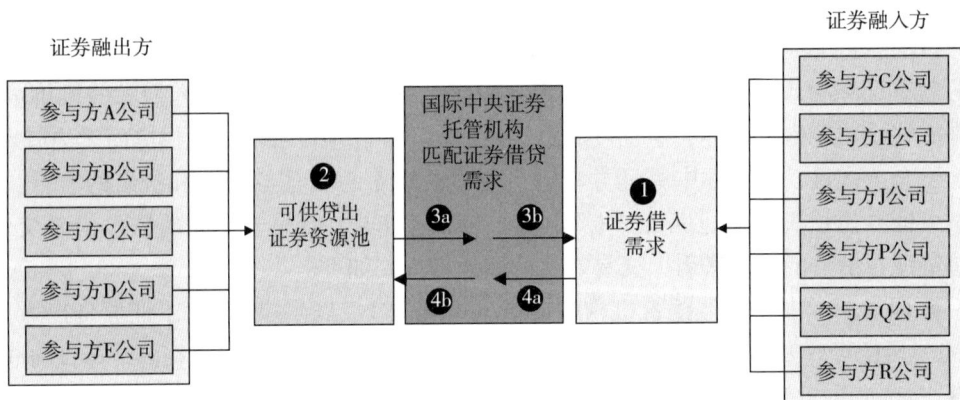

图 12.4　国际中央证券托管机构——证券融出方，证券融入方以及匿名证券借贷

步骤 1：国际中央证券托管机构确认一个或多个潜在证券融出方的证券贷出需求

步骤 2：国际中央证券托管机构确定相关证券是否可供贷出

步骤 3a：国际中央证券托管机构将相关证券从（一个或多个）证券融出方的账户内移出，随后

步骤 3b：国际中央证券托管机构将证券交付至特定证券融入方的账户，从而使证券融入方完成其证券交割义务

步骤 4a：后续工作日中，根据证券融出方的召回要求或证券融入方的返还要求，

一旦证券融入方的账户中有足够数量的证券，国际中央证券托管机构将从证券融入方的账户中移出所借数量的证券

步骤 4b：国际中央证券托管机构将贷出的证券归还给证券融出方

费用　国际中央证券托管机构自动借贷方案的费用是根据证券种类（如股票、国内债券、国际债券）和所涉及的货币币种而定的。

费用根据相关证券的当前市场价值（current market value）计算；就附息债券（interest-bearing bonds）而言，应计利息（accrued interest）的价值被计入债券的市场价值中。

国际中央证券托管机构支付给证券融出方的证券借贷收益低于其向证券融入方收取的证券借入费用。例如，国际中央证券托管机构向证券融出方支付 1.20% 的证券借入收益，而向证券融入方收取 1.75% 的证券借入费用，国际中央证券托管机构收取其中的服务差价。

国际中央证券托管机构自动借贷的影响

证券借贷交易一旦执行，所产生的影响是：

■ 从证券融出方的角度来看：

■ 证券是自动贷出的，当国际中央证券托管机构发现有证券借贷需求时，就会自动贷出；证券融出方不需要进行"交易"

■ 若证券融出方收到所召回贷出证券的时间有所延迟，国际中央证券托管机构将向证券融出方支付补充收益（并向证券融入方收取补充费用）

■ 如果证券融入方未能将借入的证券返还给国际中央证券托管机构，国际中央证券托管机构将向证券融出方提供担保，保证（1）该证券将被返还，或（2）支付等价值的现金

■ 证券借贷收益按月计入证券融出方账户

■ 证券贷出期间，不再向证券融出方收取相关证券的证券保管费（securities safekeeping fees）

■ 收入（income）和兑付（redemption）自动计入证券融出方账户

■ 所有的操作/管理工作均由国际中央证券托管机构进行（而不是由证券融出方进行）

■ 从证券融入方的角度来看：

■ 证券是自动借入的，当国际中央证券托管机构发现有证券借贷需求时，就会自动借入；证券融入方不需要进行"交易"

■ 在证券借入成功的情况下，证券融入方未履行的证券交割承诺将被自动结算（因为证券融入方账户内收到的借入证券将自动导致未履行的交割承诺被结算）

■ 若证券融入方交付被召回贷出证券的时间有所延迟，国际中央证券托管机构将向证券融入方收取补充费用（并向证券融出方支付补充收益）

■ 证券借贷费用按月收取

■ 所有的操作/管理工作均由国际中央证券托管机构进行（而不是由证券融入方

进行）

结论

国际中央证券托管机构自动借贷服务是一项非常有效的机制，通过使用该服务，证券融入方可以将失败交易的影响降到最低，从而使证券融出方同样受益。

由于该服务是自动进行的，证券融出方和融入方不需要进行日常操作；公司签署同意使用国际中央证券托管机构自动借贷服务后，证券融出方需要做的只是查阅国际中央证券托管机构提供的相关报告，报告中列明了当前被贷出的证券情况。对于证券融入方来说也是一样。

第12.2节"担保品管理"中介绍了通过国际中央证券托管机构的失败交易管理服务执行的证券借贷交易下的担保品管理。

12.2 担保品管理

第12.1节"交易方式"中描述了三种进行证券借贷交易的方法，即：

■ 证券融出方与证券融入方直接交易

■ 通过贷出代理人进行交易，以及

■ 使用国际中央证券托管机构的失败交易管理服务进行交易

本节介绍在上述交易方法下的担保品管理。

在直接交易和代理贷出情况下，现金和非现金（证券）均被列为合格担保品（eligible collateral）。而通过国际中央证券托管机构的失败交易服务进行证券借贷时，只能以非现金（证券）作为担保品。上述安排如图12.5所示。

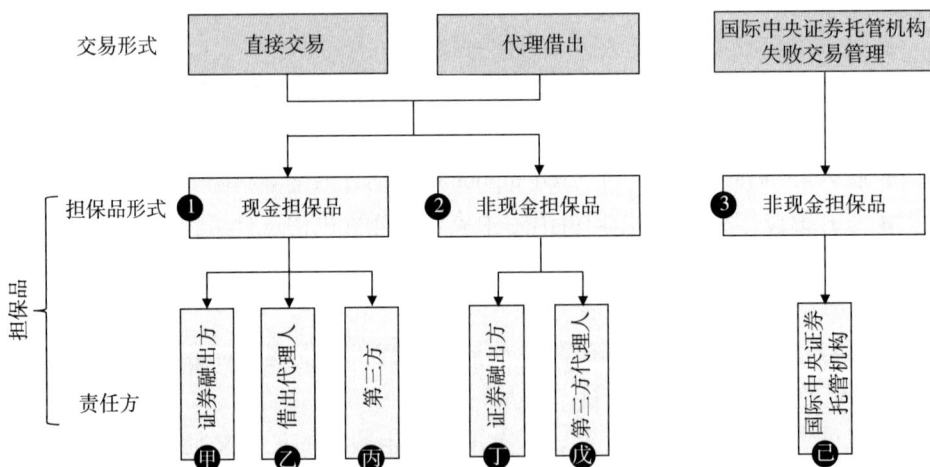

图 12.5　担保品类型及责任方

以下各小节将详细阐述图中的担保品安排。

12.2.1 直接交易和代理贷出模式下的担保品安排

如上所述，现金担保品和非现金担保品（图 12.5 中的数字 1 和 2）均适用于这两种交易执行方法。

无论是使用现金担保品还是非现金担保品，下列各方都有责任确保证券融入方按借贷双方商定的频率，在交易存续期间提供足额担保品，足以覆盖借贷标的证券的可变市场价值以及保证金要求。因此，这就要求对借贷标的证券和任何非现金（证券）担保品进行盯市（marking-to-market）。

现金担保品 可能由下列三方中的一方负责管理收到的现金担保品。

■ 证券融出方（图 12.5 中的甲方）将与证券融入方协商确定返利利率（rebate rate）。为了从证券借贷交易中获利，证券融出方必须对收到的现金担保品进行再投资，以获得高于返利利率的再投资利率（reinvestment rate）。证券融出方可以选择将现金担保品直接在货币市场（money market）贷出

■ 或者，贷出代理人（lending agent）（图 12.5 中的乙方）代表证券融出方对现金担保品进行再投资，以便为证券融出方和自己创造利润回报。贷出代理人可以选择将现金担保品再投资于独立运作的货币基金或适当的货币市场产品

■ 另一种选择是由第三方公司（图 12.5 中的丙方）负责管理从证券融入方处收到的现金担保品。这种第三方公司通常是投资于现金产品的传统基金管理人

非现金担保品 对于从证券融入方处收到的非现金（证券）担保品的管理，有以下两种选择。

■ 证券融出方（图 12.5 中的丁方）将从证券融入方处收到证券担保品，并（1）将证券担保品安全地保存在其中央证券托管机构账户或托管人账户中，或（2）将证券担保品再使用（reuse）于另一笔交易进行交付结算〔对证券担保品进行再使用时，证券融出方必须意识到，在证券借贷交易的到期结算日（closing value date），其必须将相同数量、相同国际证券识别编码（ISIN 码）〔或等价担保品（equivalent collateral）〕返还给证券融入方〕

■ 可指定一个中立的第三方代理人（tri - party agent）（证券融出方和证券融入方双方均同意）来进行各方面的担保品管理

当受益所有人（beneficial owner）使用贷出代理人（lending agent）的服务，由后者代表其进行证券借贷交易时，通常指定第三方代理人进行非现金（证券）担保品管理。

代理贷出——非现金担保品 执行证券借贷交易前，受益所有人的资产由其托管人持有。当贷出代理人和证券融入方执行证券借贷交易后：

■ 贷出代理人向受益所有人的托管人发出结算指令（settlement instruction），要求将贷出的证券交付到证券融入方的账户〔通过使用贷出代理人静态数据库中的交易对手方常设结算指令（standing settlement instruction）〕

■ 如果是证券担保品，结算方式为纯券过户（FoP）

203

　　■ 证券融入方需预先提供担保品（pre-collateralise）：受益所有人贷出的资产在成功收到证券融入方的担保品后交付

　　　　■ 多数情况下，证券担保品由证券融入方选择的第三方代理人持有，以贷出代理人和/或受益所有人的名义开设独立账户

　　　　■ 少数情况下，证券担保品由受益所有人的托管人持有

　　首期交易结算后，在证券借贷交易的整个存续期内：

　　■ 贷出代理人（代表证券融出方）和证券融入方每日进行风险敞口（exposure）计算［包括盯市（marking-to-market）］，然后由双方商定保证金追缴（margin calls）事宜。

　　　　■ 在受益所有人存在风险敞口的情况下，贷出代理人向第三方代理人发出结算指令，以向证券融入方收取更多的担保品，由第三方代理人进行交割结算

　　　　■ 在证券融入方存在风险敞口的情况下，证券融入方要求第三方代理人返还担保品的，由第三方代理人进行交割

　　关于到期交易结算，对于"未到期"的证券借贷交易来说：

　　■ 由贷出代理人发起（借贷标的证券）召回（recalls）

　　　　■ 如果受益所有人已经卖出（或以其他方式使用）了目前借贷标的证券，贷出代理人将对该情况进行确认，随之向证券融入方要求终止证券借贷交易

　　　　■ 然后，贷出代理人向第三方代理人发出结算指令［视情况选择使用券款对付（DvP）或纯券过户（FoP）方式进行结算］，该指令必须与证券融入方的结算指令保持一致，结算才能顺利进行

　　　　■ 证券融入方发起的（借贷标的证券）返还（return）

　　　　■ 当证券融入方希望关闭未到期的证券借贷交易时，证券融入方可向贷出代理人提出结算要求

　　　　■ 贷出代理人随后向第三方代理人发出结算指令［视情况选择使用券款对付（DvP）或纯券过户（FoP）方式进行结算］，该指令必须与证券融入方的结算指令保持一致，结算才能顺利进行。

　　国际中央证券托管机构的失败交易管理——非现金担保品　当证券在国际中央证券托管机构自动借贷服务下被贷出或借入时：

　　■ 从证券融出方的角度来看：

　　　　■ 国际中央证券托管机构向证券融出方提供信用担保；证券融出方不会收到任何实体担保品

　　　　■ 证券融出方保留贷出证券的担保品价值，因此证券融出方在国际中央证券托管机构中的信用额度不受影响

　　　　■ 不存在（现金担保品）再投资风险，因为该交易方式下接受证券（非现金）担保品

　　■ 从证券融入方的角度来看：

　　　　■ 证券融入方账户内收到所借证券时，相应的担保品同时且不可撤销地提供给

国际中央证券托管机构

■ 为履行证券融入方返还借贷标的证券的义务，证券融入方在国际中央证券托管机构的账户内必须持有足额的担保品（证券或现金，或证券和现金的组合），足以覆盖借贷标的证券在证券借贷交易存续期间的市场价值（证券借贷交易存续期间，任何导致证券融入方账户内担保品价值下降的资产转移活动均会被国际中央证券托管机构拒绝）

■ 从证券融出方和证券融入方双方的角度来看：

  ■ 担保品不在证券融出方和证券融入方之间直接交换

  ■ 借贷标的证券每日重新估值［考虑抵押折扣率（haircut）］

   ■ 担保额不足部分自动从证券融入方的国际中央证券托管机构账户中提取

12.2.2 国际中央证券托管机构的第三方担保品管理

作为第三方代理人（tri-party agent）的国际中央证券托管机构是由证券融出方和证券融入方委托的中立第三方机构，在证券借贷交易存续期间内管理交易及其相关的担保品。由国际中央证券托管机构管理的合格担保品（eligible collateral）为非现金（证券）担保品。

在涉及国际中央证券托管机构的三方证券借贷交易中，交易协议是在第三方代理人之外执行的，通常由证券融出方和证券融入方直接执行。交易执行时，交易双方商定，交易是以传统的双边（bilateral）方式进行管理，还是通过双方都能接受的国际中央证券托管机构第三方代理管理。

上述管理涉及证券借贷交易存续期间的所有操作，即：

■ 交易执行后就基本交易细节达成一致，包括借贷标的证券的数量、名称、借贷费用以及借贷期限（"定期"或是"不定期"）

■ 确定合格担保品，包括证券担保品的类型以及相关的保证金水平［抵押折扣率（haircut）］

■ 通过对借贷标的证券和证券担保品进行盯市（marking-to-market）以管理风险敞口

■ 必要时进行保证金追缴（margin calls）

■ 必要时进行担保品置换（collateral substitutions）

■ 处理收入事件（income events）和公司行为事件（corporate action events）

■ 交易结束时，返还借贷标的证券以及担保品

一般来说，管理工作还包括向相关各方报告，以便于各方监测风险敞口。

请注意：在代理贷出（agency lending）的方式下，第三方代理人的工作（见第12.2.1 小节"直接交易和代理贷出模式下的担保品安排"中的"代理贷出——非现金担保品"）与国际中央证券托管机构提供的第三方代理服务不同。代理贷出中第三方代理人的角色仅仅是持有担保品，而不包括国际中央证券托管机构第三方代理所提供的一系列服务。

三方之间的关系，以及第三方代理人提供的典型服务如图12.6所示。

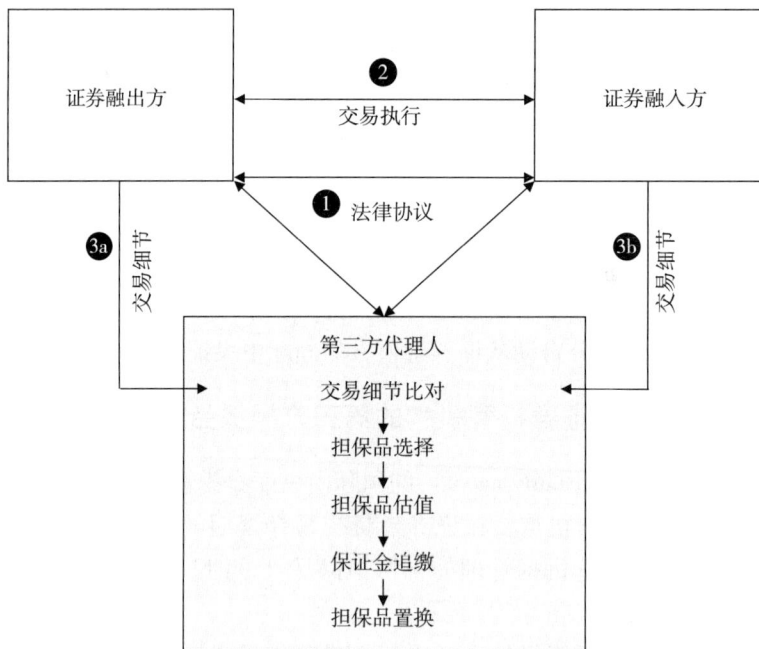

图12.6 三方证券借贷——典型结构

图12.6中步骤说明如下：

步骤1：交易双方与作为第三方代理人的国际中央证券托管机构签订法律协议

步骤2：证券借贷交易在交易双方之间直接执行，双方同意三方管理交易

步骤3：交易双方将其交易信息传送至第三方代理人，随后

■ 第三方代理人须确保双方交易信息完全匹配

■ 第三方代理人在其内部记录交易信息

■ 第三方代理人须确保证券融出方有相应数量的特定借贷标的证券可交付给证券融入方

■ 第三方代理人须确保证券融入方有足够数量的合格证券担保品（按照事先约定的合格担保品），具体担保品种类由证券融入方或第三方代理人选择（根据证券融入方的要求）

■ 首期结算日，第三方代理人对借贷标的证券与证券担保品进行操作。证券融入方将借贷标的证券存入其账户，并根据需要进行进一步交付或持有。证券担保品并不转入证券融出方的账户，而是由第三方代理人代表证券融出方持有

■ 在证券借贷交易存续期间，第三方代理人需要

■ 每日对借贷标的证券和证券担保品进行重新估值，考虑现有保证金的基础上确定任何一方是否存在风险敞口，以及

■ 自动进行保证金追缴（追加或归还担保品），以重新平衡借贷标的证券的"当前"价值与担保品的"当前"价值，以及

■ 通过收到交易任一方的结算指令，第三方代理人通常可以确定证券融出方是否需要在其他交易中使用借贷标的证券，以及证券融入方是否需要在其他交易中使用证券担保品。因此，第三方代理人能够确定何时需要结束证券借贷交易（从证券融出方的角度来看），或何时须进行担保品置换（从证券融入方的角度来看），并自动进行担保品置换

值得注意的是，通常由证券融出方确定一组担保品为合格担保品（eligible collateral）；这种组合通常被称为担保品篮子（collateral baskets）。例如，证券融出方可以确定债券发行的信用评级限制（如不低于 AA 级），并且可以确定保证金水平或抵押折扣率。此外，证券融出方可规定担保品集中度上限（concentration limits）。请注意，"定期"和"不定期"交易均可由国际中央证券托管机构作为第三方代理人进行管理。但是，这种情况下不接受现金担保品。

此外，必须注意的是，作为第三方代理人的国际中央证券托管机构并不承担与交易本身有关的风险；一旦交易的其中一方（如证券融入方）出现违约，风险由该公司的交易对手方（即证券融出方）承担，而不是由作为第三方代理人的国际中央证券托管机构承担。

结论

对于希望进行证券借贷交易的公司，如果公司本身没有足够的人力或信息科技资源来处理相关的管理（操作）工作，那么可以选择使用国际中央证券托管机构的第三方证券借贷及担保品管理服务。

国际中央证券托管机构的第三方证券借贷及担保品管理服务是一项外包解决方案——近年来，由于新的监管要求令公司对担保品的需求日趋增长，使用第三方代理人的做法越来越普遍。

证券融出方完全可以减轻风险敞口，因为（1）他们可以决定从证券融入方处接受的担保品的质量，（2）第三方代理人在证券借贷交易存续期内每日监控"当前的"风险敞口，并自动进行保证金追缴。第三方代理人还可以识别需要结束的"未到期"证券借贷交易，并自动进行结算（召回证券）。

证券融入方可以借入自己需要的证券，并提供由第三方代理人选择的合格担保品。第三方代理人可确定是否需要进行担保品置换，然后自动进行担保品置换。同样，第三方代理人还可以识别需要结束的"未到期"证券借贷交易，并自动关进行结算（返还证券）。

第13章

Chapter Thirteen

证券借贷与担保品
—全球证券借贷主协议

为使读者更好地理解第 9 章"证券借贷与担保品—证券借贷概述"至第 12 章"证券借贷与担保品—证券借贷交易方式及担保品管理"的内容，本章收录了《全球证券借贷主协议（2010 年版）》（Global Master Securities Lending Agreement，GMSLA）的完整内容。

本书收录的《全球证券借贷主协议》经国际证券借贷协会（ISLA）的明示同意。

协议当事人为：

（甲方），一家根据（国家或地区的）法律注册成立的公司，通过一家或多家指定办事机构运作；以及

（乙方），一家根据（国家或地区的）法律注册成立的公司，通过一家或多家指定办事机构运作。

1. 适用范围

1.1　交易双方可随时通过一家或多家指定办事机构达成证券借贷交易，当事人一方（出借人，Lender）将向另一方（借券人，borrower）转让证券或金融工具（证券），而借券人则需向出借人转让担保品（担保品定义详见第 2 条）。与此同时，双方约定由借券人在某个特定日期或按照要求向出借人转让等同于该标的证券价值的证券，而出借人应同时向借券人转让等同于该交易担保品价值的资产。

1.2　每一项上述类型的交易在本主协议中均被称为一笔借贷（loan），并受到本协议条款，包括本主协议附表所列的补充条款和补充条件，以及本主协议所随附的任何附录或附件在内的条款的约束，除非交易双方另有书面约定。若本主协议正文条款与任何附录或附件中的条款发生冲突，除非交易双方另有书面约定，将优先适用附录或附件中的条款。

1.3　交易双方可直接履行或通过其名义持有人（nominee）履行本协议规定的各项义务。

2. 解释

2.1 在本主协议中：

资不抵债行为（act of insolvency），指对任何一方当事人而言：

（a）债务人以债权人为受益对象所做出的全面转让行为，或与债权人就其债务所达成的重组、安排或和解协议；

（b）债务人书面声明其无力偿还到期债务；

（c）债务人寻求、同意或默许委任任何受托人、管理人、接管人、清算人或类似人员对其本身或其财产的任何重大部分进行管理；

（d）根据任何现行或未来的成文法（statute）、法律或法规，一方当事人向任何法院或机构提出申请（本主协议下另一方当事人就对方当事人在本协议下应履行的任何义务提出的申请除外），宣称或要求该申请人破产、清算或已资不抵债（或任何类似程序），或寻求关于债务的任何重组、安排、和解（composition）、重新调整（re-adjustment）、管理（administration）、清算、解散（dissolution）或其他类似救济行为等，且该申请未在提交后 30 天内被搁置（stayed）或驳回（dismissed）（30 天期限不适用于清算或类似程序行为的情形除外）；

（e）为该方全部财产或财产中任何重大部分指定接管人、管理人、清算人或受托人或类似人员；

（f）债权人以适用英国《1986 年破产法》中第 3 节（即自愿偿债安排）或其他任何类似程序为目的召开的任何会议。

代理人附件（agency annex）指根据国际证券借贷协会（ISLA）规定，在本主协议的附件中所增加的关于出借人作为第三方当事人的代理人，参与一项或多项证券借贷交易的附件；

可替代担保品（alternative collateral）指其市场价值等同于根据本主协议第 5 条规定进行交付、并可根据本主协议第 5.3 条规定使用替代方式提供的担保品；

适用法律（applicable law）指由任何相关司法管辖区所颁布的法律、法规或监管规定（包括双重征税协定），包括任何政府或税务主管机构有关上述法律、法规或监管规定的公开实践。

自动提前终止（automatic early termination）的含义参见本主协议第 10.1（d）条的规定；

基础货币（base currency）是指本主协议附表中第 2 条所列明的货币；

营业日（business day）是指：

（a）根据本主协议规定，各地银行及其证券市场除每周六和周日外的公开营业之日，营业事项包括交付及交换任何与证券借贷交易有关的诸如标的证券、证券等同品（equivalent securities）、担保品或担保品等同品（equivalent collateral）等；

（b）本主协议下关于支付事项的营业日，指各国主要金融中心的银行除每周六和周日之外、以本国国际官方货币作为计值货币进行支付的营业日。如与此处规定不同，则可以是当事人的指定账户接受支付之日（若在欧元区，则指 TARGET 系统营业日）；

（c）本主协议下关于通知或其他联络事项的营业日，指根据本主协议附表中第 3 条的规定，指定支付地银行除每周六和周日之外的营业日；

（d）其他情况下，指根据本主协议附表中第 6 条的规定，指定银行除每周六和周日之外的营业日。

买进（buy-in）指如果卖方或转让人未能将标的证券交付给买方或受让人，买方或受让人有权据此要求卖方或转让人从市场上买入或以其他方式获得证券等同品，以弥补由于卖方或转让人的交付失败造成的损失的安排；

现金担保品（cash collateral）指货币转让形式的担保品；

营业结束（close of business）指发生付款或者交付证券或交易担保品行为所在地的商业中心的有关银行、证券结算系统或托管机构的营业关闭时间；

担保品（collateral）指交易双方当事人根据本主协议附表第 1 条中表格所载明的，互相商定并可接受的任何证券、金融工具、货币或者以上多种方式的组合为该证券借贷交易提供的担保，并由借券人根据本主协议的规定交付给出借人，这其中也包括可替代担保品（alternative collateral）；

违约方（defaulting party）的含义详见本主协议第 10 条的规定；

交付（delivery）根据本主协议第 10 部分的规定，指：

（a）如果通过名义持有人或在清算结算系统持有证券，则应根据相关当事人指令，将上述证券转移至借券人或出借人的账户；

（b）如果由其他人持有证券，则应根据受让人指示，向借券人或出借人交付该证券；

（c）当事人之间约定的其他交付方法。

作为动词使用的交付（deliver）也应作一致解释；

指定办事机构（designated office）指在本主协议附表第 6 条所指定的一方当事人的分支机构或办事处，或由交易双方当事人书面约定的其他分支机构或办事处；

等同（equivalent）或等同于（equivalent to）指对本主协议下的任何证券或担保品（包括现金担保品和非现金担保品）而言，与特定证券或担保品在类型、面值、类别以及金额方面相同的证券及其他资产（视情况而定）。如果该特定证券或担保品（视情况而定）的范围包含已部分支付的证券，或已被转换、分拆、合并的证券，或具有收购权、优先购买权、接收权的证券，或可在未来某个特定日期与证券进行交换的凭证，则上述范围还应包括相关事件发生后，或（在适当情况下）根据本主协议第 6.7 条规定做出相关通知后，出借人或借券人（视情况而定）拥有权益的证券或其他资产，但此时出借人或借券人（视情况而定）必须已经向另一方当事人支付其所有应付款项。若这些特定证券和担保品（视情况而定）已被赎回、被部分支付，或已成为资本化发行的对象，或在发生任意与本条上述事件相类似的事件时，这种表达应具有以下含义：

（a）在已被赎回的情况下，该笔款项的金额应等同于赎回所得的款项金额；

（b）在追缴已被部分支付的证券的情况下，该证券等同于借贷交易的标的证券或担保品（视情况而定），但此时出借人须已将标的证券借给借券人，同时借券人也须已向出借人支付等同于追缴应付金额的款项作为担保品；

（c）在已经资本化发行的情况下，该证券等同于借贷交易的标的证券或担保品（视情况而定），还包括以分红方式所分配的证券；

（d）在发生任何与本条前文所述的各类事件相类似的事件时，等同于由于该事件而就借贷交易标的证券或担保品（视情况而定）所获得的任何款项、证券以及其他财产。

收入（income）指任何与借贷交易标的证券或担保品有关的利息、股息或其他任何类型的分红；

收入确认日期（income record date）指就任何证券或担保品而言，其持有人被认定为有权获得相关收入的记录日期；

信用证（letter of credit）指银行按照出借人可接受的形式开具的不可撤销且不可议付（non-negotiable）的信用证；

借贷证券（loaned securities）指作为未清偿证券借贷交易标的物的证券；

保证金（margin）含义详见本主协议附表第 1 条，并参考该部分所载明的表格；

市场价值（market value）是指：

（a）就证券、证券等同品、担保品以及担保品等同品（现金担保品或信用证除外）的估值而言：

（i）价值等同于由出借人按照诚信原则所合理选择的一家声誉良好的价格信息服务机构所确定的该标的证券、证券等同品、担保品以及担保品等同品的市场报价的中间价；或

（ii）如果无法获得上述报价，则指价值等同于由出借人按照诚信原则所合理选择的一家声誉良好的相关工具的交易商所报的中间价或利率；

在任何情况下，报价时间均为上一营业日营业时间结束之时，或遵照主协议附表的特别规定，除非交易双方当事人另有约定。如果交易任意一方当事人合理地认为相关资产的价格在上述时间结束之后存在异常波动，则可以选择以最后可获得的价格为准；而且（在任何情况下）还要加上：

（iii）已就相关证券、证券等同品、担保品以及担保品等同品而言，已产生但尚未支付的收入总额，该部分收入总额的计算范围尚未包括此等价格的部分为限。

对于被暂停交易，或在法律上不能进行转让的，或被转让或被要求转让给政府、托管人或第三方当事人（无论是由于国有化、征收还是其他原因）的相关证券、证券等同品、担保品以及担保品等同品，其市场价值应为双方当事人一致同意的合理商业价格，如果不能达成一致，则应为双方当事人一致同意的第三方交易商提供的价格，如果不能就第三方交易商达成一致，则应参考相关交易商的报价来确定其价值。如果相关交易商的报价超过了 3 种，则取相关报价的算术平均数来确定其市场价值，而无须考虑其最高价和最低价。如果相关交易商的报价正好有 3 种，则应去掉最高价和最

低价，保留剩下的价格作为其市场价值。而如果相关交易商的报价少于 3 种，则相关证券、证券等同品、担保品以及担保品等同品的市场价值应由决定市场价值的一方当事人合理确定。

（b）就信用证而言，等同于该信用证的面额或标明的金额；

（c）就现金担保品而言，等同于有关货币的金额。

名义持有人（nominee）指任何一方交易当事人所委任的代其接受交付、持有或交付相关证券、证券等同品、担保品以及担保品等同品，或代其接受或支付款项的名义持有人或代理人；

非现金担保品（non cash collateral）指除现金担保品之外的其他担保品；

非违约方（non‑defaulting party）指根据本主协议第 10 条定义的相关当事人；

通知时间（notification time）指根据本主协议附表中第 1.5 条所做出的特殊规定；

当事人双方（parties）指借贷交易的出借人和借券人，当事人（party）应据此做出一致解释；

已过账担保品（posted collateral）的含义参见本主协议第 5.4 条；

相关交易商（reference dealer）指就证券、证券等同品、担保品以及担保品等同品的估值而言，由决定市场价值的交易当事人一方基于诚信原则选择的前 4 家相关券种的交易商；

规定的担保品价值（required collateral value）的含义参见本主协议第 5.4 条；

营业税（sales tax）指在本主协议中所规定的增值税以及其他相关的类似税种（包括但不限于任何相关的司法辖区所规定的相关营业税种）；

实际结算日（settlement date）指根据本主协议，标的证券被转让给借券人的日期；

印花税（stamp tax）指任何的交易、登记、记录行为的印花税或类似税种；

税收（tax）指在本主协议中，任何政府或税务主管机构针对证券借贷交易或交易中应支付的相关费用，而已经或者准备征收的任何现在或未来的税收（levy）、征费（impost）、关税（duty）、收费（charge）、评估费（assessment）或其他任何性质的费用。

2.2 标题

本主协议中的所有标题均为查阅方便而设立，并不影响对本主协议的解释。

2.3 市场术语

虽然本主协议中使用了诸如"借入""出借""担保品""保证金""交付"等术语以反映市场交易情况，但根据本主协议的规定，对于"借入"或"出借"的标的证券以及所提供的"担保品"的产权应从一方当事人转移至另一方当事人，而同时获得该产权的一方有义务向对方交付证券等同品或担保品等同品（视情况而定）。

2.4 汇兑

根据本主协议第 11 条的规定，为了确定任何价格、总额或价值（包括本主协议所阐述市场价值、规定担保品价值），以基础货币以外的货币来计价的相关价格、总额或价值应按照出借人（若出借人发生违约事件，则为借券人）所选择的银行在汇兑计算的日期于伦敦的银行间同业市场按照有关货币购买基础货币所报的最后可用的即期汇率来兑换成基础货币。而如果该日期并非营业日，则应按照该日期的上一个营业日的营业时间结束时的即期汇率来兑换成基础货币。

2.5 双方当事人确认，在引入一种新货币及/或替换现有货币为某国的法定货币时，不产生变更、解除或免除履行本主协议下的任何条款或本主协议下的任何借贷的效力，也不给予一方当事人单方面变更或终止本主协议或本主协议下的任何借贷的权利。根据本主协议，证券将仍被视作等同于其他证券，尽管由于上述引入及/或替换，这些证券的货币计值或面值已发生变化。

2.6 法律修订等

本主协议中所指的任何关于法令、监管法规或其他法律，均应包括对上述法令、监管法规或其他法律的任何法定的修改或重新颁布（自生效时起）。

3. 证券借贷

出借人将向借券人贷出标的证券，借券人将依照本主协议所规定的条款与条件向出借人借入证券。每一笔证券借贷交易的条款须在交易开始之前以口头或书面（包括任何约定的电子通信形式）进行约定和确认。除非另有约定，任何一方当事人所提供的任何确认不得优先于先前存在的口头、书面或电子通信形式（视情况而定）的约定，或具备更高的法律效力。

4. 交付

4.1 证券借贷开始时交付证券

证券借贷交易的出借人须按照本主协议的规定以及有关的借贷交易条款向借券人交付标的证券或推动标的证券交付给借券人。

4.2 有效交付要求

交易双方当事人应签署并交付所有必需的交易文件，并做出一切必要指示，以推动实现以下条款中的所有权利、产权（title）及利益（interest）：

（a）根据本主协议第 3 条借入的任何证券；

（b）根据本主协议第 8 条交还的任何证券等同品；

（c）根据本主协议第 5 条交付的任何担保品；

（d）根据本主协议第 5 条或第 8 条交还的任何担保品等同品。

一方当事人在按照本主协议所规定的条款和条件向另一方当事人交付或交还以上条款中所规定的所有权利、产权及利益时，应保证拥有完整的产权（full title guarantee），且不附带任何留置权（liens）、担保权（charges）和产权负担（encumbrances）。当标的证券、担保品、证券等同品或担保品等同品的产权被登记在计算机系统中，且该系统可提供相应的上述各项产权交易和转让的账簿记录时，则该产权的交付和转让须按照该系统实时有效的规则与程序进行。交付后，获得该权利、产权及利益的一方无任何退回或交还据此获得的任何资产的义务，但如果一方当事人借入了任何标的证券，或向另一方当事人交付了任何担保品，则需按照本主协议条款的规定交还证券等同品或适合的担保品等同品。

4.3　同时交付（双方另有约定除外）

根据本主协议条款，一方当事人如未能获得同时交付，则其也没有义务做出交付。根据本主协议第8.6条所规定的权利，且在这些权利不受到损害的情况下，该方当事人可随时按照市场惯例，在认识到相关交易标的证券、担保品和现金转让的同时交付存有实际困难的情况下，放弃其根据本主协议所享有的有关同时交付或付款的权利。但是，其在一项交易中所做出的弃权（无论是通过行为的方式还是其他方式），不对其任何其他交易具备约束力。

4.4　收入的交付

对于借贷交易标的证券或担保品的获得的有关收入，如借券人就其所借入的标的证券获得收入或出借人就其所得的担保品获得收入时，须按照本主协议第6条的规定向另一方当事人（视情况而定）提供为了向出借人（无论借券人是否实际上就任何交易标的证券获得了上述款项或财产）或借券人（无论出借人实际上是否就任何交易担保品获得了上述款项或财产）交付与该类收入的类型和金额相同的款项或者财产所通常需要的或者适合的任何背书或有关的转让文件。

5. 担保品

5.1　借贷开始时担保品的交付

根据本主协议第5条其他条文的规定（或根据出借人的要求），借券人承诺在出借人交付借贷交易标的证券的同时，向出借人交付（deliver）或在出借人处交存（deposit）担保品，上述担保品的交付或交存在任何情况下须在不迟于结算日的营业时间结束时完成。

5.2　通过证券结算系统的自动付款完成的交付

除非双方当事人之间另有约定，否则任何标的证券、证券等同品、（以证券形式存在的）担保品或担保品等同品如通过某一簿记系统或结算系统进行转让，并因此会在证券转让之时发生自动付款、交付或自动产生付款或交付的义务，则对于此类交付：

（a）这类自动生成的付款、交付或义务应被视作受让人对转让人的付款或交付，除被用于解除受让人应履行的有效付款或交付义务之外，上述付款、交付或履行交付或付款交付的义务应被视作受让人做出的转让担保品或交付担保品等同品的行为（视情况而定），除非在转让标的证券、证券等同品、担保品或担保品等同品之前，还存在交付其他担保品或交还担保品等同品的义务，此时该担保品或担保品等同品会被其他担保品或担保品等同品替代；

（b）如果一方当事人接受了该类替换的担保品或担保品等同品，或在转让标的证券、证券等同品、担保品或担保品等同品行为之前不存在交付其他担保品或交还担保品等同品的义务，那么对于接受转让担保品或交还担保品等同品的一方当事人而言（视情况而定），当该类转让是付款时，应在当天向另一方当事人做出与转让金额相等的不可撤销的付款；而当该类转让是交付时，则应做出等同于该类财产的证券（或其他财产，视情况而定）的不可撤销的支付。

5.3 担保品替换

在交付于出借人处的任何担保品应到期偿还或交还之前，在符合本主协议第 5.4 条或第 5.5 条的前提下，且在已交付或将交付出借人同意接受的替代担保品的情况下，借券人可随时要求出借人交还现金担保品或等同于该类担保品的现金担保品。

5.4 证券借贷期间担保品总额的市值计算

除非交易双方另有约定，或除非本主协议附表第 1.3 条所明确的应使用本主协议第 5.5 条取代第 5.4 条的情况发生，否则：

（a）本主协议下所有未偿还的证券借贷交易中交付或交存于出借人处的担保品总市值［不包括根据本主协议第 5.4（b）条或者第 5.5（b）条中（视情况而定）已经偿还或交付的任何担保品等同品，即已过账担保品（posted collateral），应等同于相关借贷标的证券以及适用的保证金的总市值（规定担保品的价值，required collateral value］。

（b）如果在任何营业日的任何时间内，与本主协议下所有未清偿证券借贷交易有关的已过账担保品总市值的计算出现以下情况：(i)出借人未按本主协议相关规定支付其所有应付费用；且(ii)经双方当事人同意，或在非现金担保品的收入确认日当天，非现金担保品的应付收入金额或市值超过了规定的担保品价值。或者：(i)借券人未按本主协议相关规定支付其所有应付费用；且(ii)经双方当事人同意，或在证券等同品的收入确认日当天，证券等同品应付收入的金额或市值超过了规定的交易标的证券价值。此时出借人须（按照要求）向借券人归还或交付（视情况而定）多余的担保品等同品，消除多余的价值。

（c）如果在任何营业日的任何时间内，与本主协议下所有未清偿证券借贷交易有关的已过账担保品总市值的计算出现以下情况：(i)出借人未按本主协议相关规定支付其所有应付费用；且(ii)经双方当事人同意，或在现金担保品的收入确认日当天，非现金担保品应付收入的金额或市值低于规定的担保品价值。或者：(i)借券人未按本主协议相关规定支付其所有应付费用；且(ii)经双方当事人同意或在证券等同品的收入确认日当天，证券等同品的应付收入金额或市值低于规定的交易标的证券的价值。此时借券人应（按照要求）向出借人追加可弥补不足部分金额的担保品。

（d）如果根据本主协议的规定，某一方当事人同时是证券借贷交易的出借人和借券人，则本主协议第 5.4（b）条和第 5.4（c）条将根据该当事人在每笔证券借贷交易中的具体身份分别适用，并不重合适用。

5.5 证券借贷期间担保品按个别借贷市值逐个计算

如果根据本主协议附表第 1.3 条所明确的应使用本主协议第 5.5 条取代第 5.4 条的

情况发生，则在任何证券借贷交易中，已过账担保品的市值与借贷交易标的证券的等同品的市值的比例应在每日的任何时间内维持等同于该借贷交易开始时两者的比例。因此：

（a）在证券借贷交易期间，将交付或交存的已过账担保品市值需等同于规定担保品价值。

（b）如果在任何营业日的任何时间内，与本主协议下所有证券借贷交易有关的已过账担保品总市值的计算出现以下情况：(i)出借人未按照本主协议相关规定支付其所有应付费用；且(ii)经双方当事人同意，或在非现金担保品的收入确认日当天，非现金担保品的应付收入金额或市值超过了规定担保品价值。或者：(i)借券人未按本主协议相关规定支付其所有应付费用；且(ii)经双方当事人同意，或在证券等同品的收入确认日当天，证券等同品的应付收入金额或市值超过了规定的交易标的证券的价值。此时出借人（需按照要求）向借券人归还或交付（视情况而定）多余的担保品等同品，消除多余的价值。

（c）如果在任何营业日的任何时间内，已过账担保品总市值的计算出现以下情况：(i)出借人未按照本主协议相关规定支付其所有应付费用；且(ii)经双方当事人同意，或在非现金担保品的收入确认日当天，非现金担保品的应付收入金额或市值低于规定担保品价值。或者：(i)借券人未按照本主协议相关规定支付其所有应付费用；且(ii)经双方当事人同意，或在的收入确认日当天，证券等同品应付收入的金额或市值低于规定的交易标的证券的价值。此时借券人应（按要求）向出借人追加可弥补不足部分金额的担保品。

5.6 交付多余担保品的要求

在适用本主协议第 5.4 条时，除非按照本主协议附表第 1.4 条规定排除本条款的适用，否则在无本主协议第 5.6 条时，当一方当事人（第一方，the first Party）需根据本主协议第 5.4 条规定追加担保品或交还担保品等同品，另一方当事人（第二方，the second Party）也须根据本主协议第 5.4 条的规定追加担保品或交还担保品等同品时，第一方应交付的担保品或担保品等同品的市值（X）应与第二方应交付的担保品或担保品等同品的市值（Y）互相抵销。根据本主协议第 5.4 条规定，此时交易双方需要履行的唯一义务是由第一方（当 X 大于 Y 时）或第二方（当 Y 大于 X 时）偿还和/或（视情况而定）交还市值等于 X 与 Y 之差的担保品等同品。

5.7 如果一方当事人按照本主协议第 5.6 条规定偿还或交付了（视情况而定）担保品等同品或追加了担保品，则交易双方应就偿还、交付或追加的担保品应归属于哪一笔（或哪几笔）证券借贷交易达成一致。若未能就此达成一致，则上述偿还、交付或追加的担保品应归属于做出该偿还、交付或追加行为的一方当事人所确定的最早的未到期证券借贷交易，直至上述交易的担保品市值等同于该笔借贷交易的规定担保品市值，此后上述担保品应继续归属于下一个最早的未到期证券借贷交易，并以此类推。

5.8 偿还多余担保品或追加担保品的时间安排

除非交易双方另有约定，根据本主协议第 5 条进行任何担保品等同品的偿还、交付或追加担保品（视情况而定），如果相关要求符合本主协议附表第 1.5 条中关于通知时间（notification time）的规定，则该偿还或交付行为的实施不得晚于收到相关要求的营业日结束之前。如果相关要求晚于按照本主协议附表第 1.5 条中关于通知时间的规定，则该偿还或交付行为的实施不得晚于收到相关要求的营业日的下一个营业日结束之前。

5.9　信用证的替换与展期

如果担保品为信用证，那么出借人可向借券人发出通知，要求借券人在该通知发出后的第三个营业日（或双方约定的其他时间），用现金担保品或出借人接受的其他担保品来替换该信用证。而在体现本主协议中借券人义务的任何信用证到期之前，借券人需在该信用证到期之前的倒数第二个营业日的英国时间上午 10：30 之前为该信用证展期，或向出借人提供至少与该信用证等额的可替代信用证。

6. 分配与公司行为

6.1　本条是关于交易标的证券或证券类担保品的持有人从上述证券发行人处获得相关收入及其分配的规定。该类收入应等同于扣除预扣税后应从相关证券发行人处获得的相关收入。

6.2　借贷交易标的证券的返还性支付

如果借贷交易延续至收入确认日之后，借券人须在该证券发行人支付该类收入之日，或在双方当事人不时约定的其他日期，向出借人支付该类现金收入或双方当事人约定的其他类财产。如果未能达成上述约定，则视为该标的证券未被贷出，并在收入确认日确定仍为出借人所持有，此时出借人有权获得与该类证券相关收入的（同种货币的）等额现金收入或其他财产收入。

6.3　非现金担保品的返还性支付

如借券人向出借人交付的非现金担保品的收入确认日发生在证券等同品被出借人交付给借券人之前，出借人须在该类针对非现金担保品的收入支付之日或于双方当事人间不时约定的其他日期，向借券人支付一笔现金或经双方当事人同意的其他类财产。如未能达成上述约定，则在满足以下两个条件的前提下，出借人有权获得等同于该类收入的（同种货币的）现金或其他财产：

（a）出借人在收入确认日持有该非现金担保品；

（b）在法律适用方面，出借人不享有任何税收抵减（credit）、收益或其他救济。

6.4　未能交付非现金担保品等同品的赔偿

除非双方当事人在本主协议附表第 1.6 条中声明本条规定不适用，则：

（a）对于非现金担保品，在收入确认日之前，借券人根据本主协议第 5.3 条规定要求出借人交付非现金担保品等同品；

（b）借券人向出借人就该非现金担保品的交付发出通知，有效通知应在出借人通常必须进行非现金担保品结算的最后一个营业日结束前 5 小时之前发出，以使结算在相关收入记录日的前一个工作日进行；

（c）借券人已向出借人提供非现金担保品的合理细节、收入确认日期以及可替代担保品；

（d）出借人已合理决定接受该可替代担保品，且该担保品已交付给出借人；

（e）在上述情况下，出借人未能在收入确认日之前采取合理的措施将非现金担保品等同品交付给借券人。

在上述情况下，出借人须赔偿借券人由于其未能在收入确认日之前交付相应非现金担保品等同品而给借券人造成的任何成本、损失（loss）或损害（damage）（不包括任何间接损失，或应由出借人补偿借券人的损失或损害，如根据本主协议第6.3条和/或第9.3条规定的损失或损害）。

6.5　证券形式的收入

如果任何借贷交易的标的证券或交易担保品的收入以证券形式支付，则该类证券应被纳入该借贷标的证券或交易担保品之中并成为其中的一部分（视情况而定），且不会交付给出借人（如涉及标的证券）或借券人（如涉及担保品），直至相关证券借贷交易结束。出借人或借券人（视情况而定）须就此类额外借贷标的证券或交易担保品（视情况而定），履行本主协议第5.4条或第5.5条（如适用）规定的义务。

6.6　表决权的行使

如果要就任何借贷交易标的证券或证券担保品行使任何表决权，除非当事人双方另有约定，借券人（在持有证券等同品的情况下）和出借人（在持有担保品等同品的情况下）在行使上述表决权时，均无任何义务就其该表决权的行使接受另一方当事人的任何指示。

6.7　公司行为

对任何借贷交易标的证券或担保品而言，如果在交还证券等同品或担保品等同品之前，任何与之相关的转换、拆分、合并、优先购买的权利、由于收购要约所产生的权利、获得证券或可在未来换成证券证书的权利以及其他权利（包括该类证券或担保品的即时持有人的选择权等）变为可以行使，出借人或借券人（视情况而定）可在行使上述权利或进行期限选择前的合理期间内，向另一方当事人发出书面通知，告知其在交还证券等同品或担保品等同品时（视情况而定），其所希望收到的是已经完成行权的证券等同品或担保品等同品（视情况而定）；如果能以多种方式行使权利，则应是以其书面通知中的指定方式行使了权利的证券。

7. 适用于借贷交易标的证券和现金担保品的费率

7.1　借贷交易标的证券的费率

对于每笔证券借贷交易而言，借券人均应按照本主协议第7.3条所指定的方式向出借人付款，支付款项的总额应通过依照该借贷交易标的证券的每日市值，以适用于交易双方约定的费率标准计算得出。

7.2 现金担保品的费率

对于证券借贷交易中交存于出借人处的现金担保品而言，出借人应以本主协议第7.3 条规定的方式，按照交易双方约定的费率标准向借券人进行支付。支付给借券人的利息款项可根据第7.1 条的规定，与需向出借人支付的款项相互抵销。

7.3 相关费用的支付

对于每笔证券借贷交易而言，本主协议第7.1 条和第7.2 条所规定的支付应在结算日（含当日）至交付证券等同品或交还现金担保品的营业日（不含当日）之间的时间段内逐日进行累计。除非双方当事人间另有约定，累计利息总额的支付应在该笔款项应付月份的最后一个营业日之后的 10 个营业日之内，或在双方当事人不时约定的任何其他日期之前进行。

8. 证券等同品的交付

8.1 出借人终止借贷交易的权利

根据本主协议第 11 条以及相关借贷交易条款的规定，出借人有权终止借贷交易，并在任何一个营业日内发出通知要求对方当事人交还所有或任何证券等同品，但通知的期限不得短于借贷交易标的证券最初交付时所通过的交易所或清算结算系统对该类证券等同品所需的标准结算时间。借券人应当根据出借人的指示，在通知期满前交还证券等同品。

8.2 借券人终止借贷交易的权利

根据借贷交易相关条款规定，借券人有权随时终止借贷交易，并根据出借人的指示交付全部及任何到期或未到期的证券等同品，而出借人须接受此类交付。

8.3 借贷期满交付证券等同品

当一笔证券借贷交易终止时，借券人须按照本主协议的规定和有关借贷交易协议条款，向出借人交还证券等同品。为避免产生疑义，凡根据本主协议或交易双方所达成的任何其他协议，或在通信中提及有关交还借贷证券或履行相关义务的（无论以何种形式表达），均需按照本条款规定对交还证券等同品或履行此类义务做出解释。

8.4 借贷交易终止后担保品等同品的交付

证券借贷交易终止后，根据本主协议第5.4 条，当借券人需要交还证券等同品时，出借人需同时向借券人交付任何现金担保品，或（视情况而定）按照本主协议第 5 条的规定，就该笔证券借贷交易向借券人交付与其所提供担保品等同的其他担保品。为避免产生疑义，凡根据本主协议或交易双方所达成的任何其他协议，或在通信中提及有关交还借贷证券或履行相关义务的（无论以何种形式表达），均需按照本条款规定对交还担保品等同品或履行此类义务做出解释。

8.5 信用证的交付

如果交付的担保品为信用证，则当出借人交还信用证以便进行撤销时，即可视为其履行了交付担保品等同品的义务。当信用证所担保的证券借贷交易有多笔时，出借人可通过减少该信用证的价值来履行上述交付担保品的义务。

8.6　交付义务的相对性

除非确信另一方当事人将向其履行交付义务（或视情况进行适当款项支付），否则任何一方交易当事人均无义务向另一方当事人做出交付（或视情况进行适当款项支付）。而当一方当事人无法确信上述事项时（无论对方是否已经发生违约事件或存在其他原因），该方当事人须通知另一方当事人。除非另一方当事人能确保向通知方当事人进行交付（或视情况进行支付），否则通知方当事人（假设其能够并愿意履行自身义务）有权拒绝向另一方当事人做出交付或付款（视情况而定）。

9. 交付失败

9.1　借券人未能交付证券等同品

如果借券人未能按照本主协议第 8.3 条规定交付证券等同品，那么出借人可做出以下选择：

（a）继续执行借贷交易（为避免产生疑义，该借贷仍需考虑能否适用于本主协议第 5.4 条或第 5.5 条）；或者

（b）在借券人未能交付的期间内，如果(i)借券人发生了违约事项；(ii)参考本款有关终止时间的规定发出了通知；(iii)本交易是唯一一笔未清偿证券借贷交易，则出借人可根据本主协议第 11.2 条规定向借券人发出书面通知，仅针对该笔证券借贷交易，通知对方立即终止该笔交易。为避免出现疑义，除非交易双方当事人另有约定，任何此类交付失败将不构成违约事件〔包括本主协议第 10.1(i)条规定的违约事件〕。

9.2　出借人未能交付担保品等同品

如果出借人未能按照本主协议第 8.4 条或第 8.5 条规定交付非现金担保品形式的担保品等同品，那么借券人可做出以下选择：

（a）继续执行借贷交易（为避免产生疑义，该借贷仍需考虑能否适用于本主协议第 5.4 条或第 5.5 条）；或者

（b）在出借人未能交付的期间内，如果(i)出借人发生了违约事项；(ii)参考本款有关终止时间的规定发出了通知；(iii)本交易是唯一一笔未清偿证券借贷交易，则借券人可根据本主协议第 11.2 条规定向出借人发出书面通知，仅针对该笔证券借贷交易，通知对方立即终止该笔交易。为避免出现疑义，除非交易双方当事人另有约定，任何此类交付失败将不会构成违约事件〔包括本主协议第 10.1(i)条规定的违约事件〕。

9.3　任何一方的交付失败

当一方当事人（转让人）未能按照本主协议规定的时间要求，或未能遵守其与另一方当事人（受让人）就交付事项达成的其他时间要求，将证券等同品或担保品等同品交付于对方，则受让人可向其主张：

（a）交付失败所产生的利息、透支或相关的类似成本用和费用；

（b）由于第三方执行强制买进（buy‑in）而直接产生的成本和费用。

转让人应根据受让人要求在一个营业日内向受让人支付上述第（a）（b）款规定的由于交付失败直接导致的合理成本和费用，使受让人免于损失，除非上述成本和费用（ⅰ）是由受让人的疏忽（negligence）或故意违约行为（wilful default）造成的，或（ⅱ）属于非直接或其他间接损失。

10. 违约事件

10.1 交易任意一方（一方为违约方，另一方为非违约方）发生并持续存在的以下事件为违约事件，但［根据本主协议第 10.1（d）款规定］只有当非违约方向违约方发出书面通知时方构成违约事件：

（a）出借人或借券人在借贷交易开始后未能根据本主协议第 5.1 条规定，如期支付或偿还现金担保品或交付担保品，或未能根据本主协议第 5.4 条和第 5.5 条规定，如期交付追加的担保品；

（b）出借人或借券人未能按照本主协议第 6.2 条或第 6.3 条的规定，履行按期进行返还支付的义务，且在支付失败后，未能在非违约方发出通知要求其进行补救后的 3 个营业日内采取补救措施；

（c）出借人或借券人未能按照本主协议第 9.1（b）条、第 9.2（b）条或第 9.3 条规定履行其应承担的按期支付相关款项的义务；

（d）出借人或借券人发生资不抵债，并且双方在本主协议附表第 5 条中约定可适用自动提前终止条款。资不抵债行为可表现为申请清算或与其相类似的流程，或委任清算管理人或其他类似机构的行为。在违约方申请破产或发生类似事件的情况下，非违约方无须就违约事项的发生向违约方发出书面通知（自动提前终止）；

（e）出借人或借券人已根据本主协议第 13 条或第 14（a）条至第 14（d）条规定做出或重复做出，或被视为已做出或重复做出的任何陈述或保证存在实质性错误或失实；

（f）出借人或借券人向另一方承认其无能力或无意愿履行本主协议下和/或与任何该借贷交易有关的任何义务。随着通知的发出或时间的推移，义务履行的失败将构成违约事件；

（g）按照法律规定，出借人或借券人的所有财产或财产的重大部分被转移至或被监管机构要求转移至托管人（或具有相同功能的法律主体）处；

（h）出借人（如适用）或借券人因其财务状况或信用评级难以达到要求标准而被任何监管机构宣布违约，或被中止或吊销交易所成员资格，或被中止或禁止其开展证券交易；

（i）出借人或借券人未能履行本协议下的任何其他义务，且未能在非违约方向违约方发出书面通知后的 30 天内做出任何补救。

10.2 一方当事人须向另一方当事人就已发生或可能发生的违约事件发出书面通知。

10.3 本主协议条款包含了当事人针对所发生的违约事件完整可用的补救措施。

10.4 根据本主协议第 9 条和第 11 条规定，当一方当事人未能履行其主协议下的任何义务时，另一方均无权就其间接损失申请索赔。

11. 违约事件的后果

11.1 如果交易任何一方当事人发生了违约事件，则应适用本主协议第 11.2 条至第 11.7 条的规定。

11.2 如果交易一方当事人发生违约事件，那么双方之间的交付和付款义务（包括双方在主协议下的任何其他义务）都应加速到期，以便在违约事件发生之日（即终止日）要求履行上述义务。上述义务的履行需遵守以下规定：

（a）任何一方当事人应交付的证券等同品、非现金担保品等同品，应偿付的现金担保品金额（包括应计金额）以及其他应付现金（包括应计利息），应由非违约方根据本主协议第 11.4 条规定在终止日确定其相关的违约市场价值；

（b）在确认上述总额后，双方当事人应（在终止日）各自明确其在本主协议下对另一方的所欠金额（前提是任何一方当事人向另一方当事人就证券等同品或非现金担保品等同品的交付主张的金额等于其违约市场价值），并将一方所欠的款项金额与另一方所欠款项金额相互抵销，仅支付抵销后的余额部分（根据上述内容，由请求权数额较低的一方进行支付）。根据本条款规定，抵销后余额的支付应在金额的确认和抵销完成后的下一个营业日内进行。为方便计算，任何未使用基础货币计值的相关金额都应以非违约方合理指定的日期和时间的即期汇率转换为基础货币计值的金额；

（c）如果根据第（b）款规定结算后的价值余额应由非违约方支付，且非违约方已向违约方交付信用证，那么违约方应在其应支付的余额范围内将信用证兑现，并在随后将信用证交还至非违约方以实现撤销；

（d）如果根据第（b）款规定结算后的价值余额应由违约方支付，且违约方已向非违约方交付信用证，那么非违约方应在其应支付的余额范围内将信用证兑现，并在随后将信用证交还至违约方以实现撤销；

（e）在其他情况下，如果一方当事人已将作为担保品的信用证交还至对方，该方当事人应交还其收到的信用证以实现撤销。

11.3 在本主协议中，信用证形式的担保品等同品的违约市场价值（default market value）为零。任何证券等同品或担保品等同品的违约市场价值须结合本主协议第 11.4 条和第 11.6 条规定予以确认。其中：

（a）适当市场（appropriate market）指对于出现违约事项后以终止净额结算为目的的证券估值，非违约方当事人确定的最适宜该证券的交易市场；

（b）违约估值时间（default valuation time）指在违约事件发生后的第 5 个适当市场交易日结束营业的时间。当违约事件是资不抵债行为时，由于按照本主协议第 10.1（d）条规定，非违约方无须向违约方发出违约通知，此时违约估值时间为非违约方首次意识到违约事件发生后的第 5 个适当市场交易日结束营业的时间；

（c）应交证券（deliverable securities）指应由违约方当事人交付的证券等同品或非现金担保品等同品；

（d）净值（net value）指在任何时间，就任何应交证券或应收证券而言，非违约方在考虑其认为适当的定价来源及方法（包括但不限于与相关证券等同品或担保品等同品的到期时间、条款及信贷特征相似的证券的可得价格）后，合理认为代表其公允市值的金额，减去（应收证券）或加上（应交证券）因购买或出售上述证券而将产生的所有交易成本；

（e）应收证券（receivable securities）指应交付于违约方的证券等同品或非现金担保品等同品；

（f）交易成本（transaction cost）指就本主协议第 11.4 条或第 11.5 条所述的任何交易而言，将因购买应交证券或出售应收证券而产生或合理预期的成本、佣金（包括内部佣金）、开支及费用（包括任何加价、减价或交付保证金），且在计算交易成本总额时假设该金额为执行该交易所合理预期的最低金额。

11.4 如果在终止日和违约估值日之间：

（a）发生相关违约事件后，非违约方已经出售（应收证券）或购买（应交证券）与有关证券等同品或担保品等同品同次发行或相同类型和类别的证券，（无论该笔出售或购买是否已经结算），非违约方可选择将以下金额作为违约市场价值：

(i)应收证券在扣除由此产生的一切交易成本之后的净收益；但若所售证券数量与证券等同品或担保品等同品数量不同，则非违约方可善意地（A）选择将出售所得净收益除以所售证券数量，再乘以证券等同品或担保品等同品的数量作为违约市场价值，或（B）选择将实际出售的证券等同品或担保品等同品的净收益当做该部分证券等同品或担保品等同品的违约市场价值，此时证券等同品或担保品等同品余额的违约市场价值须依照本主协议第 11.4 条规定分开计算；或者

(ii)应交证券包括交易成本在内的购买总成本；但若所购买证券数量与证券等同品或担保品等同品数量不同，则非违约方可善意地（A）选择把该总成本除以所购证券数量，再乘以证券等同品或担保品等同品的数量作为违约市场价值，或（B）选择将实际购买的证券等同品或担保品等同品的购买总成本当做该部分证券等同品或担保品等同品的违约市场价值，此时证券等同品或担保品等同品余额的违约市场价值须依照本主协议第 11.4 条规定分开计算；

（b）非违约方已从其认为具有合理商业规模的适当市场中的两家或更多做市商或常规交易商处获得相关类别证券的（应交证券的）卖出报价或（应付证券的）买入报价，非违约方可选择将以下金额作为违约市场价值：

(i)上述证券的相关做市商或交易商的应交证券卖出报价或应收证券的买入报价（如果有多个报价，则取所有报价的算术平均值），上述报价可由非违约方基于商业合理性进行调整，以反映未体现在上述报价中的应计未付息票；

(ii)在扣除（应收证券）或增加（应交证券）已经产生的或合理预期将产生的交易

成本后的金额。

11.5 如果基于诚信原则,(A)非违约方已尽力但无法依照本主协议第11.4(a)条出售或购买证券,或无法依照本主协议第11.4(b)条获得报价(或两种情况都存在),或(B)非违约方已认定以报价出售或购买证券不具备商业合理性,或使用其根据本主协议第11.4(b)条所获得的任何报价不具备商业合理性,则非违约方可确定相关证券等同品或担保品等同品(应加以明确)的净值,并选择将该净值视作相关证券等同品或担保品等同品(应加以明确)的违约市场价值。

11.6 如果在违约估值时间之前,非违约方未根据本主协议第11.4条规定进行违约估值,则相关证券等同品或担保品等同品的违约市场价值应等于它们在违约估值时间点的净值;但如果非违约方在违约估值时间合理认定,由于影响到相关证券等同品或担保品等同品的市场情况,非违约方(由于缺少交易价格或出于其他原因)不可能为上述证券等同品或担保品等同品确定一个具备商业合理性的净值,那么这些证券等同品或担保品等同品的违约市场价值应等于非违约方在违约估值时间过后尽快确定的合理净值。

违约事件产生的其他成本、费用及应付利息

11.7 违约方应向非违约方赔付其因违约事件产生的所有合理的法律及其他专业费用及利息,利率由双方商定并在附表第10条进行明确约定。若双方未约定利率,则应根据伦敦一家著名金融信息服务机构在伦敦时间上午11:00公布的隔夜伦敦银行同业拆借利率,按 LIBOR 或(当费用可归于一笔特定交易且双方事先约定了交易利率时)双方约定的交易利率(若该利率高于 LIBOR)计算上述费用的利息,并以复利的方式每日累计计算。

抵销(set - off)

11.8 根据本主协议第11.2(b)条规定,任何一方当事人(付款人)应向另一方当事人(收款人)所支付的款项,可按照非违约方的选择,与任何应由收款人向付款人所支付的款项(无论是现有支付义务还是或有支付义务,无论其币种、支付地点或义务产生地点为何)相抵销,具体金额根据双方其他约定或交易产品而定。如果该支付义务的金额不确定,则非违约方应善意地估算支付义务的确定金额并在此基础上进行抵销。本条款内容不构成任何形式的担保权(charges)或其他担保权益(security interest),且不得影响任何一方当事人通常(基于法律、合同或其他)所享有的抵销、账户合并、留置或其他方面的权利。

12. 税收

预扣税、总额支付与信息的提供

12.1 本主协议下的各类支付款项不得是扣除或预扣任何种类税收之后的金额,除非该类扣除或预扣税收的行为是适用法律所强制要求的。

12.2 除非当事人双方另有约定,如果一方当事人(付款人)根据要求必须缴纳或预扣相关税收，则其应当：

（a）及时通知对方当事人（收款人）上述要求；

（b）向相关税收管理部门全额缴纳或支付税款；

（c）根据收款人的书面请求，向其提供适当的文件，证明付款人已向税收管理部门缴纳了相关税款；

（d）除本主协议第6.3条规定的应由出借人向借券人支付的相关款项外，付款人须向收款人进行额外支付，收款人实际收到的金额（在计入该税收预扣或扣除后）将等于无须做出上述税收款项扣除或扣缴时本应收到的金额。根据本款规定，付款人无须向收款人支付任何未要求其支付的额外金额，除非收款人未能遵守本主协议第12.3条规定的义务。

12.3　双方当事人均应同意按照对方当事人的书面要求，向对方当事人（或根据对方当事人指示，向任何政府机构或税收管理当局）交付任何形式的文件或提供任何其他形式的帮助或协作（视情况而定），以允许付款人向收款人支付不扣除预扣税或其他相关税收的款项（前提是交付上述文件或提供其他形式的帮助与协作不会对收款人的法律或商业地位造成实质性损害）。任何此类文件的内容必须准确并得到对方当事人的合理认可，并应在双方当事人约定的时间按照合理要求的证明形式予以执行或交付。如果双方当事人未能就此达成一致，则应根据合理的市场实践惯例进行。

印花税

12.4　除非双方当事人另有约定，则借券人应承诺及时支付或结算本主协议下任何形式的交易所产生的印花税（除非出借人未能履行其主协议项下的义务）。

12.5　如果借券人未能履行本主协议第12.4条所规定的义务，借券人应向出借人承担相应法律责任，并持续赔偿由此给出借人所造成的损失。

营业税

12.6　任何应于本主协议下支付的款项不包含由于一方当事人向另一方当事人进行支付所产生的与供应量和交易总额相关的营业税种[①]。如果当事人必须支付等同于营业税的金额，则应获取与之相应的营业税发票。

法律溯及力

12.7　除非双方当事人另有约定，本主协议下应由一方当事人向另一方支付的款项应参照支付日可适用的税收法律，而不应受到以下情形的影响：

（a）所适用法律发生可溯及既往的变化，且该变化公布或颁布于付款日之后；

（b）具有管辖权的法院在付款日之后做出的任何判决（除非该类判决结果是由本主协议项下的支付行为所产生的）。

[①]　即增值税或营业税。—译者注

13. 出借人保证

一方当事人应向另一方当事人提供持续的保证和承诺，并确保该保证在本主协议下的任何借贷交易完成后仍继续有效。因此，出借人做出以下保证：

（a）出借人已获得正式授权，能够履行其在本主协议下的义务和责任；

（b）出借人依照本主协议贷出证券或采取其他方式履行义务，不受其构成文件中任何条款的限制或任何其他方式的限制；

（c）出借人对于其向借券人提供的证券拥有全部的法律和受益所有权，且该证券上不设有留置权（liens）、担保权（charges）或其他产权负担（encumbrances）；

（d）在本主协议中，出借人应以委托人的身份进行交易，而不是从事代理人交易。

14. 借券人保证

一方当事人应向另一方当事人提供持续的保证和承诺，并确保该保证在本主协议下的任何借贷交易完成后仍继续有效。因此，借券人做出以下保证：

（a）借券人已获得所有必需的批准或许可，并已取得正式授权，能够履行其在本主协议下的义务和责任。借券人保证不会做出损害上述批准、许可和授权效力的行为；

（b）借券人依照本主协议借入证券或采取其他方式履行义务，不受其构成文件中任何条款的限制或任何其他方式的限制；

（c）借券人对于其提供的担保品拥有全部的法律和受益所有权，且该担保品上不设有留置权（liens）、担保权（charges）或其他产权负担（encumbrances）；

（d）在本主协议中，借券人以委托人的身份进行交易；

（e）借券人进行证券借贷交易的首要目的不是为了获取标的证券附着的投票权。

15. 未偿金额的利息

交易双方承诺，如果一方当事人未能按照协议规定偿还相关款项金额，该方须按照本主协议第11.7条所规定的利率，（在判决前和判决后）以本金计值货币向对方支付到期未偿净余额款项的利息。计息期间自原始付款到期日（含当日）起至实际付款日（不含当日）止。利息的计算以实际天数为准，并以复利方式每日累计计算。如一方向另一方支付的款项无法被另一方收取，根据本条规定，在此期间不产生应计利息。

16. 协议终止

本主协议各方当事人有权在至少提前15个营业日向另一方当事人发出书面通知后终止本协议（通知须注明终止日期）。对已进行但还未清偿的借贷交易，须确保在本通知发出时根据本主协议的规定进行清偿。

17. 单一协议

本主协议各方当事人确认，当事人之间的所有证券借贷交易共同构成了一项单一的业务与合约关系，每笔借贷交易之间相互关联。各方当事人基于上述考虑签订本协议，并将以此开展每一笔借贷交易。因此，各方当事人同意：

（a）履行其在每笔借贷交易下的所有义务，任何一次履行义务的失败将构成其在所有借贷交易下的违约行为；

（b）本主协议的任何一方就任何一笔借贷交易所做出的付款、交付或其他转让行为，须被视作就任何其他借贷交易做出的付款、交付或其他转让行为。

18. 分离

如果本主协议的任何条款被司法部门或其他主管部门宣布无效或无法被强制执行，那么该条款将会被从主协议中分离出来，其他协议条款继续完全有效。但双方当事人应随后以合理的方式对本主协议进行及时修订，以合法的方式尽可能地补充分离条款中所包含的双方意愿。

19. 特定履行

各方当事人同意，在法律程序方面，在不损害其任何其他权利的前提下，不会通过寻求特定履行的方式要求另一方当事人履行交付或交还证券、证券等同品、担保品或担保品等同品的义务。

20. 通知

20.1　任何与本主协议的履行有关的通知或其他通信，可按照下列任何方式发送至本主协议附表第 5 条所列明的地址或号码，或根据附表第 6 条有关电子消息系统的规定进行发送。按照以下规定发出的通知或其他通信被视为有效：

（a）如以书面方式并通过专人或快递交付，则在交付日当天生效；

（b）如通过传真发送，则在接收方的相关工作人员收到可辨认的传输之日生效（前提是双方当事人约定接收的证明责任由发送方承担，且发送方的传真生成的传输报告不被视作传真已被收到的证据）；

（c）如通过经证明的信件（certified mail）或挂号信（registered mail）（如寄往海外，则为航空信件）或同等方式（须提供回执），则在交付邮件或试图交付邮件之日生效；

（d）如通过电子消息传输系统进行发送，则在收到该电子消息之日生效。

如果交付日（或准备交付日）或接收日（如适用）为非营业日，或相关通知在营业日营业时间结束后交付（或准备交付）或接收（如适用），则该通知应被视为在紧接交付日（或准备交付日）或接收日之后的下一个营业日生效。

20.2　任何一方当事人可通知另一方当事人，修改向其发送通知或其他通信的地址、电传或传真号码或电子消息传输系统详情。

21. 转让

21.1　根据第21.2条规定，在未事先获得另一方当事人同意的情况下，任何一方当事人均不得抵押（charge）、转让（assign）或转移其在本主协议下的所有或任何权利和义务。

21.2　对本主协议第21.1条的适用不得排除一方当事人根据本主协议第11.2（b）条或第11.7条规定进行的任何抵押、转让或处理任何利息收入的权利。

22. 非弃权

任何一方当事人如（通过采取一定行为或其他方式）未能行使或延迟行使本主协议下的任何权利（right）、权力（power）或特权（privilege），并不等于已经放弃该等权利、权力或特权。单独或部分行使任何权利、权力或特权也不妨碍其行使或进一步行使上述权利、权力或特权，或行使本主协议所规定的任何其他权利、权力或特权。

23. 准据法和司法管辖

23.1　本主协议以及由本主协议所引发或与本主协议相关的所有非合同义务均应适用英国法律并据此进行解释。

23.2　英国法院具有排他性司法管辖权，可审理（hear）并裁决（decide）由本主协议引发的，或与本主协议相关的任何诉讼或法律程序（proceedings），并可解决由本主协议所引发的、或与本主协议相关的任何争议或非合同义务［分别称为法律程序（proceedings）和争议（disputes）］。基于此目的，各方当事人应不可撤销地服从英国法院的管辖。

23.3　对于被选定为审理并裁决任何法律程序并解决任何争议的英国法院，各方当事人应不可撤销地放弃其对上述法院提出反对的权利，包括提出英国法院并非方便法院或并非适当审理法院的要求。

23.4　本主协议甲、乙双方可分别指定本主协议附表第7条中与各方相关的指定人士为代理人，代表其接收英国法院的诉讼文书。如果上述代理人不再担任甲方或乙方代理人（视情况而定），相关方当事人须立即委任其在英国的新代理人，并将新代理人的身份通知另一方当事人。

24. 时间

时间是本主协议的重要条款。

25. 记录

双方当事人同意记录双方之间的所有电话交谈的内容。

26. 豁免权放弃

各方当事人均放弃其（基于主权或其他基准依据）所享有的全部豁免权，即在英国或任何其他国家或司法管辖区的法院的任何诉讼或程序中享有的、以任何方式与本协议有关的一切司法、扣押（包括判决前后）及执行的豁免权，并同意其不会在任何此类诉讼或程序中提出（raise）、主张（claim）或申请任何此类豁免权。

27. 其他事项

27.1　本主协议构成了交易双方的完整约定以及交易双方对各主要事项的理解，并将替代所有相关口头通知和此前形成的所有书面材料。

27.2　根据本主协议正式文本供签署的一方当事人（相关方）（见本主协议附表第9条）应向对方当事人做出保证和承诺，其提供的协议正文完全符合国际证券借贷协会在网站上公布的《全球证券借贷主协议（2010年）》正文标准格式要求，但相关方在签订本主协议之前以书面形式通知另一方的内容除外。

27.3　除非本主协议另有规定，任何对本主协议做出的修订均为无效，但以书面形式（包括传真的书面依据在内）做出并由交易各方当事人签署，或经电报以及其他电子信息传输方式进行了电子信息的交换确认的除外。

27.4　双方当事人同意，在根据本主协议附表第11条的规定适用本条款时，将适用于所有在到期日仍未履行偿还义务的证券借贷协议及其附表（详见本主协议附表第11条）。在此情况下，双方当事人应被视为根据本主协议进行证券借贷交易，而该协议的条款也被视为自其生效日起根据本主协议规定进行了相关修订。

27.5　双方当事人同意，当根据本主协议附表第12条的规定适用本条款时，任何一方当事人可使用第三方供应商所提供的自动化程序来完成交易，而任何从对方当事人处接收的数据应向第三方供应商进行披露。

27.6　双方当事人按照本主协议规定应履行的义务，在任何借贷交易终止后依然有效。

27.7 只要本主协议中任何一方当事人的任何义务依然存在，那么本主协议第 13 条、第 14 条、第 27.2 条及代理人附件中规定的保证在本主协议终止后依然有效。

27.8 除非本主协议另有规定，本主协议中所规定的权利、权力、救济及特权可累计，且不排除任何法定的权利、权力、救济及特权。

27.9 本主协议（及各修订版本）可签订并交付（包括通过传真）多份，各份文件效力均等同于原件。

27.10 任何非本协议当事人的第三方无权依据《1999 年合同（第三方权利）法案》强制执行本主协议中的任何条款，但这不影响第三方在该《法案》外存在或可得的任何权利或救济。

由双方签订
甲方：
甲方法定代表人或授权签字人（签字）：
乙方：
乙方法定代表人或授权签字人（签字）：

附表

1. 担保品

1.1 下文表格中所列的旁边带叉号的证券、金融工具和现金存款，为本主协议可接受的担保品形式。

1.2 除非当事人双方另有约定，否则根据本主协议相关规定，借券人须按照本主协议第 5 条的规定向出借人交付担保品，其市值在各营业日均不得低于借贷交易标的证券的市值，以及下表每行对应每个特定形式担保品的百分比（在本主协议中称为保证金）之和。

证券/金融工具/现金存款	如为可接受的担保品形式，则打"×"号	保证金（％）

1.3 维持保证金的基础
本主协议第 5.4 条（担保品总额）不适用[①]　□
除非勾选该方框，否则本主协议第 5.4 条（担保品总额）将适用。

1.4 本主协议第 5.6 条（交付担保品和交还担保品等同品的净义务）不适用[①]　□

---

① 可视情况删除。

除非勾选该方框，否则本主协议第5.6条（净义务）将适用。

1.5 根据本主协议第5.8条规定，通知时间指伦敦时间 □

1.6 本主协议第6.4条（未能交还非现金担保品等同品的补偿）不适用[①] □

除非勾选该方框，否则本主协议第6.4条（未能交还非现金担保品等同品的补偿）将适用。

2. 基础货币

本主协议适用的基础货币为_____，如果该货币不再是可自由兑换的，则基础货币应为［美元］［欧元］［如为其他货币，请注明][①]

3. 营业地点

（见本主协议中关于营业日的规定。）

4. 市场价值

（见本主协议中关于市场价值的规定。）

5. 违约事件

自动提前终止适用于甲方当事人 □
自动提前终止适用于乙方当事人 □

6. 指定办事机构和通知地址

（a）甲方指定办事机构
甲方通知或通信地址：
地址：
联系人：
传真号码：
电话号码：
电子信息传输系统详情：
（b）乙方指定办事机构
乙方通知或通信地址：
地址：
联系人：
传真号码：
电话号码：
电子信息传输系统详情：

[①] 可视情况删除。

7. (a) 甲方接收法律文件代理人

名称：
地址：
(b) 乙方接收法律文件代理人
名称：
地址：

8. 代理人

甲方 ［可以是］［一直是］^①交易代理人　□
乙方 ［可以是］［一直是］^①交易代理人　□
集中委托交易附件可适用于甲方　□
集中委托交易附件可适用于乙方　□

9. 起草协议的当事人

甲方　□
乙方　□

10. 违约利息

违约利息为_____ 。

11. 存续借贷

本主协议第 27.4 条适用^①　□
［海外证券借贷协议，签订日期　　　　　　　　　］
［全球证券借贷主协议，签订日期　　　　　　　　］

12. 自动化

本主协议第 27.5 条适用。^①　□

_____

① 可视情况删除。

代理人附件

以代理人身份进行证券借贷交易

1.1 出借人以代理人身份参与证券借贷交易的权利

依照本条下列有关规定，出借人可以代理人身份（代理人，agent）代理第三方当事人（委托人，principal）进行借贷交易，无论其身份是托管人、投资经理或其他（本条所述的借贷交易可被认为是代理交易，agency loan）。

如果出借人根据本主协议附表第 8 条已明确其可以是交易代理人，则其必须就其从事的每笔交易是否为代理交易进行确认。如果出借人根据本主协议附表第 8 条已明确其一直是交易代理人，则无须逐笔进行确认。

1.2 集中委托交易（pooled principal transactions）

出借人可代表多个委托人从事证券借贷交易，并适用本主协议附件中有关集中委托交易的相关规定。①

1.3 代理交易的条件

当且仅当符合以下条件要求时，出借人可进行代理交易：

（a）在每笔证券借贷交易生效前，出借人须按照证券借贷行业所规定的格式或按照出借人与借券人之间约定的格式（约定格式，agreed format），向借券人披露其所掌握的必要交易信息。同时，出借人还应按照借券人要求，向其提供委托人的相关信息（委托人信息，principal information）。代理人应保证其所提供给借券人的有关委托人的信息由委托人自身提供，且信息内容在其知晓的范围内准确无误；

（b）出借人代理单一第三方（即委托人）进行借贷交易时，应在订立借贷交易时，或在交易标的证券已被交付给借券人之日的下一个营业日的营业时间结束前，以约定格式或依照双方另行约定（通过姓名或交易双方约定的可代表特定委托人的相关代码或身份标识）向借券人披露委托人的身份；并且

（c）出借人在进行证券借贷交易时，拥有订立借贷协议的权利，以及代表委托人履行其在本附表下第 1.5（b）条中相关义务的实际权限。

代理人同意，若该交易的委托人身份未经借券人认可，或借券人通知代理人撤销上述认可（此类委托人，即受认可委托人），该笔代理交易不会生效。这类通知应遵循约定格式。

借券人承认，代理人没有义务向其提供有关委托人财务状况的保密信息；同时代理人同意，如果借券人提出要获得上述信息的合理要求，其将尽量提供协助。

1.4 代理人通知影响委托人的相关事宜

代理人承诺在其作为代理人进行代理交易时，应在知悉以下事项时：

---

① 可视情况删除。

（a）发生与委托人有关的任何资不抵债事件；或

（b）任何违反下文第1.6条规定所做出的保证行为，或根据当时事实重述该等保证时会导致其失实的任何事件或情况。

其应将相关事项立刻告知借券人，并按照借券人的合理要求及时提供代理人易于获得的其他相关信息。

1.5　代理交易的地位

（a）任何代理交易应为委托人和借券人之间进行的交易，除此以外的其他人不得成为该代理交易的一方当事人，或拥有该代理交易下的任何权利义务。根据上述规定，代理人不对委托人的代理交易负责，但仍需履行其在本附件其他条款下的义务；并且

（b）如果代理人已经代理委托人进行了一笔或多笔代理交易，则本主协议的所有条款应对借券人和每一位委托人单独适用，如同借券人与每一位委托人分别签订了一份独立的证券借贷协议（除本附件外，该协议各方面应与本主协议相同），并且就如同委托人即为该协议的出借人一样：

（i）如果发生了与代理人有关的违约事件，或者发生了任何将会构成违约的事件（借券人根据本主协议第10条规定发出了通知），借券人有权向委托人发出书面通知（如果根据本主协议第20条规定发出通知，该通知应以有效的形式发送），声明上述事件已被借券人视作委托人发生的违约事件。如果借券人发出了上述通知，那么与委托人相关的违约事件将被视作发生于通知发出之时；

（ii）如果委托人既不是在英国注册成立，也未在英国设立营业点，那么根据上述第1.5（b）条规定，委托人应被视作委托代理人代表其接收英国法院送达的法律文件。如果该代理人也未在英国注册成立并且未在英国设立营业点，那么委托人应被视作委任代理人指定的人，或委托人不时通过书面通知的方式指定的其他人代为接受英国法院送达的法律文件。

若出借人在本附表第6条明确其可作为代理人进行交易，本条上述规定不应影响出借人作为委托人与借券人进行证券借贷交易时本主协议的实施。

1.6　出借人作为代理人的权利保证

出借人向借券人保证，在其从事或有意从事代理交易时，已获得适当授权，可进行证券借贷交易并代表委托人履行其在本附件1.5（b）条下的全部义务。

代理人集中借贷交易附件

1. 范围

本附件适用于代理人代理多个委托人进行证券借贷交易的情形。上述交易情形应适用代理人附件，但须遵守下文第 2 ~ 7 条对代理人附件相关条款的修订与增补。

2. 解释

在本附件中：

（a）担保品转移（collateral transfer）的含义参考本附件第 5.1 条的规定；

（b）如果在任何营业日的任何期间，代理交易中委托人根据交易主协议所持有的已过账担保品市值总额高于该代理人交易要求提供的担保品市值总额，则借券人对委托人就上述超额部分存在净风险敞口（net loan exposure）；而如果在任何营业日的任何期间，代理交易中委托人根据交易主协议所持有的已过账担保品市值总额低于该代理人交易要求提供的担保品市值总额，则委托人对借券人就上述不足部分存在净风险敞口；

（c）集中委托人（pooled principal）含义参见本附件下第 6（a）条的规定；

（d）集中借贷（pooled loan）含义参见本附件下第 6（a）条的规定。

3. 对代理人附件的修订

3.1　删除代理人附件第 1.3（b）条，并替换为以下条款：

"出借人代理一个或多个委托人进行证券借贷交易时，该委托人应在订立借贷交易之时或之前，向借券人披露每一个委托人的身份、注册地管辖区域（jurisdiction of incorporation）、组织架构等信息（可直接披露，或通过双方约定的可代表特定委托人的代码或身份标识间接披露）"。

3.2　删除代理人附件第 1.3（c）条，并替换为以下条款：

"代理人在进行证券借贷交易时必须对每一个委托人拥有实际代理权，并代为履行每一个委托人在主协议下的全部义务"。

4. 代理交易的分配

4.1　代理人承诺，如果在代理交易开始时，代理人没有在委托人之间就该笔交易的份额进行分配，那么代理人将在该笔交易的结算日之前将其分配给单一或多个委托人，每个委托人对其所分配到的交易份额承担责任。在分配后，代理人应及时通知借券人每个委托人的身份（通过姓名或交易双方约定的可以代表委托人的代码或身份标识），以及该笔证券借贷交易在委托人之间的分配情况。

4.2 根据上述第4.1条相关规定，自证券借贷交易生效之日起：

（a）如果交易份额被分配至单一委托人，则该笔证券借贷交易将被视作在借券人与该委托人之间进行；

（b）如果交易份额被分配至两个或以上委托人，则该笔证券借贷交易被视作每个委托人按其份额分别与借券人进行的证券借贷交易。

4.3 如果代理人未能履行上述第4.2条规定的义务，为评估由此给借券人带来的损失（而并非出于其他目的），应假定如果相关借贷交易（未被分配的部分）已按照上述条款要求进行了分配，那么该借贷交易的所有条款都将如期履行。

5. 担保品的分配

5.1 除非代理人在收到或交付担保品之前将（1）已过账担保品的交存（deposit）或交付，或（2）现金担保品的返还或担保品等同品的交还（均视作担保品转移）进行了明确分配，否则代理人对交易担保品的转移进行处置时，即被视作已按照下述第6.3条的规定进行了担保品的分配。

5.2（a）如果代理人代理多个委托人进行担保品转移，则担保品转移的分配比例应按照担保品转移前一个营业日代理人的营业时间截止时，借券人对每一个委托人的净风险敞口比例为依据进行分配；

（b）如果代理人代理多个委托人接受担保品转移，则担保品转移的分配比例应按照担保品转移前一个营业日代理人的营业时间截止时，每一个委托人对借券人的净风险敞口比例为依据进行分配；

（c）根据本附件第6.3条进行的担保品转移不适用上述第（a）（b）款规定。

6. 集中委托：保证金的再平衡

6.1 当代理人代理多个委托人进行证券借贷交易时，各当事人可约定，对于所有（而不是部分）委托人的未清偿代理借贷交易，或征得所有委托人集中同意的代理交易（集中委托人，这类代理交易即为集中借贷交易），担保品的转移应基于交易总净额。

6.2 下文第6.3条至6.5条应确保本主协议下所有当下未清偿集中借贷交易（只要是可行的）在相关集中委托人之间就已过账担保品进行持续一致的分配。

6.3 在可行的情况下，未清偿集中借贷交易的担保品转移应于代理人每一个营业日的营业时间结束（或由当事人不时约定的其他时间）后立刻完成。

（a）如果所有集中委托人对借券人有净风险敞口，则借券人应向每个集中委托人交付担保品或支付现金担保品的额度比例，应等于相关集中委托人对借券人的净风险敞口与所有集中委托人对该借券人的总风险敞口二者之比；

（b）如果借券人对所有集中委托人有净风险敞口，则每个集中委托人应向借券人交还担保品或偿还现金担保品的额度比例，应等于借券人对相关集中委托人的净风险敞口与该借款人对所有集中委托人的总风险敞口二者之比。

6.4 第6.3条规定的担保品转移在代理人实际拨付（appropriations）后生效，并应体现在代理人的会计分录和其他类似记录中。因此，此类担保品转移无须通过结算系统进行实际现金支付或证券交付。在不违背上述一般性规定的前提下，在进行担保品转移时，借券人可授权或指示代理人在必要或紧急情况下代为进行并记录从集中委托人处收到、或代为向集中委托人交付的现金和证券。

6.5　在根据上述第 6.3 条完成担保品的转移后，代理人须在任意营业日的营业结束时准备一份声明，载明其对每一个集中委托人支付的现金担保品金额及每类非现金担保品的转移数额。如果借券人提出要求，则代理人应按照市场通用的格式，在市场惯例时间向借券人提供该声明的复印件。

7．保证

代理人应向借券人保证：

（a）根据上述第 4.1 条向借券人所提供的所有通知以及根据第 6.5 条向其他当事人所提供的所有通知，所有实质性内容应该是完整准确的；

（b）在其根据上述第 4.1 条进行集中代理交易的分配时，已获得拥有该集中代理交易全部或部分分配的每一个委托人的正式授权，有权进行本协议规定的代理交易并履行相关义务；

（c）在其根据本主协议第 4.1 条进行集中代理交易的分配时，已获得全部或部分分配的每一个委托人均不存在违约事件或将构成违约的事件（借券人根据主协议第 14 条发出书面违约通知或其他书面通知）。

Part 4a | 第 4 a 部分

场外衍生品交易与担保品

▶ ▷▶ ▷

Chapter Fourteen

场外衍生品交易与担保品
—交易类型—概述

> 本书第 4a 部分可供不熟悉衍生品，或者仅熟悉特定衍生品业务而对其他业务所知甚少的读者阅读。本章主要介绍衍生品、场外衍生品等概念，以及担保品在场外衍生品中的作用。

衍生品的价值由标的金融产品决定。衍生品交易是一方与其对手方基于特定条款订立的一种合约；在衍生品领域，"交易"和"合约"意思相近。

衍生品的买卖交易不同于标的金融产品（如股票、债券）的主要特征如下：

■ 购买股票或债券要求买方支付其市场价值的 100%，出售股票或债券意味着卖方将获得其市场价值的 100%

■ 购买衍生品（假设标的产品是股票或债券）只要求买方支付标的产品市场价值的一小部分（如 10%）

投资衍生品可以较低成本获得标的产品的权利。如果标的产品投资的价值增加，衍生品投资者的利润就会大幅增长。反之，如果标的投资价值下降，衍生品投资者可能遭受非常严重的损失。这种衍生品利润大幅扩张、收缩的变化通常被称为杠杆或齿轮效应。

衍生品大致可分为两大类，即交易所交易衍生品和场外交易衍生品。

14.1　交易所交易衍生品

> 本节简要介绍交易所交易衍生品，并与场外交易衍生品（见下文）进行对比。

全球金融市场中，交易所为投资者群体提供了投资若干类型衍生品的可能性。交易所交易衍生品区别于场外衍生品交易的显著特征是，其提供的产品的制式条款多由交易所制定。

当投资者与衍生品交易所进行交易时，投资者的交易对手是交易所本身或交易所下设的清算所（与电子股票交易所的做法类似）。交易所扮演中间人或中介的角色，把买卖双方撮合在一起。例如，通过欧洲期货交易所（Eurex）进行的交易会自动转移到欧洲期货交易所清算公司进行清算，该清算公司成为买卖双方的真正交易对手，其通用术语是"中央对手方"。

下面是一些著名的衍生品交易所：

- 芝加哥商品交易所
- 欧洲期货交易所
- 洲际交易所
- 纳斯达克衍生品市场
- 国家商品和衍生品交易所（印度）
- 悉尼期货交易所（澳大利亚证券交易所的一部分）
- 新加坡商品交易所

通常在衍生品交易所上市交易的金融衍生品是期货和期权。

14.1.1　期货：概述

期货合约是指买卖双方之间订立的这样一种契约：买方有义务按照交易日约定的价格购买一定数量的特定标的资产，并在指定的结算日进行结算。同样，卖方有义务以交易日商定的价格交付特定数量的标的资产，并在指定的结算日结算。期货合约的条款是标准化的，是由衍生品交易所指定的。

图 14.1 及相应案例描述了一份典型的期货合约：

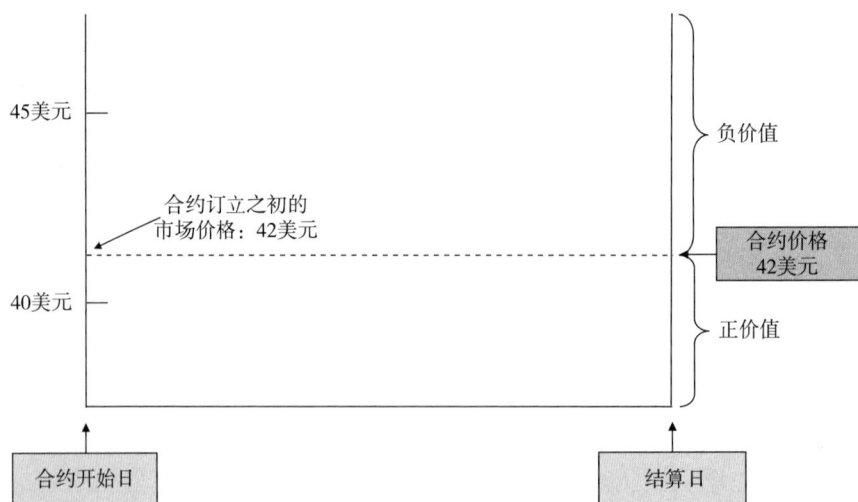

图 14.1　期货卖出案例

期货合约示例：1 月 1 日，投资者 A 持有 5 000 股 T 公司的股票，当前市场价格为每股 42.00 美元。投资者 A 相信投资价值在未来几个月内可能会下跌，于是签订了一份期货卖出合同，将以每股 42.00 美元的固定价格在 9 个月后的结算日出售这 5 000 股股票。期货合约买方持相反观点，认为 T 公司的股价有可能升至超过每股 42.00 美元的水平。在 9 个月后结算时，两种结果只会出现其一。

1. 假设当前市场价格已降至每股 39.00 美元。在这种情况下，投资者 A 将从签订的期货合约中受益（每股 3.00 美元）。相反，这种情况对期货合约买主来说是不利的，因为他有义务支付每股 42.00 美元的价格，比现在市场上的股票交易价格要高 3.00 美元。

2. 假设当前市场价格已升至（例如）每股 46.00 美元。在这种情况下，投资者 A 将不会从签订期货合同中获益（每股 4.00 美元）。相反，这种情况对期货合约买主来说是有利的，因为他将以每股 42.00 美元购买 T 公司的股票，比市场价格低 4.00 美元。

14.1.2 期权：概述

期权合约指买卖双方之间订立的这样一种契约：期权持有人有权（但非义务）在合约期间或合约到期日，以预先商定的价格购买（或出售）约定数量的标的资产。购买标的资产的权利被称为看涨期权，而出售标的资产的权利是看跌期权，预先约定的价格被称为执行价格（也称为行权价格）。期权合约的条款是标准化的，由衍生品交易所指定。

图 14.2 及相应案例描述了一份期权合约：

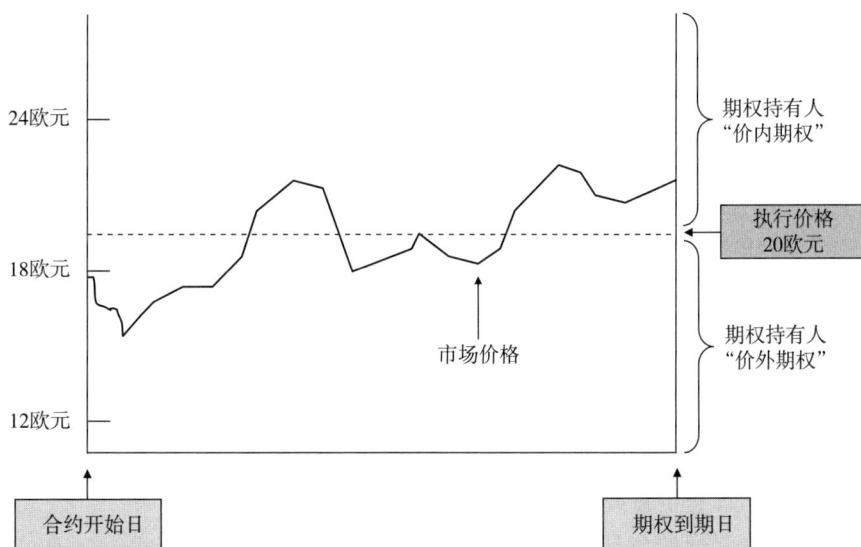

图 14.2　看涨期权案例

期权合同示例：投资者 B 购买了一份看涨期权，他有权在期权到期日及之前的三个月合同期内，以每股 20.00 欧元的执行价格买入 1 000 股 × 公司股票。这里，他显然是希望在未来 3 个月内，股票（标的产品）价格将超过每股 20 欧元。购买期权合约的成本是期权保费（Premium），在交易日支付，通常是标的股票成本的一小部分。有可能出现以下两种结果之一：

1. 在期权到期日之前，股价高于执行价格，如达到每股 24.50 欧元。在这种情况下，投资者 B 将立即行使期权，并支付每股 20.00 欧元的行权成本；随后，如果投资者 B 立即以 24.50 欧元的市价出售 1 000 股×公司股票，将获得如下利润：1 000×4.50 欧元＝4 500.00 欧元，减去已支付的期权保费。

2. 如股价已跌破行权价格，至每股 18.75 欧元，在期权到期日及之前仍保持在这一水平。在这种情况下，投资者 B 将允许期权在期权到期日失效，此时期权毫无价值。投资者的损失锁定为期权保费。

在看跌期权（见图 14.3）中，买方希望标的产品的市场价格低于执行价格；如果出现这种情况，买方将行使期权以当前市场价格上购买标的产品。较高的行权价格与较低的市场价格之间的差额，减去期权保费为期权买方实际获得的收益。如果标的产品的市场价格高于执行价格，买方将允许期权失效，其损失为期权保费。

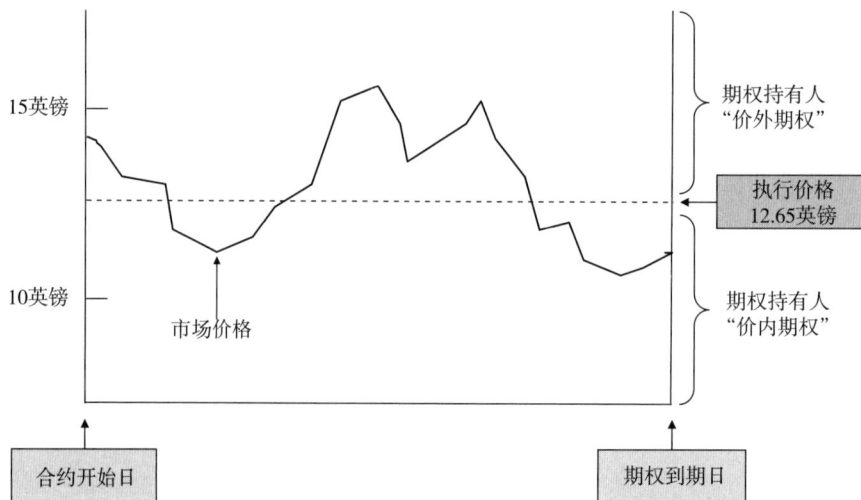

图 14.3　看跌期权案例

交易所交易衍生品的一个主要特征是，交易所规定了可交易衍生品的标准条款；这些标准条款记录在产品的合同说明书（Contract Specification）中。产品的标准化，意味着产品的高流动性，有利于快速高效达成交易。注：产品标准化对于风险管理和衍生品市场的有效运作至关重要。

只有衍生品交易所的会员才可以在交易所进行交易；这种会员公司（通常是卖方公司）通常被称为结算会员。所有非会员机构（通常是买方公司）均须指定一名结算会员，由该会员在交易所的清算中心代为管理其交易。

14.2　场外交易衍生品

> 本节对场外衍生品进行了介绍，是我们深入了解衍生品细节和担保品功能的前提。由于担保品管理与场外衍生品密切相关，本书将用很大篇幅关注场外衍生品市场。

场外衍生品交易是指交易双方私下直接协商的金融合约。从历史上看，场外衍生品合约是为满足交易双方的特殊需要而量身定做的，是非标准化的产品。由于此类交易不是在交易所集中交易，因此在合约期内，每个交易方都面临交易对手方风险。合约的期限可能跨越几个年度，每个交易方必须在合约期内定期（如每天）评估各种风险（特别是交易对手方风险）。参与此类交易的各方可以是与买方公司（如养老基金）进行交易的卖方公司（如投资银行），也可以是与另一卖方公司进行交易的卖方公司。

场外衍生产品的主要类型是"掉期"①。

掉期：概述

掉期合约是交易双方直接执行的双边协议，双方商定在合约有效期内的一个或多个特定时点交换特定现金流。与掉期相关的标的金融产品可以是利率、汇率、股票或债券。

公司进行场外衍生品交易是为了保护自己免受某种风险的影响（即对冲目的），或是为了进行投机。

掉期类型包括但不限于：

■ 利率掉期，防止利率上升或下降风险
■ 信用违约掉期，防止债券发行人违约
■ 外汇掉期，防范外汇波动风险
■ 交叉货币互换，可以实现不同币种、不同计息方式的现金流的交换

每种掉期产品都将在后面的章节中进行描述。

场外衍生品的共同特征是，交易双方进行的交易通常持续数年，甚至长达 50 年，这意味着在整个交易期间，每个交易方都持续存在交易对手风险敞口。对于每种交易类型，了解相关风险和担保品功能是很有必要的。

以下章节解释了场外衍生品交易中担保品的意义：

■ 在第 15 章"场外衍生品交易与担保品—交易类型——一般交易结构"第 15.4 节中进行适度介绍

■ 在第 22 章"场外衍生品交易与担保品—法律保护—信用支持附件"第 22.4 节

---

① 中文也称"互换"。

中进行详细说明

14.3 交易所衍生品与场外衍生品：总结

交易所交易衍生品和场外交易衍生品之间的基本相同点和不同点如表14.1所示：

表14.1 交易所交易衍生品与场外交易衍生品的异同

交易所交易衍生品	场外衍生品
与交易所交易	直接与交易对手方交易
标准化合约条款	个性化合约条款
价格透明	价格不够透明
高流动性产品	较低流动性
通过中央对手方清算	直接与交易对手方清算

14.4 场外衍生品的未来

必须指出的是，自2008年全球金融危机以来，全球正在出台新的监管措施，试图避免当年的危机重演。正是场外衍生品缺乏强制性交易报告制度，使得监管机构忽视了危机爆发前的一些严重风险。

简言之，新规要求：

■ 标准化场外衍生品交易必须通过中央对手方进行清算
■ 建立强制交易报告制度（供监管审查）

这项监管措施旨在使场外衍生品的行为更像交易所交易衍生品的理想模式。

在第4c部分"场外衍生品交易与担保品—监管变革及担保品的未来"中，我们将继续探讨监管变化和担保品的未来。

第 15 章

场外衍生品交易与担保品
—交易类型——一般交易结构

> 本章将进一步阐明各类场外衍生品的普适的基本特点，然后（将在本章之后的各章中）聚焦各特定类型的场外衍生品。

15.1　场外衍生品产品

"场外衍生品"是一个总括术语，它描述了一系列金融产品，每一种均与标的（underlying）或关联金融产品有关。然而，正如随后将要解释的那样，每种场外衍生品均具有使其与任何其他场外衍生品产品区别开的独特特征。

场外衍生品产品包括：

- 利率掉期（interest rate swap）
- 信用违约互换（credit default swap）
- 外汇掉期（foreign exchange swap）
- 货币交叉互换（cross-currency swap）

在以下各章中将对所有这些内容进行详细描述。

此外，其他类型的场外衍生品产品包括：

- 差价合约（contracts for difference）
- 远期利率协议（forward rate agreement）
- 无本金交割远期外汇交易（non-deliverable forwards）
- 总收益互换（total return swap），以及
- 方差互换（variance swap）

15.2　场外衍生品交易——一般交易要素和后续操作

适用于所有类型场外衍生品产品交易的一般要素包括：

15.2.1 参与方

通常，交易始于有风险敞口（exposure）的机构投资者（institutional investor），随后，在投资者和投资银行之间执行适当的场外衍生品交易。

15.2.2 期限（存续期）

对场外衍生品交易的最短或最长期限并无官方明文规定。一笔交易的存续期由交易双方协商确定，最长可达50年。

无论是什么条款，交易各方在交易的整个存续期内都对其交易对手方有持续的风险敞口。对于此类交易，各参与公司的主要风险在于在交易的整个生命周期中对手方是否会履行其合同义务（contractual obligations）。由于存在这种风险，通常情况下，每一方都要通过制定正式的法律文件来获得法律保护；参见第20～第22章。

场外衍生品交易的存续期可长达数年，这使其与有价证券（securities）交易迥然不同。相比之下，股票（equity）和债券（bonds）的交易通常只持续几天的时间。在撰写本书时，欧洲股票、美国股票和欧洲债券交易的结算周期（settlement cycle）为2天。如果此类股票和债券交易在结算日（value date）结算，则此类交易中各对手方彼此间只有持续2天的风险敞口。

15.2.3 名义本金（也称为名义金额，名义数量）

是所有交易计算所基于的数量或价值。

值得注意的是，真正的衍生品交易不涉及名义本金的前期支付或收取；因此可以将其描述为理论上的标的数量。不支付或收取名义本金这一做法会减少交易双方之间的风险敞口，但不会对交易存续期内应付或应收款项的计算产生不利影响。

有的读者可能非常熟悉股票和债券交易结算，即卖方交付全量的股份或债券以收取全额的出售收益，对于这样的读者而言，真正的场外衍生品不涉及支付或收取名义本金这一点似乎是个理解起来很奇怪的概念。以日常生活事例做类比或许有助于理解这一概念：假设您购买了您的第一辆汽车（费用为10 000.00美元）并安排了保险，您与保险公司的协议是未来的5年中您要支付每年300.00美元的固定保费。您和保险公司都无须支付汽车的当前价值（10 000.00美元），但是您知道，您需要支付的保费在一定程度上受汽车价值的影响。仅在汽车全损的情况下，保险公司才会向您支付10 000.00美元。

例1：某类场外衍生品产品的交易［信用违约互换（credit default swap）］要求买方定期向卖方支付保费。对于此交易，如果名义本金为30 000 000.00美元，年度保费率为1.65%，则每年的应付保费金额为495 000.00美元（即30 000 000.00美元×1.65%）。任何一方均未支付30 000 000.00美元的名义本金。

例2：另一类场外衍生品产品交易［利率掉期（interest rate swap）］要求一方定期向对手方支付利息。对于此交易，如果名义本金为45 000 000.00欧元，年利率为

3.15%，则每年的应付利息金额为 1 417 500.00 欧元（即 45 000 000.00 欧元 ×
3.15%）。任何一方均未支付 45 000 000.00 欧元的名义本金。

15.2.4 利率

每个场外衍生品交易都包含某种形式的利率或价格，例如：

■ 利率掉期交易包含已商定的固定利率与（尚未确定的）浮动利率

■ 信用违约互换包含以年基点（basis points per annum）表示的保费，一般转换为
百分比数值，如 1.65%

从名义本金部分的两个例子可以看出，这种利率直接涉及现金支付和收取金额的
计算。

15.2.5 日期

场外衍生品交易的日期通常包括：

■ 交易日期：

■ 交易执行日期。双方就交易条款达成一致的日期，因此与股票和债券交易中
的交易日期含义相同

■ 生效日期：

■ 付款计算的起始日期

■ 约定到期日（也称为终止日）：

■ 交易最终日，该日之后该交易将不再有效

15.2.6 结算

多种场外衍生品产品交易需要在合同有效期内进行多次现金支付或收取。

股票和债券交易通常只进行一次证券结算，相比之下，场外衍生品交易通常需要
多次结算。例如：

■ 利率掉期交易：

■ 须按商定的频率（如每 6 个月）进行净额付款。净付款额通过将相关期间的
固定利率与浮动利率进行比较而得出

■ 信用违约互换：

■ 买方须在每个季度的指定日期向卖方支付保费。这些季度日期是预先确定的，
且在全球范围内广为人知

对于那些熟悉证券结算的读者来说，场外衍生品结算的另一个不同点在于，大多
数情况下场外衍生品交易的结算要求（仅）支付或收取现金。在 99% 的情形中，股票
和债券交易的结算涉及相互之间的证券交付和现金支付（即如果没有同时收到出售收
益，卖方将不会交付证券；而如果没有同时收到证券，买方将不会付款）；对于场外衍
生品交易的结算通常没有这种依赖关系，现金支付方应在付款日进行"单方面"支付。
（如果到期未付款，则付款失败的一方将违反双方之间的法律协议）。

至于其他金融产品，为能够高效地处理场外衍生品结算的支付事项，支付方公司需要在其静态数据库（static data repository）中存储其对手方的常设结算指令（standing settlement instruction）。

15.2.7 退出

在场外衍生品交易的存续期内，交易一方如希望中断对交易的参与，可选择"退出"交易，与此同时将会有另一方"进入"交易。该法律程序被称为合同更新（novation）。

如果发生了合同更新，相关公司的账簿和记录（books & records）必须立刻更新，否则存在以下风险：（1）所识别的风险敞口实际上并不存在；（2）实际上存在的风险敞口无法被识别；（3）风险敞口对应的交易对手方显示错误；（4）向错误的交易对手方支付结算款项，以及（5）要求错误的交易对手方支付清算款项。

有关从场外衍生品交易中退出的各种方式，将在第 37 章"场外衍生品交易与担保品—担保品生命周期—交易存续期间—交易执行后事件—介绍"以及随后的三章中探讨。

15.3 场外衍生品：交易处理与担保品处理

必须认识到，安全稳妥地处理场外衍生品交易所需的活动主要涉及两组平行的业务活动流程，即：

- 交易处理，以及
- 担保品处理，如图 15.1 所示

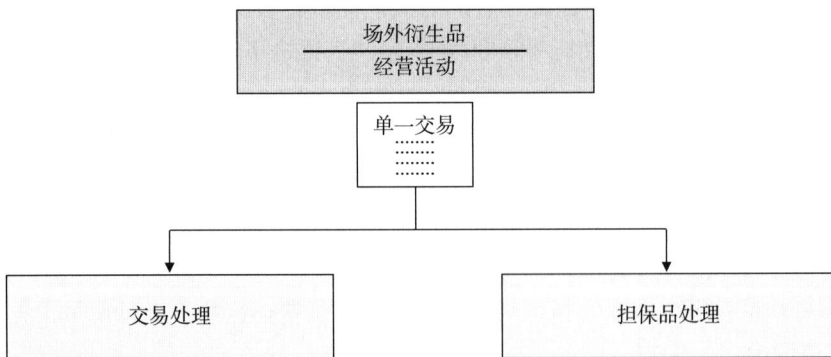

图 15.1 具有两种经营活动的单一交易

对于每种活动所包含和排除的内容有可能出现混淆，在这里厘清一下：

- 交易处理：

  - 包括（1）交易确认/认定过程，以及（2）场外衍生品交易的结算，如支付利率掉期交易的定期利息，而

■ 担保品处理：

　　■ 涉及（1）确定对手方风险敞口（exposure），（2）通过发出或接收保证金追缴通知来减轻（mitigation）该类风险敞口，以及（3）与对手方之间通过资产转移以结算保证金追缴（margin calls）要求。（更多详细内容，请参阅下一节。）

　　在大多数机构中，这两项活动是由单独的运营部门（operations departments）管理的，即衍生品业务处/部门负责交易处理，担保品管理处/部门负责担保品处理。

　　需要重点注意的是：

■ 新交易的执行会触发对交易处理和担保品处理的需求

■ 交易的关闭会触发同时停止交易处理和担保品处理的需求。此时，在交易尚有效的期间，任何此前提供或接受的担保品都须退还给该担保品的提供方。交易关闭可能有多种原因；这些原因将在后面的章节中进行探讨

15.4　场外衍生品：风险敞口与担保品管理

对交易对手方的风险敞口存在于所有类型场外衍生品产品，包括：

■ 利率掉期

■ 信用违约互换

■ 外汇掉期，以及

■ 货币交叉互换

（后续章节将对上述内容一一阐述）需通过比对（1）交易执行时商定的利率或价格与（2）当前的利率或价格，也称重置成本（replacement cost），来确定风险敞口。

　　进一步解释一下，假设公司 A 签订了一份 5 年期的合同，其中公司 A 以约定的价格 100 美元从公司 B 购买了特定的场外衍生品产品，并且：

■ 合同要求双方在合同的整个 5 年存续期内遵守约定的合同承诺（contractual commitments）

■ 双方拟定了一份法律合同，其中规定了各方的责任以及对违反合同条款（defaulting）的处罚

■ 一年后，订立等价合约的当前（市场）成本已升至 120 美元；该当前成本称为重置成本

■ 在这种情况下，该成本增加被视为公司 A 的风险敞口，原因是：如果与公司 B 的合同是在公司 A 无过错［例如由于公司 B 的破产（bankruptcy）］的情况下，在合同约定到期日之前的任何时间终止，原始交易无法完成，并且假设公司 A 希望立即重置该交易

■ 用原始成本（100 美元）与当前（重置）成本（120 美元）之间的差额（同时考虑距离合同到期日的剩余时间）来确定一笔代表公司 A 风险敞口的货币金额

■ （在此示例中）该笔风险敞口货币金额由公司 A 以追缴保证金（margin call）形式向公司 B 进行索要

■ 如果公司 B 同意公司 A 的追缴保证金计算结果，则公司 B 必须向公司 A 交付现金担保品或债券担保品，以减轻（mitigate）公司 A 的风险敞口

法律合同规定了确定此类风险敞口的频率，可以是（例如）每天、每周、每月；该频率可由双方事先协商，但是一旦（在交易执行之前）达成了协议，便将被写入法律合同，双方必须在合同有效期内遵守相应规定。如果任何一家公司未能遵守，该公司将违约，这可能会导致交易［在合同的约定到期日（scheduled maturity date）前］立即关闭。

在公司 A 与公司 B 之间的法律合同中，假设风险敞口的计算频率是每周一次。接续上述示例，可能出现以下情况：

■ 一周后，重置成本进一步提高至 128 美元；这将使得公司 A 向公司 B 发出进一步的保证金追缴通知，但公司 A 必须考虑以下事实：公司 A 已持有公司 B 在上次保证金追缴中提供的一定价值的担保品（因此，风险敞口货币金额是 120 美元和 128 美元之间的差额）

■ 又过了一周，重置成本降至 109 美元；这将使得公司 B 向公司 A 发出保证金追缴通知，要求公司 A 退还其一部分担保品（风险敞口货币金额是 128 美元和 109 美元之间差额）

■ 又过了一周，重置成本降至 97 美元；这将使得公司 B 向公司 A 发出保证金追缴通知，要求公司 A 归还仍由公司 A 持有的剩余担保品（该部分风险敞口货币金额是 109 美元与 100 美元之间的差额），并且还要由公司 A 再提供一部分自有担保品（该部分风险敞口货币金额是 97 美元与 100 美元之间的差额）

注：有关场外衍生品交易中风险敞口如何产生的详细讲解，请参见第 22 章 "场外衍生品交易与担保品—法律保障—信用支持附件" 中的第 22.4 节 "场外衍生品风险敞口"。

从上面的示例可以看出，担保品处理（collateral processing）不包括场外衍生品产品交易处理（trade processing）活动，例如利率掉期（interest rate swap）中利息金额的支付或收取，或信用违约互换（credit default swap）中保费的支付或收取。这一点将在接下来的几章中强调和阐述。

场外衍生品交易与担保品 —交易类型—利率掉期

Chapter Sixteen
第 16 章

> 利率掉期是最广泛应用的几类场外交易市场衍生品产品之一。本章介绍了利率掉期的用途和特点。

16.1 定义

利率掉期（IRS）是一类场外衍生品。在利率掉期中，交易双方在指定时间内，定期交换基于指定名义本金的不同类型的利息。

利率掉期属于一大类被称为"利率衍生品"的金融产品。

16.2 用途

利率掉期（IRS，也被称为单纯利率掉期）被用来减轻利率风险，尤其是由于未来利率变动导致蒙受损失的风险。

举个例子，公司 X（一家汽车制造商）有一项既定支付义务，即在未来 5 年内基于借入的 30 000 000.00 欧元本金，向另一方 D 每年支付固定利率 4.0% 的利息。公司 X 选择将这项基于固定利率的利息支出与来自对手方 E 的基于相同本金金额和同样 5 年期限的浮动利率利息收入进行比较。注意：浮动利率利息支出代表着波动的货币市场利率。图 16.1 从公司 X 的角度，描述了这类场景：

在这种情况下，公司 X 可能会遇到如下可能：如果当前利率下降，浮动利率下的利息收入与固定利率下的利息支出间的差额会不断拉大，且付出的差价会越来越高昂。相反，如果现行利率上升至固定利率 4.0% 以上，公司 X 将会从正向利率差异中受益。

公司 X 决定谨慎行事，并选择减少在现行利率下降情况下可能的风险敞口。公司 X 联系了一家投资银行（银行 T），并表示希望执行一个基于 30 000 000.00 欧元名义本金、期限为 5 年的固定浮动利率掉期。银行 T 为该利率掉期的执行做准备，并在商定

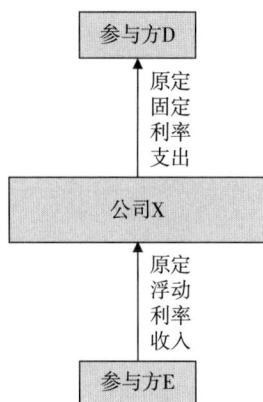

图 16.1 公司 X 在执行利率掉期前的场景

交易条款后，执行该利率掉期交易。

利率掉期交易执行开始后：

■ 公司 X 在该利率掉期交易约定到期日之前，每半年将从银行 T 获得基于 30 000 000.00欧元名义本金、固定利率为 4.0% 的利息收入

■ 公司 X 会将这笔固定利率 4.0% 的利息收入与向 D 方支出的名义本金 30 000 000.00欧元、固定利率4.0%的现有支付承诺相匹配

■ 公司 X 在该利率掉期交易约定到期日之前，每半年将向银行 T 支付名义本金为 30 000 000.00欧元、浮动利率为 6 个月欧元伦敦银行同业拆借利率（Libor）的利息

■ 公司 X 会将这笔基于浮动利率的利息支出与来自 E 方的名义本金 30 000 000.00欧元、固定利率4.0%的现有应收款项收入相匹配

注意：伦敦银行同业拆借利率（Libor）通常被用作浮动基准利率。因而在公司 X 的视角下，从 E 方获得的浮动利率需要与应付给银行 T 的浮动利率（Libor）相匹配。

为了确保理解的准确性，固定利率在整个利率掉期交易期间保持不变；但是浮动利率（在本例中，即 6 个月欧元 Libor）直接反映了货币市场利率随着时间的变化情况。尽管个人或企业可能会做出对未来货币市场利率变动的预测，但是只有在未来某个相关日期，货币市场利率被正式设定并公布后，才能知道实际利率水平。Libor 利率基于 5 种货币（即欧元、美元、英镑、法郎、日元）、7 个不同期限（即隔夜、1 周、1 个月、2 个月、3 个月、6 个月和 12 个月），以天为单位，每日计算并发布。该利率由一些参考银行提供。[①]。

当应付利息到期时（在上述示例中，利息是每 6 个月支付一次），应付现金金额为用固定利率和浮动利率计算之间的净差额。差值利率乘上名义本金，可以计算确定交易中一方向另一方支付的现金金额。本章后面将提供计算示例。

[①] 在撰写本文时，负责整理从参考银行获得的包括 6 个月欧元 Libor 在内的利率报价，并发布 Libor 基准利率平均值的机构是洲际交易所（ICE）。

在利率掉期执行过程中的整体场景请见图 16.2。

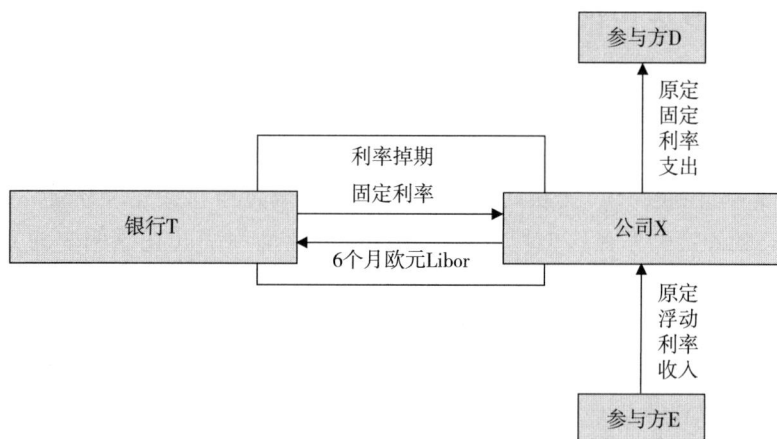

图 16.2 利率掉期合约

在固定浮动利率掉期中，参与双方常见术语如下：

■ 支付固定利率的一方被称为利率掉期"支付方"，有时也被称为"买方"
■ 收到固定利率的一方被称为利率掉期"接收方"，有时也被称为"卖方"

总而言之，在执行利率掉期之前，这家汽车制造企业直接承担了当前利率下降导致的风险。在利率下行情况下，应收利息（应从 E 方获得的浮动利率）小于需要支付给 D 方的固定利率支出。在执行利率掉期之后，这个风险被有效地转移给这家汽车制造企业的交易对手方（银行 T）。

注意：除了固定转浮动利率掉期外，其他类型的利率掉期还包括浮动转浮动利率掉期，也被称为基础利率掉期。

16.3 交易要素

一旦企业执行利率掉期，必须迅速获取该笔交易的要素。必须抓取的交易要素请见表 16.1（从企业 X 的角度）。

表 16.1 交易描述：利率掉期交易详细信息

交易要素	交易详细信息举例
交易类型	利率掉期：固定利率转浮动利率
名义本金	30 000 000.00 欧元
固定利率支付方	银行 T
浮动利率支付方	公司 X
固定利率	每半年利率 4.0%
浮动利率	6 个月欧元 Libor
交易日	2016 年 11 月 1 日
生效日	2016 年 11 月 1 日
计划到期日	2021 年 11 月 1 日

16.4 利息支出的计算

为了更好地理解利率掉期中利息支出如何确定，这里将使用上述示例中的交易明细进行举例计算。

当第一笔利息到期时（交易日后 6 个月），为了确定净利息支付金额，交易双方需要使用 4.0% 的固定利率和这个特定 6 个月区间的浮动利率（在该例中为 2.9764%），来进行计算。两个利率之间的利差为 1.0236%。可以做出合理预期：当随后的利息支付到期时，浮动利率几乎肯定会与初始的浮动利率 2.9764% 不一样。

每 6 个月应付（或应收）金额的计算涉及名义本金、净利率、相关除数（例如，对于美元和欧元来说除数是 360，对于英镑来说是 365），以及在这段特定时间区间内的自然日天数。计算公式如图 16.3 所示。

名义本金× 净利率（%）/360 或者 365 × 一个季度中的实际天数

图 16.3 利率掉期：利息支出的计算要素

在计算每 6 个月时间区间中的自然日（实际）天数时，需要包含前一个利息支付日，除去后一个利息支付日。例如，为了计算在这个交易中首次利息到期对应的天数，即 2017 年 5 月 1 日（在交易日和生效日后 6 个月），需要数一下从 2016 年 11 月 1 日（包含）到 2017 年 5 月 1 日（不包含）之间的天数。也就是说，11 月的 30 天，12 月的 31 天，1 月的 31 天，2 月的 28 天，3 月的 31 天，4 月的 30 天，5 月的 0 天——在一起一共是 181 个自然日（假设这一年是平年）。

首次付息日（2017 年 5 月 1 日）的浮动利率通常在交易日，也就是生效日（即 2016 年 11 月 1 日）确定下来。下一个付息时段的浮动利率在定息日决定，通常在利率重置日期之前两天。利率重置日期是新利率生效的日期，也就是说，从这天开始，在计算中采用新利率。

表 16.2 利用上述案例中的交易详情，计算在首个利息支付日和后续利息支付日的到期利息支出。（注意：在这个案例中，没有考虑闰年对计算的影响。）

表 16.2　　　　　　　　　利率掉期利息支出的计算

利率重置日	利息支付日	固定利率下利息计算	6 个月欧元 Libor 下利息计算	净支出金额（欧元）	
				银行 T 需支付	公司 X 需支付
2016 年 11 月 1 日	2017 年 5 月 1 日生效日后 6 个月	4.0% 名义利率×4.0%/360 181 天 603 333.33 欧元	2.9764% 名义利率 2.9765%/360 181 天 448 940.33 欧元	154 393.00	
2017 年 5 月 1 日	2017 年 11 月 1 日生效日后 12 个月	4.0% 名义利率×4.0%/360 184 天 613 333.33 欧元	3.4781% 名义利率 3.4781%/360 184 天 533.308.67 欧元	80 024.66	

续表

利率重置日	利息支付日	固定利率下 利息计算	6 个月欧元 Libor 下 利息计算	净支出金额（欧元）	
				银行 T 需支付	公司 X 需支付
2017 年 11 月 1 日	2018 年 5 月 1 日 生效后 18 个月	4.0% 名义利率×4.0%/360 181 天 603 333.33 欧元	3.9052% 名义利率3.9052%/360 181 天 589 034.33 欧元	14 299.00	
2018 年 5 月 1 日	2018 年 11 月 1 日 生效日后 24 个月	4.0% 名义利率×4.0%/360 184 天 613 333.33 欧元	4.3179% 名义利率4.3179%/360 184 天 662 078.00 欧元		48 744.67
2018 年 11 月 1 日	2019 年 5 月 1 日 生效日后 30 个月	4.0% 名义利率×4.0%/360 181 天 603 333.33 欧元	4.0196% 名义利率4.0196%/360 181 天 606 289.67 欧元		2 956.34

因此，利率掉期整个生命周期内的利息支付情况，如图 16.4 所示。

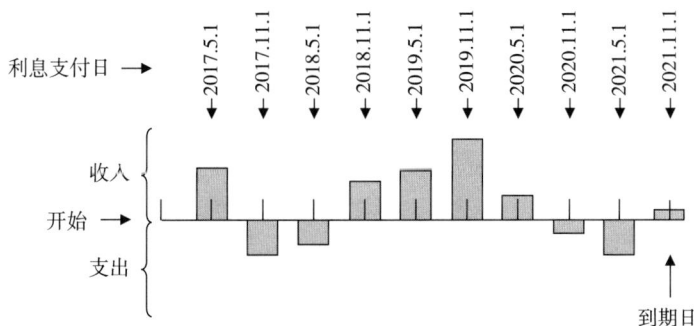

图 16.4 利率掉期案例中的利息支付情况

注意：对于一年内任意区段的 6 个月期限，自然日天数都不是一样的。因此每期实际利息金额也会有所不同。

在某些情况下，利率掉期交易可能存在利差。举例来说，浮动利率有一个始终存在的 0.25% 的固定利差，用以从现行浮动利率中进行扣除（或增加）。具体来说，如果一个利率掉期按照 "6 个月欧元 Libor + 0.25% 利差" 执行，浮动利率 2.9764% 就会变为 3.2264%，且后一个利率数字会被用以计算 6 个月浮动利息金额。这个利率掉期合同剩余部分的所有 6 个月欧元 Libor 利率，都需要加上 0.25% 的固定利差。

16.5 利率掉期业务操作：概览

从业务操作角度来看，利率掉期交易双方都需要：

■ 计算特定时间段内固定利率和浮动利率导致的利息净差额

■ 确定由交易双方中的哪一方负责支付净额

此外，付款方需要保证在到期日向对手方支付利息，同时，接收方需要保证在到期时收到对手方的利息。

这些操作请见图 16.5：

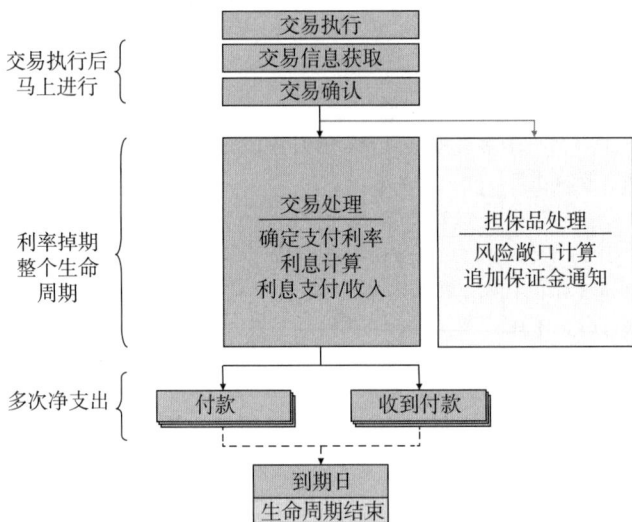

图 16.5　利率掉期交易业务操作

表 16.3 总结了利率掉期交易处理业务操作过程。

表 16.3　　　　　　　　　　利率掉期交易业务操作过程

利率掉期	
是否支付保费？	否
是否交换名义本金？	否
单币种或多币种？	单币种
单次结算或多次结算？	多次结算
付款总额结算或净额结算？	净额结算

16.6　利率掉期和担保品管理

具体到担保品管理，执行利率掉期交易后，利率掉期交易的现值采用规律性（通常是每日）盯市的方式进行计算。

盯市价格上涨的一方相对其交易对手，具有风险敞口。没有风险敞口的一方需要为有风险敞口的一方提供担保品（以约定的方式）。此过程中有很多步骤，请参阅第 24～第 44 章，所有相关内容均列示在"场外衍生品交易与担保品—生命周期"标题之下。

第 17 章

场外衍生品交易与担保品
—交易类型—信用违约互换

信用违约互换是最广泛应用的几类场外交易市场衍生品产品之一。本章介绍了信用违约互换的用途和特点。

17.1 定义

信用违约互换（CDS）是一类场外衍生品。在信用违约互换中，交易一方向对手方定期支付保费，作为交换，当第三方现金借款人未能如期偿还所欠交易方的现金时，交易对手方会给予一定补偿。

信用违约互换属于一大类被称为"信用衍生品"的金融产品。

17.2 用途

举个例子，2015 年 4 月，公司 A（一家共同基金）在二级市场购买了发行人 X 的一笔 10 000 000 美元、于 2025 年 10 月到期的债券。这家共同基金的目的是希望将债券持有至到期日。在 2015 年 10 月，这家共同基金对发行人 X 的信誉产生忧虑，怀疑发行人 X 是否能履行这只债券的合同义务。这些义务包括：（1）在债券到期日偿还投资的资本（10 000 000.00 美元）；（2）在约定到期日以息票形式支付借款利息。

与卖出这只债券相比，尽管发行人存在对合同义务违约的风险，这家共同基金仍希望可以继续持有这只债券。然而，为了减轻这项风险，这家共同基金选择购买一种被称为信用违约互换的保险。

这家共同基金联系了一家投资银行（银行 B），表示希望针对发行人 X 购买一笔信用违约互换，其名义本金 10 000 000 美元（与持有的债券数量相匹配）、期限 10 年（与债券持有期限相匹配）。银行 B 准备执行这笔信用违约互换，并报价 132 个年基点，也就是说对于共同基金，这笔信用违约互换的费用为每年 10 000 000 美元的 1.32%（即每年保费支出 132 000.00 美元）。这家共同基金也会从其他银行获取报价，但是决定继续与银行 B 执行信用违约互换交易。

信用违约互换交易执行开始后：

■ 这家共同基金在该信用违约互换交易约定到期日之前，每季度需要支付保费（每季度大约 132 000.00 美元的 25%）

■ 在信用违约互换合约有效期内，如果发行人 X 出现了违约事件，则要求银行 B 将全部名义本金（10 000 000.00 美元）汇入共同基金，同时这笔信用违约互换合约自动终止

图 17.1 展示了整个场景。

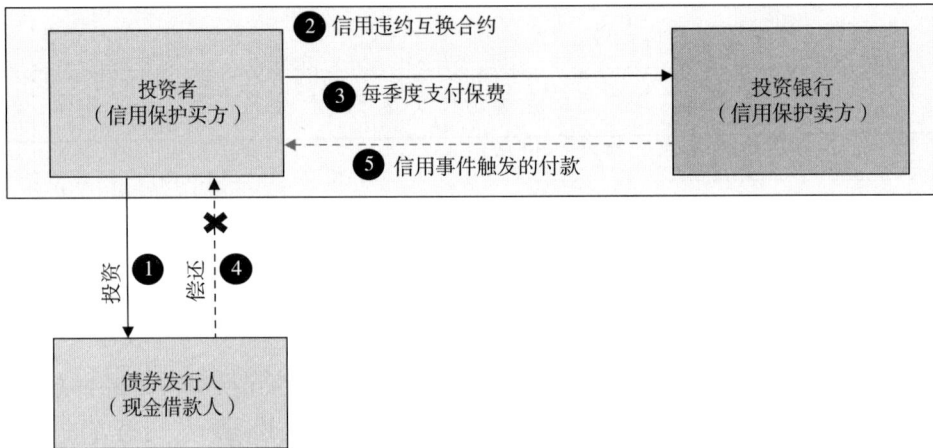

图 17.1 信用违约互换合约

步骤 1：投资人（比如共同基金）投资于一只债券，投资人预期在债券到期日会收到偿还的资本，并在到期时收到息票支付

步骤 2：投资人对债券发行人的信誉存在担忧，与投资银行达成一笔信用违约互换合约

步骤 3：合约要求投资人（信用保护买方）每季度向投资银行（信用保护卖方）支付保费

步骤 4：如果债券发行人不履行债券支付义务，投资人将不能从债券发行人处收回全部资本

步骤 5：债券发行人违约，构成了"信用事件"，这会触发信用违约互换合约的结算，要求信用保护卖方将信用违约互换的全部价值汇给信用保护买方，此后信用违约互换合约解除

值得注意的是，发行人 X 完全没有参与到这一信用违约互换交易中。信用违约互换交易是在共同基金与投资银行间直接进行的双边合约。投资银行的报价（132 个年基点）代表了该银行对发行人违约可能性的预期。这个价格会在信用违约互换合约期间（在这个案例中，是 10 年）保持不变。

总结来说，在执行信用违约互换交易之前，这家共同基金直接面临发行人 X 违约

的风险敞口。在执行信用违约互换交易之后，发行人的违约风险从共同基金（信用保护买方）转移到投资银行（信用保护卖方）。信用违约互换旨在减轻标的资产的发行人（即所谓"参考实体"）在息票支出或资本返还方面的违约风险。这个风险由信用保护卖方承担，以换取信用保护买方的保费。

注意：上述信用违约互换的类型是单名信用违约互换，因为信用违约互换交易基于的资产是由唯一的债券发行人发行。此外，还存在其他类型的信用违约衍生产品，本章稍后将给出一个示例（一篮子信用违约互换）。

17.3 交易要素

一旦企业执行信用违约互换，必须迅速获取该笔交易的要素。必须抓取的交易要素请见表 17.1（从公司 A 的角度）。

表 17.1 交易描述：信用违约互换交易详细信息

交易要素	交易详细信息举例
交易类型	信用违约互换：单一公司
参考实体	发行人 X
名义本金	10 000 000.00 美元
信用保护买方	公司 A
信用保护卖方	银行 B
保费	132 个年基点
保费支付频率	每季度支付一次
交易日	2015 年 10 月 18 日
生效日	2015 年 10 月 20 日
计划到期日	2025 年 10 月 20 日

在有关信用违约互换的术语中，债券发行人也被称作"参考实体"，这只特定的标的债券也被称为"参考义务"或者"参考资产"，保费有时也被称为"票息"（可能会引发误解）。

17.4 信用保护的成本

对于信用保护买方来说，信用违约互换的成本是支付的保费，即在交易执行时与信用保护卖方商定的百分比率。这个金额用年基点表示，并且在合约有效期内的每季度约定日期支付，即 3 月 20 日、6 月 20 日、9 月 20 日、12 月 20 日支付信用违约互换保费。请注意保费在整个合约期间保持不变。

对每季度应付（或应收）款项的计算需包含名义本金、年保费率、相关除数（例如，对于美元和欧元来说除数是 360，对于英镑来说是 365），以及这个季度的自然日天数。计算公式如图 17.2 所示。

名义本金 × 年保费率（%）/360 或者 365 × 一个季度中的实际天数

图 17.2 信用违约互换：保费支出的计算要素

注意：132 个年基点代表名义本金的 1.32%。

为了计算每季度自然日（实际）天数，需要包含前一个利息支付日，剔去后一个利息支付日。例如，为了计算在这个交易中 6 月 20 日那一季度应付（或应收）保费对应的天数，需要数一下从 3 月 20 日（包含）到 6 月 20 日（不包含）之间的天数。也就是说，3 月的 12 天，4 月的 30 天，5 月的 31 天，6 月的 19 天——在一起一共是 92 个自然日。（假设这一年是平年。）

表 17.2 中的应付保费由表 17.1 中的交易细节计算而来。

表 17.2 信用违约互换保费计算

保费支付日	每季度内自然日天数	应付保费
3 月 20 日	90	33 000.00 美元
6 月 20 日	92	33 733.33 美元
9 月 20 日	92	33 733.33 美元
12 月 20 日	91	33 366.67 美元

由此可见，由于每个季度自然日天数不同，因此每期实际保费金额也会有所不同。

17.5 信用事件

信用事件是债券发行人发生的有效违约事件，会触发信用保护卖方向信用保护买方的赔付行为。

过去，信用违约互换交易方之间对于一个违约事件是否发生，常存在不同观点，继而引发争议。ISDA 地区决策委员会的成立，很大程度上解决了这类争端。ISDA 地区决策委员会的职责是确定一个违约事件究竟是否发生，他们的决策是最终决定，并且对所有 ISDA（国际掉期与衍生工具协会）成员具有约束力。

在交易执行时，信用保护买方和卖方需要就哪些事件构成违约事件达成一致。这类事件通常包括：

- 不能如期支付利息和本金
- 破产
- 债务重组

一般而言，事前完全不能确定在信用违约互换存续期内，是否会发生违约事件。如果对于特定的信用违约互换，违约事件没有发生，则必须在合同的整个有效期内继续支付保费，合约将在约定到期日终止。与之相反，如果触发了信用事件，信用保护卖方向买方支付了合约名义本金后，信用违约互换立刻终止。因此，未来也不会继续支付或收到保费。

对于信用事件对担保品管理的影响的阐释，请参阅第41章"场外衍生品交易与担保品—担保品生命周期—交易存续期间—交易后执行事件—信用事件"。

17.6　信用违约互换业务操作：概览

从业务操作角度来看，信用保护买方需要：

■ 在每季度的支付日，向信用保护卖方支付保费
■ 当信用事件发生时，从信用保护卖方获得名义本金

信用保护卖方需要：

■ 在每季度的支付日，确保从信用保护买方获得保费
■ 当信用事件发生时，向信用保护买方支付名义本金金额

这些操作请见图17.3。

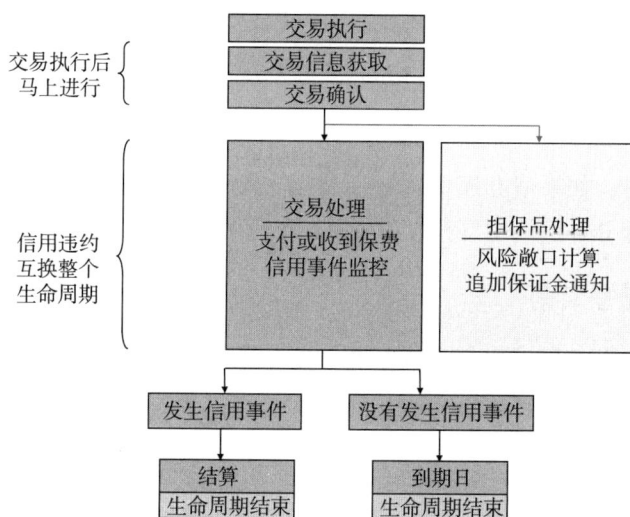

图 17.3　信用违约互换交易业务操作

表17.3总结了信用违约互换交易业务操作过程。

表 17.3　　　　　　　　信用违约互换交易业务操作过程

信用违约互换	
是否支付保费？	是，每季度一次
是否交换名义本金？	否，除非信用事件发生
单次结算或多次结算？	保费多次结算
付款总额结算或净额结算？	总额结算

17.7 发生信用事件后的结算

如果发生信用事件，交易可以通过如下两种方式之一进行结算：实物交割或现金交割。为了理解其中涉及的内容，应该明白通常在发生信用事件后，债券仍保有一定市场价值。在两种结算方式下，信用保护的价值应该是一样的。

17.7.1 实物交割

实物交割的定义是用一定名义本金金额债券的交付（由信用保护买方向信用保护卖方），以交换100%名义本金金额的现金。这种结算方式适用于信用保护买方持有标的债券的情况。（注意，不是所有的信用保护买方都是债券持有人，请参阅第17.8节"信用保护卖方风险"相关内容。）这种结算形式如图17.4所示。

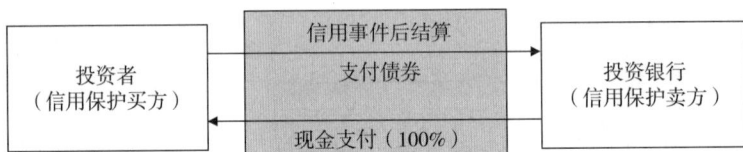

图 17.4 信用事件后的实物交割流程

在实物交割后，如果债券还保留一些剩余市场价值，信用保护卖方可以通过在市场卖出债券，来部分补偿信用事件发生导致的结算费用。

17.7.2 现金交割

现金交割的定义是信用保护卖方向买方支付"自由"现金，以完成信用违约互换的全部及最终结算。这种方式适用于信用保护买方并不拥有标的债券的情况。这种结算形式如图17.5所示。

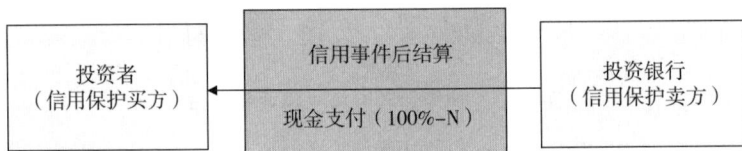

图 17.5 信用事件后的现金交割流程

现金交割需要支付100%全额名义本金，减去该债券的当前市场价值。

17.8 信用保护卖方风险

一旦公司作为信用保护卖方，执行了信用违约互换交易，则它现在就暴露在一定风险下。如果债券发行人触发违约事件，则这家公司需要按照合同约定，向信用保护买方支付全额名义本金。

如果信用保护卖方与另一交易对手方（交易 2 号）执行一个金额相等、方向相反的交易，则可以减轻公司出售信用保护的风险。在这个交易中，这家公司会处在信用保护买方的位置（因而会支付保费）。如果发生信用事件，这家公司会收到由交易 2 号对手方支付的全部交易价值。公司将用这笔现金来结算第一笔交易。

17.9　信用违约互换和担保品管理

具体到担保品管理，执行信用违约互换交易后，信用违约互换交易的现值采用定期（通常是每日）盯市的方式进行计算。

盯市价格上涨的一方相对其交易对手，具有风险敞口。没有风险敞口的一方需要为有风险敞口的一方提供担保品（以约定的方式）。此过程中有很多步骤，请参阅第 24～第 44 章 "场外衍生品交易与担保品—生命周期" 大框架下的内容。

17.10　其他类型的信用违约互换

17.10.1　一篮子信用违约互换

信用违约互换存在大量的变形，其中包括一篮子信用违约互换。

定义：一篮子信用违约互换指的是这样一类场外交易衍生品：在这个合约中，交易一方（信用保护买方）向对手方（信用保护卖方）定期支付保费，作为交换，当在一系列参考实体中的一个（或多个）发生违约时，交易对手方会给予一定补偿。

用途：一篮子信用违约互换（BDS）旨在减轻（在众多发行人中的）某个发行人的标的资产支付义务发生违约而引发的风险。这个风险由另一方（信用保护卖方）承担，以换取信用保护买方支付的保费（请见图 17.6）。

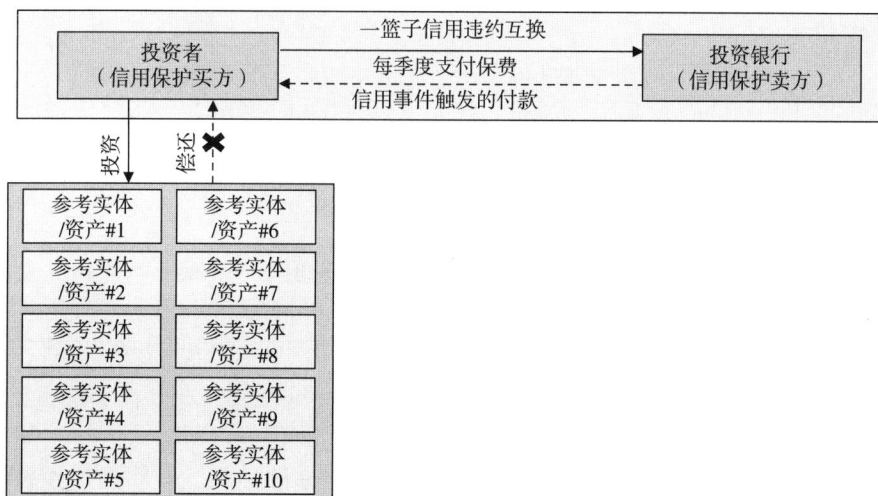

图 17.6　一篮子信用违约互换

265

触发信用保护卖方支付的事件可能有（举例来说）：

- 首次违约事件就触发，即一旦参考实体发生违约，就会触发支付；或
- 第二次违约事件触发，即首次违约事件不会触发支付，但下一个违约事件会

17.10.2 贷款信用违约互换

除了提供针对债券发行人违约的保证外，信用违约互换还可以提供针对现金借款人违约的保护，此时，它被称为"贷款信用违约互换"。

第 18 章

场外衍生品交易与担保品
—交易类型—外汇掉期

本章主要介绍外汇掉期这类场外衍生品的目的和特点，同时介绍一些外汇结算方面重要的基本概念及相关风险。

18.1　定义

外汇掉期（FXS）是一种场外衍生品合约，指交易双方在期初按照约定汇率，交换同一本金金额的两种货币，并在期末按另一约定的汇率进行方向相反的货币交换。

外汇掉期属于一大类被称为"货币衍生品"的金融产品。

外汇掉期又称"单纯外汇掉期""即期对远期的外汇掉期交易"。

注意：对于外汇掉期而言，由于本金是全额支付的，因此"名义"一词并不适用，不存在"名义本金"概念，而采用"本金"和"本金额"指代。

18.2　用途

外汇掉期可以有效降低外汇风险。

举个例子，如果一家公司当下需借入一笔特定数量、特定币种的资金，同时该公司持有暂不需要的另一币种资金。一笔外汇掉期交易可实现两种不同货币间的临时性互换，该交易包括两期：

■ 在交易的第一期，公司将当前持有的货币 A（或称基准货币）支付给交易对手方，同时收到等价的所需货币 B（或称标价货币）——这一阶段的外汇掉期以即期汇率在交易日执行交割

■ 在交易的第二期，公司收到交易对手方偿还的基准货币 A，同时支付等价的标价货币 B——这一阶段的外汇掉期将以远期汇率在交易日执行交割

为了理解外汇掉期的作用原理，首先必须了解"即期"和"远期"的含义。

18.2.1 即期外汇

普通的外汇交易被称为以"现货"执行交割（因此称为"即期外汇"），交易日至结算日之间为正常结算周期。

单次外汇交易包含两部分：即卖方卖出货币及买方买入该货币。因此，该货币卖出行为涉及两个参与方；对于现今大多数货币来说，买入公司向卖出公司支付对应货币金额通常需要 2 天的时间。之所以存在时间差，部分原因是货币交易双方所在银行可能处在不同时区。具体如图 18.1 所示。

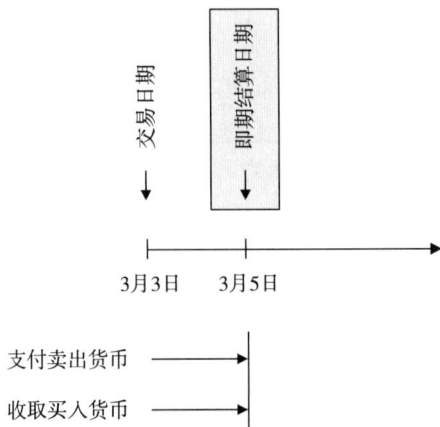

图 18.1 即期外汇交易的日期特征及示例

注意：美元/加元之间的外汇交易不受 2 天的限制，即期指的是交易日后的首个工作日。

在执行即期外汇交易时，首先需要确定的是货币卖出公司希望卖出货币的汇率，这同时也是意向买入公司购买该货币的汇率。全球大约有 180 种货币，因此在外汇交易中，可能有多种货币组合。

即期外汇交易指的是在交易日后的两个工作日内，买卖双方以商定的（即期）汇率，一方卖出（而非贷出）基准货币，同时买入标价货币。即期外汇交易由如表 18.1 所示要素组成（A 公司）：

表 18.1　　　　　　　　　　即期外汇交易要素示例

即期外汇交易	
交易要素	交易明细示例
交易类型	即期外汇交易
对手方	B 公司
交易日	2017 年 3 月 3 日
即期结算日	2017 年 3 月 5 日
基准货币及金额	20 000 000.00 美元

续表

即期外汇交易	
标价货币及金额	16 032 064.13 英镑
即期交易汇率	1.2475 美元/1.00 英镑
基准货币卖出方	A 公司
标价货币卖出方	B 公司

传统的即期外汇交易结算方式是交易双方分别向其资金代理行发出指定金额的货币结算指令。交易双方必须在双方资金代理行各自规定的截止日期之前发出包含币种和结算日的结算指令。根据传统结算方法，在外汇交易中，必须存在匹配的结算指令才会发生结算。如表 18.1 所示的交易，A 公司需要在 2017 年 3 月 5 日向 B 公司支付 20 000 000.00 美元；如果 A 公司有足够的现金余额或透支额度，则 A 公司的资金代理行应执行收到的支付指令。A 公司的结算指令必须包含其对手方 B 公司的账户信息；从运营效率的角度来看，此类账户信息应该以常设结算指令的形式保存在 A 公司的内部静态数据库中。

对于 A 公司在执行该笔即期外汇交易后应获得的货币，公司 B 必须向其资金代理行发出向 A 公司支付 16 032 064.13 英镑的结算指令。注意：可能需提前通知 A 公司的英镑资金代理行将有一笔现金转入。在这种情况下，A 公司必须在规定的截止日期之前向其资金代理行发出资金预开通知书，以确保收到货币的可用资金价值（也可避免收款延迟）。

在这笔即期外汇交易中，交易所涉货币是英镑和美元，显然伦敦和纽约的银行在营业时间上存在时差；这个时差通常是 5 个小时。传统的结算方式是纯券过户，无法同时交易两种货币。因此，通常由交易双方中支付货币的发行国位置更东的一方先完成支付，而先付款一方所承担的风险是不确定能否收到对价货币。这种结算风险称为赫斯特风险和交叉货币结算风险。

举个极端（但现实）的赫斯特风险的例子，如果一种货币的发行国位于全球时区的极东，另一种货币的发行国位于极西，例如新西兰元（NZD）兑美元，惠灵顿比纽约早 17 小时，因此新西兰元的卖方（和付款人）将在许多小时内不知道他们的美元资金代理行是否会收到美元。

但是，赫斯特风险是可以规避的。持续联系结算银行于 2002 年投入运营；旨在以同步兑换的方式从一个结算成员的账户向另一成员的账户进行付款，称为 PvP（同步收付）——可类比为现金/货币结算领域的券款对付。注：对于持续联系结算银行尚未覆盖的货币以及选择不使用结算银行的公司，仍适用于传统方法进行结算。

上述即期外汇交易的结算可以归结为图 18.2（A 公司视角）。

18.2.2 远期外汇

交易双方采用远期外汇交易来"锁定"在未来某个协定的日期，进行一种货币

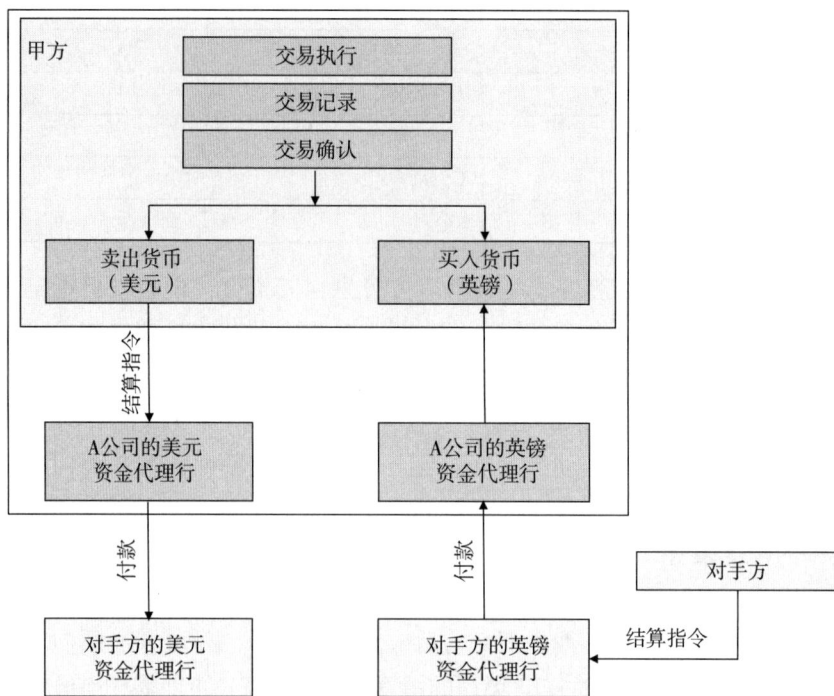

图 18.2 即期外汇交易的结算

（基准货币）的卖出和标价货币的买入。

例如，一家新加坡家具制造商（G 公司）预计于自今天起的第 60 天（5 月 2 日）收到 5 000 000.00 欧元。如果公司不采取任何措施只是等待欧元付款到账，那么与今天的汇率相比，新加坡元/欧元之间的汇率变动可能对 G 公司不利。为了减轻这种风险，G 公司决定在今天与 K 银行进行远期外汇交易，其结果是，从 60 天后的 5 000 000.00 欧元的进款将收到确定金额的新加坡元，该金额将由今天的远期外汇汇率决定。具体如图 18.3 所示。

图 18.3 远期外汇交易的日期特征及示例

对于该笔远期外汇交易，公司 G 的交易要素信息记录如表 18.2 所示。

表 18.2 　　　　　　　　　　　　远期外汇交易要素示例

远期外汇交易	
交易要素	交易明细示例
交易类型	远期外汇交易
对手方	K 银行
交易日	2017 年 3 月 3 日
远期结算日	2017 年 5 月 2 日
基准货币及金额	5 000 000.00 欧元
标价货币及金额	7 661 000.00 新加坡元
远期交易汇率	1.00 欧元/1.5320 新加坡元
基准货币卖出方	G 公司
标价货币卖出方	K 银行

即期外汇交易和远期外汇交易之间的异同可以总结如下：

■ 相同点：均在交易日期执行，是以卖出一种货币（基准货币）以及以约定汇率买入标价货币的交易行为

■ 不同点：远期外汇交易的结算周期从标准的 2 天延长到商定的远期结算日期，并且远期汇率与即期汇率相比，通常存在一定的溢价或折价

18.2.3　外汇掉期

对于即期和远期外汇交易来说，外汇掉期（FXS）被用来降低外汇风险。

不同于即期和远期外汇交易，外汇掉期是在规定时间段内一种货币相对于另一种货币的借入和贷出。因此，外汇掉期交易并非由一种货币的直接卖出和另一种货币的买入而组成。

然而，外汇掉期具有即期和远期外汇交易两种交易的特点，单个外汇掉期交易包含两期：

■ 第一期—即期结算日：
  ■ 收到货币 A
  ■ 支付与货币 B 等值的即期金额
■ 第二期—远期结算日：
  ■ 偿还与收到货币 A 等值的金额
  ■ 收到与货币 B 等值的远期金额

需要注意的是，货币 A 的价值在两期中保持不变；在外汇掉期交易中被称为"基准"货币。同时要注意，外汇掉期不涉及支付任何利息。具体如图 18.4 所示：

我们假设，对于从美国制造商（制造商 G）购买的商品，欧洲进口商（M 公司）承诺从现在开始计算的 2 个工作日后支付 10 000 000.00 美元。相对的，M 公司已经签

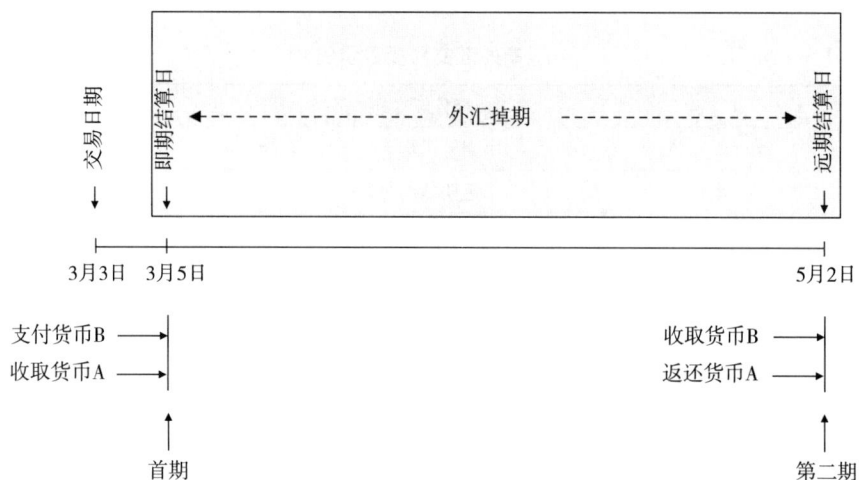

图 18.4 外汇掉期交易的日期特征及示例

订了将在 3 个月后出售货物的合同；货物交付后，买家（T 公司）将支付 10 000 000.00美元。虽然 M 公司在这 3 个月内的总美元头寸净额为零，但现金流存在时间差。因此，在三个月的时间里 M 公司将受汇率变动的影响。

以下内容介绍了（1）如果 M 公司不采取任何措施来降低风险会发生什么，以及（2）如果执行外汇掉期会发生什么。

M 公司不采取任何措施： 如果 M 公司现在不采取任何措施，他们面临的汇率风险如下。

■ M 公司在 2 个工作日后向制造商 G 支付的美元对应的欧元数量，其将取决于交付当天的欧元/美元报价汇率

■ M 公司在 3 个月后收到买方 T 公司支付的美元对应的欧元数量，其将取决于从现在起 3 个月后的报价汇率，而该汇率可能对 M 公司有利或不利

M 公司需要在 2 个工作日内向制造商 G 支付 10 000 000.00 美元，假设即期汇率为 1.00 欧元兑 1.1108 美元，M 公司将支付 9 002 520.71 欧元（10 000 000.00 美元/ 1.1108）。

如果在接下来的 3 个月中欧元（相对于美元）升值，则美元贬值，M 公司在 3 个月后从买家 T 公司收到的美元货款可兑换的欧元数量将会变少。假设三个月后的汇率为 1.00 欧元兑 1.1313 美元，那么 M 公司将获得 8 839 388.31 欧元（10 000 000.00 美元/ 1.1313）。

这种情况将导致 M 公司损失 163 132.40 欧元（9 002 520.71 欧元 – 8 839 388.31 欧元）。

反之，如果在接下来的 3 个月内欧元（相对于美元）贬值，则会出现相反的结果，M 公司将收到更多的欧元。假设 3 个月后的汇率为 1.00 欧元兑 1.0896 美元，那么 M 公司将获得 9 177 679.89 欧元（10 000 000.00 美元/ 1.0896）。这种情况将为 M 公司带

来 175 159.18 欧元的利润（9 002 520.71 欧元 – 9 177 679.89 欧元）。

从上面汇率变动的例子可以看出，如果欧元兑美元汇率下降，则 M 公司可以获利，但如果该汇率上升，M 公司则将蒙受损失。汇率波动受许多因素的影响，其中大多数因素（如果不是全部的话）都不受 M 公司控制。对于不偏好风险的公司来说，外汇掉期可以降低此类风险。

M 公司执行外汇掉期交易：M 公司选择不承担此类风险，并与银行 Q 进行外汇掉期交易：

■ 第一期：即期结算，M 公司从银行 Q 以 1.00 欧元兑 1.1108 美元的汇率以 9 002 520.71 欧元的价格买入 10 000 000.00 美元（基准货币金额）

■ 第二期：远期结算（从现在起 3 个月后），M 公司以 1.00 欧元/1.1072 美元的汇率向银行 Q 出售 10 000 000.00 美元（基准货币金额），获得 9 031 791.91 欧元。

外汇掉期的条款一经确定，意味着 M 公司已经完成了风险规避，并准确知道 3 个月后的应付和应收金额。不管 3 个月内的实际汇率如何变动，交易双方均已锁定即期和远期汇率。这种场景的一个重要作用是，通过执行外汇掉期交易，M 公司可以避免担心这 3 个月汇率波动所带来的影响。这笔外汇掉期交易的现金流如图 18.5 所示。

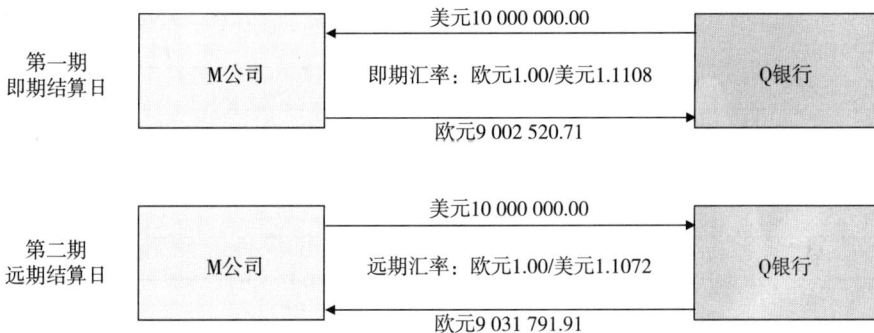

图 18.5 外汇掉期现金流的示例

注意：即期汇率和远期汇率之间的差是一个调整因子，称为"远期差价"；它与两种货币的利率差相关。交易双方在外汇掉期交易的整个时期内都使用同一种货币，收款方可以通过使用该种货币进行投资来赚取既定利息。调整因子的作用是拉平上述利率差异，并对货币利息较高的一方给予补偿。

执行外汇掉期的主要优点包括：

■ 灵活性，公司可以通过调整所涉货币的起息（即期）日期，到期（远期）日期和期限来满足其特定需求

■ 确定性，因为外汇掉期交易允许公司提前锁定汇率，以便消除汇率波动对公司带来的影响

从技术角度来看，尽管许多公司将外汇掉期交易视为场外衍生品，但它们并不是真正的衍生品，因为：

■ 没有标的产品

■ 交易本金的全部金额

■ 没有需要管理的付款不确定性

18.3　交易要素

一旦公司开始执行一笔外汇掉期交易，则必须即时记录交易要素。必须被记录下的交易要素详见表18.3（M公司视角）。

表18.3　　　　　　　　　　　　　外汇掉期交易要素示例

外汇掉期	
交易要素	交易明细示例
交易类型	外汇掉期
对手方	Q银行
交易日	2017年5月30日
即期结算日	2017年6月1日
远期结算日	2017年9月1日
即期支付	
基准货币及金额	10 000 000.00美元
标价货币及金额	9 002 520.71欧元
即期汇率	1.00欧元／1.1108美元
基准货币买入方	M公司
标价货币买入方	Q银行
远期支付	
基准货币及金额	10 000 000.00美元
标价货币及金额	9 031 791.91欧元
远期汇率	1.00欧元／1.1072美元
基准货币买入方	Q银行
标价货币买入方	M公司

18.4　外汇掉期操作：概述

从运营的角度来说，交易各方必须：

■ 在到期时支付货币金额

■ 监控到期时货币资金的流入

具体操作如图18.6所示，表18.4总结了外汇掉期的交易操作活动。

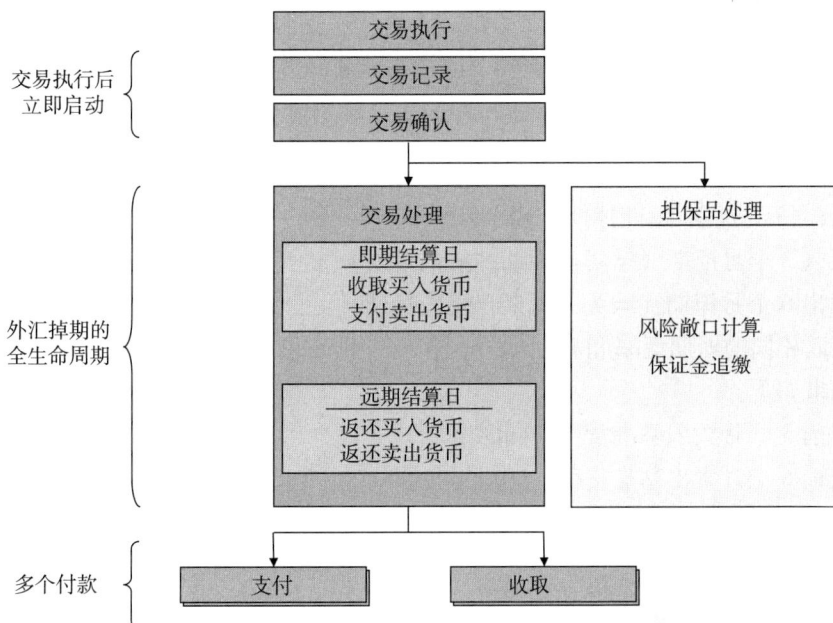

图 18.6 外汇掉期交易处理

表 18.4 外汇掉期交易处理操作

外汇掉期	
是否支付保费？	否——不适用
是否交换本金？	是——适用两个分期
单种/多种货币？	多种
单次/多次结算？	多次本金结算
全额还是净额结算？	全额结算

18.5 外汇交易掉期及担保品管理

具体到担保品管理，在执行外汇掉期交易后，外汇掉期交易的当前价值通过定期（通常是每日）盯市的方式进行计算。

盯市价格上涨的一方相对于其对手方具有风险敞口，无风险敞口方必须向有风险敞口方提供担保品（以约定的形式）。此过程中有很多重要步骤；具体请参阅本书第24~44章"场外衍生品交易与担保品—担保品生命周期"大框架下的内容。

18.6　其他类型的外汇掉期

远期/远期外汇掉期

定义：两个交易分期都是远期交易的外汇掉期交易。

例如，"3/6 远期/远期掉期"表示：

■ 买入 3 个月掉期（＝卖出即期，买入远期）

■ 卖出 6 个月掉期（＝买入即期，卖出远期）

如果以相同的即期汇率和相同的金额执行，由于两个即期交易相互抵销，则两种交易的结果如下：

■ 提前 3 个月买入基准货币，同时

■ 提前 6 个月卖出基准货币

远期/远期外汇掉期也称为：

■ 远期互换

■ 远期启动互换

■ 延迟生效互换

■ 延期生效互换

第 19 章

场外衍生品交易与担保品 —交易类型—交叉货币互换

本章介绍了另一种场外衍生品，即交叉货币互换的目的和特点。这里对该主题进行探讨的主要原因是进一步强调交叉货币互换的特点，以便与前一章介绍的类似的外汇掉期产品进行比较。对于那些不熟悉外汇操作和结算的读者，在阅读本章之前，建议先阅读外汇掉期一章，以熟悉外汇的基本概念。

19.1 定义

交叉货币互换（CCS）是一种场外衍生品合约，交易双方在交易开始时交换不同币种的本金，在交易结束时进行反向交换，并且在设定的时间段内定期以不同的币种相互进行利息支付。

交叉货币互换属于一大类被称为货币衍生品的金融产品。

交叉货币互换也被称为"外币掉期""单纯外币互换"或"背对背借贷"。

注意：在交叉货币互换中，由于本金是全额支付的，因此"名义"一词并不适用，不存在"名义本金"概念，而采用"本金"和"本金额"指代。

19.2 用途

通过交叉货币互换，公司可以用比其他方式更低的利率借入本国货币以外的其他货币资金。同时，交叉货币互换还可用于对冲汇率风险。

举个例子，一家英国的跨国公司（T公司）希望将其业务扩展到澳大利亚。同时，另有一家澳大利亚的公司（V公司）正在寻求进入英国市场的机会。

T公司通常会面临的财务问题是外国银行不愿向国际公司提供贷款。因此，为了在澳大利亚借入资金，T公司可能需要被迫接受较高水平的利率。

同样的，V公司不太可能在英国市场以较低的利率借入英镑，可能也将承受一个较高水平的利率。

虽然两家公司在国际市场上的借贷成本都很高，但两家公司都可以以较低的利率从国内银行借入现金。假设总部位于英国的 T 公司当前可以从英国银行以 3% 的利率借入现金，而总部在澳大利亚的 V 公司可以从本地银行以 4% 的利率借入现金。这里贷款利率存在差异的原因是：（1）不同国家的利率之间存在自然差异；（2）国内公司通常与当地贷款机构存在长期的合作伙伴关系。

各公司根据自身在国内市场的比较优势以较低利率借入现金，执行交叉货币互换：

■ 对于 V 公司所需的资金，T 公司将以 3% 的利率从英国银行借款，同时

■ 对于 T 公司所需的资金，V 公司将以 4% 的利率从澳大利亚银行借款

两笔借款的期限均为 4 年。实际上，两家公司都代表其对手方获取了一笔贷款。

交易执行时的汇率为 1.5572 澳大利亚元兑 1.00 英镑；T 公司从其澳大利亚对手方处获得 155 720 000.00 澳大利亚元，以换取 100 000 000.00 英镑，V 公司与其正好相反。

19.2.1 初期交换本金

作为交叉货币互换结算的第一步，需在第一期结算日支付给对手方相应的本金，如图 19.1 所示。

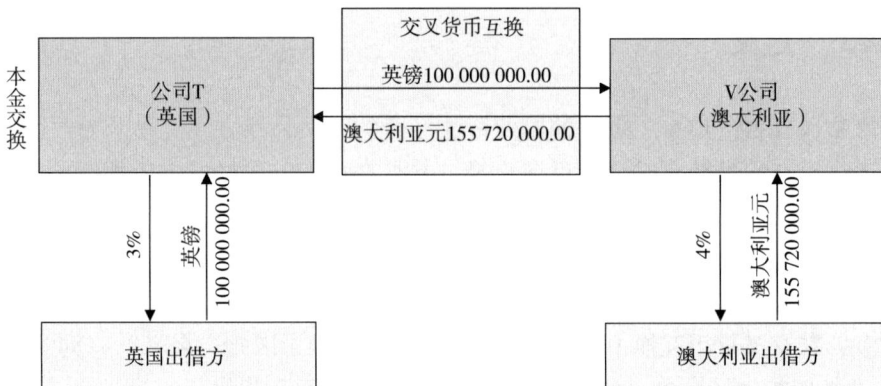

图 19.1 交叉货币互换中的初期本金交换

交叉货币互换让两家公司都以合理利率得到了另一种货币资金。

但是，由于澳大利亚和英国所在的时区不同，因此与其他所涉及货币不在同一时区的外汇交易类型一样，交叉货币互换存在赫斯特风险。规避此类结算风险的主要方式是使用持续联系结算银行。（有关赫斯特风险和结算银行的说明，请参阅第 18 章"场外衍生品交易与担保品—交易类型—外汇掉期"。）

19.2.2 定期交换利息支付

对于这两家公司，当与各自的国内银行（即 T 公司的英国贷方和 V 公司的澳大利

亚贷方）进行现金借贷时，每个公司都承诺以借入币种，按照约定的利率和频率向贷方支付现金利息。

在（在交易执行时商定的）交叉货币互换交易条款定义的时间间隔内，交易双方将交换各自本金的利息。例如，假定条款约定利息是按年支付，则第一次交换将在交易执行后一年发生。

由于 T 公司已从对手方处借入了澳大利亚元，因此它必须以（在交易执行时商定的）4.0% 的澳大利亚元利率支付利息。由于 V 公司借入了英镑，因此它必须按照（在交易执行时商定的）3.0% 的英镑利率支付利息（见图 19.2）。

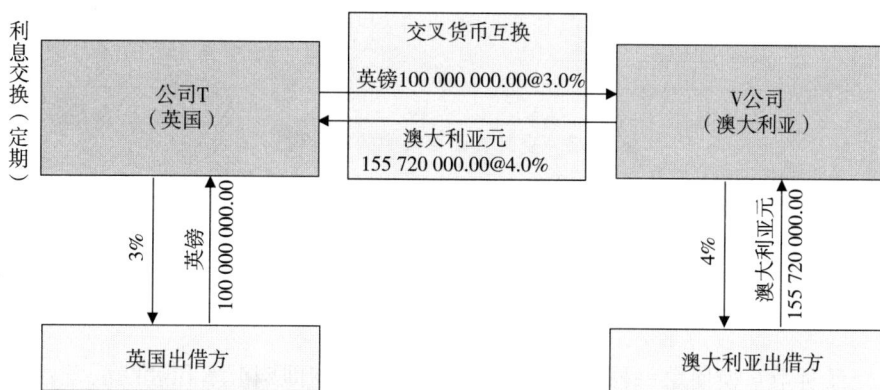

图 19.2 交叉货币互换中的定期利息交换

每家公司应付的年利息额如表 19.1 所示。

表 19.1 利息计算

公司	借入（交换的）本金金额	利率	应付年利息
公司 T	155 720 000.00 澳大利亚元	4.0%	6 228 800.00 澳大利亚元
公司 V	100 000 000.00 英镑	3.0%	3 000 000.00 英镑

在每个付息日都必须参照此程序执行。

注意：如果在交易执行时已协商好付息周期为半年而不是一年，则每笔利息的计算都需要考虑以下因素：（1）起息日期；（2）具体的付息日期；（3）相关的货币除数（英镑和澳大利亚元均为 365）。

总之，每个公司都必须按照约定的频率向其各自的国内借贷银行支付借入本币的利息。尽管 T 公司将英镑换成澳大利亚元，但他仍必须向这家英国贷方支付英镑利息。V 公司与其国内银行也是一样。因此，两家公司都将支付对手方借贷成本的利息；这一点也是货币掉期的优势所在。

19.2.3 本金再交换

作为交叉货币互换的最后一步，在交易结束时（通常也是最后一个付息日），交易双方均需偿还原始本金，而本金不受汇率的影响（见图 19.3）。

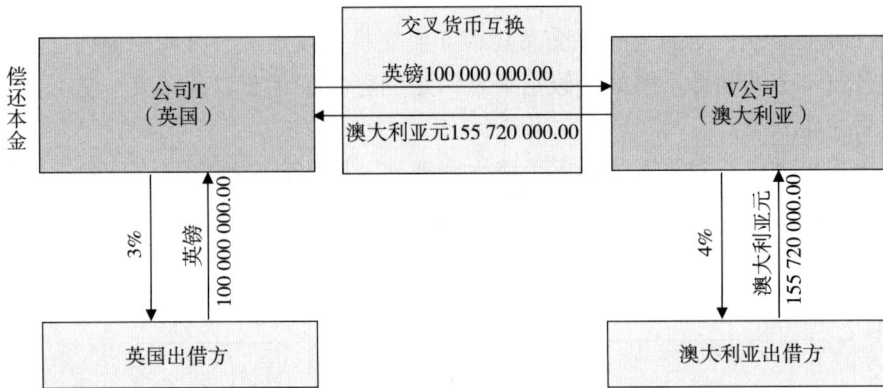

图 19.3　交叉货币互换中的本金偿还

此外，每家公司必须在借款到期日将本金退还本币出借方。

注意：在交叉货币互换中，在交易执行时确定的汇率（最初用于本金支付）也适用于交叉货币互换预定到期日的本金偿还。交叉货币互换和外汇掉期之间的主要区别是：

■ 交叉货币互换使用一种汇率，而外汇掉期则使用即期汇率和远期汇率

■ 交叉货币互换需定期支付利息，而外汇掉期不支付利息

执行交叉货币互换的主要好处是：

■ 降低借入特定货币的成本；双方不是以难以接受的高利率直接向海外贷方借款，而是以本国贷款利率借入现金，然后以商定的较低利率出借给对手方

■ 灵活性，公司可以通过调整所涉货币的起息日期、利率、到期日和期限来满足其特定需求

■ 确定性，因为交叉货币互换交易允许公司以协定的汇率和利率提前锁定海外货币的借贷，从而消除了汇率波动对公司带来的影响

然而，交易双方都存在风险。期初本金借款必须在交叉货币互换的约定到期日退还给对手方。例如，V 公司必须筹集 100 000 000.00 英镑才能偿还对手方 T 公司。由于交叉货币互换交易有效期内的汇率波动，如果澳大利亚元兑英镑贬值，V 公司购买偿还 T 公司所需的 100 000 000.00 英镑将更为昂贵。反之，如果澳大利亚元兑英镑更坚挺，V 公司筹集必要数量的英镑以偿还 T 公司的成本将降低。T 公司在约定到期日筹集所需的 155 720 000.00 澳大利亚元偿还 V 公司也存在类似风险。

从技术角度来看，尽管许多公司将交叉货币互换交易视为场外衍生品，但它们不是真正的衍生品，因为：

■ 没有标的产品

■ 交易本金的全部金额

■ 没有需要管理的付款不确定性

19.3　交易步骤

一旦公司开始执行一笔交叉货币互换交易，则交易要素必须即时记录。必须被记录下的交易要素详见表 19.2（T 公司视角）。

表 19.2　　　　　　　　　　　　交叉货币互换交易要素示例

交叉货币互换	
交易要素	交易明细示例
交易类型	交叉货币互换
对手方	公司 V
交易日	2017 年 7 月 15 日
生效期（第一期结算日）	2017 年 7 月 17 日
约定到期日（第二期结算日）	2021 年 7 月 17 日
基准货币及本金金额	100 000 000.00 英镑
标价货币及本金金额	155 720 000.00 澳大利亚元
汇率	1.00 英镑／1.5572 澳大利亚元
基准货币出借方	T 公司
标价货币出借方	V 公司
基准货币利率	3.0%
标价货币利率	4.0%
基准货币利息支付日	每年 7 月 17 日
标价货币利息支付日	每年 7 月 17 日

19.4　交叉货币互换操作：概述

从运营的角度来看，交易各方必须：

- 在初期本金交换的结算日，支付借出的货币本金
- 确保在初期本金交换的结算日，收到借入的货币本金
- 按照约定的频率支付借入货币的利息
- 按照约定的频率确保收到借出货币的利息
- 在约定到期日，偿还借入的货币本金
- 确保在约定到期日，收到借出的货币本金

具体操作如图 19.4 所示。表 19.3 总结了交叉货币互换的交易操作活动。

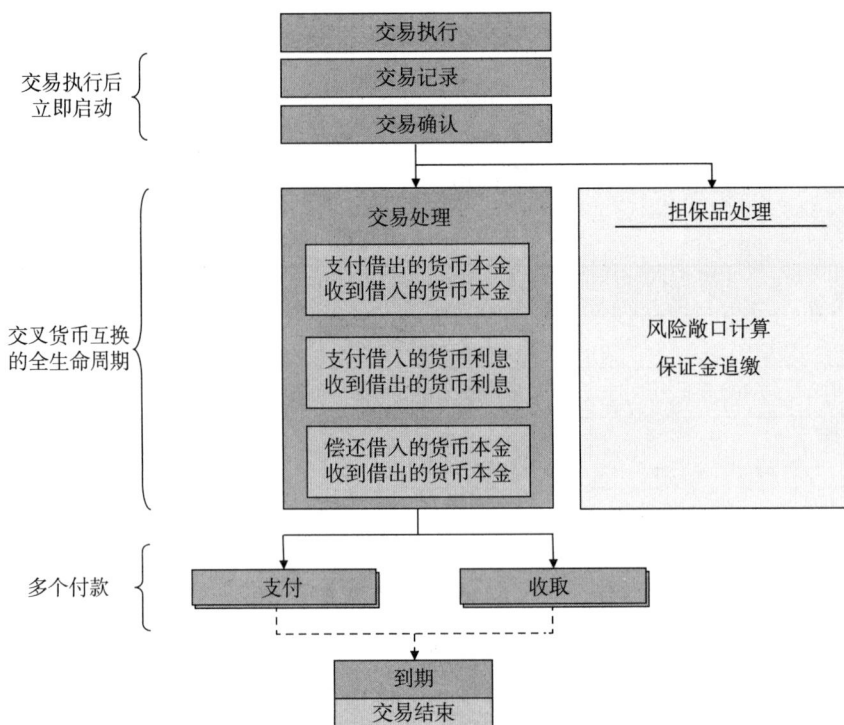

图 19.4　交叉货币互换交易处理

表 19.3　　　　　　　　　　交叉货币互换交易处理操作

交叉货币互换	
是否支付保费?	否——不适用
是否交换本金?	是——适用两个分期
单种/多种货币?	多种
单次/多次结算?	多次本金结算 & 多次利息结算
全额还是净额结算?	本金 & 利息均为全额结算

19.5　交叉货币互换及担保品管理

具体到担保品管理,在执行交叉货币互换交易后,交叉货币互换交易的当前价值是通过定期(通常是每日)盯市计算的。

盯市价格上涨的一方相对于其对手方具有风险敞口,无风险敞口方必须向有风险敞口方提供担保品(以约定的形式)。此过程中有很多重要步骤;具体请参阅本书第24~44 章"场外衍生品交易与担保品—担保品生命周期"大框架下的内容。

19.6 其他类型的交叉货币互换

不同类型的交叉货币互换有着不同的名称，例如：

- ■ "背对背货币掉期"和"固定对固定货币互换"
  - ■ 即本章中介绍的交叉货币互换类型
- ■ "固定利率对浮动利率的货币互换"
  - ■ 即一方为一种货币支付固定利率，而另一方根据浮动基准利率（如伦敦银行同业借贷利率或欧元银行同业拆借利率）为另一种货币支付浮动利率。类似于"固定利率对浮动利率的利率掉期"
- ■ "浮动/浮动的货币互换"和"交叉货币基差互换"
  - ■ 即一方以一种货币支付特定形式的浮动利率（如 1 个月的伦敦银行同业借贷利率），而交易对手方将以另一种货币支付另一种形式的浮动利率（如 3 个月的伦敦银行同业借贷利率）

第 20 章

场外衍生品交易与担保品 —法律保障—概述

本章介绍场外衍生品交易执行前，因而也是给付或收取担保品要求提出前，需应用的法律文件。

请注意：本章的内容仅代表笔者关于金融机构如何日常运用 ISDA（国际掉期与衍生工具协会）所制定文件的个人观点，而非 ISDA 对于如何理解、完善或使用此类文件的官方指导。建议读者在执行和使用此类文件时寻求适用于自身的法律建议。

场外衍生品（OTC derivative）交易通常有一个存续期（或期限），从几周至几年不等。具有数十年存续期（如 50 年）的单笔交易也非罕见。

不论场外衍生品交易的期限是多长，交易的参与方在整个交易存续期内面临持续的与交易对手方相关的对手方风险（counterparty risk），直至交易的约定到期日（scheduled maturity date）。举个例子，甲方与乙方进行利率掉期（interest rate swap）交易，交易条款要求交易存续期内每 6 个月对利息款进行结算。这意味着甲方期望乙方（反之亦然）在整 20 年的时间里，遵守其于交易执行（trade execution）时达成的包括利息款结算（settlement）在内的合同义务（contractual obligations）。

因为双方达成的与交易相关的约定会持续一段时间，市场惯例是在法律文件中明确双方的持续承诺，阐明双方的义务和对手方违约时的权利。

注：熟悉证券（股票和债券）操作，但新近接触场外衍生品的读者，可能会有疑问，为什么这些法律文件没有应用于证券的买卖？在欧洲和美国，证券市场中普通交易的存续期（结算周期，settlement cycle）以天数表示，（截至本文写作时）从 T + 0（如在沙特阿拉伯）、T + 1（如美国国债和英国金边债券）至 T + 2。绝大多数证券交易按预定时间在结算日（value date）完成结算，然而结算失败（settlement failure）（结算延迟）也在很多市场出现，但多数失败的交易会在结算日后的几天内完成结算。因此，绝大多数证券交易的存续期都是数天，而不是像场外衍生品交易一样是数月或数年。所以，在多数证券交易中对手方风险持续的时间非常短，因而没必要采用针对场外衍生生品的此类法律文件。

有意向进行场外衍生品交易的双方建立法律文件的出发点一般是 ISDA™ 主协议（ISDA™ Master Agreement）。国际掉期与衍生工具协会① （International Swaps and Derivatives Association，ISDA）是场外衍生品市场主要的全球交易组织。

当场外衍生品交易最初在 20 世纪 80 年代早期开始流行时，执行此类交易的公司会评估所面临的风险并根据每笔交易的条件拟订法律文件。但除针对每笔交易的特定条款外，每笔交易的此类文件中，多数措辞基本一致。随着交易量攀升、场外衍生品普及，越来越需要减少法律文件制定的时间并使之变得更加高效。20 世纪 80 年代中期，ISDA 成立。在初版 ISDA 主协议（包含供所有场外衍生品使用者使用的标准化条款和条件）的制定过程中，ISDA 起到了至关重要的作用。这些年来，ISDA 定期更新 ISDA 主协议的版本，如 1992 年 ISDA 主协议和 2002 年 ISDA 主协议。

从保护其自身利益的角度出发，有意愿参与场外衍生品交易的公司完全有必要在交易执行前签署必需的法律文件（通常是 ISDA 主协议及其附属文件）。

接下来的章节描述了 ISDA 主协议及其附属文件的内容与应用。

---

① ISDA 是国际掉期与衍生工具协会的注册商标。

场外衍生品交易与担保品—法律保障—主协议及其附约

Chapter Twenty-one

第 21 章

> 本章介绍了场外衍生品相关主协议及其附约的目的和作用，涵盖了此类
> 法律文件在两方交易主体间应用的场景。
> 请注意：本章的内容仅代表笔者关于金融机构如何日常运用 ISDA（国际
> 掉期与衍生工具协会）所制定文件的个人观点，而非 ISDA 对于如何理
> 解、完善或使用此类文件的官方指导。建议读者在执行和使用此类文件
> 时寻求适用于自身的法律建议。

21.1 引言

ISDA 主协议（ISDA master agreement，IMA）是在有意向达成交易的双方间形成法律协议文件的广泛应用的标准，交易涵盖多种场外衍生品（OTC derivative）产品类型，如利率掉期交易（interest rate swap）和信用违约互换（credit default swap）。ISDA 主协议由国际掉期与衍生工具协会（International Swaps and Derivatives Association，ISDA）制定，可供全球从事场外衍生品交易的机构使用。

一般来说，多年来对 ISDA 主协议的持续修订和改善旨在反映普遍认同的法律条款和条件，用以规范场外衍生品交易的双边（bilateral）关系。

场外衍生品的使用者是位于各地的成千上万家公司，这些公司分布在不同行业领域，为的是减轻（mitigate）自身日常经营活动产生的风险敞口（exposure）。使用场外衍生品，因而也使用 ISDA 主协议的机构类型包括：

- 政府机构
- 超国家组织
- 企业
- 共同基金
- 养老基金
- 保险公司

■ 资产管理机构

■ 投资银行

■ 区域性银行

可见，这些机构类型同时包含了买方（buy-side）公司和卖方（sell-side）公司。

ISDA 主协议可作为交易双方间形成法律协议文件的起始点；此外，包括 ISDA 主协议在内的一系列文件的签署共同形成了系统的文件体系框架，涵盖法律关系的各方面。这一系列文件包括：

■ ISDA 主协议（ISDA master agreement）：这是核心文件，明确双方的基本责任，使用预定义的、标准的条款和条件（均为通用条款，没有为记录特定交易双方间的特定安排而进行的专门改动）

■ 目前仍在使用的有两个版本的 ISDA 主协议，分别是 1992 年 ISDA 主协议和 2002 年 ISDA 主协议

■ 附约（schedule）：这是第二份法律文件（重要性仅次于 ISDA 主协议），用于记录双方达成的除 ISDA 主协议之外的特定安排

■ 信用支持附件（Credit Support Annex，CSA）：这是第三份法律文件，用于记录双方之间与场外衍生品相关的担保品（collateral）特别安排

场外衍生品的系统文件体系框架见图 21.1。

第 1 步：以主协议作为双方谈判的起始点

第 2 步：附约包含双方达成一致的对主协议的修改和补充内容

第 3 步：信用支持附件包含风险敞口产生时适用的担保品条款

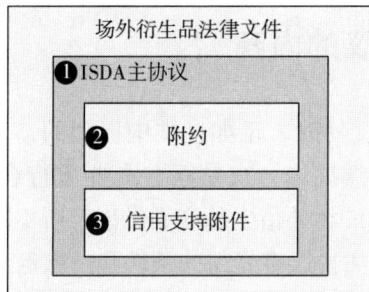

图 21.1 ISDA 主协议、附约和信用支持附件的关系

需要注意的是，附约和信用支持附件是与 ISDA 主协议分开的文件，但两者都属于 ISDA 主协议的条款和条件。ISDA 主协议因而可以被看作"伞式"文件，在其之下适用附约和信用支持附件。

交易双方签署这一系列文件的过程可能需要相当长的时间，主要受到单个公司偏好的影响，而这些偏好最终会在两份量身定制的文件，也就是附约和信用支持附件中有所反映。协议的签署可能需经多轮协商谈判，这一谈判过程可能持续数月，通常由公司的法律部门或公司指定的律师专家执行。

当谈判完成，双方签署协议，每份文件均将（1）列明两个机构的名称；（2）标注

日期。这意味着，在甲方与其对手方公司乙方之间生效的一系列法律文件就内容而言是特定的。为明确这一点，尽管 ISDA 主协议没有被改动，附约和信用支持附件都将有针对性地反映双方的特殊要求。相应的，如果某机构有（诸如）50 个或 100 个与之执行场外衍生品交易的对手方，则有可能出现不存在两组完全相同的法律文件的情况。这种可能性对担保品管理（collateral management）有连带影响，因为一家机构与其不同的交易对手方之间执行的每个信用支持附件都很可能包含特定的内容。场外衍生品的担保品管理须按照每个信用支持附件中载明的要素执行，否则将无法按照法律文件内载明的方式降低风险敞口。（信用支持附件的目的和内容在第 22 章"场外衍生品交易与担保品—法律保障—信用支持附件"中有详细介绍。）

双方一旦签署了法律文件框架，双方之间所有场外衍生品交易都将在该框架范围内执行。例外的情况可能是那些法律文件框架已生效后才新产生的场外衍生品品种及其交易。

因为一些机构已从事场外衍生品交易多年，可能存在公司与某交易对手方之间的一系列法律文件是多年前签署的情况，这些法律文件已无法反映当今时代的偏好和要求。在这种情况下，公司可能同意与该交易对手方重新就系列法律文件进行谈判，新的一系列法律文件一经双方签署，新的条款和条件将生效并实际上取代原有的系列法律文件。

交易执行后，一方须立即向其对手方发送交易确认（trade confirmation），交易确认书用来反映单笔交易的特定细节。交易确认书也属于法律文件，是对首次交易执行前签署的系列法律文件的补充。交易确认书从属于 ISDA 主协议的条件和条款。

21. 2 ISDA 主协议的内容

当公司执行场外衍生品交易时，正如上文中提到的，交易的存续期可以是几个月至几十年不等。在交易的存续期内，交易双方需要履行合同义务（contractual obligations），而这些义务根据不同的场外衍生品产品类型有所不同。

在一系列条款中，ISDA 主协议有专门的条件和条款定义了（任一方）违反合同义务导致的违约（default）。例如，若公司的对手方破产，这一事件〔在 ISDA 主协议违约事件（event of default）条目下〕触发两家公司间正在履行的场外衍生品交易的终止。

笔者的评论和声明

本节中列出的事件是（1）笔者就 ISDA 主协议中择出的条款和条件的理解；（2）笔者对于这些事件以浅显的、非法律语言进行解释，以便于本书的目标读者理解；（3）意在传达主协议的一般性特质，非为对 ISDA 主协议中涵盖的所有条款和条件进行穷举。

21.2.1　违约事件

违约事件是指由 ISDA 主协议签订双方中任何一方引起的 ISDA 主协议中记载事件的发生，该事件导致与对手方的所有交易在约定到期日（scheduled maturity date）前立即终止。

这类对双方均适用的事件，包括：

■ 付款或交付失败：到期时未能向对手方（1）支付资金或（2）交付证券，且在后续的特定天数内仍未完成

■ 违反协议：未能按照 ISDA 主协议及其附属文件规定（付款或交付除外）履约，且在后续的特定天数内未改正

■ 担保品违约：未能按照信用支持附件中担保品相关规定履约，且在后续宽限期内未改正。这类违约事件在 ISDA 主协议"信用支持违约"（credit support default）条目下

■ 破产：协议其中一方被宣告破产、无力偿还到期债务或身为无偿付能力或清算决定的主体

■ 合并：协议其中一方与第三方组织机构合并，新的合并实体未能承担原协议参与方的法律义务

当此类违约事件发生，交易一方援引违约事件发生后的终止权利时，交易被提前终止（除此之外，进一步提供或接收担保品的要求也不复存在）。

21.2.2　终止事件

与违约事件类似，终止事件是指发生 ISDA 主协议中载明的事件，不同之处是事件的起因与 ISDA 协议签订双方中任意一方均无关。然而结果是一样的，即双方之间的全部交易在约定到期日（scheduled maturity date）前终止。

这类对双方均适用的事件，包括：

■ 法律变更：交易执行后，通过了新的法律或现有法律被重新解释，导致与交易和担保品相关的现金支付和/或收取与证券交付和/或接收不符合法律规定。该终止事件在 ISDA 主协议"违法行为"（illegality）条目下

■ 税收法律变更：交易执行后，相关法律获得通过，要求其中一方支付与交易或担保品相关的税款或额外税款。该终止事件在 ISDA 主协议"税务事件"（tax event）条目下

当此类终止事件发生，交易一方援引终止事件发生后的终止权利时，交易被提前终止（除此之外，进一步提供或接收担保品的要求也不复存在）。

21.2.3　其他条款和条件

ISDA 主协议中还列出了更多的条款和条件，包括：

■ 特定通知发出的期限。例如，发生违约事件时，守约方需要在特定期限内向违

约方发出书面通知，以提出提前终止日（early termination date）建议

■ 要求其中一方发生终止事件须尽快通知对手方，列明所有受影响的交易

■ 提前终止后，要求双方须计算应付或应收金额，将计算结果正式通知对手方，收款方须将其收款账户告知付款方

■ 提前终止后，应支付款项和利息（如有）的日期，以及计算出的应付利息金额

■ 交易双方间进行通知的方式，例如纸质通知且亲自送达、传真（经允许）或电子信息传输，以及通知何时生效（取决于通知传达方法）

■ 法律诉讼时具有管辖权的法院。这一点取决于协议达成的依据是英国法还是纽约法

21.2.4 出清轧差

对于违约事件，ISDA 主协议中的提前终止条款可以终止所有进行中的交易，交易双方之间的未付款项以净额方式进行结算。这个步骤被称为出清轧差（close out netting）。

举个例子，假设甲方和乙方在过去的 3 年中执行了互相独立的 5 笔场外衍生品交易，全部交易均未到达约定到期日，即当前处于正在进行中的状态。此时发生了一项违约事件，乙方是违约方。在这种情况下为了实现出清轧差，需要估算每笔交易的出清价值（重置价值），如表 21.1 所示。

表 21.1　　　　　　　　　　　　　　出清轧差

净支付额计算		
交易序号	交易重置成本	受益人
1	3 200 000.00 美元	乙方
2	650 000.00 美元	甲方
3	4 100 000.00 美元	甲方
4	3 750 000.00 美元	乙方
5	475 000.00 美元	乙方
各方总计	4 750 000.00 美元	7 425 000.00 美元
净支付额		2 675 000.00 美元

若出清轧差未写入 ISDA 主协议，发生违约事件后的交易终止需要以全额（逐笔交易）方式进行。在上述例子中，甲方需要立即向违约方（defaulting party）汇款总计 7 425 000.00美元。而乙方欠甲方共计 4 750 000.00 美元，破产程序将导致付款的严重延迟，此外，最终以违约方名义支付的金额很可能少于欠款总额。

有了 ISDA 主协议中关于出清轧差的条款，违约事件发生后的交易终止将以净额方式进行。在上述例子中，提前终止要求守约方（甲方）向违约方汇款净额共计 2 675 000.00美元。反之，如果是违约方需要向守约方支付资金净额，从乙方角度来看，甲方将变成普通的债权人。

总之，出清轧差给交易双方提供了通过单笔净额支付终止多笔与违约事件相关全额交易的权利。出清轧差的概念使得破产公司的清算人不必在以下两者中做出选择：（1）从有利于破产公司（乙方）的角度要求甲方立即支付交易相关款项，和（2）从有利于守约方（甲方）的角度让其延迟支付。

此外，如果是乙方（违约方）应向甲方（守约方）支付净额资金，且甲方持有乙方先前提供的担保品，则甲方可以变卖这些担保品以实现乙方对其所欠款的现金价值。

21.3　ISDA 主协议附约的内容

作为由交易双方均认可的特定条件条款组成的附加协议，主协议附约是正式记录对 ISDA 主协议的修订补充的文书。

此类特定条款例如：

■ 某特定规定是否适用于其中一方或双方
■ 就特定事件（如终止事件）而言，某附加规定是否适用

附约也被用于记录如下内容：

■ 应当交付的指定文件（如完税证明），须负责完成此事的交易方及相关截止日期
■ 交易双方的接收地址（用于通知送达）、联系人、邮箱和电话号码
■ 详细规定担保品安排的细节，即信用支持附件（credit support annex）
■ ISDA 主协议适用的管辖法（通常是在英国法和纽约法中选择）
■ 双方的电话沟通记录是否有效，如有效，是否具备进一步的法律效力

最终敲定的附约须由双方签字并署明日期。

21.4　谈判并签署系列文件

当事公司双方签订系列文件可能耗时很久，在很多案例中甚至长达数月。

须耗费如此长时间的原因主要是，当事双方对主协议附约中对主协议修订细节的反复谈判。

通常是公司的法务部门主导该过程，对于没有此类部门的公司而言，必须通过聘用外部律师以达到保护自身利益并确保最终达成的系列文件充分覆盖本公司预期风险的目的。

21.5　文件签署后的交易

当系列文件达成一致并一经签署，当事双方便可开展交易。

因为按照计划，所有交易在经签署的系列文件框架的保护下执行，交易执行（trade execution）过程中，当事双方仅需要比对双方记录的交易细节以确保双方账簿和财务记录（Books & Records）的准确。

实现上述操作的流程通常被称为交易确认（trade confirmation）或简称为"确认"。详见下节内容。

一致的交易细节信息反过来保证交易双方具有同样的基础，可以在整个交易存续期内正确开展运营活动。例如从交易处理（trade processing）角度的保费（premium）支付与从担保品处理（collateral processing）角度的风险敞口（exposure）计算。

21.6 交易确认

完成交易执行和交易信息记录（trade capture）后，对交易双方而言，在该时点均面临显著风险。

举个例子，公司执行的一笔利率掉期交易（IRS），名义本金（notional principal）为10 000 000美元，可能会被交易双方其中一方错误地记录为 1 000 000 美元或100 000 000美元。这类伴随交易执行的错误必须被马上识别并纠正。若此类错误没能被立即发现并改正，任何直接与该交易相关的后续活动将（在本例中是名义本金变了）导致少付或多付，且计算的风险敞口（提供或收取担保品的依据）将变为原来的十倍之大或太小。

因为内含风险的存在，当事双方通过交易确认流程确认每笔场外衍生品交易的细节就变得至关重要。这一流程要求双方核对彼此的交易细节，结果为（1）即时达成一致，或（2）识别出差异并立即开展调查纠正。

交易确认可以通过手工或电子化操作完成，主要取决于场外衍生品产品种类。

本主题在第 29 章"场外衍生品交易与担保品—担保品生命周期—交易后—交易确认/认定"中有更详细的介绍。

21.7 总结

场外衍生品双边交易的法律系列文件框架包括 ISDA 主协议、主协议的附约和信用支持附件。

从单个公司角度出发，此类文件的基本目的是设置各种情况下的生效条款，以确保各种情况下的公司利益。

尽管双方签署这类文件通常是一个很长的过程，但在文件签署完成前，理想情况下须禁止双方发生交易，以避免在没有充分法律保护下的风险。

Chapter Twenty-two

场外衍生品交易与担保品
—法律保障—信用支持附件

第 22 章

本章介绍了信用支持附件（CSA）的用途、对担保品管理的影响、主要内容和日常应用。本章主要面向未接触过或很少接触与场外衍生品交易相关的法律文件的读者。信用支持附件是担保品从业人员每日应用的关于场外衍生品交易中风险敞口引起的保证金追缴的基础文件。

请注意：本章的内容仅代表笔者关于金融机构如何日常运用 ISDA（国际掉期与衍生工具协会）所制定文件的个人观点，而非 ISDA 对于如何理解、完善或使用此类文件的官方指导。建议读者在执行和使用此类文件时寻求适用于自身的法律建议。

22.1 引言

信用支持附件是对有意进行场外衍生品交易的交易双方间签署的法律文本的补充，实际上是一本双方之间担保品管理的程序手册。

它的特定用途是将规范交易双方担保品的条款和条件形成文件。在多数情况下，这些条款和条件对交易双方均适用，这被称为双边信用支持附件（bilateral CSA）。在其他的一些情况下，交易双方的信用评级有所差别，信用评级高的一方可能不愿意进行担保，因此信用评级较低的一方就是唯一需要提供担保品的一方，这被称为单边信用支持附件（one-way CSA）。

信用支持附件不是独立文档。它与交易双方同时签署的 ISDA 主协议及其附约直接关联。这些法律文件和担保品之间的关系如图 22.1 所示，该图同时描述了应用信用支持附件的必要基础步骤。

对图 22.1 的解释如下：

步骤 1：主协议作为交易双方谈判的起始点

步骤 2：附约包含双方达成一致的对主协议的修订内容

步骤 3：信用支持附件包含当风险敞口出现时使用担保品的相关条款

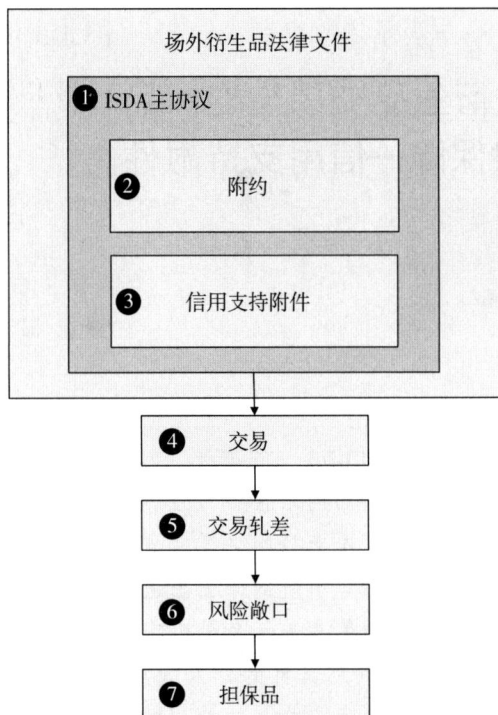

图 22.1 法律文件、交易、轧差、风险敞口和担保品的关系

步骤 4：法律文件就绪后，可以开展场外衍生品交易

步骤 5：当与同个对手方在此前交易过同个场外衍生品产品时，交易可能引发交易轧差

步骤 6：场外衍生品交易产生风险敞口（exposure）

步骤 7：根据信用支持附件的条件和条款，须向风险敞口方（exposed party）提交担保品

22.2 签署信用支持附件和交易执行

通常做法是信用支持附件会在签署主协议及其附约的时候同时签署。在交易双方当事人执行第一笔交易前完成签署并使文书生效，也是非常可取的做法。在这种情况下，任何后续执行的交易将受到信用支持附件中条款和条件的约束，例外情况可能是信用支持附件未覆盖某个执行交易的场外衍生品产品。

若交易在信用支持附件就绪前执行，交易双方须逐笔就相关交易达成特定的担保品安排并形成文书。这类安排反映在公司向其交易对手方发送的通知材料中，即长款交易确认书（long form confirmation）。

与交易对手方签署法律文件前，组织内部的多个相关参与方均须表示同意，这些参与方包括交易部门、风险管理部门、资产组合管理部门、法务部门和运营部门（operations department）。

22.3　新旧信用支持附件

对于已开展业务多年的公司而言，其现有的与多个交易对手方签订的信用支持附件很可能是多年前谈判签署的，而与另一些公司的信用支持附件是最近谈判的成果。因此，一家公司与不同交易对手方签订的信用支持附件的内容可能会有很大差别。

当下，公司可能会认为一些旧的信用支持附件的内容过时了，最好是能与交易对手方重新进行谈判。与交易对手方就信用支持附件内容的重新谈判需要公司法务部门或聘请外部律师参与，是一个可能需要数周甚至数月来完成的过程。因此，这些"遗留"的信用支持附件可能继续存在且生效，尽管公司可能更希望更新其中的内容。但是，作为重新谈判以外的另一种选择，可以对信用支持附件进行修订，其中特定信用支持附件可能包含多次修订。

22.4　场外衍生品风险敞口

场外衍生品交易风险敞口的产生方式如下[①]：

场外衍生品在交易当天，如利率掉期交易（Interest Rate Swap，IRS）或信用违约互换（Credit Default Swap，CDS），对交易双方而言价值均为零。这意味着交易双方达成了一个公平合理的利率或价格，在交易达成伊始没有任何一方从另一方获取财务利益。达成这样一个公平合理的利率或价格的原因是交易对双方来说必须是公平的，这只能够通过协商谈判一个零（或中立）价值来实现。收益和损失将随着交易存续期内的利率变化而产生。

交易执行（trade execution）后，任何时点（在交易存续期内）逐日盯市（mark-to-market，M2M）的结果使得交易被认为对于交易中的一方而言是盈利的，这源于市场利率或价格较交易日期执行的利率或价格的变化。暂时处于盈利状态的一方被称为"盯市价格上涨"（positive mark-to-market）或"正风险敞口"（positive exposure）（对于其交易对手方而言则相反）。

尽管对于处于盈利状态的一方是好消息，这一方仍然面临对手方风险（counterparty risk），若他们的交易对手方"今日"停业，所有未来与交易相关的合同承诺将无法得到履行。

在这些情况下，剩余的一方（守约方）一般会希望替代原有交易，替代交易将以（不那么有利的）当前市场利率或价格执行。也就是说，对守约方的风险敞口被称为该交易的重置成本（replacement cost）。每日，按正常程序（任何一方都未违约），为减

---

① 关于普遍意义上风险敞口是如何产生的相关内容，请见第 15 章"场外衍生品交易与担保品—交易类型——般交易结构"中第 15.4 节"场外衍生品：风险敞口与担保品管理"。

轻（mitigate）重置成本大于原有交易成本的风险，依据双方达成的特定信用支持附件的条款，有正风险敞口的一方将向其交易对手方［有负风险敞口（negative exposure）的一方］追缴保证金（margin call），而后者需要通过交付担保品（通常是现金或债券，具体按特定的信用支持附件要求）以减轻有正风险敞口的一方面临的风险。

然而，有必要认识到，从一家公司角度出发，这类对手方风险会在满足以下条件时出现：

1. 当交易对手方违约，且若
2. 该交易对公司（守约方）而言是盈利的。

也就是说，从公司的角度出发，仅盈利的交易具有对手方风险，不盈利的交易没有对手方风险。举个例子，假如就一笔与乙方达成的 115 个年基点（basis points per annum，bppa）并于 18 个月前执行的信用违约互换而言，甲方是保护买方，当前价格是 122 个年基点，意味着对于甲方来说现在是盈利的，在这些情况下，甲方就具有对手方风险。反之，若当前的市场价格是 109 个年基点，该交易目前对甲方来说是亏损的，因而甲方没有对手方风险，因为若乙方违约，甲方可以直接在市场中以当前利率或价格执行替代交易（与原有交易中 115 个年基点相比，当前的利率或价格对于甲方来说是更有利的）。然而，在这种对甲方来说是亏损的情况下，若交易对手方违约，甲方需要通过向对手方支付款项来清算未结债务，在这种情况下，从甲方的角度看没有对手方风险，因为对手方不欠甲方钱。

让我们来明确一下，与场外衍生品交易风险敞口相关的核心原则是：

- 场外衍生品交易的初始价值是零
- 随着利率变化，交易或头寸将呈现盈利或损失的状态
- 盈利的一方具有对手方风险，其程度以重置成本为限
- 盈利一方通过从交易对手方处追缴保证金和获取担保品来减轻对手方风险

图 22.2 以应用日终价格的信用违约互换交易［请注意，为解释说明简便，忽略了固定利率（fixed coupon）］为例演示了场外衍生品交易中风险敞口是如何产生的。

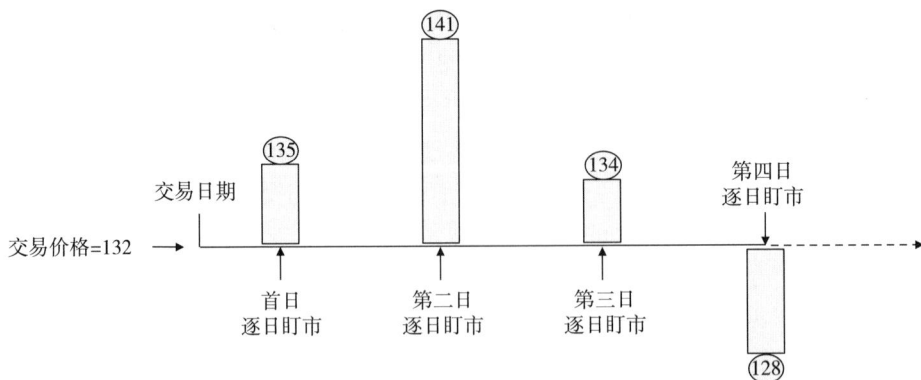

图 22.2 场外衍生品交易中风险敞口是如何产生的

对图 22.2 的解释如下：

该交易于交易日期以 132 个年基点（bppa）的价格执行。

第 1 步：第一日逐日盯市结果显示，当前执行对于相同债券发行人（参考实体）的信用违约互换交易的成本（重置成本）为 135 个年基点。保护买方盯市价格上涨但也同时具有对手方风险敞口，因而将向其对手方追缴与风险敞口相等数额的保证金，即 3 个年基点对应的货币价值（135 个年基点和 132 个年基点之差）。保护卖方选择向保护买方支付现金保证金以满足保证金要求。该情况反映在表 22.1 中。

表 22.1　　　　　　　　　　　　　　　1 号风险敞口相关信息

逐日盯市	风险敞口（年基点）	正风险敞口方	追缴保证金	担保品状况
1	135 - 132 = 3	保护买方 = +3	保护卖方向 保护买方支付 3	保护买方 = +3 保护卖方 = -3

请注意：货币价值计算过程如下。举个例子，在名义本金为 10 000 000.00 美元、距其约定到期日剩余期限（residual maturity）为 5 年的信用违约互换交易中，3 个年基点对应的货币价值为：剩余 5 年每年 10 000 000.00 × 0.03% = 3 000.00 美元。为得到其"今日"价值，须考虑货币的时间价值［time value of money，也被称为折现系数（discount factor）］以计算其现值（present value）。还需注意的是：本计算示例是为向读者说明计算的一般原则而设计的，完整的计算过程内容超出了本文的范围。

第 2 步：第二日逐日盯市结果显示，当前的市场价格上涨至 141 个年基点。保护买方再次盯市价格上涨，对手方风险敞口增加，因而将向其对手方追缴保证金，数额即 141 个年基点减去 132 个年基点对应的货币价值，考虑到保护买方已持有此前追缴的现金保证金，追缴的保证金将是 9 个年基点减去 3 个年基点的现金保证金，即 6 个年基点对应的货币价值。保护卖方再次选择向保护买方支付现金保证金以满足保证金要求。该情况反映在表 22.2 中。

表 22.2　　　　　　　　　　　　　　　2 号风险敞口相关信息

逐日盯市	风险敞口（年基点）	正风险敞口方	追缴保证金	担保品状况
1	135 - 132 = 3	保护买方 = +3	保护卖方向 保护买方支付 3	保护买方 = +3 保护卖方 = -3
2	141 - 132 = 9	保护买方 = +9	保护卖方向 保护买方支付 6	保护买方 = +9 保护卖方 = -9

第 3 步：第三日逐日盯市结果显示，当前的市场价格下降（与前一次逐日盯市结果相比）至 134 个年基点。保护买方就该交易而言仍旧处于盯市价格上涨的状态，因而仍旧面临对手方风险敞口，但风险敞口有所缩小（与前一次逐日盯市结果相比）。相应地，保护卖方现在具有了与超额担保品对应的风险敞口，因为其支付的担保品（由保护买方持有）的价值高于为减轻保护买方的风险敞口所必需的担保品价值。保护卖方将向保护买方追缴保证金，要求返还担保品，数额等于 141 个年基点减去 134 个年基点所对应的货币价值。也就是说，保护卖方追缴的保证金为 7 个年基点对应的货币价值。保护买方现有

的风险敞口金额为 2 个年基点（134 个年基点 – 132 个年基点），通过持有此前由保护卖方支付的 2 个年基点对应的现金保证金来减轻该风险敞口。保护买方向保护卖方返还相应现金担保品金额以满足保证金要求。该情况反映在表 22.3 中。

表 22.3　　　　　　　　　　　　　3 号风险敞口相关信息

逐日盯市	风险敞口（年基点）	正风险敞口方	追缴保证金	担保品状况
1	135 – 132 = 3	保护买方 = +3	保护卖方向 保护买方支付 3	保护买方 = +3 保护卖方 = –3
2	141 – 132 = 9	保护买方 = +9	保护卖方向 保护买方支付 6	保护买方 = +9 保护卖方 = –9
3	134 – 132 = 2	保护买方 = +2	保护买方向 保护卖方支付 7	保护买方 = +2 保护卖方 = –2

第 4 步：第四日逐日盯市结果显示，当前的市场价格进一步下降（与前一次逐日盯市结果相比）至 128 个年基点。保护买方不再处于盯市价格上涨的状态，而是保护卖方第一次处于盯市价格上涨的状态，因而具有对手方风险敞口。从保护卖方的角度，其风险敞口包括两部分：（1）其需要再次主张所有仍由保护买方持有的剩余担保品，即 2 个年基点对应的货币价值（134 个年基点 – 132 个年基点），加上（2）其需要主张数额为 4 个年基点（128 个年基点 – 132 个年基点）对应的货币价值的正的风险敞口金额。保护买方向保护卖方支付相应金额的现金担保品以满足保证金要求。该情况反映在表 22.4 中。

表 22.4　　　　　　　　　　　　　4 号风险敞口相关信息

逐日盯市	风险敞口（年基点）	正风险敞口方	追缴保证金	担保品状况
1	135 – 132 = 3	保护买方 = +3	保护卖方向 保护买方支付 3	保护买方 = +3 保护卖方 = –3
2	141 – 132 = 9	保护买方 = +9	保护卖方向 保护买方支付 6	保护买方 = +9 保护卖方 = –9
3	134 – 132 = 2	保护买方 = +2	保护买方向 保护卖方支付 7	保护买方 = +2 保护卖方 = –2
4	128 – 132 = 4	保护卖方 = +4	保护买方向 保护卖方支付 6 *	保护买方 = –4 保护卖方 = +4

* 请注意：在这些情况下，由一方返还担保品且该方需要额外提供自有的担保品以满足保证金要求时，通常的做法是将这两笔担保品金额分开处理而不是以支付一笔现金金额的方式合并处理。因此，在表 22.4 中，第四次逐日盯市将实际上以表 22.5 所示的方式处理。

表 22.5　　　　　　　　　　　　　追缴保证金的处理

逐日盯市	追缴保证金	追缴保证金金额	追缴保证金原因	担保品状况
4	A	保护买方向 保护卖方支付 2	返还已有保证金	保护买方 = –4 保护卖方 = +4
	B	保护买方向 保护卖方支付 4	新增保证金	保护买方 = –4 保护卖方 = +4

需要注意的是这类风险敞口通常是双边的，交易双方都因场外衍生品合同在一段时间内的价值变动而面临风险敞口。因而有必要认识到，一个场外衍生品合同的价值每天都可能发生很大变化，需要在交易双方间按日交付或收取保证金。例如，昨日对乙方有利的风险敞口金额（如 4 000 000.00 美元）今日很可能就变为：

- 对乙方有利的 5 000 000.00 美元，该情况下甲方需要交付更多的担保品给乙方，或者
- 对甲方有利的 1 000 000.00 美元，该情况下乙方需要向甲方返还 4 000 000.00 美元的担保品，外加提供 1 000 000.00 美元的自有担保品，以减轻甲方的风险敞口

所以，场外衍生品的风险敞口被认为是一直在变化的，且每日都可能发生很大变化。这类风险敞口必须以交付或收取保证金的方式来减轻。

22.5 信用支持附件的法律结构

交易双方签署的信用支持附件的法律结构决定了证券担保品的接受方是否经法律允许在另一不相关的交易中利用担保品证券。是否允许，在操作层面有不同含义。

信用支持附件主要有三种类型，分别是：

- 适用英国法的信用支持附件
- 适用纽约法的信用支持附件，以及
- 适用英国法的信用支持契约

词语"再使用"（reuse）是指担保品接受方利用（再次转移）在另一交易中收到的证券担保品的法定权利，可以是卖出证券、借出证券、回购证券或在其他交易（如场外衍生品交易）中将证券作为担保品。

请注意：现金担保品不受影响，因其被视为可替代（fungible）金融工具。

信用支持附件最重要的方面之一是证券担保品的法律依据，特别是当担保品接受方持有担保品时，担保品提供方或担保品接受方中哪一方具有法定所有权（legal title）。应用的法律条款如下：

- 所有权转让（title transfer）式，证券担保品的全部法定所有权从担保品提供方转移至担保品接受方，因而自动允许再使用
  - 适用英国法的信用支持附件是所有权转让式
- 担保权益（security interest）式［也被称为质押（pledge）］，担保品的法定权益仍属于担保品提供方，而担保品提供方可以授予担保品接受方在其他交易中使用担保品的许可。需要注意的是：这类担保权益安排下的使用被称为"再抵押"（rehypothecation）（而不是"再使用"）
  - 适用纽约法的信用支持附件和适用英国法的信用支持契约以担保权益式运行。

公司与特定交易对手方签署所有权转让的信用支持附件还是担保权益的信用支持附件，会影响公司及其交易对手方是否被允许对收到的证券担保品进行再使用或再抵押，继而决定了公司须将收到的担保品存放在中央证券存管机构（Central Securities Depository，CSD）或托管人（custodian）处的自有账户还是隔离账户中。

关于担保品再使用及再抵押，在第36章"场外衍生品交易与担保品—担保品生命周期—交易存续期间—持有担保品"中有更详细的介绍。

22.6 信用支持附件中的义务：概览

信用支持附件规定了双方关于风险敞口和担保品的相关义务。双方需要按照规定的频率：

- 计算交易的风险敞口，以及
- 计算任何当前持有的担保品的现值，以及：
  - 当担保品价值超过风险敞口时
    - 部分或全部现有担保品须返还至担保品提供方
  - 当风险敞口超过担保品价值时
    - 担保品接受方必须要求对方提供更多担保品
  - 当风险敞口和担保品价值非常接近时
    - 任何一方均不采取任何措施

另外，采取担保品变动措施前，每一方须考虑信用支持附件中影响追缴保证金金额的条目，包括该信用支持附件是单边的还是双边的，以及如下条目是否适用：独立金额（independent amount）、起点金额（threshold）、最低转让金额（minimum transfer amount）和取整（rounding）。这些条目在第22.8节"信用支持附件的要素"中有介绍。

然后，在已经考虑这些条目之后，若风险敞口方（exposed party）提出追缴保证金，且追缴保证金金额是交易对手方（counterparty）认可的，担保品提供方（collateral giver）需要决定提供哪种类型的担保品（根据信用支持附件向特定交易对手方提供），例如，是现金担保品还是证券担保品。选择好担保品后，担保品提供方须在适用情况下，应用抵押折扣率（haircut），并确保得出的担保品价值不少于风险敞口方的追缴保证金金额。这些条目在第22.8节"信用支持附件的要素"中也有介绍。

除了上述列出的术语外，信用支持附件中的通用术语一般包括如下用语：

- 基准货币（base currency）：风险敞口和担保品被转换成的币种
- 信用支持（credit support）：减轻（mitigate）风险敞口的担保品
- 交付金额（delivery amount）：向风险敞口方支付或交付的担保品金额
- 合格信用支持（eligible credit support）：可用于减轻风险敞口的担保品类型，如现金或债券
- 替换（exchanges）：无风险敞口方可能会要求风险敞口方返还当前由其持有的证券担保品并用其他合格担保品进行替换——该过程通常被称为担保品置换（collateral substitution）
- 风险敞口（exposure）：在考虑现有担保品的现值后，某项交易原有成本与其现有重置成本（replacement cost）之间的差额的货币价值
- 返还金额（return amount）：由风险敞口方持有的超出现有风险敞口价值的担保

品价值，该金额将被返还至无风险敞口方

■ 担保品受让方（transferee）：接收担保品的一方，也称作担保品接受方（collat-eral taker），风险敞口方

■ 担保品转让方（transferor）：支付担保品的一方，也称作担保品提供方（collater-al giver），无风险敞口方

这些术语反映了信用支持附件的法律特点，担保品从业人员需要对此有充分理解，以通过最有效的方式确定其减轻风险的参数，且不带来额外的风险。

22.7 信用支持附件的日常应用

从一家公司的角度出发，不论它是买方（buy-side）公司或卖方（sell-side）公司，其担保品部门需要每日依据与该公司交易对手方相关的信用支持附件的条件和条款进行管理。若满足以下条件：

■ 当前在该公司及其对手方之间存在真实有效的场外衍生品交易

■ 这些交易受到信用支持附件约束

■ 存在风险敞口（对该公司或交易对手方而言）

担保品部门可能不需要每日查阅所签署的信用支持附件文本，但需要访问收录了每个交易对手方信用支持附件要素的数据库。概括地说，这些信息构成了一家公司的担保品管理系统的组成部分，尽管这些数据可能被置于一家公司的主数据应用中，以使这些信息对整个组织可见。

接下来的三个讨论主题的内容连同信用支持附件一起，均以每日的应用为基础。

22.7.1 产品覆盖范围

为使公司及其交易对手方明确信用支持附件的约束所覆盖的特定场外衍生品（OTC derivative）产品，法律文件需要写明以下任一内容：

■ 所覆盖的被分类为场外衍生品的所有产品，或

■ 须在信用支持附件中列出的所覆盖的特定场外衍生品类型

所有被执行的这些产品的交易所产生的风险敞口将被担保，因而公司需要特别注意保证所有相关产品已被法律文件覆盖到，否则存在列表以外的产品交易产生的风险敞口无法被担保的风险，与这些产品相关的风险敞口也无法被减轻。

由法律文件覆盖的金融产品一般是双边交易的场外衍生品产品，包括：

■ 利率掉期*（interest rate swap）

■ 利率期权（interest rate option）

■ 远期利率协议（forward rate agreement）

■ 远期外汇合约（foreign exchange forward）

■ 外汇掉期*（foreign exchange swap）

■ 货币交叉互换*（cross-currency swap）

■ 信用违约互换[*]（credit default swap）

■ 总收益互换（total return swap）

■ 股票期权（equity option）

■ 方差互换（variance swap）

注：加星号的产品在第 16 ~ 第 19 章有详细介绍，均在标题"场外衍生品交易与担保—交易类型"下。

在某一时点，法律文件仅能覆盖那些特征已在金融行业中被固定下来的衍生品产品。因此，当公司在新的产品尚未被市场认可且其特征尚未被场外衍生品界普遍了解的情况下，这家公司需要保持警惕，这些产品的相关交易可能不在已有的法律文件提供的保护范围内。若公司希望交易此类新产品，（交易后执行）交易确认（trade confirmation）需要写明该交易受到现有法律文件的约束。或者，特定的交易可以附带仅适用于该笔交易特定产品的担保品执行条款，与同一交易对手方的法律文件中覆盖产品的交易分开管理。还有一种选择是公司可以推迟交易执行并与交易对手方重新协商或修订法律文件，以将所执行的新产品的交易纳入其中。

场外衍生品产品交易（如此前列出的产品）的一个非常重要的特征，是存在对手方信用风险。因为场外衍生品通常伴随现金流的交换，交易双方在交易存续期内的不同时间均可能有潜在的信用风险。图 22.2 展示了这种风险，保护买方就期初的 3 次盯市价格上涨面临信用风险。然而需要注意的是，第四次逐日盯市的结果使得信用风险转移到了保护卖方。这类交易的期限可以是任何时间长度，从几个月至几年不等，尽管不存在明文规定的上限，但最多可以到 50 年。

其他通常不包括在法律文件中的产品是那些存续期仅有数日且公司与其交易对手方之间没有持续存在合同的产品。举例而言，证券［股票（equity）和债券（bonds）］买卖交易无须担保，因其存续期相对较短；在撰写本书时，欧洲（包含英国）股票、美国股票和欧洲债券的违约结算周期（settlement cycle）为交易日后两个工作日（T + 2）。买卖证券的交易结算一旦完成，即证券和现金已在买方和卖方之间完成交换，对手方风险敞口即不复存在。另一个存续期较短、且不存在持续对手方风险敞口的产品的例子是即期（spot）外汇交易；标准的结算周期是交易日后两天。需要明确的是，有意被排除在外的产品可以在信用支持附件中被列为无须担保的产品。

信用支持附件生效后，对公司及其交易对手方之间的每日风险敞口计算，需要将信用支持附件所覆盖的所有产品的未平仓交易考虑在内。必须注意确保未平仓交易在当前确实处于尚未结束的状态，例如，一项与 T 方开展的具有 10 年存续期的场外衍生品交易于 2 年前执行，现在可能已全面终止、部分终止或因交易执行后事件（post-trade execution event）与另一个对手方进行交易。请参见第 37 章"场外衍生品交易与担保品—担保品生命周期—交易存续期间—交易执行后事件—介绍"以及随后的三章内容。然而，为避免公司将与特定交易对手方之间已结束的交易计入风险敞口，通常的做法是定期与交易对手方进行对账（reconciliation）；请参见第 31 章"场外衍生品交易与担保品—担保品生命周期—交易存续期间—资产组合对账"。

表 22.6 是一家公司的三份经与交易对手方协商达成的信用支持附件中产品覆盖范围的示例。

表 22.6   **信用支持附件内容举例——产品覆盖范围**

产品覆盖范围		
1 号信用支持附件	2 号信用支持附件	3 号信用支持附件
利率掉期 远期利率协议 远期外汇合约 信用违约互换 总收益互换 方差互换	利率掉期 利率期权 远期利率协议 货币交叉互换 信用违约互换 总收益互换 股票期权 方差互换	利率掉期 货币交叉互换 信用违约互换 总收益互换

22.7.2 担保方向（双边和单边信用支持附件）

当信用支持附件要求双方互相提供担保，该信用支持附件被称为"双边"的。这种情况很大可能是双方的信用评级相同。在这种情况下正风险敞口（positive exposure）一方将要求其对手方提供担保品。

然而，信用支持附件可能是"单边"的，若场外衍生品头寸对于其具有较高评级的对手方来说是盈利的，公司需要交付规定的资产以进行担保。但是，在相反的情况下，若场外衍生品头寸对于具有相对较低评级的公司而言是盈利的，它们将不能向其对手方追缴保证金（margin call）。这类信用支持附件可能存在于，举例而言，投资银行与超国家机构（supranational organisations）（如世界银行、欧洲复兴开发银行、亚洲开发银行）和主权机构（sovereigns）（中央政府）的交易中，投资银行的评级均处于相对较低的水平。

表 22.7 是一家公司与三个交易对手方协商达成的信用支持附件中担保方向的示例。

表 22.7   **信用支持附件内容举例——担保方向**

担保方向		
1 号信用支持附件	2 号信用支持附件	3 号信用支持附件
双边（双向）	单边（对对手方有利）	单边（对公司有利）

22.7.3 常设结算指令

一般来说，不论何时支付或收取现金、交付或收取证券，公司都需要提前知晓：

1. 支付现金时：

■ 用于付款的公司自身的银行账号

■ 用于收款的对手方的银行账号

收取现金亦然，特别是当公司的资金代理行（cash correspondent）要求资金预开通知书（funds preadvice）的回执的情况，以及

2. 交付证券（债券和股票）时：

■ 用于交付证券的公司自身的托管（custodian）账号

■ 用于收取证券的交易对手方的托管账号及结算地点

收取证券亦然。证券担保品的转移通常需要担保品接受方和提供方结算指令（settlement instruction）的强制匹配，才能进行交付。

表面看来这是显而易见的，但因许多投资银行在其集团内运营着多个主体的业务，与之类似的是许多买方公司也运营者许多客户的业务（如一家共同基金旗下有多个基金），这类公司很可能有多个银行账户和托管账户用于现金担保品和证券担保品的交付和收取。任何情况下，不论何时提供或接受担保品，准确地识别银行和托管账户都是十分必要的。

这些账户通常被称为常设结算指令（standing settlement instruction），顾名思义，交易双方将这些账户作为标准的付款和交付指令，直至另行通知。常设结算指令通常缩写为SSI。常设结算指令：

1. 与交易对手交换而来（理想情况是在第一次交易执行前）

2. 存储于公司内部的静态数据库（static data repository）中，然后

3. 在需要时使用，以避免重复与交易对手联系。

在公司的静态数据库中，常设结算指令通常作为交易对手方静态数据（counterparty static）进行存储，以便利现金和证券收付指令的自动运行。注意：静态数据的相关内容在第23章"场外衍生品交易与担保品—静态数据"中。

无法存储常设结算指令增加了结算指令延迟发布的风险，可能导致担保品结算延迟，进而致使公司或对手方的风险敞口未能在到期日得到减轻。

就证券担保品而言，常设结算指令与初始担保品和任何用于置换的担保品均相关。

表22.8是一家公司与三个交易对手方协商达成的信用支持附件中常设结算指令的示例。

表 22.8　　　　　　信用支持附件内容举例——常设结算指令

常设结算指令		
1 号信用支持附件	2 号信用支持附件	3 号信用支持附件
公司的欧元现金账户： 银行 X，账户 12345 对手方的欧元现金账户： 银行 G，账户 98765 公司的国际债券账户： 托管人 G，账户 ABC06 对手方的国际债券账户： 托管人 G，账户 34076	公司的美元现金账户： 银行 Y，账户 60335 对手方的美元现金账户： 银行 T，账户 55562 （以及各方的欧元和英镑常设结算指令）	公司的英镑现金账户： 银行 Z，账户 88827 对手方的英镑现金账户： 银行 P，账户 00769 公司的国际债券账户： 托管人 G，账户 ABC06 对手方的国际债券账户： 托管人 G，账户 HH909

22.8 信用支持附件的要素

本节列出了信用支持附件的特定要素，并对各要素及其特定用途进行了描述。

> 笔者的评论和声明
> 　　本节中列出的要素是（1）笔者对于最常使用的、影响每日担保品管理活动的信用支持附件特征的理解；（2）笔者对于这些要素以浅显的、非法律语言进行解释，以便于本书的目标读者理解；（3）意在传达信用支持附件的一般性特质，非为对信用支持附件中涵盖的所有条款和条件进行穷举。

此外，就每项要素均提供了三份信用支持附件的示例（以表格方式呈现）以使读者领会每项要素的典型内容以及这些内容的区别。请注意，这些示例均为卖方公司相对于买方公司的情况。

22.8.1 基准货币

为保证交易双方以同种货币计算风险敞口，该货币在信用支持附件中会予以明示并被称为基准货币（base currency）。

基准货币是为了避免交易一方以一种货币（如美元）计算风险敞口，而对手方以另外一种货币（如欧元）计算风险敞口的情况，这样的话就需要使用汇率来在近似的基础上对比双方计算出的风险敞口。

举个例子，若公司当前与同个交易对手方正在进行多个不同货币定价的场外衍生品交易，单个基准货币要求公司及其对手方在风险敞口方追缴保证金（margin call）之前，将这些多币种的风险敞口转换为基准货币。表 22.9 所示为一家公司与一个交易对手方之间的多币种风险敞口，转换为基准货币（本例中为美元）后的风险敞口金额和方向。

表 22.9　　　　　　　　　　　多币种风险敞口

场外衍生品交易的币种	与公司对手方之间的多币种风险敞口——转换至基准货币			
	交易货币的风险敞口		汇率	基准货币等值（美元）
	公司为受益方	对手方为受益方		
英镑 GBP	7 800 000.00 英镑		1 英镑/1.25 美元	+9 750 000.00 美元
欧元 EUR		5 900 000.00 欧元	1 欧元/1.10 美元	-6 490 000.00 美元
美元 USD	3 500 000.00 美元		不适用	+3 500 000.00 美元
			以基准货币计算的净风险敞口	+6 760 000.00 美元

注：表中的汇率是本书写作时的近似汇率。

在表 22.9 所示的多币种风险敞口情况中，转换后的风险敞口在信用支持附件中被称为基准货币等值（base currency equivalent）。

表 22.10 是一家公司与三个交易对手方协商达成的信用支持附件中基准货币的示例。

表 22.10 信用支持附件内容示例——基准货币

基准货币		
1 号信用支持附件	2 号信用支持附件	3 号信用支持附件
欧元	美元	英镑

22.8.2 合格货币

信用支持附件中列出的可作为现金担保品被接受的货币，称为合格货币（eligible currency）。

指定基准货币是为了确保交易双方计算的风险敞口可以在近似的基础上进行对比，而风险敞口金额和方向一旦达成一致，选择交付现金担保品的担保品提供方必须以规定的货币提供相应担保品。

举例而言，沿用表 22.9，假设对手方同意净风险敞口数值为 6 760 000.00 美元，且受益方为公司。若信用支持附件规定，美元是唯一的合格货币，那么对手方必须以美元支付风险敞口金额。或者，若信用支持附件规定，美元和欧元都是合格货币，那么对手方可以选择以二者之一提供担保品。在该例子中，若对手方选择支付欧元现金担保品，以美元计的净风险敞口金额需要按当前汇率转换为欧元。

请注意：若基准货币不同于合格货币，由于存在汇率差，不同公司计算结果可能存在差异。例如，尽管甲方引用了与乙方相同的汇率数据源，但甲方使用的汇率是在乙方采集汇率的数小时前采集的。

表 22.11 是一家公司与三个交易对手方协商达成的信用支持附件中合格货币的示例。

表 22.11 信用支持附件内容示例——合格货币

合格货币		
1 号信用支持附件	2 号信用支持附件	3 号信用支持附件
欧元	美元、欧元、英镑	英镑

22.8.3 合格担保品

担保品的主要目的是在对手方发生违约事件时，保证公司可以将持有的担保品变现，以追回其风险敞口的全部价值。因此，公司收到的担保品须确保能够立即变现（liquidation）。

为此，在信用支持附件中，以"合格信用支持"（eligible credit support）为标题，规定了一方（单边信用支持附件）或双方（双边信用支持附件）可接受的担保品类型：

■ 仅接受现金，一个或多个币种（即合格货币）

■ 现金和证券（是否证券和/或股票），或

■ 仅接受证券

合格担保品可能在一个或多个信用支持附件的附录中列出。

表 22.12 是一家公司与三个交易对手方协商达成的信用支持附件中合格担保品类型的示例。

表 22.12 信用支持附件内容示例——合格信用支持

合格信用支持		
1 号信用支持附件	2 号信用支持附件	3 号信用支持附件
欧元现金 G10 政府证券	美元现金 欧元现金 英镑现金	英镑现金 G10 政府证券 公司债券

就可作为担保品接受的现金而言，通常仅限于主要西方货币，即美元、欧元和英镑。多数情况下，信用支持附件仅规定一种货币作为合格现金担保品，但在其他一些信用支持附件中，可接受不止一种货币作为合格现金担保品，但非主要货币通常需要按抵押折扣率（haircut）进行折算（见第 22.8.4 部分）。

就合格证券而言，从历史来看债券是最受欢迎的选择，因为债券价格通常波动性不大，因而其价值相对稳定。在全球众多可选择债券中，信用支持附件中通常列出的债券类别一般是 G7 或 G10 政府债券，因为这些债券一直以来都被认为具有很高的信用度。同时，其他债券类别也可能用于担保，这些内容在第 22.8.4 部分"抵押折扣率和估值比率"中有介绍。

就作为担保品使用的股票而言，大概率是在上市国家或地区构成主要股票指数的股票才可以作为担保品被接受，如澳洲证券综合指数 All Ordinaries（澳大利亚）、圣保罗证券交易所指数 Bovespa（巴西）、法兰克福指数 DAX（德国）、恒生指数 Hang Seng（香港）、日经 225 指数 Nikkei - 225（日本）、阿姆斯特丹交易所指数 AEX（荷兰）、富时 100 指数 FTSE - 100（英国）和纳斯达克 100 指数 NASDAQ - 100（美国）。股票担保品通常有一个抵押折扣率，该抵押折扣率与股票的历史波动有关，通常高于高信用评级的债券。

22.8.4 抵押折扣率和估值比率

所有合格担保品的价值均（可能）按百分比减少，这个减少的量通常被称为抵押折扣率（haircut），且一般是个较小的百分数，如 2.5%。剩下的部分（即 100% - 2.5% = 97.5%）被称为估值比率（valuation percentage）。

抵押折扣率反映了持有相关资产作为担保品的预期风险；预期风险越高，抵押折扣率的百分数越大。当担保品价值下跌或需要在压力市场（stressed market）变现时，抵押折扣率为风险敞口方（exposed party）提供了一定金额的风险减轻（mitigation）。

抵押折扣率的存在导致资产的担保品价值（collateral value）小于其市场价值

（market value）。假设公司有 1 000 000.00 美元的风险敞口，不同的担保品类型对担保品价值的基本影响反映在表 22.13 中。

表 22.13   抵押折扣率的影响

	担保品资产类型		
	美元现金	G10 政府债券	企业债券
资产市场价值	1 000 000.00 美元	1 000 000.00 美元	1 000 000.00 美元
适用的抵押折扣率	0%	1%	5%
抵押折扣率的现金价值	0.00	10 000.00 美元	50 000.00 美元
资产的担保品价值	1 000 000.00 美元	990 000.00 美元	950 000.00 美元

上表说明：

1. 现金形式的担保品的抵押折扣率可能为 0（特别是对于主要货币）；在上表示例中，资产的担保品价值与其市场价值相等

2. 稳定的政府发行的政府债券一直以来都被认为具有很低的信用风险，因而这类资产的抵押折扣率通常非常低

3. 公司发行的债券，在一些情况下，被认为是具有较高的信用风险，因而这类资产的抵押折扣率通常比政府债券高

需要注意的是，在例 2 和例 3 中，公司 1 000 000.00 美元的风险敞口没有被资产的担保品价值全部覆盖，因此担保品提供方（collateral giver）需要提供更多的担保品以覆盖风险敞口。这可以通过无风险敞口方交付更多数量（意味着更高的价值）的同种债券来实现。

不同信用支持附件的共同特征是包含抵押折扣率的详细列表，适用于（1）债券发行人和（2）发行人债券从"今日"至债券到期日的年数［称为剩余期限（residual maturity）］。时间是债券偿还本金的风险因素，剩余期限越长，预期风险越高，因而抵押折扣率越高。这些抵押折扣率的示例见表 22.14。

表 22.14   抵押折扣率示例

发行人 & 发行类型	剩余期限	抵押折扣率示例
	<1 年	0.5%
	1~2 年	1%
	2~3 年	1.5%
发行人：XYZ	3~5 年	2.5%
美元固定利率债券	5~7 年	3.5%
	7~10 年	4.5%
	10~20 年	6%
	>20 年	8%

上述表格和文字仅是介绍层面的内容，面向从未接触过此类概念的读者。在实际情况中，抵押折扣率的影响因素有很多。更多与确定抵押折扣率相关的参数详情请见

第 4 章 "回购交易与担保品—经典回购交易" 的内容。

估值比率在信用支持附件中的展现方式如表 22.15 所示。

表 22.15　　　　　　　　　　估值比率示例

合格信用支持	甲方	乙方	估值比率示例
合格货币现金	√	√	100%
X 国政府发行的可转让债券，发行时的初始期限不超过 1 年	√	√	99.0%
X 国政府发行的可转让债券，发行时的初始期限超过 1 年但不超过 10 年	√	√	96.0%

表 22.15 表明规定的估值比率对双方均适用。

在信用支持附件的一个或多个附录中，估值比率通常与合格担保品一同列示。

在一些情况中，两家公司协商一致达成的信用支持附件还包括债券发行的类型及其信用评级。若债券评级下降（bond issue downgrade），信用支持附件还规定了相应的估值比率的降低。例如，对于同个发行人来说，同样的剩余期限可能对应两个估值比率：

- 对信用评级至少为 A + 的发行人 X 来说，估值比率适用 98.5%，以及
- 对信用评级至少为 A − 的发行人 X 来说，估值比率适用 97.5%

对于政府发行人，其发行的所有债券的评级将被下调。这种完善双方公司间信用支持附件的做法在某种程度上是 "面向未来" 的，因而减少了未预见的信用变动发生时对信用支持附件的修订工作。

表 22.16 是一家公司与三个交易对手方协商达成的信用支持附件中合格担保品类型与对应估值比率的示例。

表 22.16　　　　　　信用支持附件内容示例——估值比率

估值比率					
1 号信用支持附件		2 号信用支持附件		3 号信用支持附件	
欧元现金	估值比率＝100%	美元现金	估值比率＝100%	英镑现金	估值比率＝100%
G10 政府证券	估值比率＝99%	欧元现金	估值比率＝100%	G10 政府证券	估值比率＝99%
		英镑现金	估值比率＝100%	公司债券	估值比率＝95%

22.8.5　独立金额

就场外衍生品而言，交易双方间需要担保的风险敞口（exposure）金额为当前全部未平仓交易（open trade）的重置成本（replacement cost）。

独立金额（independent amount），是指除公司的风险敞口金额外，与其未平仓交易相关的现金金额。换言之，若公司就其未平仓交易具有正的风险敞口（positive exposure），如 6 000 000.00 美元，但交易双方同时商定了一笔有利于该公司的 3 000 000.00 美元的固定独立金额（并在信用支持附件中进行了记录），那么该公司的交易对手方将总共欠其 9 000 000.00 美元。

独立金额的作用是通过额外担保品来为交易中的一方提供一层保护，是一种对仅基于当前市场价值（current market value）风险敞口而提供的担保品相关波动风险的减轻方法。独立金额通常会用于交易双方中一方的信用评级高于对手方的情况，但也会用于被认为风险高于正常情况的单笔交易。

交易双方间可以选择是否适用独立金额，若适用独立金额，则独立金额仅与交易双方中的一方有关，而非与双方皆有关。经协商确定的独立金额的特征是：

■ 特定币种的固定金额，例如 500 万美元或 1 000 万欧元

■ 名义本金（notional principal）的固定百分比，例如利率掉期交易（interest rate swap）名义本金为 80 000 000 美元，独立金额为名义本金的 6%，即需要 4 800 000 美元的担保品。

独立金额是以固定金额的形式还是以名义本金百分比的形式，可以按单笔交易确定，或者按交易双方间所有未平仓交易的总和来确定。

独立金额增加了评级较低的一方需要提供担保品时的担保品价值的总量。

独立金额可以与风险敞口金额合并（或轧差），并以单笔净金额的方式支付或收取，（若独立金额与风险敞口金额未进行关联）独立金额也可以与风险敞口金额分开，作为两笔独立的支付或收取操作。

表 22.17 是一家公司与三个交易对手方协商达成的信用支持附件中是否涉及独立金额及相关独立金额类型的示例。

表 22.17　　　　　　　　　信用支持附件内容示例——独立金额

独立金额		
1 号信用支持附件	2 号信用支持附件	3 号信用支持附件
有利于公司的独立金额，所有未平仓交易对应固定金额 1 000 万欧元	不适用独立金额	有利于对手方的独立金额，单笔交易对应名义本金的 5%

22.8.6　起点金额

起点金额（threshold）是指无担保的风险敞口金额。

起点金额的作用是使交易一方（或双方）以无担保的方式承担经计算的特定信用风险水平，该风险最高不超过起点金额。对于超过起点金额水平的风险敞口，则要求进行担保。

若信用支持附件中规定了起点金额，如 100 万美元且该起点金额适用于交易双方，不论哪方的风险敞口低于 100 万美元，该方不得追缴保证金，且无风险敞口方也无须向风险敞口方提供担保品。在同个信用支持附件下，若风险敞口为 250 万美元，则需要向风险敞口方提供的担保品价值是风险敞口与起点金额之间的差值。

起点金额可以通过协商确定是单边的还是双边的。在乙方是较强势一方的单边起点金额情况中，甲方是较弱势的一方且起点金额为 2 000 000 美元，甲方不能就低于 2 000 000美元的部分要求乙方提供担保品。然而，乙方可以就任何风险敞口金额要求

甲方提供担保品，如 1 500 000 美元或 750 000 美元。这类安排被称为非对称（保证金要求）起点（asymmetrical threshold）（见图 22.3）。

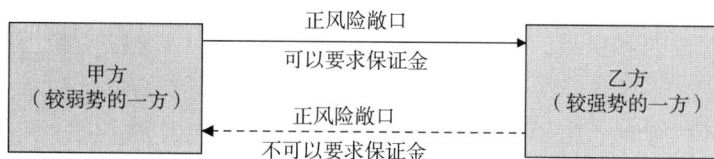

图 22.3 非对称（保证金要求）起点

交易双方可以选择是否适用起点金额。经协商确定的起点金额的特征是：

■ 特定币种的固定金额，例如 100 万美元或 200 万欧元

■ 当一方信用评级发生变化时，可能会随时调整的金额

起点金额减少了特定一方需要提供的担保品价值的总量。

从任何一方的角度来看，独立金额和起点金额对信用风险的影响是相反的：

■ 若公司按要求向特定交易对手方提供独立金额，那么这家公司很可能没有起点金额规定，因为起点金额会减少所需要提供的担保品

■ 若公司按要求向特定交易对手方收取独立金额，那么这家公司很可能没有起点金额规定，因为起点金额会减少所需要收取的担保品

■ 若公司有起点金额规定，会减少所需要提供的担保品，那么公司很可能无须同时提供独立金额

■ 若公司有起点金额规定，会减少所需要收取的担保品，那么公司很可能无须同时收取独立金额

因此，可想而知，在公司与不同交易对手方经协商达成的信用支持附件中，仅会规定独立金额或起点金额之中的一种，而不会同时出现这两种规定，然而对一些公司而言，完全可以既不适用独立金额也不适用起点金额。

表 22.18 是一家公司与三个交易对手方协商达成的信用支持附件中是否涉及起点金额及相关起点金额类型的示例。

表 22.18 信用支持附件内容示例——起点金额

起点金额		
1 号信用支持附件	2 号信用支持附件	3 号信用支持附件
不适用起点金额	双边起点金额，所有未平仓交易对应固定金额 100 万美元	不适用起点金额

22.8.7 最低转让金额

最低转让金额（Minimum Transfer Amount，MTA）是交易双方之间支付或收取的与每日风险敞口相关的最小担保品价值。

需要明确的是，低于最低转让金额的风险敞口不需要进行担保品变动操作，因而

这些金额从风险敞口方（exposed party）的角度来说是保持在无担保状态（unsecured）的。

最低转让金额的作用是减少转让相对较少价值的担保品带来的成本和管理负担。举个例子，如果信用支持附件中规定最低转让金额为 500 000 美元，450 000 美元的风险敞口就不需要交付担保品，而 550 000 美元的风险敞口就需要交付相当于全部风险敞口价值的担保品。

计算担保品变动时也需要考虑起点金额（适用时）的因素。例如，若信用支持附件中规定的最低转让金额为 500 000 美元，且：

■ 现有风险敞口金额为 1 400 000 美元，起点金额为 1 000 000 美元，剩下的 400 000 美元金额不需要交付担保品，因为该金额低于最低转让金额

■ 现有风险敞口金额为 1 600 000 美元，起点金额为 1 000 000 美元，剩下的 600 000 美元金额需要交付担保品，因为该金额高于最低转让金额

最低起点金额可以仅适用于一方，例如，甲方需要将高于 250 000 美元的担保品交付给乙方，而乙方没有最低转让金额要求。或者，同样的最低转让金额可以适用于双方（即双边），或者各方适用不同的最低转让金额。

表 22.19 是一家公司与三个交易对手方协商达成的信用支持附件中是否涉及最低转让金额及其特征的示例。

表 22.19 信用支持附件内容示例——最低转让金额

最低转让金额		
1 号信用支持附件	2 号信用支持附件	3 号信用支持附件
双边最低转让金额，500 000 欧元	双边最低转让金额，100 000 美元	我方收取保证金：最低转让金额 250 000 英镑 对手方收取保证金最低转让金额 500 000 英镑

22.8.8 取整

取整（rounding）指的是信用支持附件中，处理交易双方之间风险敞口数值的规则。取整规则是向上或向下取整至最近的整数（nearest integer），以避免转让零碎的担保品数值，而转让担保品取整后的价值。

举例而言，风险敞口是 4 116 806.92 美元，依据"取整至最近的 100 000 美元"的取整规则，需要转让的担保品价值为 4 200 000 美元，而不是转让与风险敞口完全相等的担保品。

若信用支持附件包含多个合格货币（eligible currencies），一般做法是将达成一致的取整规则扩展至所有这些货币，而不仅仅是应用于基准货币。这是为了避免因为基准货币为欧元，而其他合格货币没有规定取整规则，导致诸如美元风险敞口没有取整的情况。

取整规则通常适用于交易双方。

表 22.20 是一家公司与三个交易对手方协商达成的信用支持附件中是否涉及取整

及相关取整规则的示例。

表 22.20   信用支持附件内容示例——取整

取整		
1 号信用支持附件	2 号信用支持附件	3 号信用支持附件
交付金额向上取整、 返还金额向下取整至最近的 50 000 欧元	不适用取整规则	交付金额向下取整、 返还金额向下取整至最近的 10 000 英镑

22.8.9　定期估值：简介

信用支持附件中的估值（valuation）是指对所有与场外衍生品产品相关的未平仓交易和先前已交付的担保品的价值进行估算的行为。

该行为通常被称为逐日盯市（marking-to-market，通常缩写为 M2M 或 MTM），包含从外部和独立来源获取特定产品当前的市场价格（current market price）。逐日盯市是一个应用于金融服务的广义的术语，指的是对所有类型的金融产品进行估值。特别就场外衍生品而言，交易的当前市场价格代表了当前的风险敞口，对交易一方而言是正风险敞口（positive exposure），对其交易对手方而言则是负风险敞口（negative exposure）。前者是面临风险的一方，具有负风险敞口的一方［即无风险敞口方（non-exposed par-ty）］需要通过支付现金担保品或交付证券担保品以减轻其对手方的风险。

需要注意的是，对于任何金融产品而言可获得的三种价格类型（即买入价、卖出价、中间价）中，对作为担保品的资产进行估值时，通常适用的是中间价（mid price）。

需要特别注意的是，若此前提供的是现金担保品，仅需要对所适用的场外衍生品交易进行估值，因为现金担保品的价值不会发生波动（给定现金担保品的币种与基准货币一致）。相反，若此前提供的是证券担保品（债券或股票），需要对适用的场外衍生品交易和担保品都进行估值。表 22.21 和表 22.22 描述了担保品估值的差别，使用现金担保品：

表 22.21   风险敞口金额与现金担保品

	第一天	第二天	第三天
风险敞口金额→	750 万美元	750 万美元	780 万美元
收到的现金担保品→	750 万美元	750 万美元	750 万美元 +30 万美元

对上表的解释如下。

■ 第一天：对相关交易的估值显示风险敞口金额为 750 万美元，该风险敞口通过收到的 750 万美元现金担保品有所减轻

■ 第二天：对相关交易的估值显示风险敞口与第一天相同，不需要进一步提供担保品以减轻风险敞口。注意：现有现金担保品的价值没有变动

■ 第三天：对相关交易的估值显示风险敞口增加至 780 万美元，该风险敞口通过进一步收取的 300 000.00 美元现金担保品有所减轻。注意：现有现金担保品的价值没有变动

使用证券担保品：

表 22.22 风险敞口金额与证券担保品

	第一天	第二天	第三天
风险敞口金额→	750 万美元	750 万美元	780 万美元
收到的债券担保品价值→	750 万美元	710 万美元 +40 万美元	760 万美元 +20 万美元

对表 22.22 的解释如下。

■ 第一天：对相关交易的估值显示风险敞口金额为 750 万美元，该风险敞口通过收到的适用抵押折扣率（haircut）后的 750 万美元债券担保品有所减轻

■ 第二天：对相关交易的估值显示风险敞口与第一天相同，但对债券担保品的估值显示其价值下跌了 400 000.00 美元，需要额外提供该金额的担保品以减轻风险敞口

■ 第三天：对相关交易的估值显示风险敞口增加至 780 万美元，对债券担保品的估值显示其价值上涨至 760 万美元，需要额外提供 200 000.00 美元的担保品以减轻风险敞口

概括来说〔假设没有额外（或新的）交易被纳入估值，且没有需要剔除的交易（例如已到约定到期日的交易）〕：

■ 现金担保品（其币种不需要适用抵押折扣率）的价值从一日至下一日保持不变，因此只有对未平仓的场外衍生品交易的估值会引起风险敞口较前一日的变化，然而

■ 证券担保品的价值从一日至下一日很可能发生波动，因此未平仓的场外衍生品交易和担保品两者的价值波动均会引起风险敞口较前一日的变化

22.8.10 估值机构

信用支持附件中的估值机构（valuation agent）是指负责对与场外衍生品相关的未平仓交易和任何先前交付的担保品进行估值的一方（或多方）。

经协商达成信用支持附件的双方中任意一方均可被指定为估值机构，或者可以指定第三方机构。在一些信用支持附件中并未指定估值机构，这种情况下，具有正风险敞口（positive exposure）的一方（向对手方要求提供担保品）被认为是估值机构。若投资银行（investment bank）的对手方为相对较小的买方（buy-side）公司，通常的做法是由投资银行作为估值机构。

需要注意的是，交易的任何一方均有权对估值结果提出异议。

表 22.23 是一家公司与三个交易对手方协商达成的信用支持附件中是否指定估值机构及其指定的特定机构的示例。

表 22.23 **信用支持附件内容示例——估值机构**

估值机构		
1 号信用支持附件	2 号信用支持附件	3 号信用支持附件
未指定估值机构； 追缴保证金的一方将被视为估值机构	经公司同意， 交易对手方作为估值机构	经交易对手方同意， 公司作为估值机构

22.8.11 估值日

信用支持附件中，估值日（valuation date）是指估值的频率，有每日、每周、每月等。

从过往情况来看，特别是对于一些较小的公司而言，每周、每双周或每月进行一次估值。2008 年秋爆发全球金融危机（global financial crisis）以来，从事场外衍生品领域交易的所有公司获得的最重要的认识之一是，即使是大型的投资银行也可能倒闭，且如果不进行每日估值，风险敞口就很难被识别或减轻。公司若希望提高估值频率，就需要与其多个不同的交易对手方进行协商或修订信用支持附件。注意：一些大型金融机构，包括卖方（sell-side）和买方（buy-side），将日间估值作为风险缓释措施。

估值仅能在工作日进行，因此若交易的双方位于不同的城市或国家，信用支持附件必须对交易各方适用地的工作日进行规定。

表 22.24 是一家公司与三个交易对手方协商达成的信用支持附件中估值日特征的示例。

表 22.24 **信用支持附件内容示例——估值日**

估值日		
1 号信用支持附件	2 号信用支持附件	3 号信用支持附件
伦敦，每个工作日	伦敦和巴黎，每周三	伦敦和纽约，每个当地工作日

22.8.12 估值时点

信用支持附件中，估值时点（valuation time）是指估值日当天估值机构需要对未平仓交易和现有证券担保品进行估值的日间的时点。该操作将显示是需要追缴保证金（margin call）还是退回保证金。

若交易双方均进行估值，那么为避免估值和风险敞口不匹配的问题，显然需要双方的估值在差不多相同的日间时点进行。信用支持附件中一般规定估值时点为估值日 –1 个工作日的交易结束时点。如今，因为通常的估值频率是每日，一般估值时点即每日交易结束后。

表 22.25 是一家公司与三个交易对手方协商达成的信用支持附件中特定估值时点的示例。

表 22.25 **信用支持附件内容示例——估值时点**

估值时点		
1 号信用支持附件	2 号信用支持附件	3 号信用支持附件
估值日 –1 个工作日的交易结束时点	估值日 –1 个工作日的交易结束时点	估值日 –1 个工作日的交易结束时点

22.8.13　通知时点

估值后，信用支持附件中的通知时点（notification time）是指在适用的时区中，需要完成以下操作的最晚的截止时点：

- 估值机构（valuation agent）必须将估值结果告知相关方（或双方），以及
- 风险敞口方（exposed party）必须向其交易对手方通知追缴保证金

通常这个截止时点是任何特定金融中心的下午1：00，但这个时间必须对位于不同时区的交易双方而言是有意义且可实现的。若有第三方估值机构参与，估值结果的通知就需要一个更早的截止时点，以保证在追缴保证金截止时点前能有足够的时间，生成保证金追缴通知并传送至交易对手方。

从保证金追缴通知接收方的角度来看，若在文件规定的截止时点前收到了通知，则有义务采取行动（提供担保品）。若收到保证金追缴通知时截止时点已过，则接收通知方没有法定义务在当天采取行动。然而，从交易双方长远利益考量，许多公司还是会选择以尽最大努力的方式采取行动，尽管在这种情况下，结算可能会延迟一个工作日。采取较为温和的方式应对此类情况的一项案例是：一家投资银行与一家买方公司进行交易，而该买方公司是投资银行的客户，这种情况下银行自然尽可能保护其客户的利益以维持与该客户的长久业务关系。

表22.26是一家公司与三个交易对手方协商达成的信用支持附件中沟通的截止时点的示例。

表22.26　　　　　　　信用支持附件内容示例——通知时点

通知时点		
1号信用支持附件	2号信用支持附件	3号信用支持附件
伦敦时间下午1：00	欧洲中部时间下午2：00	伦敦时间下午1：00

22.8.14　担保品置换

担保品置换（collateral substitution）是指先前作为担保品提供的证券被要求返还至担保品提供方（collateral giver）以交换替代担保品（replacement collateral），替代担保品可能是合格证券或合格现金。该行为在信用支持附件中"置换日期"（exchange date）标题下。

图22.4描述了担保品置换的步骤：

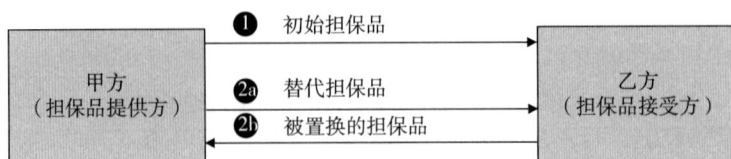

图22.4　担保品置换

步骤 1：担保品提供方向担保品接受方交付证券担保品

步骤 2a：此后的一日，担保品提供方交付替代担保品（证券或现金）

步骤 2b：担保品接受方返还现在已被置换的初始证券担保品

当担保品提供方发生如下之一情况时，证券通常会被置换：

■ 执行了一项另外的交易（如卖出）需要交付特定的相关证券，或者

■ 希望避免与应到期支付的证券收入相关的税务问题

替代担保品必须是双方协商确定的特定信用支持附件中规定的合格担保品（eligible collateral）。被置换的证券担保品无须被其他证券替代，担保品提供方可以根据双方信用支持附件中规定的条款，选择替代担保品的形式（比如是现金还是证券）。若双方信用支持附件只允许使用单种合格货币的现金担保品，那么置换就没什么意义了，因为任何币种的现金都是完全可替代的（fungible）。反之，若信用支持附件包括两种或以上合格货币（如欧元、英镑、美元），现有的美元现金担保品可被替换为欧元或英镑。

风险敞口方（exposed party）（即担保品接受方）进行置换时，在收到替代担保品（replacement collateral）之前不会将被置换的担保品返还至担保品提供方（collateral giver），以此来确保不存在无担保风险敞口（uncollateralised exposure）。

担保品提供方须与担保品接受方沟通，通过提供以下详细信息表达其希望发起置换的意愿：

■ 被置换的特定证券和该证券的相应数量，以及

■ 建议的替代担保品（债券或股票的情况下）和该证券的数量，以及

■ 要求置换的结算日（value date）

这些信息使担保品接受方可以评估替代担保品的适当性及其当前市场价值（current market value）和当前担保品价值（current collateral value），之后（若同意）应当向担保品提供方表示赞成。

担保品提供方向担保品接受方提出置换请求的沟通方式可以是通过电子邮件，或者使用特定的 S. W. I. F. T 报文（MT 505 担保品置换）。

信用支持附件中规定了交换通知时点（exchange notification time），即担保品提供方必须在此截止时点之前将其发起置换的意愿以及要求置换的结算日通知担保品接受方。

表 22. 27 是一家公司与三个交易对手方协商达成的信用支持附件中担保品置换通知截止时点的示例。

表 22. 27   信用支持附件内容示例——担保品置换通知截止时点

担保品置换通知截止时点		
1 号信用支持附件	2 号信用支持附件	3 号信用支持附件
伦敦时间下午 1：00	伦敦时间下午 2：00	伦敦时间下午 1：00

担保品置换的内容在第 42 章 "场外衍生品交易与担保品—担保品生命周期—交易

存续期间—担保品置换"中有更详细的介绍。

22.8.15 估值和计算差异

一方从估值机构接收估值结果或从对手方接收保证金追缴通知后，可能不认同这些金额。信用支持附件中的"纠纷解决（Dispute Resolution）"部分规定了解决这种情况的流程。

与（1）场外衍生品交易和（2）现有担保品相关的逐日盯市（marking-to-market）与风险敞口（exposure）的计算可能产生差异。

相关流程要求：

■ 估值结果或保证金追缴通知的接收方须于收到材料当日不晚于交易结束的时点，向相应的估值机构或交易对手方表达其异议。通常越快表达异议越好

■ 收到保证金追缴通知当日交易结束前，须进行无争议金额（undisputed amount）的结算，如果以现金结算，举个例子，若保证金追缴通知要求 6 000 000.00 美元金额，但通知接收方计算的金额应当为 5 000 000.00 美元，通知接收方将按后者的金额交付担保品，因为该金额是无争议的

■ 相关各方互相沟通以在规定时点前解决争议金额（disputed amount）；一般来说，因为估值通常是每日进行的，两家公司将对可能导致争议金额出现的各自估值方法进行对比

■ 若相关方没能解决彼此之间的争议金额，那么（1）估值机构重新计算，且（2）估值机构需要从四家做市商（market-maker）处收集与争议金额相关的中间市场报价（mid-market quotation）并计算他们的算数平均值。

■ 估值机构将重新计算的结果通知各相关方（该结果对双方均有约束力），此后相关方必须交付适量的担保品价值

图 22.5 是与场外衍生品交易估值相关的纠纷解决流程示意：

第 1 步：双方重新估值后，风险敞口方计算风险敞口

第 2 步：风险敞口方向其交易对手方追缴保证金

第 3 步：收到保证金追缴通知后，无风险敞口方识别出差异

第 4 步：无风险敞口方向风险敞口方发送异议通知

第 5 步：无争议金额由无风险敞口方确认

第 6 步：无争议金额通过现金或证券担保品进行结算

第 7 步：争议金额由无风险敞口方确认

第 8 步：估值机构将重新计算，从至少两家做市商处获取价格信息并计算算术平均值

第 9 步：重新计算的风险敞口金额得到确认

第 10 步：估值机构将重新计算的结果通知交易双方

第 11 步：在收到风险敞口方更新后的保证金追缴通知后，无风险敞口方必须进行结算

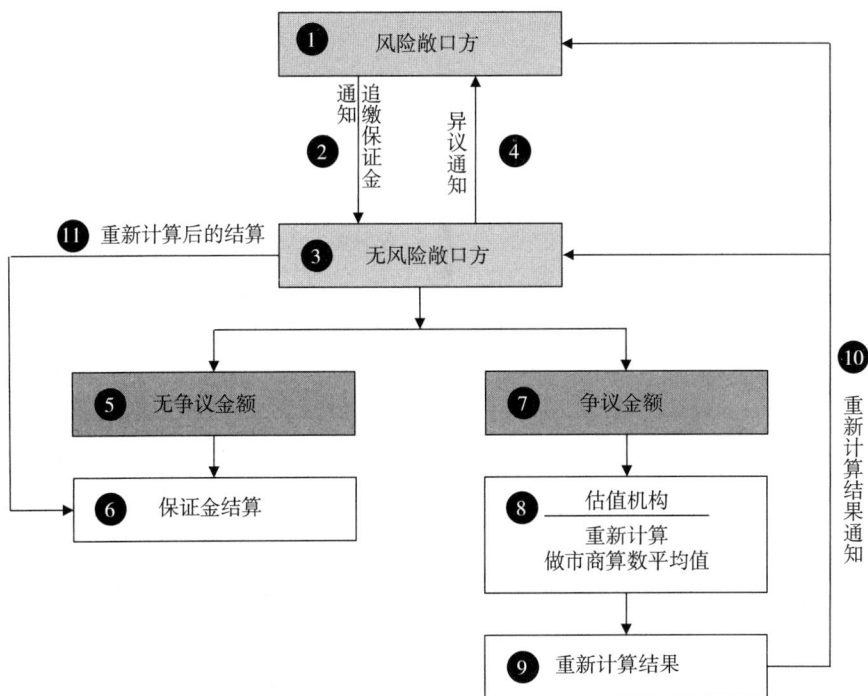

图 22.5 风险敞口计算的纠纷解决流程

信用支持附件中列出了交易双方必须试图解决任何争议金额的截止时点，该时点之后估值机构开始履行纠纷相关职责。该截止时点的内容在标题"解决时点"（Resolution Time）下，一般是通知时点之后的 25 个小时。

表 22.28 是一家公司与三个交易对手方协商达成的信用支持附件中纠纷解决截止时点的示例。

表 22.28 信用支持附件内容示例——纠纷解决截止时点

纠纷解决截止时点		
1 号信用支持附件	2 号信用支持附件	3 号信用支持附件
收到异议通知后的 工作日伦敦时间下午 1：00	异议通知当日伦敦时间下午 1：00	收到异议通知后第三个工作日 伦敦时间下午 2：00

22.8.16 现金担保品利息

若一方选择以现金的形式交付担保品，通常的做法是担保品接受方需要向担保品提供方支付利息［除非适用的是负利率（negative interest rate）］。

应付利率通常是被众所周知的特定币种的"参考"利率，是依据相应货币市场（money market）实际借款利率频繁变动的利率。这些参考利率通常在每份信用支持附件中进行规定且通常是以类似表 22.29 的形式列出。

表 22.29　　　　　　　　　　　现金担保品利息：参考利率示例

现金担保品利息		
币种	参考利率名称/缩写	参考利率描述
美元	有效联邦基金利率 （Effective Federal Funds）	纽约联邦储备银行依据存款机构之间隔夜拆借情况而设定的利率
欧元	欧元隔夜平均指数 （EONIA）	欧元隔夜平均指数。隔夜拆借利率加权平均数；欧元贷款的标准参考利率
英镑	英镑隔夜平均指数 （SONIA）	英镑隔夜平均指数。隔夜拆借利率加权平均数；英镑隔夜拆借的标准参考利率

表 22.29 中"参考利率名称/缩写"一栏陈述的是"统一"利率。双方也可以协商"差额"利率，即由参考利率增加一个固定利率构成，如有效联邦基金利率减 10 个年基点（basis points），或欧元隔夜平均指数 EONIA 减 8 个年基点。

信用支持附件同时规定了支付利息的时点，该规定通常记录于"估值日"部分（参见前述 22.8.11"估值日"相关内容），一般是每月结束后的 5 个工作日。

当特定币种的利率非常低时，利率还可能继续走低至负利率，此时现金担保品的提供者同时也是这笔现金所产生利息的支付者。一家公司可能有许多旧有的信用支持附件仅规定了正利率的情况，即由现金担保品的接受方支付利息，该公司可能选择向相关的交易对手方提出对这些已签署的信用支持附件进行修订，以确保覆盖负利率的情况。

货币市场的计息天数与除数规则如下：

■ 就美元和欧元而言——实际（日历）天数/360

■ 就英镑而言——实际（日历）天数/365

举个例子：

■ 提供的 5 000 000.00 美元现金担保品持续整个 7 月，有效联邦基金利率为 3.02%，担保品提供方将得到 13 002.78 美元利息。（计算方法为 5 000 000.00 美元 × 3.02%/360 × 31 天）

■ 提供的 8 500 000.00 美元现金担保品从 11 月 10 日持续至 26 日，欧元隔夜平均指数为 1.64%，担保品提供方将得到 6 195.56 欧元利息。（计算方法为 8 500 000.00 欧元 × 1.64%/360 × 16 天）

■ 提供的 11 750 000.00 英镑现金担保品持续整个 2 月（非闰年），英镑隔夜平均指数为 0.92%，担保品提供方将得到 8 292.60 英镑利息。（计算方法为 11 750 000.00 英镑 × 0.92%/365 × 28 天）

表 22.30 是一家公司与三个交易对手方协商达成的信用支持附件中现金担保品参考利率的示例。

表 22.30 **信用支持附件内容示例——现金担保品利息**

现金担保品利息		
1 号信用支持附件	2 号信用支持附件	3 号信用支持附件
欧元—欧元隔夜 平均指数 EONIA – 2bp	美元—有效联邦基金利率 – 10bp 欧元—欧元隔夜平均指数 EONIA – 4bp 英镑—英镑隔夜平均指数 SONIA – 6bp	英镑—英镑隔夜 平均指数 SONIA – 8bp

本章其余部分涉及场外衍生品交易中，提供与接受担保品带来的重要影响。

22.9 担保品的所有权

在适用英国法的信用支持附件（English Law CSA）中（参见前述 22.5 节"信用支持附件的法律结构"内容），证券担保品的完全合法所有权从转让方转移至受让方；信用支持附件同时规定了转让方对担保品不保留任何法律权利。在法律术语中，这种权利被称为担保权益（security interest）。

然而，受让方确实有在未来发生（1）风险敞口方从受让方变为转让方或（2）担保品置换或（3）相关交易终止（终止时点不再有任何风险敞口）的情况时向转让方归还担保品的法定义务。

还需要关注的是，从交易和运营角度出发，从交易双方的视角来看：

1. 转让方：

■ 并没有卖出作为担保品交付的证券，因此保留了证券交易头寸（trading position）的所有权（尽管暂时丧失了控制权）——这一方被称为受益所有人（beneficial owner）

■ 最终会在未来时点恢复对担保品的控制权（原因如前所述）

2. 受让方：

■ 并没有买入作为担保品收到的证券，因此没有该证券的交易头寸（尽管暂时获得了控制权）——这一方被称为法定所有人（legal owner）

■ 最终会在未来时点归还对担保品的控制权（原因如前所述）

为了使转让方和受让方都保持对自身业务的恰当掌控，双方公司的账簿和财务记录（books & records）需要准确地反映这些事实。

就向担保品提供方归还证券担保品而言，需归还同个证券（即 ISIN 码一致），这被称为等价担保品（equivalent collateral）。仅在当证券发行人已用替代证券替换了初始发行证券（即初始证券已不复存在）的情况下，不可避免地需要归还与初始证券不同的证券。

22.9.1 证券担保品的收入

笼统地说，收入（income）是因证券而支付的，形式为股票股息（dividend payments）及债券息票（coupon payments）。

债券息票通常是可预测的，对于多数类型的附息债券（interest-bearing bonds）来说，息票率（coupon rate）和债券付息日（coupon payment dates）在债券发行时就已经知道了。普通股票的股息是不可预测的（股息仅在发行人选择派息时才向股东公告），因为支付股息的决定通常与特定交易时间段的收益不相关。

当作为担保品持有的证券有收入时，若受让方于登记日（record date）在托管人（custodian）处持有头寸，则受让方在托管人处的现金账户将贷记（通常在收入支付日）现金收入金额。举个例子，风险敞口方（exposed party）持有 15 000 000.00 美元的国际复兴开发银行债券作为担保品，该债券的息票率为 4.25%，2030 年 3 月 15 日到期，每年 3 月 15 日支付利息，该风险敞口方的账户将于 3 月 15 日贷记 637 500.00 美元〔若受让方于登记日（通常是付息日前一天）在其托管人账户中持有该债券〕。

受让方〔对担保品有控制权的一方，即法定所有人（legal owner）〕须将收入价值支付给转让方〔担保品的受益所有人（beneficial owner）〕。通过收取受让方的付款，转让方收到了其有权得到的收入。

根据证券类型的不同，受让方也有可能将预扣税（withholding tax）从总收入金额中扣减。（由于预扣税比较复杂，因此本书中有意没有涉及。）

为了及时收到付款，转让方可能需要向其交易对手方发送索要债券息票收入金额的通知。反之，受让方应当（从自身的账簿和财务记录中）立即意识到其欠转让方收入的情况。

一些公司可能将与收入支付相关的操作视为繁重的额外工作，转让方和受让方都可能选择在收入事件相关登记日之前，通过发起担保品置换来避免此类情况的发生。

22.9.2 证券担保品的公司行为

公司行为（corporate actions）是指发生的与证券相关的、影响证券持有的事件。尽管在一些情况下会影响债券，公司行为主要是与股票相关，且如股息一样，会在发生时由发行人进行公告。

就受让方持有的担保品而言，与之相关的公司行为的影响是：

■ 该证券可能需要被收回并替换为另一个不同的证券，或者
■ 所持有的数量将可能需要增加或减少，或者
■ 截止日期前可能需要支付现金

需要重点考虑的是该事件是强制的、可选的还是自愿的：

■ 强制事件：持有人无法左右结果，且许多此类事件按持有比例适用于所有证券
■ 可选事件：持有人可以自行选择结果（如现金或证券）——所有持有人将根据各自的选择受到相似的影响
■ 自愿事件：持有人可以选择认购或转换或不采取行动

与债券相关的公司行为包括重组事件（restructuring events），该事件中发行人决定用一种或多种替代证券，有可能是新的债券加股票，代替一种或多种当前存在的已发行债券。另一种这类事件是决定对可转换债券（convertible bond）进行转换，可以是依

据债券持有人的选择或发行人的选择进行。

与股票相关的公司行为同样是为实现发行人的特定目的而设计的。表 22.31 是常见的股票相关公司行为类型的示例。

表 22.31 股票相关公司行为

公司行为类型	描述（发行人目的）	举例	影响
送红股（bonus issue）（强制）	按持股比例免费向原有股东派发新股（为奖励投资人）	1:5 送红股——当前每持有 5 股派发 1 股新股	持有的股数增加，对应股票价格按比例下降
配售新股（rights issue）（自愿）	现有股东按持股比例购买新股（为筹集更多资金）	3:7 配售新股——投资者有机会以 4.76 英镑每股新股的价格，按照当前每持有 7 股认购 3 股新股	持有的股数增加，考虑到现有股票市场价格与认购新股价格的差别，对应股票价格下降
股票分割（stock split）（强制）	发行新股以替代现有股票（为降低市场价格）	2:1 股票分割——每 2 股新股替代 1 股注销的旧有股票	现有股票注销，代之以股数增加的新股，对应股票价格按比例下降
反向股票分割（reverse split）（强制）	发行新股以替代现有股票（为提高市场价格）	1:15 反向股票分割——1 股新股替代 15 股注销的旧有股票	现有股票注销，代之以股数减少的新股，对应股票价格按比例上升

股票相关公司行为：对持有担保品的影响

发生此类事件后，需要依据事件的目的和影响，认真考虑与担保品相关的行动：

■ 股票分割

■ 假设转让的担保品的形式为 ABC 发行的 100 000 股普通股，每股面值 1.00 美元，当前的市场价格为 110.00 美元，担保品的市场价值为 11 000 000.00 美元。两周后，发行人发布 2:1 股票分割公告（强制事件），以 XYZ 发行的 200 000 股面值 0.5 美元的普通股代替原有股票，股票的新市场价格为 55 美元，市场价值为 11 000 000.00 美元。发行人进行股票分割的目的是降低市场流通的股票价格，在该例中股票价格下降了一半，股票数量变为原来的两倍，但市场价值不受影响。股票分割中，解除对原有证券的持有并代之以对新证券的持有是在同一日（生效日）同步进行的。因此，从担保品管理角度，受让方向转让方归还证券是无益的，因为这将导致受让方面临无担保的情况

■ 配售新股

■ 假设转让的担保品的形式为 XYZ 发行的 1 000 000 股普通股，每股面值 1.00 英镑。三周后，发行人发布 3:7 配售新股的公告（自愿事件），认购价格为每股新股 4.76 英镑。在该例中，受益所有人有机会以总价 2 039 997.96 英镑购买 428 571 股新股（计算过程 1 000 000/7 × 3 = 428 571 × 4.76 英镑 = 2 039 997.96 英镑）。受益所有人（即转让方）必须决定是否认购。受让方不是受益所有人，因此无权决定是否认购。若

受益人在事件登记日持有股票，转让方与受让方须进行沟通明确转让方是否认购。若是（认购），转让方需要在托管人认购截止时点前向受让方的托管人支付 2 039 997.96 英镑，若错过了截止时点，就丧失了这次机会。受让方不会在没有收到转让方认购款的情况下（代表转让方）支付认购款。若在事件登记日前将担保品返还至转让方（作为担保品置换的一部分），此后转让方将直接负责在其托管人截止时点前将认购款支付给托管人，转让方和受让方之间的这些复杂的操作和风险就可以被避免。

笼统地说，处理公司行为是证券处理过程中专业且有风险的工作，特别是对可选事件和自愿事件需要格外谨慎。更多内容请阅读笔者的《公司行为：证券事件管理指南》（*Corporate Actions：a Guide to Securities Event Management*）（ISBN 0 – 470 – 87066 – 4）一书。

22.10　信用支持附件示例：概览

本章第 22.8 节"信用支持附件的要素"的不同部分均列出了三份信用支持附件的内容示例。为方便读者，表 22.32 将三份信用支持附件的所有要素汇总在了一起。

表 22.32　　一家公司与三个交易对手方经协商达成的信用支持附件内容汇总

要素	1 号信用支持附件	2 号信用支持附件	3 号信用支持附件
产品 覆盖范围	利率掉期 远期利率协议 远期外汇合约 信用违约互换 总收益互换 方差互换	利率掉期 利率期权 远期利率协议 货币交叉互换 信用违约互换 总收益互换 股票期权 方差互换	利率掉期 货币交叉互换 信用违约互换 总收益互换
担保方向	双边（双向）	单边（对对手方有利）	单边（对公司有利）
常设 结算指令	公司的欧元现金账户： 银行 X，账户 12345 对手方的欧元现金账户： 银行 G，账户 98765 公司的国际债券账户： 托管人 G，账户 ABC06 对手方的国际债券账户： 托管人 G，账户 34076	公司的美元现金账户： 银行 Y，账户 60335 对手方的美元现金账户： 银行 T，账户 55562 （以及各方的欧元和 英镑常设结算指令）	公司的英镑现金账户： 银行 Z，账户 88827 对手方的英镑现金账户： 银行 P，账户 00769 公司的国际债券账户： 托管人 G，账户 ABC06 对手方的国际债券账户： 托管人 G，账户 HH909
基准货币	欧元	美元	英镑
合格货币	欧元	美元、欧元、英镑	英镑
合格 信用支持	欧元现金 G10 政府证券	美元现金 欧元现金 英镑现金	英镑现金 G10 政府证券 公司债券

续表

要素	1 号信用支持附件		2 号信用支持附件		3 号信用支持附件	
估值比率	欧元现金	估值比率 = 100%	美元现金	估值比率 = 100%	英镑现金	估值比率 = 100%
	G10 政府证券	估值比率 = 99%	欧元现金	估值比率 = 100%	G10 政府证券	估值比率 = 99%
			英镑现金	估值比率 = 100%	公司债券	估值比率 = 95%
独立金额	有利于公司的独立金额，所有未平仓交易对应固定金额 1 000 万欧元		不适用独立金额		有利于对手方的独立金额，单笔交易对应名义本金的 5%	
起点金额	不适用起点金额		双边起点金额，所有未平仓交易对应固定金额 100 万美元		不适用起点金额	
最低转让金额	双边最低转让金额，500 000 欧元		双边最低转让金额，100 000 美元		我方收取保证金：最低转让金额 250 000 英镑。对手方收取保证金：最低转让金额 500 000 英镑	
取整	交付金额向上取整、返还金额向下取整至最近的 50 000 欧元		不适用取整规则		交付金额向下取整、返还金额向下取整至最近的 10 000 英镑	
估值机构	未指定估值机构；追缴保证金的一方将被视为估值机构		经公司同意，交易对手方作为估值机构		经交易对手方同意，公司作为估值机构	
估值日	伦敦，每个工作日		伦敦和巴黎，每周三		伦敦和纽约，每个当地工作日	
估值时点	估值日 –1 个工作日的营业结束时点		估值日 –1 个工作日的营业结束时点		估值日 –1 个工作日的营业结束时点	
通知时点	伦敦时间下午 1：00		欧洲中部时间下午 2：00		伦敦时间下午 1：00	
担保品置换通知截止时点	伦敦时间下午 1：00		伦敦时间下午 2：00		伦敦时间下午 1：00	
纠纷解决截止时点	收到异议通知后的工作日伦敦时间下午 1：00		异议通知当日伦敦时间下午 1：00		收到异议通知后第三个工作日伦敦时间下午 2：00	
现金担保品利息	欧元——欧元隔夜平均指数 EONIA –2bp		美元——有效联邦基金利率 –10bp 欧元——欧元隔夜平均指数 EONIA –4bp 英镑——英镑隔夜平均指数 SONIA –6bp		英镑——英镑隔夜平均指数 SONIA –8bp	

22.11　当事人清算：对担保品的影响

ISDA 主协议列出了违约事件的情形，包括（指交易双方其中一方）破产、支付或交付失败、无法遵守信用支持要求。

显然，这些事件不同于本章中讨论的各部分内容，它们不会每天发生。若发生一起这类事件，法律文件对以下事项的结算进行了规定：

■ 现有的交易风险敞口，以及

■ 受让方当前持有的担保品

若违约方欠守约方净结算金额，守约方持有的任何担保品可以被用于结算，再作为无担保债权人（unsecured creditor）追索剩余部分。若守约方欠违约方净结算金额，在一并考虑违约方持有的担保品加上其他欠违约方的金额后，守约方将剩余金额支付给违约方的管理者。

这个过程被称为出清轧差（close out netting），内容位于信用支持附件"违约"标题下。

22.12　总结

从公司的角度出发，不论是买方（buy-side）还是卖方（sell-side），信用支持附件规定了减轻与特定交易对手方进行的场外衍生品交易相关的风险敞口的条款和条件。

从运营和担保品专业角度看，场外衍生品交易中交易对手方风险敞口的每日管理须严格按照当前有效的、公司与其多个交易对手方协商达成的法律文件执行。

未能按照法律文件管理公司的交易对手方风险敞口很可能导致公司的风险敞口无法被充分减轻。

Chapter Twenty-three

场外衍生品交易与担保品
——静态数据

本章介绍了什么是静态数据，它在场外衍生品的担保品中如何应用，其作用是什么，以及为防止这些有价值的数据被损毁、转移和丢失所采取的保护措施。此外，本章还介绍了如何运用软件系统进行担保品管理。

23.1 简介

总体来说，静态数据（也称为参考数据）的运用是机构高效处理各类型的交易并实现直通式处理（STP）的重要支持因素。

静态数据是对固定不变或者更改频率较低信息的内部存储。作为每笔交易的基本信息，静态数据可以被自动化地、重复地调用。

如果静态数据存储在机构的系统中，系统就可以快速获取某一交易的基本信息，以及该交易的其他详细信息。

静态数据有不同的类别，具体包括：

■ 该机构内部的交易实体

■ 该机构的交易对手

■ 币种

■ 衍生品

■ 证券（扮演各种角色的证券，比如充作担保品的证券）

本章会详细讨论上述每一类静态数据。

静态数据可以人工存储（如以手写形式），也可以存储在软件系统数据库中，选择哪种方式存储则完全由机构自己决定。静态数据的使用不局限于结算部门，风险管理部门、对账部门和公司行为部门等其他部门也会频繁地使用这些信息。

"静态数据"一词中的"静态"表明了信息的不变性。事实上，大多数静态数据是静止不变的。但也有部分静态数据会发生周期性的变化和更新，本章将重点介绍这部分会发生周期性改变的静态数据。

为实现静态数据的有效管理，机构需要完成以下四步：

- 收集相关数据
- 对收集到的数据进行安全存储
- 必要时及时更新
- 恰当使用存储的数据

若机构顺利完成以上四步，可以确保对于每笔交易，数据库只会从全量数据调用与其相关的信息，而不会调用无关信息。一般来说，机构的数据库中存储的静态数据量非常巨大：大型机构会在它们的系统数据库中储存成千上万种金融产品，以及数以百计的交易对手方的信息。为了避免交易延误并降低交易成本，系统需要保证能及时地从庞大的数据库中调用正确的信息。

在自动化环境中，软件系统在机构运营过程中发挥着关键性作用。当交易员在专用交易系统中捕捉到一笔交易时，业务处理系统会及时地通过接口接收到这笔交易，此时该交易的信息通常仅包含必要的基本交易要素。对于场外衍生品交易，系统实际获取的信息与衍生品类型有关。例如，对于信用违约互换和利率掉期，至少需要获取以下信息：

- 该交易涉及的具体场外衍生品种类，如：
  - （固定浮动）利率掉期
  - 单名信用违约互换
- 机构自身的交易实体和地址
- 交易对手方的名称和地址
- 从机构视角描述的交易方向，例如：
  - 在利率掉期中，是固定利率的支付者还是固定利率的接收者
  - 在信用违约互换中，是信用保护的买方还是信用保护的卖方
- 交易日期：
  - 交易执行的日期
- 交易执行的价格或利率，例如：
  - 在（固定浮动）利率掉期中，固定利率的具体值和浮动利率的利率基准（如6个月的欧元 Libor 利率）
  - 在单名信用违约互换中，以年化基点表示的保费率
- 名义本金
  - 所有现金价值经过折现后的理论数值
- 约定到期日
  - 交易的结束日期，在此之后该交易将不再有效

除了以上的基本信息之外，交易处理可能还需要一些其他的必要信息。

正如前文提到的，有的机构交易员有专用的交易系统，且该系统与独立的业务处理系统相连接。在这样的架构下，每个系统都会使用自己的静态数据集。如果这些静态数据集的数据标准未能保持一致，就很可能导致数据错配。例如，交易系统成功捕

获的一笔交易没有同步出现在业务处理系统中，其原因可能是新的交易对手方信息没有存储在业务处理系统的数据集里。因此，运用相互独立的交易和业务处理系统的机构通常会为静态数据的输入和修改建立额外的对账和控制流程。这些内控流程是为了降低静态数据不同步的风险，进而减少因静态数据存储不准确而导致日常交易操作延迟的可能。另外一部分机构采用同一个系统来同时满足交易员和业务处理操作员的需求，在这样的架构下就不存在数据错配的情况。

一个功能齐全的操作系统不仅需要拥有必要的静态数据，还可以自动利用恰当的数据丰富交易信息。

23.2　静态数据和新的场外衍生品交易

当机构执行信用违约互换或利率掉期等场外衍生品交易时，只有在交易系统已经设置了该产品静态数据的情况下，交易的细节信息才能被交易员捕捉。

对于某一新产品，如果没有提前完成静态设置，交易系统需要尽快补充设置该产品的静态数据，进而允许交易员顺利地捕捉交易情况。静态数据设置的延迟意味着机构未能及时地将自己的责任落实在账簿和记录中，这会产生很多负面影响，比如：

■ 风险管理部门的人员不能发现交易对手方所暴露的风险敞口

■ 运营部门的操作人员不知道该交易的存在，他们可能会在交易已经达成的情况下，依然告知客户该交易不存在

■ 担保品部门不知道该交易的存在，因此不太可能将该交易计入他们与对手方的交易组合中，也会影响他们对于敞口的计算

所以，交易员和静态数据相关工作人员需要密切合作，及时识别产品数据缺失情况，并在不损害数据准确性的前提下尽快设置好静态数据。

同理，如果交易已完成，但交易对手方尚未设置该产品的静态数据，也会产生相似的风险。在这种情况下，比起在静态数据中设置该产品，更谨慎的措施是在真正的对手方设置静态数据的期间，先暂时设定一个"虚拟"对手方完成交易。这样可以让前述的受影响部门（风险管理、运营和担保品部门）在缺少对手方信息的情况下知晓交易已经执行。一旦真实对手方的静态数据设置好，再用真实对手方信息替代虚拟对手方即可。

23.3　静态数据和担保品管理

从担保品管理角度来看，下面两个问题是非常核心的：

1. 交易的所有细节信息（在前文中有描述）是否被正确地捕捉

2. 与担保品有关的信息是否被正确地设置

关于担保品静态数据，机构首先需要设置的是与每个对手方达成的信用支持附件（CSA）中包含的细节信息，这些信息被存储在协议数据库系统中。与其他静态数据系

统一样，该系统必须对访问权限进行限制，以防止在未经授权的情况下输入、修改或撤销数据。

与每个对手方达成的每份信用支持附件（CSA）中包含的详细信息都应该输入并保存在数据库中。这些信息包括：

- 基准货币
- 涉及的产品类型（比如利率掉期 IRS，信用违约互换 CDS）
- 担保品是单向担保还是双向担保
- 盯市和担保品估值的频率
- 合格担保品
- 适用的抵押折扣率
- 独立金额
- 阈值
- 最低转让金额
- 四舍五入规则
- 通知时间
- 对手方的现金常设结算指令（SSI）
- 对手方的证券常设结算指令（SSI）

关于信用支持附件（CSA）的更多内容和作用，请参阅第 22 章"场外衍生品交易与担保品—法律保障—信用支持附件"。

如果信用支持附件（CSA）中设定的合格担保品包括债券，则静态数据中应该存储每只会被作为担保品的债券的详细信息。这对希望实现债券担保品现值和应计利息现值的自动计算，以及自动生成证券结算指令的机构非常重要。

同样，如果信用支持附件（CSA）中设定的合格担保品包括股票，则静态数据中应设置此类可用作担保品的证券的详细信息。

前述付息债券的现值包括了应计利息的现值，而正确计算应计利息现值需要明确：

- 息票率（如 4.75%）
- 最近的付息日（如 10 月 15 日）
- 付息频率（如半年一次）
- 债券计息日数惯例（如每月约定为 30 天或采用实际天数）
- 日息确定惯例/除数（如年息除以 360 天或 365 天）

另外，对于债券和股票类担保品，静态数据中应存储其证券识别码，比如 ISIN 码，或者 Sedol、CUSIP、WKN 等国内标识代码。这样做一方面有助于实现证券结算指令自动化，另一方面也可以将担保品与交易对手的对应关系列出，便利发出担保品置换通知等操作。

23.4 软件系统怎样存储担保品相关的静态数据

关于静态数据，机构既要保存与对手方达成的每个信用支持附件（CSA）的内容信息，也要保存可作为场外衍生品交易合格担保品的证券的详细信息。

静态数据信息在软件系统中的储存方式一般由该系统的主要用途决定。例如，该系统可能是中台部门使用的交易（操作）系统，也有可能是担保品管理部门使用的担保品管理系统。根据主要用途不同，与协议有关的静态数据可以存储在：

- 交易（操作）系统，仅限内部使用
- 专用的担保品管理系统
- 独立的主客户数据系统

如果上述数据信息被存储在交易（操作）系统中，它们通常是作为同一系统中存储的自身或对手方静态数据的一部分。如果上述数据信息被存储在专用的担保品管理系统中，它们会与自身或对手方静态数据存储在一起。但是，除了协议数据还保存在担保品管理系统中，其他大部分的静态数据会存储在担保品管理系统以外。如果上述数据记录在独立的主客户数据系统中，则担保品管理系统可以通过参考的方式使用这部分数据。

虽然这些系统的主要用途不同，但是它们存储数据的方法是相同的，其数据结构为：自身或对手方信息→主协议→信用支持附件（CSA）的详细信息。详细数据通常以矩阵形式存储，并形成数据表格呈现给终端用户。因此，终端用户可以通过一个快捷链接查看数据。举例来说，终端用户在查看保证金追缴监测系统时，他可以点击某笔具体的追缴记录来查看保证金追缴的详细信息，以及对应的信用支持附件（CSA）的详细信息。随着近年来对担保品管理的广泛关注，尤其是计算准确性的显著提高，这样"单击"式快捷链接成为了主要的数据查看方式。

在IBM，FIS 和 Lombard 等供应商交付的系统中所使用的，通过保存每份协议对应的信用支持附件（CSA）来存储详细信息的做法，是目前普遍使用的一种静态数据储存方法。以矩阵形式体现的信用支持附件（CSA）详细信息可以为终端用户提供一种类似于"Excel"的使用体验，使其在系统操作过程中获得一种流畅且熟悉的感受。

一般而言，这类系统涵盖的细节有：

- 可以用产品注册时的 ISIN 码关联的合格担保品清单
- 担保品相关的抵押折扣率（详见第 22 章"场外衍生品交易与担保品—法律保障—信用支持附件"）
- 最低转账金额、阈值等字段

系统一般会将这些详细信息以仪表盘的形式展示出来。当终端用户进行每日敞口计算时，这些信息都可以实时获得。

在成熟的系统中，终端用户可以从概览界面跳转到对应的详细界面，从而进行每日敞口计算的工作。例如，用户能够从合格担保品清单界面跳转至组合概览界面，该界面显示用户可以执行担保品过账行为的可用证券持有量，以及证券的 ISIN 码。有的系统甚至可以通过算法自动地选择用于担保品过账的工具。这些算法也应用在相应的信用支持附件（CSA）或资产组合上。

23.5 静态数据来源

静态数据的来源取决于数据类型，具体是信用支持附件（CSA）、对手方数据还是金融产品数据。

23.5.1 信用支持附件（CSA）

关于机构与其对手方达成的每个信用支持附件（CSA），其内容都来自机构自身的数据。所以，与信用支持附件（CSA）相关的数据来源是机构本身。机构可以自己创建与信用支持附件（CSA）相关的静态数据。

23.5.2 现金常设结算指令和证券常设结算指令

在机构与某一对手方首次进行交易之前，双方会交换各币种的资金代理行和账户账号等信息。这类数据会在信用违约互换保费的收付，以及现金担保品的收付等情形中使用。如果信用支持附件（CSA）中涉及证券作为合格担保品的情形，那么双方交换的信息中还会包括证券托管人的信息。

资金代理行与托管人的详细信息通常被称作常设结算指令（SSI）。这意味着在没有另行通知的情况下，交易双方默认使用常设结算指令（SSI）中的账户信息来完成现金和证券的收付。当一家机构启用新的资金代理行时，它必须确保在变更生效日之前将包括变更生效日期在内的全部变更信息告知所有的交易对手。否则，它将面临交易对手付款到错误的资金代理行，进而造成更大损失的风险。反过来讲，如果机构收到对手方变更其资金代理行或托管人账号信息的通知，它也面临潜在的风险：即未在自己的静态数据中更新常设结算指令（SSI），或者未在变更生效日之前更新常设结算指令（SSI）。自变更生效日起，该机构向对手方支付的每笔现金都存在按照旧常设结算指令（SSI）被划入错误的资金代理行的风险。如果出现了这样的错误，对手方很可能会要求企业支付利息损失。

资金代理行和托管人等信息是机构的私密信息，无法通过公开渠道获得。只有在交易达成时，交易双方才会交换这些信息。

23.5.3 金融产品数据

不论是交易系统还是业务处理系统，都倾向于采用编码方式来唯一标识每个金融产品。编码范围包括货币、证券和场外衍生品。

货币　国际通用的货币编码方式是由国际标准化组织引入的三字符编码体系。该编码体系通常被称为"ISO 货币代码"，有时也被称作"ISO 4217 代码列表"。世界上的每种货币都有对应的编码。表23.1列出了部分国家的货币名称，以及对应的 ISO 货币代码。

表 23.1 ISO 货币代码

国家/地区	货币	ISO 码
阿根廷	比索	ARS
澳大利亚	澳大利亚元	AUD
巴西	雷亚尔	BRL
加拿大	加拿大元	CAD
中国	人民币	CNY
丹麦	克朗	DKK
中国香港	港元	HKD
印度	卢比	INR
印度尼西亚	卢比	IDR
日本	日元	JPY
韩国	韩元	KRW
科威特	第纳尔	KWD
马来西亚	林吉特	MYR
新西兰	新西兰元	NZD
墨西哥	比索	MXN
巴基斯坦	卢比	PKR
俄罗斯	卢布	RUB
沙特阿拉伯	里亚尔	SAR
新加坡	新加坡元	SGD
南非	兰特	ZAR
中国台湾	新台币	TWD
泰国	泰铢	THB
英国	英镑	GBP
美国	美元	USD
越南	越南盾	VND

表 23.2 列出了在撰写本文时使用欧元作为货币的国家。

表 23.2 欧盟 19 个成员国的官方货币

欧元（EUR）：欧盟 19 个成员国的官方货币
奥地利、比利时、塞浦路斯、爱沙尼亚、芬兰、法国、德国、希腊、爱尔兰、意大利、拉脱维亚、立陶宛、卢森堡、马耳他、荷兰、葡萄牙、斯洛伐克、斯洛文尼亚、西班牙

鉴于 ISO 货币代码是国际公认的，交易双方无须进行额外说明。举个例子，一家瑞典机构向其在纽约的资金代理行发出现金结算指令，希望以美元结算其来自英国的交易对手方发出的保证金追缴通知。尽管来自不同国家，交易双方可以在结算指令中使用 ISO 货币代码，而不需要对涉及的货币种类进行额外说明。

值得注意的是，在全球普遍使用 ISO 货币代码之前，结算指令的发出方可能使用很多其他类型的符号作为美元（USD）的缩写，比如 United States Dollar、US Dollar、US＄、＄。指令的接收方需要自行将这些符号转换成对接收方来说有意义的货币标志。

证券　当证券特别是债券作为合格担保品时，为了使这类担保品的处置自动化，机构应该将每只债券的属性和特征（如精确计算的债券担保品价值）都保存在静态数据中。

证券的静态数据是公开可用的。机构在存储数据时必须意识到每只证券都有独特的属性。从担保品管理的角度看，信息储存不准确会导致过度担保或担保不足，这都会使机构暴露在风险中。市场上不同类型的债券之间一般存在明显的区别。但是，市场上也存在部分债券具有非常相似的特征。例如，同样由国际复兴开发银行发行的两只债券，它们有相同的票面利率（如 4.25%）和相同的到期日（比如 2030 年 1 月 15 日），唯一的区别是发行货币不同（一只以欧元发行，另一只以美元发行）。

为了明确地进行识别，每只证券都拥有唯一的识别码。

国际通用的证券识别编码是 ISIN 码（国际证券识别编码），由 12 个字符组成，包括：

■ 前 2 位代表发行人所在国家或地区
■ 中间 9 位代表该国的证券识别编码
■ 最后 1 位是校验字符，用于验证代码

除了 ISIN 码之外，全球各大金融中心也会使用国内证券识别码。例如，在美国使用 CUSIP 代码，英国使用 Sedol 代码，澳大利亚使用 ASX 代码，德国使用 WKN 代码，日本使用 Quick 代码等。

因此，每只债券可能拥有两个有效的识别码，即 ISIN 码和其所在国家或地区使用的识别码。这两套编码都应该保存在静态数据中。证券识别码有很多用途，从担保品管理的角度来看，包括：

■ 数据供应商对债券进行逐日盯市时使用
■ 企业将担保品转移给交易对手时使用
■ 向托管人发出结算指令时使用

机构可能同时使用这两套编码，比如逐日盯市的过程需使用 ISIN 码，而在结算指令中使用国内证券识别码。

债券和股票的静态数据主要来源于发行说明书，它也是该证券详细信息的来源。对于每只证券，发行人制作的发行说明书中包含了该证券所有属性和特征的详细信息。与股票相比，债券会有一些特别的属性，比如首期短期息票或首期长期息票等。

许多买方和卖方机构以电子方式从一些专门从事证券数据收集和分发的机构那里获取证券相关信息。这些专门收集和分发数据的机构称为数据供应商，包括彭博（Bloomberg）、ICE 数据服务（ICE Data Services）、Markit、SIX 金融信息（SIX Financial Information）和汤森路透（Thomson Reuters）等。数据供应商向企业收取订阅费，并提供相应的数据服务。

此外，股票交易所、中央证券托管机构和托管人等机构也会制作和发布证券的静态数据。

我们注意到，即使证券的静态数据属于公开信息，它也有可能不是免费使用的。近年来，金融领域中有很多维护公开可用的证券数据的机构，也开始要求用户为使用这些数据付费。嵌入在 ISIN 码中的美国 CUSIP 码就是一个例子。根据国家编码协会（ANNA）的协议，签发新 ISIN 码会产生少量费用，而这部分费用实际上是用来支付签发新 CUSIP 编码的手续费的。关于使用证券静态数据是否应当收费，业界仍在讨论当中。

场外衍生品 与货币和证券一样，场外衍生品也需要进行唯一标识。

为了降低机构与交易对手在交易产品上出现不同认知的风险，交易双方需要参考一个唯一可识别的场外衍生品标识。唯一标识的重要性在后续交易执行环节的交易获取和交易确认中都有充分体现。

对于信用衍生品，存在与 ISIN 码等价的标识，即由 Markit 拥有的参考实体数据库（RED）。该数据库结合了参考实体和参考债务，形成了唯一的由字母和数字组成的代码。例如：

■ 通用电气——由唯一的 6 位字符代表的实体代码（称为 CLIP），如果与某只债券结合，就成为

■ 通用电气 2028 年 2 月 15 日的 3.95% 债券——由通用电气发行的具体债券，该债券以 ISIN 码、CUSIP 码或者 Sedol 码表示。

当这两个要素结合在一起时，一个唯一的 9 位字符的 CLIP 对就形成了。如果同一实体发行了其他债券，则会产生一个不同的 9 位字符 CLIP 对，前 6 位（参考实体代码）与之前的编码相同，后 3 位因债券不同而不同。

这种编码在机构内部也有积极意义，它有利于两笔或多笔交易在同一产品中形成单一头寸。以单名信用违约互换为例，参考实体 XYZ 的一笔名义本金为 500 万美元、到期日为 2030 年 6 月 20 日的卖出交易，会被一笔已有的对于同一产品的 2 000 万美元的买入交易所抵销，形成 1 500 万美元名义本金的净多头头寸。

值得注意的是，全球各监管机构认识到了向监管报告场外衍生品交易的必要性。为了有效地执行监管报告，市场需要建立一套通用标准。更多信息请参阅第 46 章"场外衍生品交易与担保品—监管变革及担保品的未来—概述"。

23.6 静态数据的建设与维护

静态数据管理包括对维护现有数据和接入新数据。

23.6.1 维护现有数据

对于大多数机构而言，其现有的静态数据库中已经积累了多年的数据。完成数据建设后，这些数据每天会因为各种原因而被访问成千上万遍。这些数据是非常珍贵的，

一方面因为收集这些数据要耗费多年的努力，另一方面向数据供应商订购的数据也会产生很高的累积成本。如果静态数据系统完全崩溃，机构将蒙受极大的损失。

因此，机构应小心保护其已经拥有的数据，同时将更改数据的权限限制于专业的操作人员。因为操作失误可能造成极大的损失。

23.6.2　接入新数据

当需要接入全新的数据时（比如新的场外衍生品、新的担保债券、新对手方的常设结算指令等），机构首先应确保只有验证合格的数据才能被接入静态数据库。其次，如果数据是人工输入的，应保证数据输入是由高级别员工通过"四眼原则"检验过的。

总而言之，机构必须采取措施随时保证其静态数据库的完整性。

23.7　总结

对于所有的金融服务机构，其内部存储的静态数据质量都至关重要。它是该机构高效处理交易、头寸和其他相关任务的核心，也是机构实现直通式处理(STP)的关键。

但是，仅保持静态数据的高质量是不够的。如果新的或修改过的数据不能及时输入静态数据库，其使用效果也会受到限制。数据输入的不及时一方面会阻碍直通式处理（STP），另一方面也会影响部分对时间敏感任务的完成。这类任务包括向客户发出交易确认书，以及向机构的资金代理行和托管人发出结算指令等。

最理想的情况是实现两者兼顾：既能保证静态数据的高质量，也能保证新的（或修改过的）数据的及时输入。此外，为了更好地领会其职责的重要性，维护静态数据的工作人员应该对数据的运用方式有充分的了解。

场外衍生品交易与担保品
——担保品生命周期

本章介绍了与场外衍生品相关的担保品处理的生命周期全流程。本章及之后的一系列章节涵盖了场外衍生品担保品管理的主要内容。

场外衍生品的担保品生命周期——简介

对于公司执行的每笔场外衍生品交易，在交易的整个生命周期内，存在两个并行的运营活动流（请参见图 24.1），即：

■ 交易处理

■ 担保品处理

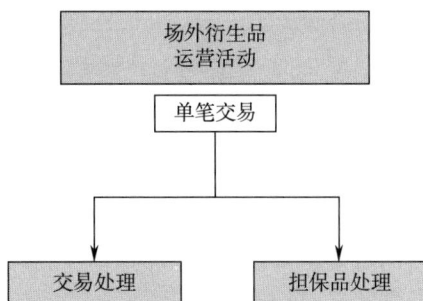

图 24.1 附有两个运营活动流的单笔交易

这两个运营活动流都有其处理生命周期，都遵循一系列逻辑和先后步骤，只是两个流程的最终目的不一样。

这两个生命周期都有着相同的阶段划分，如交易前、交易中、交易后。需要特别指出，如果某个特定交易在交易处理和担保品处理上不遵循相同的路径，则会给企业带来风险。

对于所有执行场外衍生品交易的公司，一个管理上的共同要求是需要以尽可能最有效的方式处理交易。这反映在公司对于直通式处理的强烈需求中。而只有从交易生命周期开始时，公司的交易员便及时准确记录每笔交易的详细信息，并在公司各个操作环节、各个截止时点上高效、低成本地进行处理，才能实现这一目标。

在运营活动早期产生的问题，如果不解决，延宕到后面的步骤中，则需要耗费更多成本才能修正，这是因为问题所带来的负面影响会被复制和放大。

场外衍生品的担保品生命周期可以看作一系列有逻辑的步骤，下图概括展示了这些步骤：

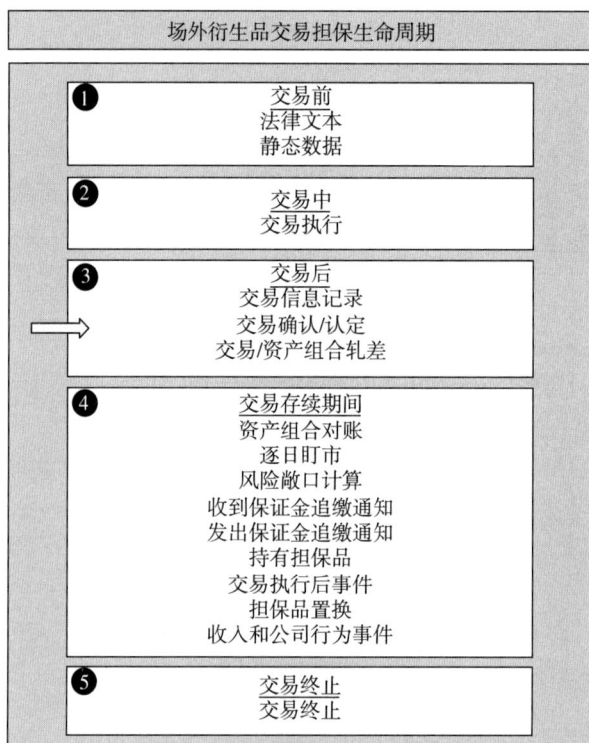

从第 25 章 "场外衍生品交易与担保品—担保品生命周期—交易前—法律文件" 到第 44 章 "场外衍生品交易与担保品—担保品生命周期—交易终止" 的后续 20 个章节，将具体分析担保品生命周期的每个主要步骤。

各章节将按照逻辑和递进关系进行展开。

场外衍生品交易与担保品
一担保品生命周期—交易前
一法律文件

在场外衍生品的担保品生命周期中，"交易前"阶段涵盖了理想情况下，在与特定交易对手进行场外衍生品交易之前，公司所应进行的所有活动。

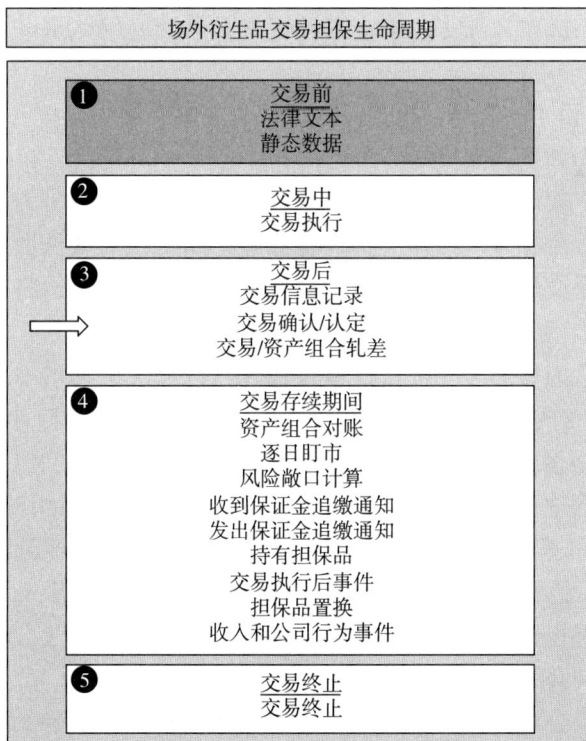

场外衍生品交易担保生命周期

❶ 交易前
法律文本
静态数据

❷ 交易中
交易执行

❸ 交易后
交易信息记录
交易确认/认定
交易/资产组合轧差

❹ 交易存续期间
资产组合对账
逐日盯市
风险敞口计算
收到保证金追缴通知
发出保证金追缴通知
持有担保品
交易执行后事件
担保品置换
收入和公司行为事件

❺ 交易终止
交易终止

> 本章强调，出于自我保护的需要，理想情况下，在交易执行前，公司需
> 要备有在进行场外衍生品交易时所需的法律文件。

公司在决定执行任意类型的场外衍生品交易前，都必须首先准备标准的法律文件以保护自己。此类文件用途和内容的更多详细信息，请参阅：

■ 第 20 章"场外衍生品交易与担保品—法律保障—概述"
■ 第 21 章"场外衍生品交易与担保品——法律保障——主协议及其附约"
■ 第 22 章"场外衍生品交易与担保品—法律保障—信用支持附件"

法律文件旨在涵盖公司及其对手方计划交易的所有类型的场外交易衍生产品。例如，两年前双方签署的文件可能同时列出了利率掉期和信用违约互换。因此，双方之间对于这两类产品的任何交易均受法律文件保护。对于双方之间进行的此类产品的交易，之后的交易执行阶段仅需要以短款交易确认书的形式比较交易明细，以确保所有明细相同即可。

然而，在备有相同文件的情况下，如果这家公司和同一个交易对手方选择执行法律文件未涵盖的另一类场外衍生品的交易，那么公司必须采取额外措施来保护自己。例如，如果公司与同一交易对手进行了一笔方差掉期交易，由于该场外衍生产品未包含在双方之间现有的法律文件中，则一方应签发长款交易确认书并由交易对手签字后返还。

第 29 章"场外衍生品交易与担保品—担保品生命周期—交易后—交易确认/认定"中对短款交易确认书和长款交易确认书进行了讨论。

在这种情况下，如果公司及其对手方认为未来将定期进行方差掉期交易，那么他们必须共同决定是否需要修改法律文件，将方差掉期与当前文件所包含的场外衍生产品合并在一起。如果交易双方选择不对法律文件进行修改，那么将来交易任何不在法律文件范围内的场外衍生品时，对其风险敞口的计算，将不纳为正常的每日风险敞口计算的一部分。正常的每日风险敞口计算仅包含与该特定交易对手方签署的信用支持附件（CSA）中所包含的资产的交易。对 CSA 以外产品的风险敞口计算（以及任何后续的保证金追缴）必须按照长款交易确认书中所述的条款进行单独管理。

从日常担保品管理的角度来看，无论是用电子表格还是专用的担保品管理系统，公司及其对手方之间基于指定 CSA 的所有交易要素都必须是容易获取的。快速获取CSA 中的详细信息，意味着担保品管理人员能够根据公司与每个交易对手达成的法律协议履行职责。如果担保品管理人员获取信息具有难度，则企业会存在实际风险敞口管理与法律文书不一致的风险。

注意：如果一家公司打算与新的对手方进行场外衍生品交易，达成并草拟新的法律文件的过程通常在"对手方初次认证"之后。而这个过程涉及反洗钱和了解客户程序。

Chapter Twenty-six

第 26 章

场外衍生品交易与担保品
—担保品生命周期—交易前
—静态数据

本章旨在说明，在交易开始前，公司必须建立其内部静态（参考）数据，以保证交易执行后可以即刻迅速处理交易所有关键要素。

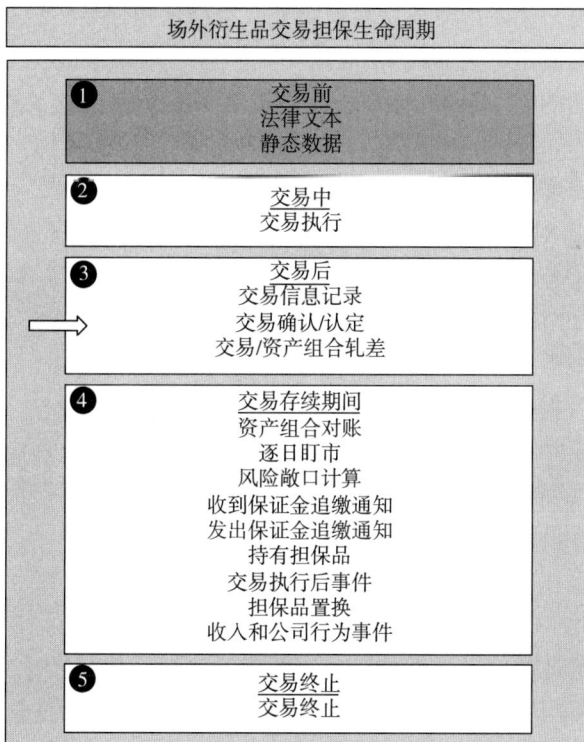

场外衍生品交易担保生命周期

❶ 交易前
法律文本
静态数据

❷ 交易中
交易执行

❸ 交易后
交易信息记录
交易确认/认定
交易/资产组合轧差

❹ 交易存续期间
资产组合对账
逐日盯市
风险敞口计算
收到保证金追缴通知
发出保证金追缴通知
持有担保品
交易执行后事件
担保品置换
收入和公司行为事件

❺ 交易终止
交易终止

在第 23 章 "场外衍生品交易与担保品—静态数据" 对静态数据的描述和运用之基础上，本章着重强调了公司在与对手方执行第一笔交易之前，建立其所有静态数据的必要性。

如果在执行第一笔交易之前，公司系统中已经设置了如下静态数据要素，那么相关操作就可立即执行（每种情况均以缩进行表示）：

- 指定的场外衍生产品，其有助于：
  - 立即获取交易要素（一次性）
  - 对场外衍生品交易进行盯市（持续性）
  - 识别场外衍生品交易风险敞口（持续性）
- 指定的交易对手（法律实体），包括其正确的所在位置，有助于：
  - 立即获取交易要素（一次性）
  - 识别场外衍生品交易风险敞口（持续性）
  - 确定现有担保品价值（持续性）
- 交易确认/交易认定方法，有助于：
  - 在交易后立即将交易详细信息传送给交易对手或交易匹配机构（一次性）
- 信用支持附件详细信息，有助于：
  - 确定盯市频率（持续性）
  - 确认风险敞口（持续性）
  - 向交易对手方发出追缴保证金通知（持续性）
  - 确定向交易对手发出或从交易对手处获得合格担保品（持续性）
- 公司的现金（货币）常设结算指令，有助于：
  - 决定从公司的哪一家资金代理行（包括结算账号）向交易对手方付款/获得收款（持续性）
- 交易对手方的现金（货币）常设结算指令，有助于：
  - 决定从交易对手方的哪一家资金代理行（包括结算账号）收款/向其付款（持续性）
- 证券担保品详细信息，有助于：
  - 初步确定债券的可交付数量（持续性）
  - 对交付或获得的证券担保品进行盯市（持续性）
  - 执行抵押折扣率（持续性）
  - 确定之后的债券息票费用（可能包含担保品置换）（持续性）
- 公司的证券常设结算指令，有助于：
  - 决定从该公司在中央证券托管机构或托管人（包括托管账号）的哪笔证券账号中向交易对手方交付/获得收款（持续性）
- 交易对手方的证券常设结算指令，有助于：
  - 决定从交易对手方在中央证券托管机构或托管人（包括托管账号）的哪笔证券账号中向交易对手方收取/向其付款（持续性）

从上述列表中可以看出，如果（1）存在静态数据，并且（2）系统能够以自动化方式利用此类静态数据，则系统显然可以自动完成大量工作。

上述内容从系统角度介绍了静态数据，当然，即使（假设）公司没有系统，而是需要完全手动操作，也绝对需要此类所有数据。

场外衍生品交易与担保品
—担保品生命周期—交易中
—交易执行

场外衍生品的担保品生命周期中，"交易中"部分表示，理想情况下，在"交易前"活动完成后进行的单一交易执行动作。

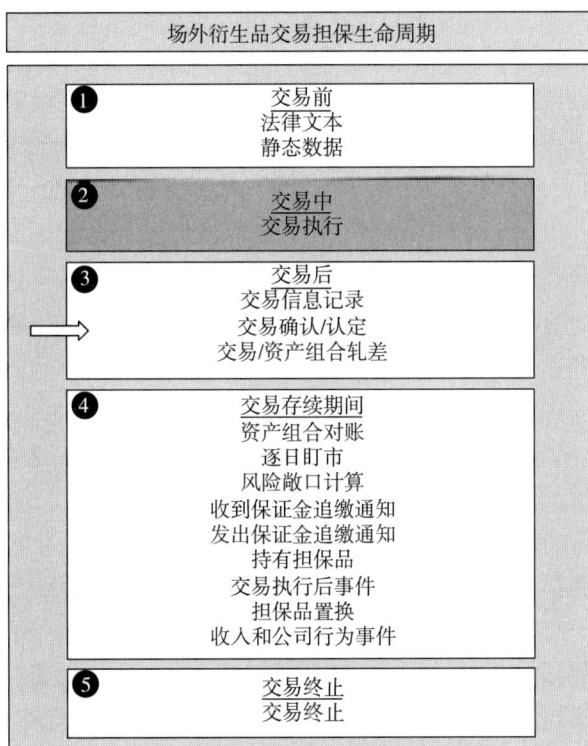

场外衍生品交易担保生命周期
❶ 交易前 法律文本 静态数据
❷ 交易中 交易执行
❸ 交易后 交易信息记录 交易确认/认定 交易/资产组合轧差
❹ 交易存续期间 资产组合对账 逐日盯市 风险敞口计算 收到保证金追缴通知 发出保证金追缴通知 持有担保品 交易执行后事件 担保品置换 收入和公司行为事件
❺ 交易终止 交易终止

本章概述了场外衍生品交易的执行过程及其相关风险。从担保品管理的角度看，准确执行交易将为正确计算风险敞口和追缴保证金奠定稳固的基础。

从公司角度来看，交易执行过程和与之紧密相关的交易要素获取过程必须准确、及时地进行，只有这样才能有效、无风险地进行后续交易处理和担保品处理。

27.1 交易执行——简介

交易执行：在单笔交易（包括场外衍生品交易）生命周期的开始时所进行的购买或出售（或借入、贷出）金融产品的动作。

交易执行是公司场外衍生品交易员的职责。过去，场外衍生品交易直接在两家公司之间进行，即所谓"私下协商"交易或"双边"交易。对于公司以双边为基础进行的任何交易（包括，但不限于场外衍生产品交易），公司在交易活动的非常早期的阶段就面临风险。例如，如果某投资银行代表其客户执行交易，则可能会对客户的要求存在误解，例如：

■ 错误的操作（方向），比如卖而非买

■ 不明确的交易方向，比如客户要求"购买"，但未指定哪一方是买方。具体举例，在利率掉期中，客户未明确哪一方是固定利率的付款人

■ 错误的名义本金，例如10 000 000.00欧元，而实际上应该是100 000 000.00欧元

■ 错误的约定到期日，例如2034年9月1日，而实际上应该是2034年9月15日

这些误解可能导致声誉及金钱损失。

举个例子，当客户提出"卖我"时，银行可以将此措辞解释为（1）"卖给我"（即银行出售给客户），或（2）"帮我卖出"（即银行从客户处购买）。再举个例子，在电话交谈中，有一方说"五十"（英语），很容易被听成是"五十"或"十五"。通过立即与客户明确说明其含义并不能减轻发生这种情况的风险。

当与另一家投资银行作为交易对手进行交易时，这家投行也面临类似风险。交易执行中的错误很可能导致金钱损失。

值得注意的是，许多卖方公司倾向对交易员的电话对话录音（在某些情况下，录音是监管的要求）。两家公司之间发生争议时（如对价格或名义本金的争议），可以利用对话录音来解决。

在场外市场进行的快速交易，意味着交易执行方法（即场外交易而不是交易所交易）更容易受到人为操作错误的影响，因此比通过交易所执行的交易具有更高风险。

注意：假设电子交易所的要素输入或指令录入可以被正确执行，则意味着交易所提供的交易执行细节很少出错，因此在交易所执行的交易与在场外市场执行的交易，风险水平通常并不相同。更要注意：2008年全球金融危机引发了一系列重大的全球性改变，其中包括对传统在场外市场执行的衍生品产品进行强制性电子交易。请参阅第46章"场外衍生品交易与担保品—监管变革及担保品的未来—概述"，美国的多德·弗兰克法案和欧洲的EMIR（《欧洲市场基础设施监管规则》）描述了这类监管变化。

因此，公司场外衍生品交易员肩负着很大责任，以确保（1）交易被正确执行，（2）交易要素被正确获取。如果交易在最开始没有被正确执行，那么之后无论是识别

还是修正交易细节所需的工作量，都可能与这笔交易给公司带来的盈利不成比例。

27.2 交易执行策略

一般而言，公司可采用多种策略执行场外衍生品交易。

例如，针对包括利率掉期和信用违约互换在内的多种产品，市场存在多种电子执行设施（例如巴克莱银行的 BARX，"www.barx.com"），账户持有人（包括卖方和买方公司）可以利用这些设施查看报价，并以电子方式执行交易。

如果一家买方公司（如航空公司之类的企业实体）希望从事场外衍生品交易，其交易执行过程通常始于该客户向与其存在关系的投资银行下达交易指令。客户指令可以通过电话或指令管理系统（有些银行有自己的指令管理系统）传达给银行。客户在投资银行中的联系人通常是客户关系经理（也称为"销售员"），其主要职责是建立和发展银行与客户的关系。客户关系经理通常无权执行交易，因此客户指令将被转发给银行交易部门；相关交易员具有交易执行权和对应职责。当客户希望出售时，银行可以选择：

■ 执行交易并作为交易对手方，从客户那里获得交易头寸（如库存），或

■ 作为中介，投资银行不持仓，而是从客户处购买并高效地立即出售给市场，这通常被称为背对背交易

当客户希望购买时，投资银行具有与上述相同的两种选择。但是如果银行选择持仓，则该银行将留下负交易头寸（或"空头"头寸）。

在这种情况下，投资银行必须谨慎选择是否持仓（无论是作为多头或空头的一方）。当投资者（包括银行）在任何金融产品中持有头寸时，就可能面临一个基本风险，即价格朝着不利于投资者持仓的方向变化导致投资者蒙受损失。在投资机构中，逐日盯市过程，可以用来指出在当前市场价格下，如果头寸被立即清算，银行会实现的盈利或亏损；这也被称为未实现损益。真正的损益通常在如下场景后计算：（1）卖出后，多头头寸被平仓，（2）买入后，空头头寸被平仓。这类损益也被称为已实现损益。

如果投资银行在收到客户指令后选择充当中介，则银行的一般做法是通过电话或电子方式向交易商经纪人（IDB）下达指令。交易商经纪人负责寻找另一个希望以相同条款进行交易的交易商。交易商经纪人（例如 ICAP、Creditex、Tullett Prebon）的职责是以不持仓为目标，在两个交易方之间发挥中介的中立作用。如果找不到另一交易方，通常交易商经纪人或银行将不会进行任何交易。交易商经纪人通过向一方或双方收取交易执行佣金来赚钱。

注意：交易执行后，交易商经纪人不再是这笔交易的当事方；这笔场外衍生品合约直接发生在两个交易方之间。此时，交易被认定为"已完成，并受信贷额度的约束"。但仍存在如下可能：交易执行后，银行识别并发现交易对手方在银行的信贷额度不足，在这种情况下必须取消交易。

27.3 交易执行、交易处理和担保品处理

只有在准确执行交易后，交易对手方才更有可能通过交易确认或交易认定流程，就两家公司之间传达的交易细节达成一致。

对某笔交易细节达成一致意味着：

■ 从交易处理的角度看，对在交易的（多年）生命周期内计划发生的所有操作，可以确信交易对手方已同意相关计算基础。例如：

■ 在利率掉期中，使用商定的名义本金，商定的固定利率（比如2.42%）与商定的浮动利率（比如6个月英镑伦敦银行同业拆借利率）作为基础，进行计算

■ 在信用违约互换中，使用商定的名义本金，商定的保费（例如128个年基点）进行计算

■ 从担保品处理的角度看，在信用支持附件中记录的操作可以放心执行，因为可以确信交易对手方同意基本交易条款。举例来说，结合信用支持附件的内容：

■ 在利率掉期和信用违约互换中，双方都在一天中的同一时间，采用同样频率，利用商定的名义本金进行盯市和风险敞口计算

相反，如果交易双方未能就基本交易细节达成事先协议，则对于交易处理和担保品处理而言，很可能会持续存在明显差异。请参阅第29章"场外衍生品交易与担保品—担保品生命周期—交易后—交易确认/认定"。

27.4 交易执行与未来现金流折现

许多买方和卖方金融机构会定期（通常每天）对衍生品投资组合重新估价。重估过程要求将所有未来现金流量折现到今天（这一过程称为现值折现），折现率的选择取决于交易是否有担保品。

注意：场外衍生品交易可能存在与交易对手在无担保基础上进行的情况。例如，投资银行与某些存在长期联系的特定客户，历史上进行的此类交易均未设置担保品，或者有可能因客户没有足够的流动资产充当抵押。从银行的角度看，这种情况可能并不理想，银行必须充分评估风险，并判断与客户的交易是否应继续在无担保情况下进行。

如果不对交易进行担保，银行历史上采用伦敦银行同业拆借利率（Libor）作为折现率。如果交易以现金作为担保品，则折现率将基于市场认为（与Libor相比）更合适的隔夜指数掉期（OIS）利率；OIS利率用于每日风险敞口计算，因为它代表了隔夜融资利率。

现金担保品的利息经常以合适的OIS利率支付。但在传统上，所有掉期都使用Libor估值。这种做法盛行了很多年，因为Libor利率和OIS利率之间的差异可以忽略不计。然而2008年以来，Libor利率相对于OIS利率急剧上扬。这种差异导致交易价值和

担保品价值之间形成了无法接受的不匹配性。

现在市场已采取一致方法（OIS），从而使有担保品互换的折现率与现金担保支付的利率相匹配。

所使用的特定 OIS 利率取决于现金担保品的货币；例如：

■ 对于美元现金担保品，使用美国联邦基金利率

■ 对于欧元现金担保品，使用欧元隔夜利率平均指数（EONIA）

■ 对于英镑现金担保品，使用英镑隔夜平均利率指数（SONIA）

至于究竟应该使用 Libor 抑或 OIS 对有担保掉期估值，以下简要案例概述了这个问题和市场解决方案。

表 27.1　　　　　　　　　　　对有担保品的掉期进行估值

| 问题 | 考虑一个存续的利率掉期合约（IRS），其中交易方 A 向公司 B 每年支付 2% 的固定利率利息，从"今天"起一年后到期。名义本金为 100 000 000.00 美元。
假设在最后一个计息周期，一年期 Libor 利率固定在 2.5%。这意味着，一年后应付给交易方 A 的最终净结算额为 500 000.00 美元 [即 100 000 000.00 美元 ×（2.5% – 2%）]。
1. 为抵御交易对手信用风险，交易方 A 收取与该金额现值相等的担保品。基于 Libor 利率折现，金额为
■ 500 000.00 美元/（1 + 2.5%）= 487 805.00 美元
2. 这个金额足以覆盖公司 B 在交易方 A 的风险吗？交易方 A 可以按照 OIS 利率对担保品进行再投资。假设再投资利率是 1%（低于 Libor 利率）。现在开始的 1 年后掉期终止时，交易方 A 将获得多少收益？如果公司 B 违约，这笔金额是否足以抵销损失？
■ 从今天起一年后，当交易方 A 的再投资到期时，交易方 A 将获得 487 805.00 美元 ×（1 + 1%）= 492 683.00 美元。如果公司 B 违约，这将导致交易方 A 亏损 7317.00 美元（即 500 000.00 美元 – 492 683.00 美元）。 |
| 解决方案 | 用 OIS 利率折现，可以计算从公司 B 所收担保品的正确金额。那么，交易方 A 究竟需要多少担保品呢？
■ 答案：500 000.00 美元/（1 + 1%）= 495 050.00 美元。从现在开始，以 OIS 利率对这笔款项进行再投资，将在一年后获得 495 050.00 美元 ×（1 + 1%）= 500 000.00 美元，这是在公司 B 违约情况下用以抵销潜在损失所需的确切数额。
以上计算表明，为了将掉期现金流与市场匹配（以便准确计算风险敞口），对掉期现金流量进行折现的正确利率是 OIS 利率。总结一下，对于有担保的掉期，贴现应基于 OIS 利率而不是 Libor 或 Euribor 利率。 |

然而，在许多情况下，进行场外衍生品交易、且存在担保品业务关系的两家公司签署的法律文件（尤其是信贷支持附件）往往规定，债券和现金都可作为合格担保品。在撰写本文时，市场尚未就企业可选择现金或债券担保品时，应采用哪种折现率达成共识。但是，在某些情况下，公司是基于交付成本最低资产（Cheapest to Deliver, CTD）进行计算，折现计算采用：（1）仅使用执行交易时的最低成本方式进行，或（2）在整个交易周期内定期调整 CTD。交易公司之间关于方法（1）的可能问题是，在执行交易时，"交付成本最低"未必能在整个交易周期中一直保持。

这个话题的重要性在于，在执行交易时，交易者必须基于担保品（无论现金还是债券）的货币来选择折现率。

关于同场外衍生品的担保品有关的掉期及其估值，可参阅以下书籍获得更详细解释：《固定收益交易，通货膨胀和信贷市场》，作者为 Schofield 和 Bowler，ISBN 9780 – 470 – 74229 – 7。

27.5　结论

如果可以正确执行交易，则可积极、可靠地进行担保品管理。

相反，如果未能正确执行交易，并且在执行交易后无法识别并修正交易详细信息，则风险敞口计算会出现问题。

场外衍生品交易与担保品—担保品生命周期—交易后—交易信息记录

场外衍生品交易担保品生命周期中的"交易后"部分描述了公司在交易执行后、且在交易存续期的各项重复性活动前，应进行的一次性活动。

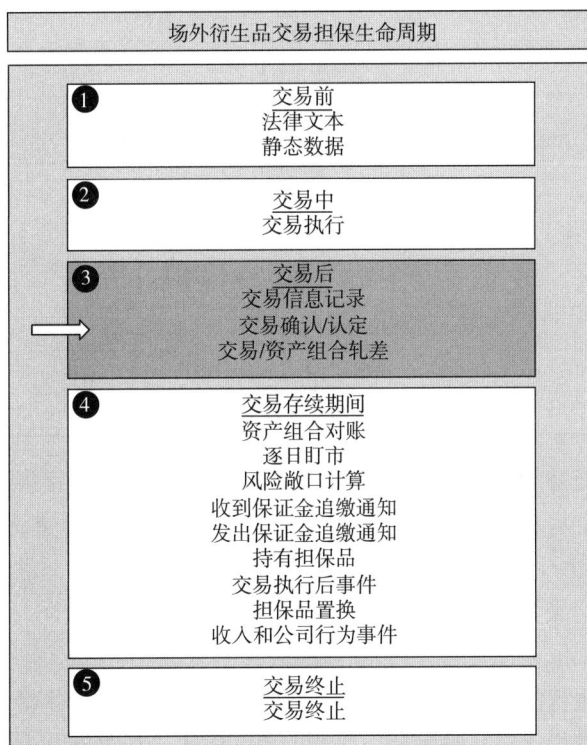

场外衍生品交易担保生命周期
❶ 交易前 法律文本 静态数据
❷ 交易中 交易执行
❸ 交易后 交易信息记录 交易确认/认定 交易/资产组合轧差
❹ 交易存续期间 资产组合对账 逐日盯市 风险敞口计算 收到保证金追缴通知 发出保证金追缴通知 持有担保品 交易执行后事件 担保品置换 收入和公司行为事件
❺ 交易终止 交易终止

本章重点介绍了交易详情的记录以及相关的风险。如果不能准确、及时地记录已执行交易的信息，将给公司的担保品管理带来不利影响。

公司执行的所有场外衍生品交易必须及时地在公司的账簿和财务记录（books & records）中正式记录。

28.1 引言

在交易执行完成后，一个重要的工作是由公司交易人员及时记录交易细节。该工作的意义在于：

■ 及时记录公司的承约

■ 触发交易处理（trade processing）操作

■ 启动与交易对手方的交易确认（trade confirmation）或交易认定（trade affirmation）程序

■ 启动逐日盯市（mark-to-market）程序

■ 启动担保品管理（collateral management）流程

例如，一项利率掉期交易记录的交易细节如表28.1所示。

表 28.1　　交易记录：一项利率掉期交易的交易细节

交易要素	交易细节示例
交易类型	固定浮动利率掉期
名义本金	15 000 000.00 英镑
固定利率支付方	T 银行纽约分行
浮动利率支付方	X 公司阿姆斯特丹分部
固定利率	4.0%/半年
浮动基准利率	6 个月伦敦银行同业拆借利率
交易日期	2016 年 11 月 1 日
生效日期	2016 年 11 月 1 日
约定到期日	2021 年 11 月 1 日

然而，在记录交易细节的过程中，有可能出现一个或多个错误。交易要素可能被错误地记录，包括交易对手方错误（将 T 银行记录为 Y 银行），交易对手方正确但分支机构错误（将 T 银行纽约分行记录为 T 银行米兰分行），名义本金错误（将 15 000 000.00英镑记录为 50 000 000.00 英镑），约定到期日错误（将 2021 年 11 月 1 日记录为 2031 年 11 月 1 日）。

对于任何场外执行的交易，公司必须尽快记录交易细节，并将其交易记录与交易对手方的交易记录进行比对；请参阅下一章（第 29 章"场外衍生品交易与担保品—担保品生命周期—交易后—交易确认/认定"）。这样做的原因在于时间是造成交易误差的重要因素；公司越晚与交易对手方进行记录比对，价格（或利率）变动导致交易一方蒙受损失的风险就越大。现在，大多数交易通过电子确认，交易执行后立即自动比对交易双方的交易记录。

28.2 通过独立的交易系统与业务处理系统记录交易信息

一些公司使用独立的系统分开处理场外衍生品的交易与后续运营业务，另一些公司则使用单一的集成系统统一处理场外衍生品的交易与后续运营业务。

如果交易系统与后续业务处理系统相互独立，则交易系统内的交易记录必须同步至业务处理系统中，否则运营部门可能无法获知该交易，从而对交易处理和后续可能进行的担保品管理产生不利影响。

常见的做法是在交易系统和业务处理系统之间建立系统接口，交易系统内的交易记录定期通过接口推送至业务处理系统。如果未建立系统接口，则需要手动将交易记录录入业务处理系统中。

在交易记录同步环节，公司存在交易系统中的记录未同步至业务处理系统的风险。因此，在建立接口的情况下，应监测接口推送情况以确保交易记录的同步。为了验证两个系统间的交易记录同步情况，公司应每日进行内部系统对账，该工作被称为前后台对账。

当前后台对账出现差异时，很可能是业务处理系统中遗漏交易。遗漏交易的一个常见原因在于业务处理系统中缺少静态数据。如果交易和业务处理系统分立，则两个系统还可能有各自的静态数据库，这可能造成交易系统中成功记录的交易在业务处理系统中缺少部分静态数据（如缺少交易对手方）。由于业务处理系统通常（根据交易产品类型的不同）设置了最低交易要素数量，因此导入环节的交易要素的缺失将导致交易信息记录失败。为保证后续操作（如交易确认流程和担保品管理流程）不受到影响，这一类问题须立即识别、分析和纠正。

在交易已执行并在交易系统中记录的情况下，无理由地拒绝将该记录同步至业务处理系统中是不妥当的。这是因为如果业务处理系统中没有该记录，则公司运营人员无法获知该交易已执行，如交易对手方向公司运营人员咨询该笔交易，运营人员可能会错误地回复"该笔交易尚未执行"。此外，这种情况还将对（1）风险敞口和头寸的报告，（2）客户报告，以及（3）推送至风险模型的信息产生负面影响。从担保品管理的角度来看，如果已执行的交易未在担保品管理系统中记录，将导致公司与其交易对手方之间的交易数量出现差异。请注意：资产组合对账（portfolio reconciliation）旨在确保从担保品管理的角度来看，两个交易方之间的交易金额是相同的。请参阅第 31 章"场外衍生品交易与担保—担保品生命周期—交易存续期间—资产组合对账"。

在公司具有独立的交易系统和业务处理系统的情况下，除需谨慎记录新执行的交易外，修改或取消交易时也须格外谨慎。一项交易的全部细节包括：

1. 交易的"经济性"要素（例如，买/卖方向，名义本金，金融产品类型，利率/价格，交易对手方），通常由交易部门负责。

2. 交易的"非经济性"要素（例如，交易对手方的常设结算指令），通常由运营部门或中台部门管理。

如果公司与其交易对手方之间出现了交易差异，则处理差异的公司人员首先应确定差异的性质。如果差异本质上是"经济性的"（例如，名义本金的差异），则仅有交易人员有权修改交易信息；允许非交易人员修改交易的"经济性"细节非常危险。交易人员应在交易系统内对原始交易进行修改，随后修改后的信息（通过接口）推送至业务处理系统，经修改的交易细节应在业务处理系统原始交易记录中更新。这样的流程可以在单个交易层面降低公司的交易系统与业务处理系统记录不同步的风险。

相反，如果差异的性质是"非经济性的"，则此类交易要素通常仅由运营部门管理，因为在一般情况下，此类交易细节的变化不会对交易产生财务上的影响。

类似于对经济性交易信息的修改，彻底取消交易也应由交易人员负责[①]。取消交易应在交易系统内进行，并应推送至业务处理系统以实现交易的完全取消。此过程旨在确保交易系统内的交易数量与业务处理系统内的交易数量保持同步。

28.3　通过集成的交易 & 业务处理系统记录交易信息

与独立的场外衍生品交易和业务处理系统不同，一些公司使用"前台 + 后台的"或"集成的"系统。

集成系统仅需对交易进行一次记录，随后的所有业务处理工作均在同一系统内进行。这样的系统避免了独立的交易和业务处理系统可能引起的各种对账问题。

28.4　交易参考编号

记录交易时，交易系统通常会赋予该笔交易一个（最好是）唯一的交易参考编号。

如果公司使用独立的交易和业务处理系统，则应将交易系统内生成的交易参考编号作为交易细节的一部分保存至业务处理系统内；这样做有利于公司在需要时从内部追溯交易历史。业务处理系统中记录交易后，通常会赋予交易另一个交易参考编号。当与外部（如与交易对手方）沟通交易信息时，业务处理系统内的交易参考编号通常是识别该交易的主要参考号。出于担保品管理的目的，有必要知晓业务处理系统交易参考编号及其交易系统交易参考编号；此外，最好在交易和业务处理两个系统中同时保存两个交易参考编号，以便将其中一个号码用于后续的担保品管理。

28.5　识别交易记录错误

即使前后台对账（请参阅第28.2节"通过独立的交易系统与业务处理系统记录交易"）显示交易和业务处理系统之间的交易数量一致，但遗憾的是，这并不能保证交易

---

① 金融服务公司内部一些欺诈行为都是围绕着记录虚假交易后再取消展开的。对此，一些公司采取的控制措施是未经高级管理层事先批准，交易人员不允许取消交易。

要素（如名义本金、利率、交易对手方）的记录是正确的。

只有通过与交易对手方记录的交易细节进行比对，才能证明公司记录的交易要素是正确的；比对交易细节的过程通常被称为交易确认或交易认定，下一章将进行介绍。

28.6 交易信息记录和担保品管理

担保品处理系统通常是一个独立于公司交易系统和业务处理系统的独立系统（或独立的系统模块）。

如本章前文所述，交易一开始，就存在能否准确、及时地记录交易信息的问题。同样，在交易存续期间，可能会发生以下事件：

■ 交易在约定到期日之前终止（如信用违约互换交易中的信用事件），或

■ 交易一方的公司不再参与交易（如合同更新）

由于在交易存续期间存在上述可能性，担保品处理系统通常不会实时更新记录的场外衍生品交易，而是根据公司其他内部系统（如交易系统）中计算的风险敞口数据，每日更新一次系统数据。

28.7 结论

交易信息记录作为场外衍生品交易初期的工作，这一步骤中的错误容易导致后续为识别和纠正问题付出更多工作量。

公司应鼓励交易人员在记录交易细节时尽量谨慎，以最大限度地降低公司的风险和成本。

除非交易细节的记录一开始就是准确的，或者尽管记录有错误但很快进行了纠正，否则公司在风险敞口计算（担保品处理环节的部分工作）上极有可能与交易对手方产生纠纷。

场外衍生品交易与担保品
—担保品生命周期—交易后
—交易确认/认定

本章介绍了在执行交易之后，公司与交易对手方就交易细节正式达成一致的过程。公司与交易对手方的交易细节不同，可能会导致无法准确计算风险敞口并造成担保品管理过程中的不确定性。

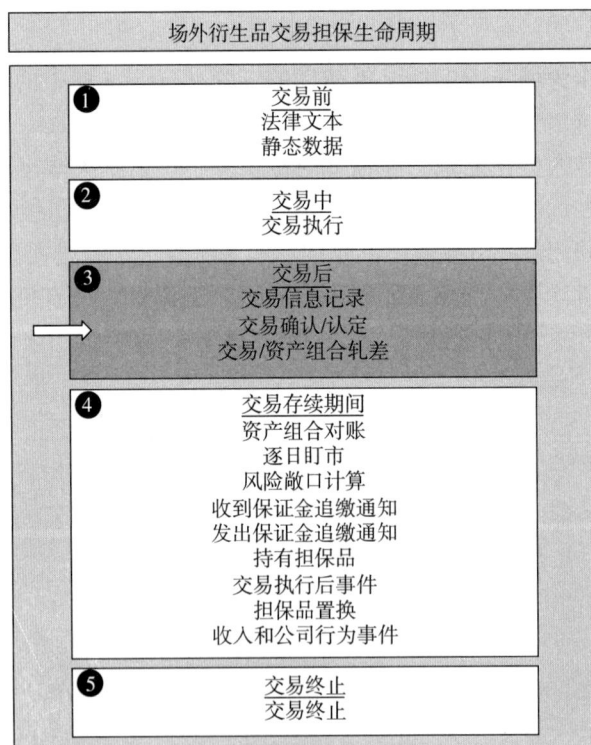

场外衍生品交易担保生命周期
❶ 交易前 法律文本 静态数据
❷ 交易中 交易执行
❸ 交易后 交易信息记录 交易确认/认定 交易/资产组合轧差
❹ 交易存续期间 资产组合对账 逐日盯市 风险敞口计算 收到保证金追缴通知 发出保证金追缴通知 持有担保品 交易执行后事件 担保品置换 收入和公司行为事件
❺ 交易终止 交易终止

　　一旦交易执行并于公司内部系统中记录，下一步要完成的工作是与交易对手方就交易细节达成正式的相互认同。

29.1 引言

进行交易确认/认定是非常必要的，这是因为尽管公司及其交易对手方可能已按要求执行了交易，但不能保证双方均已准确地记录了交易细节。

对于一项交易，如果双方记录的交易要素存在差异（例如，利率掉期中的固定利率记录不同，或信用违约互换中的保费记录不同），则必须立即识别出问题所在并由错误方予以纠正。反之，如果公司与其交易对手方之间的交易细节未经检查（或未经确认），则将导致随后交易存续期间的交易处理和担保品处理产生差异。根据存在记录差异的交易要素的不同，逐日盯市（mark-to-market）过程中会出现各类差异，这反过来又会影响风险敞口计算和担保品管理，例如，公司与交易对手方计算的风险敞口不一致，将导致发出或收到保证金追缴通知（margin calls）的差异，可能导致交易双方的纠纷。

交易未经检查，或已经检查但未与交易对手方达成一致的情况下，公司存在账簿和财务记录不能准确反映公司承诺和义务的风险。

一般来说，交易的认可可以通过以下方式达成：

■ 向交易对手方发出交易确认书
■ 从交易对手方收到交易确认书
■ 通过电子交易确认（confirmation），或
■ 通过电子交易认定（affirmation）

如今，第三方电子交易匹配平台可用于部分场外衍生品的交易。由于此类平台的速度更快、效率更高，许多公司已在使用。

对于电子平台不适用的特定场外衍生品交易，公司通过直接与交易对手方沟通交易细节或等待交易对手方的沟通来达成交易认可；这种沟通被称为交易确认（trade confirmation），对于所有的场外交易（包括但不仅限于场外衍生品交易），交易确认都是必不可少的。收到交易确认书的一方须将收到的交易细节与公司内部记录的交易细节进行比对，（1）如果比对一致，则签字确认并将交易确认书返还给发出方，（2）如果比对不一致，则与发出方沟通不一致的原因，双方保持联络直至错误方修改其记错的交易细节，此外，发出方必须重新发出经修改的交易确认书，由接收方检查并签字确认。

也有可能存在交易确认书接收方完全不知晓相关交易的情况，这可能意味着交易确认书发出方具有以下任一情况：

■ 交易对手方记录错误（例如，与 A 交易对手方进行交易，但记录为 Z 交易对手方），或
■ 交易对手方记录正确，但分支机构记录错误（例如，与 G 交易方巴黎分部进行交易，但记录为 G 交易方纽约分部）

所有此类错误的交易记录，除非及时识别和纠正，否则（除了对交易处理产生负

面影响外）将不利于交易对手方风险控制和担保品处理。

29.2　交易确认与交易认定

当两个卖方（sell-side）公司进行交易时，交易后的沟通被称为交易确认。交易确认意味着任何一方都不是另一方的客户；两个交易方被认为是平等的。

相反，当卖方公司与买方（buy-side）公司（或机构投资者）进行交易时，卖方公司是在向其客户提供服务。除了通常的服务（如交易执行的速度和成本），卖方公司还应：（1）发出包含完整、准确的交易内容的通知，并且（2）这些通知须在商定的时间范围内发出（如交易执行后3小时内）。如果卖方公司未做到，则客户可能会向卖方公司投诉其服务水平，如果卖方公司服务水平仍未提高，最终客户可能会威胁将业务转移至卖方公司竞争对手处。

由于这种客企买卖关系，买方公司在发出交易确认书方面是被动的。因此，卖方公司有责任向买方公司发出交易确认书。收到交易确认书后，买方公司应对照其内部记录检查交易细节，并（在交易细节一致的情况下）将认可意见告知卖方公司。由于买方公司在发出交易确认书方面是被动的，因此这个过程被称为交易认定（trade affirmation）。

值得注意的是，对于拥有一系列底层基金的买方公司（如共同基金），卖方公司通常"整体"执行交易；例如，卖方公司与买方公司达成一笔"整体"名义本金（notional principal）为50 000 000美元的利率掉期交易。在交易执行之后，买方公司将整笔交易分配给它的多只基金，例如：

- A基金分配名义本金10 000 000美元
- B基金分配名义本金25 000 000美元
- C基金分配名义本金15 000 000美元

买方公司必须将分配情况告知卖方公司。卖方公司内部必须按照该共同基金客户的要求，对原名义本金为50 000 000美元的"整体"交易进行分配，这是因为每个基金（A基金，B基金和C基金）均为独立法人，需要一份单独的交易合同。此外，这样做的另一个原因在于，每个基金通常都有自己（独立的）现金账户，在各自的交易存续期间进行交易处理和担保品处理方面的资金收付。

29.3　电子交易确认/认定

如今，部分品种的场外衍生品交易可使用电子交易确认和认定平台进行交易认可。MarkitSERV（www.markitserv.com）为部分场外衍生品交易提供交易确认匹配服务，用户公司可以上传交易细节，由MarkitSERV进行比对和匹配。不匹配的交易将向交易双方报告"交易不匹配"（unmatched），交易双方须进行调查，修改和重新提交。该平台同样支持交易认定，但卖方公司和买方公司都必须是MarkitSERV的用户。

此外，ICE Link 平台（www. theice. com）为卖方公司及其买方客户提供交易认定服务。通过使用该平台，卖方公司可以电子方式发出交易确认，随后客户公司可以认定这些交易，并（根据需要）将其在多只底层基金间的交易分配信息告知卖方公司。

29.4 结论

在交易执行和记录交易信息后，公司与交易对手方就交易细节达成一致的过程对于公司减轻风险至关重要。

如果交易匹配，则交易双方可以放心地进行后续的交易处理和担保品处理。但是，（在场外衍生品交易存续期间）交易执行后事件（post-trade execution event）同样可能发生，这也意味着（1）该交易未存续至约定到期日（scheduled maturity date），或者（2）该交易条款较交易日原始条款有所变化。请参阅第37章"场外衍生品交易与担保品—担保品生命周期—交易存续期间—交易执行后事件—介绍"及随后的四章。

由于一个或多个交易细节差异而无法匹配的交易，必须立即进行原因调查和问题纠正。

场外衍生品交易与担保品
—担保品生命周期—交易后
—交易/资产组合轧差

本章描述了在交易特征相同、交易双方一致的情况下，对一笔新的场外衍生品交易与现有交易或头寸进行轧差的可能性。轧差将两笔或多笔交易额减少为净头寸，在此基础上需及时计算风险敞口，直至交易约定到期日或交易提前终止。

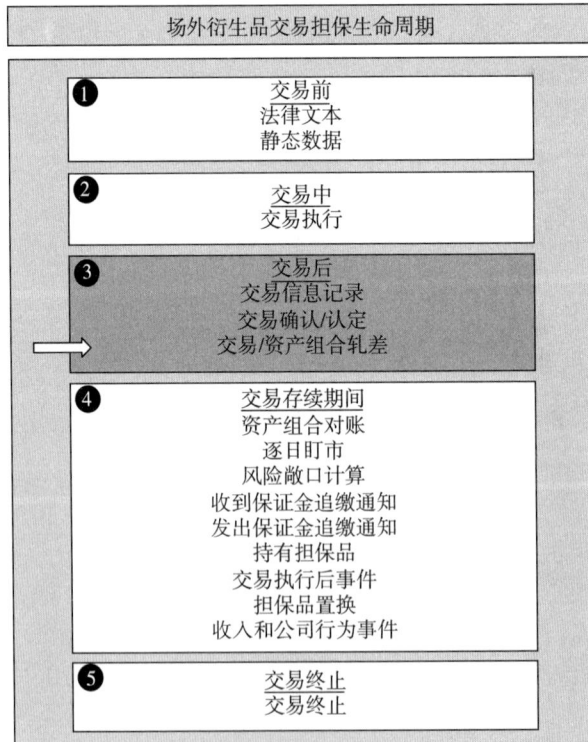

场外衍生品交易担保生命周期
❶ 交易前 法律文本 静态数据
❷ 交易中 交易执行
❸ 交易后 交易信息记录 交易确认/认定 交易/资产组合轧差
❹ 交易存续期间 资产组合对账 逐日盯市 风险敞口计算 收到保证金追缴通知 发出保证金追缴通知 持有担保品 交易执行后事件 担保品置换 收入和公司行为事件
❺ 交易终止 交易终止

与交易对手方就交易细节达成正式协议后，如果这笔交易可以与另一笔交易或现有

头寸进行轧差，通常认为这对交易双方均是有利的。轧差对买方公司和卖方公司均适用。

30.1 引言

交易/资产组合轧差是将交易与现有的交易细节一致、交易品种相同的场外衍生品交易头寸相互抵销，并将现有头寸更新为净头寸，同时终止（取消）原交易的过程。这一轧差过程通常被称为资产组合压缩（portfolio compression）。

如果公司持有场外衍生品交易直至约定到期日（scheduled maturity date），会导致高额的年度持有成本和大量的风险，尤其是当交易的存续期长达 50 年时。但是公司可以通过轧差/压缩来取消"不必要的"交易和/或使用代表新的净头寸的交易取代原交易，以此减少交易笔数来消除或最小化这些成本和风险。

例如，某公司在"今日"之前未持有信用违约互换这一场外衍生品的头寸。今日，A 公司与同一交易对手方（M 公司）执行了两项交易：

■ 1 号交易：A 公司作为信用保护买方，购买名义本金（notional principal）为 30 000 000.00 欧元的信用保护

■ 2 号交易：A 公司作为信用保护卖方，出售名义本金为 10 000 000.00 欧元的信用保护

上述交易的交易对手方相同，参考实体（reference entity）和约定到期日也相同。

如不对上述交易进行轧差/压缩，这两笔交易都将存续直至约定到期日，这就需要交易双方进行大量的交易处理（trade processing）和担保品处理（collateral processing）工作。此外，公司还需要根据未偿付的名义本金预留资本［即资本要求（capital requirement）］；名义本金越大，距离约定到期日的时间越长，资本要求就越高。因此，如果未对上述两笔示例交易进行轧差/压缩，则累计名义本金将为 40 000 000.00 欧元。请注意：尽管两笔交易的交易方向相反，但累计名义本金是将"全额"名义本金加总计算的。

如果对两笔交易进行了轧差/压缩，则仅结转净头寸（A 公司以名义本金 20 000 000.00 欧元购买信用保护）。换句话说，轧差/压缩产生的净头寸为 20 000 000.00 欧元，这一净头寸代表了上述两笔原始交易。轧差/压缩后，两笔原始交易均可被视为已经终止。尽管多笔交易及其名义本金变为交易双方之间的单一净头寸，其经济价值与原始（全额）交易完全相同。因此，所有的未来净现金流量（即资金收付）都与原始交易下的总现金流量相同。

假设 A 公司和 M 公司同意对这两笔交易进行轧差/压缩，并因此结转了 20 000 000.00 欧元的净头寸。

继续此示例，在执行上述两笔交易三个月后，A 公司与 M 公司进行了另一笔交易：

■ 3 号交易：A 公司作为信用保护卖方，出售名义本金为 5 000 000.00 欧元的信用保护

上述交易的参考实体及约定到期日与现有的 20 000 000.00 欧元头寸的参考实体及

约定到期日一致。两家公司同意将此笔交易与现有头寸进行轧差/压缩，从而产生了新的名义本金 15 000 000.00 欧元。此时，新的净头寸 15 000 000.00 欧元代表了上述三笔交易。

如果 A 公司在参考实体相同、约定到期日相同、交易对手方相同的情况下执行了新的信用违约互换交易，那么这些交易也可以与当前净头寸合并以产生新的净头寸。

请注意，以下交易方向的组合可被轧差/压缩：

- 买入与卖出，例如：
  - 买入 30 000 000.00 欧元名义本金，以及
  - 卖出 10 000 000.00 欧元名义本金
    - 产生名义本金为 20 000 000.00 欧元的净买入头寸
  - 买入 60 000 000.00 欧元名义本金，以及
  - 卖出 60 000 000.00 欧元名义本金
    - 产生名义本金为零的净头寸
- 买入与买入，例如：
  - 买入 45 000 000.00 欧元名义本金，以及
  - 买入 10 000 000.00 欧元名义本金，以及
  - 买入 25 000 000.00 欧元名义本金
    - 产生名义本金为 80 000 000.00 欧元的净买入头寸
- 卖出与卖出，例如：
  - 卖出名义本金 15 000 000.00 欧元，以及
  - 卖出名义本金 35 000 000.00 欧元
    - 产生名义本金为 50 000 000.00 欧元的净卖出头寸

除了进行双边交易轧差/压缩，公司还可以从多方交易轧差/压缩中受益。图 30.1 展示了三方之间执行的两笔交易，其中 A 交易方分别与 B 交易方、C 交易方执行了交易方向相反的利率掉期（IRS）交易，且交易的名义本金不同。

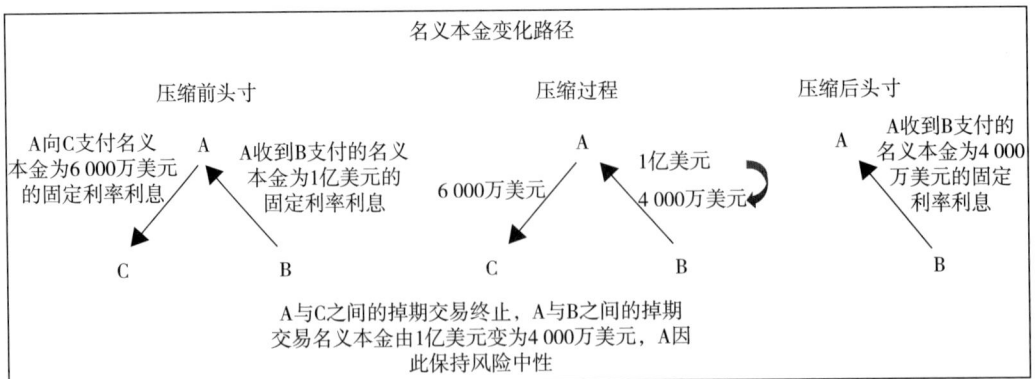

图 30.1　利率掉期交易中三方压缩示例

上述压缩示例显示：

■ A 交易方将受益，因为 A 交易方的两笔原始交易减少为一笔与 B 交易方的名义本金 40 000 000 美元的净头寸

■ B 交易方将受益，因为其交易的名义本金从 100 000 000 美元减少至 40 000 000 美元，以及

■ C 交易方将受益，因为其与 A 交易方的交易完全终止

多边压缩的一个关键考虑因素是，所有各方都需要通过此措施保持市场风险中性（market risk neutral）。上述示例图已展示了 A 交易方的情况，此外，B 交易方和 C 交易方还需通过压缩找到抵销交易的解决方案，以使两方同样保持市场风险中性。压缩交易的交易对手方可能为参与压缩中的任何一方。

请注意，"轧差"和"压缩"这两个术语之间的技术区别如下：轧差后原始交易不变，而压缩后原始交易合法终止。

30.2 交易/资产组合轧差（资产组合压缩）的好处

通过最大限度地与各个交易对手方进行交易/资产组合轧差（资产组合压缩），公司将（通过将总风险敞口减少为净风险敞口）在以下方面受益：

■ 交易对手方信用风险
   ■ 存续的全额交易数量大大减少
■ 风险敞口管理
   ■ 风险敞口的估算基于净头寸，而不是多笔全额交易
■ 资本要求
   ■ 使用净头寸代替全额交易后，资本要求随之减少
■ 操作风险
   ■ 轧差可以提高交易处理和担保品处理的效率（并降低成本）
■ 管理成本
   ■ 每笔全额交易均有成本，因此净头寸意味着较低的成本
   ■ 对账费用按交易笔数收取，因此净头寸可降低对账成本

30.3 交易/资产组合轧差（资产组合压缩）的过程

历史上，公司可自由选择是否进行场外衍生品交易轧差/压缩（尽管在新的监管制度下这种情况正在发生变化，请参阅第 30.5 节）。

例如，希望对交易进行轧差/压缩的公司可以选择使用 TriOptima 的 triReduce 服务，将交易提交至 triReduce 资产组合压缩系统进行匹配。满足全部压缩或部分压缩条件的交易，将与替代交易（replacement trade）一起作为压缩方案建议，由 triReduce 系统向相关公司提出。只有当所有交易参与方都接受压缩建议之后，该压缩循环才会被宣布

具有法律约束力。参与方并不使用 TriOptima 执行压缩，而是自行终止交易并根据需要记录替代交易。

通过比较图 30.2 和图 30.3 可以说明资产组合压缩的效果，两张图分别展示了压缩前、后的情况：

使用triReduce之前的交易对手风险

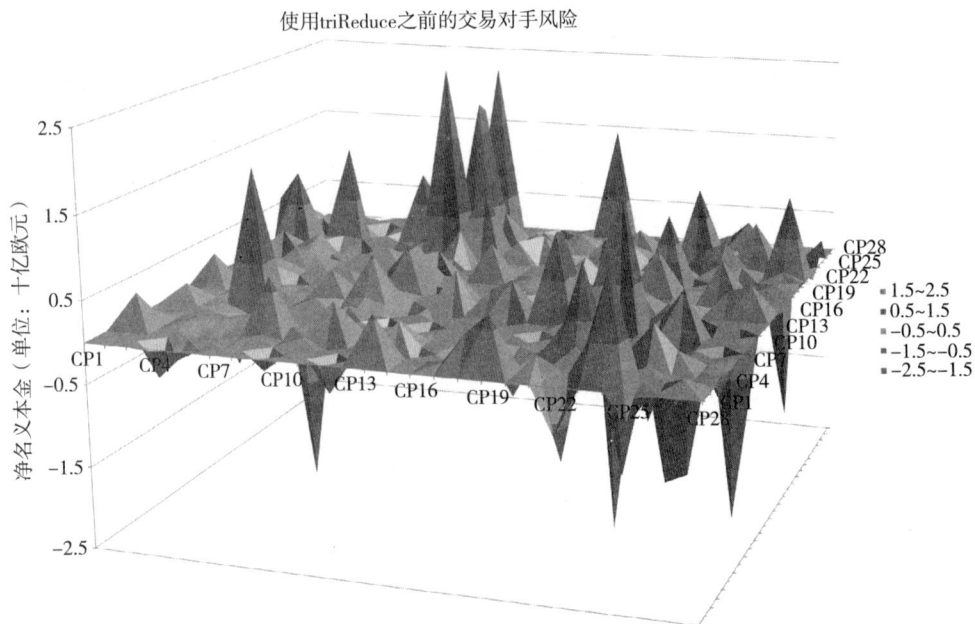

图 30.2　使用 **triReduce** 之前的交易对手风险

使用triReduce之后的交易对手风险

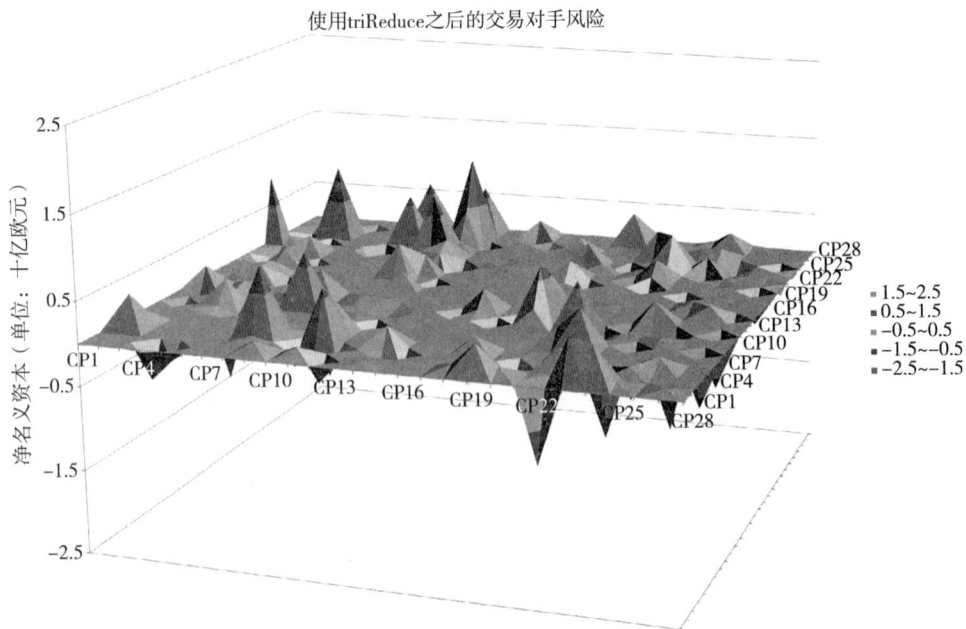

图 30.3　使用 **triReduce** 之后的交易对手风险

使用资产组合压缩服务时，类似 triReduce 的资产组合压缩服务供应商对每笔交易收费，尽管不同的场外衍生品交易种类产生的成本可能有所不同，但每笔压缩交易都将产生成本。每笔压缩交易的费用可以是固定的，也可以根据名义本金计算，批量处理的情况下可获得折扣。

30.4 轧差（压缩）交易的内部处理

压缩成功后，公司的原始交易被终止并被净头寸代替，公司必须立即更新其账簿和财务记录（books & records），以准确反映这些情况，这样才能确保后续交易处理和担保品处理将根据正确的交易和头寸进行。

在前述的 A 公司交易示例中，1 号交易（名义本金 30 000 000.00 欧元）和 2 号交易（名义本金 10 000 000.00 欧元）现在必须关闭，并使用唯一的交易参考编号创建一个净交易（名义本金 20 000 000.00 欧元）。常见的做法是，为已关闭的交易建立交叉索引（cross-reference）指向相关的净交易，为净交易建立交叉索引指向每笔原始交易。关于交易参考编号，triReduce 压缩服务为每个完全终止的交易，部分终止的交易和/或替代交易生成一个 triReduce 识别码作为交易参考编号；压缩参与方从 triReduce 网站下载压缩建议方案后，可获得该识别码。由于压缩直接在参与方之间进行（而不是通过 triReduce 系统执行），所以参与者可自行确定是否使用该识别码。

请注意：如果 A 公司的内部程序是使用公司内部生成的交易参考编号来识别净头寸，建议在外部资产组合压缩服务供应商（如 triReduce）生成的净交易参考编号与内部系统交易参考编号之间建立交叉索引。

显然，在执行轧差/压缩程序后，非常重要的一点是 A 公司的员工必须能够立即识别出原始交易处于"关闭"（或类似的）状态，原始交易已平仓，新的净头寸替代了原始交易并产生了新的与交易对手方的"未平仓"交易。这一要求的必要之处在于：

■ 所有后续的交易处理活动（例如，在利率掉期交易中支付或收到净利息，或在信用违约互换交易中支付或收取保费），以及

■ 所有后续的担保品处理活动（例如，资产组合对账，逐日盯市以及风险敞口计算）

均须基于当前的净头寸。

请注意：公司每日的净头寸可能发生变化，因为如果 A 公司未来（在相同的交易对手方、相同的参考实体和相同的约定到期日的情况下）执行另一笔信用违约互换交易，则新交易与名义本金 20 000 000.00 欧元的原头寸进行抵消，产生新的净头寸。

30.5 交易/资产组合轧差（资产组合压缩）的未来

2008 年全球金融危机后，监管机构已经进行了许多与场外衍生品相关的重要结构性改革。

从减轻风险（mitigation）的角度来看，国际监管机构已承认资产组合压缩的价值，其中一项国际监管要求是，要求公司制定业务程序并定期评估进行资产组合压缩的可能性，以减少全球金融体系的系统性风险。

美国 2012 年 9 月 11 日发布的联邦公报（77 Fed. Reg. 55904）中，美国商品期货交易委员会制定了关于掉期交易商和掉期交易主要参与者在交易确认、资产组合对账、资产组合压缩以及掉期交易关系文件要求方面的规定。规定中，多边资产组合压缩活动被定义为：

多个掉期交易方将与交易对手方的掉期交易完全终止或改变全部或部分名义本金的活动。根据所采用的方法，新的掉期交易替代了原始的已被终止的掉期交易，新交易的名义本金（或者其他可衡量风险的标准要素）小于被终止交易的累计名义本金（或者其他可衡量风险的标准要素）。

详情请参阅第 48 章"场外衍生品交易与担保品—监管变革及担保品的未来—非集中清算交易"，尤其是第 48.6.4 节"资产组合压缩规定"。

30.6 结论

交易/资产组合轧差（资产组合压缩）在降低风险和压缩成本方面具有积极的长期影响，同时不会给原始交易造成财务损失。

场外衍生品交易与担保品
—担保品生命周期—交易存续期间
—资产组合对账

本书场外衍生品交易担保品生命周期中的"交易存续期间"部分，包括对通常情况下（除了由于交易执行后事件，交易在约定到期日前已被终止），公司在完成交易执行和交易后各种活动后，在交易存续期间重复进行的各种活动的介绍。

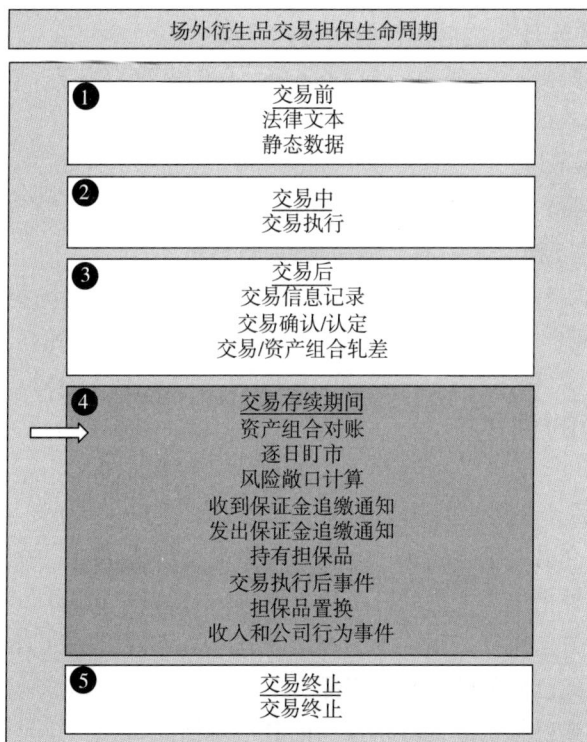

场外衍生品交易担保生命周期
❶ 交易前 法律文本 静态数据
❷ 交易中 交易执行
❸ 交易后 交易信息记录 交易确认/认定 交易/资产组合轧差
❹ 交易存续期间 资产组合对账 逐日盯市 风险敞口计算 收到保证金追缴通知 发出保证金追缴通知 持有担保品 交易执行后事件 担保品置换 收入和公司行为事件
❺ 交易终止 交易终止

本章介绍了公司在计算风险敞口之前，就需要担保的场外衍生品交易与交易对手方达成一致的重要步骤。

31.1　引言

在担保品生命周期的这一阶段，一家公司很可能拥有很多未与交易对手方平仓的场外衍生品交易。

在担保品生命周期的早期阶段，公司存在基于（例如）错误的标的交易数量或过期的交易细节计算风险敞口的风险。如果不采取控制措施，很可能出现公司与交易对手方之间的风险敞口差异，甚至这一差异只有在临近保证金追缴截止时点时才可能暴露出来。而交易双方都希望在保证金追缴截止时点（根据双方信用支持附件的规定）前解决可能存在的差异，因此不采取控制措施将导致交易双方解决差异的宝贵时间被浪费。

解决上述问题的控制措施通常被称为资产组合对账，理想情况下，公司与交易对手方的对账频率应该与计算风险敞口的频率相同，多数情况下是每日进行。本书中，"资产组合"一词是指一家公司当前存续且有效的所有（与同一交易对手方的）场外衍生品交易。因此，资产组合中应包括以下交易：

■ 过去（一些情况下甚至是几年前）执行的，但尚未到达约定到期日（scheduled maturity date）的交易，以及

■ "昨日"及"昨日"之前执行的交易，以及

■ 交易执行后事件（post-trade execution events）导致的结果，包括：

　■ 合同更新（novation）

　■ 平仓（unwind）

　■ 抵消（offset），以及

　■ （信用违约互换交易中的）信用事件（credit events）

请注意：交易执行后事件请参阅第 37 章 "场外衍生品交易与担保品—担保品生命周期—交易存续期间—交易执行后事件—介绍"以及随后的四章。

31.2　对账的目的

完成下列步骤后，公司将向其交易对手方发出保证金追缴通知：

1. 列出与同一交易对手方的未平仓场外衍生品交易清单

2. 确定这些场外衍生品交易的盯市价格（marking-to-market）

3. 运用交易双方信用支持附件中的规定条款［如起点金额（Threshold）］；

4. 考虑已收到或已提供的现金担保品

5. 确定已收到或已提供的证券担保品的盯市价格

从上述步骤中可以看出，公司进行定期的（如每天）场外衍生品风险敞口管理时，首先需确定与特定交易对手方之间现有的未平仓场外衍生品交易。

资产组合对账是专门为担保品管理而进行的，其目的是确定公司记录的与各交易

对手方的交易数量是否与各交易对手方记录的交易数量相同。

由于风险敞口的计算是基于交易（资产组合）对象的，因此，确定公司与其交易对手方之间的交易/资产组合是否相同至关重要。如果不执行对账，则可能存在的问题要至交易其中一方收到保证金追缴通知时才可能被发现。

因此，资产组合对账是一种事先进行的主动操作，旨在精简对从交易对手方收到保证金追缴通知的核查过程（对于发出保证金追缴通知而言，也是如此）。

31.3　产生对账差异的原因

公司与其交易对手方的交易清单出现差异的原因包括：

■ 公司（或其交易对手方）错误地将（与该交易对手方之间的）信用支持附件未涵盖的交易列入风险敞口计算中。公司与特定交易对手方签署的法律文件会列出两家公司在此前同意列入风险敞口计算的场外衍生品交易类型。例如，公司 2 年前与 X 交易对手方签署的法律文件中，列出的交易类型包括利率掉期和信用违约互换。如果今日，公司与 X 交易对手方进行了一笔新的交易，交易类型为以前从未发生的且不在法律文件涵盖范围内的交易（如外汇掉期），则由于信用支持附件未涵盖该类型交易，计算风险敞口时不得将其列入。（与信用支持附件未涵盖的交易相关的风险敞口必须单独处理。）如果出现这种情况，交易双方公司必须决定是否重新谈判并签署新的信用支持附件，或对原信用支持附件进行修订。请注意：默认情况下，交易双方公司同意将所有类型的场外衍生品交易均纳入信用支持附件内，从而避免对法律文件进行修订或重新谈判

■ 公司将与交易对手方之间已关闭的交易列入风险敞口计算中。诸如利率掉期和信用违约互换等场外衍生品交易可能会受到合同更新、平仓、抵消的影响，这些都将导致公司退出原交易合同。在平仓交易中，现有的交易实际上被与同一交易对手方的新交易（与原交易方向相反）冲抵并平仓，只留两笔交易的现金差额进行结算；结果是公司与该交易对手方之间不再有未平仓的交易或头寸。抵消与平仓类似，只是涉及的交易对手方与公司原始的交易对手方不同。在合同更新中，公司可以选择退出与现有交易对手方的交易合同，安排第三方介入（经原交易对手方同意）；结果是公司与原交易对手方之间不再有未平仓交易或头寸

进行合同更新时，涉及的三方当事人受到的影响如下：

■ "保持"交易的一方（合同其他缔约方）——必须更新其账簿和财务记录，以显示新的一方（介入的第三方）是与己方进行交易的对手方

■ "退出"交易的一方（合同让与方）——必须更新其账簿和财务记录，以表明己方与原始交易对手方之间交易终止

■ "加入"交易的一方（合同受让人）——必须更新其账簿和财务记录，以显示己方现在与继续参与合同的一方之间进行交易

■ 公司列出的交易包括已经进行资产组合压缩或进行了某种形式的调整的交易，

后者例如部分平仓（partial unwind），即部分退出交易合同的一种方法。在部分平仓中，现有交易（如名义本金 3 000 万美元）被交易对手方相同、交易方向相反的新交易（如名义本金 1 000 万美元）部分冲抵，从而产生了调整后的未平仓交易（如名义本金 2 000 万美元）；结果是，公司与该交易对手方之间存在一个未平仓交易，但名义本金减少了。

资产组合差异的其他常见原因包括：

■ 双方记录的交易方向相同；例如，在利率掉期交易中，双方均记录己方为固定利率支付方

■ 法律主体记录错误；当公司或其交易对手方将交易中任何一方的法律主体记录错误，但通常是错记为法律主体正确的母实体时，就会出现这种情况。例如，一位投资经理可能管理多个基金，而公司或交易对手方可能会将交易错误地登记到另一个兄弟基金上，而该兄弟基金与公司之间的信用支持附件不同。这种错误的记录会造成交易差异

■ 交易特征错误；例如，执行本金递减型互换交易（amortising swap）时，如未在系统中正确地记录（基于交易全部现金流的）名义本金，则可能导致在交易存续期间，当名义本金按约定减少时（可能是在交易执行一年后）交易细节的差异。这种记录问题将影响盯市计价以及未来付款

31.4 对账的利弊

资产组合对账的唯一缺点是对账需要时间。但是，笔者认为这是值得的。借助现代技术，进行资产组合对账所需的时间已从根本上减少了。资产组合对账已从过去的依赖人工、劳动密集型流程发展为现在的高度自动化流程，公司只需关注和纠正识别出的对账差异。

如果不进行资产组合对账，则（通过风险敞口计算中的差异）发现的资产组合差异，同样需要时间来调查问题所在并进行纠正，而上述活动很可能需在临近保证金追缴截止日的紧迫时间内完成。

资产组合对账的优势在于：

■ 资产组合对账是担保品管理（collateral management）结构化（而非无序）流程中的一部分

■ 资产组合对账避免了临近保证金追缴截止时点的关键时刻才发现与交易对手方的差异

资产组合对账可降低风险，同时是许多监管机构的强制规定。如果不进行资产组合对账，则根据交易体量，公司每天产生大量保证金追缴纠纷的可能性将会增加。资产组合对账的出现，正是由于历史上交易各方之间发生了许多纠纷。从担保品管理的角度来看，资产组合对账的具体目的是确保交易双方记录了相同的交易要素和交易数量。如果对账的频率足够高，则交易双方产生差异的可能性很小，从而最大限度地减

少保证金追缴纠纷的数量，以及最小化调查和解决此类纠纷所需的时间。

请注意，尽早识别资产组合差异不仅对公司（及其交易对手方）的担保品管理有利，（找出差异原因并修改后的）准确的交易细节对于后续交易处理同样有利。

31.5 对账流程

手动或自动地比较交易双方记录的交易，均可实现资产组合对账。

然而，正如其他金融服务中的对账过程，资产组合对账同样是以最高效的方式进行的，即使用预先定义的匹配标准对信息文件进行电子比对，任何不匹配项都会立即作为异常项进行突出显示。随后公司可以对异常项（也被称为"中断项"）进行调查，并立即进行更正。许多大型投资银行（investment bank）和买方（buy-side）公司都采用了电子对账的方式，因为与人工对账相比，电子对账速度更快且不易出错。

triResolve 是一家基于 Web 系统的场外衍生品资产组合对账服务提供商，在全球市场占据主导地位。所有主要的投资银行、许多大型买方机构和区域性银行以及亚太地区的主要银行都在使用这一服务。在笔者撰写本书时，triResolve 的对账业务范围涵盖全球 75% 以上的双边（bilateral）场外衍生品交易，以及全球 90% 以上的双边场外衍生品担保交易。

具体来说，triResolve 资产组合对账系统旨在比较交易双方根据法律协议执行的所有场外衍生品交易，并提供匹配结果和异常管理流程。资产组合对账过程基于"前一交易日"交易时间结束时的交易量信息，因为这是保证金追缴（margin calls）的基础数据。相关文件一般于上午安全地上传至 triResolve（通常为自动上传，但也可以手动上传到 triResolve 的网站）。在公司和交易对手方上传数据后，triResolve 立即开始进行比对。在收到所有数据后的几分钟内，比对结果就会显示在网站上。因此，提早上传数据的交易双方可在交易日上午获得对账结果，大大提前于通常的保证金追缴截止日期。图 31.1 总结了这一过程。

请注意，triResolve 要求公司在每次提交数据时提交其全部资产组合，而不仅仅是新执行的交易；这是因为完整的资产组合是盯市计价（mark-to-market）的基础。这种做法可确保不会因为同步性问题而遗漏任何交易，因此在比较交易量时，它提供了一种更加稳定和可靠的机制。新的对账结果建立在过去的对账结果之上，因此，随着时间的推移和对账结果的累积，前次对账后的任何变化将很容易被发现。就所覆盖的交易产品而言，triResolve 可处理所有类型的场外衍生品交易，从普通的场外衍生品交易到涉及各种资产类别（如利率、信贷、证券、外汇、贵金属和大宗商品/能源）的高度结构化交易（structured trades）。

triResolve 还提供了一项单独功能，用于那些未被信用支持附件涵盖的交易的对账。公司可以通过以下两种方式安全地提交交易文件：

■ 通过 triResolve 网站手动上传文件

■ 根据安全文件传输协议（Secure File Transfer Protocol，SFTP）每日自动批量上传

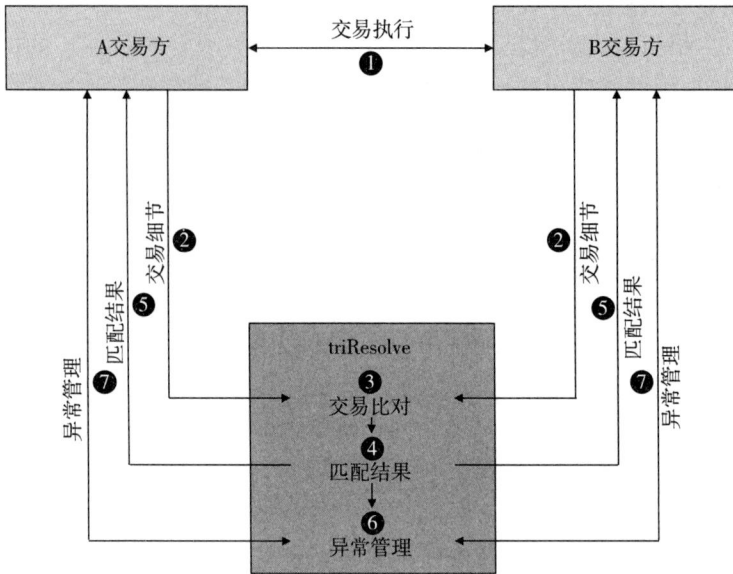

图 31.1 triResolve 处理顺序

公司至少要将下列交易要素上传至 triResolve：

- 唯一的交易参考编号
- 交易对手方
- 产品类型
- 交易日期
- 约定到期日
- 交易币种（多币种交易需提供另一交易币种）
- 名义本金（多币种交易需提供另一交易币种的名义本金）
- 盯市价格[①②]
- 盯市币种

在数据格式要求方面，triResolve 可以将公司的原始数据格式转换为标准格式。因此，triResolve 实际上对于提交的数据格式基本没有限制。在交易文件内容方面，triResolve 支持国际掉期与衍生工具协会（ISDA）规定的最低市场标准字段和一些附加字段（支持超过 100 个交易特征）。

triResolve 的匹配引擎将比较交易双方提交的交易特征，并为每个资产类别/产品类别的关键特征赋予较高的比较权重。匹配引擎还可以利用来自外部和内部确认平台的其他信息。例如，DTCC 交易信息库（DTCC Trade Information Warehouse）直接向 triRe-

---

①② 请注意：除对资产组合信息进行比对外，triResolve 通常还要求客户提供其对交易/头寸的估值，并对交易各方提供的估值进行比较。但是，由于交易各方使用的汇率/价格不同，交易各方提交的估值基本不可能完全相同。因此，triResolve 设有标准容差水平，在容差之内，交易被视为匹配。如果估值差额超过了容差，则该交易被视为差额匹配，匹配结果对交易双方可见。

solve 推送信息，确保 triResolve 上信用违约互换和股票衍生品的匹配结果与 DTCC 交易信息库中的匹配结果一致。

匹配交易的过程结束后，任何差异都会被突出显示，并将其分为不同的类别和子类别，以便于差异报告。triResolve 还可以记录差异时点，因此管理层可以随时跟踪历史差异问题。图 31.2 展示了 triResolve 系统中的一项示例交易的状态。

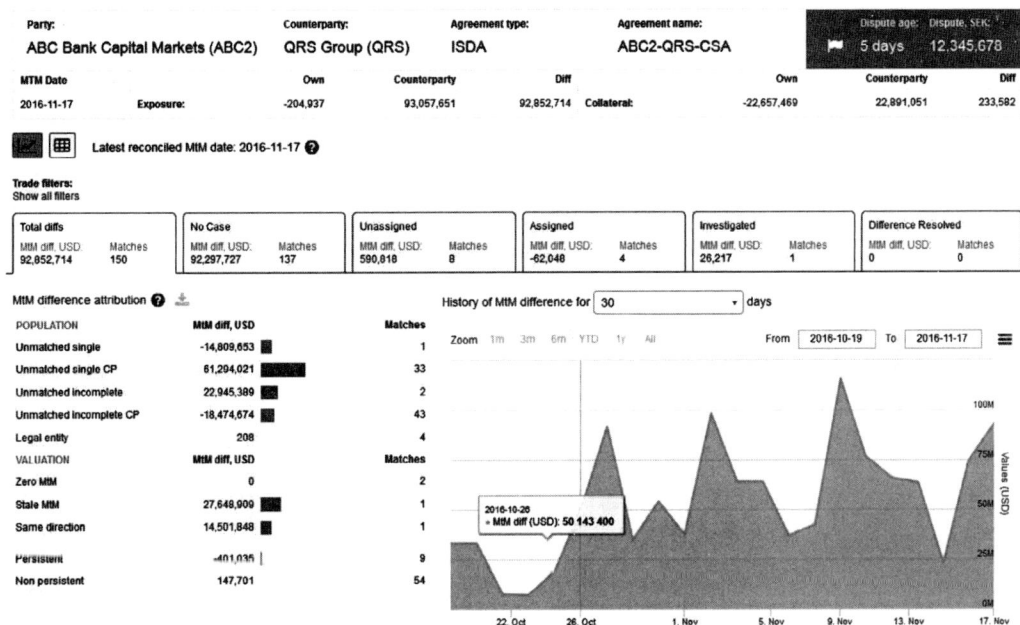

图 31.2　triResolve 交易状态页面截图

系统内交易对账失败的常见原因包括：

- 交易缺失（如交易记录延迟，交易终止，交易过期/已执行）
- 交易对手方错误（如合同更新或错误记录）
- 重复提交：单笔交易在系统中提交两次
- 盯市价值差异，尤其是在涉及汇率的情况下，以及
- 交易双方提交的交易方向相同

请注意，某些交易要素（如名义本金）输入不正确也会导致交易双方间的盯市价值差异。

triResolve 客户可通过 triResolve 网站在线查询最新的交易匹配状态，或根据交易匹配结果通知邮件跟进相关情况。此外，triResolve 还为客户提供添加交易注释、上传确认书以及一套完整的异常管理流程，该流程中客户可提供内部或外部异常案例或异常单据以进行进一步的调查。图 31.3 展示了 triResolve 系统中的一项示例交易的状态。

triResolve 服务应用广泛，客户范围涵盖一系列机构，从持有交易量不足 25 笔的资产组合的公司到账面上有 100 多万笔场外衍生品交易的大型交易商。

不同类型的公司，其内部对 triResolve 的日常使用情况也不尽相同。例如，triRe-

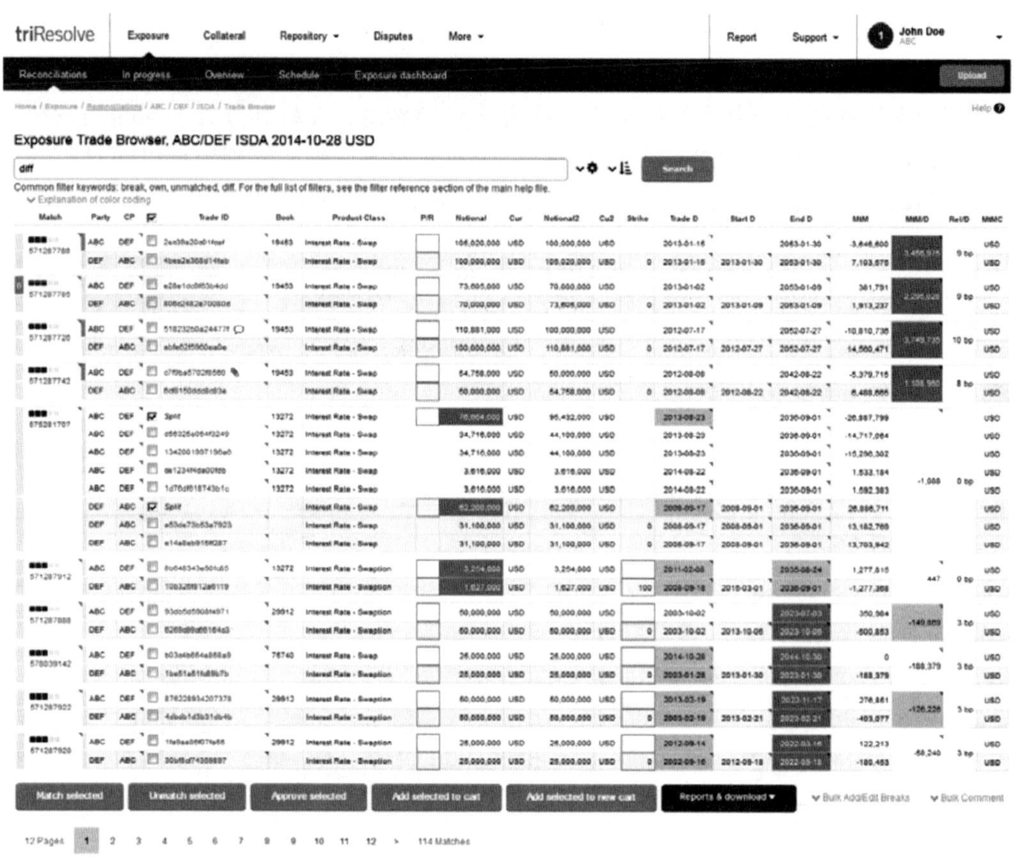

图 31.3　triResolve 交易状态页面截图

solve 的一般用户往往是担保品管理部门，但大型投资银行通常也会设立专门的资产组合对账团队和/或纠纷解决团队，负责调查异常情况，并将发现的问题转给银行内的其他团队（例如，运营部负责与交易记录相关的问题，中台部门或前台部门负责与估值计价相关的问题）。

在一家机构中，资产组合对账的好处不仅体现在担保品管理部门中，其影响范围更广。公司担保品管理系统中的数据来源于许多上游系统。一般来说，这种每日对账过程（如前所述）是发现和防止这些上游系统中可能存在的操作问题和估值问题的一个非常有效的方法。因此，资产组合对账流程可确保公司的账簿和财务记录与交易对手方保持一致，从而确保公司的账簿和财务记录准确无误。

31.6　结论

一般来说，为了有效地采取行动并降低风险，公司的资产组合对账频率应该与风险敞口计算频率相同，在大多数情况下是每日进行一次。在许多公司中，场外衍生品交易的货币价值通常非常大，平均交易规模为数千万美元/欧元/英镑。

　　金融机构内部的高级运营管理人员始终非常清楚地意识到公司需要不断地降低风险；而正是每日资产组合对账为场外衍生品交易担保品管理过程提供了基本控制，使公司能够适当降低其风险。

　　2008年全球金融危机以来，监管机构已将资产组合对账作为场外衍生品交易的关键控制流程，因此，资产组合对账已成为许多机构在以下流程中的强制性程序：

　　■ 集中清算交易（centrally cleared trades），正如美国《多德·弗兰克法案》（Dodd-Frank Act）/美国商品期货委员会（CFTC）和欧洲市场基础设施监管规则（EMIR）的规定；请参阅第47章"场外衍生品交易与担保品—监管变革及担保品的未来—集中清算交易"，以及

　　■ 非集中清算交易（non-centrally cleared trades）；请参阅第48章"场外衍生品交易与担保品—监管变革及担保品的未来—非集中清算交易"

场外衍生品交易与担保品—担保品生命周期—交易存续期间—逐日盯市

本章介绍了确定场外衍生品交易和现有证券担保品的当前市场价格的重要步骤，该步骤对每日风险敞口计算以及随之进行的保证金追缴非常重要。

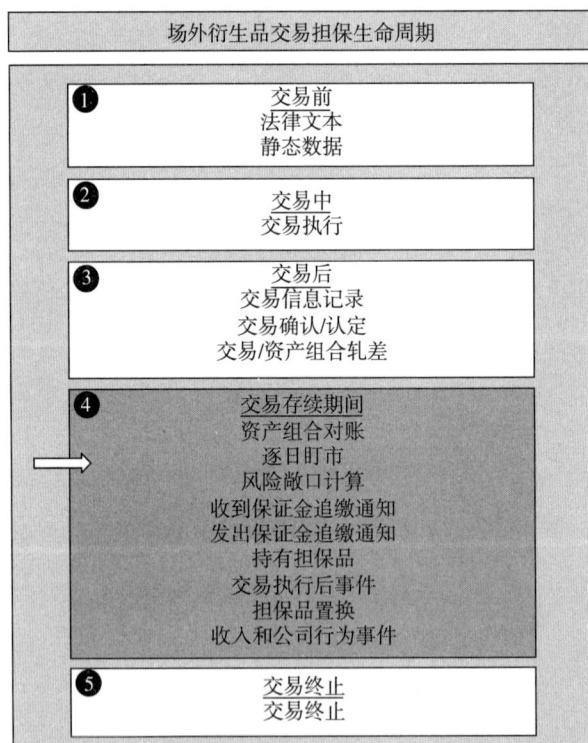

场外衍生品交易担保生命周期
❶ 交易前 法律文本 静态数据
❷ <u>交易中</u> 交易执行
❸ 交易后 交易信息记录 交易确认/认定 交易/资产组合轧差
❹ 交易存续期间 资产组合对账 逐日盯市 风险敞口计算 收到保证金追缴通知 发出保证金追缴通知 持有担保品 交易执行后事件 担保品置换 收入和公司行为事件
❺ <u>交易终止</u> 交易终止

32.1 引言

在担保品生命周期的这一阶段，公司应该已经完成了资产组合对账（portfolio reconciliation），从而使公司确认其与各交易对手方之间已就场外衍生品交易数量达成一致。

下一步是将当前市场价格（current market price）应用于交易和头寸，从中可以确定是否存在风险敞口（exposure），如果存在，则进一步确定风险敞口方为公司还是其交易对手方，从而确定应由哪一方进行保证金追缴（margin call）。

确定当前市场价格并将当前市场价格应用于标的交易和头寸的过程通常被称为逐日盯市（marking-to-market）。简单地说，这意味着将当前市场价格应用到（标记到）交易或现有头寸上。

逐日盯市的流程高度通用于多种类型的金融产品，包括证券头寸、场外衍生品和证券担保品。

此外，所有类型的金融机构［例如投资银行（investment bank）］、买方（buy-side）公司、中央证券托管机构（central securities depositories）、托管人（custodian）和场外交易衍生品中央对手方（central counterparties）都会将当前市场价格运用于诸如风险管理（即交易估值、担保品估值）、损益计算和客户估值等工作。

请注意：与"逐日盯市"（marking-to-market，按市价定价）相似的术语是"按模型定价"（marking to model）。这也是一种对交易或头寸进行定价的方法，但是按模型定价不是从外部市场确定价格，而是对无法获得市场价格的复杂金融产品使用内部模型计算价格。

32.2 逐日盯市的原则

一般来说，从单个公司的角度来看，鉴于公司会收到来自交易对手方的保证金追缴通知，公司必须能够在很短的时间内核实该保证金追缴通知。为了避免公司无法在短时间内完成核实，公司应至少以与交易对手方相同的频率进行盯市。

逐日盯市过程中，重要的是从一个（或多个）独立且中立的来源获取当前的市场价格，否则公司要承担故意夸大或虚报价格的风险。

交易对手方可能会对保证金追缴提出异议；这可能是由于逐日盯市过程中的价格差异导致的。除了由于价格来源不同而导致价格差异的可能性外，造成这种差异的另一个潜在原因是交易双方在一天中的不同时间获取价格。

为了避免公司之间的估值差异，价格来源、获取价格的时间以及用于交易和头寸计价的任何模型都应保持一致。

32.3　价格来源

从需要进行逐日盯市的公司的角度来看，通常可以通过订阅汤森路透（Thomson Reuters）、彭博社（Bloomberg）和 SIX Financial Information 等数据供应商的服务来获取当前价格。大部分订阅公司通过收到电子推送获知市场价格，理想情况下市场价格会自动更新至公司的各种内部系统，包括担保品系统。

大多数标准场外衍生品的当前价格通常不难确定。而某些结构化（structured）的场外衍生品相对更难定价，也更易引起保证金追缴纠纷。

若此前提供或接受了债券作为担保品，此类资产必须按商定的频率进行盯市。大多数证券的现行价格通常不难确定，但在欠发达市场上的证券偶尔会遇到问题。

32.4　逐日盯市的用途

逐日盯市具有多种用途，在以下情况下使用：

1. 对贷出和借入的证券（securities lent and borrowed）进行估值
2. 对证券借贷中作为担保品提供或收取的证券进行估值
3. 对融资回购（cash-based repo）中作为担保品提供或收取的证券进行估值
4. 对场外衍生品交易进行估值
5. 对场外衍生品交易中作为担保品提供或收取的证券进行估值

32.4.1　证券借贷与现金/证券担保品

关于上述第 1 点，除了需要在证券贷出交易的当天对贷出证券进行盯市外，进行逐日盯市也很重要。如果不进行逐日盯市，证券融出方将不知道自己是否存在风险敞口（贷出证券的价值是上涨还是下跌）。贷出证券的价值上升，可能会导致交易对手方追加保证金；但这必须考虑从交易对手方收取的是现金担保品还是证券担保品。如果证券是在收到现金担保品的情况下贷出的，唯一可能出现价格波动的部分是贷出的证券，因此，如果（例如）证券的价格上涨，证券融出方可能会要求其交易对手方提供更多的担保品。当证券价格下跌时，交易对手方（证券融入方）将能够要求退还一些现金担保品。这些可能性反映在表 32.1 中。

表 32.1　　　　　　　　　　　　现金担保品

交易类型	贷出证券的逐日盯市价格变动	担保品类型	对担保品的影响
证券借贷	上升	现金	证券融出方要求提供更多担保品
	下降		证券融入方要求归还部分担保品

如果证券贷出时收到了证券担保品，贷出的证券和证券担保品均会受到价格波动的影响；在这种情况下，贷出的证券的价格可能会和证券担保品的价格同时上升，因

此，证券融出方的新风险敞口金额可能会因证券担保品的价值上升而下降。表 32.2 总结了这种情况和其他情况。

表 32.2 证券担保品

交易类型	贷出证券的逐日盯市价格变动	证券担保品的逐日盯市价格变动	对担保品的影响
证券借贷	上升	上升（与贷出证券盯市价格的上涨一致）	无
	上升	下降	证券融出方要求提供更多担保品
	下降	下降（与贷出证券盯市价格的下降一致）	无
	下降	上升	证券融入方要求归还部分担保品

32.4.2 回购与证券担保品

关于上述第 3 点，在以证券为担保品的融资回购中，只有证券担保品具有价格波动的可能性，因此，如果（例如）证券价格下跌，则资金融出方可以要求交易对手方提供更多担保品（见表 32.3）。

表 32.3 回购与证券担保品

交易类型	担保品的逐日盯市价格变动	担保品类型	对担保品的影响
融资回购	上升	证券	资金融出方归还部分担保品
	下降		资金融入方追加更多担保品

32.4.3 场外衍生品的价格

关于上述第 4 点，场外衍生品交易应按照信用支持附件（Credit Support Annex）中规定的频率（通常是每个工作日）进行盯市。重要的是，与风险方向固定的借贷类交易不同（即如果没有收到融入方的担保品，则资产的融出方将立即产生风险敞口），场外衍生品交易的当前市场价值（风险方向不固定）可能会对交易的任何一方有利。

如果不执行逐日盯市，则交易的一方将难以了解该交易的当前市场价值对己方有利还是对对方有利。

32.4.4 场外衍生品与现金/证券担保品

关于上述第 5 点，除了需要对场外衍生品交易本身进行逐日盯市外，标的交易的价值变化有利于交易一方，可能导致交易对手方被追缴保证金；但是否如此操作也必须考虑到以前向交易对手方提供或从交易对手方处收到过的担保品是现金还是证券。如果先前在场外衍生品交易中提供或收取了现金担保品，那么唯一具有价格波动的就是场外衍生品交易本身。另外，如果以前曾提供或收取过证券担保品，当（例如）证券的当前价格有利于交易一方时，担保品追缴还必须考虑到场外衍生品交易本身的价格变化及方向。

32.5　盯市频率的趋势

在盯市、风险敞口计算和保证金追缴的频率上，日间操作正取代逐日操作成为趋势。日间操作通常发生在波动的市场条件下，尤其是在集中清算环境下（请参见下文），因为在这种环境下，风险敞口可能迅速波动。

从机构内部组织的角度来看，对于实行日内保证金追缴的公司而言，其担保品管理人员必须能够在很短的时间内对来自交易对手方的保证金追缴通知做出反应。这意味着每家公司都必须有能力核实交易对手方发出的保证金追缴通知，继而在约定的期限内向交易对手方支付或交付合格的担保品。反之亦然，每家公司都必须能够以适当的日内频率进行盯市，并能够在约定的期限内向交易对手方发出保证金追缴通知，之后监督相关担保品的接收。

自2015年起对场外衍生品交易实行强制集中清算（central clearing）后，在市场波动的情况下，中央对手方的日内保证金追缴要求仍有可能发生。请参阅第46章"场外衍生品交易与担保—监管变革及担保品的未来—概述"以及其后的两章。

场外衍生品交易与担保品
—担保品生命周期—交易存续期间
—风险敞口计算

本章介绍了识别风险敞口以及交易一方向另一方要求风险敞口补偿的关键过程。

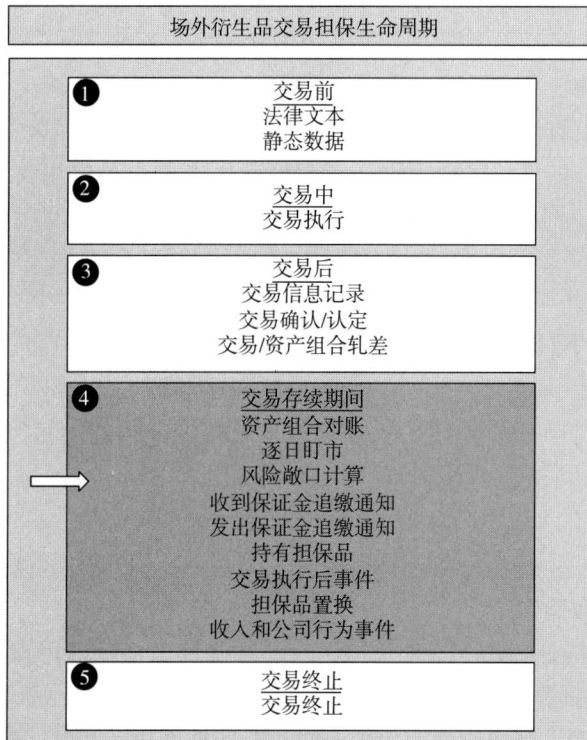

场外衍生品交易担保生命周期

❶ 交易前
法律文本
静态数据

❷ 交易中
交易执行

❸ 交易后
交易信息记录
交易确认/认定
交易/资产组合轧差

❹ 交易存续期间
资产组合对账
逐日盯市
风险敞口计算
收到保证金追缴通知
发出保证金追缴通知
持有担保品
交易执行后事件
担保品置换
收入和公司行为事件

❺ 交易终止
交易终止

33.1 引言

在担保品生命周期的这一阶段，公司应（1）与其各个交易对手方进行了资产组合对账（portfolio reconciliation），以及（2）完成了逐日盯市（mark-to-market）程序。

风险敞口的确定包括以下内容：

1. "当日"是否存在风险敞口（exposure），如果存在

2. 确定风险敞口方（公司或其交易对手方），继而

3. 风险敞口方（exposed party）发出保证金追缴通知（margin call）

本章将探讨其中的前两点，本章后的第34、第35章将介绍第三点。

33.2　信用支持附件

就场外衍生品交易而言，公司与不同交易对手方签订的每一份信用支持附件（CSA）都可能包含许多细节，这些细节即使不是唯一的，但也会在许多方面有所不同。因此，公司计算风险敞口时，必须确保其使用的信息来自相关交易对手方的信用支持附件。有关信用支持附件的详细信息，请参阅第22章"场外衍生品交易与担保品—法律保障—信用支持附件"。

一般来说，并不需要每日查阅信用支持附件；信用支持附件中影响每日风险敞口计算的主要部分可由担保品管理专用系统进行记录，作为依据来确定每日的风险敞口金额。

但是，公司因此也存在风险。如果担保品管理系统不能准确地记录信用支持附件中的细节，或根本没有记录某些特定信息，则很可能导致每日风险敞口计算出现错误。就证券担保品而言，如果担保品管理系统中没有准确地记录信用支持附件中的发行人评级，则可能导致（例如）公司为交易对手方的风险敞口提供超额担保（over-collater-alising）。

33.3　确定风险敞口金额及其方向

对于每个交易对手方而言，公司必须按照双方信用支持附件中规定的频率（通常是每天）确定：

■ 风险敞口金额，以及

■ 风险敞口方向；是由公司还是交易对手方发出保证金追缴通知，或是双方均不需要进行保证金追缴操作

假设X公司及其交易对手方P公司先前已经签署了包括信用支持附件在内的必要法律文件，信用支持附件中包括以下详细信息：

■ 产品覆盖范围：利率掉期、信用违约互换、货币交叉互换、方差互换

■ 担保方向：双边

■ 合格货币：美元、欧元、英镑

■ 合格信用支持：美元现金、欧元现金、英镑现金、十国集团（G10）政府证券

■ 估值比率：美元/欧元/英镑现金＝100%，十国集团（G10）政府证券＝99%

■ 独立金额：有利于 P 公司的独立金额，名义本金的 6%

■ 起点金额：1 000 000 美元，双边

■ 最低转让金额：500 000 美元，双边

■ 取整：向上取整至最近的 50 000 美元，双边

随后假设 X 公司已经执行了表 33.1 中所示的场外衍生品交易（从 X 公司的角度来看）：

表 33.1　　　　　　　　　　　　　场外衍生品交易记录

场外衍生品交易记录	
交易类型	单名信用违约互换
信用保护买方	X 公司
信用保护卖方	P 公司
名义本金	100 000 000.00 美元
价格	126 个年基点
交易日期	2016 年 6 月 12 日
约定到期日	2026 年 6 月 20 日
参考实体	债券发行人 B

33.3.1　风险敞口金额及其方向：第 1 日

确定风险敞口金额及其方向时，涉及的要素包括（1）交易详细信息，（2）信用支持附件详细信息，如表 33.2 所示。

表 33.2　　　　　　　　　　　　　确定风险敞口 #1

			确定风险敞口金额及方向：第 1 日（X 公司视角）	
序号	交易要素	获取渠道	举例金额	风险敞口金额及其方向
1	交易/头寸盯市价	定价部门或风险部门	3 660 000.00 美元，对交易对手方有利	−3 660 000.00 美元
2	独立金额	信用支持附件	名义本金的 6%，对交易对手方有利	−6 000 000.00 美元
			小计	−9，660 000.00 美元
3	起点金额	信用支持附件	双边固定金额 1 000 000 美元	+1 000 000.00 美元
4	现有担保品	先前的保证金追缴要求	无	0.00
5	在途担保品	先前的保证金追缴要求	无	0.00
			小计	−8 660 000.00 美元
6	最低转让金额	信用支持附件	500 000 美元	无影响
			小计	−8 660 000.00 美元
7	取整	信用支持附件	向上取整至最近的 50 000 美元	−40 000.00 美元
8	保证金追缴金额			−8 700 000.00 美元，对 P 公司有利

对表33.2中计算方法的解释如下：

■ 第1项：为了评估交易的当前市场价值以进行风险敞口计算，该公司应在上一交易日结束后，按信用支持附件中确定的盯市频率进行盯市。在此示例中，场外衍生品交易的当前市场价值为 3 660 000.00 美元，对交易对手方（P公司）有利；换句话说，P公司盯市价格上涨（positive mark-to-market），为风险敞口方，而 X 公司盯市价格下跌（negative mark-to-market），为无风险敞口方（non-exposed party）

■ 第2项：交易双方之间商定的有利于特定一方的独立金额（independent amount）将被列入信用支持附件中。在此示例中，商定的独立金额为交易名义本金（notional principal）的6%；由于与该交易对手方（P公司）仅进行了一笔交易，所以该金额的计算为 100 000 000.00 美元的6%

■ 第3项：交易双方之间商定的起点金额（threshold），无论是适用于双边还是单边，都将在信用支持附件中列出。在此示例中，起点金额是双边的，金额为 1 000 000.00 美元，并且无条件适用

■ 第4项：必须考虑公司在前几个交易日提供或收到的任何担保品。由于示例中交易刚执行，交易双方间尚不存在担保品

■ 第5项：任何公司已丧失控制权但（目前）已知尚未被交易对手方收取的担保品都被视为在途担保品（collateral in transit），由于示例中交易刚执行，尚未发生保证金追缴，因此交易双方间没有在途担保品

■ 第6项：交易双方商定的最低转让金额（minimum transfer amount）将列入信用支持附件中。在此示例中，最低转让金额远低于风险敞口，这意味着最低转让金额对风险敞口没有影响，风险敞口金额保持原值；这种情况被称为"无影响"（No Move）

■ 第7项：双方商定的取整金额（rounding）将在信用支持附件中列出。在此示例中，取整规则（向上取整至 50 000.00 美元）对风险敞口产生影响，导致 8 660 000.00 美元因取整增加 40 000.00 美元

■ 第8项：最终结果是，根据 X 公司的计算，P 公司在本交易日的风险敞口为 8 700 000.00 美元。公司 X 等待收到 P 公司的保证金追缴通知（margin call notification）

总而言之，由于盯市价格和独立金额都有利于 P 公司，因此 P 公司是风险敞口方，而 X 公司是无风险敞口方。所以，X 公司必须提供担保品，以结算 P 公司的保证金追缴要求。

33.3.2 下一个计算日：第 2 日

完成上述计算之后，风险敞口计算频率可以是每日、每周或每月。不管计算频率如何，现在假定下一次盯市价格（上一交易日日终价格）显示，交易的当前市场价值进一步有利于 P 公司。风险敞口计算所涉及的内容如表33.3所示。

表 33. 3   确定风险敞口 #2

确定风险敞口金额及方向：第 2 日（X 公司视角）				
序号	交易要素	获取渠道	举例金额	风险敞口金额及其方向
1	交易/头寸盯市价	定价部门或风险部门	4 335 000.00 美元，对交易对手方有利	−4 335 000.00 美元
2	独立金额	信用支持附件	名义本金的 6%，对交易对手方有利	−6 000 000.00 美元
			小计	−10 335 000.00 美元
3	起点金额	信用支持附件	双边固定金额 1 000 000 美元	+1 000 000.00 美元
4	现有担保品	先前的保证金追缴要求	交易对手方持有 8 700 000.00 美元的现金担保品	+8 700 000.00 美元
5	在途担保品	先前的保证金追缴要求	无	0.00
			小计	−635 000.00 美元
6	最低转让金额	信用支持附件	500 000 美元	无影响
			小计	−635 000.00 美元
7	取整	信用支持附件	向上取整至最近的 50 000 美元	−15 000.00 美元
8	保证金追缴金额			−650 000.00 美元，对 P 公司有利

表 33. 3 中各项交易要素的解释如下：

■ 第 1 项：场外衍生品交易的当前市场价格为 4 335 000.00 美元，对交易对手方（P 公司）有利

■ 第 2 项：独立金额根据信用支持附件规定（100 000 000.00 美元的 6%）

■ 第 3 项：起点金额根据信用支持附件规定（1 000 000.00 美元）

■ 第 4 项：现有担保品金额为 8 700 000.00 美元，这是第 1 日中保证金追缴的结果

■ 第 5 项：由于担保品接收方已收到与先前的保证金追缴通知相关的担保品，因此没有在途担保品（现金担保品移交当日结算）

■ 第 6 项：由于在考虑最低转让金额之前的小计项已超过了 500 000.00 美元的最低转让金额，因此风险敞口金额保持不变

■ 第 7 项：应用取整规则导致增加 15 000.00 美元

■ 第 8 项：根据 X 公司的计算，P 公司的敞口金额为 650 000.00 美元。X 公司等待收到 P 公司的保证金追缴通知

总而言之，由于盯市价格的增长有利于交易对手方，X 公司必须提供除先前提供的担保品以外的更多担保品。

33.3.3 下一个计算日：第 3 日

估值当日，盯市价格（上一交易日日终价格）显示，该交易的当前市场价值仍然有利于 P 公司，但与前一估值日相比，其价值要小得多。风险敞口计算所涉及的内容如表 33.4 所示。

表 33.4　　　　　　　　　　　　确定风险敞口 #3

确定风险敞口金额及方向：第 3 日（X 公司视角）				
序号	交易要素	获取渠道	举例金额	风险敞口金额及其方向
1	交易/头寸盯市价	定价部门或风险部门	780 000.00 美元，对交易对手方有利	− 780 000.00 美元
2	独立金额	信用支持附件	名义本金的 6%，对交易对手方有利	− 6 000 000.00 美元
			小计	− 6 780 000.00 美元
3	起点金额	信用支持附件	双边固定金额 1 000 000 美元	+ 1 000 000.00 美元
4	现有担保品	先前的保证金追缴要求	交易对手方持有 9 350 000.00 美元的现金担保品	+ 9 350 000.00 美元
5	在途担保品	先前的保证金追缴要求	无	0.00
			小计	+ 3 570 000.00 美元
6	最低转让金额	信用支持附件	500 000 美元	无影响
			小计	+ 3 570 000.00 美元
7	取整	信用支持附件	向上取整至最近的 50 000 美元	+ 30 000.00 美元
8	保证金追缴金额			+ 3 600 000.00 美元，对 X 公司有利

表 33.4 中各项交易要素的解释如下：

■ 第 1 项：场外衍生品交易的当前市场价格为 780 000.00 美元，对交易对手方（P 公司）有利

■ 第 2 项：独立金额根据信用支持附件规定（100 000 000.00 美元的 6%）

■ 第 3 项：起点金额根据信用支持附件规定（1 000 000.00 美元）

■ 第 4 项：现有担保金额为 9 350 000.00 美元（第 1 日 8 700 000.00 美元，加上第 2 日追加的 650 000.00 美元保证金）

■ 第 5 项：由于担保品接收方已收到与先前的保证金追缴通知相关的担保品，因此没有在途担保品（现金担保品移交当日结算）

■ 第 6 项：由于在考虑最低转让金额之前的小计项已超过了 500 000.00 美元的最低转让金额，因此风险敞口金额保持不变

■ 第 7 项：应用取整规则导致增加 30 000.00 美元

■ 第 8 项：根据 X 公司的计算，X 公司的风险敞口为 3 600 000.00 美元。公司 X 向公司 P 发出保证金追缴通知

总而言之，尽管交易本身的盯市价格仍然不利于 X 公司，但是（随着盯市价格的波动）P 公司现在持有的 X 公司的担保品过多。换句话说，X 公司处于超额担保的状态。因此，X 公司将发出保证金追缴通知，以收回交易对手方持有的部分担保品（源自先前的保证金追缴）。

33.3.4　下一计算日：第 4 日

估值当日，盯市价格（上一交易日日终价格）显示，该交易的当前市场价值仍然

有利于 P 公司，但仅略微有利。风险敞口计算所涉及的内容如表 33.5 所示。

表 33.5 确定风险敞口 #4

序号	交易要素	获取渠道	举例金额	风险敞口金额及其方向
		确定风险敞口金额及方向：第 4 日（X 公司视角）		
1	交易/头寸盯市价	定价部门或风险部门	310 000.00 美元，对交易对手方有利	-310 000.00 美元
2	独立金额	信用支持附件	名义本金的 6%，对交易对手方有利	-6 000 000.00 美元
			小计	-6 310 000.00 美元
3	起点金额	信用支持附件	双边固定金额 1 000 000 美元	+1 000 000.00 美元
4	现有担保品	先前的保证金追缴要求	交易对手方持有 5 750 000.00 美元的现金担保品	+5 750 000.00 美元
5	在途担保品	先前的保证金追缴要求	无	0.00
			小计	+440 000.00 美元
6	最低转让金额	信用支持附件	500 000 美元	有影响
			小计	无
7	取整	信用支持附件	向上取整至最近的 50 000 美元	不适用
8	保证金追缴金额			无

表 33.5 中各项交易要素的解释如下：

■ 第 1 项：场外衍生品交易的当前市场价格为 310 000.00 美元，对交易对手方（P 公司）有利

■ 第 2 项：独立金额根据信用支持附件规定（100 000 000.00 美元的 6%）

■ 第 3 项：起点金额根据信用支持附件规定（1 000 000.00 美元）

■ 第 4 项：现有担保品金额为 5 750 000.00 美元（第 2 日保证金追缴后的 9 350 000.00 美元，减去第 3 日归还的 3 600 000.00 美元的保证金）

■ 第 5 项：由于担保品接收方已收到与先前的保证金追缴通知相关的担保品，因此没有在途担保品（现金担保品移交当日结算）

■ 第 6 项：由于在考虑最低转让金额之前的小计项小于 500 000.00 美元的最低转让金额，因此风险敞口金额受到影响

■ 第 7 项：取整规则对风险敞口无影响，此时风险敞口金额为零

■ 第 8 项：由于不存在风险敞口，交易任何一方均不会发出保证金追缴通知

总而言之，交易本身的盯市价格与上一个估值日相比有所下降，但下降幅度较小，导致风险敞口金额小于最低转让金额，因此在这一天不需要进行保证金追缴。

33.3.5 下一计算日：第 5 日

估值当日，盯市价格（上一交易日日终价格）显示，该交易的当前市场价值对 X 公司有利。风险敞口计算所涉及的内容如表 33.6 所示。

表 33.6　　　　　　　　　确定风险敞口 #5

		确定风险敞口金额及方向：第 5 日（X 公司视角）		
序号	交易要素	获取渠道	举例金额	风险敞口金额及其方向
1	交易/头寸盯市价	定价部门或风险部门	1 600 000.00 美元，对 X 公司有利	+1 600 000.00 美元
2	独立金额	信用支持附件	名义本金的6%，对交易对手方有利	−6 000 000.00 美元
			小计	−4 400 000.00 美元
3	起点金额	信用支持附件	双边固定金额 1 000 000 美元	+1 000 000.00 美元
4	现有担保品	先前的保证金追缴要求	交易对手方持有 5 750 000.00 美元的现金担保品	+5 750 000.00 美元
5	在途担保品	先前的保证金追缴要求	无	0.00
			小计	+2 350 000.00 美元
6	最低转让金额	信用支持附件	500 000 美元	无影响
			小计	+2 350 000.00 美元
7	取整	信用支持附件	向上取整至最近的 50 000 美元	不适用
8	保证金追缴金额			+2 350 000.00 美元，对 X 公司有利

表 33.6 中各项交易要素的解释如下：

■ 第 1 项：场外衍生品交易的当前市场价格为 1 600 000.00 美元，对 X 公司有利

■ 第 2 项：独立金额根据信用支持附件规定（100 000 000.00 美元的6%）

■ 第 3 项：起点金额根据信用支持附件规定（1 000 000.00 美元）

■ 第 4 项：现有担保品金额为 5 750 000.00 美元［由于上一估值日（第 4 日）的风险敞口金额为零，而未发生变化］

■ 第 5 项：由于担保品接收方已收到与先前的保证金追缴通知相关的担保品，因此没有在途担保品（现金担保品移交当日结算）

■ 第 6 项：由于在考虑最低转让金额之前的小计项超过了 500 000.00 美元的最低转账金额，因此风险敞口金额保持不变

■ 第 7 项：取整规则对风险敞口金额无影响，因为取整前的小计项是一个"整数"

■ 第 8 项：根据 X 公司的计算，X 公司的风险敞口金额为 2 350 000.00 美元。X 公司向 P 公司发出保证金追缴通知

总而言之，盯市价格变为对 X 公司有利，但是由于先前的保证金追缴和独立金额的存在，X 公司将要求交易对手方归还部分担保品。

33.3.6　下一计算日：第 6 日

估值当日，盯市价格（上一交易日日终价格）显示，该交易的当前市场价值进一步有利于 X 公司。风险敞口计算所涉及的内容如表 33.7 所示。

表 33.7　　　　　　　　　　　　**确定风险敞口 #6**

序号	交易要素	获取渠道	举例金额	风险敞口金额及其方向
1	交易/头寸盯市价	定价部门或风险部门	7 955 000.00 美元，对 X 公司有利	+7 955 000.00 美元
2	独立金额	信用支持附件	名义本金的 6%，对交易对手方有利	−6 000 000.00 美元
			小计	+1 955 000.00 美元
3	起点金额	信用支持附件	双边固定金额 1 000 000 美元	−1 000 000.00 美元
4	现有担保品	先前的保证金追缴要求	交易对手方持有 3 400 000.00 美元的现金担保品	+3 400 000.00 美元
5	在途担保品	先前的保证金追缴要求	无	0.00
			小计	+4 355 000.00 美元
6	最低转让金额	信用支持附件	500 000 美元	无影响
			小计	+4 355 000.00 美元
7	取整	信用支持附件	向上取整至最近的 50 000 美元	+45 000.00 美元
8	保证金追缴金额			+4 400 000.00 美元，对 X 公司有利

表 33.7 中各项交易要素解释如下：

■ 第 1 项：场外衍生品交易的当前市场价格为 7 955 000.00 美元，对 X 公司有利

■ 第 2 项：独立金额根据信用支持附件规定（100 000 000.00 美元的 6%）

■ 第 3 项：起点金额根据信用支持附件规定（1 000 000.00 美元）

■ 第 4 项：现有担保品金额为 3 400 000.00 美元（第 3 日追缴的 5 750 000.00 美元保证金，减去第 5 日归还的 2 350 000.00 美元保证金）

■ 第 5 项：由于担保品接收方已收到与先前的保证金追缴通知相关的担保品，因此没有在途担保品（现金担保品移交当日结算）

■ 第 6 项：由于在考虑最低转让金额之前的小计项超过了 500 000.00 美元的最低转让金额，因此风险敞口金额保持不变

■ 第 7 项：应用取整规则导致增加了 45 000.00 美元

■ 第 8 项：根据 X 公司的计算，X 公司的风险敞口金额为 4 400 000.00 美元。X 公司向 P 公司发出保证金追缴通知

总而言之，交易本身的盯市价格已朝着对 X 公司有利的方向大幅变动，同时由于先前的保证金追缴和独立金额的存在，X 公司做出以下要求：

1. P 公司将持有的从 X 公司收取的 3 400 000.00 美元的现金担保品退还，同时

2. P 公司另外向 X 公司交付 1 000 000.00 美元的担保品

许多人起初会发现这种计算有些混乱。为了避免这类计算中的混乱和错误，强烈建议对每项计算项目使用正号（＋）和负号（−），并且从一组风险敞口计算到下一组风险敞口计算都要一致地使用正负符号。例如（从 X 公司的角度来看），如果交易对

手方当下持有的担保品显示为正数（如表33.6，第4项），那么在交易对手方继续持有上述担保品的情况下，下一次的风险敞口计算必须继续显示为正数（见表33.7，第4项）。然而，第6计算日的保证金追缴通知结算完成后（见表33.7，第8项），X公司将以负号显示持有的担保品，因为X公司现已成为担保品持有方（担保品金额为1 000 000 000.00美元）。

请注意：在上文的风险敞口计算示例中，是将独立金额和所有其他风险敞口计算要素合并在一起计算，从而在每个计算日得出一个单一的风险敞口金额。交易双方公司也可能会同意将独立金额与风险敞口计算（包括盯市）分开，在这种情况下，交易一方将发出两笔保证金追缴通知。

33.4 现金担保品与证券担保品的比较

在第33.3节"确定风险敞口金额及其方向"一节中，公司提供或收到的担保品形式始终为现金担保品。

如果公司提供或收到的担保品为债券担保品，则还额外需要采取另一重要步骤：担保品提供方和接受方还需要独立计算此类证券担保品的当前市场价值。这将在每个估值日为风险敞口计算增加一层计算维度，担保品价格的上升和下降会带来以下影响：

■ 场外衍生品交易/头寸的盯市价格上涨，而现有债券担保品盯市价格上涨更多，这意味着担保品可能会返还给担保品提供方（collateral giver）

■ 场外衍生品交易/头寸的盯市价格上涨，而现有债券担保品盯市价格的上涨幅度较小，这意味着担保品提供方将进一步提供更多的担保品

■ 场外衍生品交易/头寸的盯市价格下降，而现有债券担保品的盯市价格下降幅度较小，这意味着担保品有可能返还给担保品提供方

■ 场外衍生品交易/头寸的盯市价格下降，而现有债券担保品的盯市价格下降更多，这意味着担保品提供方将进一步提供更多的担保品

遗憾的是，这种进一步的计算只会增加交易双方发生估值纠纷的可能性。债券的盯市流程理论上与衍生品交易或头寸的盯市流程类似，因此交易双方收集到的价格可能会有所不同。

此外，需要注意的是，附息债券（interest-bearing bond）的现值包括应计利息（accrued interest）的现值。附息债券包括固定利率债券（fixed rate bonds）、浮动利率债券（floating rate notes）和可转换债券（convertible bonds），但不包括零息债券。债券价格以除息价格（clean price）（必须加上应计利息的现值），或以含息价格（dirty price）（包括应计利息的账面价格）报价。

此外，由于债券具有名义价值（denominational values），因此，要在中央证券托管机构（CSD）或托管人（custodian）处成功交割债券，必须指定有效的可交割数量。例如，如果某只债券的单一面值为20 000.00美元，则要求交割15 000.00美元的交割指令（settlement instruction）将被中央证券托管机构或托管人拒绝，因为无法按指令要求

数量完成交割。债券的名义价值可在债券募集说明书（prospectus）中找到。

33.5 单一交易风险敞口与资产组合风险敞口

上文的风险敞口计算示例（见第 33.3 节"确定风险敞口金额及其方向"）基于一笔单独交易。现实中，一家公司及其各个对手方之间的每日风险敞口计算是基于当前未平仓、未终止的场外衍生品交易资产组合。

33.6 结论

在每个估值日，无论公司是买入方（buy-side）还是卖出方（sell-side），计算风险敞口金额都是公司为降低与交易对手方的风险而采取的必要步骤。

在计算风险敞口金额时，公司存在以下风险：

■ 公司计算出己方存在风险敞口，而计算出的风险敞口金额实际上小于其真实金额，从而导致公司的真实风险敞口没有得到充分减轻，和/或

■ 公司计算出对手方存在风险敞口，而计算出的风险敞口金额实际上大于其真实金额，从而导致公司自身因超额担保存在风险

因此，公司在计算风险敞口金额时必须非常谨慎。

场外衍生品交易与担保品
—担保品生命周期—交易存续期间
—收到保证金追缴通知

本章列出并详细描述了当公司收到来自交易对手方的保证金追缴通知时所采取的不同步骤措施，以及随后在不增加风险的前提下，减轻交易对手方风险敞口所需要的工作。因现金担保品和债券担保品在使用和持续管理方面有明显不同，本章对这两种担保品的处理步骤进行了分别描述。

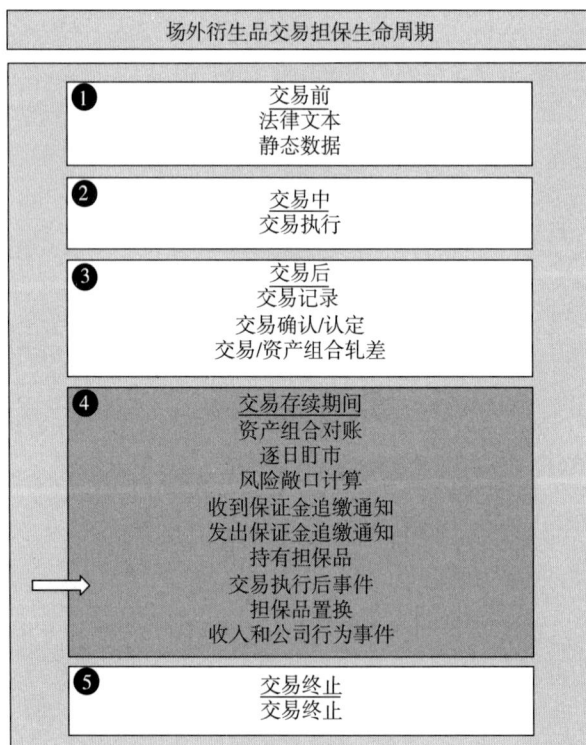

场外衍生品交易担保生命周期
❶ 交易前 法律文本 静态数据
❷ 交易中 交易执行
❸ 交易后 交易记录 交易确认/认定 交易/资产组合轧差
❹ 交易存续期间 资产组合对账 逐日盯市 风险敞口计算 收到保证金追缴通知 发出保证金追缴通知 持有担保品 交易执行后事件 担保品置换 收入和公司行为事件
❺ 交易终止 交易终止

34.1 引言

在担保品生命周期的当前节点，公司应当已经完成了（对每一个交易对手方而言）：

■ 资产组合对账（portfolio reconciliation）

■ 逐日盯市（marking-to-market）

■ 考虑以下因素后的风险敞口（exposure）金额计算：

■ 信用支持附件（CSA）的要素

■ 提供或接受的现有担保品，含在途担保品

以上工作的目的是确定公司是否存在风险敞口，进而确定是（1）由公司向交易对手方发出保证金追缴通知还是（2）由交易对手方向公司发出保证金追缴通知。

假设公司的计算结果表明交易对手方是风险敞口方（exposed party），则公司可能收到来自交易对手方的保证金追缴通知（margin call notification）。当收到这类通知时，若公司认可通知的内容，则在截止日期前，公司须在商定的结算日（value date）向交易对手方支付现金担保品或交付证券担保品（在双方信用支持附件允许的情况下）。

需要注意的是，若公司计算出其交易对手方具有风险敞口，公司并没有法定义务提醒交易对手方通知自己追缴保证金。但在投资银行（investment bank）与其客户［机构投资者（institutional investor）］进行交易，且投资银行的计算结果显示其客户具有风险敞口的情况下，从维护客户关系角度出发，当风险敞口扩大时，投资银行可能会联系其客户。

在公司确认其交易对手方具有风险敞口时，公司减轻（mitigation）交易对手方风险敞口的工作流程如图 34.1 所示。

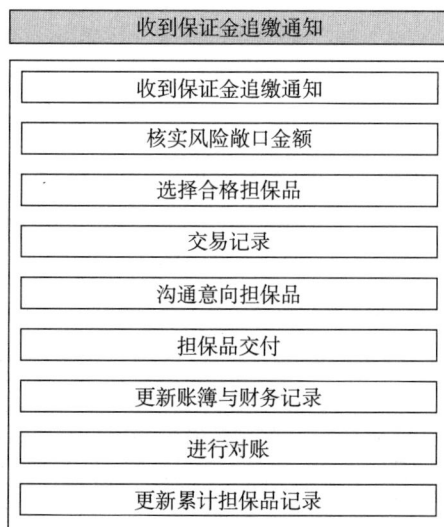

图 34.1 收到保证金追缴通知：工作流程

下面将对处理保证金追缴通知的各个步骤进行分别描述。

34.2　现金担保品与证券担保品处理保证金追缴通知的共同步骤

无论最终交付给交易对手方的是现金担保品还是证券担保品，以下步骤都是处理保证金追缴通知过程中不可或缺的。

34.2.1　收到保证金追缴通知

保证金追缴通知通常包括表 34.1 所示内容：

表 34.1　　　　　　　　　　　　　　保证金追缴通知

典型的保证金追缴通知内容	
信息发送目的	通知追缴保证金
信息发送者	A 公司
信息接收者	T 公司
信息发送者的交易参考编号	MCN88827
法律合同签署日期	YYYY 年 10 月 2 日
估值日期	YYYY 年 1 月 15 日
最低转让金额	500 000.00 欧元
起点金额	500 000.00 欧元
要求的风险敞口金额	1 200 000.00 欧元

收到保证金追缴通知有两个重要方面，即传输方式与截止时点。保证金追缴通知的传输方式一般包括：

■ 电子邮件：一些公司使用电子邮件传输保证金追缴通知。显然，很重要的一点是这类沟通邮件需要由一个统一的"担保品部门"邮箱账户接收，而不是由公司职员的个人邮箱账户接收，否则可能由于职员疏忽，而使公司收到保证金追缴通知却未能按时采取行动

■ S. W. I. F. T. ：通过 MT503 "担保品请求"报文进行。S. W. I. F. T. 是环球同业银行金融电讯协会（Society for Worldwide Interbank Financial Telecommunication）的首字母缩写。全球范围内许多金融机构都加入了该协会，原因是：（1）S. W. I. F. T. 具有极高的安全等级，深度加密的信息可以在协会会员之间的 S. W. I. F. T. 网络进行传输，以及（2）S. W. I. F. T. 高度结构化的信息格式为发送者信息的自动生成与传输和接收者信息的系统自动上传提供了便利

■ AcadiaSoft 开发的"MarginSphere"系统：买方（buy-side）和卖方（sell-side）用户可使用该系统通过电子方式交换担保品信息，包括发起（和回复）保证金追缴通知

通知时点是信用支持附件的众多要素之一，它规定了交易一方向其交易对手方发

出保证金追缴通知的最晚截止时点（工作日内）。需要重点关注的是，保证金追缴通知的接收方若在文件规定的截止时点前收到了通知，则有义务在该交易日当天按照保证金追缴通知采取行动，反之，对于在截止时点之后收到的保证金追缴通知，接收方没有义务在该工作日当天采取行动，晚于截止时点的保证金追缴通知可以被视为是在下一个工作日收到的。一些公司严格按照截止时点进行操作，然而，也有一些公司会从"虽然交易对手方今天迟了，但我们明天也可能会迟"的角度采用比较温和的处理方式。若交易对手方错过了截止时点，他们将（1）违反法律协议（信用支持附件）的条款，以及（2）经常发生这样的情况将给保证金追缴通知接收方持续带来麻烦，这种情况可能需要公司与经常不守时的交易对手方进行商讨。

34.2.2 核实风险敞口金额

公司作为保证金追缴通知的接收方，需要根据自身计算结果核实交易对手方提出的风险敞口金额，否则交付过多的现金或证券将存在超额担保的风险。

通常将交易对手方提出的风险敞口与公司系统计算的数值进行对比确认，此外，还需要使用四眼原则（four-eyes principle）进行人工核查。

需要重点注意的是，由于逐日盯市（mark-to-market）过程中当前市场价格（current market prices）的来源不同，交易双方不太可能就确切的风险敞口金额完全达成一致。尽管如此，交易双方之间通常将容差水平设为零，公司与其交易对手方之间风险敞口金额的任何差别将首先进行内部评估和审核，以确认公司是否发生计算错误。这种情况也可能使公司就追缴保证金金额向交易对手方正式提出异议。

若接收方公司认为交易对手方提出的风险敞口金额约等于公司的计算结果，则应当进入流程的下一阶段。

反之，若交易对手方提出的风险敞口金额大幅偏离接收方公司的计算结果，接收方公司的通常做法是先立即支付无争议金额（undisputed amount），然后（与交易对手方一起）对偏离部分的原因展开调查。举个例子，A 公司计算结果显示其交易对手方有 6 000 000.00 美元的风险敞口，然后收到了交易对手方要求 8 000 000.00 美元的保证金追缴通知；保证金追缴通知接收方的通常做法是就无争议金额（6 000 000.00 美元）立即交付担保品，然后马上对产生差额的原因开展调查。

风险敞口异议金额最常见的情况是源于非标准化或"结构化"的场外衍生品交易。交易双方会试图在彼此之间寻找产生计算差别的原因，但如果无法就此达成一致且其他所有协调风险敞口金额的尝试都失败了，就需要启动纠纷解决程序（dispute resolution procedure）。

纠纷解决程序，按照信用支持附件的规定，需要估值机构（valuation agent）进行计算，且计算结果对交易双方都具有约束力。请注意，近年来 ISDA 推出了纠纷解决规程（dispute resolution protocol），公司及其多个交易对手方可以选择遵守该规程，这是对信用支持附件中所规定程序的改进。

34.2.3　确认合格担保品

作为保证金追缴通知的接收方，一旦确认了保证金金额，公司就需要决定向交易对手方提供现金担保品还是证券担保品。

需要参考相关信用支持附件的要素和规定，目的是确认是否（1）只能交付现金，或（2）只能交付债券，或（3）可以交付现金或债券。公司的担保品部门可以选择直接翻阅双方信用支持附件或访问公司担保品系统内存储的静态数据。

假设公司与交易对手方签署的信用支持附件规定可以交付现金或债券，公司须决定是交付现金还是证券，或交付两者的组合。下一节的内容主要关注这类担保品选择时的考虑因素。

34.2.4　保证金追缴通知的结算日

假设公司提议的担保品已获得交易对手方认可，下一步就是公司采取必要行动以保证担保品资产在到期日实际交付至交易对手方。该到期日被称为结算日（value date），且该日期与保证金追缴通知发出的日期相关，通常是：

- 对于现金担保品：$T+1$ 个交易日，即下一个交易日
- 对于债券担保品：$T+2$ 个交易日

但结算日的未来趋势是会提前，包括 $T+0$。若保证金当天（$T+0$）结算成为普遍做法，所有公司就必须具备在极短的时间内采取行动并做出反应的能力。

保证金追缴通知的接收方未能在到期日完成结算，意味着风险敞口方的风险敞口未能按照预期有所减轻。尽管保证金追缴通知接收方偶尔的结算失败对于风险敞口方来说可能是可容忍的，但经常的结算失败则可能招致严重警告。需要重点注意的是，在 ISDA 主协议中存在"支付失败"（Failure to Pay）条款，受害方可以据此对相关交易进行终止。

> 下一节是关于向交易对手方支付现金担保品的程序，其后的一节是向交易对手方交付债券担保品的程序。

34.3　收到保证金追缴通知：现金担保品

假设公司已经核查了交易对手方的保证金追缴通知，并同意对手方追缴保证金的金额。同时假设公司已经决定向交易对手方支付现金担保品进行结算。

公司需要保证其［位于资金代理行（correspondent）的］用于进行支付的账户内具有充足的现金，或有能力使用现有的信贷协议进行借款。另一种可能性是此前的现金贷款或其他现金交易［如回购交易（repo）］预期可以收回资金。若前述任何一项都不适用，公司将需要安排从第三方借款的事宜。

对所有公司而言，需支付的现金金额构成了公司整体司库职能（也被称为"现金管理"）的一部分，该职能负责的是公司每个币种、每个结算日的整体的现金余额。一般来说，应向交易对手方支付的保证金追缴金额由担保品部门执行，该过程中担保品部门须与司库职能部门保持联络。

34.3.1　交易信息记录

在内部系统功能较为完善的公司中，担保品交易的信息应该在该阶段被记录，后续处理步骤可以自动触发。

34.3.2　更新内部账簿和财务记录

为反映向交易对手方支付现金以结算保证金要求的事实，内部账簿和财务记录须及时更新。

34.3.3　就意向担保品与交易对手方沟通

由于交易对手方需要知晓公司计划交付的担保品形式（以便其评估担保品是否合格），所以公司必须向交易对手方发送相关通知。这通常是通过电子邮件或者 Acadia-Soft 的 MarginSphere 系统（若购买了该系统的服务）进行。

另外，对于 S. W. I. F. T. 会员来说，MX 系列报文（而不是传统的 MT 系列，例如 MT504）的使用正变得越来越广泛。担保品意向在 MX 系列报文中的编号是"Colr. 007"。

34.3.4　现金担保品支付指令

担保品部门现在需要安排按时向交易对手方付款的相关事宜。依据公司内部程序，这通常是通过以下两种方式之一来实现：

■ 向公司司库部门发送一条内部支付指令（payment instruction），司库部门将生成并传输其自有的结算指令（settlement instruction）至公司的资金代理行，或者

■ 直接向公司的资金代理行发送支付指令，最常用的工具是 S. W. I. F. T. ，一般是使用 MT103 号报文

通过上述任何一种方式，这类指令的内容将包括：

■ 公司账号（用于借记）

■ 付款银行、地址和账号（用于贷记）

■ 国际标准化组织货币代码（ISO currency code）

■ 支付金额

■ 结算日（value date）（结算的截止日期）

■ 公司指令的参考编号

34.4　收到保证金追缴通知：证券担保品

假设公司已经核查了交易对手方的保证金追缴通知，并认可对手方追缴保证金的金额。同时假设公司已经决定向交易对手方交付债券担保品进行结算。

34.4.1　选择证券担保品

在决定交付债券担保品以满足交易对手方追缴保证金的要求后，现在需要确定交付的债券。

任何选择交付债券担保品的公司都会面临一个问题：若一只债券被选为用于保证金结算交易，但是同时该债券已被公司作为标的执行其他交易，这可能在公司内部造成对同一只债券的交易竞争。这种情况会导致公司持有的同一只债券被同时指定用于两笔独立的交易（如证券借贷和场外衍生品交易担保品），进而导致其中一笔交易结算失败。根据开展业务的性质，一些公司持有大量证券可供选择。但是，仍可能存在将某只债券（如 2030 年 10 月 1 日到期的票面利率为 4.75% 的 10 000 000 欧元奥斯陆市政债券）用于多种交易（包括作为场外衍生品交易担保品）的内部竞争。举例来说，该债券可能：

■ 已经被卖出，因此须在交易结算日被交付至买方（否则卖方公司将无法准时收到出售收益，因而会产生利息损失）

■ 已经被贷出，须交付至借券方

■ 已经作为担保品交付给回购交易中的对手方

任何未能在结算日将债券作为担保品交付至风险敞口方的行为都具有消极含义，请参考 34.4.7 节"完成及时交付（结算）"相关内容。

为避免出现此类情况，结构化的内部程序就很有必要。在一些公司中，向交易对手方支付现金担保品还是交付证券担保品的决定权在前台交易人员，因为前台部门被视为公司内部证券头寸的持有人。另外，在一些公司中，由交易人员阶段性地指定一组债券，再由担保品部门将这些债券作为担保品使用；而相应的内部程序就包括将这些债券从公司在相关托管人（custodian）处的账户转移至同个托管人处开立的特定隔离账户（称为"对外担保账户"或类似的名称）。这些债券被单纯持有在隔离账户中，仅担保品部门有账户权限。当担保品部门选择交付债券担保品来结算保证金时，担保品部门将安排从该隔离账户中将债券以纯券过户（Free of Payment，FoP）的方式交付至相关对手方的账户。

概括地说，通常的做法是交付的债券担保品需要满足信用支持附件中规定的合格标准，但无须交付质量最高的担保品。举个例子，若公司持有多种类型的债券，评级从 AAA 级政府债券至公司债券和住房抵押贷款证券（mortgage-backed securities），信用支持附件规定从 AAA 级政府债券至 A－级公司债券为合格担保品（eligible collateral），最佳选择是提供 A－级公司债券用于收到保证金追缴通知后的结算。采取这种"自下而上"的方法，保留高等级债券以满足其他规定仅 AAA 级债券为合格担保品的信用支持附件的要求。

从担保品提供者的角度而言，利用较低等级债券的缺点是可能有较高的抵押折扣率（haircut），从而导致公司需要提供更多数量的债券以使这些债券的担保品价值（collateral value）至少等于交易对手方的风险敞口。若担保品提供者持有的单只债券数量不足，那么可能需要交付一系列合格债券，为当前及未来持续的工作（如逐日盯市）带来更多的运营压力。抵押折扣率反映的是投资者所面临的债券发行人（issuer）无法履行其合同义务（contractual obligations）的预期风险。抵押折扣率越高，债券的市场价值（market value）与其担保品价值之差越大。简单来说，若担保品提供者持有 10 000 000 美元的 X 债券和 10 000 000 美元的 Y 债券，两只债券的当前市场价格均为 100%，两只债券的市场价值均为 10 000 000 美元［不包括应计利息（accrued interest）］。然而，若两只债券均作为担保品被交付，可能发生诸如 X 债券的抵押折扣率为 1.5% 而 Y 债券的抵押折扣率为 10% 的情况。这意味着相同数量（且相同市场价值）的债券的担保品价值却相差巨大。需要特别考虑的方面有：

■ 发行类型：债券类型是依据预期的不同内在风险而划分的。例如，普遍认为中央银行（central banks）发行的债券风险低于资产支持证券（asset backed securities）。预期风险越高，抵押折扣率越高

■ 发行人评级：由评级机构（rating agencies）依据发行人偿还金融债务的预期能力就每次债券发行给出的信用评级。评级越低，抵押折扣率越高

■ 息票结构：债券发行时附有不同类型的息票，主要有固定利率债券（fixed rate bonds）、浮动利率债券（floating rate notes）和零息债券（zero coupon bonds）。一般认为固定利率债券和浮动利率债券的风险低于零息债券，因此后者通常适用较高的抵押折扣率

■ 剩余期限：从"今日"至债券到期日之间的时间长度被称为剩余期限（residual maturity）。剩余期限越长，预期风险越高，抵押折扣率越高

■ 抵押折扣率：适用于债券担保品的抵押折扣率将债券担保品（较高的）市场价值降至（较低的）担保品价值。因此，抵押折扣率越低，担保品提供方能享有的"性价比"越高

抵押折扣率的概念及抵押折扣率是如何得出的，参见 34.4.2 "证券担保品估值"的相关内容。

选择债券担保品的另一种方法是交付不太可能用于其他用途的合格债券，可能包括数量相对较少的债券。该方法的潜在缺点是可能导致交付的担保品很零碎，与整体交付担保品相比，相关的运营工作量（及相应成本）可能高于其带来的好处。

34.4.2 证券担保品估值

完成对交付给风险敞口方的证券担保品的选择后，需要对担保品进行估值以确保担保品（总）价值至少等于交易对手方的风险敞口。

估值过程包括对以下要素的应用：

- 当前市场价格（current market price）［逐日盯市（marking-to-market）］
- 应计利息（accrued interest）的现值（参见下述逐日盯市相关内容）
- 适当的抵押折扣率

逐日盯市 逐日盯市的目的是将实际的当前市场价格应用于每只证券。

证券逐日盯市的多种用途包括：

- 计算与证券交易相关的未实现损益（unrealised profit and loss）
- 计算共同基金（mutual funds）的资产净值（Net Asset Value，NAV）
- 计算债券担保品价值

逐日盯市的过程包括收集独立来源的债券价格。独立的要求是为了防止将虚假价格应用于债券头寸，不论是因为意外还是故意为之。

现在，许多金融服务公司购买了数据供应商（data vendors）服务，专门用于收集当前证券价格。这类公司的例子包括彭博（Bloomberg）、洲际交易所数据服务（ICE Data Services）、SIX 金融信息（SIX Financial Information）和汤森路透（Thomson Reuters）。数据供应商一般向用户提供电子形式的数据，方便将当前价格自动上传至这些用户公司的内部系统。

需要重点注意的是，债券的报价方式为以下两种之一：

- 除息价格（clean price）—该价格须再加上应计利息（见下节内容）
- 含息价格（dirty price）—全含的价格，包括应计利息

作为示例，表 34.2 列出了一只债券逐日盯市的除息价格，其市场价值与担保品价值由该价格得出：

表 34.2　　　　　　　　　债券担保品价值计算表 1（1/3）

×××发行的 10 000 000 美元债券，票面利率 4.15%，2030 年 4 月 15 日到期		
逐日盯市除息价格	98.76%	9 876 000.00 美元
加　应计利息		
总市场价值		
减　抵押折扣率		
总担保品价值		

注：上表中，灰色字是有意显示为灰色的。应计利息和抵押折扣率在后续内容和将被逐步填满的表格中将有所体现。

应计利息 附息债券如固定利率债券（fixed rate bonds）和浮动利率债券（floating rate notes），但不含零息债券（zero coupon bonds），以每日为单位计算利息［通常被称为息票（coupon）］。换句话说，附息债券的持有人每天都赚取息票，直至债券被卖出。然而，债券存续期内，发行人（issuer）仅在预先确定好的日期支付息票。

就息票的支付频率而言，大多数固定利率债券半年（即每六个月）或一年支付一次息票。浮动利率债券通常是每半年、每季度或每月支付一次利息。债券何时付息的

详情可以参见债券募集说明书（prospectus），也可以从数据供应商（data vendors）处获知。（若某只债券已记录于公司的静态数据中，则息票率和付息日期应当同时被记录并可被调用。）

当附息债券在付息日之间进行买卖时，市场惯例是由买方向卖方支付自上一次付息日（即最近一次发行人支付息票的日期）后卖方赚取的息票价值。举例来说，若一只债券按4.15%的利率每年4月15日支付利息，卖出10 000 000美元的债券，结算日为8月15日，那么买方应在交易结算时向卖方支付120天的应计利息（假设适用的计息方式为30/360，意思是每月30天除以每年360天）。还是相同数量的债券，若卖出的结算日为1月27日，那么买方应在交易结算时向卖方支付282天的应计利息。（假设买方在下次付息前一直持有债券并未卖出，再过78天，买方将在发行人支付下一次年度息票时得到全年利息，因而获得相应的补偿。发行人将在下一个4月15日支付360天的利息。）

上述示例中，应计利息的计算过程如下：

■ 债券数量×息票率%/相应除数×应计利息天数=应计利息价值（value of accrued interest）

■ 10 000 000美元×4.15%/360×282 = 325 083.33美元

以下内容需要重点注意：

■ 确定应计利息天数的方法如下：包含起始日（即发行人最近一次支付息票的日期），不含结束日（结算日），遵循债券计息日数（day count）惯例。在上述例子中，282天是这样得出的：

　　■ 4月15日（含）至30日共16天

　　■ 5月至12月共8个月，每月30天，共240天，以及

　　■ 1月1日至26日共26天

■ 应计利息价值是基于债券数量（而不是债券的市场价值）。这是因为发行人依据债券数量支付息票，而应计利息是市场将息票金额公平分配至交易各方的方法

■ 因债券类型和发行币种不同，对应的债券计息日数和除数（divisor）惯例不同。在上述例子中，因相关债券是美元固定利率债券，所以适用30/360惯例，即不论实际天数，每个月按30天计息，且除数为360（与实际天数/日历日形成对比）。其他惯例见图34.2

更多应计利息相关内容请参考笔者的《证券操作：交易和头寸管理指南》（Securities Operations：a Guide to Trade and Position Management）一书，ISBN为0-471-49758-4，由John Wiley出版。

前述提到的应计利息的概念既适用于债券交易，也适用于债券担保品价值，即债券的当前市场价值事实上包含了当前应计利息的价值。当然，每过一天就意味着债券产生了1天的利息（与前一天相比），这个过程将一直持续到下次债券付息日，在此之后债券将开始新一轮计息。

接上文逐日盯市部分的示例，逐日盯市价值加上应计利息价值得出总市场价值

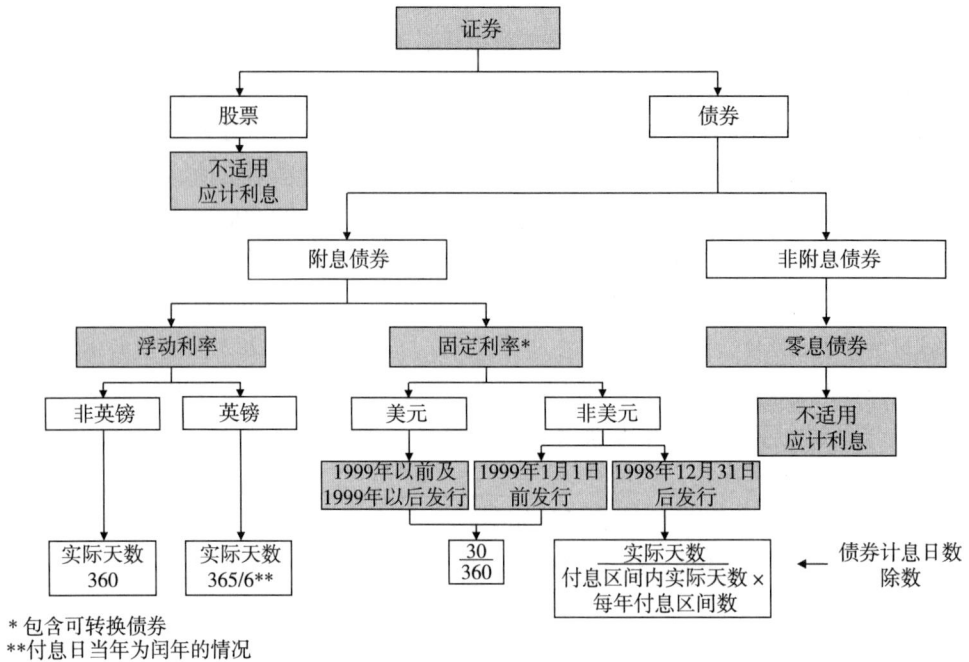

证券
├── 股票
│   └── 不适用应计利息
└── 债券
    ├── 附息债券
    │   ├── 浮动利率
    │   │   ├── 非英镑 → 实际天数 360
    │   │   └── 英镑 → 实际天数 365/6**
    │   └── 固定利率*
    │   ├── 美元
    │   │   ├── 1999年以前及 1999年以后发行 → 30/360
    │   │   └── (1999年1月1日前发行 / 1998年12月31日后发行)
    │   └── 非美元 → 实际天数 付息区间内实际天数 × 每年付息区间数 ← 债券计息日数除数
    └── 非附息债券
        └── 零息债券 → 不适用应计利息

* 包含可转换债券
** 付息日当年为闰年的情况

图 34.2　应计利息惯例

（在此基础上再减去抵押折扣率以得出总担保品价值）。见表 34.3。

表 34.3　　　　　　　　　　　　债券担保品价值计算表 2（2/3）

×××发行的 10 000 000 美元债券，票面利率 4.15%，2030 年 4 月 15 日到期		
逐日盯市除息价格	98.76%	9 876 000.00 美元
加　应计利息	282 天	+ 325 083.33 美元
总市场价值		10 201 083.33 美元
减　抵押折扣率		
总担保品价值		

如前所述，这类规则的例外仅限于使用含息价格的情况，即应计利息的价值已经包含在价格中的情况。在上述例子中，含息价格为 102.0108%。该价格是由总市场价值除以债券数量直接得出的。

应计利息的重要性不应该被低估，它是计算债券总市场价值和总担保品价值必不可少的要素。为便于读者理解应计利息可以达到的货币价值，此处假设一只 100 000 000 欧元每年付息且票面利率为 5% 的债券，每年付息日前，该债券附带的应计利息可以达到 5 000 000.00 欧元。若债券的担保品价值在计算时不考虑应计利息，担保品提供方（collateral giver）就面临严重低估债券担保品价值的风险，进而使担保品提供方需要交付更多数量的债券以减轻（mitigate）风险敞口方（exposed party）的风险。这将导致担保品提供方在不知不觉中具有风险敞口，因为他们无意中为交易对手方（counterparty）提供了超额担保（over-collateralised）。

在公司证券静态数据（static data）中设置单个证券的详情数据以便于进行应计利息的自动计算，是非常普遍的操作。然而，自动化并不意味着不需要在公司的静态数据中设置准确的信息，不准确的信息将导致错误的计算结果。计算应计利息时为避免使用不准确信息，非常推荐直接从债券募集说明书中获取与债券利息特征相关的详情数据。例如：

- 债券付息日
- 息票支付频率：通常是每年或每半年付息，但也可以是每季度或每月付息
- 特殊息票区间，如首期短期息票（short first coupon）和首期长期息票（long first coupon）
- 息票率，债券整个存续期内通常是单一利率，但分级利率债券具有不止一个息票率
- 债券计息日数惯例
- 除数惯例

抵押折扣率（估值比率） 抵押折扣率用于反映持有一项资产（如一只债券）的预期风险。抵押折扣率与作为担保品交付的债券的预期风险直接相关。而风险与债券发行人的信誉（creditworthiness）具体相关。

抵押折扣率的应用是为了降低债券的市场价值（market value）以得到其担保品价值（collateral value），就场外衍生品担保品而言，抵押折扣率在信用支持附件（credit support annex）中有所规定。

债券抵押折扣率的影响因素包含在下面由欧央行（ECB）发布的表格中，并于2011年1月1日起生效。注：以下内容作为代表性示例，描述了抵押折扣率是如何得出的。

确定一只债券的相关抵押折扣率需要一系列步骤。首先，须参照表34.4确定债券的流动性类别：

表34.4 有价资产的流动性类别

Ⅰ类	Ⅱ类	Ⅲ类	Ⅳ类	Ⅴ类
中央政府债务工具 中央银行发行的债务工具	地方和区域政府债务工具 超大额担保银行债务工具 政府支持企业债务工具 超国家债务工具	传统担保银行债务 结构化担保银行债务 由公司和其他发行人发行的 共同债务工具	信贷机构债务工具（无担保）	资产支持证券

注：所列信息仅为摘要，更多详情请参见欧央行资料。

资料来源：欧央行（ECB）。

在前述两部分所举例子中，假设债券发行人，名称为×××，为公司发行人，属于Ⅲ类范围。

接下来，根据横向排列的表34.6"适用于合格有价资产的抵押折扣率水平"，示例债券具有以下特征：

- 发行人评级：A −
- 息票结构：固定利率
- 剩余期限（residual maturity）：大于 10 年

这表明对应的抵押折扣率为 11%，从总市场价值（含应计利息）中扣减后，得出总担保品价值为 9 078 964.16 美元（见表 34.5）。

表 34.5　　　　　　　　债券担保品价值计算表 3（3/3）

×××发行的 10 000 000 美元债券，票面利率 4.15%，2030 年 4 月 15 日到期		
逐日盯市除息价格	98.76%	9 876 000.00 美元
加　应计利息	282 天	+ 325 083.33 美元
总市场价值		10 201 083.33 美元
减　抵押折扣率	11%	（1 122 119.17 美元）
总担保品价值		9 078 964.16 美元

确定抵押折扣率：计算示例　利用两张表格，表 34.4 "有价资产的流动性类别" 以及表 34.6 "适用于合格有价资产的抵押折扣率水平"，计算以下问题的答案。［注：一些问题需要理解债券名义价值（bond denominational value），参见第 2 章 "各类担保品的性质与特征"。］

例 1　2012 年 1 月 12 日，国家中央银行与交易对手方 B 达成了一笔回购交易，其中国家中央银行购买了 7 190 万欧元的 A 资产，评级为 AA ＋。该资产是超国家债务工具，固定利率 4.15%，2018 年 10 月 15 日到期。该债券的市场价格为 101.09%，包含了应计利息（即含息价格）。

问题 1：该资产的担保品价值是多少？

答案：69 412 943.05 欧元（71 900 000 欧元 × 101.09% ＝ 72 683 710.00 欧元，减去 4.5% ＝ 3 270 766.95 欧元，最终得数 ＝ 69 412 943.05 欧元）。

解释：超国家债务工具属于 Ⅱ 类，评级为 AA ＋，加之示例中的固定利率债券有超过 6 年的剩余期限，且因为其有固定息票，适用的抵押折扣率为 4.5%。

例 2　2012 年 11 月 29 日，国家中央银行与交易对手方 G 达成了一笔回购交易，其中国家中央银行购买了 52 250 000 欧元的一家欧洲公司的零息债券，评级为 A −，2021 年 4 月 1 日到期。该债券的市场价格为 58.09%。

问题 2：该资产的担保品价值是多少？

答案：27 468 582.63 欧元（52 250 000 欧元 × 58.09% ＝ 30 352 025.00 欧元，减去 9.5% ＝ 2 883 442.38 欧元，最终得数 ＝ 27 468 582.63 欧元）。

解释：公司债券属于 Ⅲ 类，评级为 A −，加之示例中的债券有超过 8 年的剩余期限，且因为其为零息债券，适用的抵押折扣率为 9.5%。

例 3　2012 年 10 月 21 日，交易对手方 T 从国家中央银行借款 5 800 万欧元现金，并拥有资产 T（中央政府债券，固定利率 3.95%，2025 年 5 月 15 日到期，评级为

AA)。该债券的市场价格为 97.81%，含应计利息。该债券具有单一名义价值 100 000.00 欧元。

问题3：需要交付多少数量的债券（精确到 100 000.00 欧元）以对现金借款进行担保？

答案：62 800 000 欧元债券（62 800 000 欧元×97.81% = 61 424 680.00 欧元，减去 5.5% = 3 378 357.40 欧元，最终得数 = 58 046 322.60 欧元）。

解释：中央政府债券属于 I 类，评级为 AA，加之示例中的固定利率债券有超过 10 年的剩余期限，适用的抵押折扣率为 5.5%。

建议的计算方法：（1）计算 100 000 欧元债券的担保品价值（同时考虑市场价格与抵押折扣率），即 100 000×市场价格×（100% − 抵押折扣率%），然后（2）用风险敞口金额除以（1）的计算结果，以得出债券数量，再精确到 100 000.00 欧元。

例4 2012 年 8 月 7 日，交易对手方 P 从国家中央银行借款 9 000 万欧元现金，并拥有资产 D（信贷机构债务工具，息票率 4.65%，2016 年 12 月 1 日到期，评级为 BBB）。该证券的市场价格为 100.09%，含应计利息。该债券具有单一名义价值 100 000.00 欧元。

问题4：需要交付多少数量的债券（精确到 100 000.00 欧元）以对现金借款进行担保？

答案：141 700 000 欧元债券（141 700 000 欧元×100.09% = 141 827 530.00 欧元，减去 36.5% = 51 767 048.45 欧元，最终得数 = 90 060 481.55 欧元）。

解释：信贷机构债务工具属于 IV 类，评级为 BBB，加之示例中的固定利率债券有 4 年多的剩余期限，适用的抵押折扣率为 36.5%。

建议的计算方法：（1）计算 100 000 欧元债券的担保品价值（同时考虑市场价格与抵押折扣率），即 100 000×市场价格×（100% − 抵押折扣率%），然后（2）用风险敞口金额除以（1）的计算结果，以得出债券数量，再精确到 100 000.00 欧元。

每天，公司需要查阅与交易对手方签订的具体信用支持附件的内容，以明确计算抵押折扣率所使用的参数。

表34.6 **适用于合格有价资产的抵押折扣率水平（%）**

信用质量	剩余期限（年）	流动性类别								
		I 类		II 类		III 类		IV 类		V 类
		固定息票	零息	固定息票	零息	固定息票	零息	固定息票	零息	全部
AAA 至 A −（上限）	0~1	0.5	0.5	1.0	1.0	1.5	1.5	6.5	6.5	16
	1~3	1.5	1.5	2.5	2.5	3.0	3.0	8.5	9.0	
	3~5	2.5	3.0	3.5	4.0	5.0	5.5	11.0	11.5	
	5~7	3.0	3.5	4.5	5.0	6.5	7.5	12.5	13.5	
	7~10	4.0	4.5	5.5	6.5	8.5	9.5	14.0	15.5	
	>10	5.5	8.5	7.5	12.0	11.0	16.5	17.0	22.5	

续表

信用质量	剩余期限（年）	流动性类别								
		I 类		II 类		III 类		IV 类		V 类
		固定息票	零息	固定息票	零息	固定息票	零息	固定息票	零息	全部
BBB + 至 BBB –（下限）	0~1	5.5	5.5	6.0	6.0	8.0	8.0	15.0	15.0	不合格
	1~3	6.5	6.5	10.5	11.5	18.0	19.5	27.5	29.5	
	3~5	7.5	8.0	15.5	17.0	25.5	28.0	36.5	39.5	
	5~7	8.0	8.5	18.0	20.5	28.0	31.5	38.5	43.0	
	7~10	9.0	9.5	19.5	22.5	29.0	33.5	39.0	44.5	
	>10	10.5	13.5	20.0	29.0	29.5	38.0	39.5	46.0	

注：以上并不是 ECB 引用的所有元素的详尽清单。

资料来源：欧央行 ECB。

欧央行（ECB）对合格有价资产的风险控制框架包括以下主要元素：

■ 应用抵押折扣率，是指从相关资产的市场价值中扣减特定百分比。对于合格的有价固定利率和零息债务工具，适用于 I 类至 IV 类债务工具的抵押折扣率因具体剩余期限和息票结构的不同而有所区别

■ 适用于流动性 I 至 IV 类、息票利率可变（反向浮动利率除外）的有价债务工具的抵押折扣率，与同样流动性类别和信用等级内剩余期限为 0~1 年的固定利率债务工具适用的抵押折扣率相同

■ 资产需要每日估值。每日，国家中央银行根据未偿付信贷金额变动和规定的估值抵押折扣率，计算需要提供的相关资产的价值

■ 欧央行（ECB）可以在任何时点决定从已发布的合格有价资产列表中剔除单个债务工具

■ 从 2011 年 1 月 1 日起，以欧元以外货币（如美元、英镑、日元）标价且在欧洲区域发行的有价债务工具，将不再是合格担保品

34.4.3 交易信息记录

已经选择好为满足交易对手方（counterparty）追缴保证金（margin call）要求而将要交付的债券担保品并完成相应的估值后，现在需要对将被交付（即交付给交易对手方）债券的详情进行内部正式记录。

尽管该步骤为公司内部步骤，但该步骤是必需的，目的是使公司保持对其资产的适当控制。

首先，假设在公司决定向交易对手方交付债券作为担保品之前，以下信息记录在公司的账簿和财务记录（books & records）中（见表 34.7）。

表 34.7　　　　　　　　　　　　　**账簿和财务记录 1**

×××发行的债券，票面利率 4.15%，2030 年 4 月 15 日到期			
所有权		所在位置	
交易账户"A"	+ 15 000 000	− 15 000 000	托管人"P"
	+ 15 000 000	− 15 000 000	

同时假设该信息已经全部对账（reconciled），特别是所有权头寸与交易系统的信息完全一致，所在位置的数据与托管人（custodian）P 提供的证券存量报表完全一致。

其次，为了结算保证金，公司现在希望向其交易对手方交付数量为 10 000 000 美元的×××发行的债券作为担保品，该债券票面利率 4.15%，2030 年 4 月 15 日到期。

为使公司的账簿和财务记录能够持续反映现实情况，在该时点需要记录一笔内部交易，该交易会引起证券会计分录的转录处理。这些分录需要反映以下内容：

■ 公司已选择上述债券（即 10 000 000 美元×××发行的债券，票面利率 4.15%，2030 年 4 月 15 日到期）作为担保品，将在与追缴保证金相关的结算日交付给交易对手方（如表 34.8 所示）。

表 34.8　　　　　　　　　　　　　**担保品交易信息记录**

要素	含义	示例	
交易类型	被记录的交易的类型	债券担保品交付	
交易对手方	交易对手方名称	交易对手方 T，纽约	
证券编码	证券识别码，如 ISIN	XX1234567891	
数量	准备交付的债券数量	10 000 000 美元	
结算日	准备交付的日期	1 月 27 日	
当前市场价格	当前债券在公开市场的除息价格	98.76%	9 876 000.00 美元
应计利息天数/应计利息	应计利息天数/应计利息价值	282	+ 325 083.33 美元
总市场价值	债券的总市场价值		10 201 083.33 美元
抵押折扣率	适用的抵押折扣率/被扣除的价值	11%	（1 122 119.17）美元
总担保品价值	债券的总担保品价值		9 078 964.16 美元
公司的托管人 *	公司的托管人/用于交付的账号	托管人"P"账号 12345	
交易对手方的托管人 *	交易对手方的托管人/用于接收的账号	托管人"P"账号 98765	
结算方式	债券交付的方式	纯券过户	

注：公司的托管人和交易对手方的托管人通常是从公司静态数据库中存储的常设结算指令（Standing Settlement Instructions，SSIs）处复制的。

交易信息记录后，交易的结算状态会紧接着变为"待结算"（open），该状态将持续至托管人通知结算已完成［最早是结算日（value date）］。请注意：在内部账簿中，若过早对交付进行记录，会导致内部记录不准确，且内部账簿和财务记录与托管人提供的报表无法对账。

通常的做法是内部在记录此类交易信息时将设置唯一的交易参考编码，该编码将被应用于后续所有内部和外部的通信。

相关证券会计分录通过以下途径产生：

■ 手动生成，且手动输入公司账簿和财务记录系统，或者

■ 在公司担保品系统内部记录担保品交易，该记录后续在公司的账簿和财务记录系统中（依据系统中存储的预先定义的准则）生成会计分录

一家公司内部会计分录的转录方式将取决于公司与担保品相关的自动化水平。现代系统中，担保品交易的记录会使系统中生成：

■ 就意向担保品与交易对手方沟通的通知，以及

■ 将被自动传输至公司托管人的交付指令

34.4.4 就意向担保品与交易对手方沟通

在该阶段，尽管公司已经选择交付债券担保品，但发出保证金追缴通知的交易对手方并不知道公司为满足保证金要求而打算交付的债券情况。

这一步骤的重要性体现在交易对手方通过这种方法能够（在正式交付前）确认公司计划交付的担保品：

■ 符合双方签订的信用支持附件（CSA）中对于合格担保品（eligible collateral）的规定，以及

■ 根据债券数量、当前市场价格、应计利息和抵押折扣率计算后的价值足以覆盖追缴保证金要求的金额

用于沟通意向担保品的通知的一般内容如表34.9所示。

表 34.9 意向担保品

发出方	发信公司的名称
接收方	交易对手方名称
提醒注意	担保品部门
主题	意向担保品通知
我方参考编号	发信公司的担保品交付参考编号
意向担保品	
	贵方保证金追缴通知已收悉，我方计划交付如下债券：
估值日期	风险敞口确定的日期
风险敞口金额	追缴保证金相关的风险敞口价值
证券	意向交付债券的完整介绍
证券编码	证券识别码，如 ISIN
数量	准备交付的债券数量
结算日	准备交付的日期
当前市场价格	当前债券的市场除息价格
应计利息天数	对应的应计利息天数
应计利息	对应的应计利息价值
抵押折扣率	从当前市场价值中扣除的抵押折扣率百分比
当前担保品价值	将应计利息和抵押折扣率计算在内的债券的担保品价值

结算详情	
结算详情	用于交付债券的公司托管账号 用于接收债券的对手方托管账号
结算方式	结算的方式（通常是"纯券过户"）
公司签发	公司全名与地址
传输时间	传输的确切日期与时间

发出此类通知所应用的传输方式有：

■ 电子邮件，或者

■ AcadiaSoft 的 MarginSphere 系统（仅为其用户服务），或者

■ S. W. I. F. T.；具体而言是 MT504 报文（担保品意向）

回复担保品意向的截止时间一过，假如对手方没有拒绝接受意向债券，公司应当开始安排向交易对手方交付债券的相关事宜。

34.4.5 证券担保品交付指令

已在此前选择好要交付给交易对手方的债券且完成了相关估值工作，假设交易对手方也同意了，发送交付债券结算指令（settlement instruction）需要考虑的内容包括：

■ 决定交付证券的托管人及托管账户，以及

■ 决定向托管人传达结算指令的传输方式

担保品交付的结算指令一般包括表 34.10 所示的内容。

表 34.10 对外交付担保品指令

交付指令要素	信息来源	交付指令示例
我方交易参考编号	手动编号或系统生成	Coll12121212
公司账号	交易相关方静态数据；我方常设结算指令	12345
交易对手方账号	交易相关方静态数据；对方常设结算指令	98765
交付方向	认同交易对手方的保证金追缴通知	交付
数量	内部账簿和财务记录 和/或 托管人报表	10 000 000
证券识别码（ISIN）	证券静态数据	XX1234568791
结算日	正常担保品交付周期	1 月 27 日
结算方式	正常债券担保品结算方式	纯券过户

从一般意义上来说，证券结算有两种方式，分别是券款对付［Delivery versus Payment（DvP）］和纯券过户［Free of Payment（FoP）］。券款对付要求现金金额变动与证券变动方向相反，通常用于：

■ 证券买卖交易结算，以及

■ 融资回购（cash-based repo）交易结算，以及

■ 以现金作为担保品的证券借贷（securities lending & borrowing）交易结算

反之，纯券过户在交付证券时不涉及现金变动。场外衍生品风险敞口结算要求"价外"（out-of-the-money）［即负风险敞口（negative exposure）］一方向"价内（in-the-money）"［即正风险敞口（positive exposure）］一方提供价值担保，相关结算方式为纯券过户。通常的做法是这类纯券过户结算指令由交易双方发送，经匹配后才能进行结算。

［向中央证券托管机构（central securities depository）或向托管人（custodian）］传输纯券过户证券结算指令的一个比较通行的方式是通过 S. W. I. F. T.。表34.11 反映了两种 S. W. I. F. T. 会员公司可以使用的纯券过户结算指令报文格式。

表34.11　　　　　　　　　　　　　　S. W. I. F. T. 报文格式

S. W. I. F. T. 证券市场"纯券过户"报文格式		
报文编号	报文名称	报文用途
MT540	纯券过户，接收证券	接收证券，无须付款
MT542	纯券过户，交付证券	交付证券，无须收款

使用 S. W. I. F. T. 进行保证金纯券过户结算需要交付证券的一方发送 MT542 指令，而其交易对手方发送 MT540 指令。

34.4.6　完成结算指令匹配

对于交易双方间债券的实际交付而言，公司的结算指令需要与交易对手方的结算指令相匹配。指令匹配是一种控制机制，旨在确保证券交付的账户、数量和结算日正确。若提供方的指令无须与接收方进行匹配，提供方将面临由于（例如）以下原因，将证券交付至第三方账户的风险：

- 输入交易对手方账号时出错，或者
- 使用旧（即未更新）的交易对手方常设结算指令（SSI）

当托管人收到担保品提供方（collateral giver）的指令时，托管人将进行有效性检查以确保相关证券确实存在并且担保品提供方与担保品接受方的账号均准确、有效且可用。若发现这些要素中的任何一个有问题，该指令将被托管人拒绝。若被拒绝，则需要立即进行调查并解决问题，否则交易对手方的风险敞口可能无法在要求的时间段内得到减轻（mitigated）。

假设指令通过了相关有效性检查，托管人将（1）记录结算指令的详细信息，并（2）通过从交易对手方查找对应指令，尝试完成指令的匹配。匹配未完成前，担保品提供方指令将一直显示"未匹配"（unmatched）状态。即使是在托管人已收到担保品接受方的指令的情况下，若存在任何与担保品提供方指令不同的详细信息，"未匹配"状态将持续。若指令在结算日的1天内未能完成匹配，状态将升级显示为"紧急未匹配"（urgent unmatched），在该阶段就必须对指令无法匹配的原因进行调查并解决相关问题。当所有详细信息都匹配后，担保品提供方和担保品接受方的指令都将显示"已匹配，待结算"（matched with a future value date）状态。若交易对手方的风险敞口想要按时得到减轻，那么结算日前必须达成该状态。

结算日前，担保品提供方和担保品接受方的指令都将保持"已匹配，待结算"状态（除非其中一方撤销了指令，这种情况下仍存在的指令将回到"未匹配"或"紧急未匹配"状态，具体取决于临近到期日的程度）。

34.4.7 完成及时交付（结算）

指令的匹配对于证券结算而言是必备的先决条件。指令完成匹配后，若证券在担保品提供者的账户中是现成的，即能顺利完成结算。请注意：由于证券交付采取纯券过户的方式进行，担保品接受方无须在其账户中储备现金，因此担保品接受方账户中缺少现金并不是交付失败的合理理由。

有了已经匹配完成的纯券过户结算指令，担保品交付失败唯一可能的原因是担保品提供者账户中的相关债券数量为零，或者债券数量小于应交付的总数。需要重点注意的是，完成结算指令的匹配并不能保证在结算日如期完成结算。

为确保选取的债券能够按时交付，担保品提供者应当采取以下措施：

■ 只选择那些确定存在于托管人处的债券用于交付

■ 只选择那些组织机构内的其他领域无法使用的债券；这可能需要对作为担保品使用的债券采取隔离措施，即放入托管人处开立的单独隔离账户

■ 避免选择即将到账但尚未收到的债券，因为该证券的接收若发生延迟，将对其作为担保品的交付产生不利影响，进而导致无法及时地完成对交易对手方追缴保证金要求的结算

在位于主要金融中心的多数（若非全部）中央证券托管机构（central securities depository）中，担保品提供方向担保品接受方的交付通常是通过被称为电子账簿（electronic book entry）的机制完成，从担保品提供方的账户借记债券，同时将同样的债券贷记到担保品接受方的账户（无须在物理意义上移动证券）。

该交付实际完成的日期被称为实际结算日（settlement date）。在多数情形中，因为绝大多数证券交付按期完成，实际上结算日与到期结算日（value date）是同一天，这种情况下交付被认为是"按时"完成的。若实际结算日晚于到期结算日，交付就会被认定为"失败"，意味着交付被延迟了（并未取消）。

结算日当天，若出现结算失败（settlement failure），托管人将把担保品提供方和担保品接受方的结算指令都标示为结算失败状态（failed status）。若结算失败的原因是提供方债券数量不足，交易双方的结算指令均会被标示为"交付方数量不足"（deliverer insufficient）（或类似措辞）状态。担保品提供方和担保品接受方都将因此而意识到担保品接受方的风险敞口没有在到期日得到减轻。这样的失败意味着担保品接受方有未被减轻且持续存在的风险敞口。担保品接受方将采取何种应对措施由各家公司自己决定，担保品接受方可能会容忍担保品提供方偶尔的过失，但是经常发生错误很可能被视为非常严重的事情。

不论结算何时完成，当日托管人将发送"结算通知"（advice of settlement），该通

知是同时发送给担保品提供方和接受方的关于交付的正式通知。这类通知包括（见表34.12）。

表 34.12 收到的结算通知

交付指令要素	结算通知示例
我方交易参考编号	Coll12121212
公司账号	12345
交易对手方账号	98765
交付方向	交付
数量	10 000 000
证券识别码（ISIN）	XX1234567891
结算日	1 月 27 日
结算方式	纯券过户

该例中，结算通知表明结算在实际结算日 1 月 27 日完成，与到期结算日是同一天。因此，结算"按时"完成，相应地，担保品接受方的风险敞口也"按时"得到了减轻。

34.4.8 交付完成后更新内部账簿和财务记录

既然已收到了结算通知，担保品提供方就亟须立即使用以下信息（见表34.13），准确地更新其内部账簿和财务记录（books & records）：

■ 结算完成当天，从托管账户移出的债券数量
■ 接受方现在所拥有的债券数量

表 34.13 账簿和财务记录 2

×××发行的债券，票面利率4.15%，2030 年 4 月 15 日到期			
所有权		所在位置	
交易账户"A"	+15 000 000	−5 000 000	托管人"P"
		−10 000 000	交易对手方 T，纽约（担保品）
	+15 000 000	−15 000 000	

请注意：所有权头寸与此前保持一致（因为债券并没有从交易账户"A"中被卖掉），但是所在位置头寸现在反映的是部分债券是由担保品接受方持有的。

这种记账的操作对于任何公司来说都是亟须处理的，为的是保持对其资产的适当控制。维护准确的账簿和财务记录可以带来许多好处，以下列举三例：

1. 若担保品提供方的交易员想要卖出债券，公司的运营部（operations department）将（从公司的账簿和财务记录中）发现该债券并未在托管人处持有，无法在担保品接受方归还债券之前进行交付以结算卖出交易。这可以通过与担保品接受方达成担保品置换（collateral substitution）的方式实现，由担保品提供方向交易对手方提供替代担保品（replacement collateral），以换回初始债券（现在被卖出了）。

2. 若债券即将发生息票支付（coupon payment），担保品提供方的公司行为（cor-

porate actions）部门将（从公司的账簿和财务记录中）发现公司将获得由×××发行，票面利率4.15%，2030年4月15日到期的总值为15 000 000美元的债券带来的息票。他们也会看到其中10 000 000美元的债券并未在公司的托管人处持有，而是在息票支付的登记日（record date）由担保品接受方持有。在这种情况下，公司的托管人将仅就5 000 000美元的债券给公司贷记息票支付金额，而公司需要向担保品接受方要求支付10 000 000美元债券所对应的息票。

3. 当担保品提供方进行托管对账（depot reconciliation）时（将内部已经结算的证券头寸的账簿和财务记录与托管人的相应报表进行比对），对账结果没有理由会不一致。该对账操作是公司日常执行的至关重要的控制手段之一。

若没有及时准确的记账，担保品提供方的内部账簿和财务记录将无法反映现实情况，在上述例1和例2中的现金收款也无法有效完成，最低限度也可能导致现金收款延迟（对公司来说会产生成本）。此外，上述三个例子每个都需要额外人力来：（1）识别对账差异，（2）调查引起差异的原因，以及（3）采取纠正措施以解决差异问题——所有这些都是公司的额外成本。

对账簿和财务记录的更新通常通过以下方式进行。当担保品交易先前被记录时，生成一条显示交易特征及其要素部分（如交易对手方、债券数量、债券名称、结算日）的"交易记录"（transaction record）。记录时，交易的结算状态将是"待结算"（open）（尚未结算）。一旦收到托管人发来的结算通知，交易记录就必须根据交付详情（如交付的债券数量、结算日）进行更新。更新一经完成，交易的结算状态就应当变为"已结算"（settled）。这一对账簿和财务记录的正式更新显示该交付已不再是未完成的，且这些债券已不再处于将交付给担保品接受方的状态了。

34.4.9 对账

更新其账簿和财务记录后，证明公司对其资产有所控制的证据是通过内部账簿和财务记录与外部报表的对账过程。

遗憾的是，笔误的确时有发生。同时，公司还可能会遇到内部或外部欺诈。不论是出现错误还是欺诈，公司能够发现余额错误和/或丢失资产的最好的机会是通过定期（最好是每日）对账。

如今，许多公司利用专门用于对账的软件对内部账簿和财务记录与外部报表的详细信息进行比对。这类软件的对比过程通常需要数秒或几分钟（而不是像手工处理一样需要几小时）。任何不一致的地方都将立即被标出，可以立即开展调查，也可以非常快速地采取解决措施。若欺诈成功了，至少公司将很快意识到发生了什么，且能趁早使相关权力机关介入。

对于现金来说，最重要的对账之一是往账对账（nostro reconciliation），即将公司在不同资金代理行（cash correspondent，也被称为nostro）持有的现金余额进行对账。

对应的债券对账被称为托管对账（depot reconciliation），即将公司在不同托管人［也称为depot（在欧洲）和depo（在美国）］处持有的证券余额进行对账。

34.5 总结

若公司的各个交易对手方存在与单笔场外衍生品交易或场外衍生品交易组合相关的风险敞口，公司就有法定义务在规定的截止日期前，及时响应从这类交易对手方收到的追缴保证金要求。

在这种情况下，公司必须保证其在正常的市场时间段内（考虑到交付的是现金担保品还是证券担保品），采取恰当的行动来减轻其交易对手方的风险敞口。若公司在这一点上失败了，尤其是反复失败，公司就面临交易对手方将这类失败视为公司对合同义务（contractual obligations）违约（default）的风险。

因此，公司必须确保具备在所有情况下（不论是使用现代化系统还是通过有经验的人力，或最好是两者的结合）于规定时间段内履行其操作义务的能力。

场外衍生品交易与担保品—担保品生命周期—交易存续期间—发出保证金追缴通知

第 35 章

发出保证金追缴通知的程序步骤与前一章（收到保证金追缴通知）的内容大体上相似。然而，也存在仅与发出保证金追缴通知相关的一些工作。本章突出强调了为减轻公司的风险敞口而成功发出保证金追缴通知所包含的程序步骤。

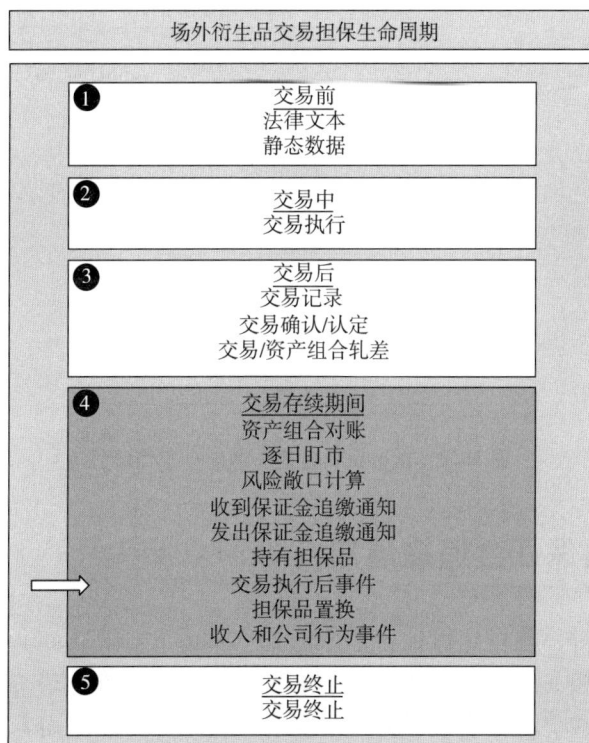

场外衍生品交易担保生命周期

❶ 交易前
法律文本
静态数据

❷ 交易中
交易执行

❸ 交易后
交易记录
交易确认/认定
交易/资产组合轧差

❹ 交易存续期间
资产组合对账
逐日盯市
风险敞口计算
收到保证金追缴通知
发出保证金追缴通知
持有担保品
交易执行后事件
担保品置换
收入和公司行为事件

❺ 交易终止
交易终止

35.1 引言

在担保品生命周期的当前节点，以下事项已经完成。需要注意的是不论是收到还是发出保证金追缴通知的交易方都应完成以下事项：

■ 资产组合对账（portfolio reconciliation）

■ 逐日盯市（marking-to-market）

■ 考虑以下因素后的风险敞口（exposure）金额计算：

■ 就每个交易对手方（counterparty）而言，信用支持附件（CSA）的要素

■ 提供或接受的现有担保品

事实上，上述所有事项对于确定风险敞口货币价值，确定风险敞口方，以及确定保证金追缴方都是必不可少的。

在公司已经确认其具有风险敞口的情况下，对于风险敞口的减轻（mitigation）通过图 35.1 所示的工作流程完成：

发出保证金追缴通知
发出保证金追缴通知
交易对手方提出意向担保品
核实交易对手方的意向担保品
交易记录
发起担保品收取行动
监控担保品收取
更新账簿与财务记录
进行对账
更新累计担保品记录

图 35.1　发出保证金追缴通知：工作流程

35.2 发出保证金追缴通知

公司须向交易对手方发出保证金追缴通知（Margin Call Notification，MCN），以使交易对手方能够在相关信用支持附件规定的截止时点（通知时点）前收到。

尽管事实上一些交易对手方不会严格要求截止时点，但公司若寄希望于这些交易对手方将延迟收到的通知都视为在截止时点前收到，就有些冒险。从法律（信用支持附件）角度就默认情况而言，晚于规定截止时间收到的保证金追缴通知将依据规定被

视为逾期，将于一日后支付或会失效且于次日重新计算。在这种情况下，实际上是需要与交易对手方就处理方式达成一致的。

35.2.1 保证金追缴通知：交易对手方同意或反对

就公司发出的保证金追缴通知而言，要么（1）交易对手方确认其同意，要么（2）交易对手方对此提出异议。若保证金追缴通知存在争议，可能是由于以下原因之一（或更多）：

- 场外衍生品交易数量[①]的差别
- 盯市价格[①]的差别
- 现有担保品记录的差别
- 使用了过时的信用支持附件，例如节假日规定不同或估值频率不同
- 信用支持附件的要素计算有误，其中最可能出错的是独立金额、起点金额、最低交付金额和取整

35.2.2 无争议金额结算

若交易对手方对追缴保证金金额提出异议，通常的做法是先对无争议金额（undisputed amount）进行结算，然后再试图解决差异金额部分。

举个例子，若公司发出的保证金追缴要求是 3 000 000.00 美元，但交易对手方计算出的风险敞口金额为 2 200 000.00 美元，后者（即无争议金额）将以正常方式进行结算。对剩余的 800 000.00 美元［即争议金额（disputed amount）］将立即开展调查。争议金额产生的原因一经确认，结果可能就意味着无风险敞口方（non-exposed party）需要额外支付全部争议金额，也可能是与争议金额相比更少或更多的金额。

35.3 交易对手方提出的意向担保品

假设交易对手方认可追缴保证金的金额，交易对手方必须决定（在信用支持附件允许的选择范围内）以何种方式对保证金进行结算，是支付现金还是交付债券。

收到交易对手方意向担保品通知

做出决定后，交易对手方需要将其选择的结算方式正式通知公司。这种通知常用的传输方式是通过电子邮件或 AcadiaSoft 的 MarginSphere 系统，公司收到该通知的截止时点通常是保证金追缴通知截止时点往后数 24 小时。实际上，风险敞口方对无风险敞口方意向担保的确认通常在保证金追缴通知截止时点的当天就能收到，在许多情况下也能在保证金追缴通知截止时点后的 3 小时内收到（截至写作时点情况如此）。

---

① 若成功进行了先前的资产组合对账，则不应该存在交易数量和交易盯市价格的差别。详情请见第 31 章"场外衍生品交易与担保品—担保品生命周期—交易存续期间—资产组合对账"。

35.4 核实交易对手方的意向担保品

核实交易对手方意向担保品的步骤根据担保品是现金还是债券，而有所区别，相应的区别在下文中列出。

35.4.1 现金担保品

若无风险敞口方提出，他们选择提供现金担保品，风险敞口方所需要采取的行动是确保（1）风险敞口方打算支付的货币是信用支持附件中规定的，（2）现金金额是准确的，以及（3）交易对手方将会把这些现金支付至正确的公司资金代理行（nostro）账户。若无风险敞口方所保存的风险敞口方资金代理行的详细信息不准确，则存在公司的风险敞口无法在到期日得到减轻的可能。为使风险敞口方知晓无风险敞口方计划进行的支付详情，需要在此前提到的电子邮件中对风险敞口方资金代理行账户的细节进行沟通。{交易对手方应当从风险敞口方初始提供的信息（尽管这通常是通过两家公司间的回电确认的）中，提取此类信息并在其静态数据库（static data repository）中保存为常设结算指令［Standing Settlement Instruction（SSI）］}。

此外，为了使风险敞口方收到资金的"可用资金价值"（good value），收款资金代理行可以要求风险敞口方（即账户持有人）提供资金预开通知书（funds preadvice）。该通知对收款资金代理行进行了预警，提示有资金正在由另一家银行向其付款的过程中，进而便利收款资金代理行更新其总现金头寸。若风险敞口方未能向其收款资金代理行发出资金预开通知书，收款资金代理行仍会收到资金但无法提前预期对该笔资金的收款，相应地，收到的款项将不会被归入头寸，也就是说收款资金代理行将无法从该笔资金金额中赚取利息，因而收款资金代理行也不可能将可用资金价值贷记至风险敞口方的账户。在无公众节假日的正常周中，无法在周一至周四期间收取可用资金价值将导致（1）对风险敞口的减轻将延迟一天，以及（2）损失一天的现金利息［假设是正利率（positive interest rate）环境］。反之，若追缴保证金的结算日是周五，无法收取可用资金价值将意味着（1）风险敞口方的风险敞口未能在到期日（周五晚）及接下来的两晚（周六晚、周日晚）得到减轻，以及（2）风险敞口方将损失三晚的现金利息。在商定了日期的情况下，利息损失可以通过理赔流程或修正利息计算结果来得到补偿。

35.4.2 债券担保品

若无风险敞口方选择提供债券担保品而不是现金，风险敞口方就需要尽快对以下详细信息进行核实，主要包括：

■ 意向债券确实符合信用支持附件中规定的合格债券标准，特别是发行人（issuer）类型、发行类型和发行人的信用评级标准，以及

■ 意向债券担保品数量确实能够覆盖风险敞口金额。确定该项的计算要素如表

35.1 所示

表 35.1　　　　　　　　　　　　　　意向债券担保品

交易对手方的意向债券担保品		
6 000 000 欧元 ABC 发行的债券，票面利率 2.95%，2028 年 7 月 1 日到期		
逐日盯市价格	101.73%	6 103 800.00 欧元
加　应计利息	44 天	21 633.33 欧元
总市场价值		6 125 433.33 欧元
减　抵押折扣率	8%	（490 034.67 欧元）
总担保品价值		5 635 398.66 欧元

为理解表 35.1 中的要素部分，请参见第 34 章"场外衍生品交易与担保品—担保品生命周期—交易存续期间—收到保证金追缴通知"的内容，特别是第 34.4.2 小节"证券担保品估值"。

若风险敞口方的核实程序显示，公司认为，（1）意向债券不符合信用支持附件的合格标准，且/或（2）债券符合标准但交易对手方计划提供的债券数量不足，风险敞口方需要立即通知交易对手方，最好是以书面形式。在进行相应的沟通后，无风险敞口方可能决定另提供一只合格债券，或是更多数量的原意向债券，或是现金。当无风险敞口方为满足公司的担保品要求而提交其修改后的意向时，风险敞口方应当重复与初始意向担保品相同的步骤。总之，风险敞口方面临收到不合格债券担保品或合格债券担保品数量不足（因而担保品价值不足）的风险，因此不论在何种情况下，公司必须通过严格执行这类核实步骤，以确保其风险敞口得到充分且合适的减轻（mitigated）。

若无风险敞口方计划交付多只债券以满足公司的保证金追缴通知要求，风险敞口方完成核实程序所需要的时间可能比正常情况要长。除了债券须根据信用支持附件条款规定满足合格标准外，对于担保品提供方（collateral giver）计划向担保品接受方（collateral taker）交付的债券只数，一般（信用支持附件中的规定）没有限制。通常的做法是适用五只证券（以 ISIN 码区分）的非正式限制条件，尽管在特殊情况下为了满足追缴保证金要求，证券数量可能会更多。显然，核实（诸如）五只或十只不同债券，包括每只债券的盯市价格、应计利息（accrued interest）计算和抵押折扣率（haircut），所需要的时间和精力对于风险敞口方来说，远多于无风险敞口方计划交付单只债券的情况。风险敞口方需要持续留意这类时间和精力的增加带来的潜在影响，特别是对限定时间完成的任务的影响。若风险敞口方此前从未交易或持有无风险敞口方计划交付的债券，则该债券在公司自有的静态数据库中未被存储，因而可能无法立即获得该债券相关信息。缺失的相关信息可能包括债券付息日（coupon payment dates）与付息频率的详细资料，进而将影响应计利息的计算。然而，证券数据供应商（data vendors）的用户预计能够获得该债券的详细信息，尽管用户获取此类信息的速度取决于用户与数据供应商服务层面的协议（service level agreement）。公司用户若（举例而言）每日一次于工作日日终时从数据供应商处收到下载的证券详细信息，则会面临在可接受的时间段内无法核实无风险敞口方意向债券的风险。

35.4.3 对交易对手方意向担保品的反馈

无论交易对手方计划提供的担保品是现金还是债券，风险敞口方在完成核实程序后，必须对无风险敞口方的意向担保品通知做出反馈，通过其自身发出的通知，表明要么（1）同意意向担保品，要么（2）不同意。这类通知的方式主要是通过电子邮件。但这类通知对于 AcadiaSoft 的 MarginSphere 系统用户而言是通过系统实现并记录的。

一般而言，风险敞口方未能对无风险敞口方的意向进行反馈将使得无风险敞口方假定风险敞口方同意其意向，最好的做法是无论公司是否同意意向担保品，都向交易对手方进行反馈。

若风险敞口方不同意，就需要将该情况立即通知无风险敞口方，因为任何拖延都将使风险敞口方受到无法在到期日收到担保品的危害，进而引起风险敞口方的风险敞口部分或全部得不到减轻。万一对于异议的解决预期将耗费很长时间，公司应当通过向交易对手方致电的方式来做好问题升级的准备。

35.5 交易信息记录

在该阶段，若风险敞口方使用担保品管理系统，通常的做法是记录担保品变动的详细信息，包括：

- 估值（风险敞口）日期
- 风险敞口金额
- 具体操作（追缴保证金的方向），以下二者之一：
  - 公司向交易对手方追缴保证金，或
  - 交易对手方向公司追缴保证金
- 交易对手方
- 担保品的形式和价值：
  - 若为现金：币种和金额
  - 若为债券：币种、唯一识别码、（单只或多只债券）每只债券的数量和总担保品价值
  - 担保品变动结算日（默认情况下），以下二者之一：
    - 对于现金而言 T + 1，或
    - 对于债券而言 T + 2
  - 托管账号（对债券担保品而言）：
    - 公司的托管账号
    - 交易对手方的托管账号
  - 结算方式（对债券担保品而言）：
    - 通常是纯券过户（Free of Payment，FoP）

相应交易信息记录完成后，依赖于特定的系统，一些后续的操作（见下文）可以自动化。

35.6 发起担保品收取行动

假设无风险敞口方的意向担保品已经获得风险敞口方同意，风险敞口方的下一步是采取必要的措施确保在到期日能够事实上从交易对手方收到担保品资产。到期日被称为结算日（value date），且与保证金追缴通知发出的时间相关，该日期通常是：

- 对现金担保品而言：T + 1 个工作日，即次一工作日
- 对债券担保品而言：T + 2 个工作日

但结算日的未来趋势是会提前，包括 T + 0。若保证金当天（T + 0）结算成为普遍做法，所有公司就必须具备在极短的时间内采取行动并做出反应的能力。

35.6.1 现金担保品

正如前文提到的，风险敞口方可能需要发出资金预开通知书（funds preadvice），除此之外风险敞口方无须再为收到现金而发出任何材料（与证券不同，现金换手无须前置匹配环节），且风险敞口方必须监控其在收款资金代理行的账户以确保在结算日实际收到资金。

35.6.2 债券担保品

为使风险敞口方成功收到来自无风险敞口方的债券（作为担保品），双方必须向结算机构，即中央证券托管机构（CSD）或托管人（custodian），发出纯券过户结算指令（FoP settlement instruction）。这要求交易双方生成并传输包含表 35.2 所示信息的证券结算指令。

表 35.2 结算指令要素

结算指令要素	风险敞口方的指令	无风险敞口方的指令	是否匹配字段?
发出指令公司在相关 CSD 的账号	12345	98765	√
交易对手方在 CSD 的账号（使用存储于静态数据的交易对手常设结算指令）	98765	12345	√
内部交易参考编号（各公司不同）	Coll004469	ZZA 0177	×
证券识别码（如 ISIN，或类似 CUSIP 的国内编码）	ISIN XX1234567891	ISIN XX1234567891	√
操作（证券变动方向）	收取	交付	√
债券数量	6 000 000 欧元	6 000 000 欧元	√
结算日	年/月/日	年/月/日	√
结算方式	纯券过户	纯券过户	√

请注意，大多数结算指令要素需要完全匹配，除了（1）证券变动方向应当是相反的，以及（2）交易参考编号，因为这是每家公司自己的内部编号。

风险敞口方必须向目标 CSD 或托管人发送结算指令。传输方法极其重要，因为若使用的传输方法不够安全，则存在明显的外部欺诈机会。发送方应当要求接收方对结算指令的来源进行核实，接受方也同样希望核实结算指令的真实性，以避免依据欺诈指令采取行动，并可能需要对公司遭受的任何损失负责。因此，传真被视为非常不安全，而 S. W. I. F. T. 则是非常安全的。风险敞口方可以用其自有系统通过 S. W. I. F. T. 高度结构化和格式化的报文，自动生成并传输结算指令。

需要重点注意的是，CSD 或托管人收到的结算指令将首先进入验证程序。证券结算指令可能被 CSD 或托管人拒绝的原因如下：

■ 发送方的账号不存在或无效

■ 交易对手方的账号不存在或无效

■ ISIN（或国内编码）不存在或无效

■ 对照债券发行的名义价值（denominational value），指令中的数量不是可交付的数量

■ 结算日非工作日

假设风险敞口方的结算指令已通过 CSD 或托管人的验证并已被接受，在债券变动前需要进行指令匹配。CSD 将重复尝试将公司的结算指令与无风险敞口方的指令进行匹配。若无风险敞口方的指令缺失，风险敞口方的结算指令将被标示为"未匹配"（unmatched）状态。CSD 一旦收到无风险敞口方的指令，匹配尝试将显示指令是否实际匹配［两条结算指令的状态均更新为"已匹配，待结算"（matched with a future value date）］，或者，由于一个或多个指令内容的差异，两条指令都将被标示为"未匹配"状态。双方都能够看到他们指令的状态（一般是线上显示），对于未匹配的指令需要立即开展调查并解决相关问题。从风险敞口方的角度，若未匹配指令不能及时得到解决，其风险敞口无法减轻的风险将持续至结算日。

假设风险敞口方的指令状态为"已匹配"（matched），那么它现在就可以等待结算了。［注意：若无风险敞口方撤销了结算指令（原因对于风险敞口方未知），风险敞口方的结算指令将回到"未匹配"状态。这种情况一旦发生，风险敞口方需要将其作为紧急事项，立即与无风险敞口方取得联系，以使无风险敞口方再次输入结算指令。］

35.7 监控担保品收取

若风险敞口方在收到现金担保品或债券担保品前已经采取了适当行动，风险敞口方能做的事情也就只有等待结算日是否实际结算成功的通知了。

35.7.1 现金担保品

就现金担保品而言，通常的做法是风险敞口方等待其资金代理行（nostro）发来的

每日报表，该报表会对资金是否实际到账进行确认。对 S. W. I. F. T. 会员来说，现在的趋势是收到其资金代理行发来的日间信息。

尽管在所有此前情况中，事实上风险敞口方已经收到由无风险敞口方支付的现金，但无论如何不能保证公司的资金代理行已收到与风险敞口方当前风险敞口相关的付款。只有当无风险敞口方有极强的内部控制时，它才能有希望保证风险敞口方的常设结算指令（存储于无风险敞口方的静态数据）没有被修改，不论这种修改是意外出错还是故意为之。风险敞口方无法得知无风险敞口方的内部控制情况，因此，当预期无风险敞口方将向其付款时，风险敞口方必须保持高度警惕。

如果有证据表明风险敞口方已收到资金，风险敞口方的风险就被视为已得到减轻。若无法在结算日顺利收到资金，应当立即通知风险敞口方的风险部门，无风险敞口方可能已经违反了与公司签订的法律合同［ISDA 主协议（ISDA Master Agreement）］的相关条款，鉴于"支付失败"是被归为违约事件（Event of Default）的，然而风险敞口方是否采取法律行动可能取决于交易对手方以及这种失败情况出现的频率。最低限度是，风险敞口方应当至少了解资金是否确实按时收到了，若未按时收到，风险敞口方下一步可以选择与无风险敞口方就该情况进行商讨，由风险敞口方的交易部门、风险部门或运营部门采取行动。

无风险敞口方未能按时付款的原因可能是一次性的操作问题，也可能意味着无风险敞口方存在更令人担忧的问题。如果是后者，风险敞口方可以选择通过合同更新（novation）、平仓（unwind）或抵消（offset）（参见第 37 章"场外衍生品交易与担保品—担保品生命周期—交易存续期间—交易执行后事件—介绍"及其后续的三章），逐步减少与该交易对手方的交易，从而降低与该交易对手之间持续存在大额风险敞口的可能性，进而减少追缴保证金和担保品的需要。最终的措施是发出违约通知，并可能终止合作关系。

35.7.2 债券担保品

就债券担保品而言，若结算已经完成，通常是由风险敞口方的托管人发出结算通知，该通知将引用风险敞口方的交易参考编号（与最初在风险敞口方结算指令中引用的一致）。

结算最早能完成的日期（也就是说，债券从无风险敞口方账户至风险敞口方账户的变动）是结算指令的结算日。若结算日完成结算，风险敞口方的风险将在到期日得到减轻。结算指令匹配后，能够成功及时完成结算的原因是无风险敞口方在其账户内有足够数量的相关债券，从该账户中以电子账簿（electronic book entry）的方式将债券交付至风险敞口方账户。若不是这种情况，结算将失败，风险敞口方的风险将无法在到期日得到减轻。

即使无风险敞口方是债券的活跃交易者，他们无法从另一方购买债券的可能性依然存在，进而意味着无风险敞口方无法向风险敞口方交付债券。但是，风险敞口方并不关心无风险敞口方无法交付债券的原因。风险敞口方关心的是，在到期日通过从无风险敞口方收取担保品来减轻其风险敞口的明确需求。与现金担保品的情况一样，这种失败可能被归为"违约事件"。在这种情况下，取决于不同时点，无风险敞口方可以提出以现金（取代债券）结算风险敞口方的追缴保证金要求。这可能意味着风险敞口方的风险在当天得到了减轻，特别是当涉及的货币是西方货币（如美元、加元）时，因为这些货币的银行在欧洲交易日日终和远东交易日日终之后的数小时内仍然持续营业。

35.8 更新账簿和财务记录

收到担保品后，公司必须立即更新其账簿和财务记录（books & records），使之包含以下信息：

■ 收到资产的原因（例如与场外衍生品风险敞口有关的担保品）
■ 交易对手方
■ 收到担保品的日期，以及
■ 结算地点，即收到现金担保品的资金代理行，或收到债券担保品的托管账户
■ 担保品的确切性质；若（1）现金担保品，货币和现金金额（例如 1 600 000.00 欧元），若（2）债券担保品，收到的债券数量（例如 3 200 000.00 美元奥斯陆市政债券，票面利率 4.25%，2029 年 12 月 1 日到期）

表 35.3 所示为在公司账簿和财务记录中描述收到债券担保品的一种方式。

表 35.3 账簿和财务记录

ABC 发行的债券，票面利率 2.95%，2028 年 7 月 1 日到期			
所有权		所在位置	
	0	−6 000 000	托管人"P"担保品账户
		+6 000 000	交易对手方 T（场外衍生品担保品）
	0	0	

对表 35.3 的解释如下：

■ 由于风险敞口方收到债券作为担保品，但风险敞口方并未购买该债券，尽管风险敞口方具有法定所有权（legal ownership），却没有债券的受益所有权（beneficial ownership），因此所有权头寸为零

■ 由于债券当前在风险敞口方托管人处持有，这一情况须被如实反映，以便于（1）与从托管人处收到的托管明细表（depot statements）进行对账（reconciliation），以及（2）明确哪一方有权获得息票（coupon payments）

■ 由于债券最终必须归还无风险敞口方［举个例子，若风险敞口方向发生变化且交易对手方有正的风险敞口（positive exposure）］，账簿和财务记录有必要显示债券是欠 T 交易对手方的，包括原因（即"场外衍生品担保品"）

35.9 进行对账

通过将相关分录转而反映到风险敞口方的账簿和财务记录上，会产生风险敞口方持有（但并不一定拥有）资产的真实报表，同时还可以为通过以下对账来证明记录准确性的流程提供便利：

■ 通过往账对账（nostro reconciliation）流程，将现金与公司从各个资金托管行处收到的往账对账单进行对账，以及

■ 通过托管对账（depot reconciliation）流程，将债券与公司从各个托管人处收到的托管明细表进行对账

对账是公司内控环境的焦点。公司应当识别其业务中的所有风险点，并以适当的频率（最好是每天）进行对账，以确保能够保持适当的控制。

举例而言，如果风险敞口方从交易对手方处收到债券担保品，且该担保品应在公司特定托管人的账户中持有，只有通过进行每日的托管对账，风险敞口方才能确认债券仍在托管人处持有并在其控制之下。相反，如果风险敞口方持续假定债券在托管人特定账户中持有（但是没有通过对账证明这一情况），它最终可能会发现债券其实已不在账户中且以未经授权的方式被移除了，大概率存在欺诈。风险敞口方最终需要将相关债券担保品返还至无风险敞口方，在这种情况下，风险敞口方可能需要在市场上购买该债券，并自行承担相关成本。

35.10 更新累计担保品记录

无论何时收到现金或债券担保品，风险敞口方必须保持准确和及时的记录。这些记录是用于日常使用的，其中追缴保证金净额受以下因素的影响：（1）以前是否提供或接受过任何担保品；如果是，（2）此类担保品的当前担保品价值。特别重要的是，风险敞口方应持续更新从各交易对手方接收并返还的担保品（累计）余额。

就累计担保品余额和收到担保品类型的影响而言，现金担保品和债券担保品的处理方式有所不同。如果风险敞口方在过去收到了现金担保品，其"今天"的担保品价值将不变，因为现金通常不会在价值上发生变化（与逐日盯市无关）。例如，一周前收到的2 000 000.00英镑的现金担保品在今天具有相同的担保品价值。然而，一周前收到的用于覆盖3 200 000.00欧元风险敞口的数量为3 000 000.00欧元的债券，今天可能只有2 900 000.00欧元的担保品价值；这是由公司持有的债券数量乘以今天的市场除息价格（clean price）［加上应计利息（accrued interest），减去抵押折扣率（haircut）］得出的。

表35.4描述了相同的总风险敞口金额，并利用几天前（由公司或其交易对手方持有的）担保品变动导致的不同担保品金额，揭示了对追缴保证金净额计算的不同影响。

表 35.4　　　　　　　　　　　　　　现有担保品的影响

现有（累计）担保品对净风险敞口计算的影响					
	例1	例2	例3	例4	例5
总风险敞口	4 100 000.00 美元（公司的风险敞口）				
先前的担保品	0.00	1 800 000.00 美元，由公司持有	4 900 000.00 美元，由公司持有	2 300 000.00 美元，由交易对手方持有	5 200 000.00 美元，由交易对手方持有
净风险敞口（追缴保证金金额）	4 100 000.00 美元，公司的风险敞口	2 300 000.00 美元，公司的风险敞口	800 000.00 美元，交易对手方的风险敞口	6 400 000.00 美元，公司的风险敞口	9 300 000.00 美元，公司的风险敞口

对于不同示例影响的解释如下：

■ 例1：因为先前没有担保品，净风险敞口与总风险敞口相同

■ 例2：公司的总风险敞口价值被公司所持有的交易对手方的担保品价值降低了，公司只需要对差额追缴保证金

■ 例3：因为公司的总风险敞口价值小于公司所持有的的交易对手方的担保品价值，公司需要等待来自交易对手方对差额追缴保证金的通知

■ 例4：公司的总风险敞口价值被加到交易对手方所持有的公司担保品的价值上，公司需要对加总后的金额追缴保证金

■ 例5：公司的总风险敞口价值被加到交易对手方所持有的公司担保品的价值上，公司需要对加总后的金额追缴保证金

总之，必须准确记录作为担保品而收到（和提供）的资产的累计价值，否则公司将面临以下风险：

■ 向交易对手方追缴保证金的金额过小，导致担保不足，以及

■ 在收到未考虑现有担保品的追缴保证金要求后，向交易对手方提供了超额担保

出于同样的原因，将担保品提供方提供的、但接受方尚未收到的担保品［称为在途（in-transit）担保品］的价值纳入风险敞口计算就十分重要。

35.11　总结

如果一家公司确定其存在与一项或多项场外衍生品交易相关的风险敞口，则该公司必须确保通知各个交易对手方其追缴保证金的要求，以便这些交易对手方能在法律文件规定的期限内收到通知。

然后，公司必须跟进，以确保（1）这些交易对手方同意追加保证金，（2）这些交易对手方提出的担保品形式在法律上是合格的，以及（3）为成功结算此类追缴保证金要求已采取必要的措施。此外，公司应监控从资金代理行处收到的往账对账单（用于现金担保品），以及从 CSD 或托管人处收到的托管明细表（用于证券担保品），以确保

公司作为风险敞口方已实际收到约定的担保品。

未能完成上述运营活动很容易导致公司的风险敞口得不到实际减轻。相反，运营人员主动采取的行动将获得关于风险敞口是否被减轻的确切信息，并确定交易对手是否以及何时未能履行其合同义务（contractual obligations）。

场外衍生品交易与担保品 —担保品生命周期—交易存续期间 —持有担保品

因为担保品的法律地位会影响持有担保品的方式以及担保品接受方是否可以在后续交易中合法地再使用担保品，本章描述了公司可以做出的与持有从交易对手方处获取的担保品相关的选择。

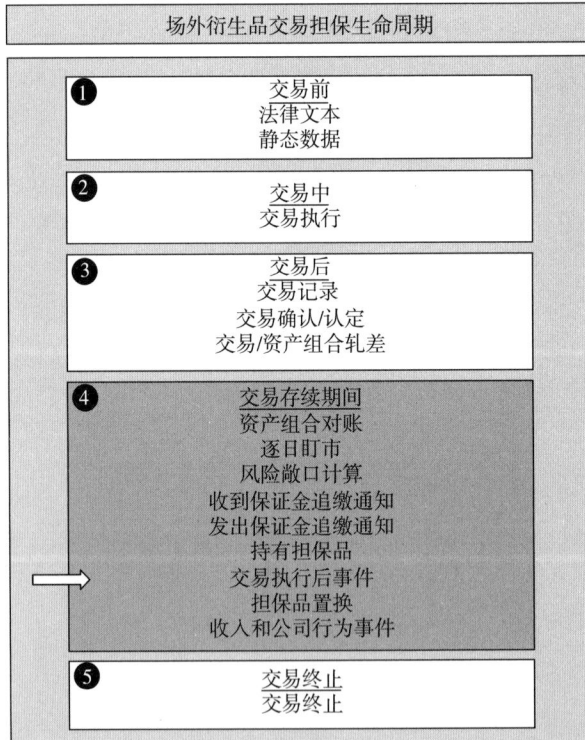

场外衍生品交易担保生命周期
❶ 交易前 法律文本 静态数据
❷ 交易中 交易执行
❸ 交易后 交易记录 交易确认/认定 交易/资产组合轧差
❹ 交易存续期间 资产组合对账 逐日盯市 风险敞口计算 收到保证金追缴通知 发出保证金追缴通知 持有担保品 交易执行后事件 担保品置换 收入和公司行为事件
❺ 交易终止 交易终止

请注意：本章的内容仅代表笔者关于金融机构如何日常运用 ISDA（国际掉期与衍生工具协会）所制定文件的个人观点，而非 ISDA 对于如何理解、完善或使用此类文件的官方指导。建议读者在执行和使用此类文件时寻求适用于自身的法律建议。

36.1 引言

当公司收到担保品（collateral）［尤其是证券（securities）担保品］时，公司持有此类担保品的方式可能会产生重大影响。

请注意，本章关注的重点是证券［主要是债券（bond）］担保品，只有在特定的证券发行（issue）或 ISIN 码范围内才可替代（fungible）或可互换。与之相反的是，现金在同一币种范围内被视为完全可替代。

为使读者清楚地了解交易各方的角色，本章将使用以下术语：

■ "担保品转让方"（transferor）——担保品提供方
■ "担保品受让方"（transferee）——担保品接受方

36.2 法律结构对持有担保品的影响

担保品受让方持有转让方提供的债券担保品的方式，从根本上取决于双方之间生效的法律协议。某些类型的法律协议赋予担保品受让方将担保品视为自有担保品的当然权利，因而担保品受让方可以对担保品采取任何措施（包括再使用担保品），而其他类型的法律协议则禁止将担保品的再利用作为当然权利。

担保品转让方和受让方都十分有必要对受让方在法律意义上被允许（或被禁止）如何使用担保品保持清醒的认识。这种许可（或否定许可）对担保品转让方和受让方都有非常重要的操作层面的影响。

从法律角度来看，描述资产（包括担保品）转让形式的通用术语是：

■ 所有权转让（title transfer）式，指的是证券担保品的全部法定所有权从担保品转让方转移至担保品受让方，因此受让方可以对担保品采取任何措施

■ 担保权益（security interest）式，指的是担保品的受益权益仍旧属于担保品转让方，再抵押（rehypothecation）权利（见下文）可能会被授予担保品受让方，也可能不会

双方签署的信用支持附件（CSA）的类型决定了适用的法律依据。（请参阅第 22 章"场外衍生品交易与担保—法律保障—信用支持附件"。）

信用支持附件主要有三种类型：

■ 适用英国法的信用支持附件

■ 适用纽约法的信用支持附件，以及

■ 适用英国法的信用支持契约

需要明确的是，在每种情况下，受让方都有向转让方返还等价担保品（equivalent collateral）的合同义务（contractual obligation）。

36.2.1 适用英国法的信用支持附件

适用英国法的信用支持附件是一份所有权转让（title transfer）文件。这意味着担保品的全部所有权从转让方转移至受让方，就如同受让方在公开市场购买了该债券一样。债券的法定所有权将在相关清算系统〔如欧洲清算银行（Euroclear Bank）或明讯国际（Clearstream International）〕中登记到受让方名下。受让方唯一的合同义务是需要返还等价担保品。

因此，根据本法律文件，受让方拥有债券并有权对那些债券采取其认为适当的措施，包括再使用债券（如出售）。从操作（非法律）的角度来看，受让方没有以正常方式购买债券，但却拥有这些债券，因为这些债券将由受让方的托管人持有（除非在另一个交易中被再使用）；这一点将在第 36.4 节"持有附再使用和再抵押权利的债券担保品"中进一步探讨。

36.2.2 适用纽约法的信用支持附件

与适用英国法的信用支持附件不同，适用纽约法的信用支持附件以担保权益（security interest）式运行。也就是说，所取得担保品的法定和受益所有权仍属于转让方，转让方与受让方之间共同享有财产权。

抵押是指甲方将一项资产作为债务的担保授予乙方，但不转让所有权；再抵押是指乙方在另外单独的交易中将同样的资产作为抵押再授予丙方。适用纽约法信用支持附件的默认立场是赋予受让方再抵押的权利，前提是转让方同意此类安排。如果相关方决定排除再抵押权，则必须删除信用支持附件中的相应条款。

36.2.3 适用英国法的信用支持契约

与适用英国法的信用支持附件不同，但与适用纽约法的信用支持附件相似，适用英国法的信用支持契约以担保权益（security interest）式运行。根据适用纽约法的信用支持附件，所取得担保品的受益所有权仍属于转让方，且财产权是共享的。

就再抵押而言，适用英国法信用支持契约的默认立场是赋予受让方再抵押的权利，前提是转让方同意此类安排。若取得再抵押的许可，则必须在信用支持契约中添加定制条款。

综合上述三份法律文件，受让方需要考虑：

■ 其是否具有合法的权利再使用或再抵押担保品，如果有

■ 其（内部）是否具有必要的控制措施来管理担保品的再使用或再抵押

因此，（1）受让方如何在其 CSD 或托管人处持有担保品，以及（2）担保品是否

可以再使用或再抵押，这些问题对于受让方避免违反与其交易对手方的法律合同来说极为重要。

这些法律事项的含义如图 36.1 所示。

对图 36.1 所示内容的说明如下：

■ 合法转让形式：

　　■ 适用英国法的信用支持附件（ELCSA）采用所有权转让的方式，即全部法定所有权从转让方向受让方转移（与买卖适用的转让方式相同）

　　■ 适用纽约法的信用支持协议（NYLCSA）和适用英国法的信用支持契约（ELCSD）均采用担保权益的转让方式，其中转让方保留担保品的全部所有权

■ 受益所有人：

　　■ 受益所有权是指债券担保品所产生的权利（收益），如息票支付

　　　■ 根据 ELCSA、NYLCSA 和 ELCSD，受益所有权由转让方保留

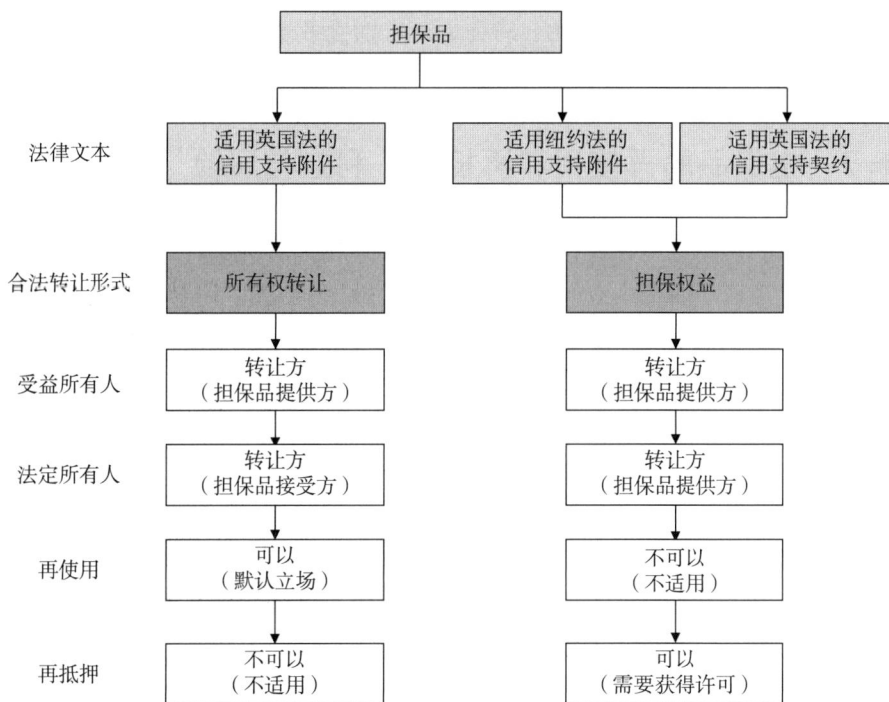

图 36.1　担保品转让形式：所有权转让与担保权益的法律区别

■ 法定所有人：

　　■ 法定所有权是指具有对担保品可强制执行的债权（或所有权）

　　　■ 根据 ELCSA，由于所有权转让，法定所有权从转让方转移给受让方（同时担保品由受让方持有）

　　　■ 根据 NYLCSA 和 ELCSD，转让方保留法定所有权（但在强制执行担保权益

的情况下，可能会放弃该权利）

■ 再使用：

■ 再使用是指受让方在另外的单独交易中合法使用担保品，例如（1）执行出售操作，（2）贷出证券，（3）卖出回购（repo），（4）作为其他场外衍生品交易的担保品

■ 根据 ELCSA，当受让方成为法定所有人时，受让方选择再使用担保品是其享有的当然权利

■ 根据 NYLCSA 和 ELCSD，由于担保权益的转让方式，"再使用"一词不适用

■ 再抵押：

■ 再抵押是指受让方被（转让方）授予的在其他（后续）交易中使用担保品的权利

■ 根据 ELCSA，"再抵押"一词不适用，因为受让方自动成为法定所有人

■ 根据 NYLCSA 和 ELCSD，转让方可特别授予受让方再抵押的权利；需要明确的是，任何此类同意均应正式记录在案

36.3 担保品的再使用和再抵押：利益与风险

受让方可以获得利益（在允许再使用或再抵押担保品的情况下），但这对转让方来说并非没有风险。以下两个小节的内容对这些利益和风险进行了描述。

36.3.1 担保品再使用或再抵押对受让方的益处

如果在法律上允许受让方再使用或再抵押从转让方收到的债券担保品，并且如果受让方选择实际再使用或再抵押此类担保品，债券可按以下方式使用，例如：

■ 出售证券

■ 将证券借贷给借券对手方，从而通过收取证券借贷费用获得额外收益

■ 利用证券作为回购（repo）交易中现金借贷的担保品，从而最小化借款成本

■ 使用证券作为"价外"场外衍生品交易的担保品

此外，如果受让方是 ICSD（明讯国际或布鲁塞尔欧洲清算银行）之一的证券自动出借人，则证券可能会自动贷出；受让方应考虑此类自动出借是否符合其利益需要。请参阅第 12 章"证券借贷与担保品—证券借贷交易方式及担保品管理"的第 12.1.3小节内容。

在上述所有例子中，无论是通过获得额外收入还是最小化成本，受让方都能够获得利益。

债券担保品的这类再使用如图 36.2 所示。

第 1 步：交易双方之间的法律文件允许再使用或再抵押债券担保品

第 2 步：追缴保证金后，受让方将接收债券作为担保品

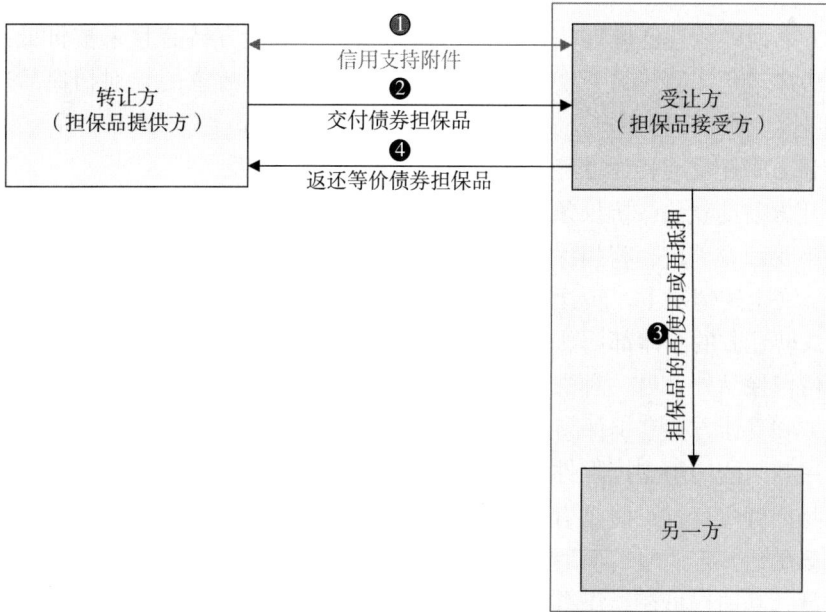

图 36.2 债券担保品的再使用

第 3 步：受让方选择在另外的单独交易中再使用或再抵押担保品（如贷出证券或回购）

第 4 步：受让方须在日后将债券担保品（等价担保品）返还给转让方

假设，在这种情况下，收到的债券担保品与受让方的自营证券头寸存放在同一个托管账户中；在这些情况下，担保品被认为是与公司自有的证券混合（commingled）在一起。这意味着，此类担保品完全有可能（无论是否有意为之）被用于对受让方执行的其他交易进行结算。① 例如，如果受让方之前出售了 3 000 000.00 美元的国际复兴开发银行债券，票面利率为 4.25%，2030 年 8 月 15 日到期（目前由于证券不足而无法结算），收到 5 000 000.00 美元的同一债券（作为场外衍生品交易的担保品）将有助于该笔卖出交易的结算，使受让方能够立即收到出售收益。

最终，当受让方需要将担保品返还给转让方［如因风险敞口减小或已至场外衍生品交易的约定到期日（scheduled maturity date）等原因］时，受让方必须确保能够返还等价担保品。如果受让方没有能够返还担保品提供方的相关债券，则受让方可以选择借券，尽管无法保证一定能够借到。

36.3.2 担保品再使用或再抵押对转让方的风险

具体到担保权益协议（而不是所有权转让协议），如果转让方直接向其交易对手

---

① 由于证券是可替代的，所以一旦混合，就不可能将担保品与自营头寸区分开来，因此并不总能确定担保品是否被再使用。

（受让方）交付了证券担保品，并且法律文件否认受让方有再抵押权，建议转让方定期要求受让方书面确认其已遵守法律协议、担保品仍由受让方持有且未被再抵押。如果受让方在法律不允许的情况下事实上（无论是无意的还是故意的）对担保品进行了再抵押：

- 受让方将违反与转让方签订的法律合同的条款，以及
- 转让方前期就法律协议条款进行谈判的努力并未给自身带来任何好处，以及
- 如果受让方破产，将担保品返还给转让方可能需要较长的时间

因此，在上述情况下，转让方需要确定是否发生了再抵押的意图是符合其自身利益的。建议转让方的法律部门、合规部门和风险部门关注这一问题。转让方除直接向受让方交付担保品外，另一种选择可以是由中立的第三方托管人（以破产隔离方式）代表转让方和受让方持有担保品。

在适用英国法信用支持附件下的所有权转让协议中，证券担保品的转让方不再对担保品本身拥有所有权，而是有权向受让方要求返还等价担保品。举例而言，如果证券担保品被受让方再使用，而后受让方破产，担保品转让方便成为普通无担保债权人群体的一员，其债权将在偿还有担保债权人的债权之后偿付（并在受让方财产中已变现的资产所允许的范围内）。解决转让方债权问题所花的时间，是由确定证券原始所有人是担保品转让方还是（现在破产的）受让方的艰巨任务造成的。所有权转让包含一种内在风险，即如果受让方破产，担保品要么（1）根本不返还，要么（2）如果返还，可能只是相对较少的一部分，而且有可能出现严重逾期。此类风险意味着公司可能需要慎重考虑与交易对手方签订的法律文件，无论是适用英国法的 CSA（所有权转让）、适用纽约法的 CSA（担保权益）还是适用英国法的信用支持契约（担保权益）。对于与交易对手方已签订所有权转让文件的公司，一种选择是通过重新谈判实施担保权益文件，以防止公司的交易对手方再使用证券担保品。

第36.4节和第36.5节的主要内容是，基于允许或禁止再使用或再抵押，受让方持有收到债券担保品的相应选择。

36.4 持有附再使用和再抵押权利的债券担保品

如果受让方遵循已生效的所有权转让文件，且/或根据担保权益协议被授予再抵押权，则受让方必须决定其是否希望实际对收到的债券担保品进行再使用或再抵押。尽管公司拥有合法的再使用权或再抵押权，公司也可以选择不进行这类操作，例如，如果公司认为没有足够的内部控制来适当地（1）跟踪债券的变动情况，（2）在交付和接收后更新账簿和财务记录，以及（3）对账，则可以不进行担保品的再使用或再抵押。只有能够做到每日成功进行资产对账的公司才能确认其具有完备的控制机制。

根据适用英国法的信用支持附件，与场外衍生品交易风险敞口相关的债券担保品由受让方以所有权转让的合法转让形式接收。这与公司以常见方式［即通过二级市场（secondary market）］购买债券时发生的合法转让形式完全相同。

然而，必须认识到，不应仅仅因为收到债券担保品，就将其视为以常见方式购买的债券；两者的共同点只是所有权转让的合法转让形式。为进一步解释，如果一家公司（甲方）选择通过"买断"交易投资某一债券（债券 X），则该投资被称为交易头寸（trading position）；假设甲方拥有 10 000 000.00 欧元 X 债券的交易头寸。完全不相关的情况下，甲方还进行了场外衍生品交易，在该交易中，甲方的盯市价格上涨（positive mark-to-market），并且通过从场外衍生品交易对手方（乙方，转让方）收取同只债券（3 000 000.00 欧元的债券 X）减轻了该风险敞口。需要注意的是，交易头寸仅由买入和/或卖出产生，且交易头寸仅通过进一步买入和/或卖出进行调整；因此，提供或接受担保品对公司的交易头寸没有影响。在这种情况下，甲方拥有 X 债券的相应原因有两个，即（1）公司拥有交易头寸，（2）公司持有乙方与场外衍生品风险敞口有关的担保品。从甲方的角度来看，尽管拥有总计 13 000 000.00 欧元的债券，且甲方具有所有 13 000 000.00 欧元债券的法定所有权，但在两家公司的账簿和财务记录中对交易头寸和担保品的处理方式有明显的不同。

例如，如果到期应支付息票（coupon payment），而甲方在其 CSD 或托管账户中持有数量为 13 000 000 欧元的债券，则在息票支付登记日（record date）日终时：

- 所有 13 000 000 欧元债券的息票付款将贷记入甲方。其中：

  - 甲方有权获得数量为 10 000 000 欧元的债券的息票付款，因为其拥有该债券数量的正交易头寸，因此应保留该现金价值，但是

  - 甲方无权获得数量为 3 000 000 欧元的债券的息票付款，因为其对该数量债券的交易头寸为零。乙方有权获得数量为 3 000 000 欧元的债券的息票付款，因为他们持续持有该债券数量的正交易头寸（尽管他们暂时失去了债券的所有权）。甲方需将息票支付的等值现金价值汇给乙方。

为了在任何时候都能采取正确的行动，转让方和受让方的账簿和财务记录必须持续准确地反映实际情况，并通过对账（reconciliation）加以确认。

综上所述，对于（1）买断和（2）收到债券担保品，只有合法转让形式是共同的。除此之外，购买的债券和收到的债券担保品应完全分开处理。

如果受让方选择在可能的情况下再使用或再抵押担保品，则可以选择在其自营托管账户中持有收到的债券，以便最大限度地利用担保品来获得最大利益。有些公司可能选择仅在特定情况下再使用或再抵押担保品，并可能选择在其自营托管账户或隔离托管账户内持有此类债券。

相反，受让方可以选择保守行事，安全、可靠地持有债券担保品，而不进行再使用或再抵押。在这种情况下，为了防止意外发生再使用或再抵押操作，受让方可以选择在其托管人处的隔离账户中持有收到的债券担保品。

36.5 持有无再抵押权利的债券担保品

若根据担保权益协议未获得再抵押同意，受让方必须确保其不会将从交易对手方

收到的债券担保品用于再抵押；否则，受让方将违反与转让方签订的法律合同的条款。

防止担保品再抵押的方法如下：

1. 在受让方的托管人处设立一个（或多个）隔离账户（指定为"担保品账户"），并确保收到的债券担保品持续在该账户内持有，而不是在托管人处受让方的自营账户内持有。

2. 在托管人处受让方自营账户内持有收到的债券担保品，但于内部交易账户（trading book）内分别持有每只债券。这就要求受让方的债券交易人员、回购交易人员和担保品部门在日常活动中严格遵守规定，完全不使用此类债券担保品。

在笔者看来，选择 1 更为安全，因为只有担保品部门才了解并有权使用隔离账户中的证券，因此发生错误（如非故意的再抵押）的可能性较小。

36.6 持有担保品与业务管理

作为受让方的公司完全有可能：

1. 不具有向任何交易对手方再抵押所收到的债券担保品的合同权利，或

2. 按合同规定有权再抵押或再使用从某些交易对手方收到的债券担保品，但不包括从其他交易对手方收到的债券担保品。

关于上述第 1 点，业务管理较为简单，因为担保品部门需要确保所有收到的债券担保品在托管人处的一个（或多个）隔离账户中持有，该账户被指定为"收到交易对手方担保品"账户（或类似含义的名称）。这种结构意味着，根据法律文件，禁止对收到的担保品进行再抵押。公司的账簿和财务记录应在收到此类债券担保品后更新，从而便于经常（最好是每天）与托管人的隔离账户报表进行对账。此外，账簿和财务记录的更新以及定期对账还意味着从运营角度来看，收入事件和公司行为（corporate actions）的处理变得更加简单。

关于上述第 2 点，业务管理更具挑战性，也更容易出错，这是因为必须根据所涉及的具体交易对手方确定担保品存入的托管账户。这在手动进行担保操作的环境中尤其冒险。在自动化的担保品操作环境中，这种管理可以通过使用静态数据自动实现。

总之，在不允许再抵押的情况下，若对于收到的债券担保品归类账户所实施的内部控制不足，受让方将面临风险。如果缺乏管理导致债券担保品进入受让方的自营账户（而非隔离账户），公司将承担债券在无意中被用于另笔交易的风险。若发生这种情况，公司将违反与交易对手方的法律协议。

从运营角度来看，对受让方此类活动的一种看法是，只要资产的所有进出变动始终准确地反映在公司的账簿和财务记录中，此类再抵押就无妨。如果公司无法记录所有这些变动，其账簿和财务记录将无法反映实际情况，因此就不可能进行对账。这反过来意味着已丧失基本控制能力，其结果将是诸如准确的交易和结算的筹资活动将面临极大的挑战，对于收入和公司行为事件的准确处理将受到影响，可能的结果是金钱和声誉损失。

公司（作为受让方）必须确定这对他们来说是否是理想的情况；这是在赚钱或省钱与维持内部控制之间的权衡。

对于已被允许对收到的债券担保品进行再抵押，并且希望积极进行再抵押的公司，通常会选择将收到的担保品存入相关托管人处的自营账户。

对一些公司而言，尽管它们对从转让方收到的债券担保品拥有再抵押权，但公司管理层认识到，它们的内部控制机制不足，因此选择不进行再抵押。在这种情况下，我们建议这些公司可以采取以下策略之一：

■ 通过托管人处的隔离账户接收和持有收到的债券担保品，并实施内部操作控制，防止发布为再抵押而动用此类债券的结算指令。注：为了将债券担保品有效返还给转让方，需要在该账户发出结算指令

■ 通过托管人处的公司自营账户接收和持有收到的债券担保品，并在专用内部交易账户中反映该担保品。尽管债券交易人员可以看到本交易账户中持有的债券，但必须严格执行内部交易层级控制，以防止进行再抵押

36.7 债券担保品

为了确定受让方应如何持有作为担保品而收到的债券，以及当担保品必须返还给转让方时如何顺利完成交付，需要理解一些概念点。

36.7.1 债券担保品基本概念

在信用支持附件（CSA）许可的条件下，债券可以作为合格担保品。然而，与现金不同的是，提供债券 A 作为担保品的一方将要求返还债券 A，而不是返还其他的债券。

每只单独的证券都有其 ISIN 码作为唯一标识；对于同一 ISIN 码的债券，不论如何交付都是一样的，因为这些债券都具有相同的权利，因此是可互换的［债券被称为可替代的（fungible）］。此外，由于发行人（issuer）、息票率（coupon rate）、到期日（maturity date）和（潜在的）其他特征不同，例如具有看涨期权的债券［可赎回债券（callable bonds）］和具有看跌期权的债券［可卖回债券（puttable bond）］，因此单只债券在市场上对应不同的价格。

为了方便理解，如果 X 公司收到来自交易对手方 P 的保证金追缴通知，并且 X 公司通过交付 5 000 000.00 美元的国际复兴开发银行（IBRD）债券（票面利率 4.25%，2030 年 8 月 15 日到期）满足了保证金追缴要求，日后，当担保品必须返还给 X 公司［例如，风险敞口可能已经减小，或者相关交易已到约定到期日（scheduled maturity date）］时，交易对手方 P 必须返还相应数量的相同债券。在信用支持附件中，这被称为等价担保品（equivalent collateral）；这一术语包括以下情况：

■ 如果作为担保品收到的初始债券仍然存在且未被替换，则必须将完全相同的债券返还给转让方，但是

■ 如果作为担保品收到的初始债券不再存在，并且债券发行人已用不同的债券替代了该债券［可能是由于称为债券交换要约（bond exchange offer）的公司行为（corporate action）］，则必须将替代债券交付给转让方。

从转让方和受让方的角度来看，以下几点很重要。转让方是作为担保品提供的债券的原始所有人，并且在某个先前时点通过在市场上购买获得了债券。在选择提供该债券以满足追缴保证金要求之时，转让方尚未出售该债券，因此也未收到公平交换此债券的出售收益。因此，从交易和运营的角度来看，转让方保留债券的受益所有权（beneficial ownership），如果（假设）债券以前由转让方的托管人持有，那么现在它们作为担保品，由交易对手方持有。如果转让方希望出售相关债券，则该债券必须由受让方返还，并由另一债券或其他多个债券、现金或债券与现金担保品的组合进行替代（假设交易对手方的风险敞口仍然存在）。担保品置换（collateral substitution）的相关内容见第42章"场外衍生品交易与担保品—担保品生命周期—交易存续期间—担保品置换"。

每只债券都涉及一个或多个规定的名义价值（denominational value），它定义了该债券的有效可交付数量。例如，假设2030年8月15日到期、票面利率4.25%的国际复兴开发银行债券的名义价值为20 000.00美元和100 000.00美元，这意味着可以有效交付的债券数量至少为20 000.00美元，并且是20 000.00美元的倍数。债券担保品的转让方和受让方必须确保他们指定有效的可交付数量，以避免其结算指令被CSD或托管人拒绝。确保对债券担保品的指定交付数量有效的最佳控制措施是在公司的内部静态数据库（static data repository）中保存单只债券的名义价值，然后对相关系统进行编程，将计划交付数量与公司静态数据中的名义价值进行比较。

从受让方的角度来看，从交易对手方收取的作为担保品的债券将根据债券类型不同在受让方的相关托管账户中持有。例如：

■ 美国国债通常在联邦资金转账系统（Fedwire）内持有

■ 英国国债通常在英国与爱尔兰中央证券托管机构（Crest）系统内持有（由欧洲清算银行运营）

■ 欧洲债券通常在国际中央证券托管机构（ICSD）布鲁塞尔欧洲清算银行（Euroclear Brussels）和明讯银行国际（Clearstream International）内持有

■ 日本政府债券通常在日本央行内持有

受让方必须决定持有债券担保品的证券账户（相关CSD或托管人处）。这一决定对受让方至关重要，因为错误的决定可能导致严重后果。显然，受让方是否有再使用担保品的合法权利（根据所有权转让协议）或是否已被授予再抵押权（根据担保权益协议）将在这一决策过程中发挥重要作用。

36.7.2 持有债券担保品的相关工作

受让方持有债券担保品需要开展特定的工作。这些工作的目的在于使受让方能完全控制从转让方处获得的债券担保品。

无论债券是由受让方在其自营账户（混合账户）内持有，还是在隔离账户内持有，受让方都应开展下列工作：

■ 每日将托管人的报表与受让方的账簿和财务记录进行证券持有情况对账。这种简单但高效的对账旨在确保债券持有账户无误（在托管人处的受让方账户内）。否则，应立即开始调查，以确定差异产生的原因；此类差异可能是由时间差异、内部错误或内外部欺诈造成的。包括现金和债券在内的金融资产是诈骗的理想目标，所有证券持有人都必须采取措施防止欺诈活动，并在欺诈活动发生后尽快发现问题；在这类事件中，时间显然是一个重要因素。由于此时债券作为担保品，作用是作为一种风险缓释工具，如果债券不再存在于托管人处的受让方账户中，那么受让方的风险实际上并没有得到减轻（mitigated）

■ 定期计算托管费（custody fees）。向国际中央证券托管机构（ICSD）和托管人的账户持有人收取费用是一种常见做法，费用的多少与每个账户内持有的债券数量有关。例如，布鲁塞尔欧洲清算银行按月收取债券托管费。建议受让方通过自行计算以确认托管费是否合理（由于同样的原因，在受让方持有债券期间，转让方不会被收取托管费。）

此外，在债券作为担保品的情况下，可能发生收入和公司行为事件，例如：

■ 息票支付（coupon payments）：对于固定利率债券（fixed rate bonds），息票率和债券付息日在发行时已明确，因此在债券的存续期内都是可预测的。这些信息应当可以在公司的证券静态数据（static data）中找到。对于浮动利率债券（floating rate notes），用于计算息票率的基础｛包括基准利率［如伦敦银行同业拆借利率（Libor）］加上适用于基准利率的规定溢价或折扣｝在发行时是已知的

■ 重组事件（restructuring events）：债券发行人可以决定用新发行的债券替换其现有的部分债券，作为一项强制公司行为（mandatory corporate action）事件

■ 债券投标报价：债券发行人可以邀请债券持有人以其持有的债券作价进行投标，以换取另一项资产，作为一项自愿性公司行为（voluntary corporate action）事件

对于所有形式的收入事件和公司行为事件，受让方应主动了解即将发生的事件，通过（1）利用公司内部静态数据库中的现有信息和/或订阅一个或多个公司行为数据供应商的信息服务，以及（2）将每一事件与公司账簿和财务记录中的交易和头寸进行比较。此类活动通常由公司的公司行为部门执行。当发现债券被作为担保品持有时，受让方将被（转让方）要求采取适当行动。例如，在固定利率债券支付息票的情况下，假定在息票支付的登记日（record date），债券由受让方持有，则受让方应在债券付息日将息票收益支付给转让方。即使受让方在另一笔交易的结算中对债券进行了再使用或再抵押，受让方也应主动采取行动，并在债券付息日向转让方支付息票金额。［同样，转让方应在内部遵循类似的流程，并应在债券付息日收到息票收益。事实上，由于转让方希望确保息票收益能按时到账，受让方可能会收到来自转让方的息票支付请求（coupon claim）。］应注意的是，如果在息票支付登记日之前用另外的债券置换了原债券，债券担保品息票付款的管理任务就可以被避免；许多公司经常采用这种做法。

36.8　现金担保品

现金被认为是可替代的（fungible）。这意味着，在任何一种币种范围内，现金都是真正可互换的，并且能够在不损害持有人利益的情况下替代同一类型的现金。（例如）1.00 美元的纸币与其他任何 1.00 美元的纸币相比，对持有人而言都是一样的。

借出 5 000 000.00 欧元钞票的一方，在借款到期时并不要求对方归还完全相同的钞票，因为所有欧元钞票的价值与所有其他欧元钞票的价值相同。

收到的现金担保品也一样。因此，收到的现金担保品可以与收款人相同币种的其他现金余额一起持有。收款人通常会出借这些现金以获得利息收入［在正利率（positive interest rate）环境下］。然而，公司必须在其内部账簿和财务记录中对收到的现金担保品保持准确的记录。

36.9　总结

所有转让方必须对其债券担保品交付给受让方并由受让方持有的相关风险始终保持警惕。特别是对于未向受让方授予再抵押权的债券担保品，为了确保双方之间的法律协议条款不被违反，转让方应定期进行确认（最好是书面确认），证明债券事实上没有被再抵押，并且由受让方的托管人持有。

场外衍生品交易与担保品 —担保品生命周期—交易存续期间 —交易执行后事件—介绍

本章及第 38～第 41 章面向那些没有接触过场外衍生品交易存续期间的各类事件或对此类事件有过接触但接触不深的读者。如果一笔场外衍生品交易后发生一个或多个此类事件，将对该交易的担保品管理产生影响。本章及后面四章旨在介绍与场外衍生品交易相关的此类事件。

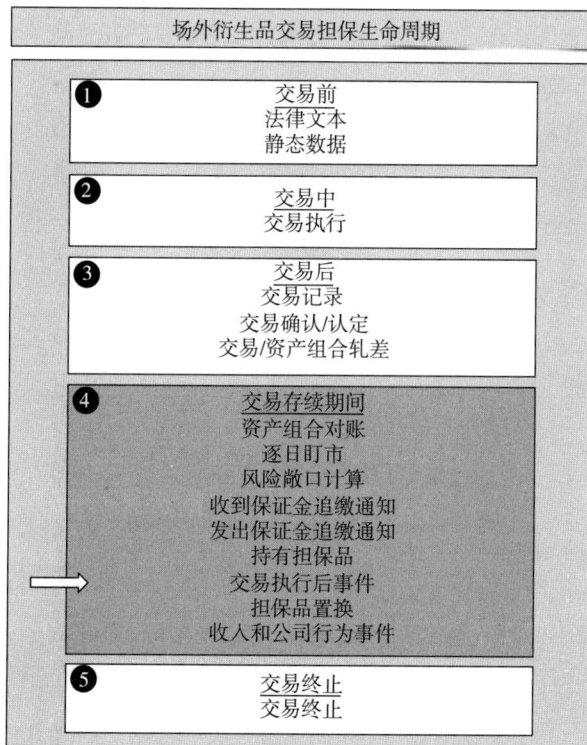

场外衍生品交易担保生命周期
❶ 交易前 法律文本 静态数据
❷ 交易中 交易执行
❸ 交易后 交易记录 交易确认/认定 交易/资产组合轧差
❹ 交易存续期间 资产组合对账 逐日盯市 风险敞口计算 收到保证金追缴通知 发出保证金追缴通知 持有担保品 交易执行后事件 担保品置换 收入和公司行为事件
❺ 交易终止 交易终止

交易执行后事件是一个总括性术语，指的是在交易执行（trade execution）后，交易约定到期日（scheduled maturity date）前，影响交易的任何事件。

对于场外衍生品（OTC derivatives）交易，此类事件包括：

■ 合同更新

■ 平仓

■ 抵消

■ 信用事件（仅在信用违约互换交易中发生）

与场外衍生品交易相关的此类事件的一般背景如下：一方与交易对手方（counterparty）签订的交易合约，从交易日期（trade date）到交易约定到期日，存续期可长达50年。合约有效期内出现的风险敞口（exposures）通过担保品管理（collateral management）来减轻（mitigation）。

但是，如果在合约存续期内发生一个或多个交易执行后事件，这些事件将对交易处理（trade processing）和担保品处理（collateral processing）产生影响。

第38～第41章将逐一介绍上述事件，包括其目的、发生方式及其对担保品管理的具体影响。

第 38 章

场外衍生品交易与担保品
一担保品生命周期—交易存续期间
一交易执行后事件—合同更新

本章介绍了合同更新的过程，即交易一方从现有交易中退出，由第三方取代其位置。一笔场外衍生品交易或头寸在交易执行后发生合同更新事件，将对该交易当下的担保品管理产生根本性影响。

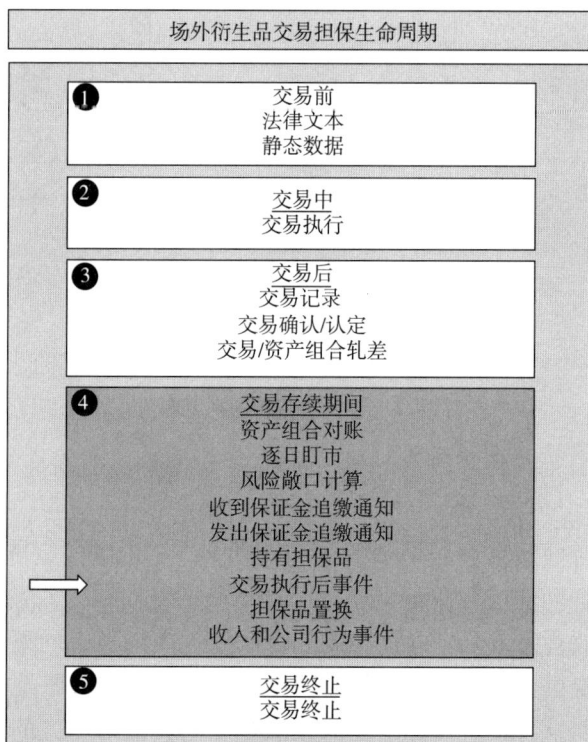

场外衍生品交易担保生命周期

❶ 交易前
法律文本
静态数据

❷ 交易中
交易执行

❸ 交易后
交易记录
交易确认/认定
交易/资产组合轧差

❹ 交易存续期间
资产组合对账
逐日盯市
风险敞口计算
收到保证金追缴通知
发出保证金追缴通知
持有担保品
→ 交易执行后事件
担保品置换
收入和公司行为事件

❺ 交易终止
交易终止

38.1 引言

如果公司与某一交易对手方之间存在场外衍生品交易（或头寸），则该交易或头寸在其存续期间的任何时间点均可能发生合同更新（novation）。

"合同更新"是一个通用术语，指的是将合约一方替换为另一方的法律行为。该术语用于涉及法律合约当事人变更的各种情况，而不仅仅用于场外衍生品交易。

当交易的一方选择退出该交易，并由第三方代替其位置时，就产生了合同更新。这种变更如图38.1和图38.2所示，其中图38.1展示了合同更新前的原始交易方情况。

图38.1　合同更新前的交易各方

合同更新后：

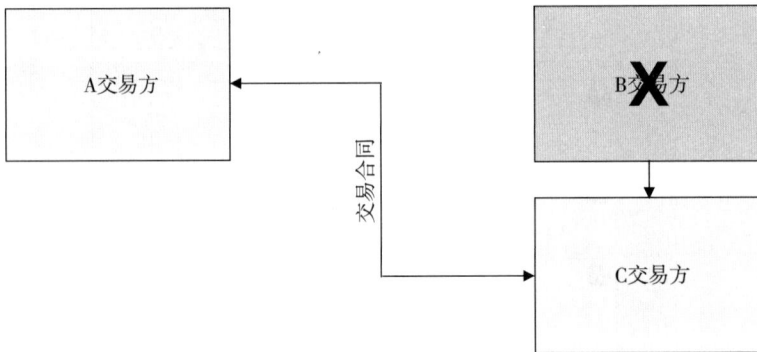

图38.2　合同更新后的交易各方

■ A交易方（合同其他缔约方，the remaining party）在有新交易对手方的情况下，继续履行合同

■ B交易方（合同让与人，the novation transferor）"退出"交易

■ C交易方（合同受让人，the novation transferee）"加入"交易

合同更新的生效首先需要合同让与人和合同受让人同意合同更新条款，其次是合同其他缔约方同意变更交易对手方，从而同意合同更新。在对原始交易的细节（即交易对手方是谁）进行这种根本性的变更时，取得合同其他缔约方的同意显然是必不可少的一个环节。

合同更新后，合同其他缔约方和合同让与人均解除了原交易的合同义务（contractual obligations）。

从合同其他缔约方的角度看，合同更新的结果是：（1）原合同被终止，取而代之的是（2）新合同，新老合同条款相同（包括名义本金和约定到期日），但合同受让人成为交易对手方。

合同更新时，交易的当前市场价值（current market value）由合同让与人和合同受让人直接结算，合同其他缔约方不参与，也不受影响。合同更新费用由合同让与人和合同受让人协商确定，不涉及合同其他缔约方。

针对场外衍生品的合同更新正式流程已经存在多年，并通过 ISDA 合同更新协议 Ⅱ（ISDA Novation Protocol Ⅱ）进一步完善；详情请访问国际掉期及衍生工具协会（International Swaps and Derivatives Association）网站（www. isda. org）。

38. 2 合同更新的原因

场外衍生品交易的交易方可能出于多种原因选择通过合同更新退出合同，包括：
■ 合同的原始原因已更改〔例如，在信用违约互换中，保护买方（protection buyer）已卖出标的债券〕
■ 达到与原交易对手方的交易限额
■ 试图降低某些交易产品的风险敞口
■ 交易对手方被收购后，新的（收购后的）交易对手方的信用风险不可接受
■ 收取合同更新费用以获得财务收益
公司可能会选择加入现有合同，以获得某些财务优势，包括：
■ 希望增加对某些交易产品和交易对手的风险敞口
■ 相信市场价格会朝着交易获利的方向发展
合同更新可针对合同的全部或部分名义本金。部分合同更新会发生在，（例如）当一位基金经理（fund manager）把原始的大宗交易（block trade）分配给管理的多家底层基金时。在交易合约存续期间，基金经理管理的其中一家底层基金可能会选择退出合约；这种情况如图 38. 3 所示。

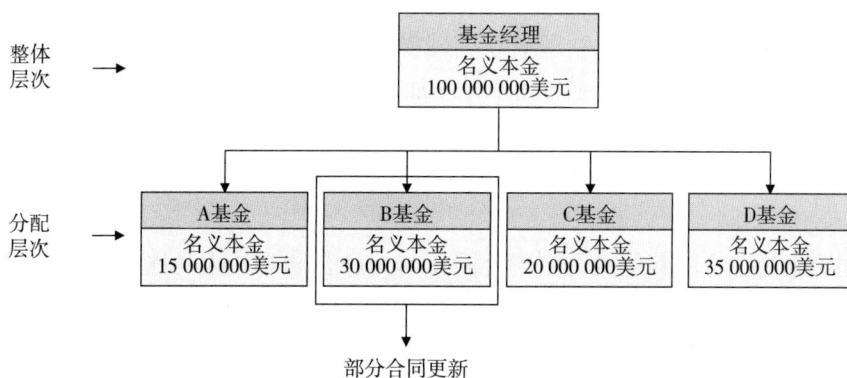

图 38. 3 部分合同更新

在上述示例中，只有一家底层基金选择通过合同更新退出该合同，而其他三家基金维持原合同不变。

38.3　合同更新对账簿和财务记录的影响

合同更新完成后将对参与的三方产生影响：

■ 对于合同其他缔约方（A）；在合同更新生效之日，必须终止与原（退出的）交易对手方的交易和风险敞口，并且必须创建与新（加入的）交易对手方的交易和风险敞口

■ 对于退出的一方（B）；在合同更新生效之日，必须终止与原（合同其他缔约方）交易方的交易和风险敞口

■ 对于加入的一方（C）；在合同更新生效之日，必须创建与合同其他缔约方的交易和风险敞口

从各方的角度来看，合同更新的结果如表38.1所示。

表38.1　　　　　　　　　　　　　　合同更新的结果

交易方	风险敞口是否存续	风险敞口的对手方	
		原交易对手方	新交易对手方
A 交易方	√	× （从原始交易中退出）	√ （区别于原始交易的新交易）
B 交易方	×	× （从原始交易中退出）	不适用
C 交易方	√	√ （新交易）	不适用

显然，一旦合同更新完成，各参与方都必须立即、准确地更新其账簿和财务记录（books & records），因为当前的交易处理（trade processing）和担保品处理（collateral processing）都会因此受到影响。

例如，合同其他缔约方未立即更新其账簿和财务记录，可能导致交易处理和担保品处理都将继续针对原交易对手方而不是新加入交易的一方（合同受让人）。

38.4　合同更新对担保品管理的影响

合同更新后，合同其他缔约方、合同让与人和合同受让人的账簿和财务记录需及时、准确地更新，这样各公司的担保品部门才能了解到最新的交易情况，并相应地开展日常担保品管理流程。

在日常担保品管理周期的开始节点进行资产组合对账（portfolio reconciliation），目的是为了核对公司记录的交易数量与交易对手方记录的是否一致。这一话题详见第31

章"场外衍生品交易与担保品—担保品生命周期—交易存续期间—资产组合对账"。合同更新将导致公司的交易数量受到相应的影响，进行资产组合对账可保证公司当前记录的交易数量是准确的。

合同其他缔约方面临的一项特殊风险是，是否在合同更新后引入了纯粹与担保品管理相关的风险，而此类风险在合同更新前并不存在。举例说明，这类风险可以通过以下方式产生：

■ 担保品起点金额的差异
■ 担保品币种的差异

38.4.1 担保品起点金额的差异

由于公司（作为合同其他缔约方）与各个交易对手方签订的信用支持附件内容存在差异，因此不同起点金额的规定可能会给公司造成正面或负面的影响。

例如：

■ 在合同更新之前，由于公司（作为合同其他缔约方）与原始交易对手方之间的信用支持附件规定了起点金额为零，因此公司可以无限制地对原始交易对手方进行保证金追缴（不考虑最低转让金额）

■ 合同更新之后，由于公司与新的交易对手方之间的信用支持附件规定了起点金额为 1 000 000.00 美元，因此公司无法在存在低于此阈值的风险敞口时，进行保证金追缴

表 38.2 着重说明了合同更新对合同其他缔约方的这种负面影响。

表 38.2   **合同更新的负面影响**

	保证金追缴	
	由公司进行	由交易对手方进行
原始交易	起点金额为零 （公司的优势：公司的风险敞口被充分减轻）	起点金额为 1 000 000 美元 （公司的优势：交易对手方的风险敞口不能被充分减轻）
更新后的交易	起点金额为 1 000 000 美元 （公司的劣势：公司的风险敞口不能被充分减轻）	起点金额为零 （公司的劣势：交易对手方的风险敞口被充分减轻）

相反，如果公司与合同让与人和合同受让人签订的信用支持附件的差异如表 38.3 所示，则公司将从合同更新中受益。

表 38.3   **合同更新的正面影响**

	保证金追缴	
	由公司进行	由交易对手方进行
原始交易	起点金额为 1 000 000 美元 （公司的劣势：公司的风险敞口不能被充分补偿）	起点金额为零 （公司的劣势：交易对手方的风险敞口被充分补偿）

续表

	保证金追缴	
	由公司进行	由交易对手方进行
更新后的交易	起点金额为零 （公司的优势：公司的风险敞口被充分补偿）	起点金额为 1 000 000 美元 （公司的优势：交易对手方的风险敞口不能被充分补偿）

因此，建议公司的场外衍生品交易人员在决策是否同意合同更新时，考虑合同更新对担保品管理的影响。

38.4.2　担保品币种的差异

一笔交易进行合同更新后，由于公司（作为合同其他缔约方）与各个交易对手方之间签订的信用支持附件内容存在差异，因此不同的现金担保品币种规定可能会给公司造成正面或负面的影响。

例如，一家养老基金（pension fund）与一家美国投资银行进行了欧元场外衍生品交易：

■ 在合同更新之前，如果养老基金存在正风险敞口（完成盯市后），则美国投资银行需向养老基金支付美元现金担保品

■ 美国投资银行要求养老基金将交易对手方更新为该银行的法兰克福子公司

■ 如果养老基金同意这一合同更新，则养老基金处于正风险敞口时将收到欧元现金担保品（基于养老基金与该银行的法兰克福子公司之间签订的信用支持附件），而这又可能导致在合同的剩余存续期内，由于美元与欧元之间的利率差而产生风险敞口

38.5　结论

担保品管理人员应该始终关注当前的场外衍生品交易发生合同更新的可能性，以及合同更新对当前交易对手方风险敞口的影响。

场外衍生品交易人员应该有权了解公司与各交易对手方之间签订的信用支持附件细节，以便于决策是否同意合同更新，尤其是在考虑合同更新对担保品管理的持续影响的情况下。

场外衍生品交易与担保品
—担保品生命周期—交易存续期间
—交易执行后事件—平仓

本章介绍了交易平仓的过程，即一笔原始交易被一笔交易方向相反的交易抵消。如果一笔场外衍生品交易发生平仓这一交易执行后事件，则将对该交易当前的担保品管理产生根本性影响。

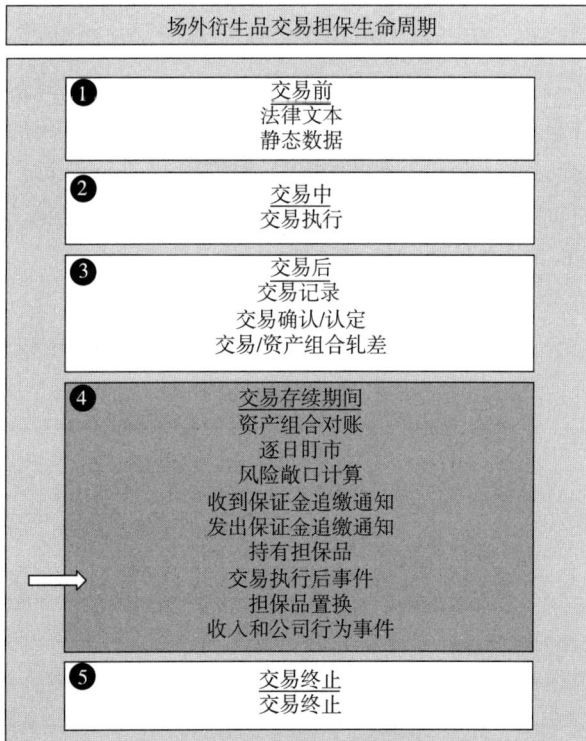

场外衍生品交易担保生命周期
❶ 交易前 法律文本 静态数据
❷ 交易中 交易执行
❸ 交易后 交易记录 交易确认/认定 交易/资产组合轧差
❹ 交易存续期间 资产组合对账 逐日盯市 风险敞口计算 收到保证金追缴通知 发出保证金追缴通知 持有担保品 交易执行后事件 担保品置换 收入和公司行为事件
❺ 交易终止 交易终止

39.1　引言

如果公司与某一交易对手方之间存在场外衍生品交易（或头寸），则该交易或头寸在其存续期间的任何时间点均可能被平仓（unwind）。

当交易双方都同意退出交易时，就会出现平仓。从公司的角度来看，这种退出合同的方法的具体特点是，它通过与现有的交易对手方进行一笔交易方向相反的交易，达成关闭交易（或称之为反向平仓，square-off）并消除风险敞口的结果。这种情况如图 39.1 所示，图 39.1 展示了平仓前和平仓后的情况。

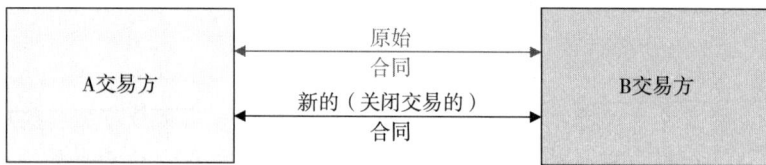

图 39.1　平仓前后的交易情况

完成平仓之后：

- A 交易方合同终止，因此不再存在与 B 交易方的风险敞口
- B 交易方合同终止，因此也不再存在与 A 交易方的风险敞口

实施平仓是指交易一方与交易对手方联系，要求通过平仓的方式退出合同。在执行平仓交易时，需计算交易的当前市场价值（current market value）以确定哪一交易方有正风险敞口（positive exposure）；然后由交易双方直接进行结算，有负风险敞口的一方需要在最终结算时向其交易对手方支付价款。交易平仓也被称为"相互提前终止"（mutual early termination）交易或"撕毁"（tear-up）交易。

例如，一家买方公司（如保险公司）在 3 年半前与 D 投资银行进行了一笔信用违约互换交易。从保险公司的角度来看，该交易合同的详细信息如表 39.1 所示。

表 39.1　　　　　　　　　　　　　　原始交易细节

交易要素	特定交易细节
交易类型	信用违约互换
操作方向	保护买方
交易对手方	D 投资银行
交易日期	2015 年 5 月 4 日
名义本金	60 000 000.00 美元
约定到期日	2028 年 6 月 20 日

迄今为止，这笔（原始）交易一直进行盯市以识别风险敞口，并以此为基础进行保证金追缴工作，保险公司因此从投资银行收取担保品，或向投资银行交付担保品。

现在，保险公司决定不再需要该合同，并寻求与该投资银行进行交易平仓以解除合同。简单地说，交易平仓是指交易双方采取一种经济上对等但方向相反的立场；如果他们在原交易中是买方，现在就需要成为卖方，对于交易对手方来说也是如此。该投资银行同意了保险公司的要求，因此保险公司在其账簿和财务记录中记录了表 39.2 所示的平仓交易。

表 39.2　　　　　　　　　　　　平仓交易细节

交易要素	特定交易细节
交易类型	信用违约互换
操作方向	保护卖方（以完成平仓）
交易对手方	D 投资银行
交易日期	2018 年 11 月 8 日
名义本金	60 000 000.00 美元
约定到期日	2028 年 6 月 20 日

一旦交易对手方同意执行平仓交易，公司的交易人员必须将新交易具体地记录为平仓交易，从而表明新的交易是为了关闭现有交易。如果不以这种方式记录平仓交易，可能会导致非前台人员将平仓交易视为新的交易（与原交易无关），从而导致后续无法消除与交易对手方的风险敞口。

在完成平仓后，交易不再存续，这也意味着任何一方都不再具有风险敞口，因此（从那时起）不再需要盯市或办理担保品收付。

如果交易对手方不愿意执行这种平仓交易，寻求退出合同的公司可以选择其他退出方式，包括合同更新（novation）或者抵消（offset）。

平仓可能对交易合约的全部或部分名义本金（notional principal）产生影响。

39.2　平仓的原因

场外衍生品交易的交易方选择通过平仓而不是其他方法退出合同，是因为平仓可使原始交易或头寸都不再存续。

场外衍生品交易的交易方可能出于多种原因选择通过平仓退出合同，原因包括：

- 合同的原始原因已更改（例如，在信用违约互换中，保护买方已卖出标的债券）
- 达到与原交易对手方的交易限额
- 试图降低某些交易产品的风险敞口
- 交易对手方被收购后，新的（收购后的）交易对手方的信用风险不可接受
- 在交易盯市价格非常不利的情况下减少损失

平仓可与其他合同退出方法（即合同更新和抵消）进行比较。合同更新之后，公司可能风险敞口为零或风险敞口对手方换为另一交易对手方；请参阅第 38 章 "场外衍生品交易与担保品—担保品生命周期—交易存续期间—交易执行后事件—合同更新"。抵消后，公司持有与两个不同的交易对手方的风险敞口；请参阅第 40 章 "场外衍生品

交易与担保品—担保品生命周期—交易存续期间—交易执行后事件—抵消"。

39.3 平仓对账簿和财务记录的影响

成功的平仓对交易的原始双方都有影响：

■ 对于希望退出合同的公司，在平仓生效之日，必须关闭与交易对手方的交易和风险敞口

■ 对于该公司的交易对手方，在平仓生效之日，必须关闭与交易对手方的交易和风险敞口

从交易双方的角度来看，平仓的结果如表 39.3 所示：

表 39.3 平仓结果

交易方	风险敞口是否存续	风险敞口对手方	
		原交易对手方	新交易对手方
A 交易方	×	×	×
B 交易方	×	×	×

显然，一旦平仓，交易各方都必须及时、准确地更新其账簿及财务记录，因为当前的交易处理和担保品处理都会因此受到影响。

例如，交易一方未能更新其账簿及记录，很可能导致该交易方继续针对原始交易进行交易处理和担保品处理，而事实上相关的风险敞口已被消除。

39.4 平仓对担保品管理的影响

平仓的预期结果是风险敞口被消除，如果交易双方的账簿和财务记录已被准确、及时地更新，那么交易双方的担保品部门将能够了解到最新的交易情况，并相应地开展日常担保品管理流程。

在日常担保品管理周期的开始节点进行资产组合对账，目的是核对公司记录的交易数量与交易对手方记录的是否一致。这一话题详见第 31 章 "场外衍生品交易与担保品—担保品生命周期—交易存续期间—资产组合对账"。

39.5 结论

担保品管理人员应该始终关注对当前场外衍生品交易进行平仓的可能性，以及平仓对当前交易对手方风险敞口的影响。

场外衍生品交易与担保品—担保品生命周期—交易存续期间—交易执行后事件—抵消

本章介绍了交易抵消的过程，即通过与另一交易对手方进行与原交易方向相反的新交易，将现有的场外衍生品头寸（与原交易对手方之间的头寸）降至零。如果一笔场外衍生品交易发生抵消这一交易执行后事件，则将对该交易当前的担保品管理产生根本性影响。

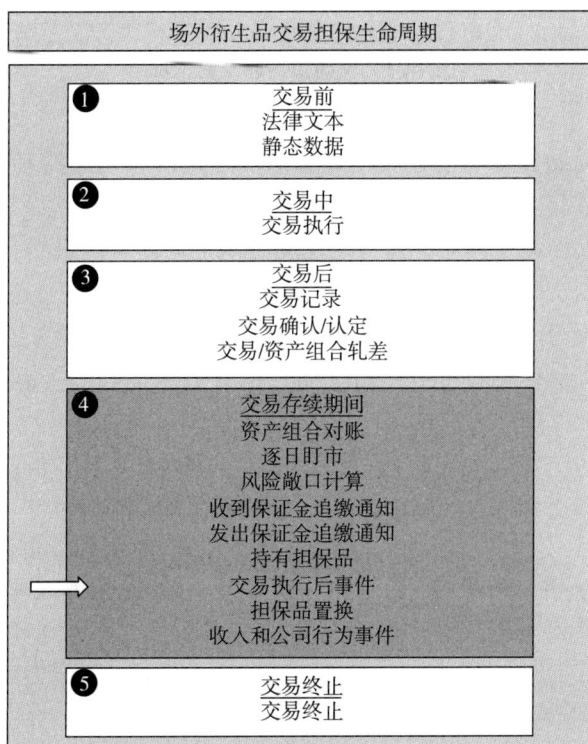

场外衍生品交易担保生命周期
❶ 交易前 法律文本 静态数据
❷ 交易中 交易执行
❸ 交易后 交易记录 交易确认/认定 交易/资产组合轧差
❹ 交易存续期间 资产组合对账 逐日盯市 风险敞口计算 收到保证金追缴通知 发出保证金追缴通知 持有担保品 交易执行后事件 担保品置换 收入和公司行为事件
❺ 交易终止 交易终止

40.1 引言

如果公司与某一交易对手方之间存在场外衍生品交易（或头寸），则该交易或头寸在其存续期间的任何时间点均可能被抵消（offset）。

当交易一方选择退出该交易时，就会产生抵消。从公司的角度来看，这种退出合同的方法的具体特点是，它是与不同的交易对手方（区别于原始交易的对手方）进行交易方向相反的交易，其效果是公司总头寸为零，从而消除总风险敞口；但是，两笔交易中公司与原交易对手方和新交易对手方之间的风险敞口仍然存在。这种情况如图40.1所示，图40.1展示了抵消前和抵消后的情况。

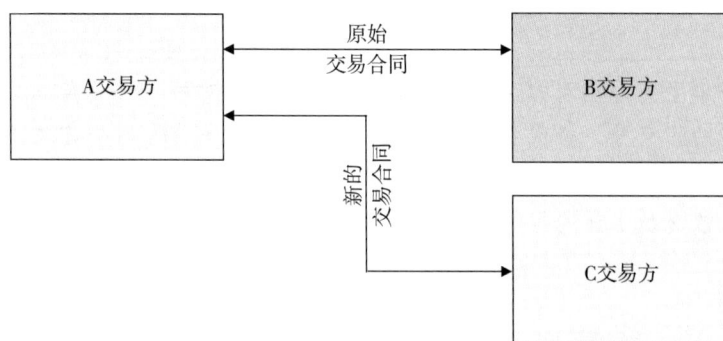

图 40.1　抵消前后的交易情况

抵消后：

- A交易方与原始交易对手方（B交易方）之间的合同仍然有效，另与新交易对手方（C交易方）签订与原交易方向相反的合同
- B交易方与其原始交易对手方（A交易方）之间的合同仍然有效
- C交易方与新交易对手方（A交易方）签订了合同

实施抵消是指交易一方与交易对手方联系，要求通过抵消的方式退出合同。［这种情况通常发生在公司试图通过平仓（unwind）的方式退出合同，由于交易对手方不同意而退出失败后。］

例如，一家买方公司（如保险公司）在3年半前与D投资银行进行了一笔信用违约互换交易。从保险公司的角度来看，该交易合同的详细信息如表40.1所示。

表 40.1　原始交易细节

交易要素	特定交易细节
交易类型	信用违约互换
操作方向	保护买方
交易对手方	D投资银行
交易日期	2015年5月4日
名义本金	60 000 000.00美元
约定到期日	2028年6月20日

迄今为止，这笔（原始）交易一直进行盯市以识别风险敞口，并以此为基础进行保证金追缴工作，保险公司因此从投资银行收取担保品，或向投资银行交付担保品。

现在，保险公司决定不再需要该合同，并寻求与该投资银行进行交易平仓以解除合同。然而，D 投资银行不同意平仓和解除合同，保险公司继而联系 F 投资银行，后者同意执行新的交易。对于保险公司来说，其结果是信用违约互换交易中的头寸被抵消，市场风险得到减轻（mitigated），但（与平仓的结果不同的是）保险公司现在持有两个交易对手方的风险敞口。保险公司必须在其账簿和财务记录中记录表 40.2 所示的新交易（除上表所示的原始交易外）。

表 40.2   **抵消交易细节**

交易要素	特定交易细节
交易类型	信用违约交换
操作方向	保护卖方
交易对手方	F 投资银行
交易日期	2018 年 11 月 8 日
名义本金	60 000 000.00 美元
约定到期日	2028 年 6 月 20 日

抵消完成后，由于与两个交易对手方之间的风险敞口将持续存在，这就需要对两笔交易进行盯市、确定两笔交易的风险敞口、发出和/或接收两笔交易的保证金追缴通知，以及接收两个交易对手方提交的担保品或向两个交易对手方交付担保品。

抵消可以针对原始交易合同的全部或部分名义本金进行。部分抵消发生在公司无法通过与另一主体的交易抵消原交易 100% 风险敞口的情况下，（这种情况下）公司可能决定留存部分风险敞口。例如，一家公司原本以 60 000 000.00 欧元的名义本金购买信用保护，但现在以 50 000 000.00 欧元的名义本金出售信用保护，从而减少了部分风险敞口。

40.2 抵消的原因

当场外衍生品交易的交易一方尝试执行平仓交易失败后（可能是因为平仓交易的成本不可接受），可以选择通过抵消交易退出合同。

一般认为，对交易进行平仓是比进行抵消更优的选择，因为交易平仓除了消除原场外衍生品的风险敞口外，还消除了交易对手方的风险敞口。

请注意：从投资银行的角度来看，他们不会进行可能导致无限损失的单向交易。也就是说，（例如）投资银行的交易人员基本不可能在信用违约互换交易中出售信用保护，除非他们已通过抵消交易购买信用保护来实现对冲。

40.3 抵消对账簿和财务记录的影响

成功的抵消交易对参与的三方都有影响：

■ 对于希望退出合同的公司：在抵消生效之日，与原交易对手方的交易和风险敞口必须继续进行，与新交易对手方的交易和风险敞口必须开始进行

■ 对于该公司的原始交易对手方：与其原始交易对手方的交易和风险敞口必须继续进行

■ 对于新的交易对手方：必须开始进行与其（新的）交易对手方的交易和风险敞口

从每一参与方的角度来看，抵消的结果如表 40.3 所示。

表 40.3　　　　　　　　　　　抵消的结果

交易方	风险敞口是否存续	风险敞口对手方	
		原交易对手方	新交易对手方
A 交易方	√	√ （存在于原始交易中）	√ （新交易）
B 交易方	√	√ （存在于原始交易中）	不适用
C 交易方	√	√ （新交易）	不适用

从公司内部管理的角度来说，可以采取有力措施，为抵消交易设置识别码，并建立与作为抵消对象的原始交易之间的交叉索引。

40.4 抵消对担保品管理的影响

抵消的结果是，公司持有与两个交易对手方的风险敞口，如果交易各方的账簿和财务记录都已被准确、及时地更新，那么交易各方的担保品部门就能够了解到最新的交易情况，并相应地开始日常担保品管理流程。

在日常担保品管理周期的开始节点进行资产组合对账，目的是核对公司记录的交易数量与交易对手方记录的是否一致。这一话题详见第 31 章"场外衍生品交易与担保品—担保品生命周期—交易存续期间—资产组合对账"。

40.5 结论

担保品管理人员应该始终关注对当前场外衍生品交易进行抵消的可能性，以及抵消对当前交易对手方风险敞口的影响。

场外衍生品交易与担保品 —担保品生命周期—交易存续期间 —交易执行后事件—信用事件

本章主要介绍什么是信用事件，以及发生信用事件对信用违约互换合约的影响。如果一笔特定场外衍生品交易发生这一交易执行后事件，则将对该交易当前的担保品管理产生根本性影响。

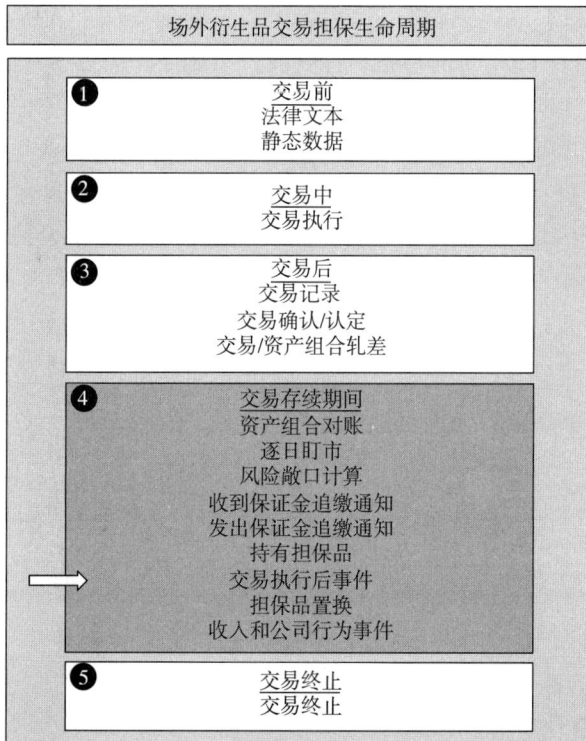

场外衍生品交易担保生命周期

❶ 交易前
法律文本
静态数据

❷ 交易中
交易执行

❸ 交易后
交易记录
交易确认/认定
交易/资产组合轧差

❹ 交易存续期间
资产组合对账
逐日盯市
风险敞口计算
收到保证金追缴通知
发出保证金追缴通知
持有担保品
交易执行后事件
担保品置换
收入和公司行为事件

❺ 交易终止
交易终止

给读者的建议：由于信用事件与信用违约互换（Credit Default Swap，CDS）直接相关，建议不熟悉 CDS 的读者在阅读本章之前，先行阅读第 17 章"场外衍生品交易与担保—交易类型—信用违约互换"。

41.1 引言

如果一家公司有正在进行的场外衍生品交易，特别是信用违约互换的交易，那么在交易的整个生命周期中，任何时点都可能会出现信用事件。

"信用事件"是描述特定违约事件（event of default）的通用术语，比如，债券发行人（bond issuer）应该依据债券发行时约定的条款和条件，按照（通常）预先确定的利率在约定的日期向债券投资者支付利息（息票），在债券到期日（maturity date）前向债券投资者偿还本金。如果债券发行人没有按时支付此类款项，则视为发生了信用事件，这会触发信用保护的卖方（protection seller）向信用保护的买方（protection buyer）支付款项，也会立即触发 CDS 交易的终止。

执行 CDS 交易时，交易双方一般会约定什么是信用事件，通常包括：

- 发行人破产（bankruptcy）
- 支付失败（failure to pay），以及
- 债务重组（restructuring）

注意：ISDA 允许在合同中涵盖一组有限的预先定义的信用事件。

尽管信用保护费用（作为保费由信用保护买方向信用保护卖方支付）反映了发行人违约的可能性，但在 CDS 合同初始签订阶段，不能保证信用事件会否发生。

如果在 CDS 合同的生命周期内，发生了预先约定的任意一项信用事件，信用保护的卖方就需要与信用保护买方结算名义本金（notional principal）。

信用事件发生后一旦进行结算，CDS 合同将自动终止，并且合同的任何一方都不会再有风险敞口。图 41.1 中描述了这种情况，该图显示了信用事件发生前和发生后的情况。

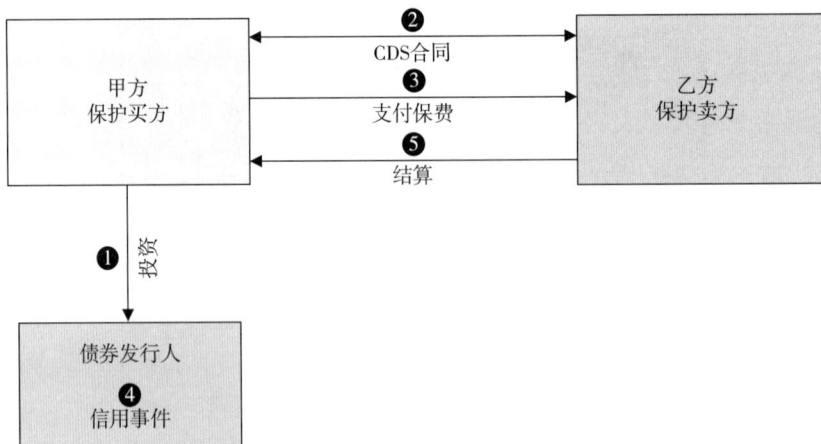

图 41.1　信用违约互换：信用事件发生前后的情况

456

步骤 1：甲方投资债券

步骤 2：甲方决定通过签订信用违约互换合同的方式寻求保护，以防止债券发行人 ［在 CDS 中被称为参考实体（reference entity）］违约，这样甲方就成了信用保护的买方，乙方决定为甲方提供信用保护，成为信用保护卖方

步骤 3：甲方定期向乙方支付保费（保护费用）

步骤 4：如果债券发行人发生信用事件，将会触发 CDS 合约结算

步骤 5：CDS 合同由信用保护卖方向信用保护买方支付 100% 的名义本金减去约定的回收金额来进行结算，在该时点合同终止，合同双方都不再有风险敞口。回收金额来自经过拍卖程序确定的回收率；回收率反映了发行人破产程序启动后，市场对优先无担保债券（senior unsecured bond）实际投资者可能收回的金额的预期

注意：尽管上述图表和说明中甲方因持有债券投资而决定签署 CDS 合同，通常情况下，并没有强制（法律、法规或其他）要求债券投资者必须同时签署 CDS 合同。例如，乙方为甲方提供信用保护，同时可以通过与另一交易对手方签订一个对等且反向的合同成为该合同的保护买方，因而对冲自身头寸。在这种情况下，乙方有两笔 CDS 交易，但并不持有债券投资。

合同的任何一方想要退出合同可能触发合同更新（novation）、平仓（unwind）或抵消（offset）等事件。相反地，信用事件是由债务人（如债券发行人或参考实体）的破产或违约而触发的，而非 CDS 合同的交易双方。

从历史上看，信用保护买方和信用保护卖方之间曾发生过纠纷，纠纷主要集中于双方对信用事件的认定上，即信用事件是否真正发生。2009 年推出了 ISDA 协议（ISDA protocol），授权地区决策委员会（RDC）来确定信用事件是否真正发生。RDC 的决定对于签署协议的各方均具有约束力。

信用事件发生后，各方都不再具有对交易对手方的风险敞口，这就导致任何一方都不需要再进行逐日盯市（mark-to-market），或者是接收或交付担保品。

信用事件将影响合同的名义本金总额；由于信用事件对所有生效中的 CDS 合同（与特定债券发行人或参考实体相关的合同）都会造成影响，信用事件发生后将不会对任何部分数量予以保留。

41.2 信用事件对账簿和财务记录的影响

如果发生信用事件，信用保护买方和信用保护卖方都会受到影响：

■ 对于购买信用保护的公司来说，一旦他们收到了结算资金，合同及其相应的对手方风险敞口就终止了

■ 对于出售信用保护的公司来说，一旦他们汇出了结算资金，同样道理，合同及其相应的对手方风险敞口也终止了

在表 41.1 中，我们从各方的角度总结了信用事件的结果。

表 41.1   信用事件的结果

交易方	风险敞口是否存续	风险敞口对手方	
		原交易对手方	新交易对手方
甲方	×	不适用	不适用
乙方	×	不适用	不适用

信用事件发生后，一旦信用保护卖方向信用保护买方汇付结算资金，双方必须保证账簿和财务记录（books & records）不再显示交易是有效的。

41.3 信用事件对担保品管理的影响

由于信用事件导致交易对手方风险敞口均不复存在，如果交易双方的账簿和财务记录已被准确、及时地更新，那么交易双方的担保品部门将能够了解到最新的交易情况，并相应地开展日常担保品管理流程。

在日常担保品管理周期的开始节点进行资产组合对账，目的是核对公司记录的交易数量与交易对手方记录的是否一致。这一话题详见第 31 章"场外衍生品交易与担保—担保品生命周期—交易存续期间—资产组合对账"。

41.4 结论

担保品管理人员应该始终关注当前信用违约互换合约发生信用事件的可能性，以及信用事件对当前交易对手方风险敞口的影响。

场外衍生品交易与担保品
—担保品生命周期—交易存续期间
—担保品置换

本章介绍将现有证券担保品置换为其他担保品的情形，以及实现置换的过程。担保品置换的主题已在第 22 章"场外衍生品交易与担保品—法律保障—信贷支持附件"的第 22.8.14 节"担保品置换"中进行了介绍；本章将进一步扩展其概念。

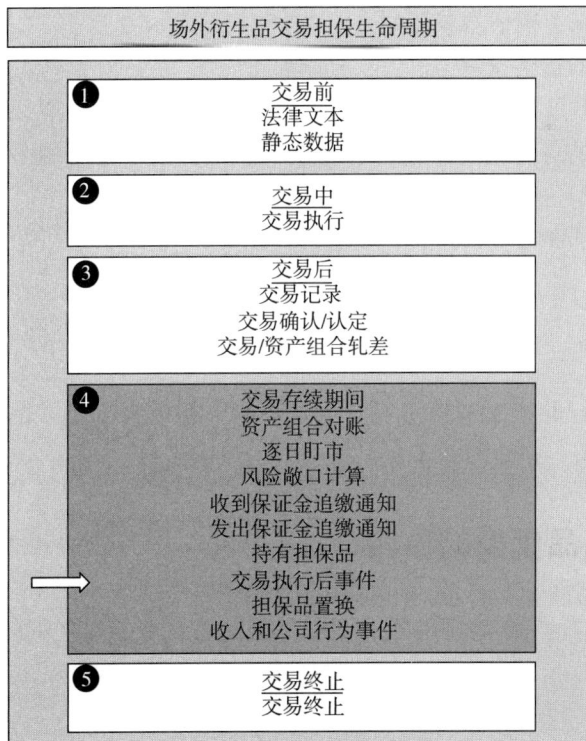

场外衍生品交易担保生命周期
❶ 交易前 法律文本 静态数据
❷ 交易中 交易执行
❸ 交易后 交易记录 交易确认/认定 交易/资产组合轧差
❹ 交易存续期间 资产组合对账 逐日盯市 风险敞口计算 收到保证金追缴通知 发出保证金追缴通知 持有担保品 交易执行后事件 担保品置换 收入和公司行为事件
❺ 交易终止 交易终止

42. 1 简介

在担保品质权方持有证券担保品（通常为债券，不常见为股票）的情况下，出质方可能要求退还特定债券，用其他担保品进行替换。形容这种替换活动的术语便是"担保品置换"（见图 42.1）。

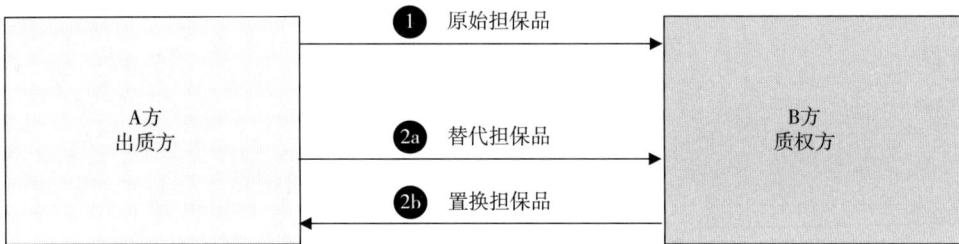

图 42. 1 担保品置换

根据信用支持附件（CSA）的规定，出质方可以提供符合特定交易对手方条件的替代担保品，置换方向可能是：

■ 用替代债券或股票来置换原债券或股票
■ 用替代债券或股票来置换现金担保品
■ 用替代现金来置换债券或股票
■ 用替代货币来置换原货币

此外，可以用单只特定的债券（例如，2030 年 7 月 1 日到期，面额为5 000 000英镑，利率为3. 75%的英国政府债券）来置换现有担保品，亦可用多支债券来置换现有担保品。如：

■ 发行人 X 发行的于 2028 年 10 月 15 日到期，利率为 3. 95%的2 000 000英镑债券，加上
■ 发行人 Y 发行的于 2026 年 2 月 1 日到期，利率为 4. 15%的2 200 000英镑债券，加上
■ 发行人 Z 发行的于 2032 年 7 月 1 日到期的，利率为4. 25%的1 000 000英镑债券

担保品的总价值一定要覆盖担保品质权方的风险敞口。

42. 2 担保品置换的原因

出质方置换债券的初衷通常是因为另一笔交易需要原债券来进行交付，例如：

■ 证券出售
■ 证券借出
■ 回购

置换的另一个原因是，交易双方希望避免在票息支付的登记日期间持有债券担保

品，或者避免在股息登记日期间持有股票担保品。此类收入可能要缴纳预扣税，这会使质权方和出质方之间现金支付处理更为复杂。[预扣税是一个复杂的问题，经常发生由于使用了错误的税率而导致的税收返还；更多详细信息，请参阅作者的《公司行为：证券事件管理指南》（*Corporate Actions：a Guide to Securities Event Management*）（ISBN 0470870664）。] 注意：在许多金融机构中，负责担保品管理和公司行为的人员分属不同的部门；当公司行为负责部门希望在付息之前置换债券担保品时，这两个条线之间的沟通可能存在操作障碍。

置换的另一个原因是，担保品出质方了解到，他与特定交易对手方的 CSA 允许将信用等级较低的债券作为担保品（不过，这种担保品通常具有较高的抵押折扣率），并且收回的较高评级债券可用于对发行人信用评级限制更高的 CSA 担保协议。

如果担保品出质方发现使用证券担保品替换现有的现金担保品是有利的，则也可能发生担保品置换。出质方选择将现金（目前由质权方持有）用于其他目的，或者货币市场利率与 CSA 中规定的利率之间存在利率差异时，会出现这种置换情况。

还有一些置换发生在债券发行人的信用评级被降级时，担保品质权方持有的债券不再符合 CSA 中合格担保品规定。这种情况与大多数其他担保品置换情形不同，在这种情况下，置换行为满足的是质权方的最大利益，因为抵押的债券评级下降后，其风险敞口不再得到保障。

42.3 担保品置换的过程

下文描述了债券担保品置换的情况，并说明了该过程的步骤。

一周前，A 方收到了一笔追加保证金通知，为了覆盖当时对手方的风险敞口，A 方向 B 方交付了面额为 10 000 000 美元、利率为 5.25% 的国际复兴开发银行债券，到期日为 2028 年 5 月 15 日。

今日，A 方的债券交易商卖出所有 10 000 000 的美元债券，交易机制为 T + 2（即从即日起两个工作日内交割）。A 方的证券结算部查看其簿记记录，用来确定债券的当前位置，发现债券不是由 A 方的托管人持有，而是目前作为担保品由 B 方持有。

此时，A 方的证券结算部门必须联系其担保品部门，告知证券出售情况以及需要从 B 方退还债券的情况（以便及时交付 A 方出售的证券，从而接收 A 方出售证券获得的销售收入）。A 方担保品部门现在必须选择 CSA 中满足特定交易对手方要求的合格替代担保品，可以是其他证券或现金；最终，他们选中了面额为 10 000 000 美元，到期日为 2030 年 10 月 1 日，利率为 4.75% 的美洲开发银行债券。A 方担保品部门现在必须向 B 方提出置换的要求，指定（1）要接受置换的担保品和（2）建议作为替代的担保品。传达置换请求的通常方法是通过电子邮件或环球银行金融电信协会（S. W. I. F. T）报文。在这种情况下，B 方（作为风险敞口方）必须确保敞口始终处于被担保状态，因此应确保在收到替代担保品之后，才予退还原始担保品。

置换原始债券和替代债券的通常方法是纯券过户（FoP）。同一天，在相关中央证券托管机构（CSD）的担保品出质方和质权方的账户之间，交付两只债券。过户时间机制是 T + 1，其中"T"是指担保品出质方发出置换请求以及担保品质权方同意的日期。

上述步骤（以及更多步骤）在图42.2中表示。

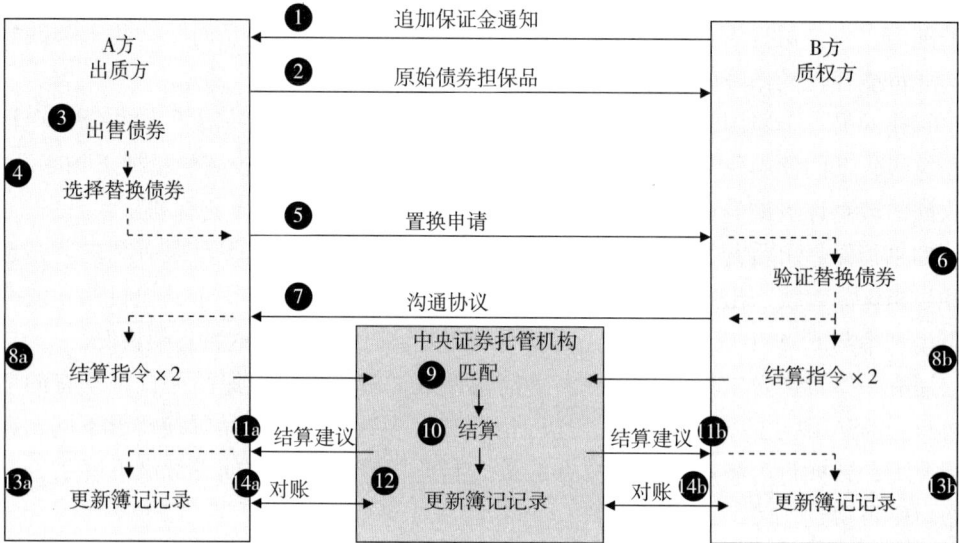

图 42.2　担保品置换：顺序任务

步骤说明如下：

步骤1：B 方（风险敞口方）向 A 方发出追加保证金通知

步骤2：A 方通过交付特定债券来结算追加保证金通知

步骤3：A 方出售目前由 B 方持有的债券

步骤4：A 方选定将作为 B 方担保品的替代债券

步骤5：A 方将置换要求传达给 B 方

步骤6：B 方核实替代债券的合格性（依据相关 CSA）

步骤7：B 方告知 A 方，同意置换要求和相应替代债券

步骤8：双方向其 CSD 发出两条 FoP 结算指令

步骤9：CSD 为（1）原始担保品和（2）置换担保品进行指令匹配

步骤10：两笔结算（非同时）发生在置换的结算日

步骤11：CSD 向双方发布每笔债券的结算建议

步骤12：CSD 更新两次交割的簿记记录

步骤13：双方内部更新各自的簿记记录以反映两次债券结算

步骤14：双方尝试将其内部簿记和证券余额记录与从 CSD 收到的证券持有量表进行对账

综上所述，一旦达成置换协议，从出质方和质权方的角度来看，成功的置换都将涉及：

- 发出原始债券的 FoP 结算指令
- 发出替代债券的 FoP 结算指令
- 双方的 CSD 或托管人验证双方的每条指令
- 在结算日之前匹配两组结算指令
- 在结算日当日交割债券

42.4　担保品置换存在的结算风险

担保品置换使用的传统方法，即原始债券的返还和另一只债券的替代，一直都是 FoP 结算。这种结算方式的问题在于，两个相反方向的债券结算非同时进行，独立于彼此。如果两笔交付都在置换的结算日（在同一时区）发生，则任何一方都没有风险。但如果在置换的结算日只有一笔交割完成，则仍在等待债券交割的一方将面临严重的风险敞口暴露。

与这种非同时进行的 FoP 结算方式相比，在全球主要证券市场中，证券和现金交割（如证券买卖结算时）通常使用"券款对付"（DvP）的机制。由于具有同时交割的性质，DvP 可以保护双方的资产。这意味着如果没有收到现金，债券交割就不会发生，反之亦然。

对于涉及双向交付证券的担保品置换，为了减轻上述 FoP 结算的风险，需要实现同时交换两种证券，即"券券对付"（DvD）。泛欧结算引擎 Target2 Securities（T2S）为用户提供将一条 FoP 结算指令与另一条 FoP 结算指令匹配在一起的能力，从而确保结算交割只在两种证券同时转移时才会进行。换言之，如果其中一支证券无法用于在单方向上的交割，则相反方向的证券交割也会被阻止，直到双向交割可以完成，此结算方式称为"有效 DvD"。注意：要实现真正的 DvD（而不仅仅是有效 DvD），CSD 需要在一条结算指令中包含一个方向移动的证券的国际证券识别编码（ISIN）和其反方向移动证券的 ISIN。当然，在发出这样的结算指令前，必须对对手方指令进行匹配确认。还应注意，DvD 不仅对于担保品置换具有价值，同时对基于证券担保的证券借出业务也具备价值。

42.5　担保品置换的紧迫性

置换通常被认为是一项紧急业务，因为置换的基本原因通常是财务方面的考虑，对时间很敏感。例如，从担保品出质方的角度来看，原始（被置换）债券返还的任何延迟都极有可能导致出售证券时蒙受金钱损失。在这种情况下，证券卖方未能在出售证券的结算日将证券交付给买方，意味着卖方无法尽早收到售出收益，从而导致卖方的利息损失（假设为正利息的环境）。因此，担保品置换对出质方来说往往都是一件紧迫的事情。

不过，在被替代债券的发行人信用评级下调时，担保品质权方越快采取行动进行置换，其风险敞口就越快得到缓解。此时，置换对于质权方来说是一个紧急业务。

42.6　担保品置换对质权方的影响

从担保品质权方（即风险敞口方）的角度来看，如果替代担保品是符合 CSA 的合格担保品，则他们有义务接受担保品出质方的置换要求。但是，置换的详细信息（例如起息日、替换 ISIN、替换 ISIN 的数量）必须由双方同意。

此外，为实现置换，质权方可能需要付出额外的管理精力，在许多情况下并没有明显的好处。例如，风险敞口方可能以前从未在其静态数据中建立担保品出质方希望交付的债券信息。这种设置需要操作上的努力（包括输入息票率、息票日期、息票频率、合适的应计利息天数、日息确定惯例、到期日等），以确保不会出现错误。此外，公司的静态数据中可能会缺少交易对手与替代担保品有关的常设结算指令（SSI）。设置此类丢失的数据不仅需要额外的操作，同时此类数据的缺失可能会导致处理延迟，如担保品移动结算指令的延迟。

42.7　担保品置换的意外风险敞口

在尝试进行置换时，出质方和质权方都必须意识到可能会产生不必要的风险敞口。

置换对于出质方的风险包括：

■ 未获得被置换债券，进而导致无法解决基础交易（如债券的出售），导致未能及时收到证券售出收益。未能获得被置换债券的原因有：

　　■ 置换债券的清算指令未能在规定的期限内传输给相关的 CSD 或托管人

　　■ 结算指令未能在规定的截止日期前匹配

■ 交易对手方风险敞口，在结算日发生了替代担保品的交割，但被置换担保品的交割失败

置换对于质权方（风险敞口方）的风险包括：

■ 交易对手方风险敞口，在结算日发生了被置换担保品的交割，但替代担保品的交割失败

另一种导致风险敞口的情况是，最初，担保品出质方将债券担保品交付给担保品质权方，现在，出质方希望将债券担保品替换为特定币种的现金。当然，货币的选择必须遵守双方之间的 CSA 条款。

如果现金与风险敞口使用的货币不同，则汇率变动会导致担保品质权方的担保不足（而在之前，通过持有债券可以完全覆盖质权方的风险敞口）。在同意替代请求（按照当时的汇率）与收到资金之间，可能会由于汇率的不利变动而给担保品质权方带来风险。如果在收到现金作为替代担保品之前就退还债券担保品给出质方时，这种潜在风险就更大。

出质方与质权方之间的担保品置换可能会触发许多市场参与者之间的置换链，此

时，所有相关资产流动都应按时进行，以避免新增风险敞口。

42.8 更新簿记

成功完成置换后，出质方和质权方必须更新各自的账簿和财务记录，以充分反映现实情况。具体而言，从双方的角度来看，被置换担保品应显示现在归担保品出质方所有，而替换担保品应归担保品质权方（风险敞口方）所有。

随后应通过与托管人的对账过程确认该账簿和财务记录；现金担保品应进行往账对账（nostro reconciliation），而债券担保品应进行托管对账（depot reconciliation）。

此外，公司应该持续进行准确的风险敞口计算，必须在担保品置换后更新累积担保品余额信息。

42.9 结论

为了使担保品出质方（非敞口方）避免结算损失，他们必须充分意识到，自己参与的新交易（包括证券出售、回购和借贷）可能涉及一些正在充当担保品的债券，这些债券必须通过担保品置换过程从现有的对手方处拿回。

从担保品质权方（风险敞口方）的角度来看，在担保品出质方提出担保品置换要求后，有可能在收到替代担保品之前退还原始担保品，从而带来未被覆盖的风险敞口。担保品质权方应确保自己不会因为担保品置换操作面临新风险。

场外衍生品交易与担保品—担保品生命周期—交易存续期间—收入和公司行为事件

Chapter Forty-three 第43章

本章描述了证券担保品发生收入事件和公司行为事件时，担保品提供方和担保品接受方之间的交互过程。

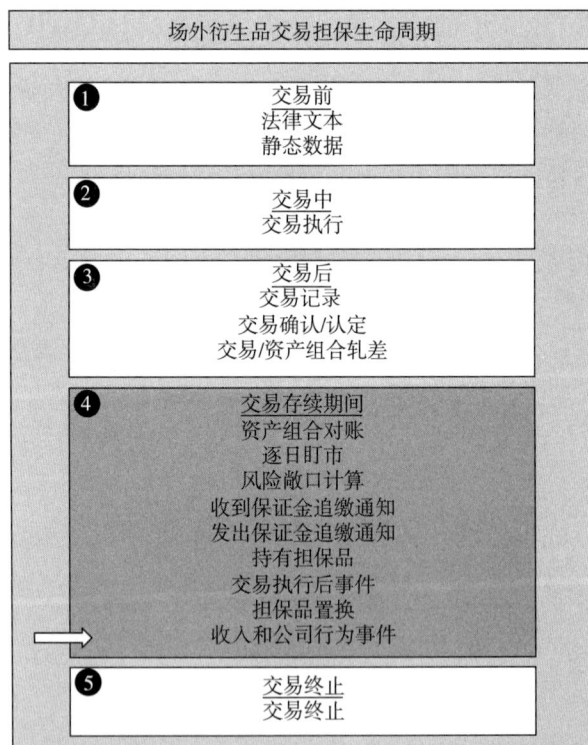

场外衍生品交易担保生命周期

1. 交易前 / 法律文本 / 静态数据
2. 交易中 / 交易执行
3. 交易后 / 交易记录 / 交易确认/认定 / 交易/资产组合轧差
4. 交易存续期间 / 资产组合对账 / 逐日盯市 / 风险敞口计算 / 收到保证金追缴通知 / 发出保证金追缴通知 / 持有担保品 / 交易执行后事件 / 担保品置换 / →收入和公司行为事件
5. 交易终止 / 交易终止

本章是从第22章"场外衍生品交易与担保品—法律保障—信用支持附件"中的"收入和公司行为"小节拓展而来。收入事件和公司行为事件的管理本身就是一个很重要的话题；本章重点介绍与债券担保品相关的内容。[有关更多详细信息，请参阅本书

466

作者的《公司行为：证券事件管理指南》（*Corporate Actions: A Guide to Securities Event Management*）〕

43.1 引言

债券发行人向债券持有人对包括固定利率债券、浮动利率债券、可转换债券在内的债务工具（债券）进行息票支付。零息债券不支付利息。

对于特定类型的债券（如固定利率债券和可转换债券），在整个债券生命周期中，其息票支付的应付金额（取决于利率）和债券付息日等信息是完全可以预测的。

浮动利率债券没有一个固定的利率，它的息票率由不断变化的基准利率（如 Libor）决定。每六个月付息一次的某浮动利率债券，其本次的息票率不大可能和前一次支付时相同。

对于有息票率和债券付息日的债务工具，它们间的差异完全可以预测。而对于那些必须依据基准利率来确定固定利率票率的债务工具，在操作上则需要相似但不同的处理。公司内部静态数据中需要设置所有息票信息，但只有那些具有已知息票率和债券付息日的债券才能以最终的形式设置这些数据，并在债券的整个生命周期内保持不变。然而对于浮动利率债券而言，只有在发行人公告之后，才能在静态数据内设置在特定债券付息日的应付息票率。该息票率通常在新息票支付间隔开始前 2 日或开始日当天公告（取决于币种）。这意味着不同于固定利率债券和可转换债券，浮动利率债券的息票支付细节内容需要在静态数据库中定期更新。公司内的公司行为部门负责计算息票支付的法定权利。但为了计算权利，公司行为部门必须首先意识到接下来会有息票支付。这些信息来源于债券发行人的募集说明书，公司据此在自己的静态数据库中设置相关息票信息。为保证不错过每一笔息票支付，这些信息必须完全准确且实时更新。一些公司选择直接从数据供应商那里获取单支债务工具的详细信息（包括息票率和债券付息日等信息），而另一些公司则可以利用中央证券托管机构和托管人提供的信息。

如果一家公司的静态数据存在错误，则会引发风险。例如：（1）公司未能及时察觉到即将到期的息票支付，因此没有收款的预期；（2）错误的息票率导致公司无法收到全部的息票支付。

43.2 债券担保品和息票支付

假设公司的静态数据是准确的，那么公司行为部门应当利用这些信息来预告即将发生的息票支付。

例如，在付息日前约一周（如 5 月 24 日），在内部出具一份报告，列示所有将在 6 月 1 日付息的附息债券(许多债券在每月 1 日或 15 日付息)。随着债券付息日临近，公司行为部门可以另出具一份报告，确定公司在即将付息的债券中是否存在交易或头寸。

公司持有某单只债券的静态数据，并不意味着当前公司对该只债券仍存在交易或头寸。

非常值得注意的是，公司的账簿和财务记录必须清楚地标注每只债券作为覆盖风险敞口的担保品出质和受押的情况。换言之，公司的账簿和财务记录必须清楚地区分特定债券被交付或接收的交易类型。因此，在标注债券担保品的出质和受押之余，公司的账簿和财务记录必须显示交易类型信息（如买入/卖出、回购/逆回购、借入/贷出），以便能够准确识别每笔息票支付的法定所有权。

当公司对于某只特定的债券存在交易或头寸，可能会选择出质或受押债券担保品。相关的中央证券托管机构(如欧洲清算银行、明讯国际)通常运营一个登记日系统，在登记日交易结束时所有拥有特定债券头寸的持有者，将在付息日取得息票收益。

根据适用英国法的《信用支持附件》中关于所有权转移的规定，由于担保品提供方保留了债券的受益所有权，因此担保品提供方有权取得息票支付。如果担保品接受方收到了其无权获得的息票支付，则须将与他收到的息票等值的款项汇给担保品提供方。

当公司出质了债券担保品，且该担保品在登记日交易结束前已从公司在中央证券托管机构的账户转出，这也意味着在登记日担保品接受方即在中央证券托管机构中拥有头寸。因此，担保品接受方将在债券付息日取得息票收益，并且须将同等的现金汇至担保品提供方。担保品提供方必须监测此类情况，以确保能从担保品接受方获得该笔息票支付的收益。信用支持附件规定，担保品接受方必须将票息的等值金额汇给担保品提供方。为确保在到期日能及时收到资金，担保品提供方可以选择在登记日后尽快向担保品接受方发出正式的息票支付请求。

为了避免担保品息票支付对担保品提供方和接收方带来的管理负担，许多公司选择在登记日前，用现金或其他债券进行担保品置换，替代最初的担保品。

43.2.1 担保品接受方持有担保品

如果在登记日交易结束时，担保品接受方在其中央证券托管机构或托管人的账户中持有债券担保品（且不在自己其他的交易中再使用或再抵押），则担保品接受方会收到中央证券托管机构给付的票息。担保品接受方被称为法定所有人，但实际无权获得票息。担保品提供方是债券的受益所有人。因此，担保品接受方必须将息票支付的等值金额汇给担保品提供方。图43.1描绘了该情况。

43.2.2 担保品接受方再使用或再抵押担保品

如果担保品接受方并没有一直持有该债券担保品，而是在其他交易中做了再使用或再抵押，担保品接受方仍然有义务将息票支付的等值金额汇给担保品提供方。但是，担保品接受方本身能否向与其进行交易的一方（图43.2中的丙方）索取息票收益，取决于担保品接受方与该第三方之间交易的类型。图43.2展示了这种情况。

从乙方的角度来看，当选择再使用或再抵押债券担保品时，通常包含以下几种交易类型：

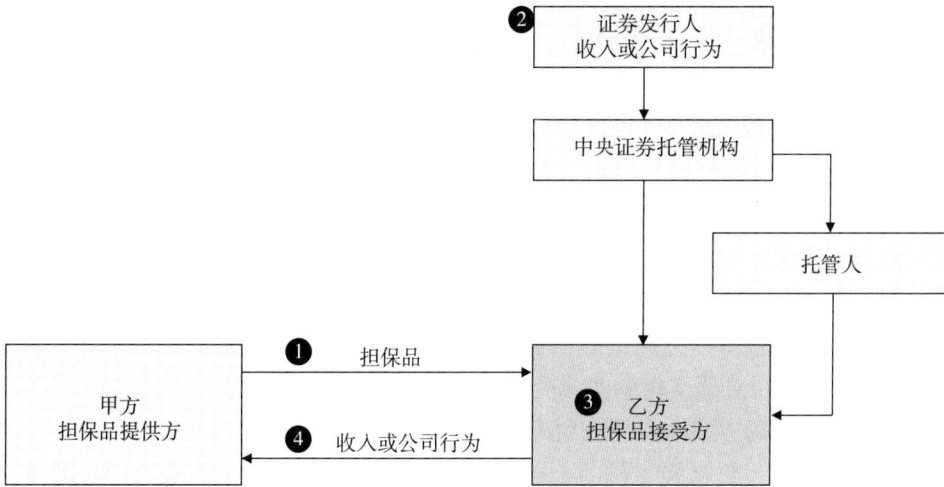

图 43.1 担保品接受方持有担保品时的息票支付流

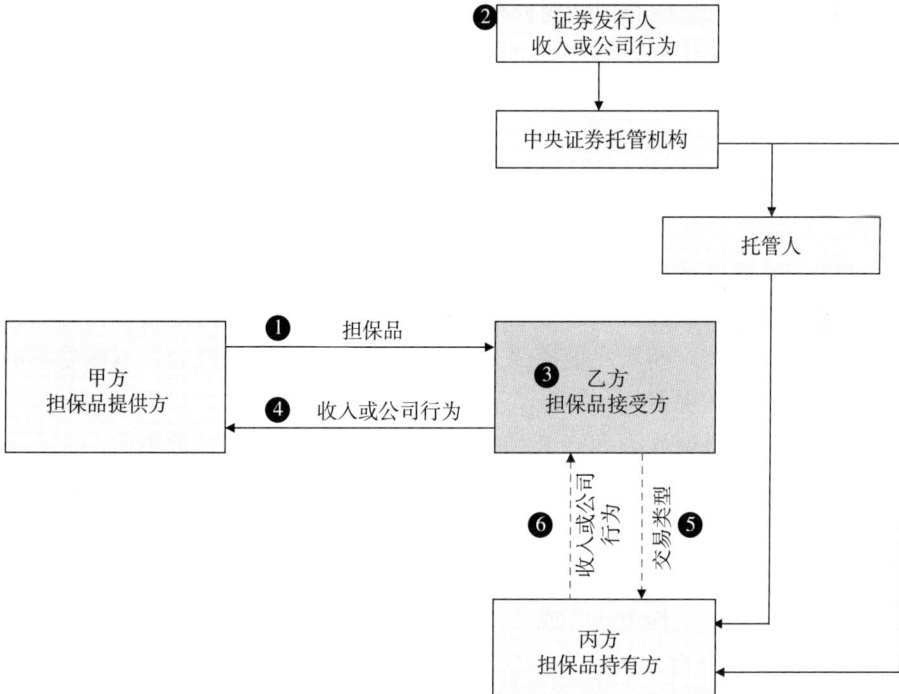

图 43.2 担保品接受方再使用或再抵押情况下的息票支付流

1. 出售：即乙方将证券"完全"出售给丙方，丙方成为证券的所有人

2. 回购：即乙方以债券作为抵押向丙方临时借款，丙方在回购交易结束后须要将该债券返还给乙方。回购的相关内容请参考本书第 2 部分"回购交易与担保品"

3. 证券借贷：即乙方将债券临时借给丙方，丙方须在债券借贷交易结束时将债券返还给乙方。证券贷出的相关内容请参考本书第 3 部分"债券借贷与担保品"

4. 乙方将该债券担保品作为另一笔交易的担保品的一部分。例如在（1）其他场外衍生品交易中，或（2）作为向丙方借入证券的担保品

上述每一种交易类型，都将影响丙方是否需要向乙方转移息票支付：

1. 出售：在交易起息日不晚于息票支付登记日的前提下，由于丙方已经从乙方处购买了债券，那么丙方有权获得息票支付

a. 乙方不再具有获得息票支付的权利，因此也不可再向丙方索取息票支付

b. 乙方仍有义务将息票支付的金额汇给甲方，这意味着乙方必须用自有资金向甲方支付息票支付的金额。这被称为返还收入

2. 回购：丙方接受乙方提供的债券担保品，丙方无权获得息票支付。对于丙方而言，乙方是有权获得息票支付的实际受益人

a. 乙方应该向丙方索取息票支付

b. 乙方仍有义务将息票支付的金额付与甲方，这意味着从丙方获取的息票支付可用于向甲方汇付

当执行债券借贷业务（上述第三点），或将债券作为担保品（上述第四点）时，息票支付对乙方产生的影响和回购业务相同。

需要注意的是，无论乙方与丙方之间执行哪种交易类型，甲方都有权获得息票支付，并由乙方支付息票支付的同等价值。

43.3 债券担保品及公司行为

债券的息票支付通常是强制公司行为事件，而其他类型的公司行为通常被归类为需要做出投资决策的自愿性公司行为事件。例如，债券要约收购为债券持有人提供了在债券发行人设定的指定期限之前接受现金要约以换取债券的机会；不接受收购要约的债券将按其原始条款保留。

当公司公告这类自愿性公司行为，并且债券已经作为担保品被出质，作为实际受益人的担保品提供方有权做出投资决策（如选择是否接受要约）。在这种情况下，可能的选择包括：

■ 在登记日将债券返还给担保品提供方。如果担保品提供方愿意接受邀约，可以直接与其中央证券托管机构沟通，或

■ 由担保品提供方指示担保品接受方，代表其接受或不接受要约

担保品提供方给担保品接受方的指令最好以书面形式发送，以防止担保品接受方发生错误。

43.4 结论

为了使所有买方或卖方公司中的公司行为部门都能以正确的方式完成息票支付（以及其他公司行为事件），如下因素至关重要：

■ 公司的账簿和财务记录：

　　■ 保持随时更新，并实时反映公司所有类型交易的实际情况

　　■ 对公司账簿和财务记录的各组分进行对账，要求至少与（1）公司的中央证券托管机构或托管人编制的证券持有名册或（2）交易对手方记录的未偿（未平仓）交易信息，核对无误

　　■ 公司的公司行为人员了解各种交易类型（包括买入/卖出，回购/逆回购，证券借入/贷出，场外衍生品交易中债券担保品的出质/受押）对收入支付和公司行为事件的影响

第 44 章

场外衍生品交易与担保品
一担保品生命周期—交易终止

场外衍生品全生命周期的交易终止是指当一笔交易到达约定到期日且没有持续的风险敞口时需执行的操作。

本章从担保品管理的角度描述了当场外衍生品交易到达约定到期日后会发生的情景。

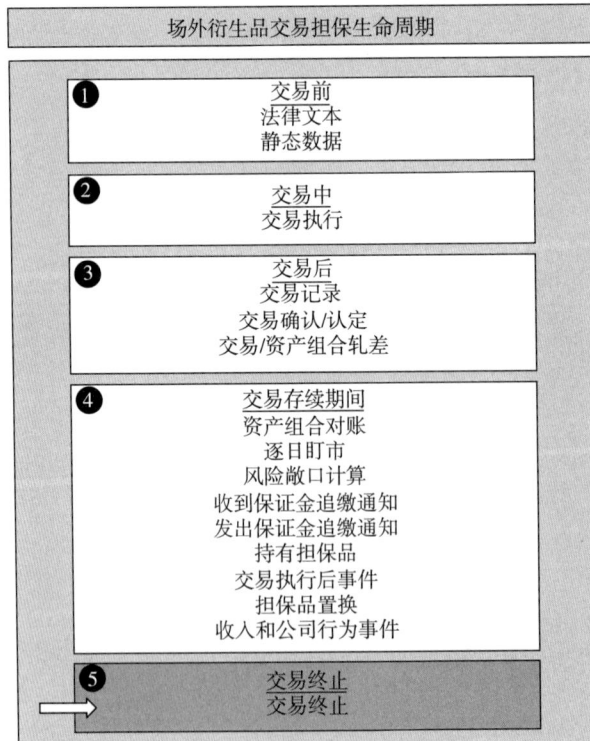

场外衍生品交易担保生命周期
❶ 交易前 法律文本 静态数据
❷ 交易中 交易执行
❸ 交易后 交易记录 交易确认/认定 交易/资产组合轧差
❹ 交易存续期间 资产组合对账 逐日盯市 风险敞口计算 收到保证金追缴通知 发出保证金追缴通知 持有担保品 交易执行后事件 担保品置换 收入和公司行为事件
❺ 交易终止 交易终止

场外衍生品交易的周期可能会非常长，最长周期可达 50 年。由于交易/资产组合的净额结算（交易压缩）、对合同进行平仓和抵消等原因，交易可能在约定到期日之前提前终止。在信用违约互换的特殊情况下，信用事件的发生将导致交易提前终止。不过，如果没有发生以上几类情况，交易将会一直持续到其约定到期日。

在约定到期日之后，交易将不再"有效"。这意味着对于某一交易方，其对手方的风险敞口已经终止（除非与同一对手方的其他场外衍生品交易仍未结束）。之后，任何现金或债券担保品必须归还给担保品提供方。

（相反，假设一个交易对手方有多个进行中的场外衍生品交易，其中一笔交易到了约定到期日。在这种情况下，需要将该笔到期交易从进行中的交易资产组合中剔除，并且须确认好剩余交易的风险敞口；因此，需要根据具体情况调整相应的担保品。）

对于在约定到期日后不久将进行结算的场外衍生品交易（如方差掉期），如果场外衍生品结算的可能性很高，担保品持有人可能不会在交易结算完成之前返还担保品。

机构的内部系统能及时将已到约定到期日的交易进行平仓，这一点是十分重要的，因为该交易对于交易对手方来说已经不再"开放"。如果系统未能及时将已到约定到期日的交易平仓，这意味着此类交易仍被系统视为"有效"，这会导致该机构仍会计算相关的风险敞口，并计划追缴保证金。然而，对于那些使用了资产组合对账系统的公司，资产组合对账过程（参见第 31 章"场外衍生品交易与担保品—担保品生命周期—交易存续期间—资产组合对账"）应可以识别出这些错误。

一般来说，在系统中既可以通过手动也可以通过自动的方式去终止交易。在通过手动方式终止交易的机构当中，通常由交易员、中台部门或运营部负责手工结束交易。而在其他通过自动方式结束交易的机构中，系统会被配置为在某笔交易到达约定到期日之后自动关闭交易。

Part 4b | **第 4 b 部分**

场外衍生品交易与担保品—法律文件

第45章 场外衍生品交易与担保品—法律文件

场外衍生品交易与担保品
——法律文件

用于保护场外衍生品双边交易参与方利益的法律文件包括：

■《国际掉期与衍生工具协会（ISDA）主协议》

■ 其《附表》，以及

■《信用支持附件》

上述文件可从 ISDA 官网获取；网址：www. isda. org。

Part 4c | 第 4 c 部分

场外衍生品交易与担保品—监管变革及担保品的未来

场外衍生品交易与担保品
—监管变革及担保品的未来
—概述

Chapter Forty-six

第 46 章

本书的第4a部分描述了：

■ 场外衍生品的本质

■ 在执行交易时为交易双方提供保护的法律文件

■ 交易后风险敞口如何产生

■ 担保品生命周期中旨在减轻风险的安排

■ 可能对担保品处置产生重大影响的交易后执行事件

总而言之，第4a部分着重讨论了交易双方直接执行的双边性质的交易和担保品管理活动。

本书的第4b部分提到了国际掉期与衍生工具协会（ISDA）的法律文件，其使用场景包括：场外衍生品交易双方直接执行双边交易，以及在双边交易时进行担保品管理。

本书的这一部分（4c）描述了2008年全球金融危机导致的影响深远的监管改革，这些改革措施对场外衍生品的交易后处理，尤其是对风险敞口和担保品管理产生了重大影响。

本章对这些监管改革措施进行了简要介绍，随后的两章会更详细地描述场外衍生品的市场情况以及担保品管理的方式。

建议：我们强烈建议，对于那些对场外衍生品及其交易或担保品处理过程知之甚少或完全不了解的读者，在阅读第46、第47和第48章之前，应当首先要熟悉第4a部分的"场外衍生品交易与担保品"，相关内容在第14～第45章都有涉及。上述章节能够为读者理解本章描述的监管改革措施提供坚实基础。

免责声明：

　　与场外衍生品相关的欧洲市场基础设施监管规则（EMIR）文本量很大，且理解起来较为困难。因此，笔者在涉及监管法规的章节（即第46、第47、第48章）中采取的做法是尽量使用通俗易懂的语言，并用更加便于读者理解的方式进行编写。此外，笔者只选择将EMIR中对担保品管理影响最大的部分纳入本书中。也就是说，本书这部分只是对EMIR法规进行了简要摘编，想要了解完整的法规可参阅一些欧盟委员会文件。

46.1 简介

发生在2008年秋季的全球金融危机的一个教训是，世界各国需要对场外衍生品交易和担保品管理实施更加严格的监管措施。

2009年，20国集团达成了一系列目标措施，旨在提升场外衍生品市场的安全性和透明度。

欧洲的场外衍生品的监管改革措施以欧洲市场基础设施法规（EMIR）为先导。在美国，相关的改革措施则包含在《多德—弗兰克法案》的第七部分（Title Ⅶ）。类似的改革措施也在其他地区推行，包括澳大利亚、中国大陆、中国香港、日本、韩国和新加坡。

本章将会介绍这些监管改革措施中最重要的部分。值得注意的是，这些改革措施目前已经对担保品管理产生实质性影响，但本章仅会对这些影响进行简要介绍，更深入的探讨将放在接下来的两章中进行。

46.2 监管变化的背景

以下两份文件对场外衍生品重大监管变化的背景进行了详细阐述。其分别是欧盟委员会2010年9月的新闻稿和美国参议院2010年7月发布的法案摘要。

欧盟委员会新闻稿

——布鲁塞尔，2010年9月15日

使欧洲衍生品市场更安全、更透明

作为建立更健全金融体系工作的一部分，欧盟委员会今天提出了一项法规提案，旨在提升场外衍生品市场的安全性和透明度。委员会在法规草案中建议，应将有关场外衍生品的合同信息报告给交易数据库，并允许监管机构使用。此外，应加强交易数据库的信息披露水平，保证所有市场参与者获得更多信息。委员会还建议，标准化的场

外衍生品应通过中央对手方（CCP）实施集中清算，这将减少对手方信用风险，即合同一方违约的风险。委员会的该提议完全符合欧盟在 20 国集团的承诺，并与美国所采用的方法保持一致，现已提交欧洲议会和欧盟成员国审议。一经通过，该规定将从 2012 年底开始执行。

欧盟内部市场与服务专员 Michel Barnier 表示："从抵押贷款到食品价格，场外衍生品从多个方面对实体经济产生重大影响。没有哪个国家能够承受一个不受监管的场外衍生品市场。此前我们缺乏针对场外衍生品的监管框架，这导致了金融危机，造成所有人都在遭受严重后果。今天，我们正在制定监管规则，这些规则将为场外衍生品市场带来更多的透明度，让我们更清楚市场的交易情况。同时，我们也能及时采取行动，以免一家机构的失败破坏整个金融体系的稳定，就像雷曼兄弟倒闭的情况一样。"

法规提案的关键要素：

更高的透明度：此前，场外衍生品交易明细信息的报告不是强制的。这导致政策制定者、监管机构和市场参与者对市场状况都没有清晰的了解。根据欧洲委员会的提议，欧盟的场外衍生品交易必须报告给称为"交易数据库"的中央数据中心。欧盟的监管机构可以访问这些存储库，从而使他们能够更好地了解市场的交易情况，并尽早发现任何潜在风险。新成立的欧洲证券和市场监管局（ESMA）将负责管理交易数据库，并负责授予/撤销其注册资格。此外，交易数据库必须按衍生品类别公布市场的汇总头寸，以使所有市场参与者对场外衍生品市场有更清晰的了解。

更高的安全性——降低对手方风险：在当前情况下，场外衍生品市场的参与者不能充分缓解对手方风险，交易一方在合同到期时可能未按要求付款，进而违约造成损失。根据委员会的建议，标准化的场外衍生品（即在流动性等方面已经达到设定的合格标准）必须通过中央对手方（CCP）实施集中清算。中央对手方（CCP）是介于交易双方之间的实体，作为"每个卖方的买方"和"每个买方的卖方"。引入中央对手方可以防止一个市场参与者的违约传导至其他市场参与者，以致使整个金融系统处于风险之中。如果场外衍生品合同不符合条件，不能由中央对手方清算，则相关机构必须执行更加严格的风险管理措施（如持有更多资本）。由于中央对手方需要承担额外风险，他们将在商业行为、组织架构和审慎经营方面接受统一的严格监管措施，以确保其安全。相关监管措施包括内部控制规则、审计检查、更高的资本要求等。

更高的安全性——降低操作风险：在场外衍生品市场中，交易各方在制定合同条款时具有高度的灵活性。因此，市场上有许多高度定制和复杂的合同，在合同执行过程中仍然需要大量的人工参与。这增加了操作风险，即由于例如人为错误而造成损失的风险。欧盟委员会的法规提案要求市场参与者度量、监测和减轻这种风险，例如通过使用电子手段确认场外衍生品合同条款。

范围：该提案适用于所有类型的场外衍生品。它既适用于使用场外衍生品的金融公司，也适用于持有大量场外衍生品头寸的非金融公司。同时，该提案也适用于中央对手方和交易数据库。但是，当非金融公司（如制造商）使用场外衍生品来减轻其核心业务活动产生的风险时（例如，用于防止汇率波动的"商业套期"），则无须强制通过中央对手方实施集中清算。

背景：

衍生品是两方之间的合同，其价值取决于合同标的的未来价值或状态（例如，利率或汇率的变动情况，或某一债务人是否破产）。场外衍生品指不在交易所交易，而是由交易双方私下协商交易的衍生品。在过去十年中，衍生品的规模呈指数增长，其中场外衍生品是增长的主要推动力。到2009年12月底，以名义价值计算的场外衍生品市场规模约为615万亿美元，较2008年年底增长12%。但是，这仍比2008年6月达到的峰值低10%。

贝尔斯登（Bear Sterns）在2008年3月险些崩溃，雷曼兄弟（Lehman Brothers）在2008年9月15日违约，美国政府在这一年的9月16日对美国国际集团（AIG）进行纾困，这一系列事件凸显了场外衍生品市场运作的缺陷。而场外衍生品市场贡献了衍生品交易量的80%。在欧盟委员会于2009年3月发布的"推动欧洲复苏"的通信稿中，委员会承诺在有关衍生品和其他复杂结构性产品的报告的基础上，采取适当措施，提高市场透明度并解决金融稳定性问题。

更多信息可参见：

http：//ec. europa. eu/internal _ market/financial-markets/derivatives/index _ en. htm

多德—弗兰克华尔街改革法案

为衍生品市场带来透明度和问责制

摘要，巴拉克·奥巴马总统于2010年7月21日签署

填补监管空白：

授予美国证券交易委员会（SEC）和美国商品期货委员会（CFTC）监管场外衍生品的权限，这使得不负责任的做法和过度冒险行为无法逃脱监管。

要求中央对手方清算和交易所交易：

要求所有可清算的衍生品使用中央对手方清算，并在交易所交易。并且，由监管机构和清算所决定哪些衍生品合约需要清算。

增强市场透明度：

要求清算所和交易数据库收集和发布市场数据，以提高市场透明度，同时为监管机构提供监控和应对风险的重要工具。

强化财务保障：

通过确保交易商和主要掉期参与者具有足够的财务资源来履行合同，进而为金融系统增加保障。监管机构有权对掉期交易商和主要掉期参与者（而非最终用户）施加资本和保证金要求。

提高行为标准：

为所有注册的掉期交易商和主要掉期参与者建立行为准则。当交易对手方是养老基金、捐赠基金、州政府或地方政府时，交易商应有合理的依据认为该基金或政府实

体有独立的代表向他们提供建议。

更多信息可见：

http：//banking. senate. gov/public/_files/070110 _ Dodd _ Frank _ Wall _ Street _ Re-form _ comprehensive _ summary _ Final. pdf

46.3 监管变化：概述

监管机构已经引入了标准化场外衍生品交易的概念。这意味指定的主管机关可以制定相关标准，以确定场外衍生品（如利率掉期或信用违约互换）中的哪些要素最为常见，因此是"标准化"的。执行标准化的衍生品合约能为交易各方带来许多好处，包括多边轧差等。关于更详细的情况，请参阅本章第46.5节"集中清算：概述"和第47章"集中清算交易"。

监管机构制定标准化场外衍生品的主要目标是：

■ 在交易所或电子交易平台上进行交易

■ 通过中央对手方实施集中清算

■ 向交易数据库报告交易明细数据

交易各方仍然可以开展不符合标准化场外衍生品要求的交易，这些被称为非中央清算交易。对于此类交易，监管的主要目标是保证其严格遵守担保品和资本金要求。

注意：在本章之后：

■ 第47章"集中清算交易"，描述了与中央对手方进行的标准化交易与相关担保品要求

■ 第48章"非集中清算交易"介绍了对非标准化交易的担保品管理相关的监管要求。这些交易不通过中央对手方实施清算，因此是双边清算的

46.4 交易所和电子交易平台：概述

本节仅描述与场外衍生品有关的交易行为。

在新的监管法规出台之前，所有场外衍生品交易都是私下谈判达成的，并且在交易双方之间直接进行，即双边交易。此时，场外衍生品交易是针对参与方的需求量身定制的。每笔交易的详细信息在整个交易周期内仅由两个交易方保存，没有其他方（包括监管机构）知道该笔交易的细节内容。

其他类型的衍生产品，如期货和期权，则具有标准化的结构，因此很适合在交易所进行交易。这些产品也被称为"交易所交易衍生品"（ETD）。在这类产品的交易中，交易所成员直接通过交易所，以电子方式下达命令以执行交易。根据收到的命令，交易所尝试从其他交易所成员处寻找反向的匹配命令。如果找到匹配项，则交易得到执行（类似的概念适用于许多电子证券交易所）。"交易所交易衍生品"（ETD）的标准化属性有助于市场成员在交易所执行快速、透明的交易。

为满足两个参与方的个性化需求而对场外衍生品交易合约进行调整，这在以往是一种常见的做法，但这种做法不利于场外衍生品的标准化，并且会阻碍产品在交易所中进行交易。

如今，已经存在某些类型的标准化场外衍生品，如单名信用违约互换（SN-CDS）和固定/浮动利率掉期。2008 年秋天，通过《大爆炸协议》（*Big Bang Protocol*）中的一系列条款，单名信用违约互换（SN-CDS）进行了有效的标准化，从而使买方、卖方和监管机构在整个交易周期中均享有一系列好处。一个重要的变化是引入了固定利率（fixed coupons），这有利于投资组合压缩。多个原始交易的总头寸，可以被压缩为一个净头寸。这种做法不仅降低了交易对手风险，而且降低了头寸维护成本。（更多详细信息，请参阅第 30 章"轧差"。）

由于美国和欧洲监管机构要求采取新的交易措施，近年来，电子交易平台的类目（label）已大大扩展。例如，"互换交易平台"只是相关交易平台的一系列类目之一。

> 为了在本书中保持一致性，从现在开始所有的电子交易平台被称为交易执行场所（TEV）。

所有的交易执行场所（TEV）的共同点和监管要求是，它们将希望达成交易的各方通过电子化方式聚集在一起，如图 46.1 所示。

图 46.1　通过交易执行场所执行交易

被允许直接在交易执行场所（TEV）参与交易的机构包括银行（卖方机构）和机构投资者（买方机构）。与过去一样，交易将在以下交易者之间执行：

- 卖方机构与买方机构之间（交易商对客户）
- 卖方机构和卖方机构之间（交易商对交易商）

如果参与方通过交易执行场所（TEV）执行场外衍生品交易。在某些情况下，该公司的对手方将是一般意义上的双边对手方。而在另一些情况下，交易是通过交易执行场所（TEV）匿名执行的，其对手方将是交易执行场所（TEV）本身。在新的监管规则下，上述两种交易执行方法都将导致参与方的交易对手成为中央对手方；具体请参阅第 46.5 节"集中清算：概述"。

并非所有的场外衍生品都适合电子交易。监管机构，如欧洲证券和市场管理局（ESMA）等，需要确定哪些场外衍生品必须遵守电子交易的强制性要求。

由于交易仅处于衍生品生命周期的开始阶段，根据监管机构要求，交易参与方需要采取措施（如集中清算和使用交易数据库）提供交易前和交易后信息，以保证衍生品在整个生命周期里的透明度，并提供完整的审计轨迹。

46.5 集中清算：概述

一般而言，清算是指在交易的各个步骤（从交易后执行到结算前）中管理有关敞口的过程。清算适用于所有金融产品的交易。

就场外衍生产品而言，集中清算仅适用于有资格进行集中清算的场外衍生品交易。这类交易具有标准化性质，在交易执行场所（TEV）通过"合同更替"的法律流程方式分配给中央对手方，如图 46.2 所示。

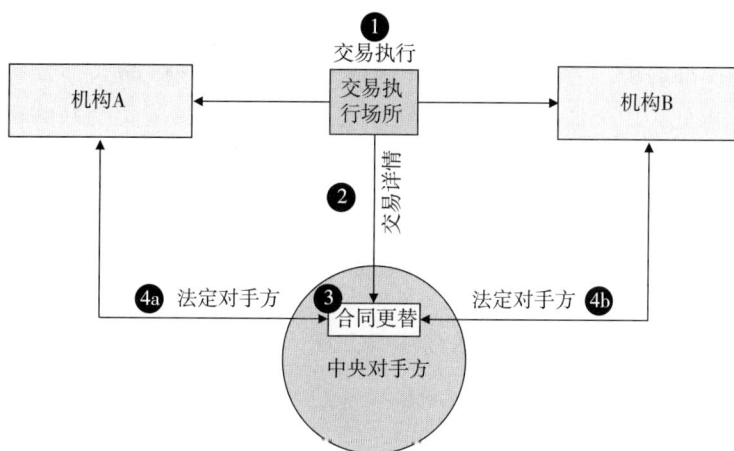

图 46.2　交易后，合同更替情况

图中的各步骤说明如下：

步骤 1：通过交易执行场所（TEV），交易双方之间完成交易执行

步骤 2：交易执行场所（TEV）将交易详细信息转发给适当的中央对手方

步骤 3：中央对手方评估交易明细和清算限制，如果接受，则以"合同更替"的方式对交易进行更新

步骤 4："合同更替"实质上导致了两项交易：（1）中央对手方与机构 A，（2）中央对手方与机构 B

交易结果导致机构 A 的对手方从机构 B 更新为中央对手方。这意味着机构 A 该笔特定交易的风险敞口面对的是中央对手方，而不是机构 B。

［请注意，除了场外衍生品要承担清算义务之外，对于由中央对手方实施集中清算的交易，原始交易双方也必须遵守欧洲市场基础设施法规（EMIR）规定的清算义务；这在第 47 章"集中清算交易"中有详细描述。如果一方不须承担清算义务，除非该交易方自愿选择集中清算该交易，否则该交易将不会被集中清算，即该交易必须采用双边清算。］

"合同更替"对于交易双方是同等生效的。因此，从机构 B 的角度来看，其交易对手也更新为同一中央对手方。因此，中央对手方介入了原始交易双方之间。它成为每个买方的卖方，也成为每个卖方的买方，从而消除了传统的双边交易对手方风险。

值得注意的是，在执行交易之前，交易执行场所（TEV）必须确保（1）该交易由特定中央对手方进行清算，或（2）该交易由原始交易双方进行双边清算。为此，交易各方必须：

■ 在特定中央对手方直接开立账户，即成为清算成员，或

■ 使用特定中央对手方某一清算成员提供的客户清算服务，即成为非清算成员（有时也称为"间接清算成员"）

完成"合同更替"之后，集中清算要求中央对手方管理交易、头寸和担保品，同时消除所有风险。在任何情况下，中央对手方必须始终保持市场风险中性，这意味着它的自营账户绝不能持有场外衍生品的头寸。尽管中央对手方在成千上万笔交易中作为对手方，但由于每对交易都互相抵消，中央对手方的整体头寸为零。

对于特定品种的场外衍生品，某一中央对手方集中了该产品大部分（如果不是全部）的交易。因此，中央清算的一个主要好处是，执行多次买卖交易的机构可以享受多边轧差。在不采用集中清算的情况下，如果机构 T 对某一相同的场外衍生品执行了两次买入和一次卖出操作，且三笔交易中的交易对手均不相同，则无法对交易进行轧差（因为轧差只有在交易对手相同的情况下才可以实现）。而在采用集中清算的情况下，对于上述三笔交易，机构 T 的唯一交易对手都是中央对手方，并且中央对手方可以知晓每笔交易的原始交易双方。这意味着上述三笔交易可以通过轧差合并为一笔净交易，这对机构 T 大有好处。

对前面的例子描述了的机构 T 执行的三笔交易，接下来我们对其进行拓展。在表46.1 中，四个交易参与方总共执行了五笔双边交易（请参阅第 1 至 5 列），然后中央对手方对这五笔交易进行了多边轧差（请参阅第 6 至 7 列）。

表 46.1 　　　　　　　　　　　　中央对手方多边轧差

中央对手方多边轧差：示例						
1	2	3	4	5	6	7
交易编号	机构	对手方	买入	卖出	新对手方	净头寸
1a	T	U	40m		中央对手方	+50m
2a		V	20m			
3a		W		10m		
1b	U	T		40m		−20m
4a		W	20m			
2b	V	T		20m		0
5a		W	20m			
3b	W	T	10m			−30m
4b		U		20m		
5b		V		20m		
					总净头寸	0

表格内容的详细说明：在完成"合同更替"之后，中央对手方的多边轧差过程导致三家机构（机构 T、U 和 W）的净头寸发生变化，而第四家（机构 V）的净头寸为零。经过多边轧差，中央对手方将不同机构间的交易互相抵消，其总的净头寸保持为零，从而保持市场风险中性。

为了更深入地理解中央对手方多边轧差，我们使用信用违约互换（CDS）的场景进行举例。对于这类场外衍生品，单个机构的交易需要满足以下条件才能使用轧差结算：

- 交易必须属于同一交易实体（如机构 T），且
- 交易必须与同一参考实体（如法国电信）相关，且
- 交易必须具有相同的预定到期日（如 2030 年 6 月 20 日），且
- 交易必须具有相同的固定利率（如 100 个年基点）

有关信用违约互换（CDS）的详细说明，请参阅第 17 章"信用违约互换"。

中央对手方是获得授权扮演相应角色的公司（而非政府机构）。因此，对于特定的场外衍生品（如利率掉期），两个或多个中央对手方可能在同一地理区域中提供集中清算服务。单个中央对手方也可能选择专注于特定类型的场外衍生品（如信用违约互换），而不是其他类型（如交叉货币互换）。

总而言之，相较传统的双边清算，对场外衍生品实施集中清算可以有效减轻对手方风险。同时，集中清算可以增强市场对投资者和其他参与者的透明度。此外，在整个交易生命周期中对交易处理和担保品处理进行集中管理，这对于交易的所有参与方都是有益的。最后，市场透明度提高便于监管机构密切掌握新增交易和现有头寸的情况。

第 47 章"集中清算交易"提供了集中清算的更多详细信息。

46.6 交易数据库：概述

交易数据库（TR）本质上是一个电子"仓库"，用于存储和保管各个场外衍生品交易和头寸的详细信息或条款。交易数据库保留由交易各方或交易各方的代表机构向他们报告的交易详细信息。监管机构将访问交易数据库存储的交易信息，以履行其监管职责。

46.6.1 集中清算交易的报告

如果交易由中央对手方实施集中清算，则每个交易的参与方为（1）中央对手方，以及（2）该交易的原始交易方之一。交易的明细信息包括两笔单独交易（未轧差）和中央对手方多边轧差产生的净头寸。由于场外衍生品交易的期限可能长达 50 年，持续维护准确和正规的交易记录至关重要。

作为集中清算的场外衍生品交易的参与方，中央对手方有报告义务。同时，中央对手方的交易对手（如机构 A）也有报告义务。机构 A 可以自由选择报告交易信息的

方法：机构 A 可以直接向交易数据库报告，也可以将报告任务委托给中央对手方。但是，机构 A 仍然有责任确保交易数据库收到其交易的详细信息。

图 46.3 描绘了交易数据库接收机构 A 的场外衍生品交易信息的流程，且该场外衍生品实施集中清算。在此流程中，机构 A 将报告任务委托给了中央对手方。

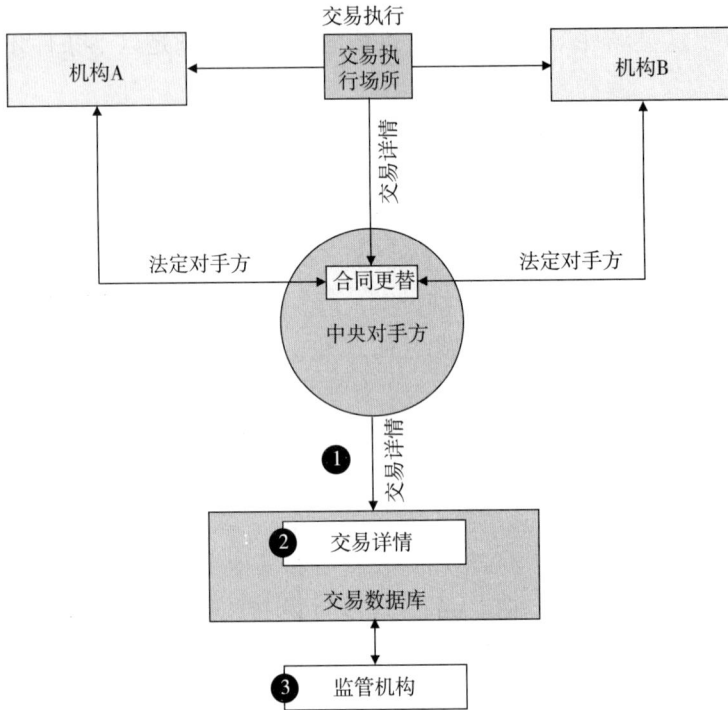

图 46.3　集中清算和交易数据库

图中的各步骤说明如下：

步骤 1：中央对手方向交易数据库发送一条包含交易明细信息（为其本身和机构 A）的电子消息

步骤 2：交易数据库使用电子记录方式存储交易明细信息

步骤 3：出于监管的目的，监管部门访问交易明细信息

为了保持对交易报告的直接控制，许多执行场外衍生品交易的大型交易机构（通常是卖方机构）都开发了自己的报告软件系统。一些仅执行少量集中清算的场外衍生品交易的机构更有可能将报告委托给中央对手方。

与中央对手方类似，交易数据库是获得授权扮演相应角色的公司（而非政府机构）。一个交易数据库可能会从一个或多个中央对手方接收交易明细信息。

46.6.2　非集中清算交易的报告

如果某一机构直接与传统交易对手进行交易（即该交易未由中央对手方实施集中

清算），则此类交易被标记为"非集中清算"或"双边清算"。①

对于所有此类实施双边清算的交易，每个交易参与方都有向交易数据库报告交易明细信息的责任，这种直接报告的情况如图 46.4 所示。

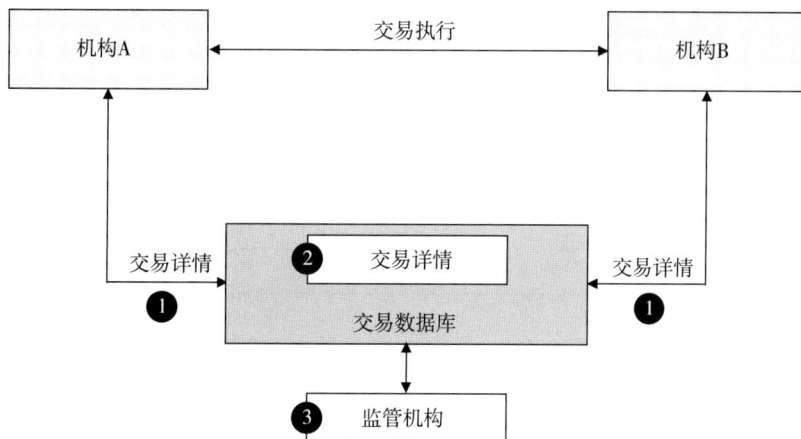

图 46.4 双边清算和交易数据库

值得注意的是，双边清算的交易双方都有责任确保每个已执行交易的详细信息都到达交易数据库。例如，投资银行与机构投资者之间执行双边清算的交易要求卖方机构和买方机构均向交易数据库报告其交易。如果买方机构缺乏执行报告工作的必要基础设施，则该公司可能会将报告委托给卖方机构，由卖方向交易数据库报告双方的交易明细信息。

最重要的监管改革措施之一，是允许监管者直接查看场外衍生品交易信息。这一安排是出于加强市场透明度和便于监管，交易数据库将向监管机构提供完整的交易记录信息。

必须再次强调，交易的原始参与方对将其交易详细信息 100% 报告给交易数据库负有最终责任。如前所述，对于集中清算的交易，中央对手方将代表交易机构（如果需要）将总交易或净交易明细信息传递给交易数据库。对于未实施集中清算的交易（非集中清算交易），交易机构有责任确保将交易详细信息发送给交易数据库。交易机构向交易数据库直接报告可以通过不同的传输渠道，包括一些咨询公司提供的交易报告传输服务。

在撰写本书时，买方和卖方机构的报告流程的建立刚刚起步，可以预见，未来将会出台关于对账流程的进一步制度，以确保报告给交易数据库的交易/头寸数据的完整性。

① 第 48 章"非集中清算交易"中描述了某些交易未进行集中清算的原因，可能的原因如部分交易要素不合标准。

46.7 集中清算和非集中清算交易

根据监管要求，每笔场外衍生品的交易必须集中通过中央对手方集中清算或以传统方式进行双边清算（非集中清算），详见图46.5。

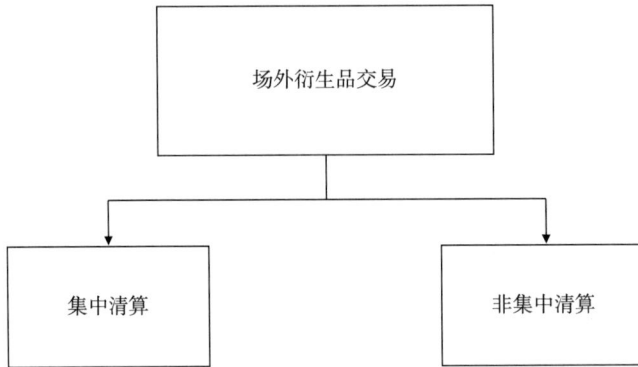

图 46.5　集中清算和非集中清算交易

接下来的两章会详细描述：

1. 集中清算交易（请参阅第47章）：中央对手方的典型结构和对清算成员和非清算成员的监管要求

2. 非集中清算交易（请参阅第48章）：对执行传统双边清算的交易机构的监管要求

场外衍生品交易与担保品
—监管变革及担保品的未来
—集中清算交易

本章介绍的场外衍生品交易集中清算可能是 2008 年全球金融危机后引入的众多监管改革举措中最为重要的一项。强制集中清算的引入对场外衍生品的交易后处理，尤其是风险敞口管理和担保品管理，产生了极为重要的影响。

说明： 监管改革的许多方面从本质上来说是非常技术性的，因此本书对监管概念和相关实践的描述主要面向从事交易后运营工作的读者。

进一步说明： 下一章将介绍非集中清算交易。

建议： 对于那些对场外衍生品及其交易以及担保品处理知之甚少，甚至一无所知的读者而言，强烈建议在阅读本书第 46、第 47 和第 48 章之前，先熟悉本书第 4a 部分"场外衍生品与担保品"（第 14～第 45 章），上述章节为读者理解监管变革提供了坚实基础。

声明

    欧洲市场基础设施监管规则（EMIR）中与场外衍生品相关的部分篇幅较长，可能被认为难以遵循。笔者对有关 EMIR 的三个章节的写作意图与笔者对整书的写作意图一致，即使用通俗易懂的语言对这类法规进行描述，面向从事交易后运营工作的读者们。此外，EMIR 的篇幅使得笔者只能在上述章节中最大限度地涵盖 EMIR 中影响运营和担保品管理人员的内容。请注意，上述章节只是 EMIR 法规的浓缩版，EMIR 完整版可参阅欧盟委员会发布的各类文件。

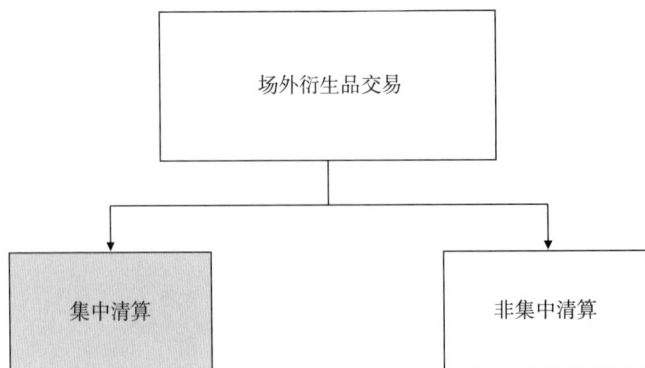

图 47.1 集中清算交易：本章重点

47.1 引言

备受关注的 2008 年全球金融危机凸显了在全球范围内加强场外衍生品交易监管、提升场外衍生品交易及后续管理透明度的需求。

2009 年，20 国集团（代表全球 20 个主要经济体的 20 国集团财长和央行行长）拟定了一套目标措施，旨在扩展场外衍生品市场架构、提升市场透明度。

监管变革在欧洲以欧洲市场基础设施监管规则（EMIR）为首，在美国则以范围较广的多德—弗兰克法案为首。澳大利亚、中国、日本、韩国和新加坡等国家也正在经历类似的变革。

标准化场外衍生品交易强制集中清算的引入使得每家公司都需使用中央对手方（CCP）提供的服务。

47.2 中央对手方基本概念

在由中央对手方进行集中清算的交易中，中央对手方成为了所有市场参与者的共同交易对手方。这类交易为标准化交易，交易特征和交易要素都可对应场外衍生品交易品种的预设参数范围。

［特征和交易要素不符合标准化定义的交易不具备集中清算的条件，这类交易必须在双边基础上与传统（双边）交易对手方进行；参见第 48 章"场外衍生品交易与担保品—监管变革及担保品的未来—非集中清算交易"。］

为了强调之前章节中一个突出的重要概念，读者需要注意所有中央对手方必须保持"市场风险中性"，这意味着中央对手方在任何情况下都绝不能出于自身利益而采取特定立场。例如，当 A 和 N 双方之间进行了一笔交易，随后该交易对手方被更新（novated）为中央对手方：

■ 如果 A 方是买方，中央对手方就是卖方

■ 如果 N 方是卖方，中央对手方就是买方

因此，一旦原交易对手方被更新为中央对手方，中央对手方将同时是多笔相互抵消交易的买方和卖方，交易相互抵消后中央对手方持有头寸为零。

过去，一家公司（如 A 方）分别与不同的交易对手方进行的场外衍生品交易如图 47.2 所示。

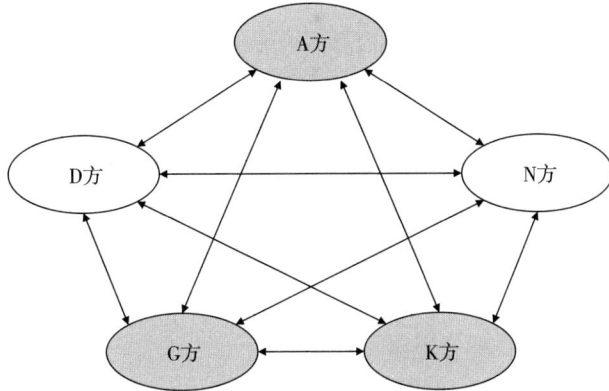

图 47.2 双边交易与双边清算

从担保品管理的角度来看，逐日盯市意味着 A 方将计算风险敞口，并向每个交易对手方提供或收取担保品。

相较而言，在集中清算模式下，上述交易（假设交易是标准化的）仍将与原交易对手方进行，但每笔交易的对手方将被更新为中央对手方，如图 47.3 所示。

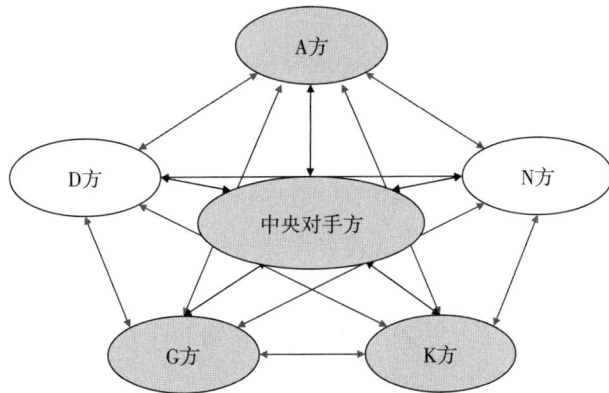

图 47.3 双边交易与集中清算

从担保品管理的角度来看，中央对手方将至少逐日对 A 方的每一笔交易进行盯市（可能日间进行多次盯市），A 方将向中央对手方提供或从中央对手方收取担保品。

双边清算与集中清算情况的对比：

■ 双边清算：

　■ 一家相当活跃的公司能够同时进行（至少）数百笔场外衍生品交易，这些交

易期限跨越数年，交易对手众多

■ 这种情形下的担保品管理将需要每日耗费大量人力和系统资源，以减轻企业与各对手方的风险（反之亦然），直至每笔交易结束

■ 集中清算：

■ 对于上述交易（前述双边清算交易），假设所有交易都能够以标准化特征执行，则公司的单一对手方是中央对手方

■ 这种情形下的担保品管理仅涉及中央对手方一家，在每笔交易结束前每日进行一次即可

47.3　中央对手方操作与服务

一般而言，中央对手方提供以下场外衍生品相关服务：

■ 产品处理：

■ 标准化产品交易处理与担保品处理

■ 清算：

■ 原始双边交易的对手方更替

■ 确定交易双方的财务义务

■ 交易轧差

■ 尽可能通过多边轧差将多边交易总义务降低为单一净义务

■ 风险缓释

■ 通过中央对手方的风险评估及相应的"初始保证金"缴纳来缓解潜在的未来风险敞口

■ 通过中央对手方的盯市和"变动保证金"追缴来缓解当前风险敞口

■ 清算成员需向中央对手方缴纳违约基金；如果中央对手方的任何一家清算成员发生违约，可使用违约基金抵消违约成员造成的损失

■ 注：并非所有进行场外衍生品交易的公司都会成为中央对手方的清算成员，非成员公司需要指定一家清算成员以其名义代表其行事。如果一家清算成员向客户（通常是买方机构）提供这类客户清算服务，中央对手方并不要求买方公司缴纳违约基金，尽管清算成员可能会试图从其客户处收缴其缴纳的部分违约基金。

47.4　集中清算：优势与劣势

总体而言，中央对手方集中清算的优势包括：

■ 降低交易对手方风险：

■ 公司的交易对手方是中央对手方而不是传统（双边）对手方，而中央对手方较传统对手方而言安全系数更高

■ 使用净交易额而不是多笔交易总额：

■ 多边轧差产生净风险敞口和净额收支
■ 市场诚信度提升：
■ 得益于监管层掌握市场活动与风险，市场透明度随之提升

此外，公司与中央对手方进行场外衍生品交易集中清算的一个优势是，公司只需对中央对手方的信用做出评估，而无须评估与其进行交易的所有其他双边交易对手方的信用，并且所有交易后处理（包括担保品管理）都将与中央对手方进行。

相对地，中央对手方集中清算有以下几点不足：

■ 需要支付初始保证金，而双边衍生品交易无须支付
■ 保证金追缴结算周期较双边衍生品交易更短
■ 保证金追缴必须进行结算，而双边衍生品交易中，收到保证金追缴的一方可对追缴金额提出异议

交易方在持有与中央对手方的风险敞口时仍会面临风险。由于一家机构对特定场外衍生品的总敞口可能与特定中央对手方有关，因此最根本的缺陷在于这家中央对手方潜在的失败风险。

47.5 中央对手方成员资格

部分进行合格中央对手方场外衍生品交易的机构会选择成为中央对手方成员，而部分机构不会。

选择成为中央对手方成员的机构必须向中央对手方提出申请；中央对手方在决定是否批准上述申请之前，将对这些机构的资质进行评估。中央对手方对申请机构的评估包括以下方面：

■ 可用资金量
■ 运营/管理熟练程度
■ 专业技术能力
■ 风险管理能力

通过申请的机构还会受到中央对手方的定期监测，以确保其能持续满足中央对手方的各项要求。

与中央对手方成员资格相关的常用术语包括：

■ 清算成员（CM）
■ 在中央对手方清算自营账户的公司
■ 大多数清算成员都是卖方机构
■ 非清算成员（NCM）
■ 没有申请成为清算成员的机构需要指定一家清算成员，以便通过其在中央对手方进行清算；清算成员将其称为客户清算（client clearing）
■ 大多数非清算成员都是买方机构或规模较小的卖方机构
■ 非清算成员也被称为"间接清算成员"

非清算成员通过其指定的清算成员间接参与交易清算。这种安排要求非清算成员与清算成员签署相关法律协议，以获得授权通过清算成员对其交易进行清算。这就是说，由于非清算成员不具备清算成员的资格，因此无法直接在中央对手方进行交易清算；只有清算成员才能在中央对手方进行交易清算。此外，在任何交易中，只有清算成员才能作为中央对手方的交易对手方；法律关系仅存在于中央对手方和清算成员之间，以及清算成员和非清算成员之间。

从清算成员的角度来看，清算成员在中央对手方开立的账户包括：

■ 内部账户（house account），机构通过该账户处理自身参与的交易（成员清算，member clearing）

■ 客户账户，机构通过该账户处理客户交易（客户清算，client clearing）（如果清算成员提供此类客户清算服务）

注：图 47.4 和图 47.5 描述了合同更新后，清算成员账户的使用流程。

47.5.1 中央对手方清算成员账户

图 47.4 展示了一笔交易的原始交易双方均为清算成员的情况。

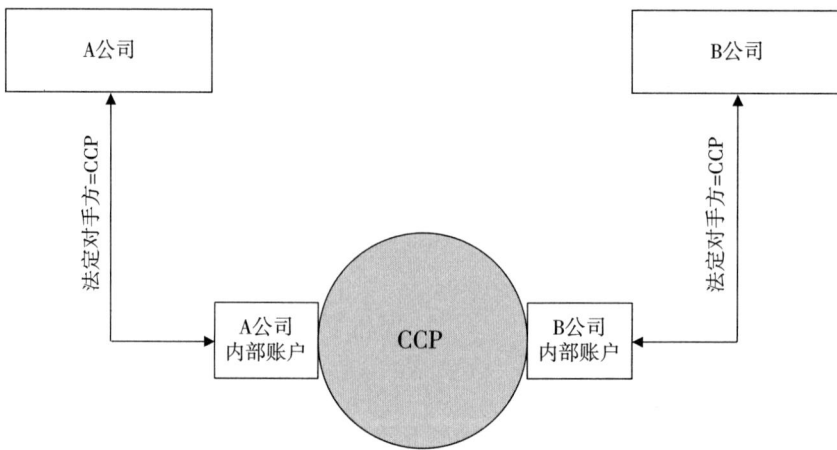

图 47.4 在该示例中，交易双方均为 CCP 清算成员

对清算成员而言，在交易执行和合同更新之后，中央对手方将与每家清算成员直接进行沟通。

47.5.2 中央对手方客户清算账户

没有申请成为清算成员的公司需要与一家清算成员建立联系，这家清算成员将代表其进行交易清算。如图 47.5 所示，C 公司是清算成员 M 公司的客户（A 公司是清算成员）：

对非清算成员而言，在交易执行与合同更新之后，中央对手方将与每家清算成员直接进行沟通。也就是说，对于通过清算成员客户账户进行的任何交易活动，中央对

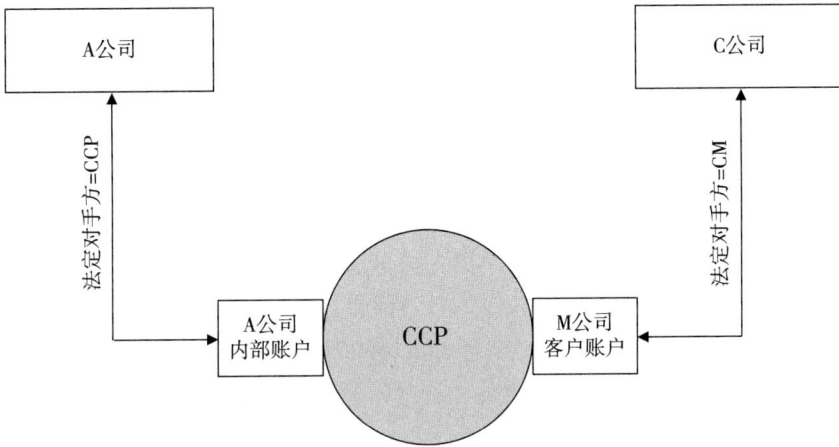

图 47.5 A 公司是清算成员，C 公司是一家清算成员的客户

手方将只与清算成员（而不是其客户）进行沟通。

有关清算成员提供的客户账户类型的详情，参见本章第 47.9 节"清算成员与其客户：账户结构"。

47.6 清算成员保证金要求

如图 47.6 所示，中央对手方的风险管理范围包括交易风险与非交易风险。其中，非交易风险由违约基金缓释，而交易风险则由初始保证金与变动保证金缓释。

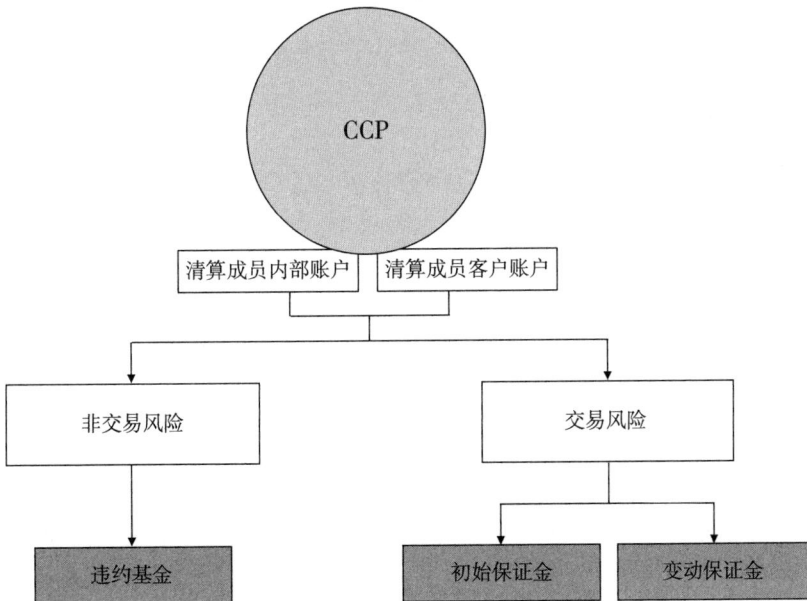

图 47.6 清算成员保证金要求

下面对图中三类保证金依次进行阐释。

47.6.1 违约基金

清算成员必须向中央对手方提供担保品作为违约基金，也被称作担保基金（guarantee fund）或清算存款资金（clearing deposit），这是一项强制性要求。清算成员缴纳的违约基金在最低限额的基础上，还需根据其风险状况（risk profile）和历史交易量增加适当的担保资金；中央对手方会定期检查清算成员的风险状况。

违约基金由各家清算成员支付，作为其向清算成员与中央对手方共同基金的出资；上述共同出资被称为对手方风险分摊（mutualisation）。清算成员缴纳的违约基金由中央对手方保留（持有），如图47.7所示，这部分资金不会流向任何其他一家清算成员。

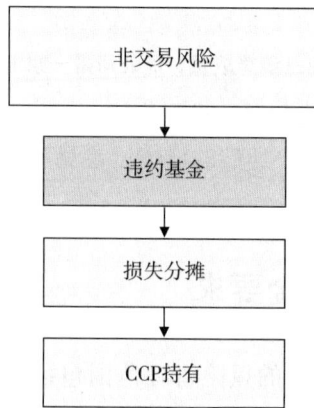

图47.7 违约基金出资

如果任何一家清算成员发生违约，中央对手方将继承其头寸并试图通过对冲或向其他（非违约）清算成员出售（包括拍卖）来平仓（以便中央对手方重新恢复其市场风险中性）。如果违约的清算成员在中央对手方处处于亏损状态，且该清算成员之前缴纳的初始保证金（详见下一节）不能完全弥补亏损，中央对手方将使用部分违约基金来填补上述亏损。

清算成员可使用合格货币或合格证券作为担保品向中央对手方完成违约基金出资。合格证券包括由特定政府发行的符合最低评级要求的债券，抵押折扣率视剩余期限长短而定。

47.6.2 初始保证金

一旦交易对手方被更替为中央对手方（无论是通过清算成员内部账户还是其客户账户），清算成员将收到中央对手方发出的保证金催缴通知，要求其缴纳初始保证金（IM）。如图47.8所示，初始保证金旨在保护中央对手方免遭最大预计损失（交易价值的未来潜在波动）。

中央对手方要求缴纳的初始保证金金额取决于每笔交易的复杂程度和期限长短。

```
┌─────────────────┐
│     交易风险      │
└─────────────────┘
         │
         ▼
┌─────────────────┐
│     初始保证金     │
└─────────────────┘
         │
         ▼
┌─────────────────┐
│    未来潜在风险     │
└─────────────────┘
         │
         ▼
┌─────────────────┐
│     CCP持有      │
└─────────────────┘
```

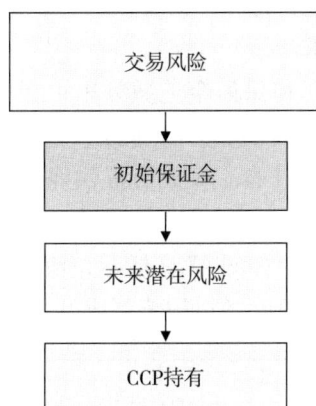

图 47.8　初始保证金

需要提请非清算成员注意的是，中央对手方与清算成员之间的法律协议同样可以适用于清算成员和非清算成员之间，这类协议与中央对手方与清算成员之间的协议相互独立。因此，清算成员向中央对手方缴纳的初始保证金独立于非清算成员向清算成员缴纳的初始保证金。

许多中央对手方要求使用特定货币的现金或高流动性证券（如 AAA 级政府债券）缴纳初始保证金。初始保证金一般是一次性的预付款项；然而随着时间的推移，中央对手方的初始保证金计算有可能表明清算成员需要进一步补缴。

作为初始保证金提交的债券担保品需进行抵押折扣（参见第 22 章"场外衍生品交易与担保品—法律保障—信用支持附件"）。这会使担保品的当前市场价值降低至其当前担保品价值，适用的抵押折扣率取决于多种因素，包括：

■ 债券类型：如固定利率债券、浮动利率债券、零息债券
■ 发行人类型：如政府、政府机构、公司
■ 剩余期限："今日"起到债券到期日之间的年数。一般而言，剩余期限越短，可观测风险越低，因此抵押折扣百分比也就越小

需要注意的是，担保品的当前担保品价值（而不是当前市场价值）必须大于等于中央对手方要求提供的初始保证金。中央对手方收到的初始保证金证券将由中央对手方持有，并能够在清算成员发生违约时进行平仓，以弥补遭受的损失。中央对手方不得再使用（reuse）从清算成员处收到的债券担保品。

对许多市场参与者而言，集中清算模式下的初始保证金要求是在传统的双边交易担保品要求之外的额外要求，传统双边交易只需要支付变动保证金。这一点将在本章的"临时冲抵合格担保品"（collateral transformation）部分进一步讨论。

47.6.3　变动保证金

除初始保证金外，一旦交易对手方更新为中央对手方，清算成员就需要提供或接收变动保证金（VM）。与初始保证金不同的是，变动保证金与当前的风险敞口相关，

并根据中央对手方的盯市结果进行计算。清算成员可以选择独立地对其头寸进行盯市，以验证中央对手方的保证金要求。

不同中央对手方的盯市频率和保证金追缴频率可能相差甚远，例如有的中央对手方每日一次（日终），有的则是一日数次（日间）。

变动保证金旨在为正风险敞口的清算成员提供保护。这一点通过中央对手方对负风险敞口的清算成员追缴保证金来实现，追缴完成后，中央对手方将追缴的保证金价值转移至正风险敞口的清算成员。如图 47.9 所示，清算成员提交的变动保证金不由中央对手方持有，而是被转移至正风险敞口的清算成员。

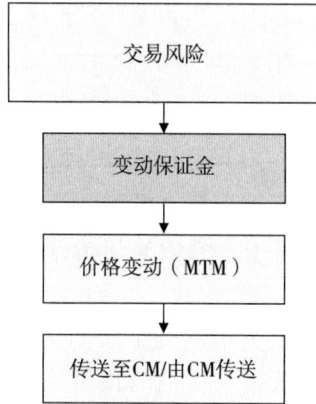

图 47.9　变动保证金

所有中央对手方都可能要求以现金形式提交变动保证金，因为变动保证金必须具备高流动性和可替代性，以便在不同清算成员之间快速流转。正常情况下，每家清算成员都应预先在其中央对手方账户存有足额现金，以便中央对手方能够立即获取变动保证金。如果清算成员账户中的资金不足以满足保证金要求，该清算成员将被要求在截止日期前提供资金；如果错过了上述期限，清算成员将面临违约风险。清算成员在中央对手方持有的现金余额可能会产生一定的利息收入，金额取决于具体的中央对手方以及所涉及的清算成员。

47.7　初始保证金与变动保证金：对买卖双方机构的影响

对某些机构而言，中央对手方只接受现金形式的变动保证金（参见第 47.6.3 节"变动保证金"）的要求将是一个重大挑战，而对其他公司而言则并非如此。这对于不同类型公司的商业模式将产生不同的影响，例如：

■ 部分投资银行可能会进行大量场外衍生品交易，但由于其采取的非定向（抵消）交易策略，这类机构通常会卖出其购买的资产，并购买其卖出的资产；这往往会导致某个特定场外衍生品的持仓为零。在中央对手方集中清算模式下，这种交易策略有利于上述投资银行尽可能在中央对手方处实现净额轧差，这意味着（在同一中央对手方

实现头寸完全净额轧差的）机构无须提供交易相关的保证金（无论是初始保证金还是变动保证金）

■ 部分买方机构（如共同基金）开展的场外衍生品交易量相对较低，但由于其采取的定向（非抵消）交易策略，这类机构通常会持有到期；这通常会导致某个特定场外衍生品的正持仓。在中央对手方集中清算模式下，这种交易策略不支持在中央对手方处进行轧差，因此这类机构需要提供交易保证金（初始保证金和变动保证金）

因此，采用定向策略的机构不太可能从中央对手方交易轧差中受益。任何一家采用定向策略开展场外衍生品业务，并在集中清算模式下继续以类似方式运作的机构，很可能会忙于管理其清算成员的初始保证金和变动保证金追缴业务。

如果一家机构现金持有量较低或不持有现金，且大部分或所有可投资基金都投资于证券（主要是股票和债券），上述证券不一定符合中央对手方的初始保证金合格标准。买方机构持有的高评级政府债券可能符合中央对手方的初始保证金合格标准，而其他类型发行人发行的债券（如公司债券）则不太可能符合上述要求。

如果一家机构持有的资产不满足中央对手方合格资产条件，临时冲抵合格担保品（collateral transformation）可为该机构提供必要的担保品。从卖方角度来看，买方机构担保品的临时冲抵使得银行能为其客户提供急需的服务。参见本章第 47.18 节"临时冲抵合格担保品"。

47.8 清算成员要求：概述

希望申请成为清算会员的机构将（可能）采取以下行动：

■ 满足成员标准；中央对手方将对申请机构进行评估，确保其符合申请条件，如最低资本要求和营运能力要求

■ 向中央对手方提交违约基金（见第 47.6.1 小节"违约基金"）

■ 自行清算；机构清算其自身（自营）交易

■ 客户清算（如果清算成员提供这类服务）；机构清算客户执行的交易

■ 向中央对手方提交自行清算和客户清算相关的日间初始保证金和变动保证金

■ 在中央对手方维持足够数量的变动保证金；当需要追缴变动保证金时，中央对手方最好能够立即从清算成员预先存缴的账户中提取

■ 交易前使用模型进行保证金试算；告知客户执行一笔特定交易可能产生的成本

■ 验证中央对手方的保证金计算；机构可能希望验证中央对手方的保证金要求与自身的计算结果相一致

■ 向客户追缴保证金；从中央对手方处收到的保证金追缴通知需要同步转告客户

■ 向客户提供临时冲抵合格担保品服务（参见 47.18 节"临时冲抵合格担保品"）

■ 向交易数据库（TR）报告其自营交易以及其代表客户进行的交易（如有需要）

■ 为客户生成报告以及交易相关信息，并通过门户客户端公示，或通过 SWIFT 或邮件发送

47.9　清算成员及其客户：账户结构

中央对手方仅与清算成员有直接关系。当清算成员提供客户清算服务时，只有清算成员与其客户有直接关系。因此，只有清算成员需要回应中央对手方发出的保证金追缴通知。从清算成员角度来看，将这类通知转告其客户仅与清算成员及其客户有关，而与中央对手方无关。

每家提供客户清算服务的清算成员为其客户提供在中央对手方持有场外衍生品头寸和相关资产的不同选择，包括：

■ 混同客户隔离账户结构（omnibus client segregated account）

　■ 在中央对手方开立的单个账户，清算成员单个客户持有的头寸和资产与其他选择该模式的客户持有的头寸和资产相互混合（commingle）

　■ 个人客户隔离账户结构（individual client segregated account）

　■ 在中央对手方开立的单个账户，清算成员单个客户持有的头寸和资产与该清算成员其他客户持有的头寸和资产相互隔离。

需要注意的是，清算成员自身的头寸和资产被存放在清算成员开立在中央对手方的"内部"（house）账户中，因此上述头寸和资产与该清算成员其他客户的头寸和资产相分离。

清算成员提供的客户账户结构与法律相关且较为复杂，相关细节本书不做赘述。

此外还应注意的是，中央对手方不会将客户的头寸和资产与清算成员内部账户中的头寸和资产进行轧差。同样的，中央对手方也不会将混同客户隔离账户中的客户头寸和资产与个人客户隔离账户中的头寸和资产进行轧差。但是，中央对手方可以对混同客户隔离账户中的头寸和资产进行轧差。

需要强调的是，上述客户账户类型只是基本选项；不同清算成员可能会提供一系列其他客户账户类型，涉及账户特征和属性的不同组合。

图 47.10 是清算成员在中央对手方的账户结构的示例。

如图 47.10 所示：

■ 多个客户选择使用混同客户隔离账户结构，且

■ 清算成员的一个（或多个）客户选择使用个人客户隔离账户结构

47.9.1　一般合格担保品

如本章初始保证金和变动保证金部分所述，中央对手方接收特定币种的现金（作为初始保证金和变动保证金），但只接受高评级政府债券的证券担保品（作为初始保证金），变动保证金不接受任何形式的证券。

对于中央对手方向清算成员发出的与客户场外衍生品风险相关的初始保证金和变动保证金催缴通知，清算成员将依次通知客户。每家清算成员将确定面向客户的可接受资产类型；这可能与中央对手方要求提供的资产类型相一致，或者清算成员可能允

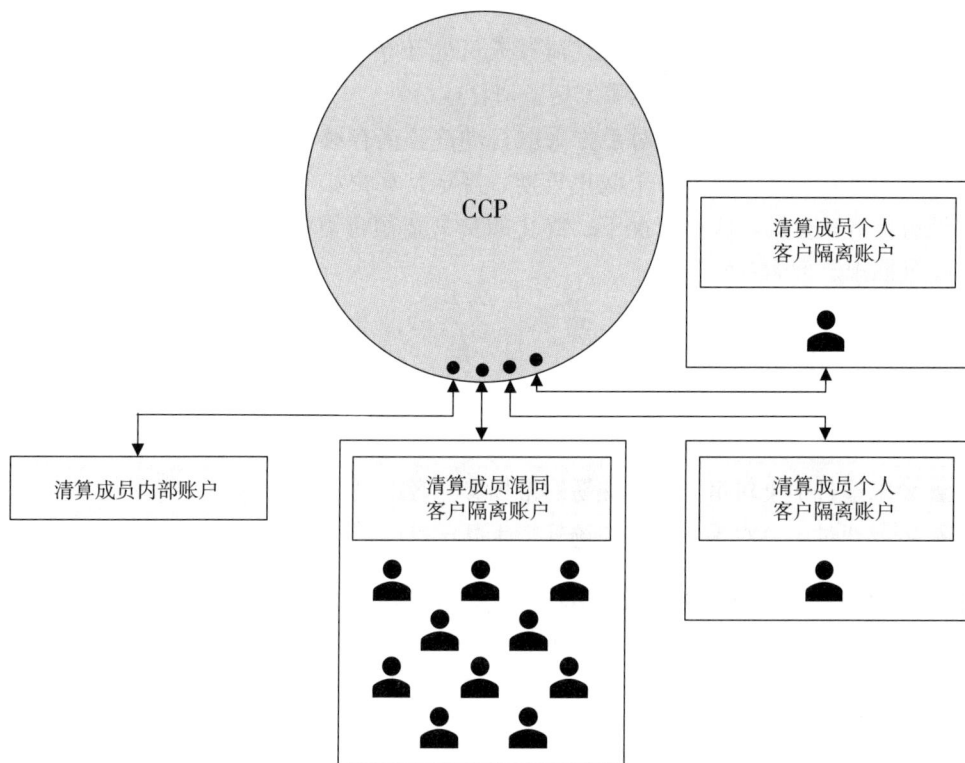

图 47.10 清算成员在中央对手方的账户结构

许其客户提供比中央对手方接受范围更广的资产。如果清算成员决定接受更广范围的客户资产以追缴中央对手方要求的保证金，那么清算成员可提供额外服务，将从客户处收到的这些资产转换为中央对手方合格资产；这种服务通常被称为临时冲抵合格担保品。证券借贷是清算成员将从客户处收到的资产转换为中央对手方合格资产的方式之一。详情参见第三部分"证券借贷与担保品"。

47.9.2 清算成员违约：客户资产的处置

当中央对手方宣布其清算成员违约时，清算成员客户选择如何持有其头寸和资产的首要意义就会得以体现。在这种情况下，中央对手方需要将头寸和资产转移给特定的非违约清算成员，后者一般被称作后备清算成员(前提是客户已提前指定)；这种将头寸和资产转移到后备清算成员的行为被称作转移（porting）。如果客户没有指定的后备清算成员，中央对手方必须将相关头寸和资产直接交还给客户，或终止尚存续的场外衍生品交易。

当中央对手方宣布客户的清算成员违约时，客户此前选择的头寸和资产的隔离程度（基于账户类型）将决定是否可以成功转移至后备清算成员。例如，如果相关客户选择使用原清算会员的混同客户隔离账户，那么当该清算成员违约时，所有使用该清算成员混同客户隔离账户的客户可能（或将）需要同意将其头寸和资产转移到同一家

后备清算会员。此外，后备清算会员有权接受或拒绝混同客户隔离账户中持有的所有
头寸和资产。相反，如果客户之前在清算成员处开立了个人客户隔离账户，将由客户
自行决定将其头寸和资产转移至哪家后备清算成员。

在清算成员违约后、中央对手方采取行动终止尚存续的场外衍生品交易以降低风
险之前，中央对手方可规定一个截止日期，规定其客户必须在此之前将其头寸和资产
转移至后备清算会员。这种情况下，终止的交易金额将被汇给客户。各家中央对手方
的截止日期规定可能有所不同。

47.10　清算义务

术语"清算义务"是指：
■ 要求通过中央对手方清算交易的市场参与者，以及
■ 需要通过中央对手方清算的场外衍生品

47.10.1　承担集中清算义务的欧盟市场参与者：概述

市场参与者的清算义务本身就是一个复杂的话题。本章这一部分旨在概述哪些类别
的欧盟市场参与者需要进行集中清算，而哪些类别的参与者不需要。更多细节详见
ESMA（欧洲证券及市场监管局）官网。

如果一家欧盟公司及其原交易对手方都必须通过中央对手方集中清算，那么该公
司也有通过中央对手方清算其场外衍生品交易的义务。

中央对手方必须保持市场风险中性，因此中央对手方必须成为原交易双方的交易
对手方；然而需要注意的是，部分公司可暂时或永久地免除清算义务。一旦交易的一
方（或双方）被免除清算义务，这将阻止集中清算的进行，尽管豁免一方可自愿选择
进行集中清算。

清算义务与下列两类交易方之间进行的所有场外衍生品交易相关，这两类交易方
包括（1）金融对手方，或（2）交易规模超过规定的集中清算起点的非金融对手方。
根据 EMIR，这两类交易方通常包括以下机构：
■ 金融对手方（FC）：
　■ 银行
　■ 财险公司（insurance company）
　■ 寿险公司（assurance company）
　■ 再保险公司
　■ 另类投资基金
　■ 投资公司
　■ 信贷机构

■ 养老基金
■ 欧盟可转让证券集合投资计划（UCITS）基金
■ 主权财富基金①

重要提示：当且仅当另类投资基金（AIF）的基金经理具有另类投资基金管理人指令（AIFMD）授权时，该 AIF 才能被归为金融对手方。由未经 AIFMD 授权的经理管理的所有基金，均被归为非金融对手方（见下文）。金融对手方/非金融对手方的完整定义详见 EMIR［第 2（8）及 2（9）条］。

■ 非金融对手方（NFC）：
    ■ 根据 EMIR，所有进行场外衍生品交易，但未被归为金融对手方的机构，均被自动归为非金融对手方
    ■ 场外衍生品交易规模在规定的集中清算起点以下的机构，均被归为免除中央对手方集中清算要求的低级非金融对手方（NFC$_-$），免除集中清算义务
    ■ 场外衍生品交易规模超过集中清算起点的机构，被归为高级非金融对手方（NFC$_+$），需承担集中清算义务

截至本文撰写之时，EMIR 框架下的集中清算起点如表格 47.1 所示。

表 47.1   **非金融对手方集中清算起点**

场外衍生品类型	起点（交易名义本金总额）
利率	3 亿欧元
信用	1 亿欧元
股票	1 亿欧元
外汇	3 亿欧元
大宗商品及其他	3 亿欧元

来源：ESMA。

需要注意的是，非金融对手方执行的旨在降低商业或融资活动风险的场外衍生品交易不应被归入集中清算起点的计算中。当非金融对手方的交易规模超过上述集中清算起点时，NFC 变为 NFC$_+$，此时该机构需承担集中清算义务，直到/除非该机构的交易规模下降至集中清算起点以下。如果机构由 NFC 变为 NFC$_+$ 或 NFC$_-$，该机构有责任将上述变动告知 ESMA 及其所有交易对手方，因为这种变动涉及 EMIR 框架下义务的变更。

上述（有关非金融对手方集中清算起点的）文本的复述已获 ESMA 许可。更多详情参见以下网址：

https：//www. esma. europa. eu/regulation/post-trading/non-financial-counterparties-nfcs

非金融对手方的分类（NFC$_+$ 或 NFC$_-$）的重要性不应被低估。从非金融对手方的角度来看：

---

① 以上所列出的机构类型，在任何情况下都必须依据适当的法律授权，才能被视作 EMIR 框架下的金融对手方。

■ NFC₊意味着该方有义务通过中央对手方清算其交易并报告给交易数据库，并应遵守与金融交易对手方（FC）相同的风险缓释义务

■ NFC₋意味着该方有义务向交易数据库报告其交易，并遵守特定风险缓释义务

从非金融对手方的交易对手方的角度来看，他们必须非常清楚自己的交易对手方是 NFC₊还是 NFC₋，因为这决定了交易是否需要进行集中清算。如果无须进行集中清算，交易必须以非集中清算方式进行。参见第 48 章"场外衍生品交易与担保品—监管变革及担保品的未来—非集中清算交易"。在通常情况下，非金融对手方的交易对手方必须信任该非金融对手方的具体分类。然而，如果交易对手有理由认为非金融对手方分类有误，那么交易对手有权对其分类提出质疑。详见"ESMA 有关 EMIR 的问答"中场外衍生品部分第 4 条回答（https：//www. esma. europa. eu/file/21988/download？-token = fxp5Nz-J）：

场外衍生品 回答 4

进行场外衍生品交易的非金融对手方有义务根据集中清算起点确认其自身性质。金融对手方应获得其交易对手关于非金融对手方的保证书，确认其非金融对手方性质。金融对手方无须对非金融对手方保证书进行验证，并且可以依赖上述保证，除非他们掌握的信息清楚地表明上述保证有失偏颇。

47.10.2　免于集中清算义务的欧盟市场参与者：概述

部分类型的市场参与者可（永久或暂时）免除集中清算义务；因此，这类机构在拥有有效豁免的情况下执行的所有场外衍生品交易（包括将被集中清算的交易）将被视为非集中清算交易（除非这类机构自愿选择进行集中清算）。

EMIR 框架下免除集中清算义务的机构类型包括：

■ 养老基金：

■ 养老基金通常不持有中央对手方合格资产（现金或高评级政府债券），而且养老基金进行集中清算的成本过高，会对养老基金的可实现投资回报产生不利影响，进而影响其向领取者支付的养老金

■ 养老基金最初被豁免两年的集中清算义务（截至 2017 年 8 月），后延长一年至 2018 年 8 月，随后再次被延长至 2020 年

■ 多边开发银行：

■ 多边开发银行专注于实现经济平等、减少重度贫困，是受到至少两个国家支持的国际金融机构，旨在促进特定区域的金融增长，也被称作超国家机构

■ 根据 EMIR 规定，多边开发银行永久豁免集中清算义务

■ 低级非金融对手方（NFC₋）：

■ 场外衍生品交易规模在规定集中清算起点以下的 NFC₋免于集中清算义务

下一章将介绍非集中清算交易，即第 48 章"场外衍生品交易与担保品—监管变革及担保品的未来—非集中清算交易"。

如本章前文所述，免除集中清算义务的机构可自愿选择对其场外衍生品交易进行

集中清算。

47.10.3 非欧盟市场参与者的集中清算义务：概述

上文所述的集中清算义务直接针对欧盟市场参与者，同时考虑到每个参与者的分类（无论该参与者是金融对手方或非金融对手方）。

然而，有一点需要注意的是，EMIR 清算义务同样间接地适用于非欧盟市场参与者，具体适用情形如下：

■ 当非欧盟实体与欧盟实体进行交易时，要求该非欧盟实体对照 EMIR 框架要求，（将其自身视作欧盟实体）划分为 FC、NFC$_+$ 和 NFC$_-$ 中的一类，或

■ 当非欧盟实体之间进行交易，且该笔交易在欧盟内将产生直接、实质性和可预见的影响时；参见 EMIR 第 11（12）条

此外，当欧盟市场参与者与非欧盟市场参与者进行交易，但该非欧盟市场参与者的注册地所在国家或地区的规则与 EMIR "等同"（equivalent）时，在这种情况下，两家机构都面临着需要确定适用哪套规定的问题；为了解决上述情况，一些机构制定了决策树（tree）或一套特定规则。

47.10.4 承担集中清算义务的场外衍生品：概述

与上述市场参与者的集中清算义务相类似，场外衍生品的集中清算义务本身就是一个复杂的话题。本章这一部分旨在概述场外衍生品集中清算制度是如何引入的。更多详情参见 ESMA 官网。

2008 年全球金融危机之后，监管机构的 "首要" 目标之一与标准化场外衍生品交易相关，即这类交易应通过中央对手方进行集中清算。金融产品的标准化是指该产品的特征和属性均被视作常规。只有通过执行标准化场外衍生品交易，（包括中央对手方在内的）实体才有可能对交易进行轧差。相反，具备特殊不常见特征的个别交易使得交易轧差极具挑战性或无法实现；因此，这类非标准化交易必须全部单独进行管理，而不得由中央对手方进行更新和处理（参见第 48 章 "场外衍生品交易与担保品—监管变革及担保品的未来—非集中清算交易"）。

根据 EMIR，ESMA 有权决定哪些特定场外衍生品需要承担集中清算义务。ESMA 对每种特定场外衍生品交易的特征和特点进行评估，以确定其是否符合以下设定标准：

■ 标准化：交易在何种程度上以常规特征得到执行
■ 流动性：找到交易对手进行交易的速度和难易程度，以及
■ 定价：市场上价格信息的可获得性

在本文撰写之时，EMIR 已对下列场外衍生品类型和市场参与者的集中清算义务做出了规定。这里以利率衍生品作为承担集中清算义务的场外衍生品示例。

利率衍生品　此类别中承担集中清算义务的具体产品如表47.2所示。

表 47.2　　　　　　　　　　　　　　利率衍生品

场外衍生品类型	币种						
	欧元	英镑	美元	日元	挪威克朗	波兰兹罗提	瑞典克朗
（固定浮动）利率掉期*	√	√	√	√	√	√	√
基础利率掉期	√	√	√	√	×	×	×
远期利率协议	√	√	√	√	√	√	√
隔夜指数掉期	√	√	√	√	×	×	×

注：* 有关场外衍生品类型的描述，参见第16章"场外衍生品交易与担保品—交易类型—利率掉期"。

市场参与者根据EMIR规定履行（上述利率衍生品的）清算义务的实施日期取决于机构及其交易对手方类型。具体类别包括以下四种。
- 第一类：
  - 中央对手方现有清算成员
- 第二类：
  - 中央对手方的非清算成员，其场外衍生品未偿名义本金总额的月末平均值超过80亿欧元（每年1/2/3月进行评估）
- 第三类：
  - 中央对手方的非清算成员，其场外衍生品未偿名义本金总额的月末平均值低于80亿欧元（每年1/2/3月进行评估）
- 第四类：
  - 非金融交易对手（无论是 NFC_+ 还是 NFC_-）

此外，EMIR规定，对于某些类别的市场参与者可以设置两个实施日期，即"前置"（frontloading）实施日期和正式实施日期（clearing deadline）。术语"前置"是指早于EMIR规定的正式强制实施日期开始交易信息记录并进行集中清算（见表47.3）。

表 47.3　　　　　　　　　　前置实施日期和强制实施日期

欧元、英镑、美元和日元计价利率衍生品集中清算前置实施日期和正式实施日期				
实施日类型	对于各类市场参与者之间进行的交易			
	第一类与第一类	第一/二类与第二类	第一/二/三类与第三类	第一/二/三/四类与第四类
前置实施日期	2016年2月21日（适用于金融对手方）	2016年2月21日（适用于金融对手方）	不适用	不适用
正式实施日期	2016年6月21日	2016年12月21日	2017年6月21日	2018年12月21日

资料来源：ESMA。

注：根据2017年3月16日欧盟第2017/751号法规，第三类交易对手的利率掉期交易和信用互换交易集中清算正式实施日期已推迟至2019年6月21日。

EMIR未对第三类和第四类市场参与者做出前置实施集中清算要求。

上述文本（包括市场参与者类别和集中清算前置、正式实施日期）的复述已获得 ESMA 授权。更多详情参见：https：//www. esma. europa. eu/. . . public _ register _ for _ the _ clearing _ obligation _ under _ emir

为明确集中清算义务是否适用于某一类型的交易，各机构必须充分了解自身"当前"的类别以及每个交易对手的类别。此外，交易方自身必须意识到，适用于自身和交易对手的类别会定期发生变化，尤其是第二类和第三类机构；在这两类机构中，随着情况变化，未偿名义本金总额的月末平均值可能高于或低于 80 亿欧元。

需要注意的是，在本文撰写之时，EMIR/ESMA 尚未宣布单名信用违约互换的集中清算正式实施日期（两类指数信用违约互换的集中清算正式实施日期已公布）。

47. 11 场外衍生品存量交易的处理

承担集中清算义务的场外衍生品交易必须从集中清算实施日起通过中央对手方进行集中清算。（但不同类别的市场参与者的实施日期可能有所不同；参考第 47. 10. 4 小节 "承担集中清算义务的场外衍生品：概述"。）

对于在实施日之前执行的，且未达到到期日的交易（存量交易，legacy trade），欧洲和美国没有强制要求将此类存量交易更新至中央对手方。

然而，如果原交易双方同意，此类存量交易也可更新至中央对手方。形容将衍生品交易从原（双边）交易对手方变更为中央对手方的术语是"追溯结算"（backloading）。（注："追溯结算"也可以在不同语境下使用，例如指将交易报告至交易数据库。）

将存量交易追溯结算至中央对手方的好处在于：

■（通过投资组合压缩）减少未偿名义本金额：
　　■ 将更新至中央对手方的存量交易在投资组合中压缩，将同一场外衍生品现有头寸相同细节的交易相互抵消产生净头寸，同时终止（取消）原交易。（参见第 30 章 "场外衍生品交易与担保品—担保品生命周期—交易后—交易/资产组合轧差"）
　　■ 降低交易对手风险：
　　　　■ 用中央对手方代替原（双边）交易对手，从而降低机构面临的信用风险
■（通过多边轧差）降低未偿名义本金额：
　　■ 将可能与现有已清算交易相抵消的存量交易进行集中清算，从而实现中央对手方多边轧差的利益最大化

对于此类存量交易，企业可自行选择继续（与原交易对手方）进行双边清算，或选择通过更新至中央对手方进行追溯结算。

47. 12 中央对手方与交互操作

中央对手方通常是由独立股东和/或成员机构和/或交易所成立的公司（而不是公

共设施）。

在欧洲，中央对手方必须具备授权才能根据 EMIR 在欧盟内提供中央对手方服务。欧洲授权中央对手方的完整清单详见：www. esma. europa. eu。

每家中央对手方必须决定其服务的场外衍生品类型；通常每个场外衍生品品种（如利率掉期）都会有不止一家中央对手方提供服务，但并非所有中央对手方最初都会为相同的产品提供清算服务，尽管这种情况可能随着时间的推移而改变。这意味着至少对于部分场外衍生品而言，交易方可自行选择使用哪一家中央对手方。

47.12.1 使用相同中央对手方的交易方

假设 A 公司是中央对手方 1 的清算成员；当 A 公司与 C 公司（清算成员 M 公司的客户）进行交易时，由于 C 公司同时也是中央对手方 1 的使用方，此时中央对手方 1 不会存在任何问题，因为中央对手方 1 在合同更新后将同时成为 A 公司和 M 公司的交易对手，从而保持市场风险中性。上述情况如图 47.11 所示。

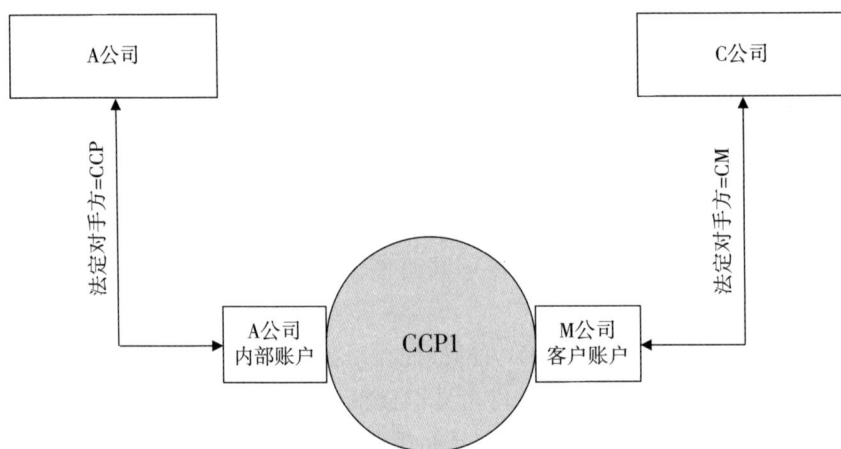

注：当原交易双方都是同一家中央对手方的清算成员时，上述流程同样适用。

图 47.11　A 公司与 C 公司（通过 M 公司）都使用同一家中央对手方

47.12.2 使用不同中央对手方的交易方

假设在另一笔交易中，A 公司（仍然是中央对手方 1 的用户）与 D 公司（中央对手方 2 的用户）进行交易。从两家中央对手方的角度来看，最重要的一点是两家中央对手方都需要保持市场风险中性；这种中立性要求每家中央对手方对每一笔与其成员进行的交易，都进行另一笔反向镜面交易。上述情况如图 47.12 所示。

中央对手方之间的这类交流被称为"交互操作"（interoperability）。如果没有这种中央对手方之间的安排，一家机构（如 A 公司）将需要在（包括其首选中央对手方在内的）多家中央对手方开立账户。反之，这可能意味着 A 公司的场外衍生品头寸将被分散到两家甚至更多家中央对手方。因此，中央对手方之间的交互操作使得 A 公司能

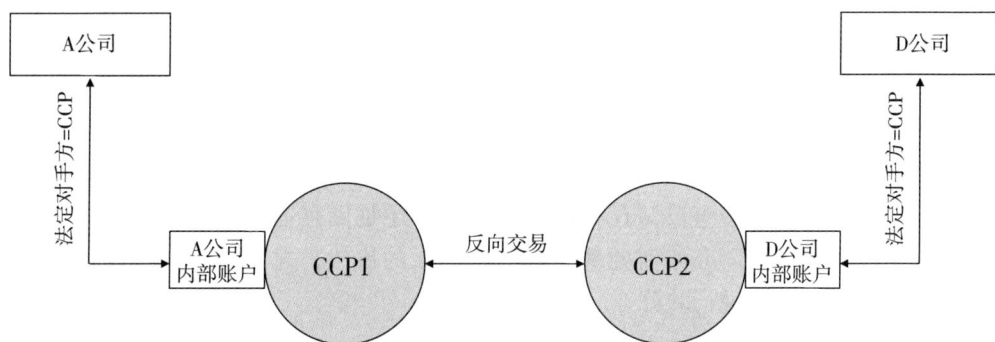

注：如果 D 公司是中央对手方 2 清算成员的客户，上述流程同样适用。

图 47.12　A 公司与 D 公司使用不同中央对手方

在其首选的中央对手方进行所有交易，实现轧差利益最大化。

　　除了对市场参与者有所裨益之外，交互操作也使得中央对手方能够管理由上述交易带来的风险。具体而言，每家中央对手方对与其清算成员开展的交易和反向镜面交易采用相同的风险缓释措施，并使用特定法律协议定义交互操作的中央对手方之间的责任与权利。当存在风险敞口时，中央对手方将逐日向作为其交易对手的中央对手方发出保证金追缴通知。

47.13　产品、交易方与交易相关静态数据

　　全球的监管机构现都要求交易方向交易数据库（TR）提交场外衍生品交易监管报告。为了能够有效提交这类报告，必须使用通用标准。（有关交易数据库的描述，详见第 46 章 "场外衍生品交易与担保品—监管变革及担保品的未来—概述"。）

　　为满足新的监管要求，企业必须对额外的静态数据进行管理。对多数企业而言，这种新监管要求可能相当具有挑战性，因为静态数据在交易后流程中才产生，交易执行时或之前并不存在。

　　在交易执行前建立的静态数据示例如下。法人机构识别码（LEI）是一串由 20 个字母和数字组成的代码，能够唯一标识单个法人实体。LEI 通常在机构与交易对手刚建立联系之初就已在机构内部对手方静态数据库中建立，理想的时间节点是在机构开展第一笔交易之前。

　　相较而言，为了唯一识别单笔交易，引入了唯一交易识别码（UTI），并使用特定方法对其进行分配。由于这种识别码将与特定交易永久绑定，因此被视作静态数据。然而，与静态数据的一般设立时间相反，这类识别码是在交易执行与交易后环节产生的，因此不可能在交易执行前建立。这给这类静态数据的设立和核对造成了独特的挑战。在某些情况下，单笔交易的 UTI 由交易对手方确定。交易双方均需向 TR 提交交易报告，TR 将负责对双方的报告进行核对。因此，交易各方必须具备适当流程确保 UTI 数据的交换、核对和储存的准确性与及时性。未能准确报告 UTI 将会导致机构所在国

监管机构的制裁。

注：在本文撰写之时，存在另一种替代方法：即 UTI 由交易双方在交易执行前共同约定。通常的做法是由卖方机构设立 UTI，并告知买方机构。SWIFT 的报文信息已更新以反映 UTI 信息。

对于使用单独主文件存储静态数据的机构而言，一个新问题是在何处储存新的静态数据。例如，这些数据应被储存在交易系统中，还是储存在主文件中并与交易进行比对？这些问题对机构内部如何处理数据提出了新的挑战，尤其是如何在确保妥善保存数据的前提下对数据进行验证。

47.14　集中清算对运营的影响：概述

集中清算对卖方机构（假设这类机构同时开展自行清算和客户清算）运营的影响包括：

- 与一家或多家中央对手方建立联系
- 在各家中央对手方建立内部账户和一个或多个客户账户
- 向各家中央对手方缴纳违约基金出资
- 回应中央对手方的初始保证金和变动保证金追缴通知，向其提交相关担保品
- 持续以各家中央对手方规定的频率提供或接受变动保证金
- 在各家中央对手方开立账户预先筹资，用于缴纳变动保证金
- 验证中央对手方发出的初始保证金和变动保证金追缴通知
- 与客户保持联系
- 向客户转发初始保证金和变动保证金通知
- 监控从客户处收到的初始保证金和变动保证金
- 向客户提供临时冲抵合格担保品服务
- 在缴纳初始保证金和变动保证金后，更新内部会计账簿与记录

集中清算对买方机构运营的影响包括：

- 与一家或多家清算成员建立清算关系，包括后备清算成员
- 以初始保证金或变动保证金形式提交相关担保品
- 使用清算成员提供的临时冲抵合格担保品服务
- 持续以每家清算成员规定的频率提供或接受变动保证金
- 验证清算成员发出的初始保证金和变动保证金追缴通知
- 监控从清算成员处收到的变动保证金
- 在缴纳初始保证金和变动保证金后，更新内部会计账簿与记录

47.15　法律文件：概述

为了规范清算成员与中央对手方之间的义务和责任，清算会员必须签署中央对手

方的清算成员协议（CMA）。协议通常包括以下内容：

- 术语定义，包括：
  - 清算成员
  - 联系人
  - 准入标准
  - 违约基金
  - 违约通知
  - 违约规则
  - 交换
  - 规则手册（rulebook）
- 清算成员资格，包括：
  - 根据清算成员不断变化的环境提出的书面通知要求
- 清算成员的承诺，包括：
  - 遵守中央对手方规则手册
  - 提供中央对手方要求的财务信息
  - 向中央对手方提供交易详情
- 中央对手方的承诺，包括：
  - 交易注册
  - 义务的履行
  - 交易信息记录
  - 账户维护
  - 清算成员违约：有权采取适当行动
- 补偿安排，包括：
  - 中央对手方收取费用的权利
  - 增加费用的通知期限
- 成员资格的终止，包括：
  - 通知期限
  - 清算成员终止未平仓交易
  - 中央对手方终止清算成员交易的权利
  - 中央对手方终止清算成员资格的权利

清算成员协议与中央对手方的规则手册密切相关，关于中央对手方及其清算成员的权利义务有详尽的记载。

当清算成员向其客户提供清算服务时，双方的义务和责任通常通过签署客户清算协议（CCA）正式确认。总体而言，CCA 通常反映了清算成员与（一家或多家）负责清算的中央对手方之间的协议安排。签署 CMA 和 CCA 的相关方如图 47.13所示。

上述安排使清算成员能够与其客户传达保证金通知，确保与清算成员从中央对手

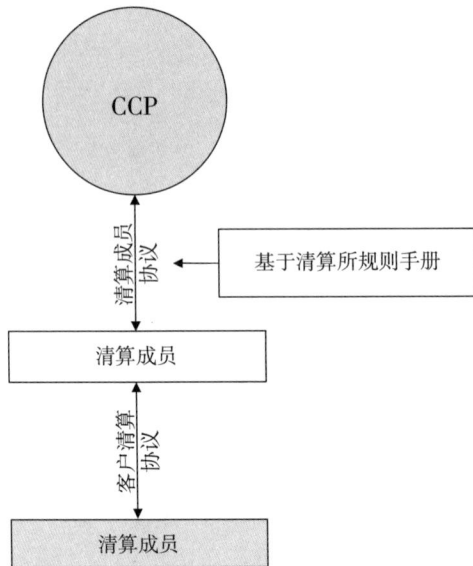

图47.13 清算成员协议与客户清算协议

方处收到的通知保持一致。清算成员可选择以与中央对手方的通知相同（不同中央对手方的保证金追缴频率可能有所不同）或更低的频率向客户追缴保证金。

47.16 中央对手方授权状态

根据 EMIR，成功申请开展中央对手方业务的机构被称为"获授权的"中央对手方。目前获授权的中央对手方清单以及每家中央对手方可清算的场外衍生品类别详见 ESMA 官网（www. esma. europa. eu/）。

47.17 集中清算和场外衍生品交易中的担保品生命周期

图47.14 展示了中央对手方开展的交易详情，以及此后初始保证金和变动保证金的变化情况。（假设清算成员在此前已向中央对手方缴纳违约基金。）

原交易双方分别为：

■ A 公司：交易的执行经纪人，同时也是中央对手方 1 的清算成员

■ B 公司：非清算成员的买方机构，但使用中央对手方 1 清算成员 M 公司提供的客户清算服务

上图所示流程的详细说明如下：

■ 步骤1 交易双方通过交易执行场所（TEV）以电子方式执行交易；交易双方是卖方执行经纪人（A 公司）和买方机构（B 公司）

■ 步骤2 交易执行后，TEV 向特定中央对手方（中央对手方 1）传输交易详情

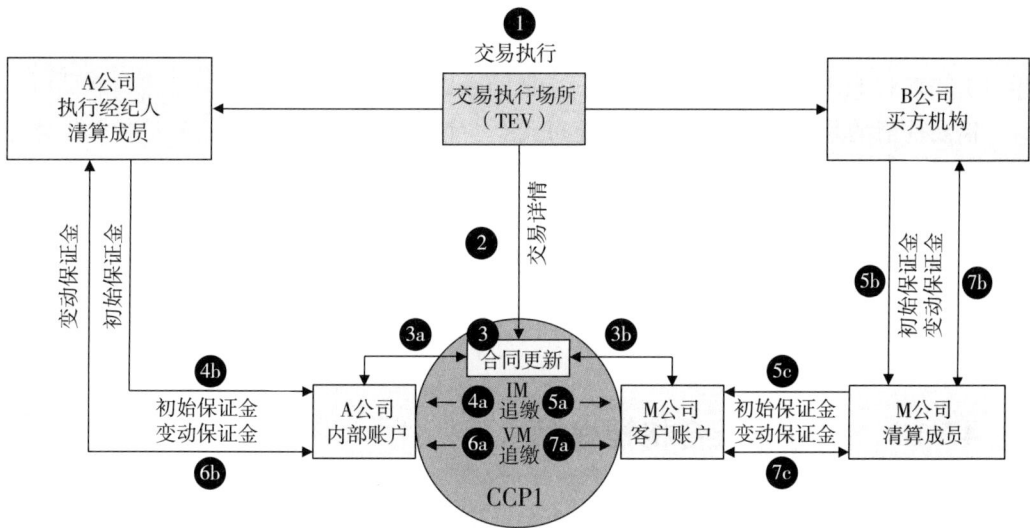

图 47.14　集中清算交易与担保品生命周期

■ 步骤 3　中央对手方 1 介入并更新交易，从而确保其市场风险中性的地位

■ 步骤 3a　合同更新导致中央对手方 1 和 A 公司之间具有法律协议

■ 步骤 3b　合同更新同样导致中央对手方 1 和清算成员 M 之间具有法律协议，M 代表其客户 B 公司行事

■ 步骤 4a　中央对手方 1 在计算了与 A 公司交易相关的潜在未来风险敞口之后，向 A 公司出具初始保证金通知

■ 步骤 4b　A 公司向中央对手方 1 提供现金或高评级政府债券以满足保证金要求，中央对手方 1 持有上述现金或债券（中央对手方不会转移上述资产）

■ 步骤 5a　在上一步骤进行的同时，中央对手方 1 向 M 公司出具初始保证金通知

■ 步骤 5b　M 公司将初始保证金通知转告 B 公司，B 公司负责使用中央对手方合格资产满足保证金要求

■ 步骤 5c　M 公司将从 B 公司处收到的资产转交至中央对手方 1，以满足中央对手方 1 的初始保证金要求，上述资产将由中央对手方 1 持有

■ 步骤 6a　由于 A 公司在这一天面临负风险敞口，因此中央对手方 1 在计算当前风险敞口的盯市价值后，向 A 公司出具变动保证金通知

■ 步骤 6b　A 公司向中央对手方 1 提交合格资金以满足保证金要求

■ 步骤 7a　中央对手方 1 在从 A 公司处收到现金后，将其转交给 M 公司，M 公司再转交给其客户 B 公司，这是因为 M 公司/B 公司在这一天持有正风险敞口。注：保证金追缴的结算时间可能视 M 公司与 B 公司之间的约定而异。

在另一天（或同一天日间），如果中央对手方 1 面临负风险敞口，那么：

■ 步骤 7a　中央对手方 1 向 M 公司出具变动保证金通知

■ 步骤 7b　M 公司将变动保证金通知转移至 B 公司，B 公司必须提交中央对手方

合格资金以满足变动保证金要求

■ 步骤7c　M公司向中央对手方1提交合格资金以满足变动保证金要求，中央对手方1随后将上述资金转交给A公司（正风险敞口一方）。

需要注意的是，中央对手方很可能每天至少计算一次当前风险敞口（并发出变动保证金通知），在市场波动的情况下，可能每天计算多次；例如，一家著名中央对手方在一个工作日内共计算了8次当前风险敞口。举例来说，这可能导致一家公司在上午出现正风险敞口（基于上午9：00的盯市价值）收到变动保证金现金，而在同一天下午出现负风险敞口而需要支付部分、全部甚至更多变动保证金现金（基于下午2：00的盯市价值）。

47.18　临时冲抵合格担保品

针对（本章集中清算部分提到的）买方机构无法提供中央对手方合格担保品的相关情形，本节将描述这类机构如何获得必要的担保品。

这一主题本身并非监管变革，而是监管变革（即集中清算的引入）的结果。

47.18.1　临时冲抵合格担保品：引言

在（实行集中清算前的）双边交易模式下，交易方通常被要求根据盯市所产生的风险敞口提供或接收担保品。这种做法等同于集中清算模式下的变动保证金。

然而除变动保证金外，中央对手方还会要求交易方提供初始保证金担保品，以覆盖场外衍生品的潜在未来风险敞口。

因此，对大多数曾经参与场外衍生品交易的机构而言，尽管中央对手方变动保证金等同于双边对手方的盯市风险敞口，初始保证金则是一个全新的概念，因为在双边交易的历史上无须为未来风险敞口提供担保品。

出于可替代性和支付速度的考虑，中央对手方变动保证金只能以现金形式支付；当中央对手方从盯市价值下跌（negative MTM）的清算成员处收到变动保证金时，上述保证金将通过中央对手方流向盯市价值上涨（positive MTM）的清算成员。

中央对手方要求的初始保证金通常能够以现金或少数合格证券（主要是高评级政府债券）进行结算；中央对手方将持有上述保证金（与变动保证金不同，初始保证金不会被中央对手方转给第三方）。对于部分未持有中央对手方合格资产的买方机构而言，提供或交付中央对手方合格资产可能较为困难。某些类型的买方机构（如保险公司和养老基金）的投资范围虽包含特定类型的资产，但通常既不是现金也不是高评级政府债券，因为投资上述两类产品可能会对机构的投资业绩产生不利影响。

例如，假设一只共同基金管理的公司债券型基金主要持有公司实体发行的多种债券，该基金也参与场外衍生品交易（如信用违约互换），以防范债券发行人违约的可能性。公司债券通常不属于中央对手方初始保证金和变动保证金的合格资产要求。当共同基金的清算成员从中央对手方处收到初始保证金或变动保证金追缴通知时，清算成员会将该通知转告共同基金。如果该共同基金未持有中央对手方合格资产，除非其采取行动以持有并提交，否则该基金将无法满足保证金要求。

临时冲抵合格担保品（1）是投资银行向其客户提供的一项服务，并且（2）是将现有（非中央对手方合格）资产临时交换为中央对手方合格资产的交易；该服务可以下列交易方式进行：

- 回购交易，或
- 证券借贷交易

交易另一方可能是买方机构的清算成员，或另一个双边交易对手方。许多（有可能成为中央对手方清算成员的）大型银行向其客户提供回购和/或证券借贷交易服务，作为临时冲抵合格担保品的解决方案。

47.18.2 回购交易：概述

假设 A 方为仅持有非中央对手方合格资质的公司债券的共同基金。在回购交易中，A 方在交易开始时临时出售其持有的公司债券（作为担保品），从交易对手处收到现金；上述现金可用于满足中央对手方对 A 方的保证金要求。如图 47.15 上半部分所示。

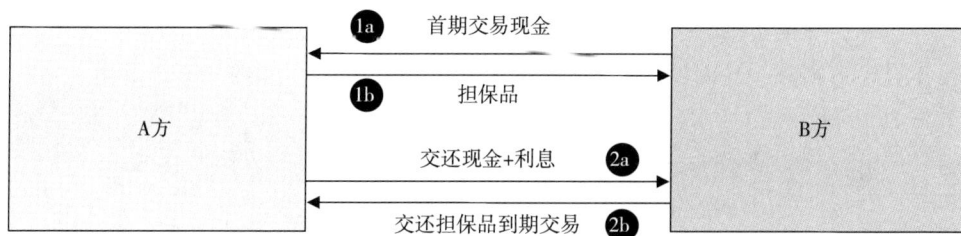

图 47.15 使用回购交易临时冲抵合格担保品

交易结束时，B 方将向 A 方交还相同的公司债券，收到所借现金本金和利息之和（假设信用利率环境）。A 方的成本是借入金额的约定百分比（回购利率，基于担保品的市值）。关于回购的更多详情，参见第 2 部分"回购交易与担保品"。

47.18.3 证券借贷交易：概述

沿用上文示例，在证券借贷交易中，A 方在交易开始向对手方交付其持有的公司债券（作为担保品），并借入（收到）中央对手方合格证券。借入的证券可被用于满足中央对手方对 A 方的保证金要求。如图 47.16 上半部分所示。

在交易结束时，C 方将向 A 方交还相同的公司债券，并从 A 方处收到交还的中央对手方合格证券。A 方的成本为借入证券市值的约定百分比。

关于证券借贷的更多详情，参见第 3 部分"证券借贷与担保品"。

图47.16 使用证券借贷交易临时冲抵合格担保品

综上所述，临时冲抵合格担保品使得持有非中央对手方合格资产的机构能够（1）维持正常的投资策略，并（2）满足中央对手方对现金或高评级政府债券的需求。

场外衍生品交易与担保品
—监管变革及担保品的未来
—非集中清算交易

本章介绍了场外衍生品交易非集中清算相关的操作与后续的担保品管理流程；对企业而言，尽管全球金融危机导致的监管变革要求对场外衍生品交易的处理方式有别于传统的双边衍生品交易结算，但在非集中清算下，企业的交易对手仍是传统的双边对手方（而不是中央对手方）。

建议：对于那些对场外衍生品及其交易以及担保品处理知之甚少、甚至一无所知的读者而言，强烈建议在阅读本书第 46、第 47 和第 48 章之前，先熟悉本书第 4a 部分"场外衍生品与担保品"（第 14～第 45 章），上述章节为读者理解监管变革提供了坚实基础。

声明

欧洲市场基础设施监管规则（EMIR）中与场外衍生品相关的部分篇幅较长，可能被认为难以遵循。笔者对 EMIR 三个相关章节的写作意图与笔者对整书的写作意图一致，即使用通俗易懂的语言对这类法规进行描述，面向从事交易后运营工作的读者们。此外，EMIR 的篇幅使笔者只能在上述章节中最大限度地涵盖 EMIR 中影响运营和担保品管理人员的内容。请注意，上述章节只是 EMIR 法规的浓缩版，EMIR 完整版可参阅欧盟委员会发布的各类文件。

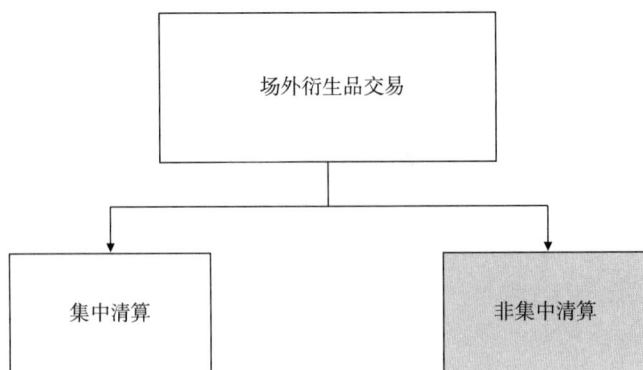

图 48.1 非集中清算交易：本章重点

48.1 引言

根据 2008 年全球金融危机后出台的法规，只有符合规定标准、由市场参与者进行并承担清算义务的交易才能通过中央对手方（CCP）进行集中清算，除此之外的场外衍生品交易被归为"非集中清算"交易（图 48.1），也可称为"双边清算"交易。

在引入强制性集中清算之前，绝大多数场外衍生品交易是在双边基础上进行的，并且在交易的整个生命周期内由交易双方运营部门和担保品部门进行管理（双边清算），交易双方直接签署一系列法律文件（ISDA 主文件、附件以及信用支持附件）。（这种情形在本书"场外衍生品担保品生命周期"部分有所描述，参见第 24 章"场外衍生品交易与担保品—担保品生命周期"以及第 44 章"场外衍生品交易与担保品—担保品生命周期—交易终止"。）在本书中，这种交易被称为历史双边交易（legacy bilateral trades）。历史双边交易中，特定种类的场外衍生品交易可进行集中清算，但这并非监管要求，因此交易方可自行决定是否集中清算。

自全球金融危机以来，监管机构要求每笔场外衍生品交易必须（1）集中清算，如果集中清算不可行，那么必须（2）进行非集中清算，且需要严格遵守风险缓释要求（下文将对此进行描述），以降低交易对手信用风险。在本书中，这类非集中清算的交易被称为新增双边交易（new bilateral trades）；一些交易方也将其称为监管双边交易（regulatory bilateral trades）。

因此，历史双边交易及新增双边交易的相似之处可以总结为：交易双方按照签署的法律文件在交易存续期内进行操作，并完成双边基础上的交易清算。两者的差异如下：

- 历史双边交易：
  - 风险管理方面的监管要求较少甚至没有要求
- 新增双边交易：
  - 风险管理监管要求较多

对于所有相关企业而言，非集中清算交易下的担保品强制过账规定从 2017 年 3 月 1 日起生效，该规定要求：

■ 在上述交易日执行的交易，需立即缴纳变动保证金（VM）

■ 自 2017 年 9 月 1 日（不同情况下起始日期可能有所延迟）起，需要开始缴纳初始保证金（IM）

本章随后将介绍新增双边交易相关的监管要求、承担义务的交易方以及此类交易需遵守的变动保证金和初始保证金缴纳起始日期。

简而言之，新增双边交易的风险管理监管要求基于一套明确规定，具体包括：

■ 所有非集中清算交易均应进行特定的保证金管理

■ 交易各方必须交换初始保证金，即使存在豁免情形

■ 交易双方应交换初始保证金，不得相互抵消

■ 交易各方必须交换变动保证金，即使存在豁免情形

■ 初始保证金与变动保证金的计算方式须保持一致

■ 用于结算初始保证金与变动保证金的资产必须具备高度流动性，以便能够快速变现

■ 应分阶段落实保证金管理要求，确保转换成本可控

（资料来源：国际清算银行，2015 年 3 月）

48.2 非集中清算交易的必要性

不同行业的各类企业面临着各式各样的金融风险。一般而言，可通过场外衍生品减轻上述风险。

对于特定类型的风险，企业可通过执行一笔或多笔标准化交易进行抵消（或对冲）风险；这类交易可进行集中清算，前提是交易双方都遵守（而不是被豁免）清算义务。

对于其他类型的风险，企业可能无法使用标准化交易充分抵消其潜在风险。在这种情况下，这类交易将无法进行集中清算，而必须作为非集中清算交易进行处理。

企业进行集中清算可能是基于财务或其他方面的动机（如多边轧差），因此即使企业了解潜在风险和试图抵消风险的场外衍生品交易之间不适配，也倾向于执行标准化交易以达成动机。随着时间的推移，企业可能会发现，由于风险和抵消交易的财务构成不同，错配会越来越严重。

因此，当面临风险的企业无法通过执行标准化场外衍生品交易降低风险时，很可能会改为执行无法集中清算的交易。［此时备选方案为：（1）企业改变商业模式，从而不再产生上述风险；或者（2）不再试图降低风险。企业可能认为上述两种做法都无法接受。］

48.3 执行非集中清算交易的市场参与者

需要进行风险管理的企业通常是买方机构，包括共同基金、养老基金、保险公

司等。

为了进行非集中清算交易，这些企业一般直接与卖方机构进行交易。

与集中清算的场外衍生品交易不同，非集中清算交易不存在对交易执行场所或电子交易平台的监管要求。然而，交易机构有责任向交易数据库报告其开展的所有场外衍生品交易活动，无论这些交易属于集中清算或是双边清算；非集中清算交易的交易报告内容详见本章第48.7小节"非集中清算交易：交易报告规定"。

免除清算义务的欧盟市场参与者：概述

部分类型的市场参与者可（永久或暂时）免除集中清算义务；因此，这类机构在拥有有效豁免的情况下执行的所有场外衍生品交易（包括集中清算交易）将被视为非集中清算交易（除非这类机构自愿选择进行集中清算）。

EMIR框架下免除集中清算义务的机构类型包括：

■ 养老基金：

■ 养老基金通常不持有中央对手方合格资产（现金或高评级政府债券），而且对养老基金进行集中清算的成本过高，会对养老基金的可实现投资回报产生不利影响，进而影响其向领取者支付的养老金

■ 养老基金最初（根据EMIR）被授予两年的清算义务豁免（截至2017年8月），此后再次延长一年至2018年8月

■ 需要注意的是，养老基金未免除非集中清算交易下的初始保证金和变动保证金缴纳义务

■ 多边开发银行：

■ 多边开发银行专注于实现经济平等、减少重度贫困，是受到至少两个国家支持的国际金融机构，旨在促进特定区域的金融增长，也被称作超国家机构

■ 据EMIR规定，多边开发银行永久豁免集中清算义务

■ 被划分为非金融对手方（NFC）级别的低级非金融对手方（NFC_）机构：

■ 根据EMIR，所有进行场外衍生品交易，但未被归为金融对手方的机构，均被自动归为非金融对手方

■ 场外衍生品交易规模在规定的集中清算起点以下的机构，均被归为低级非金融对手方（NFC_），免除集中清算义务

■ 场外衍生品交易规模超过集中清算起点的机构，被归为高级非金融对手方（NFC_+），需承担集中清算义务

■ NFC_机构免除非集中清算交易下的初始保证金和变动保证金缴纳义务

免除清算义务的企业可自愿选择对其场外衍生品交易进行集中清算（只要这些交易属于标准化场外衍生品交易即可）。

金融对手方和非金融对手方的类型清单详见第47章"场外衍生品交易与担保品—监管变革及担保品的未来—集中清算交易"，特别是其中第47.10.1小节"承担集中清算义务的欧盟市场参与者：概述"以及第47.10.2小节"免于集中清算义务的欧盟市

场参与者：概述"。

截至本文撰写之时，EMIR 框架下的集中清算起点如表格 48.1 所示。

表 48.1 非金融对手方集中清算起点

场外衍生品类型	起点（交易名义本金总额）
利率	3 亿欧元
信用	1 亿欧元
股票	1 亿欧元
外汇	3 亿欧元
大宗商品及其他	3 亿欧元

资料来源：ESMA。

需要注意的是，NFC 执行的旨在降低商业或融资活动风险的场外衍生品交易不应纳入 NFC 集中清算起点的计算中。当 NFC 的交易规模低于任何一类场外衍生品的清算起点时，NFC 变为 NFC_，此时该机构无须承担集中清算义务，直到/除非该机构的交易规模超过清算起点。如果机构由 NFC 变为 NFC+ 或 NFC_，该机构有责任将上述变动告知 ESMA 及其所有的交易对手方，因为这种变动涉及 EMIR 框架下义务的变更。

上述（有关 NFC 集中清算起点的）文本的复述已获 ESMA 许可。更多详情参见以下网址：

https：//www. esma. europa. eu/regulation/post-trading/non-financial-counterparties-nfcs

一般而言，大多数场外衍生品交易都将进行集中清算，但预计会有少量交易（国际清算银行称之为"很大一部分"）无法进行集中清算，因此必须进行双边结算。

与集中清算交易相同，非集中清算交易需要报告至交易数据库。参见本章下文第48.7 节"非集中清算交易：交易报告规定"。

48.4 非集中清算交易：保证金规定

在本文撰写之时，最新发布的 EMIR 已于 2017 年 1 月 4 日生效，标题为"监管技术标准终稿：未通过 CCP 清算的场外衍生品合约风险缓释措施"（RTS 终版文件）。

本小节的大部分信息都基于 RTS 终版文件，相关文本的复述已获欧盟许可；英文版（第 2016/2251 号文件）发布日期为 2016 年 10 月 4 日，文件网址：http：//eur-lex. europa. eu/legal-content/EN/TXT/？ uri = uriserv%3AOJ. L _ 2016. 340. 01. 0009. 01. ENG.

EMIR 要求金融对手方制订风险管理流程，以及时、准确、适当地对非集中清算场外衍生品交易的担保品交换进行隔离。非金融机构的交易规模如果超过清算起点，则必须建立类似流程；清算起点见本章第 48.3 节"进行非集中清算交易的市场参与者"。

在执行非集中清算交易后，参与方需提交两种形式的保证金，分别为：

■ 初始保证金

■ 变动保证金

上述两种形式的保证金对集中清算交易和非集中清算交易均适用。下文是有关非集中清算交易中初始保证金和变动保证金的描述。

下文直接摘选自 RTS 终版文件中与初始保证金和变动保证金直接相关的部分，因此对担保品管理而言具有特殊意义。应该注意的是，RTS 终版文件中包含的信息远超过本书中复述的信息。为方便引用，本书保留了 RTS 编号，方便读者直接查找 RTS 终版文件中的完整描述。

RTS 终版文件中对公司运营流程与记录的描述为："交易各方应建立、应用并记录担保品交换的风险管理流程"（第 2.1 条），具体包括：

■ 与所有交易对手就担保品交换达成的条款协议（法律文件）：
  ■ 合格担保品
  ■ 担保品隔离
  ■ 纳入保证金计算的交易
  ■ 风险敞口计算（包括担保品重估）频率
  ■ 保证金计算
  ■ 保证金追缴通知流程
  ■ 各类合格担保品的保证金结算流程
  ■ 违约事件以及终止事件
  ■ 适用的法律
■ 向管理层报告例外事项

48.4.1 合格担保品

根据 RTS 终版文件，可用作初始保证金和变动保证金的合格担保品资产类型包括：
■ 任何币种的现金
■ 金条
■ 下列机构发行的债券：
  ■ 欧盟国家中央政府或央行
  ■ 欧盟地方政府
  ■ 欧盟公共部门实体
  ■ 多边开发银行
  ■ 第三国家政府或央行
  ■ 第三国家地方政府
  ■ 信贷机构或投资公司
  ■ 公司
■ 可转换债券：可转换为主要指数成分股

■ 主要指数的成分股

■ 欧盟可转让证券集合投资计划（UCITS）基金中的组合或股票

合格担保品的完整清单详见 RTS 终版文件第 4 条。合格资产包括多种资产类别，但交易方可以进一步限制相互之间可以接受的担保品类型；交易各方须就合格担保品清单达成一致。（在实际操作中，许多企业更倾向于接收现金担保品，或采用双方历史双边交易的法律协议中确定的合格担保品。）

适用于合格担保品（如上所示）的抵押折扣参见附件 2 的 RTS 终版文件。

48.4.2 非集中清算交易：初始保证金规定

与集中清算交易相同，非集中清算交易的初始保证金旨在保护交易双方免受一笔（或多笔）当前存续的未平仓交易的最大预计损失（潜在的未来风险敞口）。

从担保品管理的角度来看，（RTS 终版文件规定的）非集中清算交易初始保证金的具体规定包括：

■ 交易双方均需向交易对手提供初始保证金，到期金额不相互抵消（第 11.2 条）
■ 下列场外衍生品交易类型不提供初始保证金（第 27 条）：
　　■ 实物结算的外汇远期：
　　　　■ 参见第 18 章"场外衍生品交易与担保品—交易类型—外汇掉期"，特别是第 18.2.2 小节"远期外汇"
　　■ 实物结算的外汇掉期：
　　　　■ 参见第 18 章"场外衍生品交易与担保品—交易类型—外汇掉期"
　　■ 交叉货币互换—本金交换：
　　　　■ 参见第 19 章"场外衍生品交易与担保品—交易类型—交叉货币互换"
■ 计算方法：
　　■ 交易方可选择使用（1）标准法，或（2）交易双方约定的或第三方提供的方法，或（3）同时采用上述两种方法（第 11.1 条）
　　■ 交易各方须就计算方法与对手方达成一致，但不要求使用与对手方相同的计算方法（第 11.5 条）
■ 计算频率与计算时限：
　　■ 初始保证金的计算须在下列事件后的一个工作日内完成，具体包括（第 9.2 条）：
　　　　■ 一笔新交易的执行
　　　　■ 交易到达约定到期日
　　　　■ 与担保品无关的支付或交付
　　　　■ 连续 10 个工作日未进行初始保证金计算
　　■ 时区（第 9.3 条）：
　　　　■ 当交易双方处于同一时区时，初始保证金的计算须基于前一工作日的交易金额

■ 当交易双方处于不同时区时，初始保证金的计算须基于较早时区截至16：00的交易金额

■ 担保品形式：

■ 初始保证金可以是现金担保品或非现金担保品（第4条）

■ 集中度上限：

■ 集中度上限规定适用（第8.1条）

■ 起点金额（threshold）：

■ 在特定情形下，交易方之间适用的（无担保风险敞口）起点金额为5 000万欧元（第29.1条）

■ 集团内部交易的起点金额为1000万欧元（第29.1条）

■ 最低转让金额（MTA）：

■ MTA由交易双方自行约定（第25.2条）

■ MTA不得高于500 000.00欧元（第25.1条）

■ 初始保证金MTA与变动保证金MTA可以不同，但二者之和不得超过500 000.00欧元（第25.4条）

■ 当风险敞口金额大于MTA时，需追缴MTA全额作为保证金（第25.3条）

■ 抵押折扣：

■ 与风险敞口同一币种的现金担保品不产生抵押折扣（附件2）

■ 与风险敞口不同币种的现金担保品抵押折扣率为8%（附件2）

■ 非现金担保品根据其自身性质确定抵押折扣率（附件2）

■ 与风险敞口不同币种的非现金担保品抵押折扣率为8%（附件2）

■ 指令发出时限：

■ 担保品提供方必须在计算初始保证金的工作日内发出支付指令或交付指令（第13.2条）［企业须与交易对手方约定在交易日当日（T日）或是T+1日发出指令。然而这一条规定并不限制结算时间。］

■ 保证金追缴争议：

■ 无争议金额应在同一工作日内先行结算（第13.3条）

■ 持有的现金担保品：

■ 如果某些条件适用，企业以现金形式存放在单家托管人处的金额不得超过从交易对手方收到的担保品总额的20%（第8.5条）

■ 可由央行或第三方信贷机构持有（第19.1条）

■ 在担保品接收方违约时，可自由转移至担保品提供方（第19.1条）

■ 允许由第三方进行再投资（第20.2条）

■ 持有的证券担保品：

■ 收到的担保品必须进行隔离（第19.4条）

■ 担保品必须每日进行重估（第19.1条）

■ 如果担保品提供方持有担保品，则必须存放在不受破产影响的托管账户中

（第19.1条）

- 可不受监管或法律约束自由进行转让（第19.1条）
- 担保品再使用和再抵押：
  - 不允许将收到的担保品进行再使用或再抵押（第20.1条）
  - 现金担保品可进行再投资（第20.2条）
- 担保品置换：
  - 现有的用作担保品的资产可被置换（第19.2条）

受到影响的市场参与者（以及规定生效日期）　一家企业是否会受到非集中清算交易初始保证金要求的影响取决于机构性质。金融对手方类型清单详见第47章"场外衍生品交易与担保品—监管变革及担保品的未来—集中清算交易"，特别是其中第47.10.1小节"承担集中清算义务的欧盟市场参与者：概述"以及第47.10.2小节"免于集中清算义务的欧盟市场参与者：概述"。

需满足非集中清算交易初始保证金要求的欧盟机构包括：

- 所有金融对手方
- 非金融对手方
  - NFC₊（场外衍生品活动水平超过集中清算起点的非金融对手方机构）

上述机构执行初始保证金规定的前提是，非集中清算场外衍生品交易的平均月末名义本金额超过80亿欧元。初始保证金规定的生效日期取决于集团整体未偿名义本金额，如表48.2所示。

表48.2　　　　　　　　　　　初始保证金规定的生效日期

非集中清算交易初始保证金规定的生效日期	
交易双方均须遵守初始保证金要求，且AANA超过以下标准	初始保证金规定的生效日期
3万亿欧元	2017年2月4日
2.25万亿欧元	2017年9月1日
1.5万亿欧元	2018年9月1日
0.75万亿欧元	2019年9月1日
80亿欧元	2020年9月1日

注：AANA＝合计平均名义金额（未偿名义本金总额）

资料来源：RTS终版文件（第36条）。

注：

- AANA计算规则参见RTS终版文件第39条
- 上述规定仅对表48.2中生效日期之后进行的交易有效；历史双边交易不受影响
- 虽然暂时免除了集中清算交易中养老基金的清算义务，在非集中清算交易中，养老基金仍需满足初始保证金规定
  - NFC₋机构免除初始保证金要求（第24条）
- 如果A公司执行初始保证金规定的生效日期是2017年2月，而其对手方B公司

执行初始保证金规定的生效日期是 2020 年 9 月，那么 A 公司与 B 公司之间的保证金交换将遵循较晚的生效日期（即 2020 年 9 月）

■ 如第 47 章（场外衍生品交易与担保品—监管变革及担保品的未来—集中清算交易）所述，当一家非欧盟实体（将其自身视作欧盟实体）可被划分为金融对手方或 NFC$_+$ 时，该实体与欧盟金融对手方或欧盟 NFC$_+$ 机构进行的所有交易均须遵守 EMIR 规定

48.4.3 非集中清算交易：变动保证金规定

与集中清算交易类似，非集中清算交易的变动保证金旨在保护盯市价值上涨（positive mark-to-market）的交易方，该交易方有一笔（或多笔）存续的未平仓场外衍生品交易。

从担保品管理的角度来看，（RTS 终版文件规定的）非集中清算交易变动保证金的具体规定包括：

■ 在追缴保证金时，交易一方必须发出有效的变动保证金追缴通知，同时考虑场外衍生品交易的盯市价值与当前现有担保品现值之和/之差（第 10 条）

 ■ 计算方法

 ■ 交易双方需使用盯市法（M2M），但如果市场条件不允许使用盯市，那么使用模型定价法（mark-to-model）（第 648/2012 号规则第 11.2 条）

 ■ 计算频率与计算时限：

  ■ 变动保证金必须至少每日计算一次（第 9.1 条）：

  ■ 时区（第 9.3 条）

   ■ 当交易双方处于同一时区时，变动保证金的计算须基于前一工作日的交易金额

   ■ 当交易双方处于不同时区时，变动保证金的计算须基于较早时区截至 16：00 的交易金额

 ■ 担保品形式：

  ■ 变动保证金可以是现金担保品或非现金担保品（第 4 条）

 ■ 最低转让金额（MTA）：

  ■ MTA 由交易双方自行约定（第 25.2 条）

  ■ MTA 不得高于 500 000.00 欧元（第 25.1 条）

  ■ 初始保证金 MTA 与变动保证金 MTA 可以不同，但二者之和不得超过 500 000.00 欧元（第 25.4 条）

  ■ 当风险敞口金额大于 MTA 时，需追缴风险敞口全额作为保证金（第 25.3 条）

 ■ 抵押折扣

  ■ 现金担保品，无论币种与风险敞口是否相同，均不产生抵押折扣（附件 2）

  ■ 与风险敞口相同币种的非现金担保品根据其自身性质确定抵押折扣率（附件 2）

- 与风险敞口不同币种的非现金担保品抵押折扣率为8%（附件2）
- 指令发出时限
- 担保品提供方必须在计算保证金的工作日内发出支付指令或交付指令（第12.1条）。
- 保证金追缴争议
- 无争议金额应在同一工作日内先行结算（第12.3条）
- 持有的证券担保品
- 必须每日进行重估（第19.1条）
- 可不受监管或法律约束自由进行转让（第19.1条）
- 担保品置换：
- 现有的用作担保品的资产可被置换（第19.2条）

受到影响的市场参与者（以及规定生效日期）　一家企业是否会受到非集中清算交易变动保证金要求的影响取决于机构性质。金融对手方类型清单详见第47章"场外衍生品交易与担保品—监管变革及担保品的未来—集中清算交易"，特别是其中第47.10.1小节"承担集中清算义务的欧盟市场参与者：概述"以及第47.10.2小节"免于集中清算义务的欧盟市场参与者：概述"。

需满足非集中清算交易变动保证金要求的欧盟机构包括：

- 所有金融对手方
- 非金融对手方：
- NFC$_+$（所有场外衍生品活动水平高于集中清算起点的非金融对手方机构）

变动保证金规定的生效日期与机构类型有关，如表48.3所述。

表 48.3　　　　　　　　变动保证金规定的生效日期

非集中清算交易变动保证金规定的生效日期	
交易双方均须遵守变动保证金要求，且 AANA 超过以下标准	变动保证金规定的生效日期
3 万亿欧元	2017 年 2 月 4 日
所有其他金融对手方和 NFC$_+$ 机构	2017 年 3 月 1 日

注：AANA = 合计平均名义金额（未偿名义本金总额）
资料来源：RTS 终版文件（第 37 条）。

注：

- AANA 计算规则参见 RTS 终版文件第 39 条
- 上述规定仅对上表中生效日期之后进行的交易有效；历史双边交易不受影响
- 虽然暂时免除了集中清算交易中养老基金的清算义务，在非集中清算交易中，养老基金仍需满足变动保证金规定
- NFC$_-$机构免除变动保证金要求（第 24 条）

48.4.4　非集中清算交易：初始保证金 vs. 变动保证金规定

表 48.4 比较了初始保证金与变动保证金不同方面的监管要求，使两者的相似性和

差异性"一目了然"：

表 48.4　　　　　　初始保证金与变动保证金规定：相似性与差异性

非集中清算交易初始保证金 vs. 变动保证金规定		
相关要素	初始保证金	变动保证金
受监管相关方	金融对手方与高级非金融对手方（NFC₊）	
生效日期	自 2017 年 2 月 4 日起，2020 年之前为过渡期	自 2017 年 2 月 4 日起，或自 2017 年 3 月 1 日起
提交保证金的交易方	交易双方	非风险敞口方
保证金能否相互抵销（轧差）？	不允许	允许
风险敞口计算：计算方式	交易方自选	*（见下文）
风险敞口计算：频率	特定事件发生之后，距离上次风险敞口计算 10 个工作日后	至少每日一次
风险敞口计算：时限要求	不晚于事件发生后一个工作日内	未作规定
担保品形式	现金或非现金	
集中度上限	适用	未作规定
起点金额	5 000 万欧元 **，集团内部交易的起点金额为 1 000 万欧元	未作规定
最低转让金额	初始保证金与变动保证金共计不超过 50 万欧元	
分别设置不同的初始保证金和变动保证金	允许	
风险敞口超过最低转让金额时	追缴风险敞口全额作为保证金	
抵押折扣：现金担保品：相同币种	0	
抵押折扣：现金担保品：不同币种	8%	0
抵押折扣：非现金担保品：相同币种	根据资产性质确定	
抵押折扣：非现金担保品：不同币种	8%	
指令发出时限	保证金计算当日	
保证金追缴争议：第一步	无争议金额应在同一工作日内结算	
托管人持有现金担保品	有限制 **	未作规定
第三方持有现金担保品	适用	未作规定
持有证券担保品：隔离	适用	未作规定
持有证券担保品：重估	每日重估	
再使用与再抵押	不允许	未作规定
担保品置换	允许	

注：* 首选盯市法，当无法使用盯市法时，则使用模型定价法。

** 特定情形下。

除上述监管要求外，交易方可选择自行在协议中规定额外参数；例如，可对交叉币种现金担保品的变动保证金适用抵押折扣。

48.5 非集中清算交易：法律协议

绝大多数买卖方机构已与其各交易对手签订信用支持附件。这些历史信用支持附件包含（1）交易双方最初协商的条款与条件，或（2）在某些情况下，交易双方进一步协商后修改或（以附件形式）附加的条款和条件。

为了制定涵盖非集中清算交易保证金规定的全球统一基准，国际掉期及衍生工具协会（ISDA）成立了工作组，并促成巴塞尔银行监管委员会（BCBS）与国际证监会组织（IOSCO）发布了一份全球政策文件。该政策文件随后被用于区域性司法辖区，并最终形成了本章前文所述的 RTS 终版文件。

为了让交易各方签署（并遵循）符合 RTS 终版文件（2017 年 1 月生效）中保证金规定的标准法律协议，ISDA 分别制订了包含初始保证金和变动保证金要求、针对特定辖区的标准信用支持附件（CSA）更新版本。RTS 终版文件中的变动保证金规定包括一系列与历史交易 CSA 类似的条件。然而在许多情形下，历史交易 CSA 并不涉及初始保证金规定，尽管在部分交易中，存在将担保品作为独立金额（independent amount）进行交换的行为。这是因为交易双方信用评级存在显著差异，或是因为场外衍生品的风险较正常情形下更高。

以下是有关初始保证金 CSA 和变动保证金 CSA 的要点：

■ 收到的初始保证金需要进行隔离，而变动保证金不需要：

　　■ 尽管同时签订初始保证金 CSA 和变动保证金 CSA 在操作上更简便，但由于对收到的保证金的处理方式不同，初始保证金 CSA 和变动保证金 CSA 之间存在显著差异

■ 企业需要与其每个双边交易对手同时签订初始保证金 CSA 和变动保证金 CSA：

　　■ 前提是该企业及其交易对手属于受监管机构

■ 如果一家企业及其交易对手已签订过 CSA，那么可以直接修改原 CSA 并纳入保证金规定的条款和条件，或可以签订新的 CSA 取代原 CSA：

　　■ 请参考以下有关历史双边交易后续处理的描述

RTS 终版文件与相关变动保证金 CSA 的引入使企业与其交易对手需要做出一项决定。自相关的规定生效日期开始（参考表格 48.3 "变动保证金规定的生效日期"，尤其是 "变动保证金规定的生效日期" 一列），企业有义务遵守 RTS 终版文件中的变动保证金规定；这要求公司签订双边法律协议（通过签订变动保证金 CSA，或通过签订包含 RTS 终版文件中规定的条款和条件的修订版 CSA）。假设企业与其交易对手签订了变动保证金 CSA，那么双方需一同决定是否继续采取以下行动：

■ 同时适用原 CSA 和变动保证金 CSA，因此需要根据交易日期进行独立并行的担保品管理

　　■ 在相关的生效日期之前执行的历史双边交易的 CSA，以及

　　■ 在生效当日及之后执行的交易的变动保证金 CSA，或

■ 仅适用变动保证金 CSA，所有历史双边交易及新交易都受到变动保证金 CSA 的条款和条件的约束。需要注意的是，如果选择了变动保证金 CSA 模式，则必须包含双方开展的所有历史交易；即"都包含或都不包含"（all or nothing）

ISDA 在 2016 年发布的变动保证金协议使企业及其交易对手能够有效地修改其原适用于历史交易的 CSA，以反映 RTS 终稿文件的有关规定。有关该协议的问题解答详见：http：//www2. isda. org/functional-areas/protocol-management/faq/29。

48.6 非集中清算交易：其他风险缓释规定

除了本章前文描述的初始保证金和变动保证金规定外，同时引入的还有许多与非集中清算场外衍生品相关的其他风险缓释规定。

国际证监会组织（IOSCO）负责制定并执行非集中清算场外衍生品交易的相关规定。影响担保品管理的主要风险缓释规定概括如下：

■ 交易确认：
　■ 重要交易细节必须在交易执行后尽快告知交易对手
■ 资产组合对账：
　■ 为了防止保证金追缴出现争议，交易方应定期将资产组合内的每笔交易进行对账
■ 交易（盯市）估值：
　■ 为识别并降低风险，交易双方须就交易估值的流程与频率达成一致
■ 交易组合压缩：
　■ 为了对交易总额进行净额轧差，交易双方应定期评估其交易组合
■ 争议解决：
　■ 为了将交易和/或估值差异的影响降到最低，交易双方应就保证金追缴计算差异升级为争议的流程达成一致

下文小节将展开描述每项风险缓释措施，包括每项措施的实施起始时间，以及受影响的交易方（无论是金融对手方、NFC$_+$ 或 NFC$_-$）。

本节大部分信息的复述均已获以下许可：

■ 欧盟："未被 CCP 清算的场外衍生品合同的风险缓释技巧"英文版本，欧盟委员会授权条例第 149/2013 号（2012 年 12 月 19 日）以及第 2017/2155 号（2017 年 9 月 22 日）；上述文件可查阅 http：//eur-lex. europa. eu

■ 国际证监会组织，参见：http：//www. iosco. org/library/pubdocs/pdf/IOSCOPD469. pdf

48.6.1 交易确认规定

交易确认（trade confirmation）流程的原因和基本要素在第 29 章"场外衍生品交易与担保品—担保品生命周期—交易后—交易确认/认定"部分进行了描述。

　　金融服务行业在场外(与交易所场内交易相反)的交易存在出现一处或多处交易差异的风险；场外交易在外汇市场、债券市场和衍生品市场进行。交易执行流程中的人为操作经常会导致交易双方交易细节出现不一致；交易确认/认定流程则是金融服务行业用以识别一家企业的场外交易细节是否与交易对手方吻合的主要机制。

　　对于任何一笔场外交易，尤其是场外衍生品交易而言，如果双方的交易细节不相同，那么在交易存续期间，交易处理和担保品管理方面将会产生诸多问题。解决这类潜在问题的应对方案是通过交易确认或交易认定（trade affirmation）流程，将双方记录的交易细节进行比对。

　　交易执行后，交易方之间比对交易细节的速度尤为关键；如果企业在将交易对手的交易细节与自身会计记录与账簿中的记录进行比对时耗费了过多的时间（如同2005年之前出现的情况一样），通常会出现问题。例如，如果交易方（在交易日后）花了3天时间确定双方的某个交易要素（如价格或费率）存在差异，那么交易一方很可能对修改价格或费率十分不满，尤其当市场价格在这三天内发生了对该方不利的变化时。

　　公司将其交易对手的交易确认书与自身会计账簿与记录相比对的流程如下：

1. A公司与B公司执行交易
2. A公司与B公司分别记录交易信息
3. A公司生成并发送交易确认书
4. B公司收到A公司发出的交易确认书
5. B公司将A公司交易确认书与自身会计账簿与记录进行比对
6. 如果B公司发现差异，将与A公司进行沟通
7. 双方运营人员（在某些机构则为中台部门人员）调查差异原因
8. 根据差异性质，向交易双方交易人员沟通差异事宜
9. 双方交易人员解决上述事宜
10. （假设）A公司对原先记录的价格或费率进行修改，导致……
11. A公司生成并发送修改后的交易确认书
12. B公司收到A公司修改的交易确认书
13. B公司将A公司修改后的交易确认书与自身会计账簿与记录进行比对

从上文可以看出，非电子交易确认流程步骤繁多，从交易对手处收到交易确认书的一方通常无法左右其对手方的处理速度或准确性。然而，买方公司可通过对其卖方交易对手设置（接收交易确认书的）时间限制，从而具备一定的控制。另一种形式的控制存在于监管对交易双方比对交易细节存在时间要求，例如，国际资本市场协会（ICMA）成员必须在交易执行后30分钟内将债券交易详情以电子方式传送至ICMA的TRAX系统，随后该笔交易的匹配状态将以电子形式发送至交易双方。

　　注：电子交易确认平台是一种更快、更有效的对比交易细节的机制。然而，为了使用这类平台，交易双方必须都是ICMA成员。

　　综上所述，交易一方或双方比对交易细节所耗费的时间越长，价格或费率变动的

风险越大，交易一方遭受损失的风险也就越大。此外，未经确认的交易可能导致公司支付的（利率掉期）利息或（信用违约互换）保费无法得到交易对手的同意，保证金追缴也会引发争议。因此，本规定的引入体现了监管当局对交易确认/认定流程重要性的重申。

规定（概述） 简而言之，非集中清算交易相关的交易确认规定如下：

■ 公司应实施程序，确保交易执行后尽快进行交易确认

■ 交易确认书应尽可能通过电子形式发送，若无法使用电子形式，则应以书面形式发送

■ 确认交易的截止时间将根据相关交易方的类型而确定；具体参考表 48.5

■ 金融交易对手方超过 5 个工作日仍未确认的交易，需每月向相关监管机构报告

（规定终版全文参见欧盟"未被 CCP 清算的场外衍生品合同的风险缓释技巧"英文版，欧盟委员会 2012 年 12 月 19 日授权条例第 149/2013 号和 2017 年 9 月 22 日第 2017/2155 号；上述文件可查阅 http：//eur-lex. europa. eu。）

新规生效日期与受影响的市场参与者 在本报告撰写之时，监管机构最初设定的生效时间 2013 年已经过去。当前，监管规定对各类机构的规定如表 48.5 所示。

表 48.5 交易确认规定

非集中清算交易交易确认规定	
交易方类型	交易确认截止日期（工作日日终）
金融对手方（FC）	交易日后一个工作日（T+1）
交易规模超过清算起点金额的非金融对手方（NFC₊）	
交易规模在清算起点金额以内的非金融对手方（NFC₋）	交易日后两个工作日（T+2）

资料来源：欧盟。

附注：

■ 非金融对手方的清算起点金额在本章第 48.3.1 小节"免于清算义务的欧盟市场参与者：概述"中有所描述。对非集中清算交易进行确认的义务适用于所有机构，无论其交易规模是否超过清算起点金额

■ 当金融对手方或 NFC₊ 与 NFC₋ 进行交易时，交易确认时可遵循更为宽松的规定：在 T+2 之前完成即视作及时确认

48.6.2 资产组合对账规定

资产组合对账的原因和基本要素在第 31 章"场外衍生品交易与担保品—担保品生命周期—交易存续期间—资产组合对账"中有所描述。

"资产组合"一词指企业认定与特定交易对手的有效未完成交易的完整交易清单。当根据风险敞口计算结果，盯市价值上涨（positive mark-to-market）一方发起保证金追缴通知时，如果交易双方对风险敞口计算金额不一致，那么保证金追缴通知的接收一

方很有可能不会同意追加的保证金金额和/或追缴方向。

交易方在向其交易对手发出保证金追缴通知之前，主动对交易双方的交易清单进行比较（资产组合对账）被视作一种明智的风险缓释措施，旨在避免或最大限度地降低出现保证金追缴争议的可能性。

可能导致公司与其交易对手就认定的资产组合内交易清单产生差异的事件包括：

- 一方记录了一笔新交易，而另一方没有
- 一方将一笔新交易的交易对手方记录错误
- 一方记录了合同更新，而另一方没有
- 一方记录了提前终止（early termination），而另一方没有
- 到达约定到期日（scheduled maturity date）的交易，一方已（从投资组合中）移除，而另一方没有

当企业有权自由选择时，部分企业选择主动开展资产组合对账，以确认其风险缓释效益，而其他公司可能不愿意这样做。资产组合对账规定的引入要求所有企业必须进行资产组合对账。

规定（概述） 简而言之，非集中清算交易相关的资产组合对账规定如下：

- 企业应记录其与每一个交易对手方商定的资产组合对账相关安排
  - 上述行动必须在执行交易前进行
- 交易方可自行开展资产组合对账，或指定一个合格的第三方进行对账
- 对账范围必须包括主要交易细节，以便对每一笔交易进行唯一识别，具体包括：
  - 标的金融工具
  - 交易各方操作（交易方向）
  - 价格或费率
  - 交易货币
  - 名义本金
  - 约定结算日
  - 约定到期日
- 对账还必须包括投资组合内每笔交易的当前（盯市）估值

注：当其他交易要素成为交易报告义务的一部分时，对账还需要包含这类其他交易要素。这方面的一个例子是唯一交易识别码（UTI）。

［终版全文参见欧盟；*Risk Mitigation Techniques for OTC Derivatives Contracts Not Cleared by a CCP*（未被 CCP 清算的场外衍生品合同的风险缓释技巧）英文版，欧盟委员会 2012 年 12 月 19 日授权条例第 149/2013 号和 2017 年 9 月 22 日第 2017/2155 号；上述文件可查阅 http：//eur-lex. europa. eu。］

规定生效日期与受影响的市场参与者 在本报告撰写之时，监管机构最初设定的生效时间 2013 年已经过去。当前，监管规定对各类机构的规定如表 48. 6 所示。

表 48.6　　　　　　　　　　　资产组合对账规定

非集中清算交易资产组合对账规定		
交易方类型	现有未清算交易笔数	对账频率
金融对手方（FC）和交易规模超过清算起点金额的非金融对手方（NFC₊）	500 笔及以上	每个工作日一次
	51～499 笔（一周内任意时间）	每周一次
	50 笔及以下（同一季度内任意时间）	每季度一次
交易规模在清算起点金额以内的非金融对手方（NFC₋）	101 笔及以上（同一季度内任意时间）	每季度一次
	100 笔及以下	每年一次

资料来源：欧盟。

附注：

■ 非金融对手方的清算起点金额在本章第 48.3.1 小节"免于清算义务的欧盟市场参与者：概述"中有所描述。所有机构均须对非集中清算交易进行资产组合对账，无论其交易规模是否超过清算起点金额。如表 48.6 所示，只有对账频率有所区别

■ 在交易对手方数量众多，且可能会不时发生变化时，难以完全按照上述频率进行对账，因此市场惯例做法是每天进行对账

上述规定于 2013 年 9 月 15 日生效时，所有存续的未结算交易都应受到该规定的约束；因此，出于对账的目的，在该日期之前执行的所有交易（历史双边交易）同样须包含在资产组合中。

48.6.3　交易估值规定

交易估值的原因和基本要素在第 32 章"场外衍生品交易与担保品—担保品生命周期—交易存续期间—逐日盯市"中有所描述。

对进行场外衍生品非集中清算的企业而言，以适当频率准确获取当前市场价格至关重要。只有这样，企业才能准确识别何时面临风险，以及何时需要向交易对手方发出保证金通知。当交易对手方有风险敞口时，公司仍需要确定交易的当前估值，以便评估向交易对手追缴保证金的有效性。

在过去，场外历史双边交易的估值差异一直是产生保证金追缴差异（如无法解决，将升级为保证金追缴争议）的常见原因。此外，资产组合内的交易清单也可能出现差异；参见第 48.6.2 小节"资产组合对账规定"。

尽管通常交易的场外衍生品当前价格或费率可能很容易获得，但并非所有场外交易的衍生品都属于这一类，在这种情况下，交易估值可能存在更大挑战。出于上述原因，交易估值规定要求企业与其每一个交易对手达成交易估值协议，以尽量减少估值差异。

规定（概述） 简而言之，非集中清算交易相关的交易估值规定如下：

■ 金融交易对手方（FC）和交易规模超过集中清算起点金额的非金融对手方（NFC₊）应每日对所有未清算交易进行盯市

■ 如果市场条件不允许进行盯市，应使用模型定价法（mark-to-model）

　　［规定终版全文参见欧盟 *OTC Derivatives*，*Central Counterparties and Track Reposifories*（场外衍生品、中央对手方与交易数据库）英文版，欧盟委员会 2012 年 7 月 4 日授权条例第 648/2012 号，（特别是第 11.2 条）；该文件可查阅 http：//eur-lex. europa. eu］

　　从更细的层面来看，国际证监会组织（IOSCO）在 2015 年 1 月 28 日发布的文件《非集中清算交易的风险缓释标准》中提供了与交易估值相关的标准和关键考虑因素。以下几点基于 IOSCO 的措辞：

- 为了交换保证金，企业应记录对其现有未结算交易进行估值的商定安排
- 从交易执行到约定到期日，或提前终止日
- 交易估值可内部确定或由第三方确定
- 为了考虑到所有市场条件变化，企业应定期复核之前商定的估值流程

　　规定生效日期与受影响的市场参与者　在本报告撰写之时，监管机构最初设定的生效时间 2013 年已经过去。当前，监管规定对各类机构的规定如表 48.7 所示。

表 48.7　　　　　　　　　　　　　　　交易估值规定

非集中清算交易交易估值规定	
交易方类型	是否受规定约束?（每日盯市）
金融对手方（FC）	是
交易规模超过清算起点金额的非金融对手方（NFC₊）	
交易规模在清算起点金额以内的非金融对手方（NFC₋）	否

资料来源：欧盟。

　　附注：

- 非金融对手方的清算起点金额在本章第 48.3.1 小节"免于清算义务的欧盟市场参与者：概述"中有所描述。每日对非集中清算交易进行估值的义务仅适用于金融对手方和 NFC₊ 机构，对交易规模在起点金额以下的 NFC₋ 机构则不适用

48.6.4　资产组合压缩规定

　　交易估值的原因和基本要素在第 30 章"场外衍生品交易与担保品—担保品生命周期—交易后—交易/资产组合轧差"中有所描述。

　　总而言之，交易/资产组合轧差是包含同一场外衍生品现有头寸相同细节的交易之间相互抵消的过程，将现有头寸更新为新的净头寸，同时终止（取消）原交易。上述轧差过程通常被称为投资组合压缩（portfolio compression）。持有场外衍生品交易至约定到期日，尤其当交易时长长达 50 年左右时，会带来高昂的年度维护成本和巨大风险。通过轧差/压缩，消除"不必要的"交易总额并/或使用同等净额交易替代，可消除或减少上述成本和风险。

　　如果与特定交易对手的多笔交易不进行轧差/压缩，原来的多笔交易在约定到期日期前将一直存续，此时需要交易双方进行大量交易处理和担保品管理工作。因此，资产组合压缩应被视作一种资产组合有效机制，会对后续交易处理和担保品管理产生积

极效果。

规定（概述） 简而言之，非集中清算交易相关的资产组合压缩规定如下：

■ 为了降低交易对手信用风险，与双边交易对手进行 500 笔或更多非集中清算场外衍生品交易的机构必须定期（每年至少两次）评估是否需要压缩资产组合

■ 已对其资产组合进行评估，但认定不宜进行资产组合压缩的机构，必须做好准备向相关监管机构解释其决定

［终版全文参见欧盟；*Risk Mitigation Techniques for OTC Derivatives Contracts Not Cleared by a CCP*（未被 CCP 清算的场外衍生品合同的风险缓释技巧）英文版，欧盟委员会 2012 年 12 月 19 日授权条例第 149/2013 号和 2017 年 9 月 22 日第 2017/2155 号；上述文件可查阅 http：//eur-lex. europa. eu。］

规定生效日期与受影响的市场参与者 在本报告撰写之时，监管机构最初设定的生效时间 2013 年已经过去。当前，监管规定对各类机构的规定如表 48.8 所示。

表 48.8 资产组合压缩规定

非集中清算交易资产组合压缩规定	
交易方类型	是否受规定约束？
金融对手方（FC）	是：当双方现有未结算交易笔数在 500 笔及以上时
交易规模超过清算起点金额的非金融对手方（NFC+）	
交易规模在清算起点金额以内的非金融对手方（NFC-）	

资料来源：欧盟。

附注：非金融对手方的清算起点金额在本章第 48.3.1 小节"免于清算义务的欧盟市场参与者：概述"中有所描述。当双方现有未结算交易笔数大于等于 500 笔时，对非集中清算交易进行资产组合压缩的义务适用于金融对手方、NFC+ 以及 NFC-（无论其交易规模是否超过清算起点金额）。该规定不适用于与双边交易对手的现有未完成交易少于 500 笔的机构。

48.6.5 争议解决规定

在本规定语境下，"争议"（dispute）一词指企业与其双边交易对手之间尚未解决的非集中清算交易相关分歧，特别是：

■ 新执行交易的细节，或

■ 交易的（盯市）估值，或

■ 通过保证金追缴流程交换担保品

该规定要求公司与其交易对手之间按照预先商定的框架解决双方之间新执行的以及现有交易中可能出现的任何争议。上述框架旨在防止悬而未决的争议使企业面临进一步的风险。该框架仅仅是一个创新理念，之前并不存在类似的框架。

规定（概述） 简而言之，非集中清算交易相关的争议解决规定如下：

■ 在企业与其交易对手进行交易之前，须就以下几项争议相关内容商定详细流程：

- 交易的认定
- 交易估值，以及
- 担保品的交换
- 商定的流程必须包括争议的认定、记录与监督，包括：
  - 对手方身份
  - 争议悬而未决的时间段
  - 争议性质（及金额，如适用）
  - 争议的及时解决，对于超过 5 个工作日的未决争议，需明确详细解决流程
- 金融对手方必须向特定监管机构（国内主管当局，NCA）报告以下争议：
  - 金额超过 1 500 万欧元，且已逾期 15 个工作日或更长时间

（终版全文参见欧盟：*Risk Mitigation Techniques for OTC Derivatives Contracts Not Cleared by a CCP*《未被 CCP 清算的场外衍生品合同的风险缓释技巧》英文版，欧盟委员会 2012 年 12 月 19 日授权条例第 149/2013 号和 2017 年 9 月 22 日第 2017/2155 号；上述文件可查阅 http：//eur-lex. europa. eu）。

规定生效日期与受影响的市场参与者 在本报告撰写之时，监管机构最初设定的生效时间 2013 年已经过去。当前，监管规定对各类机构的规定如表 48.9 所示。

表 48.9 争议解决规定

非集中清算交易争议解决规定		
交易方类型	是否受规定约束？	
	交易执行时，必须已有商定流程	报告金额超过 1500 万欧元，且已逾期 15 个工作日或更长时间的交易
金融对手方（FC）	是	是
交易规模超过清算起点金额的非金融对手方（NFC₊）		否
交易规模在清算起点金额以内的非金融对手方（NFC₋）		

资料来源：欧盟。

附注：非金融对手方的清算起点金额在本章第 48.3.1 小节 "免于清算义务的欧盟市场参与者：概述" 中有所描述。公司与其交易对手之间需制订争议解决流程的义务适用于金融对手方、NFC₊以及 NFC₋（无论其交易规模是否超过清算起点金额）。对金额超过 1 500 万欧元，且已逾期 15 个工作日或更长时间的交易的报告义务仅适用于金融对手方（NFC₊或 NFC₋无须履行该义务）。

48.7 非集中清算交易：交易报告规定

向交易数据库（TR）报告交易细节是监管机构评估所有场外衍生品交易相关风险的主要机制。与欧盟委员会 2010 年 9 月 15 日的新闻稿（参见第 46 章 "场外衍生品交易与担保品—监管变革及担保品的未来—概述"）相一致，这也是提升场外衍生品市场

透明度的主要手段。

（有关通过交易数据库进行报告的介绍性描述，参见第 46 章"场外衍生品交易与担保品—监管变革及担保品的未来—概述"部分，尤其是第 46.6 小节"交易数据库：引言"。）

无论交易是集中清算还是非集中清算，监管要求公司执行的交易必须全部向交易数据库报告；此外，公司有责任确保其交易细节成功传输至交易数据库。

然而，正如第 47 章"场外衍生品交易与担保品—监管变革及担保品的未来—集中清算交易"所述，公司可通过多种途径报告交易细节。具体包括：

■ 公司直接向交易数据库报告，或

■ 公司可将交易报告委托给：

　■ 交易对手方，或

　■ 第三方

如果交易双方约定其中一方（无论是公司还是其交易对手）代表双方进行交易报告，报告方应被允许向交易数据库发送报告。关于由第三方进行交易报告，交易双方可约定将报告委托给一个共同第三方实体，由该实体（向交易数据库）提交一份交易报告，报告必须明确表明该报告代表交易双方出具。公司可采取上述两种方式的任意一种履行其向交易数据库提交交易报告的义务。

交易各方均可自由选择向哪家交易数据库报告。如果在交易执行后，各方希望将交易细节发送至不同的交易数据库，交易方需要先就报告的数据达成一致。此外，为了确保两家交易数据库收到的交易细节是关于同一笔交易的，需要使用唯一交易识别码（UTI）。

除了报告新的交易，在交易细节发生变动或在交易终止后，都有必要进行交易报告。

为了使监管机构持续地监控风险，除了要求企业报告新执行的交易外，规定还要求向交易数据库报告场外衍生品风险敞口。首先，报告的交易细节必须包括企业提供或接收的担保品，以及其随后的盯市法（或模型定价法）估值，但企业可选择在单笔交易层面或资产组合层面报告担保品及风险敞口。需要注意的是，归类为 NFC_[①]的非金融对手方可免除担保品交收和盯市法/模型定价法估值方面的报告义务。

［终版全文参见欧盟；*Regulatory Technical Standards on the Minimum Details of the Data to be Reported to Trade Repositories*（《监管技术标准：向交易数据库报告的最低细节要求》）英文版，欧盟委员会 2012 年 12 月 19 日授权条例第 149/2013 号；上述文件可查阅 http：//eur-lex. europa. eu。］

2016 年 10 月 19 日，欧盟发布了对上述规定的修订，包括：

---

① 金融对手方的类型清单详见第 47 章"场外衍生品交易与担保品—监管变革及担保品的未来—集中清算交易"，特别是其中第 47.10.1 小节"承担集中清算义务的欧盟市场参与者：概述"以及第 47.10.2 小节"免于集中清算义务的欧盟市场参与者：概述"。

■ 交易方必须使用通用方法报告交易估值

■ 初始保证金与变动保证金的提供与接受情况必须报告

［终版全文参见欧盟：*Regulatory Technical Standards on the Minimum Details of the Data to be Reported to Trade Repositories*（《监管技术标准：向交易数据库报告的最低细节要求》）英文版，欧盟委员会 2016 年 10 月 19 日授权条例第 2017/104 号；上述文件可查阅 http：//eur-lex. europa. eu。］

要求向交易数据库报告的交易细节修订详见第 2017/104 号授权条例附件。

规定生效日期与受影响的市场参与者

请注意，强制性交易报告始于 2014 年 2 月 12 日，强制性的估值/担保品交收情况报告始于 6 个月之后的 2014 年 8 月。（2016 年 10 月引入的）上述规定修订自 2017 年 11 月 1 日起生效。

交易各方需在不迟于 T + 1 日（即交易执行后的一个工作日内）向交易数据库报告交易细节；此外还必须报告对交易细节的修改和交易终止情况。

在本报告撰写之时，监管机构最初设定的生效时间 2012 年已经过去。当前，监管对各类机构的规定如表 48. 10 所示。

表 48. 10   **交易报告规定**

非集中清算交易交易报告规定			
报告要求			
交易方类型	新交易、修改或终止的交易	提供或接收的初始保证金和变动保证金	盯市法/模型定价法估值
＊FC	是	是	是
＊＊NFC₊			
＊＊NFC₋		否	否

注： ＊ 金融对手方

＊＊ 交易规模超过清算起点金额的非金融对手方（NFC₊）

＊＊＊ 交易规模在清算起点金额以内的非金融对手方（NFC₋）

资料来源：欧盟。

附注：非金融对手方的清算起点金额在本章第 48. 3. 1 小节 "免于清算义务的欧盟市场参与者：概述" 中有所描述。新交易、经修改或终止交易的报告义务适用于金融对手方、NFC₊ 以及 NFC₋（无论其交易规模是否超过清算起点金额）。（1）向交易对手方提供，或从交易对手方处收到的初始保证金和变动保证金，以及（2）盯市法估值和模型定价法估值的报告义务，适用于金融对手方和 NFC₊（NFC₋ 无须履行该义务）。

EMIR 下的注册交易数据库最新名单详见：https：//www. esma. europa. eu/supervision/trade-repositories/list-registered-trade-repositories。

术语词汇表

本术语表包含了书中提及的大部分术语，同时也有少量未在本书提及但可能有助于读者理解的常见术语。术语描述中的斜体单词和短语表示存在与之相关联的术语项。

表中不仅对术语进行了定义，还在适用的情形下描述了其与担保品管理的关联，便于读者在担保品管理语境下进行理解。

Accrued Days（应计利息天数）。自上一次债券付息日（Coupon Payment Date）以来的累计天数。

Accrued Interest（应计利息）。附息债券（Interest-bearing Bonds）自上一次债券付息日（coupon payment date）后累计未付的利息，于下一次付息日支付。当债券被用作担保品（collateral）时，其全部市值中须包含应计利息的目前价值。

Agency Capacity（代理）。一家机构在交易双方之间充当中介并收取佣金（commission）的交易方式。也称作经纪商（broker）。

Agency Lending 见贷出代理人（lending agent）

AIFMD "另类投资基金管理人指令"缩写。

Alternative Investment Fund（另类投资基金）。一般指投资于非传统资产类型（如衍生品）和/或采用非传统投资策略的集合投资计划。

Alternative Investment Fund Managers Directive（另类投资基金经理指令）。欧洲发布的针对另类投资基金经理人活动的监管框架，俗称AIFMD。

American Depository Receipt（美国存托凭证）。代表美国海外公司股份，使美国投资者能够以节税方式有效投资上述证券的凭证。以美元计价进行交易。参见全球存托凭证（global depository receipt）。

Amortising Swap（本金递减型互换）。名义本金（notional principal）随着时间的推移而逐渐减少的一种利率掉期（interest rate swap）形式（全部现金流基于名义本金）。

Annual General Meeting（年度股东大会）。公司董事会成员和股东每12个月召开一次的大会，会上就公司未来发展进行投票表决。

Anti-Money Laundering（反洗钱）。旨在识别和报告将非法收入合法化企图的法律程序和控制措施。参见洗钱（money laundering）。

Asset-Backed Security（资产支持证券）。统指那些其价值基于一系列标的（underlying）资产集合的证券。另见住房抵押贷款证券（mortgage-backed security）。

Asset Manager（资产管理人）。负责管理客户资产（通常为证券和现金）的个人或机构，目标为实现客户资产回报最大化。

ASX Code（澳洲证券交易所编码）。三位数字符，澳大利亚证券交易所交易的单只股票的独特编码。

Asymmetrical Threshold[非对称（保证金要求）起点]。仅适用于交易一方的未担保风险敞口，非对称起点适用于评级较低而非较高一方的保证金要求。

Back-to-Back Trading（背对背交易）。机构

在交易执行过程中不持有任何头寸，买入后立即卖出，反之亦然。参见市场风险中性（market risk neutral）。

Backloading（追溯结算/交易报告）。将历史衍生品交易（legacy trades）的对手方从原有（双边）对手方变更为中央对手方；将交易报告至交易数据库。

Back Up Clearing Member（后备清算成员）。若非清算成员（NCM）在中央对手方（CCP）使用清算成员（CM）提供的服务，将有一家指定后备清算成员（BUCM），在该CM违约时负责将NCM的头寸转移至BUCM。参见转移（porting）。

Bank for International Settlements（国际清算银行）。总部位于瑞士，为多国央行提供支持，鼓励国际金融合作，维护金融稳定。

Bank Interest（银行利息）。现金贷款/存款和回购交易的应付或应收现金利息。计息日数按实际（日历）天数计，除数（divisor）视币种而定，通常欧元或美元按360天计，英镑按365天计。

Bankruptcy（破产）。在本书中，指信用违约互换（CDS）中债券发行人的破产。发行人破产将导致信用保护卖方（protection seller）向信用保护买方（protection buyer）进行赔付，属于信用事件（credit event）的一种。

Base Currency（基准货币）。在外汇交易中，金融机构希望出售的现有货币，并以商定的汇率购买标价货币（quote currency）。在信用支持附件中，风险敞口和担保品被转换成的币种。

Basel Committee on Banking Supervision（巴塞尔银行监管委员会）。制定全球银行业监管准则与行业标准的全球性机构。

Basis Points Per Annum（年基点）。一种表示价格或利率的方法，1基点为1%的百分之一，即0.01%（171个年基点=1.71%）

Basket Default Swap（一篮子信用违约互换）。适用于多个参考实体（reference entities）的信用违约互换（相对的是单一发行人的单名

信用违约互换）

BCBS "巴塞尔银行监管委员会"缩写。

Bearer Security（无记名证券）。以实物纸质凭证形式发行的证券，发行人不对证券所有权进行登记，而是通过交付转移占有。传统上，通过无记名方式发行的证券主要是债券而非股票。参见债券名义价值（bond denominational value）。另见"记名证券（registered security）"。

Beneficial Owner and Beneficial Ownership（受益所有人和受益所有人制度）。在GMRA、GMSLA以及适用英国法的信用支持附件框架下的担保品相关交易中，担保品提供方为抵押券的受益所有人，有权获得证券产生的所有收益（如息票、股息以及其他公司行为）。

Big Bang Protocol（大爆炸协议）。与信用违约互换相关，引入部分结构性变化（如固定息票），在特定方面实现信用违约互换交易的标准化。

Bilateral（双边的）。两家金融机构（如买方机构与卖方机构）直接进行金融交易。不适用于中央对手方参与的交易。

Bilateral CSA（双边信用支持附件）。条款适用于交易双方的信用支持附件（credit support annex）。参见单边信用支持附件（one-way CSA）。

BIS "国际清算银行"缩写。

Block Trade（大宗交易）。基金经理作为卖方机构的交易对手方进行交易，但具体将交易配置到哪只标的基金尚未确定。一旦确定，"大宗"交易将被各标的基金的"配置"取代。

Bond（债券）。证券的一种形式，指投资者向政府、政府类机构、超国家组织或公司提供现金贷款。投资者在贷款期限内定期获得固定收益，到期时（通常在几年后）获得本金偿还。

Bond Collateral（债券担保品）。在担保品相关交易（回购、证券借贷、场外衍生品交易）中，使用一种或多种债券来降低风险敞口方风险。

Bond Denominational Value（债券名义价值）。债券通常以一种（或多种）面值或金额

发行。例如，10 亿欧元的债券可以 1 万欧元的面值发行。这意味着债券的交付金额须为该名义价值的倍数。（交付金额必须是债券最小面值的倍数）

Bond Exchange Offer（债券交换要约）。债券发行人向债券持有人发出的要约。在要约中，现有的债券可以/将被交换成另一种债券或其他资产。属于公司行为的一种。

Bond Repurchase Offer（债券回购要约）。债券发行人向债券持有人发出的要约。在要约中，发行人承诺以特定价格回购（购买）债券。属于公司行为的一种。

Bondholder（债券持有人）。债券的所有人。

Bond Issue（某期债券）。单次发行的债券。

Bond Issue Downgrade（债券发行评级下调）。评级机构（rating agency）对债券发行人按期还本付息的能力的评价下调，反映评级机构对债券发行人违约（issuer default）风险的感知。在担保品管理方面，评级下调可能会导致债券不再被视作合格担保品（eligible collateral）。

Bond Issuer（债券发行人）。发行债券并从债券持有人处获得资金作为交换的实体。

Bonus Issue（送红股）。发行人按持股比例免费向其原有股东派发的股份。属于公司行为的一种。

Book Entry（记账式、电子式）。交易结算（settlement）的一种方式，证券和资金的交换不涉及实物证券的转移，因为买卖双方使用同一个托管人（custodian）。在这种情况下，结算会导致托管人账簿中买卖双方账户下证券和资金的转移。

Books & Records（账簿和财务记录）。机构交易活动、各类金融工具（如证券、衍生品）持有头寸以及现金头寸的内部记录。

Books Closing Date（截止过户日期）。公司股东名册（share register）暂停办理过户手续的日期。在暂停期内，公司会确定向哪些股东派发公司行为收益（如股息或红股）。也称作股权登记日（record date）。

Borrower（资金融入方）。在本书中，指的是发行债券以筹集资金的实体。也称作发行人。

BPPA "年基点"缩写。

Broker（经纪商）。负责代表客户（而不是自营）执行交易的机构，在客户希望卖出金融工具时为其寻找买方，在客户希望买入时为其寻找卖家。真正的经纪商自身不持有交易头寸，因此这种形式的交易被视作是低风险的。上述金融机构也称为代理（agency capacity）。对照词条参见自营交易（proprietary trading）。

Buy-In（补偿买进）。买方强制卖方按期交付证券的正式程序，相关费用由卖方承担。这类程序必须根据执行交易的证券交易所或市场监管机构的规则进行。对照词条参见售出清理（sell-out）。

Buy/Sell-Back（购/售回）。回购交易的一种形式，首期交易（opening leg）和到期交易（closing leg）视作独立的两笔交易。相比之下，经典回购（classic repo）交易中的首期、到期交易是相关联的。

Buy-Side（买方）。泛指从卖方金融机构（投资银行或经纪商）处购买金融工具（如股票、债券、场外衍生品）的机构投资者（institutional investor）群体。需要注意的是，机构投资者也出售这类金融工具。

Call Option（买入期权/看涨期权）。期权持有人有权（但无义务）在期权到期日之前以事先约定的价格（称为行权价，exercise price/strike price）购买标的资产的衍生品交易。参见卖出期权/看跌期权（put option）。

Callable Bonds（可赎回债券）。允许（发行人）在债券到期日之前将其兑付（redemption）的债务工具。对照词条参见可卖回债券（puttable bond）。

Capital Adequacy（资本充足性）。要求投资银行和其他金融机构有足够可用资金（现金）以履行其合同约定义务的监管要求。

Capital Markets（资本市场）。金融市场的统称，其中股票和债券首先（在一级市场）发行然后在二级市场上进行交易。

Capital Repayment（偿还本金）。债券发行人向债券持有人偿还本金，通常在债券到期日进行，但对于可提前兑付的债券而言，也可在到期日之前进行。参见可赎回债券（callable bonds）和可卖回债券（puttable bonds）。

Capital Requirement（资本要求）。一家机构需要事先预留并避免使用的资产价值，用以应对风险。是监管先决条件，也被称作监管资本（regulatory capital）。

Cash-Based Repo（融资回购）。回购交易的一种，有融资动机的资金融入方通过提供担保品（通常以债券形式）而获得短期贷款融资，通过担保品降低资金融出方无法收回资金的风险。参见融券回购（stock-based repo）。

Cash Collateral（现金担保品）。在下列交易类型中以货币形式提供或取得的担保品：

证券借贷交易中，证券融入方提供货币形式的担保；

场外衍生品交易中，无风险敞口方（non-exposed party）提供货币担保品降低风险。

Cash Collateral Reinvestment（现金担保品再投资）。风险敞口方收到现金担保品后，将其投资于货币市场，以期获得高于其承诺在交易结束后向无风险敞口方支付的利率，即返利利率（rebate rate）。

Cash Correspondent（资金代理行）。金融机构进行现金收支的银行。有些公司每个币种都有一家资金代理行，其他金融中介机构可能会使用本身已具备不同币种资金代理行网络的银行作为单一对接点。也被称作 Nostro，尤其适用于证券领域。

Cash Dividend（现金股息）。股票发行人以现金形式向股东支付的收入。股东并不能确保每期都获得这种收入，但许多大型公司会定期发放现金股息。

Cash Payment Risk（现金支付风险）。当使用传统支付方式（即向资金代理行发出结算指令）进行现金支付时，由于在支付前没有事先对结算指令进行匹配，而导致收款人错误的风险。通过 CLS 银行（持续联系结算银行）进行付款可降低风险。

Cash Settlement（现金结算）。在信用违约互换中，在信用事件发生后，信用保护卖方向信用保护买方全额支付现金进行最终结算的方法。对照词条参见实物交割（physical settlement）。

CCP "中央对手方"缩写。

CCP-Eligible Assets（中央对手方合格资产）。根据 EMIR 定义，中央对手方认定的可作为合格担保品的金融资产（通常为特定货币或高评级债券）。参见非合格担保品资产（Non-CCP eligible assets）。

CDS "信用违约互换"常用缩写。

Central Bank（中央银行）。监管银行业、执行货币政策的国家机构，旨在控制通货膨胀，维持法定货币币值稳定。

Central Bank Money（央行货币）。央行发行的特定币种的硬币与纸币（与商业银行货币概念相对应）。此外，上述资金只能在央行账户中持有和流动。

Central Clearing（集中清算）。中央对手方作为原交易买卖双方的对手方，在交易期间进行交易处理与担保品处理的行为。对于原交易双方而言，集中清算的好处在于中央对手方的实力与风险缓释机制降低了对手方风险。

Central Counterparty（中央对手方）。作为原始交易双方的对手方，分别与买卖双方建立合同义务关系。由于其采取的各种风险缓释措施，中央对手方的对手方风险较低。多使用多边轧差（multilateral netting）。

Central Securities Depository（中央证券托管机构）。金融中心内证券的最终存储位置，其所有权通常（通过电子账簿）以电子形式进行记录。交易结算和担保品流动通常在 CSD 收到账户持有人结算指令后进行。属于托管机构的一种。

Centrally Cleared Trade（集中清算交易）。对于 EMIR 框架下监管要求范畴内的场外衍生品交易，其对手方将被更替（novate）为中央对手方。该监管要求涉及（1）标准化交易，以及（2）原交易双方必须承担清算义务。见非集中清算交易。

Certificate（股票、股份证书）。证券所有权文件。历史上，股票以记名（registered）或无记名（bearer）形式发行。如今，许多金融中心不再发行纸质股票，股票的所有权证明在中央证券托管机构的簿记系统中以电子形式保存。

CET "欧洲中部时间"缩写。

Cheapest to Deliver①[交付成本最低（的资产）]。一方需交付另一方的资产，但并未指定具体资产类型，交割方可自行选择交割哪一项具体资产。这种情况下，交付方能够获得并交付最便宜的资产。

CHESS [（澳洲）结算所电子附属登记系统]。"结算所电子附属登记系统"，是澳大利亚的股票交易结算场所。CHESS使用簿记系统为其账户持有人进行结算。

Classic Repo（经典回购）。一种常用的回购交易形式，首期（opening leg）与到期交易（closing leg）被视作同一笔交易。参见购/售回（buy/sell back）。

Clean Price [（债券）除息价格]。不含应计利息的债券价格。债券的总市值与担保品价值之和包括其应计利息的现值，因此应计利息必须加到除息价格中。另见含息价格（dirty price）。

Clearing House（清算所）。即中央对手方（central counterparty）。

Clearing Member（清算成员）。直接在中央对手方开立一个或多个账户的公司。这类账户持有人通常为卖方机构，可提供客户清算服务。

Clearing Obligation（清算义务）。根据EMIR规定，若场外衍生品交易的交易方是金融对手方，或是交易规模超过规定的（集中）清算起点的非金融对手方，那么该交易自生效之日起必须由中央对手方进行集中清算。参见高级非金融交易对手（NFC₊）和非金融交易对手（NFC₋）。

Clearing Threshold [（集中）清算起点]。根据EMIR规定，若场外衍生品交易规模超过一定阈值，非金融交易对手（NFC）必须通过中央对手方集中清算，低于该水平的NFC则免于中央对手方集中清算。参见NFC₊和NFC₋。

Clearstream International（明讯国际）。位于卢森堡，是欧洲最大的提供托管结算服务的两家国际中央证券托管机构（ICSD）之一。另一家是欧洲清算银行（Euroclear）。

Client Clearing（客户清算）。中央对手方的部分清算成员（CM）提供的服务，由CM代表非清算成员（NCM）参与交易并持有头寸，NCM的账户与CM自身的交易和头寸相互隔离（segregate）。

Close Out Netting（出清轧差）。当一家公司的交易对手发生违约时，确定所有未平仓交易（open trade）的当前市值，并将方向相反的交易价值相互抵消（轧差），得到该公司或其交易对手应支付的现金余额。

Closing Leg and Closing Value Date（到期交易、到期结算日）。双边交易（如回购和证券借贷交易）中，约定的资产再次交付的日期。

CLS Bank（持续联系结算银行）。一种先进结算系统，便于其成员进行多币种货币收付，避免支付指令不匹配带来的传统风险。外汇交易的结算涉及双边交换，同时也考虑了货币单向支付的情形。参见赫斯特风险（Herstatt risk）。

Collateral（担保品）。当两家公司之间开展（如回购、证券借贷和场外衍生品）交易，且某一方面临风险敞口时，根据双方签署的法律协议，无风险敞口方（non-exposed party）必须向风险敞口方（exposed party）提供资产，以降低后者的风险。用作担保品的资产通常是现金或债券。

Collateral Basket（担保品篮子）。预先设定的可用担保品类别或分组，用以覆盖风险敞口。参见"按价值交付"担保品篮子（DBV basket）。

Collateral Call [担保品追缴（通常称作"保证金追缴"）]。风险敞口方向无风险敞口方出

---

① 指现货市场中可满足期货交割要求的最低成本的证券或商品。

具的要求提供担保品资产的通知（communication）。通常被称作保证金追缴通知。

Collateral Giver（担保品提供方）。为减轻风险敞口方的风险，而向其提供担保品的一方（无风险敞口方）。也称为转让方（transferor）。参见担保品接受方（collateral taker）。

Collateral In Transit（在途担保品）。由无风险敞口方提供，但风险敞口方尚未收到的用作担保品的在途资产。

Collateral Management（担保品管理）。识别特定类型金融交易的风险，以及利用金融工具来减轻上述风险的行为。资产贷出方面临风险，例如回购交易中的资金融出方，以及证券借贷交易中的证券融出方。由于交易市值的变化，场外衍生品交易的双方也会面临风险。

Collateral Processing（担保品处理）。场外衍生品方面的通用术语，指（买方和卖方机构）通过提供和接受担保品来管理交易风险敞口的业务程序。另一个相关词是交易处理。每一笔交易都会产生担保品处理和交易处理需求。

Collateral Substitution（担保品置换）。在担保品相关交易（回购、证券借贷、场外衍生品交易）中，指使用其他资产替换目前被用作担保品的资产。

Collateral Taker（担保品接受方）。从无风险敞口方处获得担保品，以降低其风险敞口的一方（风险敞口方）。也被称作受让方（transferee）。

Collateral Transformation（临时冲抵合格担保品）。使用非中央对手方合格担保品资产临时冲抵合格担保品资产的行为，以满足中央对手方的保证金追缴要求。

Collateral Value（担保品价值）。为降低风险而抵押的金融资产的价值。该价值等于资产当前市值减去适用的抵押折扣率（haircut）。

Collateralised Cash Borrowing（担保借款）。通过交付另一项金融资产来融入资金，以降低资金融出方风险，从而将借贷成本降至最低。另见无担保借款（unsecured cash borrowing）。

Commingle（混合）。通常指混合（blend）或合并（amalgamate）。从担保品接受方角度而言，指持有与其自有证券所在的同一家 CSD 或同一个托管账户的证券抵押品。

Commission（佣金）。经纪商代表其客户执行的证券买卖而向客户收取的金额。

Common Stock（普通股）。美国公司发行的股票的标准表述。另见普通股（ordinary shares）。

Comparative Advantage（比较优势）。一方由于其机构类型或所处地理位置而获得相较于另一方的优势。

Competitive Blind Auction（竞争性盲拍）。投标的一种形式。投标人根据自己对报价产品的估值进行投标，但并不知晓其他投标人的投标细节。

Concentration Limit（集中度上限）。交易对手方对用作担保品的应收资产类型的限制，以降低风险。例如，来自单一债券发行人的担保品占总风险敞口金额之比不得超过 50%。

Contract Specification（合同说明书）。在交易所交易衍生品（包括期货和期权）中，由交易所规定的衍生品交易条款的含义，交易所成员根据上述条款展开交易。

Contractual Obligations（合同义务）。法律协议中规定的行为与责任。未能履行上述责任的一方被称为违约方。

Contractual Settlement（合同结算）。证券和/或资金的贷记或借记，体现了结算日（value date）的结算行为，而不论证券或资金实际发生交换的时间。

Contractual Settlement Date（合同实际结算日）。买卖双方约定的券款交换的日期。另见结算日（value date）。

Convertible Bond（可转换债券）。由公司发行的债券，支付固定息票，且赋予债券持有人将债券转换成发行人的另一项资产（通常是固定数量的发行人股权）的权利。

Corporate Action（公司行为）。（发行人）向现股东或债券持有人分配利益或改变现有证券的结构的行为。

Corporate Action Data Vendor（公司行为数据供应商）。向订阅客户提供公司行为细节信息的机构，通常通过电子形式发布。

Counterparty（对手方）。公司与之进行金融交易的实体。

Counterparty Credit Risk（对手方信用风险）。参见对手方风险（counterparty risk）。

Counterparty Onboarding（对手方初次认证）。公司评估潜在交易对手方是否适合作为公司真正交易对手的多方面监管程序。

Counterparty Risk（对手方风险）。交易对手未能按期履行其合同义务（如现金支付或证券交付）的风险。

Coupon（息票/利息）。历史上，附息债券（interest-bearing bonds）的纸质凭证是附有纸质息票一并发行的，每张息票代表（发行人）在某个指定息票支付日需支付的利息。尽管如今债券通常以电子形式发行，"息票"这一术语仍被用于表述债券利息支付。

Coupon Claim（息票支付请求）。交易一方向其对手方发出的通知（communication），要求对手方支付息票。

Coupon Paying Agent（息票支付代理人）。由发行人指定的机构，负责向债券持有人收取息票凭证，验证息票的有效性，并代表发行人向债券持有人支付利息款项。

Coupon Payment（息票支付/利息支付）。债券发行人根据发行条款向债券持有人支付利息，包括固定利率债券、浮动利率债券、可转换债券等。

Coupon Payment Date（债券付息日）。约定的息票支付（coupon payment）日期。

Coupon Period（息票支付间隔）。债券每次利息支付之间的时间间隔。

Coupon Rate（息票率）。债券发行人向债券持有人支付的利率。

Covered Short（担保卖空）。售出非由卖方所有的证券（卖空），且卖方已经借入了供出售的证券，以促进交易结算。另见裸露卖空（naked short）。

Credit Default Swap（信用违约互换）。场外衍生品交易的一种。交易一方（信用保护买方）向其对手方（信用保护卖方）定期支付保费，对手方在债券发行人违约时提供金融保护。如果发行人在信用违约互换交易期间违约，信用保护卖方必须向信用保护买方进行支付。信用违约互换也可应用于现金贷款（cash loans）。

Credit Derivative（信用衍生品）。泛指具有下述特征的一系列衍生品：旨在将资金融入方的违约风险从资金融出方转移至（资金融入方以外的）第三方。信用衍生品包括信用违约互换和指数信用违约互换。

Credit Event（信用事件）。在信用违约互换中，特指参考实体（reference entity）发生违约。

Credit Interest Rate Environment（信用利率环境）。货币市场中，资金融出方通过放款获得贷出资金的利息。相对应地，在负利率的环境下，资金融出方需向资金融入方支付利息。

Credit Line（信贷额度）。银行向其客户提供透支的额度上限。

Credit Rating Downgrade（信用评级下调）。参见债券发行评级下调（bond issue downgrade）。

Credit Risk（信用风险）。借入资产的一方在到期日不履行归还资产的合同义务的可能性。

Credit Support Annex（信用支持附件）。规范交易双方场外衍生品相关的担保品安排的法律文件。俗称 CSA。

Creditworthiness（信誉）。对实体偿还借入资金能力的评估，因此也是对其违约可能性的评估。参见评级机构。

CREST（英国与爱尔兰中央证券托管机构）。英国和爱尔兰中央证券托管机构系统，由欧清银行（英国）和欧清银行（爱尔兰）负责运营，是两个国家股票交易的常用结算场所。

Cross-Currency Swap（交叉货币互换）。场外衍生品交易的一种，交易开始时双方互换不同币种的本金，交易结束时则进行反向交易，并定期以不同币种相互进行利息支付。作为对比，参见外汇掉期（foreign exchange swap）。

CSA　　"信用支持附件"缩写。

CSD　　"中央证券托管机构"缩写。

Currency Derivative（货币衍生品）。以外汇汇率或外币现金流作为标的资产的一系列金融衍生品的统称。可作为交易所交易衍生品或场外衍生品进行交易。

Currency Option Dividend（含币种选择权的股息）。一种股权股息，发行人使用一种特定币种向股东进行支付，除非股东另行指定用另一种币种接收支付。

Current Collateral Value（担保品当前价值）。在开放市场中用作担保品的金融工具（通常是债券或股票）的最新现金价值。

Current Market Price（当前市场价格）。开放市场中金融工具的最新价格。

Current Market Value（当前市场价值）。开放市场中金融工具交易或头寸的最新现金价值。

CUSIP（美国统一证券标识委员会）。一家为在美国和加拿大交易的单个证券提供标准化和唯一参考编码（CUSIP 编号）的机构，该编码能够明确识别正在进行交易和交付中的证券。参见国际证券识别编码（ISIN）。

Custodian（托管人）。代表其账户持有人持有证券和资金，并代为操作证券和资金流动的组织。通常是所在国中央证券托管机构的成员。

Custody Fees（托管费）。中央证券托管机构或托管人定期向账户持有人收取的费用，用于为其保管债券和/或股票。

Data Scrubbing（数据清理）。将从两个或更多来源收到的数据如证券数据或公司行为数据进行比较、清理的过程。

Data Vendors（数据供应商）。专门收集有关证券、证券当前市值以及（某些情况下）与证券相关的公司行为信息的公司。

Day Count（Convention）［债券计息日数（惯例）］。在确定特定交易中的应付或应收利息金额时，用于确定计息天数的特定方法。该惯例包括"实际"（自然日）天数，以及按每月30天两种计算方法。参见日息确定惯例/除数

（divisor）。

Daylight Exposure（日间风险）。由于交易对手提供资产和接收对冲资产之间的日间时间差而产生的风险。

DBV　　"按价值交付"缩写。

DBV Basket（"按价值交付"担保品篮子）。预先定义类别或分组的、用于 CREST 内借款交易的担保品。参见按价值交付（delivery by value）。

Debt（债务）。债券一经发行，表明发行人对投资人负有债务。"债务发行（debt issue）"是"债券发行（bond issue）"的同义词。

Default（违约）。债券发行人未能在约定时间支付利息和/或偿还本金，或交易对手未能履行其合同义务的情形。

Default Funds（违约基金）。中央对手方的每个清算成员预先筹集的资金，用于在任何清算成员违约时分摊损失。参见对手方风险分摊（mutualisation）。

Defaulting Party（违约方）。金融交易中未能履行其合同义务的一方。

Delivery By Value（按价值交付）。一种担保借款。在 CREST 系统内输入匹配的 DBV 结算指令，从而完成一笔资金与一种或多种预先设定的担保券的交付，资金融出方的风险得以降低。

Delivery versus Delivery（券券对付）。在交付债券或股票的同时收到另一证券。当且仅当两种证券都是可交付状态时，结算才能进行。从担保品管理的角度看，由于券券对付降低了交付风险，因此这种方式在担保券置换和证券借贷方面颇有价值。俗称 DvD。参见有效券券对付（effective DvD）。

Delivery versus Payment（券款对付）。买卖双方（或其托管人）之间同时进行的、不可撤销的无风险证券资金交易。常用于回购交易的首期和到期交易。通常写作 DvP。

Denominational Value（名义价值）。参见债券名义价值（bond denominational value）。

Depot（托管人）。以账户持有人名义代其持有证券、参与交易结算的机构，也作托管人

（custodian）。

Depot Account（托管账户）。托管人持有证券的具体账户。

Depot Reconciliation（托管对账）。买方、卖方机构内部将其在 CSD 和托管人处持有证券的账簿记录，与 CSD 或托管人报表（托管明细表）上的证券持有情况相比对的内部操作流程。

Depot Statement（托管明细表）。CSD 或托管人的特定账户正式记录的债券和股票持有清单。这类表格通常在每个工作日日终生成，表格中会列出证券数量及 ISIN 码（或国家证券标识码，如 SEDOL 或 CUSIP 码）。

Derivative（衍生品）。价值基于相关（标的）资产的一系列金融产品。衍生品交易是公司与其交易对手之间包含特定条款的合同，该合同不需支付预付款，或仅需支付标的资产价值的一小部分。

Dirty Price（含息价格）。包含应计利息的债券价格。对应概念为除息价格（clean price）。

Discount Factor（折现系数）。取一个在特定未来日期应收或应付的金额，通过贴现过程得到一个相同现金金额在"今天"的价值，这贴现的比率就是折现系数。参见货币的现值和时间价值。

Dispute Resolution（纠纷解决）。在本书中，指的是通过中立第三方的参与来解决纠纷，并通过书面形式记录的程序。适用于接受方不认同发出的保证金追缴通知，且尝试解决纠纷失败的情形。

Disputed Amount（争议金额）。保证金追缴通知中有异议部分的价值。其余部分称作无争议金额（undisputed amount）。

Dividend（股息）。公司以现金或证券等形式向股东进行的收益分配。

Dividend Payment（股息支付）。根据股票发行人董事会决策，向股东支付现金作为投资报酬。通常与规定交易期内获得的利润有关。

Divisor（Convention）（日息确定惯例/除数）。为确定特定交易的应付或应收利息，用于确定日息的方法，包括"按 360 天计"和

"按 365 天计"的两种惯例。参见债券计息日数惯例（day count convention）。日息乘以利息天数得到应付或应收利息总额。

Dodd-Frank Act（多德—弗兰克法案）。继 2008 年全球金融危机后，美国在 2010 年通过了该项旨在降低金融市场风险的立法。该立法要求场外衍生品必须进行集中清算。欧洲相对应的法律为欧洲市场基础设施监管规则（EMIR）。

Double-Entry Bookkeeping（复式记账法）。基本会计准则之一，要求每个会计分录都对应一个（借方或贷方的）反向抵消分录。

Double Taxation Agreement（双重税收协议）。两国之间的一种安排，其中一国的居民如投资另一国发行人发行的证券，该投资人可按照低于其法定（标准）的应付税率缴纳预扣税。

DTC（美国存管信托公司）。美国公司股票、公司债和市政债的结算场所。DTC 通过电子簿记为其账户持有人进行结算。

DTCC Trade Information Warehouse（DTCC 交易信息库）。提供信用衍生品相关的一系列服务的机构，包括记录目前交易情况、交易后处理以及提供相关支付服务。

DvD "券券对付"缩写。

DvP "券款对付"缩写。

Early Termination（提前终止）。场外衍生品交易在约定到期日之前结束。可能是由 ISDA 主协议中规定的违约事件引起。

Effective DvD（有效券券对付）。在欧洲 Target 2 Securities 系统中，通过将与同一个交易对手的两个匹配的结算指令联系起来，从而实现两种证券的同时交换（交付）。连接后，只有当上述两种证券均可交付时，交换才会发生。参见券券对付（DvD）。

Electronic Book Entry（电子账簿/电子簿记）。在 CSD 的参与者账户之间实现证券和资金转移的常用方法。当资产在 CSD 内用于结算时，通常不涉及实物转移，结算结果通过借记一方账户并贷记另一方账户的方式，在 CSD 的账簿和记录中以电子形式进行更新。

**Electronic Trade Confirmation（电子交易确

认）。当交易一方为机构投资者时，在交易执行后以电子形式比较买卖双方交易细节的流程。是达成交易合意的一种方式。

Electronic Trading Platform（电子交易平台）。泛指支持交易执行的软件系统，能将买卖双方进行匹配撮合。

Eligible Collateral（合格担保品）。为降低风险，相关方约定作为担保品使用的金融资产。这类资产通常包括一种或多种主要币种的现金和高评级政府债券。蓝筹股也可能包括在内。

Eligible Currency（合格货币）。一种或多种货币，经相关方约定可用作担保品，以降低风险。参见合格担保品。

EMIR "欧洲市场基础设施监管规则"缩写。

Encryption（加密）。旨在防止未经授权访问重要和/或敏感数据的秘密编码系统。

English Law CSA（适用英国法的信用支持附件）。符合英国法律规定的信用支持附件。在其所有特点中最为重要的一个是，担保品转让形式为所有权转移（title transfer）。作为对比，参见适用纽约法的信用支持附件（New York law CSA）。

Entitlement（法定权利）。与特定类型的公司行为有关的所有权。

Entitlement Date（可获得股息权利之日）。确定买卖双方是否有权参与公司行为的日期。参见除权日（ex-dividend date）。

EONIA（欧元隔夜利率平均指数）。浮动基准利率，即多家银行在一天内对欧元所报的平均利率。参见欧元银行同业拆借利率（Euribor）以及伦敦银行同业拆借利率（Libor）。

Equity and Equity Collateral（股票与股票担保品）。股票（shares）的替代名词。Equity issue 与 share issue 同义，均表示"股票发行"。相较于现金担保品和债券担保品。由于其历史波动率，股票用作担保品的场景较为有限。

Equity Issuer（股票发行人）。发行股票并从股东处获得资金作为交换的实体。

Equivalent Collateral（担保品等同品）。在

场外衍生品证券借贷交易中，若担保品接受方已接受证券担保品，则接受方有义务向担保品提供方返还相同的担保券（ISIN）或替换后的担保券（当因公司行动而替换了原证券时）。

ESMA "欧洲证券及市场监管局"缩写。

Eurex（欧洲期货交易所）。为包括衍生品在内的各种产品提供电子交易服务的金融市场交易场所。

Eurex Clearing（欧洲期货交易所清算公司）。在德国注册，是多个资产类别（包括回购和场外衍生品）交易的中央对手方。

Eurex Repo（欧洲期货交易所回购交易平台）。回购交易的电子交易场所。

Euribor（欧元银行同业拆借利率）。浮动基准利率，即多家银行对欧元的平均报价。参见欧元隔夜利率平均指数（EONIA）和伦敦银行同业拆借利率（Libor）。

Eurobond（欧洲债券）。一种面向发行货币国家之外的投资者发售的债券。投资者所得无须缴纳代扣税。

Euroclear Bank（欧洲清算银行）。位于布鲁塞尔，是为其成员提供托管结算服务的两家国际中央证券托管机构（ICSD）之一。另一家是明讯国际（Clearstream International）。

European Market Infrastructure Regulation（欧洲市场基础设施监管规则）。2008 年全球金融危机后，欧洲推出的场外衍生品相关的主要监管措施。其中最重要的一条是对交易进行更严格的风险管理，包括强制要求标准化交易通过中央对手方进行，以及向交易数据库（trade repository）报告交易情况。通常称作 EMIR。

European Securities and Markets Authority（欧洲证券及市场监管局）。专注于加强投资者保护及金融市场秩序的完善，旨在维护欧盟金融体系实力的欧盟机构。通常称作 ESMA。

Event of Default（违约事件）。预先定义并有书面法律规定的一系列情形（如破产），如上述情形发生在交易期间内，担保品接受方有权通过出售担保品来弥补其风险敞口。

Ex-Dividend Date（除权日）。主要用于确

定卖方或卖方是否有权对股票采取某些类型的公司行为的日期。

Exchange Rate Risk（汇率风险）。如果投资者持有外币现金或外币证券，不利的汇率波动会导致损失的风险。

Exchange-Traded Derivative（交易所交易衍生品）。可在正式衍生品交易所交易的衍生产品，只有交易所会员才能直接进行场内交易。可交易品种通常包括标准化期货和期权产品。对比概念参见场外衍生品。

Exchange-Traded Funds（交易所交易基金）。投资于股票和债券，但可在交易所交易的集合投资计划（类似共同基金）。

Executing Broker（执行经纪人）。已执行了某项金融资产交易的买方的交易对手方。

Execution（执行）。双方同意进行交易，包括买卖、借贷等。参见交易执行（trade execution）。

Exercise（行使权利）。本书中，特指将证券转换为相关（或标的）证券的过程。

Exercise Price（行权价）。期权持有人有权购买（看涨期权）或出售（看跌期权）标的资产的价格。也称作执行价格（strike price）。

Exposed Party（风险敞口方）。金融交易的一方由于资产当前市值变化而在交易期间面临风险。该方将向其交易对手发出保证金催缴通知，随后将收到担保品，以降低其风险。参见无风险敞口方（non-exposed party）。

Exposure（风险敞口）。公司在执行交易时所面临的风险。在回购交易中，表示贷出的资金与收到的担保品当前市值之间的差额。在证券借贷交易中，表示贷出证券的当前市值与收到的担保品当前市值之间的差额。在场外衍生品交易中，则代表在考虑现有担保品后，原始交易条件与重置成本之间的差额。

Failed Status〔（结算）失败指令状态〕。由 CSD 或托管人反馈的结算日未发生结算的指令情形。此外 CSD 或托管人还会提供结算延迟的原因。

Failed Settlement（结算失败）。参见结算失败（settlement failure）。

Failure to Pay（支付失败）。信用违约互换中特定违约事件的术语。具体而言，如果债券发行人在到期时未能向债券持有人支付利息或到期收益（通常会考虑给予一定宽限期），上述支付失败的行为被视作违约事件，信用保护卖方需向信用保护买方进行支付。属于信用事件的一种。

FC "金融对手方"缩写。

Federal Funds Rate（美国联邦基金利率）。美国同业隔夜拆借美元现金的浮动基准利率。

Fedwire（联邦资金转账系统）。在美国，由美联储运营的电子实时美元支付与证券转移系统。

Financial Counterparty（金融对手方）。根据 EMIR，金融对手方包括银行、财险公司（insurance company）、寿险公司（assurance company）、再保险公司、另类投资基金、投资公司、信贷机构、养老基金、UCITS 基金、主权财富基金等。EMIR 定义的金融对手方必须有相应法律法规授权。参见非金融对手方（non-financial counterparty）。

Fixed Coupon（固定利率）。在信用违约互换语境下，指的是全球金融危机后引入的标准化溢价，使企业受益于投资组合压缩（portfolio compression）。

Fixed-for-Floating Interest Rate Swap（固定浮动利率掉期）。场外衍生品交易的一种，旨在降低利率不利波动的风险。一方以约定频率（例如每半年）支付固定利率，交易对手在同一时期内根据浮动基准利率（如 Libor）支付浮动利率。固定利率在整个交易期间保持不变，而浮动利率基本在每次交易中都会有所不同。结算时使用净额（固定利率与浮动利率的差额）。

Fixed Rate Bond（固定利率债券）。在约定的息票支付日以约定频率（如每一年或半年）支付固定利息的债券。

Fixing Date（定息日）。浮动基准利率（如 Euribor / Libor / EONIA）重置的日期，如浮动利率债券或利率掉期中的浮动利率基准重置日。

Floating Benchmark（浮动利率基准）。指的是利率随着当前主要货币市场利率的变化而发生波动，这些主要市场利率如欧元隔夜利率平均指数（EONIA）、欧元银行同业拆借利率（Euribor）、美国联邦基金利率、伦敦银行同业拆借利率（Libor）等。

FoP "纯券过户"缩写。

Foreign Exchange（外汇）。金融服务业中负责买卖货币的业务。

Foreign Exchange Risk（外汇风险）。公司开展以外币进行的金融交易时面临的潜在风险。汇率波动可能对公司产生负面影响。

Foreign Exchange Swap（外汇掉期）。一种场外衍生品交易，开始时交易双方（以某个汇率）交换不同币种本金；结束时（以另一个汇率）进行反向交易。对照概念参见交叉货币互换（cross-currency swap）。

Forward Exchange Rate（远期汇率）。外汇交易中，约定在未来结算日进行结算所使用的汇率。参见即期汇率（spot exchange rate）。

Four Eyes Principle（四眼原则/双人规则）。在录入系统或根据信息采取行动前，由第二人进行验证的做法。

Free of Payment（纯券过户）。买卖双方（或其托管人）之间的证券与资金的独立（非同时）交换。在担保品管理中，使用债券满足保证金追缴要求时通常采取纯券过户的方式。通常写作 FoP。

FRN "浮动利率债券"缩写。

Front Office（前台部门）。卖方、买方公司交易员所在的部门。卖方公司的前台也可以包括客户经理。

Fund Manager（基金经理）。买方机构的一种，通常负责一系列基金的运作。最终投资者投资上述基金，基金经理根据每只基金的经营目标决定投资方式，以实现投资回报最大化或经常性收入最大化。

Funding（筹资）。以担保（抵押）形式和无担保形式融入、融出各种货币资金的行为。

Funds Pre-Advice（资金预开通知书）。公司向其资金代理行发出的通知，正式载明在指定结算日将收到一笔现金收入。若公司未能及时开出这类通知，可能会导致资金代理行的现金入账有所延迟。

Fungible and Fungibility（替代物和可替代性）。与同类资产等价、可互换、可替代使用的资产。

Fungible Securities（可替代证券）。除发行时附有的权利不同外，其他方面完全相同的（同一发行人发行的）两种证券。例如，第一种证券的持有人可能有权获得股息，而第二种证券的持有人则无权获得上述股息。

Futures（期货）。交易所交易的一种衍生品合约。按照合约，投资者购买或出售某标的资产，以便在约定日完成交付与支付。交易所提供一系列包含有关数量、质量以及结算日期的标准化条约的期货产品。

G7 and G10（7国集团与10国集团）。由若干发达国家组成的非官方团体，定期开会讨论货币及其他问题。

GC Pooling（一般担保品池）。使用一般担保品标准化篮子的电子匿名多币种回购交易平台。通过 Eurex Clearing 进行清算。

General Collateral（一般合格担保品）。在融资回购（cash-based repo）中，尽管资金融入方提供的担保品必须满足最低质量要求，但资金融出方并未要求其提供特定的担保券（ISIN）。因此这类担保品在交易期间是可互换（可替代）的，通常称作一般合格担保品（GC）。参见担保品替换（collateral substitution）。

General Creditor（普通债权人）。未从借款人处获得资产用作资金担保品的债权人。

Gilt（英国国债）。泛指英国政府发行的债券。历史上，这种证券在发行时镶有金边，因此被称作"金边（guilt-edged）"证券，或简称为"金边（guilts）"。

Global Custodian（全球托管人）。为客户提供广泛服务的机构，包括持有证券和其他金融工具、持有各种货币现金、交易结算以及执行公司行为。全球托管人通常使用（位于全球各金融中心的）分托管人网络，这些分托管人代其持有上述资产。参见当地托管人（local custodian）。

Global Depository Receipts（全球存托凭证）。代表海外公司股份，并使不同国家的投资者能够投资上述证券的凭证。参见美国存托凭证（ADR）。

Global Equity（全球股票）。在全球不同国家发行的股票，投资者可在市场上进行购买。

Global Financial Crisis（全球金融危机）。一系列高度负面和全球性影响事件（如屋主拖欠住房抵押贷款、美国国际集团的政府救援、投资银行雷曼兄弟的破产等）的统称，在2008年9月达到危机高峰。这场危机严重损害了金融公司间的信任，并使担保品作为降低交易对手风险的主要机制的重要性急剧增加。

Global Master Repurchase Agreement（全球回购主协议）。国际资本市场协会（ICMA）和美国证券业和金融市场协会（SIMFA）制定的欧洲标准法律文件，规范了回购交易各方的合同条款与要件。一经签署，各方之间进行的所有回购交易都需遵循GMRA的条款与要求。

Global Master Securities Lending Agreement（全球证券借贷主协议）。国际证券借贷协会（ISLA）制定的、规范证券借贷交易各方的合同条款与要求的标准法律文件。一经签署，证券借贷交易各方间进行的所有交易都需遵循GMSLA的条款与要求。

Global Note（全球票据）。可在欧洲市场和其他市场同时发行的债券。对应概念参见无记名证券（bearer security）。

GMRA "全球回购主协议"缩写。

GMSLA "全球证券借贷主协议"缩写。

Good Value（可用资金价值）。结算日当天资金代理行按时对公司账户操作的现金贷记。参见资金预开通知书（funds pre-advice）。

Grey Market Trading（暗盘交易）。在证券尚未公开上市交易前进行的买卖交易，存在发行被撤回的风险。参见一级市场（primary market）。

Gross Exposure（风险总敞口）。回购交易

中，担保券与借贷金额当前价值的差额（此时不考虑最低转让金额）。

Haircut（抵押折扣率）。在计算资产（如债券）的担保品价值时，在市值基础上扣除的百分比，反映了资产减值的风险。折扣率大小取决于资产风险与流动性。

Hedge Fund（对冲基金）。是一种使用客户资金进行投资的机构，但其较其他基金（如共同基金）受到的限制更少。对冲基金通常投资于投机性资产，包括但不限于各类证券。上述投机行为可能会使对冲基金投资者赚得巨额利润，但也带来了遭受巨额损失的风险。

Hedging（对冲）。投资于证券（或其他金融工具）以抵消在其他投资中面临不利价格变动的风险。

Herstatt Risk（赫斯特风险）。外汇交易中，出售一种货币购买另一种货币，并在相同结算日进行结算时产生的相关风险。对于某一家公司而言，存在从交易对手处购买货币而未收到该货币的风险。1974年，德国赫斯特银行在收到其交易对手以德国马克支付的款项后，但未能在其破产前及时向其交易对手支付相应美元。赫斯特风险因此得名。

High Quality Liquid Assets（优质流动资产）。高评级发行人发行的、易于变现的金融资产。

HQLA "优质流动资产"缩写。

ICMA "国际资本市场协会"缩写。

ICSD "国际中央证券托管机构"缩写。

ICSD Auto-Lending / Borrowing（国际中央证券托管机构自动借贷）。ICSD提供的服务，参与机构可自动将证券贷出给ICSD，ICSD会将相同的证券借给自动借入的参与机构。参见证券借贷。

Illegality〔违法（行为）〕。违反某一特定当局或司法管辖区域法律的情形。

IM "初始保证金"缩写。

Income（收入）。在证券语境下，指获得的股票股息及债券息票。

Independent Amount（独立金额①）。在场外衍生品交易语境下，指的是企业向评级较高的交易对手方支付的现金金额或名义本金的百分比作为担保品。

Index CDS（指数信用违约互换）。信用衍生品的一种，使投资者能够针对多个参考实体建仓（单名信用违约互换中投资者仅能针对单个参考实体建仓）。

Index Tracking Fund（指数追踪基金）。一种共同基金，其投资目标在于反映构成特定市场指数的公司。

Individual Segregated Account（个人隔离账户）。中央对手方清算成员（CM）的账户，持有该清算成员的某一客户（非清算成员）的交易和头寸。参见混同账户（omnibus account）。

Initial Margin（初始保证金）。在回购交易中，为了获得资产（如债券）的担保品价值，从其市值中扣除的百分比，是资金融入方向资金融出方提供的额外担保品。与抵押折扣率（haircut）类似，但计算方法有所不同。
在场外衍生品交易中，初始保证金是由中央对手方发出的保证金追缴通知，反映了潜在的未来风险。

Initial Public Offering（首次公开发行）。新股上市发行方式，公众可申购新发行的股票。多用于美国，相当于英国的公开发售（offer for sale）。

Institutional Investors（机构投资者）。对机构类型（而非个人）最终投资者的统称，包括基金经理、对冲基金、保险公司和养老基金。也被称为"买方"。

Insurance Companies（财险公司）。将（从保单持有人处收到的）保费投资于股票市场的一类买方机构，属于机构投资者的一类。

Inter-Dealer Broker（交易商经纪人）。在资本市场中，作为投资银行之间的中介进行交易的公司，并通过提供上述服务赚取佣金。

Interest-Bearing Bond（附息债券）。支付利息（息票）的债券，包括固定利率债券、浮动利率债券和可转换债券，但不包括零息债券。

Interest Claim（利息债权）。因延迟收到现金而损失利息的索赔。就证券而言，指卖方向买方提出的偿还利息损失的要求。通常的情况是，卖方能够（在结算日当天或之后）交付证券，而买方无力支付。

Interest Rate Derivative（利率衍生品）。涵盖一系列金融产品的总括术语，这些产品的价值随着利率波动而变化，例如固定浮动利率掉期（fixed-for-floating interest rate swap）。

Interest Rate Swap（利率掉期交易）。参见固定浮动利率掉期（fixed-for-floating interest rate swap）。

International Capital Market Association（国际资本市场协会）。国际债券与回购市场相关会员组成的组织。其成员遍布60多个国家，包括买卖双方机构。通常缩写为ICMA。

International Central Securities Depository（国际中央证券托管机构）。持有海外证券的中央证券托管机构，为多币种交易结算提供便利。欧洲清算银行（布鲁塞尔）和明讯国际（卢森堡）便是两家国际中央证券托管机构。

International Organization of Securities Commissions（国际证监会组织）。旨在推动促进证券监管相关的国际标准制定的机构。

International Securities Lending Association（国际证券借贷协会）。证券借贷市场的独立组织，旨在促进形成竞争、高效、有序的证券借贷环境。通常缩写为ISLA。

International Swaps and Derivatives Association

---

① 指"独立"于风险敞口以外的一项额外的担保品要求。为确定整体的担保品要求，独立金额被包含在信用支持金额之内。也就是说，如果持有独立金额的一方处于大幅度价外位置，该方需返还独立金额；如果风险敞口回归价内位置，仍需再次提供独立金额。各方可选择更改信用支持的表述，以使独立金额与风险敞口计算分开，确保不论风险敞口如何，独立金额始终只提供给一方。

独立金额可视交易特性而不同或者与作为抵押品的证券组合相关，但通常是以名义金额的百分比来计算表示的。有些公司采用风险价值（VaR）技术。有时候，只有在发生信用事件时，例如某基金的评级被调低或资产净值下跌，才会导致适用独立金额。

（国际掉期与衍生工具协会）。通过鼓励广泛的风险管理实践及其他活动，旨在维护全球衍生品市场安全有效运行的行业机构。买卖双方机构成员均超过 850 家。通常缩写为 ISDA。

Investment Bank（投资银行）。卖方机构，为其买方客户提供广泛的金融服务，包括债券、股票、外汇、衍生品交易以及公司金融的专业服务（如融资活动、并购服务等），也与其他卖方机构进行交易。投资银行是从事自营交易的机构，包括以自营账户买卖、持有金融工具。通常被买方机构称为经纪商（broker）。

Investor（投资者）。购买并持有证券或投资衍生品的个人或机构。参见机构投资者（institutional investor）。

IOSCO "国际证监会组织"缩写。

IOP "首次公开发行"缩写。

IRS "利率掉期"缩写。

ISDA "国际掉期与衍生工具协会"缩写。

ISDA Master Agreement（ISDA 主协议）。一种常用的国际标准，用于记录有意向开展各种场外衍生品交易的双方之间的法律安排。由 ISDA 起草。

ISDA Novation Protocol Ⅱ（ISDA 合同更新协议Ⅱ）。一种 ISDA 的标准流程，旨在确保参与场外衍生品交易合同更新的三方能按照固定程序完成具有法定约束力的合同更新。

ISDA Protocol（ISDA 协议）。国际掉期与衍生工具协会（ISDA）发布的标准文件（如变更特定流程或现有法律文件），旨在促使 ISDA 成员同意遵守该文件中规定的条款。各机构需签署一份遵守确认函（adherence letter），以表明其同意该协议。

ISDA Regional Determination Committee（ISDA 地区决策委员会）。如果信用违约互换交易的一方认为可能发生了信用事件，ISDA 将指示合适的决策委员会展开调查，并宣布是否发生了信用事件。该决策具备法律效力。

ISIN "国际证券识别编码"缩写，是全球的统一标准，为单个证券提供唯一的参考标识（ISIN 编号），从而明确识别交易和交付的证券。参见 CUSIP、SEDOL、WKN 代码。

ISLA "国际证券借贷协会"缩写。

ISO Currency Codes（国际标准化组织货币代码）。一组国际公认的三位数代码，用来代表世界各国的货币。

Issue（发行）。单次证券发行。

Issuer（发行人）。向市场提供证券以筹措资金的发起实体，包括公司、主权机构、政府、政府机构和超国家机构。

Issuer Default（发行人违约）。债券发行人未能按期还本付息。

Know Your Customer（了解你的客户）。金融机构内部流程，旨在识别新客户和交易对手，防止洗钱行为。上述过程要求公司遵守严格的规定。

KYC "了解你的客户"缩写。

Legacy Trades and Legacy Bilateral Trades（历史交易和历史双边交易）。与场外衍生品相关。在 EMIR 对交易进行强制集中清算之前进行的双边结算。

Legal Entity Identifier（法人机构识别码）。一种编码系统，用于识别金融交易中的单个机构实体。通常称作 LEI。

Legal Owner and Legal Ownership（法定所有人与法定所有权）。在 GMRA、GMSLA 和适用英国法的信用支持附件框架下进行的担保品相关交易中，担保品接受方在其持有该担保品期间拥有该担保品的法定所有权。担保品提供方保有对担保品的受益所有权。

Legal Title（法定所有权）。能够通过法律强制执行证明的资产所有权。参见所有权转移（title transfer）。

LEI "法人机构识别码"缩写。

Lending Agent（贷出代理人）。在证券融出方（securities lenders）与证券融入方（securities borrowers）之间充当中介的公司。

Libor "伦敦银行同业拆借利率"缩写。

Liquid, Liquid Assets and Liquidity（流动的、流动资产及流动性）。能快速转换为现金的金

融资产。

Liquidation［变现（资产）］。从担保品管理的角度，指将资产转换为现金的过程。

Local Custodian（当地托管人）。以账户持有人名义持有证券和资金并实现证券和资金流动的机构，通常为中央证券托管机构成员。作为对比，参见全球托管人（global custodian）。

Long First Coupon（长间隔首期息票）。债券发行后第一次支付利息，特别指债券发行与第一个息票支付日之间间隔大于该债券正常息票日间隔的情形。参见首期短期息票（short first coupon）。

Long Form Confirmation（长款交易确认书）。未签订 ISDA 主协议的场外衍生品交易双方之间，一方向其对手方发布出具法律文件，对单个交易的全部条款进行规定。参见短款交易确认书（short form confirmation）。

Mandatory Central Clearing（强制集中清算）。要求所有（EMIR 框架下的）标准场外衍生品交易必须通过中央对手方进行清算，前提是原交易双方有清算义务。

Mandatory Corporate Action（强制公司行为）。股票或债券存续期内，强制公司行为通常由发行人触发，如证券持有人可获得收益（如额外的现金或证券）或证券被重组（如股票分割）的时候。这类事件的强制性意味着持有人无法左右结果。参见可选公司行为（optional corporate action）和自愿性公司行为（voluntary corporate action）。

Manufactured Coupon and Manufactured Dividend and Manufactured Income（自筹性息票、自筹性红利、自筹性收入）。当一家机构欠其交易对手一笔收入，且这笔收入无法从任何其他处收取，该机构需使用其自有资金进行支付。例如，当贷出证券时，证券融入方必须按期（向证券融出方）支付所借证券的收入；通常情况下，证券融入方不会持有借入证券，因此不会从发行人处获得收入。

Margin Call（保证金追缴）。公司要求其交易对手提供的额外担保品，以应对担保额不足。

如果（用于担保现金借贷或证券借贷、或用于降低场外衍生品交易风险的）担保品因市值下降而导致担保价值下降，则可能需要向风险敞口方提供额外担保品。担保品提供方（在担保品市值上升时）也可以发起保证金追缴，以避免超额抵押。

Margin Call Notification（保证金追缴通知）。风险敞口方向无风险敞口方发出的通知，如双方达成合意，无风险敞口方需提供担保品，以减轻风险敞口方的风险暴露。

MarginSphere（MarginSphere）。一项商业服务，是旨在促进市场参与者之间进行保证金追缴（margin call）和担保品置换（collateral substitution）的电子通信机制。

Mark-to-Market（盯市）。将金融工具（如股票、债券衍生品）的交易或头寸价值重估到当前市值的行为，用于确定风险敞口，如担保品当前价值。也被称为"MTM"或"M2M"。

Mark-to-Model（按模型定价）。使用根据金融模型计算出的价格对金融工具交易或头寸进行价值重估。作为比较，参见盯市（mark-to-market）。

Market（市场）。进行金融工具（如货币、股票债券衍生品、大宗商品）交易的环境，例如美国国债市场、外汇市场、场外衍生品市场。

Market Maker（做市商）。发布其期望买卖特定证券的价格，并有义务以上述价格进行交易的投资银行（或经纪商）。这类机构必须依照相关证券交易所或市场监管当局的严格规定进行运作。

Market Price（市场价格）。金融工具在公开市场中的价格。

Market Risk（市场风险）。金融工具市场价格的不利变动而带来损失的风险。

Market Risk Neutral（市场风险中性）。机构有意避免持有净头寸的交易策略。每当有公司买入（暂时持有头寸）时，这类机构会立即卖出（从而将持有头寸降低为零）。持仓使这些机构在面临不利价格变动（市场风险）时产生潜在损失。中央对手方通常采用上述策略。

Market Value（**市场价值**）。公开市场中金融资产，包括债券、股票和场外衍生品的当前现金价值（受价值波动影响）。

Matched Settlement Instruction（**匹配结算指令**）。参见结算指令（settlement instruction）。CSD 在收到结算指令后，将其与交易对手方的结算指令细节进行比较，如果一致则为"匹配"。通常，CSD 在结算指令不匹配的情况下不能对交易进行结算。

Maturity Date（Bond）[（**债券**）**到期日**]。债券持有人从债券发行人获得投资资本偿付的日期。到期日之后，债券不再存续。

Mid-Market Quotation（**中间市场报价**）。做市商报出的当前买卖价格平均值。

Mid Price（**中间价**）。买入价和卖出价的平均值。

Middle Office（**中台部门**）。部分买卖方机构设置的部门，通常负责为交易部门提供支持（如损益计算、风险管理），协助交易部门与运营部门之间的沟通。

Minimum Transfer Amount（**最低转让金额①**）。两家交易公司商定的金额，低于此金额将不会进行保证金追缴。通常缩写为 MTA。

Mitigate（**减轻**）。降低或缩小风险敞口。

Monetary Policy（**货币政策**）。中央银行用于影响一国经济各个方面的一套机制，包括通货膨胀目标和利率工具。

Money Laundering（**洗钱**）。掩盖通过非法手段获取的资金的真实来源的犯罪活动。参见"了解你的客户（know your customer）"。

Money Market（**货币市场**）。现金借贷的市场，最长期限通常为 12 个月。浮动利率债券被视作常用的货币市场工具，因其利率反映了当前货币市场利率。回购交易也被归为货币市场工具，因为此类交易的主要动机为现金的借贷。

Money Market Divisor（**货币市场日息除数**）。用于确定每日货币利息的除数。具体来说，欧元/美元为 360 天，英镑为 365 天。用于货币市场交易，包括回购。

Moody's Investors Service（**穆迪投资者服务**）。穆迪公司发布的对发行人偿债能力的评价。

Mortgage-Backed Security（**住房抵押贷款证券**）。住房抵押贷款经过证券化变为可供投资者购买的证券。

MTA "最低转让金额"缩写。

Multilateral Development Banks（**多边开发银行**）。致力于实现经济平等、减少重度贫困的组织，是一家至少得到两国支持的国际金融机构，旨在促进特定地区的金融发展。其属于超国家组织。

Multilateral Netting（**多边轧差**）。一般而言，指一个协议中涉及的多方同意使用净持有头寸（代表总交易量）来进行结算。具体而言，指对于 EMIR 框架下的场外衍生品，中央对手方按上述方式进行轧差，以降低其所有清算成员的交易对手方风险。

Mutual Fund（**共同基金**）。参见基金经理（fund manager）。

Mutualisation（**对手方风险分摊**）。在中央对手方清算成员间进行的交易对手风险分摊。

Naked Short（**裸露卖空**）。出售非卖方持有的证券（卖空），此时卖方未从他方借入相关证券。在上述情形下，交易将保持未结算状态。

National CSD（**国内 CSD**）。持有国内证券的中央证券托管机构，通常使用电子簿记为以国内货币计价的交易提供结算便利。

National Competent Authority（**国内主管当局**）。被授权履行特定职能的法定权力的组织。

NAV "资产净值"缩写。

NCA "国内主管当局"缩写。

Nearest Integer（**最近的整数**）。最接近的

① 指为了减少与反复转让少量担保品有关的零头费用而设计的一笔款额。因此为减少转让担保品的次数，应为最低转让金额规定一个合理的较大数值。作为担保品的资产组合的规模越大，就其低值差额进行调整和解决就越为困难和耗费时间，因此对手应考虑规定更大额的最低转让金额，或者，调整取整金额，以减少较大的资产组合的调整次数。

最低转让金额可能会额外增加多一层的风险敞口，在评估适当的起点金额时须对此予以考虑。

整数。定义小于整数的数字应向上取整或向下取整的四舍五入规则。一般规则如下：1. 如果小数点后数字小于 5，则向下取整；2. 如果小数点后数字大于或等于 5，则向上取整。

Negative Exposure（负风险敞口）。该术语与"盯市价值下跌（negative mark-to-market）"含义相同。

Negative Interest Rate（负利率）。资金融出方向资金融入方支付的利率。参见"正利率"（positive interest rate）。

Negative Mark-to-Market（盯市价值下跌）。源于（通常是每日的）重估过程，一项资产的当前市值相对于交易其中一方发生不利变动。在担保品相关交易中，这将使该方收到其交易对手的保证金催缴通知。参见盯市价值上涨（positive mark-to-market）。

Negative Trading Position（负交易头寸）。指一家机构某一金融工具的交易余额，其销售交易（与购买交易相比）金额更大，对机构交易头寸的影响是卖空。

Net Asset Value（资产净值）。与交易所交易基金和共同基金相关，指基金资产减去负债后的价值。

Net Exposure（净风险敞口）。指在回购交易中，在考虑所有最低转让金额（minimum transfer amount）或起点金额（threshold）后的担保券当前价值与融入/融入现金当前价值的差额。

New Bilateral Trades（新型双边交易）。指在 EMIR 交易强制集中清算框架下执行的双边场外衍生品交易，特别是无法进行集中清算的交易。也被称作新型双边交易（regulatory bilateral trade）。相对于历史双边交易。

New York Law CSA（适用纽约法的信用支持附件）。根据纽约法律制定的信用支持附件。在其所有特点中最为重要的一个是，担保品转让形式为担保权益（security interest）。作为对比，参见适用英国法的信用支持附件（English law CSA）。

NFC₊（高级非金融交易对手①）。在 EMIR 框架下，场外衍生品活动水平高于监管规定水平（即集中清算起点，Clearing Threshold）的非金融交易对手方。上述机构开展的交易必须通过中央对手方进行集中清算。

NFC₋（免除 CCP 集中清算要求的非金融交易对手）。在 EMIR 框架下，场外衍生品活动水平低于监管规定水平（即集中清算起点，Clearing Threshold）的非金融交易对手方。上述机构开展的交易可免除中央对手方集中清算要求。

Non-Cash Collateral（非现金担保品）。现金担保品以外形式的担保品资产。这类担保品通常体现为证券（债券或股票）。理论上也包括贵金属（如黄金）或贵重油画等资产。

Non-CCP-Eligible Assets（非合格担保品资产）。根据 EMIR 定义，指不被中央对手方接受的、用作担保品的金融资产。参见合格担保品资产（CCP-eligible assets）。

Non-Centrally Cleared Trade（非集中清算交易）。EMIR 框架下，交易对手方不会被更替为中央对手方的场外衍生品交易。如果交易具有非标准化特征，或交易一方或双方不受清算义务约束，则该交易不必集中清算。参见集中清算交易（centrally cleared trades）。

Non-Clearing Member（非清算成员）。选择不成为中央对手方清算成员，而是通过提供客户清算服务的清算成员完成清算的机构。

Non-Exposed Party（无风险敞口方）。金融交易的一方（目前）不承担风险，但其交易对手方由于所涉及资产的当前市值变化而面临风险。交易对手方（风险敞口方）将发出保证金追缴通知，无风险敞口方将有义务提供担保品以减轻交易对手方的风险。

Non-Financial Counterparty（非金融对手方）。根据 EMIR，进行场外衍生品交易的未被划分为金融对手方的机构都自动被定为非金融对手方（NFC）。根据 NFC 的交易活动高于或低于集中清算起点（clearing threshold）的判断，将决定 NFC 是否可以免除通过中央对手方进行

---

① 其场外衍生品交易水平超过清算阈值时需强制执行 CCP 集中清算。

集中清算的要求。参见 NFC₊ 和 NFC₋。

Nostro 参见资金代理行（cash correspondent）。

Nostro Account（往账）。资金代理行以账户持有人名义持有的特定账户。

Nostro Reconciliation（往账对账）。买卖双方机构内部，将其在资金代理行 CSD 和托管人处的现金余额账簿和记录与从资金代理行处获取的现金余额报表进行对比的内部流程，称为往账对账单（nostro statement）。

Nostro Statement（往账对账单）。显示资金代理行 CSD 或托管人特定账户内的每笔现金流动和现金余额的正式列表，报表通常在每个工作日结束时产生。

Notional Principal（名义本金）。场外衍生品交易中用于计算实际结算金额的基准。实际衍生品交易中不涉及名义本金的交换，因此名义本金可视作理论标的（underlying）金额。

Novation（合同更新）

1. 在单笔交易中，用中央对手方替换单个交易对手方；

2. 单笔场外衍生品交易中，将合同参与方从（原）交易双方替换为另外的交易双方。

Novation Transferee（合同受让人）。在更新后的场外衍生品交易中，"加入到"交易中的一方。参见合同转让人（novation transferor）。

Novation Transferor（合同转让人）。在更新后的场外衍生品交易中，"退出"交易的一方。参见合同受让人（novation transferee）。

Obligor（债务人）。根据合同要求进行支付的实体。例如，被要求支付息票并偿还本金的债券发行人。

Offset（抵消）。与现有场外衍生品交易相反方向的交易，以消减头寸，并且该交易是与原交易对手方之外的交易对手进行的。作为对比，参见平仓（unwind）。

Omgeo's CTM（Central Trade Manager）（Omgeo 中央交易管理平台）。在结算前将买卖机构双方交易细节进行比对，确保准确性，以促进关键的交易后步骤（交易确认）的执行。服务范围包括股票和债券交易，以及回购交易。

Omnibus Account（混同账户）。中央对手方清算成员持有的账户。清算成员代表其多个客户（非清算成员）持有交易和头寸。参见个人隔离账户（individual segregated account）。

One-Way CSA（单边信用支持附件）。条款（特别是风险管理相关部分）有利于某一方的信用支持附件。参见双边信用支持附件（bilateral CSA）。

Open Market Operations（公开市场操作）。中央银行进行的回购交易和/或证券借贷，中央银行向提供资产（通常是债券）作为担保品的实体提供贷款。是央行实行货币政策的方式之一。

Open Trade（未平仓交易）。尚未进行结算的证券交易，无论在结算日之前或之后；

未明确到期结算日的证券借贷交易；

未达到约定到期日的场外衍生品交易。

Opening Leg and Opening Value Date（首期交易、首期结算日）。双边交易（如回购和证券借贷）中进行首次资产交换的日期。

Operations Department（运营部）。买方或卖方机构的一个部门，负责及时处理交易员执行的交易。交易可以是某一类型的交易，也可以是多种类型的交易，如股票、债券、外汇、场内衍生品、场外衍生品、大宗商品。处理通常包括向交易对手发布或接收交易确认书、发出现金或证券相关的结算指令、交易结算、处理公司行为、更新账簿与记录，以及多种类型的对账。担保品部门通常是运营部的一部分。

Optional Corporate Action（可选公司行为）。股票或债券存续期间内，通常由发行人触发的行为，此时持有人可获得收益（如获得额外现金或证券）。这类事件是可选的，意味着持有人可自行选择结果（例如带有证券选择权的现金股利）。参见强制公司行为（mandatory corporate action）和自愿性公司行为（voluntary corporate action）。

Options（期权）。是交易所交易的衍生品；给予投资者以固定价格（行权价，exercise price/

strike price）购买或出售标的资产的权利（而不是义务），在期权到期日之前行权。参见看涨期权（call option）和看跌期权（put option）。

Order（指令）。证券交易所或衍生品交易所成员发出的执行交易请求；
（投资者向投资银行或经纪商发出的）购买或出售证券的请求，通常以特定价格或当前市价进行。

Ordinary Shares（普通股）。全球各地（包括澳大利亚、印度和英国）机构发行的股票的标准描述。参见普通股（common stock）。

OTC "场外交易"缩写。

OTC Derivative（场外衍生品）。Over-the-counter Derivative 的简写。

Over-Collateralisation（超额抵押）。实行抵押折扣率（haircut）的效果。担保品提供方需要提供不低于敞口金额的担保品价值来覆盖其交易对手风险，这意味着超额抵押部分金额等同于抵押折扣金额。此外，无风险敞口方低估给予风险敞口力的担保品价值，也会导致这部分担保品价值超出覆盖敞口所需的实际价值。

Over-the-counter（场外交易）。描述交易执行方法的术语。交易在双方之间直接进行（而不是通过交易所，如股票交易所或衍生品交易所）。使用这种方式进行交易的金融产品包括债券、外汇和场外衍生品。

Over-the-counter Derivative（场外衍生品）。交易双方直接进行的衍生品交易。通常缩写为OTC Derivative。

Overnight Index Swap（隔夜指数掉期）。类似利率掉期，涉及场外衍生品的固定利率与隔夜利率指数的互换。

Par（等值）。债券价格等于其面值的100%。

Par Value（票面价值）。股票面值，也称"名义价值"（nominal value）。

Partial Settlement（部分结算）。低于交易总量和现金价值的证券与同样占比的现金的交换。

Partial Unwind（部分平仓）。与现有场外衍生品交易方向相反的交易，以减少（而不是完全消除）头寸，且与原交易对手进行。参见平仓（unwind）。

Pass Through Securities（转手证券）。证券的一种（如住房抵押贷款证券），投资者定期（如每月）从抵押权人处转手收到偿还的本金和利息的现金流。

Payment Instruction（支付指令）。纯现金结算指令（cash-only settlement instruction）的另一名称。

Payment versus Payment（同步收付）。CLS银行（持续联系结算银行）内部实行的两种货币的同时交换。

Pension Funds（养老基金）。通常将养老金投资于证券和衍生品，以实现未来养老金最大化支付的机构。机构投资者的一种。

Physical Settlement（实物交割）。在信用违约互换中，信用事件之后采用的一种结算方法，信用保护买方将债权交付给卖方，收到全额的最终支付。最为对比，参见现金结算（cash settlement）。

Pledge（质押）。为贷款提供担保（抵押）的方法。资金融出方占有担保品，但不享有担保品法定所有权，除非资金融入方违约。如果资金融入方违约，资金融出方有合法权利出售担保品，以恢复贷出资产的价值。

Pool Factor（池因子）。资产池现有抵押贷款本金余额与初始抵押贷款本金余额的比率。与住房抵押贷款证券（mortgage-backed securities）相关的数值，表示在抵押权人偿还本金和预付款后，为确定当前未偿本金金额，对初始本金金额进行的调整。

Portfolio（资产组合）。证券资产的列表。

Portfolio Compression（资产组合压缩）。含有同一场外衍生品现有头寸相同细节的交易之间相互抵消，并将现有头寸更新为新的净头寸，同时终止（取消）原交易的过程。参见 triReduce。

Portfolio Reconciliation（资产组合对账）。出于担保品管理目的，将公司的交易清单与双边对手方交易清单进行比较，确保交易对象相同，从而提高双方风险敞口金额和保证金要求达成一致的可能性。参见 triResolve。

Porting（转移）。当一家公司在清算成员（中央对手方）处持有其场外衍生品资产，且该清算成员发生违约时，该公司的资产被转移至特定的非违约清算成员。一般称为后备清算成员（backup clearing member）。

Positive Exposure（正风险敞口）。与"盯市价值上涨（positive mark-to-market）"含义相同。

Positive Interest Rate（正利率）。现金借方向现金贷方支付利息的利率。参见负利率。

Positive Mark-to-Market（盯市价值上涨）。其源于（通常是每日的）价值重估过程，一项资产的当前市值对交易其中一方发生的有利变动。在担保品相关交易中，这将使该方向其交易对手的保证金开具催缴通知。参见盯市价值下跌（negative mark-to-market）。

Positive Trading Position（正交易头寸）。指一家机构某一金融工具的交易差额，其购买交易额与出售交易额相比金额更大。参见负交易头寸（negative trading position）。

Post-Trade-Execution Event（交易执行后事件）。总括性术语，指在交易执行后和交易预定到期日之前影响场外衍生品交易的任何事件，包括合同更新、平仓、抵消和信用事件。

Power of Attorney（授权书）。证券和现金所有人授权个人或公司以资产所有人名义处置上述资产的权利。

Pre-Collateralise（预先提供担保品）。担保品提供方（如证券融入方）在收到担保品接受方相应资产之前提供担保品的行为。

Pre-Funding（预先筹资）。在预计现金账户间发生借记之前，向现金账户存入资金。例如，当清算成员被要求提供变动保证金时，中央对手方可能会要求其预先筹资。

Premium（保费）。购买保险的费用；被保人定期向承保人支付约定数量的金额。适用于信用违约互换。

Prepayment（预付）。一般而言，指在正式还款日之前偿还的债务。特别指住房抵押贷款证券相关中，抵押权人不定期偿还本金的行为，通常可在任何时候进行，会影响证券的未偿本金额。参见 Pool Factor。

Present Value and Present Valuing（现值）。使用折现因子计算的某一已知未来日期的当前应收或应付金额的现值。参见货币的时间价值（time value of money）。

Primary Market（一级市场）。描述正在进入市场的证券发行与交易。参见二级市场。

Prime Broker（主经纪商）。投资银行内部一个部门，为其对冲基金客户提供广泛的服务。

Privately Negotiated（私下交易）。用于描述双边金融交易的替代术语（多为场外交易）。

Proprietary Positions（自营交易头寸）。一家公司（通常是投资银行）持有的金融工具头寸。见正交易头寸（positive trading position）和负交易头寸（negative trading position）。

Proprietary Trading（自营交易）。一种金融工具交易方法，公司（如投资银行）为其自有账户进行交易，这可能导致公司的交易头寸为正或为负。这意味着公司面临金融工具价值波动的风险，因此这类交易被视作高风险活动。注：沃尔克法则（Volcker Rule）限制某些类型的机构从事自营交易。作为对比，参见经纪商（broker）。

Prospectus（募集说明书）。由证券发行人（或以证券发行人名义）出具的文件，详细说明了适用于单个证券的条款和条件。

Protection Buyer（信用保护买方）。在信用违约互换交易中，寻求对参考实体违约进行补偿的一方；向保护卖方支付保费。

Protection Seller（信用保护卖方）。在信用违约互换交易中，为保护买方提供参考实体违约保护的一方；从保护买方处收到保费。

Purchase Date［首期（回购）结算日］。回购交易中首期结算日（opening value date）的替代术语。

Put Option（卖出期权/看跌期权）。齐全持有人有权（但无义务）在期权到期日之前以事先约定的价格（称为行权价，exercise price/strike price）出售标的资产的衍生品交易。参见买入期权/看涨期权（call option）。

Puttable Bonds（可卖回债券/可回售债券）。允许（债券持有人）在债券到期日之前要求将其兑付（redemption）的债务工具，某些情况下也可由发行人赎回。作为对比，参见可赎回债券（callable bond）。

Quick Code（日本证券标识码）。用于识别在日本交易的单个证券的四位数字符。

Quote Currency（标价货币）。在外汇交易中，通过以商定汇率出售现有货币以购买的货币。参见基准货币（base currency）。

Ratings Agencies（评级机构）。对发行人偿债能力发表观点的机构。这类观点（通常以字母评级表示）用于评估与买卖债券相关的风险，以及将债券用作担保品的风险。参见穆迪投资者服务（Moody's investors service）和标准普尔（Standard & Poor's）。

Ratings Downgrades（评级下调）。评级机构降低公司、政府或政府机构的信誉等级的行为。

Ratings Upgrades（评级上调）。评级机构提升公司、政府或政府机构的信誉等级的行为。

Realised Profit & Loss（已实现损益）。证券买卖后的实际损益。参见未实现损益（unrealized profit & loss）。

Rebate Rate（返利利率）。指当无风险敞口方以现金形式向风险敞口方提供担保品，在交易结束时，风险敞口方将向无风险敞口方支付的约定利率，以使其从所提供的现金担保品中获得部分回报。参见现金担保品再投资（cash collateral reinvestment）和再投资率（reinvestment rate）。

Recall（Securities Lending）[召回（借贷证券）]。在开放式证券借贷交易中，证券融出方向证券融入方提出的归还出借证券的请求，通常原因是证券融出方对另一交易有交割承诺。参见返还借贷证券（return securities borrowing）。

Reconciliation（对账）。将内部账簿与记录（交易明细、交易头寸、已结算头寸、未平仓交易、现金余额等）与外部实体报表进行比较的过程。

Record Date（股权登记日）。股票：在这一天，公司股东名册（share register）暂时关闭，以确定公司行动将有利于哪些股东，如分发股息（dividend）或送红股（bonus issue）。也称为股东名册关闭日期（books closing date）。

债券：在这一天，托管人确定其账户持有人，将向其支付息票。参见法定权利（entitlement）、可获得股息权利之日（entitlement date）和除权日（ex-dividend date）。

Redemption（赎回/兑付）。发行人向债券持有人偿还资金。

Reference Entity（参考实体）。信用违约互换中债券发行人的正式称呼。

Reference Entity Database（参考实体数据库）。信用违约互换中，一种唯一识别债券发行人（参考实体）及其债券（参考债券）的编码系统。

Reference Obligation（参考债务）。信用违约互换中发行的单个债券的正式名称。

Register（记名证券持有人名录）。记名证券（registered security）持有人名单，由代表发行人的登记机构（registrar）负责维护。通过该名录，发行人可以与证券的登记所有人进行直接联系（如收益的支付）。

Registered Security（记名证券）。由登记机构（代表发行人）维护证券所有人记录的证券；在出售证券时，必须在持有人名录上用买方姓名取代卖方姓名。通常，股票通常以记名形式发行，而债券不是。参见无记名证券（bearer security）。

Registered Shareholder（登记股东）。登记机构代表发行人对股东名册进行维护，该名册记录了持有股份的个人或组织。

Registrar（登记机构）。记名证券（registered security）的发行人指定的、维护该证券持有人名录的机构。在美国也称作过户代理

（transfer agent，TA）。

Registration（登记）。更新（记名证券）发行人持有人名册以反映所有权转移的行为。

Regulator（监管机构）。负责监控金融市场活动的实体，确保其遵守法律法规。

Regulatory Bilateral Trades（新型双边交易）。同新型双边交易（new bilateral trades）。

Regulatory Reporting（监管报告）。买方和买方公司（向监管机构）提供有关交易活动、证券和衍生品头寸的信息。

Rehypothecation（再抵押）。根据担保权益安排（如适用纽约法的信用支持附件），担保品接受方没有自动重复使用证券担保品的权利。但担保品提供方可视情况授予接受方再抵押权限。担保权益下的"再抵押"术语与所有权转移下的"再使用（reuse）"含义类似（但不相同）。作为对比，参见证券担保品再使用（reuse of securities collateral）。

Reinvestment（再投资）。（在发行人允许的前提下）证券投资人选择使用应收现金购买更多证券，而不是以现金形式接受股息或息票。在收到现金担保品后，将其投入货币市场以期获得正回报。

Reinvestment Rate（再投资利率）。在收到现金担保品，并将其再投资于货币市场时，适用于上述再投资资金的利率。作为对比，参见返利利率（rebate rate）。

Reinvestment Risk（再投资风险）。在收到现金担保品时，上述现金的（担保品接受方）所得利率低于其必须支付给担保品提供方的返利利率（rebate rate）的风险。

Relationship Manager（客户关系经理）。作为客户主要联系人（如在投资银行内），负责维护与现有客户的关系，并培养与新客户的关系。也称为销售人员。

Remaining Party［（合同）其他缔约方]。在场外衍生品交易的合同更新过程中，在有新交易对手的情况下继续参与交易的一方。参见合同受让人（novation transferee）、合同让与人（novation transferor）。

Reorganisation（重组）。对公司已发行股本的重组，例如通过股票分割（stock split）或反向股票分割（reverse split）这类公司行为进行的重组。

Replacement Collateral（替代/置换担保品）。作为担保品置换过程的一部分，用于替代原始担保品的（新）担保品。

Replacement Cost（重置成本）。参照现有场外衍生品交易，将交易按照当前市值重置的成本。

Replacement Trade（替代交易）。投资组合压缩中，"名义变动法"的替代方法，两种方法得到的净头寸相同。当两笔交易执行后，（1）名义本金为1亿美元；（2）相反方向的名义本金6 000万美元，两笔交易将被完全压缩，在原交易双方间新创建一笔4 000万美元名义本金的新的（替代）交易，而不是直接将名义本金调整为4 000万美元。也称作"替代交换（replacement swap）"。

Repo（回购）。一方通过交付证券（通常是债券）作为担保品借入现金的金融交易。担保品旨在为资金融出方提供保证，在资金融入方违约的情况下，资金融出方可收回所借资金的全部价值。

RepoClear（伦敦清算所RepoClear）。提供欧洲债券集中清算的组织，包括普通买卖交易和回购交易。

Repo Interest（回购利息）。回购交易中应付或应收的利息金额。

Repo Rate（回购利率）。在正利率环境下，指现金借入方应付的利率；在负利率环境下，指现金贷出方支付的利率。

Repurchase Date（回购日期）。回购交易中，到期结算日（closing value date）的另称。

Required Collateral Value（要求提供的担保品价值）。（在从担保品市值中扣除适用的抵押折扣后）交易对手必须提供的担保品最低货币价值。

Reset Date（利率重置日期）。利率掉期中，下一期浮动利率生效的日期，也是新利率开始适用的日期。

Residual Maturity（剩余期限）。出于担保品管理目的（特别是为了确定抵押折扣率），从"今日"到债券到期日之间的时间段，通常以年为单位。

Restructuring Event（重组事件）。由发行人触发的债券有效期内债券发行条款的变化。一期或多期债券将被替代。其为公司行为的一种。在信用违约掉期中也被归为信用事件的一种。

Return（Securities Borrowing）〔返还（借贷证券）〕。在开放式证券借贷交易中，由于证券融出方要求返还或证券融入方不再需要借入，证券融入方向证券融出方返还证券的行为。参见召回借贷证券（recall securities borrowing）。

Reuse of Securities Collateral（证券担保品的再使用）。根据所有权转移安排（如英国法CSA、GMRA 和 GMSLA），担保品接受方有权按照其选择的方式重复使用证券担保品。作为对比，参见再抵押（rehypothecation）。

Reverse Repo（逆回购）。从资金融出方角度看回购交易。最初，从交易对手处（通过支付现金）得到证券，并要求期在交易的到期结算日将证券返还给交易对手。

Reverse Split（反向股票分割）。发行人出于提高股票的当前市场价格的目的，在分割生效日用同等数量的较高面值证券（如 2 美元）替换特定面值证券（如 1 美元）的公司行为。参见股票分割（stock split）。

Rights Issue（配售新股）。（希望筹集更多资金的）发行人向现有股东提议按其现有持股比例购买额外股份。为吸引股东接受要约，权利价格通常是现有股票当前市价的一个折后值。注：发行人为从希望认购的股东处收到现金设定了截止期限。其是公司行为的一种。

Rounding（取整）。按照事先约定的规则，向上（取整）或向下（取整）一个数字或金额的过程。是发出保证金追缴通知时的常见做法。

Safe Custody（安全存管）。代表资产所有人保管证券，并提供相关服务，如收取应付给所有人的收入。

Sale & Repurchase Trade（售后回购）。证券融资交易的一种形式。通常简写为回购。

Salesman（销售人员）。投资银行的雇员，是机构投资者和投资银行交易员的联络人。

Scheduled Maturity Date（约定到期日）。场外衍生品交易有效期的最后一天。在这一天之后，由于交易各方不再面临风险，所有担保品必须归还至原始所有方。

Secondary Market（二级市场）。已进入市场的证券的再次交易（与一级市场首次发行中的证券相反）。

Secure File Transfer Protocol（安全文件传输协议）。一种以安全方式访问和传输数据的方法。

Secured Cash Borrowing（担保借款）。通过交付担保品融入资金，以减轻资金融出方（无法收回资金的）风险。也称为担保借款（collateralised cash borrowing）。

Securities（证券）。可购买、出售、回购、逆回购、贷出、借入并用作担保品的金融工具。最常见的形式是股票和债券。

Securities Borrowing（证券借入）。当出售的证券不能（或尚未）交付给买方时，从股东或债券持有人处以一定成本借入证券，以满足出售的做法，卖方可以尽快收到售出收益。参见证券借贷（securities lending）。

Securities Data Vendors（证券数据供应商）。向订购该服务的机构提供有关单个证券详细信息的机构（通常以电子方式）。

Securities Delivery Risk（证券交付风险）。当证券应在收到等值资产时交付，而如果交付双方提供资产的时间点不相同，则存在风险。任何一方均有可能无法获得资产。参见券款对付（DvP）和纯券过户（FoP）。

Securities Industry and Financial Markets Association（美国证券业与金融市场协会）。代表美国投资银行、自营经纪商和资产管理人促进资本市场有效运行的机构。通常缩写为 SIFMA。

Securities Financing（证券融资）。任何将证券（即股票和/或债券）用于借入资金、将资金用于借入证券，以及将证券用于借入其他证券的交易的总括术语。包含回购、购（售）回（buy/sell back）以及证券借贷（securities lending & borrowing）。

Securities Lending（证券贷出）。股东或债券持有人向证券融入方有偿出借其证券，以提高自身投资回报的行为。参见证券借贷。

Securities Lending & Borrowing（证券借贷）。证券（由融出方）临时交付给需要临时使用这类证券的当事人（融入方）的做法。证券融入方需提供担保品，在融入方无法归还资产时，降低融出方面临的风险。

Securities Safekeeping Fees（证券保管费）。中央证券托管机构和托管人向股东和债券持有人收取的安全保管证券的费用。股票相关费用通常基于所持有证券的市值，而债券相关费用通常基于所持债券数量。

Securitised and Securitisation（证券化）。将一项或多项金融资产（如贷款）转变为有价证券的过程。参见住房贷款抵押证券（mortgage-backed security）。

Security（证券）。可在投资者间进行交易，且价格根据供求规律上下波动的可转让金融工具（特别是股票和债券）。证券通过一级市场发行，然后在二级市场进行交易。每只证券都可有唯一可识别编码 ISIN。

Security Interest（担保权益）。纽约法 CSA 规定的担保品转移的合法方式。担保品提供方保有担保品所有权，但在该方违约的情况下，该所有权将被放弃（surrender）。再抵押（rehypothecation）不被自动视作有效。作为对比，参见所有权转移（title transfer）。

SEDOL Code（证券交易所每日官方牌价股票代码）。"证券交易所每日官方牌价"缩写，是一种英国和爱尔兰证券的编码方式。

Self-Clearing（自行清算）。执行交易的公司自己管理操作和结算活动。（另一种方式是将这类活动外包。）

Sell-Out（售出清理）。卖方强迫买方支付其所持有的证券以及其他应付金额的正式程序。

这类程序必须根据证券交易所或交易执行的市场机构的规则进行。作为对比，参见补偿买进（buy-in）。

Sell-Side（卖方）。为买方公司执行（各类金融工具的）交易的投资银行和经纪商团体。请注意，卖方机构也会购买此类金融工具。

Senior Unsecured Bond（优先无担保债券）。公司发行的一种债券，在发行人破产的情况下，将在偿还其他形式债务之前，先偿还该类债券持有人。

Service Level Agreement（服务层面协议）。一般而言，指服务提供商与其客户签订的正式合同，旨在清晰记录约定的服务级别。在金融服务语境下，这类协议是中央证券托管机构或托管人与其账户持有人之间订立的。

Set-Off（抵消）。由公司或其交易对手的违约事件导致的回购或场外衍生品交易的轧差。

Settled Position and Settled Securities Position[已结算（证券）头寸]。账户持有人在中央证券托管机构或托管人账户中持有的证券数量；结算头寸和交易头寸的差异通常是由于一笔或多笔未平仓交易造成的。

Settlement（结算）

证券：买卖双方（或其代理人）交换证券和现金以履行合同义务的行为；

衍生品：在整个交易期间定期支付（或收到）到期款项的行为。例如：信用违约互换中，信用保护买方每季度支付保险金；

担保品：支付现金或交付证券以满足保证金要求的行为。

Settlement Cycle（结算周期）。证券交易的交易日与结算日之间的标准时间段或默认时间段。（在撰写本文时，欧洲和美国的结算周期为 T+2，即交易日之后两个工作日。）同样适用于即期外汇交易。

Settlement Date[（实际）结算日]。证券和现金实际发生交换的日期。该日期只有在结算发生后才能确定。作为对比，参见结算日（value date）。

Settlement Failure（结算失败）。证券和现

金没有在结算日发生交换的交易，结算被推迟。

Settlement Instruction（结算指令）。账户持有人要求其中央证券托管机构或托管人（或资金持有人的资金代理行）在指定日期（交易结算日）交付或接收证券和/或收付现金的通知。

Settlement Netting（轧差结算）。将两笔或多笔交易的结算通过单次交付（或接收）剩余数量的证券以及单次收付剩余数量的现金来实现，而不是单独结算每笔未平仓交易。

Settlement Status（结算状态）。中央证券托管机构或托管人向其账户持有人报告的证券结算指令的情况；常见结算状态包括：与交易对手不匹配、与交易对手匹配、结算成功、结算失败。

Settlement Tolerance（结算匹配允差/容差）。（中央证券托管机构或托管人）预先设定的现金限额，在该限额内，买卖双方结算指令上的不同现金金额被视作匹配；这种允差避免了小规模现金差额妨碍结算进行的情况。

Settlement Write-Off（结算资金核销）。买卖双方机构内部，对单笔交易的未结现金余额的清零，此时，这笔未结金额将转移至内部账户，之后，该机构与交易对手的应收或应付金额为零。

Share（股票）。持有公司股权的凭证。

Share Buy-Back（股票回购）。股票发行人以特定价格购买股东持有股份的要约。是一种自愿性公司行为（voluntary corporate action）。

Share Capital（股本）。公司已发行股票的总面值。

Share Register（股东名册）。由登记机构代表发行人维护的记名持有人（registered holders）名单。

Shareholder（股东）。公司股票的所有人。

Short First Coupon（短间隔首期息票）。债券发行后第一次支付利息，特别指债券发行与第一个息票支付日之间间隔小于该债权正常息票日间隔的情形。参见首期长期息票（long first coupon）。

Short Form Confirmation（短款交易确认

书）。指签订了 ISDA 主协议的场外衍生品交易双方之间，一方向其对手方出具的法律文件，对交易基本条款进行了规定。参见长款交易确认书（long form confirmation）。

Short Sale and Short Selling（卖空行为）。非卖方所有的证券销售。参见担保卖空（covered short）和裸露卖空（naked short）。

SIFMA "美国证券业与金融市场协会"缩写。

Single-Name Credit Default Swap（单名信用违约互换）。参考实体为单一发行人的信用违约互换（相对于一篮子信用违约互换，basket default swap）。

SONIA（"英镑隔夜平均利率指数"）。一种浮动基准利率，即多家银行在一天内对英镑报价的平均利率。参见欧元银行同业拆借利率（Euribor）以及伦敦银行同业拆借利率（Libor）。

Special Collateral（特殊担保品）。相比于其他证券而言，需求量极高的证券。参见特殊回购（special repo）。

Special Repo（特殊回购）。交易一方以融券为动机的回购交易（融券回购，stock-based repo）。作为交换，证券融入方（担保品提供方）向担保品接受方支付现金，（1）担保品提供方可享受较低水平的利率，或者（2）由担保品接受方获得利息。

Spot Exchange Rate（即期汇率）。在外汇交易中，在"当前"结算日或（对于大多数货币组合而言）两个工作日内进行结算所使用的汇率。最为对比，参见远期汇率（forward exchange rate）。

Square-Off（反向平仓）。在现有场外衍生品交易中，通过与同一个交易对手进行金额相等、数量相反的交易，从而关闭交易并消除风险敞口的做法。

SSI "常设结算指令"缩写。

Standard & Poor's（标准普尔）。一家就发行人偿债能力发表观点的发行人评级机构。

Standardised OTC Derivative（标准化场外衍生品）。在 EMIR 框架下，场外衍生品交易仅具备一般（标准化）特征；只有这类交易才符合通过中央对手方进行集中清算的标准。具有非标准化或额外特征的交易无法通过中央对手方进行清算，并被归为非集中清算交易（non-centrally cleared trades）。

Standing Settlement Instruction（常设结算指令）。公司及其交易对手（在中央证券托管机构和资金代理行）的账号代码被储存在公司的静态数据库中，以便进行交易直通式处理。通常缩写为 SSI。

Static Data and Static Data Repository（静态数据和静态数据库）。与参与交易公司、对手方、证券、交易货币等在处理交易、头寸管理和公司行动过程中的高频信息相关的内部信息储存。

Static Data Defaulting（静态数据核查）

（1）（在静态数据库中）定位相关账户账号和金额的过程；以及

（2）根据预先设立的规则，填充基本交易细节的过程。

Stock-Based Repo（融券回购）。交易一方以融券为目的进行的回购交易。另见融资回购（cash-based repo）。

Stock Dividend（红股）。发行人以证券形式向股东支付的股息；也被称作凭证股利（scrip dividend）。

Stock Exchange（股票交易所）。历史上，指买卖双方的实际接触地点，股票在此处交易。如今，一些金融中心继续以这种方式运作，而另一些则改为电子运作形式。

Stock Split（股票分割）。发行人出于降低股票当前市场价格的目的，将特定面值（如 1 美元）的股票替换为同样数量面值较低的证券（如 0.5 美元）。也称为"向前分割"（forward split），是一种公司行为。参见反向股票分割（reverse split）。

STP "直通式处理"缩写。

Straight Through Processing（直通式处理）。买卖双方公司、通信软件供应商、中央证券托管机构、托管人等机构以自动化无缝衔接的方式对交易全生命周期进行管理，无须对其过程进行检查或修正。这种方式的好处在于降低成本，且能以安全无风险的方式处理大量交易。通常缩写为 STP。

Stressed Market（压力市场）。正在经历波动逐步升级或出现极端波动的金融市场，通常由异常外部事件引起。

Strike Price（执行价格）。参见行权价（exercise price）。

Structured Trade（结构性交易）。为满足投资者特殊需求而创造的一种交易，带有标准化金融产品之外的许多特征。

Supranational Organisations（超国家机构）。发行债券但与特定国家没有关联的实体；包括国际复兴开发银行（世界银行）、美洲开发银行（IADB）和欧洲煤钢共同体（ECSC）。参见多边开发银行（multilateral development banks）。

Swap（互换）。由双方直接进行的双边衍生品交易。"互换"一词指在上述交易中发生的现金流交换。

Swap Execution Facility（互换交易平台）。将参与场外衍生品交易的各方相互匹配的电子交易平台。

S. W. I. F. T.（环球银行金融电信协会）。一家在各签约方之间提供安全信息传输的全球性机构。信息类型包括交易确认、结算指令、证券和现金报表，以及公司行动等。

Systemic Risk（系统性风险）。金融市场或全球金融体系全局性崩溃的威胁。

T2S Target 2 Securities 缩写。

Target 2 Securities（欧盟委员会泛欧结算平台的跨境证券结算服务）。欧洲参与信用违约互换的客户可利用 CSD 作为单一联系点，利用央行货币完成欧洲证券的结算。通常缩写为 T2S。

Tax Avoidance（避税）。旨在将税款降至最低的合法策略。参见逃税（tax evasion）。

Tax Evasion（逃税）。旨在逃避向税务机关缴纳税款的非法行为。参见避税（tax avoidance）。

Tax Event（税务事件）。与场外衍生品相关，指导致交易终止的时间。具体而言，指导致交易任何一方支付一定税额或额外税额的税法变化。

Threshold（起点金额）。双方可能同意并记录在案的无担保风险敞口（uncollateralised exposure）。当一家公司面临风险敞口并适用一个阈值时，该公司对其对手方的保证金要求必须扣除上述阈值金额。

Time Value of Money（货币时间价值）。假设收到的现金可产生利息收入，那么今天收到的现金比将来收到的现金更有价值。参见折现系数（discount factor）和现值（present value）。

Time Zone Difference（时区差异）。不同时区之间的时差。

Title Transfer（所有权转移）。英国法 CSA 中转移担保品的合法方式。当担保品接受方持有担保品期间，证券担保品的完全所有权从担保品提供方转移至担保品接受方，因此将自动允许证券担保品被再使用（reuse）。作为对比，参见担保权益（security interest）。

Trade（交易）。交易双方永久性或临时交换金融资产的合意行为（无论是买卖还是借贷）。适用于股票、债券、货币、衍生品和商品。

Trade Affirmation（交易认定①）。卖方公司向买方客户传达交易细节，买方客户随后对买方公司做出回应，认定（同意）其所提供的细节准确的过程。是达成交易协议（trade agreement）的一种手段。

Trade Agreement（交易协议/达成交易）。交易执行后，一方通过电子或人工方式与其交易对手就交易细节达成一致的行为。

Trade Capture〔（内部）交易信息记录〕。交易执行后，在内部记录交易要素的行为。

Trade Confirmation〔交易确认（书）〕。一方利用各种媒介（包括 SWIFT）向其交易对手传达交易细节。是达成交易协议（trade agreement）的一种手段。

Trade Date（交易日期）。交易双方同意进行交易的日期；交易执行的日期。

Trade Execution（交易执行）。交易双方（如买卖双方公司）的交易议定事项。包括买入或卖出、回购和逆回购、证券借贷以及场外衍生品等。

Trade Execution Venue（交易执行场所）。对于 EMIR 框架下的场外衍生品而言，指的是便利其交易执行的所有相关系统。

Trade Life-cycle（交易生命周期）。金融交易的一系列步骤，始于交易执行，止于结算后的更新账簿与记录。适用于所有产品类型（例如股票、债券、货币、场外衍生品）以及所有交易类型（包括买卖、回购逆回购、证券借贷）。

Trade matching（交易匹配）。将买卖双方交易细节进行电子比对的过程。是达成交易协议（trade agreement）的一种手段。

Trade Processing（交易处理）。（买卖双方公司内部）负责场外衍生品交易结算（如信用违约互换中定期收付保险金）活动的统称。另一层含义是担保品处理。每笔交易都需要进行交易处理与担保品处理。

Trade Repository（交易数据库）。对于 EMIR 框架下的场外衍生品，指用于储存管单笔交易和头寸的电子信息"仓库"。监管机构将通过获取上述交易信息以履行其监管职责。

Trade Time（交易时间）。执行交易发生的具体时间（在交易日内）。

Trader（交易员）。买卖方机构负责执行交易的个人。适用于股票、债券、货币、衍生品和商品交易。

---

① 认定（affirmation）与确认（confirmation）存在区别：认定（affirmation）通常被认为只是确认（confirmation）过程中的一个程序，是指交易中的一方发送单边的交易记录（single record），记录中包含交易的全部条款，由对手方进行核实并最终同意。无论是间接交易者与直接交易者之间就意向交易条款进行认定（affirmation）还是直接交易者之间一方对另外一方所提供信息的认定（affirmation），都不是最终的确认，最终的确认，应以生成交易确认书为准。

Trading Book（交易账户①）。投资银行内交易部门的一个分支，负责特定类型证券的交易，并与其他交易账户的业务分开。

Trading Position（交易头寸）。特定金融工具的正或负余额（持有量）。作为对比，参见已结算头寸（settled position）。

Transaction Reporting（交易报告）。要求公司向监管机构报告每一笔交易的监管要求。EMIR框架下的场外衍生品交易必须向交易数据库报告。

Transferee（担保品受让方）。担保品接受方。也称作 collateral taker。参见担保品转让方（transferor）。

Transferor（担保品转让方）。现金担保品支付方或债券或股票提供方。也称作 collateral giver。参见担保品受让方（transferee）。

Treaty（条约）。双重税收协议（double taxation agreement）的常见缩写。

Tri-Party Agent（第三方机构）。为担保品相关交易提供全生命周期管理服务的机构（如ICSD）。

Tri-Party Repo（三方回购）。交易双方利用第三方代理机构管理整个交易过程的回购交易。

triReduce（triReduce 资产组合压缩系统）。面向希望与特定交易对手进行交易轧差的服务。系统将对提交的交易进行全部压缩或部分压缩的评估，评估结果将体现为压缩建议。

triResolve（triReslove 资产组合对账系统）。一种（出于担保品管理目的的）投资组合对账系统，用于比较交易双方根据合约执行的场外衍生品交易，并提供匹配结果。

UCITS（"欧盟可转让证券集合投资计划"缩写）。一种在欧洲上市的共同基金，允许欧洲内外投资者以多样化方式进行投资。

Uncollateralised Exposure（无担保风险敞口）。没有提供或获得担保品的敞口金额。例如，根据双方的信贷支持附件，风险敞口方不可在向交易对手发出的保证金要求中包含的敞口金额。参见起点金额（threshold）。

Underlying（标的）。与衍生品交易相关的金融（或其他）资产。例如，股票期权是一种衍生品，相关标的资产（举例）为 IBM 公司股票。衍生品价格与标的资产价格直接相关。

Undisputed Amount（无争议金额）。收到保证金追缴通知后，（收到通知一方）无异议部分的价值。剩余部分被称为争议金额（disputed amount）。

Unique Trade Identifier（唯一交易识别码）。旨在唯一识别单笔场外衍生品交易的编码机制，用于向交易数据库报告交易。通常缩写为 UTI。

Unmatched Settlement Instruction（未匹配结算指令）。向 CSD 或托管人发出的交割或接收证券的结算指令（通常与现金收付指令相对应），该指令未能匹配交易对手方发出的结算指令。作为对比，参见匹配结算指令（matched settlement instruction）。

Unrealised Profit & Loss（未实现损益）。在对头寸进行重估后，证券交易正负头寸的理论损益值。作为对比，参见已实现损益（realised profit & loss）。

Unsecured Cash Borrowing（无担保借款）。不向资金融出方提供担保品的情况下融入资金；借款方应付利率通常高于担保借款利率，以反映贷款方承担的风险。

Unsecured Cash Lending（无担保贷款）。资金融出方在没有获得资金融入方担保品的情况下提供的贷款。

Unsecured Creditor（无担保债权人）。未从借款人处获得担保资产而提供贷款的资金融出方。

Unwind（平仓）。与原交易对手方进行的与现有场外衍生品交易方向相反的交易，以抵消头寸。作为对比，参见抵消（off set）。

---

① 根据交易目的的不同，巴塞尔银行委员会将账户分为交易账户与银行账户两类。其中，交易账户（trading book）指以交易为目的或为规避交易账户其他项目的风险而持有的金融工具和商品头寸的账户，包括自营、经纪和做市等业务获得的头寸；银行账户（banking book）指不纳入交易账户的头寸，以持有到期资产为主。

UTI "唯一交易识别码"缩写。

Valuation Agent（估值机构）。在信贷支持附件中，负责对相关场外衍生品和任何先前交付的担保品的未平仓交易进行估值的一方（或多方）。

Value Date（结算日）。买卖双方交换证券和现金的约定日期。也称作合同结算日（contractual settlement date）。

Variance Swap（方差掉期）。一种场外衍生品，为投资者提供对标的资产（如股票或指数）未来波动性变化的直接风险敞口。其回报基于预期波动水平和实际波动水平之间的差值。

VM "变动保证金"缩写。

Voluntary Corporate Action（自愿性公司行为）。股票户债券存续期内的发生的对持有人有利的事件（机会），通常由发行人触发。例如，是否选择执行可转债，或是否选择认购配售新股（rights issue）。这类事件的自愿性意味着，除非持有人选择采取行动，否则将不会产生任何结果。参见强制公司行为（mandatory corporate action）和可选公司行为（optional corporate action）。

Withholding Tax（预扣税）。发行人居住国对发行人向其投资者支付的（无论是股票还是债券）收入扣除的税款。如果发行人所在国和投资者所在国签订了双重征税协议（或条约），居住在某些国家的投资者可能可以获得较低税率的预扣税处理。

WKN Code 德国 WKN 证券代码

Zero Coupon Bond（零息债券）。不支付利息的债券，但通常以较大折扣价格发行，在债券到期日以其面值兑付。

有用的网站

笔者推荐一些与担保品管理有关的网站，详见下表。

网址	机构	职能/责任
www. bis. org	国际清算银行	国际中央银行支持机构
www. bmeclearing. es	西班牙交易所清算公司	中央对手方
www. clearstream. com	明讯国际	国际中央证券托管机构
www. cls-group. com	持续联系结算银行	外汇交易结算
www. eseclending. com	eSecLending	证券借贷机构
www. eurexclearing. com	欧洲期货交易所清算公司	中央对手方
www. euroclear. com	欧洲清算银行	国际中央证券托管机构
www. ec. europa. eu	欧盟委员会	欧洲市场基础设施监管
www. esma. europa. eu	欧洲证券及市场监管局	中央对手方授权
		交易数据库登记
www. eurexrepo. com	一般担保品池	回购电子交易平台
www. theice. com	洲际清算所（欧洲）	中央对手方
www. icmagroup. org	国际资本市场协会	资本市场的行业协会
www. isla. co. uk/	国际证券借贷协会	证券借贷的行业协会
www. isda. org	国际掉期和衍生工具协会	场外衍生品的行业组织
www. lch. com	伦敦清算所	中央对手方
www. acadiasoft. com	MarginSphere	电子保证金追缴平台
www. markitserv. com	MarkitSERV	场外衍生品电子交易确认
www. moodys. com	穆迪投资者服务	信用评级机构
www. mtsmarkets. com	MTS 回购电子交易平台	回购电子交易平台
www. dtcc. com	Omgeo CTM 中央交易管理平台	自动的交易确认和认定
www. regis-tr. com	Regis-TR S. A.	交易数据库
www. sifma. org	证券业与金融市场协会	美国资本市场行业组织
www. six-financial-information. com	SIX 金融信息	数据供应商
www. standardandpoors. com	标准普尔	信用评级机构
www. swift. com	环球银行金融电信协会	用户之间的安全金融电文传输体系
www. ecb. europa. eu	Target 2 Securities	泛欧证券结算平台
www. trioptima. com	triOptima	资产组合压缩（通过 triReduce）
		资产组合对账（通过 triResolve）
www. lseg. com	UnaVista Limited	交易数据库